AF388456

FSC
www.fsc.org
MIXTE
Papier issu
de sources
responsables
Paper from
responsible sources
FSC® C105338

Philippe Lestang

LA BIBLE

AGRÉABLE À LIRE

Tome 1

Pentateuque - Josué - Juges

Du même auteur :

. Le fait Jésus (BoD réédition)

. Un dossier sur "Puissance de la louange" (BoD 2017)

. Une traduction de la Lettre aux Éphésiens (BoD 2017)

. Le royaume de l'amour - Adaptation des évangiles (BoD 2017)

. Pré-lectures (BoD 2018)

. Approches (BoD 2020)

. Et si on comprenait LA MESSE? (BoD 2020)

. Les mots et la foi (BoD 2021)

. Les mots et les noms dans la Bible (BoD 2022)

Une version électronique de ces livres - et du présent livre - est également disponible à très faible prix; elle permet notamment d'effectuer des recherches au sein du texte.

Site web: http://www.plestang.com

Photo de couverture: Mont Horeb (Wikimedia commons).

" Tu aimeras l'Éternel, ton Dieu, de tout ton coeur, de toute ton âme et de toute ta force."
Deutéronome 6,5

"Tu aimeras ton prochain comme toi-même"
Lévitique 19,18

Les livres bibliques

Gn	Genèse		Lm	Lamentations
Ex	Exode		Jdt	Judith
Lv	Lévitique		Tb	Tobie
Nb	Les Nombres		Sa	Sagesse
Dt	Deutéronome		Si	Siracide ("Ecclésiastique")
Jos	Livre de Josué		Ba	Baruch
Jg	Juges		Dn	Livre de Daniel
1S	1° Livre de Samuel		Lt	Lettre de Jérémie
2S	2° Livre de Samuel		1M	1° Livre des Maccabées
1R	1° Livre des Rois		2M	2° Livre des Maccabées
2R	2° Livre des Rois			
1Ch	1° Livre des Chroniques		Mt	Évangile de Matthieu
2Ch	2° Livre des Chroniques		Mc	Évangile de Marc
			Lc	Évangile de Luc
Is	Isaïe		Jn	Évangile de Jean
Jr	Jérémie		Ac	Actes des Apôtres
Ez	Ézéchiel		Rm	Lettre aux Romains
Os	Osée		1Co	1° Lettre aux Corinthiens
Jl	Joël		2Co	2° Lettre aux Corinthiens
Am	Amos		Ga	Lettre aux Galates
Ab	Abdias		Ep	Lettre aux Éphésiens
Jon	Jonas		Ph	Lettre aux Philippiens
Mi	Michée		Col	Lettre aux Colossiens
Na	Nahoum		1Th	1° Lettre aux Thessaloniciens
Ha	Habacuc		2Th	2° Lettre aux Thessaloniciens
So	Sophonie		1Ti	1° Lettre à Timothée
Ag	Aggée		2Ti	2° Lettre à Timothée
Za	Zacharie		Tt	Lettre à Tite
Ma	Malachie		Phm	Lettre à Philémon
Ps	Les Psaumes		He	Lettre aux Hébreux
Jb	Job		Jc	Lettre de Jacques
Pr	Les Proverbes		1P	1° Lettre de Pierre
Esd	Esdras		2P	2° Lettre de Pierre
Ne	Néhémie		1Jn	1° Lettre de Jean
Est	Esther		2Jn	2° Lettre de Jean
Qo	Qohéleth (Ecclésiaste)		3Jn	3° Lettre de Jean
Ct	Cantique des cantiques		Jd	Lettre de Jude
Rt	Ruth		Ap	Apocalypse

Table des matières

——————

Introduction

Avez-vous lu le *Deutéronome* en entier?

Il y a des gens dont le tempérament les pousse à lire la Bible dans l'ordre, complètement. Mais il y a beaucoup de chrétiens qui ne connaissent que certains passages.

La présente édition propose une mise en page permettant une lecture rapide, mais néammoins intelligente, de l'ensemble du texte.

. L'une de ses caractéristiques est que *chaque verset débute à gauche, comme un paragraphe*, et est donc séparé du verset précédent et du verset suivant.
Il est dès lors facile de parcourir rapidement le texte, en le comprenant.
Les numéros de chapitre sont indiqués, mais pas les numéros de versets, faciles à retrouver puisque chaque verset est bien isolé . Cela permet de se concentrer sur le texte sans être gêné par des chiffres.

. Une autre caractéristique est que *des espaces de hauteur variable sont laissés entre versets successifs*, de façon à bien faire apparaître les sous-sujets au sein du chapitre, et les changements de sujet.

. D'autre part les versets moins intéressants pour le lecteur moderne - par exemple certaines longues énumérations - sont *en plus petits caractères et avec une marge différente*, pour qu'il soit facile de les sauter à première lecture.

. Enfin *des sous-ensembles sont distingués au sein d'un chapitre*: ainsi dans la Genèse les récits de création sont bien distingués de la chute; et une séparation est faite entre les deux récits de création.

Dans certains cas, un texte particulièrement intéressant est mis en italiques ou en gras (par exemple le début de l'histoire de Samson, Juges 13).

La table des matières qui précède cette introduction met en évidence les principales subdivisions.

. Des *notes* - encore assez peu nombreuses dans cette première édition - aident le lecteur à mieux comprendre certains passages.

La traduction utilisée est celle de la Bible Louis Segond 1910, libre de droits.

Dans quelques cas de mots ou d'expressions difficiles à comprendre pour le lecteur de 2024, une modification a été apportée,
et est signalée en note.

Autres cas particuliers, rares: une ambiguïté qu'il a paru utile de lever. Ainsi Nombres 31,15 est traduit dans la Bible Segond: "*Avez-vous laissé la vie à toutes les femmes?*" - comme si c'était ce qui était souhaité - alors que le sens du texte est inverse (il ne le fallait pas). On a traduit: "Vous avez laissé la vie à toutes les femmes?" (Le verset précédent dit: "Moïse s'irrita")[1].

L'orthographe de quelques rares noms propres a été aligné sur l'usage actuel: ainsi "Delila" a été remplacé par *Dalila* (Juges 16).

Certaines expressions ou mots anciens ont cependant été gardés, comme par exemple "dévouer par interdit", au lieu de "vouer à l'anathème"; ainsi que certains aspects de style fort datés, comme "vous voulûtes" "vous restâtes"...

Ce premier volume comprend les 7 premiers livres de la Bible:
- Les 5 livres du *Pentateuque*: Genèse; Exode; Lévitique; Nombres, Deutéronome.
- Josué.
- Les Juges.

On trouvera dans les pages qui suivent une présentation plus détaillée de la Bible, de sa structure et de son histoire.

Différentes annexes figurent à la fin du livre, en particulier un index alphabétique des principaux noms, ainsi qu'un lexique et une bibliographie.

———————

[1] La TOB traduit même: "*Quoi! Vous avez laissé la vie à toutes les femmes!*". Seules les jeunes filles auraient dû être épargnées; le verset suivant dit que les femmes "avaient entraîné les enfants d'Israël à l'infidélité envers l'Éternel".

Qu'est-ce que la Bible? [1]

La Bible se présente en général sous la forme d'un volume unique, ou bien de deux volumes, correspondant aux deux parties décrites ci-dessous. C'est un ensemble de textes, appelés "livres", dont l'ordre peut varier d'une édition à l'autre. On le désignait en grec au pluriel par le nom "Ta Biblia", c'est à dire "les livres".

La Bible chrétienne comprend deux parties.

La première, appelée en général "Premier Testament" (et non plus comme on disait autrefois "Ancien Testament"), est pour l'essentiel [2] commune aux chrétiens et aux juifs, ces derniers la désignant sous le nom de "Tanakh".

C'est un ensemble de récits - réels ou symboliques -, ainsi que de réflexions et d'écrits divers, reliés à l'histoire ancienne du peuple d'Israël. Le premier des livres, la "*Genèse*", commence avec un récit de la création du monde et l'histoire des premiers patriarches. Et l'un des derniers livres, le plus tardif [3], décrit la révolte des Maccabées, peu avant le Christ.

On peut distinguer notamment quatre grands ensembles:

- le *Pentateuque*, groupe de cinq livres placé en tête, et dont les noms en français sont: la *Genèse*, l'*Exode*, le *Lévitique*, les *Nombres* et le *Deutéronome*.

- les *Prophètes,* dont la délimitation est variable d'une édition de la Bible à une autre, mais qui comprend en tout cas les quinze livres prophétiques traditionnels, d'*Isaïe* à *Malachie*.

- les *Psaumes*, prières du peuple juif, mises en forme pendant *l'exil* et au retour de l'exil.

- les *Livres "historiques"*: *Josué*, les *Juges,* les *Livres de Samuel*, les *Livres des Rois* et les *Livres des Chroniques*, ainsi que *Esdras* et *Néhémie*.

---

[1] Texte repris du livre "Les mots et les noms dans la Bible", et un peu abrégé. Le présent livre ne comprend que le Pentateuque et les deux premiers livres historiques.

[2] Sauf les livres "*deutérocanoniques*" - voir chapitre "Les mots et les noms", en fin de livre.

[3] Inclus seulement dans les éditions catholiques et œcuméniques.

Mais à cela s'ajoutent des livres de sagesse: *Job, Les Proverbes, Le Cantique des Cantiques, l'Ecclésiaste*; et des livres divers: *Ruth, Daniel, Esther, et les Lamentations.*

Les bibles catholiques et orthodoxes ajoutent aux livres ci-dessus des livres dits "*deutérocanoniques*", livres qui n'ont pas été retenus par les communautés juives lorsqu'elles ont fixé, vers l'an 80, la liste des livres du *Tanakh*: par exemple *Judith, Tobie* et la *Sagesse*.

Ces livres deutérocanoniques étaient d'usage courant, en grec, au 1° siècle chez les Juifs du bassin méditerranéen; ils existent pour une part en hébreu. Les protestants et les évangéliques, qui suivent la décision des communautés juives mentionnées ci-dessus, ne lisent pas ces livres, qu'ils désignent sous l'appellation "*d'apocryphes*"[1].

La deuxième partie, appelée "Nouveau Testament", est propre aux chrétiens. Elle comprend les 4 *évangiles* (de *Matthieu, Marc, Luc* et *Jean*), les *Actes des Apôtres,* les *lettres de Saint Paul*, la lettre aux *Hébreux*, la lettre de *Jacques,* les lettres de *Pierre* et de *Jean*, celle de *Jude*, et l'*Apocalypse.*

L'ordre des livres au sein du Nouveau Testament est le même dans la plupart des éditions de la Bible.

Le découpage en chapitres et en versets date du Moyen-âge.

----

[1] C'est un emploi particulier du mot "apocryphe", désignant des documents dont l'inspiration divine n'est pas reconnue. Les catholiques et les orthodoxes les considèrent au contraire comme inspirés.

Présentation des sept livres inclus dans ce volume

On désigne par "Livre" chacun des grands textes, au nombre d'environ soixante-dix, qui composent la Bible chrétienne. Le présent volume contient les sept premiers.
Les cinq premiers constituent ce que l'on apelle le Pentateuque (du grec *penta*: cinq).

 Le ***Livre de la Genèse***, premier livre de la Bible, comprend dans une première partie (chap. 1 à 11) un récit symbolique des origines: création du monde, faute d'Adam et Ève, meurtre d'Abel par Caïn; puis déluge, tour de Babel.
La deuxième partie raconte l'histoire d'Abraham et de ses descendants Isaac et Jacob (chap. 12 à 38), puis celle de Joseph et du peuple d'Israël en Égypte (chap. 39 à 50).

On désigne par "Exode" l'ensemble des événements racontés dans la Bible (Livres de l'Exode, du Lévitique, des Nombres et du Deutéronome), depuis le départ des Israélites d'Égypte jusqu'à leur arrivée à proximité d'Israël.

Le ***Livre de l'Exode*** est le deuxième livre de la Bible. Il décrit d'abord l'oppression des Hébreux en Égypte, la mission de Moïse auprès du pharaon et les plaies d'Égypte (ch.7 à 11). Puis le passage du Seigneur (la "Pâque"), suivi de la traversée de la mer (ch.14) et des premières étapes dans le désert.
Les chapitres 19 à 24 décrivent l'alliance au Sinaï. Suit la description des règles pour le culte. Au chapitre 32 c'est l'idolâtrie du veau d'or. De 35 à 40 c'est la construction de la demeure du Seigneur et la venue en elle de la nuée.

Ce livre décrit des événements datant vraisemblablement du 11° siècle avant J.-C., transmis par diverses traditions orales; sa mise en forme finale date de l'exil à Babylone (-580).
Il vise à rassembler, sous la forme d'une épopée, le départ d'Égypte et la mise en place de la Loi et des institutions.

Le ***Lévitique***, est le troisième livre du *Pentateuque*. Il est consacré à une description très détaillée des règles et lois à respecter par les prêtres et par le peuple, ainsi que des divers types de sacrifices; de ce qui est "pur" et "impur".

Le *Livre des* ***Nombres*** est le quatrième livre. Son nom lui vient des différents recensements mentionnés dans les premiers chapitres. Il décrit, en parallèle avec le livre de l'Exode, les principaux événements du séjour des Israélites au désert après le don de la Loi au SinaÏ.

Le ***Deutéronome*** est le cinquième livre, le dernier du Pentateuque. Son titre grec signifie "Deuxième loi" parce qu'il comporte notamment un ensemble de lois ou de prescriptions complétant ou reprenant celles de l'Exode. Le titre hébreu est "Devarim" ("paroles").
Il se présente principalement comme une série de discours de Moïse, en lien avec le cheminement du peuple avant son entrée en Terre Promise.

Le livre de ***Josué*** raconte la conquête de la Terre Promise, à partir du passage à pied sec du Jourdain et du partage du territoire entre les tribus.

Le livre des ***Juges*** présente douze personnages qui, après Josué et avant l'installation de la royauté, ont été des chefs en Israël, ou à la tête d'une ou de plusieurs tribus.

Comment s'est constituée la Bible[1]

Les livres composant la Bible sont d'ancienneté assez diverse. Il faut bien entendu distinguer entre la date des manuscrits dont nous disposons et la date initiale de rédaction du texte. Les manuscrits s'effaçant, ce sont toujours des copies de copies que nous avons.

Pour le Premier Testament, les plus anciennes copies de manuscrits disponibles remontaient à peu près à l'époque du Christ, jusqu'à ce que la découverte des manuscrits "de la mer Morte" fasse remonter cette date de plusieurs siècles, notamment pour un rouleau d'Isaïe.

L'analyse du style des textes, du vocabulaire utilisé, ainsi que les références à des villes ou à des territoires, amènent à constater que, dans de nombreux cas, les textes bibliques tels que nous les connaissons sont le rassemblement dans un même livre d'éléments d'origines et de dates diverses.
La transmission orale de récits a, pour les textes les plus anciens, précédé la mise par écrit.

La période de l'exil à Babylone a été particulièrement favorable à la mise par écrit des récits traditionnels, et notamment des livres composant le Pentateuque.

Pour le Nouveau Testament, les dates de rédaction des différents textes sont connues de façon plus précises, s'échelonnant entre la deuxième partie du 1° siècle (p.ex. Evangile de Marc) et le début du 2° siècle .

———

---

[1] Copie d'un texte paru dans le livre "Les mots et les noms dans la Bible" (BoD).

LA GENÈSE

A - Récits de création[1]

Genèse 1 & 2

RÉCITS DE LA CRÉATION DU MONDE, DE L'HOMME ET DE LA FEMME

Au commencement, Dieu créa les cieux et la terre.

La terre était informe et vide: il y avait des ténèbres à la surface de l'abîme, et l'esprit de Dieu se mouvait au-dessus des eaux.

Dieu dit: Que la lumière soit! Et la lumière fut.

Dieu vit que la lumière était bonne; et Dieu sépara la lumière d'avec les ténèbres.

Dieu appela la lumière jour, et il appela les ténèbres nuit. Ainsi, il y eut un soir, et il y eut un matin: ce fut le premier jour.

Dieu dit: Qu'il y ait une étendue entre les eaux, et qu'elle sépare les eaux d'avec les eaux.

Et Dieu fit l'étendue, et il sépara les eaux qui sont au-dessous de l'étendue d'avec les eaux qui sont au-dessus de l'étendue. Et cela fut ainsi.

Dieu appela l'étendue ciel. Ainsi, il y eut un soir, et il y eut un matin: ce fut le second jour.

Dieu dit: Que les eaux qui sont au-dessous du ciel se rassemblent en un seul lieu, et que le sec paraisse. Et cela fut ainsi.

Dieu appela le sec terre, et il appela l'amas des eaux mers. Dieu vit que cela était bon.

Puis Dieu dit: Que la terre produise de la verdure, de l'herbe portant de la semence, des arbres fruitiers donnant du fruit selon leur espèce et ayant en eux leur semence sur la terre. Et cela fut ainsi.

La terre produisit de la verdure, de l'herbe portant de la semence selon son espèce, et des arbres donnant du fruit et ayant en eux leur semence selon leur espèce. Dieu vit que cela était bon.

Ainsi, il y eut un soir, et il y eut un matin: ce fut le troisième jour.

Dieu dit: Qu'il y ait des luminaires dans l'étendue du ciel, pour séparer le jour d'avec la nuit; que ce soient des signes pour marquer les époques, les jours et les années;

Et qu'ils servent de luminaires dans l'étendue du ciel, pour éclairer la terre. Et cela fut ainsi.

Dieu fit les deux grands luminaires, le plus grand luminaire pour présider au jour, et le plus petit luminaire pour présider à la nuit; il fit aussi les étoiles.

---

[1] Ces récits sont un essai de description de la situation de l'homme: appelé par Dieu à une haute vocation, mais pécheur.

Dieu les plaça dans l'étendue du ciel, pour éclairer la terre,
  pour présider au jour et à la nuit, et pour séparer la lumière d'avec les ténèbres.Dieu vit que cela était bon.
  Ainsi, il y eut un soir, et il y eut un matin: ce fut le quatrième jour

20 Dieu dit: Que les eaux produisent en abondance des animaux vivants, et que des oiseaux volent sur la terre vers l'étendue du ciel
  Dieu créa les grands poissons et tous les animaux vivants qui se meuvent, et que les eaux produisirent en abondance selon leur espèce; il créa aussi tout oiseau ailé selon son espèce. Dieu vit que cela était bon.

  Dieu les bénit, en disant: Soyez féconds, multipliez, et remplissez les eaux des mers; et que les oiseaux multiplient sur la terre.
  Ainsi, il y eut un soir, et il y eut un matin: ce fut le cinquième jour.

  Dieu dit: Que la terre produise des animaux vivants selon leur espèce, du bétail, des reptiles et des animaux terrestres, selon leur espèce. Et cela fut ainsi.
  Dieu fit les animaux de la terre selon leur espèce, le bétail selon son espèce, et tous les reptiles de la terre selon leur espèce. Dieu vit que cela était bon.

  Puis Dieu dit: Faisons l'homme à notre image, selon notre ressemblance, et qu'il domine sur les poissons de la mer, sur les oiseaux du ciel, sur le bétail, sur toute la terre, et sur tous les reptiles qui rampent sur la terre.
  Dieu créa l'homme à son image, il le créa à l'image de Dieu, il créa l'homme et la femme.
  Dieu les bénit, et Dieu leur dit: Soyez féconds, multipliez, remplissez la terre, et l'assujettissez; et dominez sur les poissons de la mer, sur les oiseaux du ciel, et sur tout animal qui se meut sur la terre.

  Et Dieu dit: Voici, je vous donne toute herbe portant de la semence et qui est à la surface de toute la terre, et tout arbre ayant en lui du fruit d'arbre et portant de la semence: ce sera votre nourriture.
30 Et à tout animal de la terre, à tout oiseau du ciel, et à tout ce qui se meut sur la terre, ayant en soi un souffle de vie, je donne toute herbe verte pour nourriture. Et cela fut ainsi.

  Dieu vit tout ce qu'il avait fait et voici, cela était très bon. Ainsi, il y eut un soir, et il y eut un matin: ce fut le sixième jour.

Genèse 2

  Ainsi furent achevés les cieux et la terre, et toute leur armée.
  Dieu acheva au septième jour son oeuvre, qu'il avait faite: et il se reposa au septième jour de toute son oeuvre, qu'il avait faite.
  Dieu bénit le septième jour, et il le sanctifia, parce qu'en ce jour il se reposa de toute son oeuvre qu'il avait créée en la faisant.

Voici les origines des cieux et de la terre, quand ils furent créés.

Lorsque l'Éternel Dieu fit une terre et des cieux, aucun arbuste des champs n'était encore sur la terre, et aucune herbe des champs ne germait encore: car l'Éternel Dieu n'avait pas fait pleuvoir sur la terre, et il n'y avait point d'homme pour cultiver le sol.

Mais une vapeur s'éleva de la terre, et arrosa toute la surface du sol

L'Éternel Dieu forma l'homme de la poussière de la terre, il souffla dans ses narines un souffle de vie et l'homme devint un être vivant.

Puis l'Éternel Dieu planta un jardin en Éden, du côté de l'orient, et il y mit l'homme qu'il avait formé.

L'Éternel Dieu fit pousser du sol des arbres de toute espèce, agréables à voir et bons à manger, et l'arbre de la vie au milieu du jardin, et l'arbre de la connaissance du bien et du mal.

10 Un fleuve sortait d'Éden pour arroser le jardin, et de là il se divisait en quatre bras.

Le nom du premier est Pischon; c'est celui qui entoure tout le pays de Havila, où se trouve l'or.

L'or de ce pays est pur; on y trouve aussi le bdellium et la pierre d'onyx.

Le nom du second fleuve est Guihon; c'est celui qui entoure tout le pays de Cusch.

Le nom du troisième est Hiddékel; c'est celui qui coule à l'orient de l'Assyrie. Le quatrième fleuve, c'est l'Euphrate

L'Éternel Dieu prit l'homme, et le plaça dans le jardin d'Éden pour le cultiver et pour le garder.

L'Éternel Dieu donna cet ordre à l'homme: Tu pourras manger de tous les arbres du jardin; mais tu ne mangeras pas de l'arbre de la connaissance du bien et du mal, car le jour où tu en mangeras, tu mourras.

L'Éternel Dieu dit: Il n'est pas bon que l'homme soit seul; je lui ferai une aide semblable à lui.

L'Éternel Dieu forma de la terre tous les animaux des champs et tous les oiseaux du ciel, et il les fit venir vers l'homme, pour voir comment il les appellerait, et afin que tout être vivant portât le nom que lui donnerait l'homme.

20 Et l'homme donna des noms à tout le bétail, aux oiseaux du ciel et à tous les animaux des champs; mais, pour l'homme, il ne trouva point d'aide semblable à lui.

Alors l'Éternel Dieu fit tomber un profond sommeil sur l'homme, qui s'endormit; il prit une de ses côtes, et referma la chair à sa place.

L'Éternel Dieu forma une femme de la côte[1] qu'il avait prise de l'homme, et il l'amena vers l'homme.

Et l'homme dit: Voici cette fois celle qui est os de mes os et chair de ma chair! On l'appellera femme, parce qu'elle a été prise de l'homme.

C'est pourquoi l'homme quittera son père et sa mère, et s'attachera à sa femme, et ils deviendront une seule chair.

L'homme et sa femme étaient tous deux nus, et ils n'en avaient point honte.

---

[1] Gn 2,22 - Autre traduction: il forma une femme avec le *côté* de l'homme

B - "La chute"
Genèse 3

Le serpent était le plus rusé de tous les animaux des champs, que l'Éternel Dieu avait faits. Il dit à la femme: Dieu a-t-il réellement dit: Vous ne mangerez pas de tous les arbres du jardin?

La femme répondit au serpent: Nous mangeons du fruit des arbres du jardin.

Mais quant au fruit de l'arbre qui est au milieu du jardin, Dieu a dit: Vous n'en mangerez point et vous n'y toucherez point, de peur que vous ne mouriez.

Alors le serpent dit à la femme: Vous ne mourrez point;

Mais Dieu sait que, le jour où vous en mangerez, vos yeux s'ouvriront, et que vous serez comme des dieux, connaissant le bien et le mal.

La femme vit que l'arbre était bon à manger et agréable à la vue, et qu'il était précieux pour ouvrir l'intelligence; elle prit de son fruit, et en mangea; elle en donna aussi à son mari, qui était auprès d'elle, et il en mangea.

Les yeux de l'un et de l'autre s'ouvrirent, ils connurent qu'ils étaient nus, et ayant cousu des feuilles de figuier, ils s'en firent des ceintures.

Alors ils entendirent la voix de l'Éternel Dieu, qui parcourait le jardin vers le soir, et l'homme et sa femme se cachèrent loin de la face de l'Éternel Dieu, au milieu des arbres du jardin.

Mais l'Éternel Dieu appela l'homme, et lui dit: Où es-tu?

10 Il répondit: J'ai entendu ta voix dans le jardin, et j'ai eu peur, parce que je suis nu, et je me suis caché.

Et l'Éternel Dieu dit: Qui t'a appris que tu es nu? Est-ce que tu as mangé de l'arbre dont je t'avais défendu de manger?

L'homme répondit: La femme que tu as mise auprès de moi m'a donné de l'arbre, et j'en ai mangé.

Et l'Éternel Dieu dit à la femme: Pourquoi as-tu fait cela? La femme répondit: Le serpent m'a séduite, et j'en ai mangé.

L'Éternel Dieu dit au serpent: Puisque tu as fait cela, tu seras maudit entre tout le bétail et entre tous les animaux des champs, tu marcheras sur ton ventre, et tu mangeras de la poussière tous les jours de ta vie.

Je mettrai inimitié entre toi et la femme, entre ta postérité et sa postérité: celle-ci t'écrasera la tête, et tu lui blesseras le talon.

Il dit à la femme: J'augmenterai la souffrance de tes grossesses, tu enfanteras avec douleur, et tes désirs se porteront vers ton mari, mais il dominera sur toi.

Dieu dit à l'homme: Puisque tu as écouté la voix de ta femme, et que tu as mangé de l'arbre au sujet duquel je t'avais donné cet ordre: Tu n'en mangeras point! Le sol sera maudit à cause de toi. C'est à force de peine que tu en tireras ta nourriture tous les jours de ta vie,

Il te produira des épines et des ronces, et tu mangeras de l'herbe des champs.

C'est à la sueur de ton visage que tu mangeras du pain, jusqu'à ce que tu retournes dans la terre, d'où tu as été pris; car tu es poussière, et tu retourneras dans la poussière.

20 Adam donna à sa femme le nom d'Ève: car elle a été la mère de tous les vivants.

L'Éternel Dieu fit à Adam et à sa femme des habits de peau, et il les en revêtit.

L'Éternel Dieu dit: Voici, l'homme est devenu comme l'un de nous, pour la connaissance du bien et du mal. Empêchons-le maintenant d'avancer sa main, de prendre de l'arbre de vie, d'en manger, et de vivre éternellement.

Et l'Éternel Dieu le chassa du jardin d'Éden, pour qu'il cultivât la terre, d'où il avait été pris.

C'est ainsi qu'il chassa Adam; et il mit à l'orient du jardin d'Éden les chérubins qui agitent une épée flamboyante, pour garder le chemin de l'arbre de vie.

C - Caïn et Abel
Genèse 4,1-16

Adam connut Ève, sa femme; elle conçut, et enfanta Caïn et elle dit: J'ai formé un homme avec l'aide de l'Éternel.

Elle enfanta encore son frère Abel. Abel fut berger, et Caïn fut laboureur.

Au bout de quelque temps, Caïn fit à l'Éternel une offrande des fruits de la terre.
Et Abel, de son côté, en fit une des premiers-nés de son troupeau et de leur graisse. L'Éternel porta un regard favorable sur Abel et sur son offrande.

Mais il ne porta pas un regard favorable sur Caïn et sur son offrande. Caïn fut très irrité, et son visage fut abattu[1].

Et l'Éternel dit à Caïn: Pourquoi es-tu irrité, et pourquoi ton visage est-il abattu?

Certainement, si tu agis bien, tu relèveras ton visage, et si tu agis mal, le péché se couche à la porte, et ses désirs se portent vers toi: mais toi, domine sur lui.

Cependant, Caïn adressa la parole à son frère Abel; mais, comme ils étaient dans les champs, Caïn se jeta sur son frère Abel, et le tua.

---

[1] Aucune explication n'est donnée par la Bible sur la raison du regard non favorable porté par Dieu sur l'offrande de Caïn (par contre Dieu lui parle ensuite presque paternellement).

L'Éternel dit à Caïn: Où est ton frère Abel? Il répondit: Je ne sais pas; suis-je le gardien de mon frère?

10 Et Dieu dit: Qu'as-tu fait? La voix du sang de ton frère crie de la terre jusqu'à moi. Maintenant, tu seras maudit de la terre qui a ouvert sa bouche pour recevoir de ta main le sang de ton frère.

Caïn dit à l'Éternel: Mon châtiment est trop grand pour être supporté. Voici, tu me chasses aujourd'hui de cette terre; je serai caché loin de ta face, je serai errant et vagabond sur la terre, et quiconque me trouvera me tuera.

L'Éternel lui dit: Si quelqu'un tuait Caïn, Caïn serait vengé sept fois. Et l'Éternel mit un signe sur Caïn pour que quiconque le trouverait ne le tuât point. Puis, Caïn s'éloigna de la face de l'Éternel, et habita dans la terre de Nod, à l'orient d'Éden.

D - Généalogies
Genèse 4,17 - 5,32

Caïn connut sa femme; elle conçut, et enfanta Hénoc. Il bâtit ensuite une ville, et il donna à cette ville le nom de son fils Hénoc.

Hénoc engendra Irad, Irad engendra Mehujaël, Mehujaël engendra Metuschaël, et Metuschaël engendra Lémec.

Lémec prit deux femmes: le nom de l'une était Ada, et le nom de l'autre Tsilla.

20 Ada enfanta Jabal: il fut le père de ceux qui habitent sous des tentes et près des troupeaux.

Le nom de son frère était Jubal: il fut le père de tous ceux qui jouent de la harpe et du chalumeau.

Tsilla, de son côté, enfanta Tubal Caïn, qui forgeait tous les instruments d'airain et de fer. La soeur de Tubal Caïn était Naama.

Lémec dit à ses femmes: Ada et Tsilla, écoutez ma voix! Femmes de Lémec, écoutez ma parole! J'ai tué un homme pour ma blessure, Et un jeune homme pour ma meurtrissure.

Caïn sera vengé sept fois, Et Lémec soixante-dix-sept fois.

Adam connut encore sa femme; elle enfanta un fils, et l'appela du nom de Seth, car, dit-elle, Dieu m'a donnée un autre fils à la place d'Abel, que Caïn a tué.

Seth eut aussi un fils, et il l'appela du nom d'Énosch. C'est alors que l'on commença à invoquer le nom de l'Éternel.

Genèse 5

Voici le livre de la postérité d'Adam. Lorsque Dieu créa l'homme, il le fit à la ressemblance de Dieu.

Il créa l'homme et la femme, il les bénit, et il les appela du nom d'homme, lorsqu'ils furent créés.

Adam, âgé de cent trente ans, engendra un fils à sa ressemblance, selon son image, et il lui donna le nom de Seth.

Les jours d'Adam, après la naissance de Seth, furent de huit cents ans; et il engendra des fils et des filles.

Les jours qu'Adam vécut furent en tout de neuf cent trente ans; puis il mourut.

Seth, âgé de cent cinq ans, engendra Énosch.

Seth vécut, après la naissance d'Énosch, huit cent sept ans; et il engendra des fils et des filles.

Tous les jours de Seth furent de neuf cent douze ans; puis il mourut.

Énosch, âgé de quatre-vingt-dix ans, engendra Kénan.

10 Énosch vécut, après la naissance de Kénan, huit cent quinze ans; et il engendra des fils et des filles.

Tous les jours d'Énosch furent de neuf cent cinq ans; puis il mourut.

Kénan, âgé de soixante-dix ans, engendra Mahalaleel.

Kénan vécut, après la naissance de Mahalaleel, huit cent quarante ans; et il engendra des fils et des filles.

Tous les jours de Kénan furent de neuf cent dix ans; puis il mourut.

Mahalaleel, âgé de soixante-cinq ans, engendra Jéred.

Mahalaleel vécut, après la naissance de Jéred, huit cent trente ans; et il engendra des fils et des filles.

Tous les jours de Mahalaleel furent de huit cent quatre-vingt-quinze ans; puis il mourut.

Jéred, âgé de cent soixante-deux ans, engendra Hénoc.

Jéred vécut, après la naissance d'Hénoc, huit cents ans; et il engendra des fils et des filles.

20 Tous les jours de Jéred furent de neuf cent soixante-deux ans; puis il mourut.

Hénoc, âgé de soixante-cinq ans, engendra Metuschélah.

Hénoc, après la naissance de Metuschélah, marcha avec Dieu trois cents ans; et il engendra des fils et des filles.

Tous les jours d'Hénoc furent de trois cent soixante-cinq ans.

Hénoc marcha avec Dieu; puis il ne fut plus, parce que Dieu le prit.

Metuschélah, âgé de cent quatre-vingt-sept ans, engendra Lémec.

Metuschélah vécut, après la naissance de Lémec, sept cent quatre-vingt deux ans; et il engendra des fils et des filles.

Tous les jours de Metuschélah furent de neuf cent soixante-neuf ans; puis il mourut.

Lémec, âgé de cent quatre-vingt-deux ans, engendra un fils.

Il lui donna le nom de Noé, en disant: Celui-ci nous consolera de nos fatigues et du travail pénible de nos mains, provenant de cette terre que l'Éternel a maudite.

30 Lémec vécut, après la naissance de Noé, cinq cent quatre-vingt-quinze ans; et il engendra des Òfils et des filles.

Tous les jours de Lémec furent de sept cent soixante-dix sept ans; puis il mourut.

Noé, âgé de cinq cents ans, engendra Sem, Cham et Japhet.

E - Le Déluge ; Noé
Genèse 6- 8

Lorsque les hommes eurent commencé à se multiplier sur la face de la terre, et que des filles leur furent nées,

Les fils de Dieu virent que les filles des hommes étaient belles, et ils en prirent pour femmes parmi toutes celles qu'ils choisirent.

Alors l'Éternel dit: Mon esprit ne restera pas à toujours dans l'homme, car l'homme n'est que chair, et ses jours seront de cent vingt ans.

Gn 6,4 Les géants étaient sur la terre en ces temps-là, après que les fils de Dieu furent venus vers les filles des hommes, et qu'elles leur eurent donné des enfants: ce sont ces héros qui furent fameux dans l'antiquité.

L'Éternel vit que la méchanceté des hommes était grande sur la terre, et que toutes les pensées de leur cœur se portaient chaque jour uniquement vers le mal.

L'Éternel se repentit d'avoir fait l'homme sur la terre, et il fut affligé en son cœur.

Et l'Éternel dit: J'exterminerai de la face de la terre l'homme que j'ai créé, depuis l'homme jusqu'au bétail, aux reptiles, et aux oiseaux du ciel; car je me repens de les avoir faits.

Mais Noé trouva grâce aux yeux de l'Éternel.

Voici la postérité de Noé. Noé était un homme juste et intègre dans son temps; Noé marchait avec Dieu.

10 Noé engendra trois fils: Sem, Cham et Japhet.

La terre était corrompue devant Dieu, la terre était pleine de violence.

Dieu regarda la terre, et voici, elle était corrompue; car toute chair avait corrompu sa voie sur la terre.

Alors Dieu dit à Noé: La fin de toute chair est arrêtée par devers moi; car ils ont rempli la terre de violence; voici, je vais les détruire avec la terre.

Fais-toi une *arche*[1] de bois de *gopher*[2]; tu disposeras cette arche en *cellules*[3], et tu l'enduiras de poix en dedans et en dehors.

Voici comment tu la feras: l'arche aura trois cents coudées de longueur, cinquante coudées de largeur et trente coudées de hauteur.

Tu feras à l'arche une fenêtre, que tu réduiras à une coudée en haut; tu établiras une porte sur le côté de l'arche; et tu construiras un étage inférieur, un second et un troisième.

Et moi, je vais faire venir le déluge d'eaux sur la terre, pour détruire toute chair ayant souffle de vie sous le ciel; tout ce qui est sur la terre périra.

Mais j'établis mon alliance avec toi; tu entreras dans l'arche, toi et tes fils, ta femme et les femmes de tes fils avec toi.

De tout ce qui vit, de toute chair, tu feras entrer dans l'arche deux de chaque espèce, pour les conserver en vie avec toi: il y aura un mâle et une femelle.

20 Des oiseaux selon leur espèce, du bétail selon son espèce, et de tous les reptiles de la terre selon leur espèce, deux de chaque espèce viendront vers toi, pour que tu leur conserves la vie.

Et toi, prends de tous les aliments que l'on mange, et fais-en une provision auprès de toi, afin qu'ils te servent de nourriture ainsi qu'à eux.

---

[1] Le mot "arche" vient du latin "arca" et désigne un vaste coffre; en hébreu le mot désigne une caisse; il est aussi utilisé pour l'enfant Moïse abandonné sur l'eau (Ex 2,3).

[2] Autre traduction: bois résineux.

3 Autre traduction: des compartiments.

C'est ce que fit Noé: il exécuta tout ce que Dieu lui avait ordonné.

Genèse 7
L'Éternel dit à Noé: Entre dans l'arche, toi et toute ta maison; car je t'ai vu juste devant moi parmi cette génération[1].

Tu prendras auprès de toi sept couples de tous les animaux purs, le mâle et sa femelle; une paire des animaux qui ne sont pas purs, le mâle et sa femelle; sept couples aussi des oiseaux du ciel, mâle et femelle, afin de conserver leur race en vie sur la face de toute la terre.

Car, encore sept jours, et je ferai pleuvoir sur la terre quarante jours et quarante nuits, et j'exterminerai de la face de la terre tous les êtres que j'ai faits.

Noé exécuta tout ce que l'Éternel lui avait ordonné. Noé avait six cents ans, lorsque le déluge d'eaux fut sur la terre. Et Noé entra dans l'arche avec ses fils, sa femme et les femmes de ses fils, pour échapper aux eaux du déluge.

D'entre les animaux purs et les animaux qui ne sont pas purs, les oiseaux et tout ce qui se meut sur la terre, il entra dans l'arche auprès de Noé, deux à deux, un mâle et une femelle, comme Dieu l'avait ordonné à Noé.

10   Sept jours après, les eaux du déluge furent sur la terre.

L'an six cent de la vie de Noé, le second mois, le dix-septième jour du mois, en ce jour-là toutes les sources du grand abîme jaillirent, et les écluses des cieux s'ouvrirent.

La pluie tomba sur la terre quarante jours et quarante nuits.

Ce même jour entrèrent dans l'arche Noé, Sem, Cham et Japhet, fils de Noé, la femme de Noé et les trois femmes de ses fils avec eux:

Eux, et tous les animaux selon leur espèce, tout le bétail selon son espèce, tous les reptiles qui rampent sur la terre selon leur espèce, tous les oiseaux selon leur espèce, tous les petits oiseaux, tout ce qui a des ailes.

Ils entrèrent dans l'arche auprès de Noé, deux à deux, de toute chair ayant souffle de vie.

Il en entra, mâle et femelle, de toute chair, comme Dieu l'avait ordonné à Noé. Puis l'Éternel ferma la porte sur lui.

Le déluge fut quarante jours sur la terre. Les eaux crûrent et soulevèrent l'arche, et elle s'éleva au-dessus de la terre.

Les eaux grossirent et s'accrurent beaucoup sur la terre, et l'arche flotta sur la surface des eaux.

---

[1] Autre traduction: "Tu es le seul juste que je vois dans cette génération."

Les eaux grossirent de plus en plus, et toutes les hautes montagnes qui sont sous le ciel entier furent couvertes.

20 Les eaux s'élevèrent de quinze coudées au-dessus des montagnes, qui furent couvertes.

Tout ce qui se mouvait sur la terre périt, tant les oiseaux que le bétail et les animaux, tout ce qui rampait sur la terre, et tous les hommes.

Tout ce qui avait respiration, souffle de vie dans ses narines, et qui était sur la terre sèche, mourut.

Tous les êtres qui étaient sur la face de la terre furent exterminés, depuis l'homme jusqu'au bétail, aux reptiles et aux oiseaux du ciel: ils furent exterminés de la terre. Il ne resta que Noé, et ce qui était avec lui dans l'arche.

Les eaux furent grosses sur la terre pendant cent cinquante jours.

Genèse 8

Dieu se souvint de Noé, de tous les animaux et de tout le bétail qui étaient avec lui dans l'arche; et Dieu fit passer un vent sur la terre, et les eaux s'apaisèrent.

Les sources de l'abîme et les écluses des cieux furent fermées, et la pluie ne tomba plus du ciel.

Les eaux se retirèrent de dessus la terre, s'en allant et s'éloignant, et les eaux diminuèrent au bout de cent cinquante jours.

Le septième mois, le dix-septième jour du mois, l'arche s'arrêta sur les montagnes d'Ararat.

Les eaux allèrent en diminuant jusqu'au dixième mois. Le dixième mois, le premier jour du mois, apparurent les sommets des montagnes.

Au bout de quarante jours, Noé ouvrit la fenêtre qu'il avait faite à l'arche.

Il lâcha le corbeau, qui sortit, partant et revenant, jusqu'à ce que les eaux eussent séché sur la terre.

Il lâcha aussi la colombe, pour voir si les eaux avaient diminué à la surface de la terre. Mais la colombe ne trouva aucun lieu pour poser la plante de son pied, et elle revint à lui dans l'arche, car il y avait des eaux à la surface de toute la terre. Il avança la main, la prit, et la fit rentrer auprès de lui dans l'arche.

10 Il attendit encore sept autres jours, et lâcha de nouveau la colombe hors de l'arche.

La colombe revint à lui sur le soir; et voici, une feuille d'olivier arrachée était dans son bec. Noé connut ainsi que les eaux avaient diminué sur la terre.

Il attendit encore sept autres jours; et il lâcha la colombe. Mais elle ne revint plus à lui.

L'an six cent un, le premier mois, le premier jour du mois, les eaux avaient séché sur la terre. Noé ôta la couverture de l'arche: il regarda, et voici, la surface de la terre avait séché.

Le second mois, le vingt-septième jour du mois, la terre fut sèche.

Alors Dieu parla à Noé, en disant: Sors de l'arche, toi et ta femme, tes fils et les femmes de tes fils avec toi.

Fais sortir avec toi tous les animaux de toute chair qui sont avec toi, tant les oiseaux que le bétail et tous les reptiles qui rampent sur la terre: qu'ils se répandent sur la terre, qu'ils soient féconds et se multiplient sur la terre.

Et Noé sortit, avec ses fils, sa femme, et les femmes de ses fils.

Tous les animaux, tous les reptiles, tous les oiseaux, tout ce qui se meut sur la terre, selon leurs espèces, sortirent de l'arche.

20 Noé bâtit un autel à l'Éternel; il prit de toutes les bêtes pures et de tous les oiseaux purs, et il offrit des holocaustes sur l'autel.

L'Éternel sentit une odeur agréable, et l'Éternel dit en son coeur: Je ne maudirai plus la terre, à cause de l'homme, parce que les pensées du coeur de l'homme sont mauvaises dès sa jeunesse; et je ne frapperai plus tout ce qui est vivant, comme je l'ai fait.

Tant que la terre subsistera, les semailles et la moisson, le froid et la chaleur, l'été et l'hiver, le jour et la nuit ne cesseront point.

F - Interdiction du sang - Première alliance
Genèse 9,1-17

Dieu bénit Noé et ses fils, et leur dit: Soyez féconds, multipliez, et remplissez la terre.

Vous serez un sujet de crainte et d'effroi pour tout animal de la terre, pour tout oiseau du ciel, pour tout ce qui se meut sur la terre, et pour tous les poissons de la mer: ils sont livrés entre vos mains.

Tout ce qui se meut et qui a vie vous servira de nourriture: je vous donne tout cela comme l'herbe verte.

Seulement, vous ne mangerez point de chair avec son âme, avec son sang.

Sachez-le aussi, je redemanderai le sang de vos âmes, je le redemanderai à tout animal; et je redemanderai l'âme de l'homme à l'homme, à l'homme qui est son frère.

Si quelqu'un verse le sang de l'homme, par l'homme son sang sera versé; car Dieu a fait l'homme à son image.

Et vous, soyez féconds et multipliez, répandez-vous sur la terre et multipliez sur elle.

Dieu parla encore à Noé et à ses fils avec lui, en disant:
Voici, j'établis mon alliance avec vous et avec votre postérité après vous;

10 Avec tous les êtres vivants qui sont avec vous, tant les oiseaux que le bétail et tous les animaux de la terre, soit avec tous ceux qui sont sortis de l'arche, soit avec tous les animaux de la terre.

J'établis mon alliance avec vous: aucune chair ne sera plus exterminée par les eaux du déluge, et il n'y aura plus de déluge pour détruire la terre.

Et Dieu dit: C'est ici le signe de l'alliance que j'établis entre moi et vous, et tous les êtres vivants qui sont avec vous, pour les générations à toujours:

J'ai placé mon arc dans la nue, et il servira de signe d'alliance entre moi et la terre.

Quand j'aurai rassemblé des nuages au-dessus de la terre, l'arc paraîtra dans la nue;

Et je me souviendrai de mon alliance entre moi et vous, et tous les êtres vivants, de toute chair, et les eaux ne deviendront plus un déluge pour détruire toute chair.

L'arc sera dans la nue; et je le regarderai, pour me souvenir de l'alliance perpétuelle entre Dieu et tous les êtres vivants, de toute chair qui est sur la terre.

Et Dieu dit à Noé: Tel est le signe de l'alliance que j'établis entre moi et toute chair qui est sur la terre.

G - Malédiction de Cham
Genèse 9,18-29

Les fils de Noé, qui sortirent de l'arche, étaient Sem, Cham et Japhet. Cham fut le père de Canaan.

Ce sont là les trois fils de Noé, et c'est leur postérité qui peupla toute la terre.

20 Noé commença à cultiver la terre, et planta de la vigne.

Il but du vin, s'enivra, et se découvrit au milieu de sa tente.

Cham, père de Canaan, vit la nudité de son père, et il le rapporta dehors à ses deux frères.

Alors Sem et Japhet prirent le manteau, le mirent sur leurs épaules, marchèrent à reculons, et couvrirent la nudité de leur père; comme leur visage était détourné, ils ne virent point la nudité de leur père.

Lorsque Noé se réveilla de son vin, il apprit ce que lui avait fait son fils cadet.

Et il dit: Maudit soit Canaan[1] ! Qu'il soit l'esclave des esclaves de ses frères!

Il dit encore: Béni soit l'Éternel, Dieu de Sem, et que Canaan soit leur esclave!

Que Dieu étende les possessions de Japhet, qu'il habite dans les tentes de Sem, et que Canaan soit leur esclave!

Noé vécut, après le déluge, trois cent cinquante ans.

Tous les jours de Noé furent de neuf cent cinquante ans; puis il mourut.

Genèse 10

Voici la postérité des fils de Noé, Sem, Cham et Japhet. Il leur naquit des fils après le déluge.

---

[1] "Canaan" désigne la population qui descendra de Cham: les habitants de la Palestine autres que les fils de Sem.

Gn 10,2   Les fils de Japhet furent: Gomer, Magog, Madaï, Javan, Tubal, Méschec et Tiras.
Les fils de Gomer: Aschkenaz, Riphat et Togarma.
Les fils de Javan: Élischa, Tarsis, Kittim et Dodanim.

C'est par eux qu'ont été peuplées les îles des nations selon leurs terres, selon la langue de chacun, selon leurs familles, selon leurs nations.

Les fils de Cham furent: Cusch, Mitsraïm, Puth et Canaan.
Les fils de Cusch: Saba, Havila, Sabta, Raema et Sabteca. Les fils de Raema: Séba et Dedan.

Cusch engendra aussi Nimrod; c'est lui qui commença à être puissant sur la terre.
Il fut un vaillant chasseur devant l'Éternel; c'est pourquoi l'on dit: Comme Nimrod, vaillant chasseur devant l'Éternel.

10   Il régna d'abord sur Babel, Érec, Accad et Calné, au pays de Schinear.
De ce pays-là sortit Assur; il bâtit Ninive, Rehoboth Hir, Calach,
et Résen entre Ninive et Calach; c'est la grande ville.

Mitsraïm engendra les Ludim, les Anamim, les Lehabim, les Naphtuhim,
les Patrusim, les Casluhim, d'où sont sortis les Philistins, et les Caphtorim.
Canaan engendra Sidon, son premier-né, et Heth;
et les Jébusiens, les Amoréens, les Guirgasiens,
les Héviens, les Arkiens, les Siniens,
les Arvadiens, les Tsemariens, les Hamathiens. Ensuite, les familles des Cananéens se dispersèrent.

Les limites des Cananéens allèrent depuis Sidon, du côté de Guérar, jusqu'à Gaza, et du côté de Sodome, de Gomorrhe, d'Adma et de Tseboïm, jusqu'à Léscha.

20   Ce sont là les fils de Cham, selon leurs familles, selon leurs langues, selon leurs pays, selon leurs nations.

Il naquit aussi des fils à Sem, père de tous les fils d'Héber, et frère de Japhet l'aîné.
Les fils de Sem furent: Élam, Assur, Arpacschad, Lud et Aram.
Les fils d'Aram: Uts, Hul, Guéter et Masch.
Arpacschad engendra Schélach; et Schélach engendra Héber.
Il naquit à Héber deux fils: le nom de l'un était Péleg, parce que de son temps la terre fut partagée, et le nom de son frère était Jokthan.
Jokthan engendra Almodad, Schéleph, Hatsarmaveth, Jérach, Hadoram, Uzal, Dikla,
Obal, Abimaël, Séba,
Ophir, Havila et Jobab. Tous ceux-là furent fils de Jokthan.

30   Ils habitèrent depuis Méscha, du côté de Sephar, jusqu'à la montagne de l'orient.
Ce sont là les fils de Sem, selon leurs familles, selon leurs langues, selon leurs pays, selon leurs nations.

Telles sont les familles des fils de Noé, selon leurs générations, selon leurs nations. Et c'est d'eux que sont sorties les nations qui se sont répandues sur la terre après le déluge.

H - La tour de Babel
Genèse 11,1-26

Toute la terre avait une seule langue et les mêmes mots.

Comme ils étaient partis de l'orient, ils trouvèrent une plaine au pays de Schinear, et ils y habitèrent.

Ils se dirent l'un à l'autre: Allons! faisons des briques, et cuisons-les au feu. Et la brique leur servit de pierre, et le bitume leur servit de ciment.

Ils dirent encore: Allons! bâtissons-nous une ville et une tour dont le sommet touche au ciel, et faisons-nous un nom, afin que nous ne soyons pas dispersés sur la face de toute la terre.

L'Éternel descendit pour voir la ville et la tour que bâtissaient les fils des hommes.

Et l'Éternel dit: Voici, ils forment un seul peuple et ont tous une même langue, et c'est là ce qu'ils ont entrepris; maintenant rien ne les empêcherait de faire tout ce qu'ils auraient projeté.

Allons! descendons, et là confondons leur langage, afin qu'ils n'entendent plus la langue, les uns des autres.

Et l'Éternel les dispersa loin de là sur la face de toute la terre; et ils cessèrent de bâtir la ville.

C'est pourquoi on l'appela du nom de Babel, car c'est là que l'Éternel confondit le langage de toute la terre, et c'est de là que l'Éternel les dispersa sur la face de toute la terre.

10   Voici la postérité de Sem. Sem, âgé de cent ans, engendra Arpacschad, deux ans après le déluge.

Sem vécut, après la naissance d'Arpacschad, cinq cents ans; et il engendra des fils et des filles.

Arpacschad, âgé de trente-cinq ans, engendra Schélach.

Arpacschad vécut, après la naissance de Schélach, quatre cent trois ans; et il engendra des fils et des filles.

Schélach, âgé de trente ans, engendra Héber.

Schélach vécut, après la naissance d'Héber, quatre cent trois ans; et il engendra des fils et des filles.

Héber, âgé de trente-quatre ans, engendra Péleg.

Héber vécut, après la naissance de Péleg, quatre cent trente ans; et il engendra des fils et des filles.

Péleg, âgé de trente ans, engendra Rehu.

Péleg vécut, après la naissance de Rehu, deux cent neuf ans; et il engendra des fils et des filles.

20   Rehu, âgé de trente-deux ans, engendra Serug.

Rehu vécut, après la naissance de Serug, deux cent sept ans; et il engendra des fils et des filles.

Serug, âgé de trente ans, engendra Nachor.

Serug vécut, après la naissance de Nachor, deux cents ans; et il engendra des fils et des filles.

Nachor, âgé de vingt-neuf ans, engendra Térach.

Nachor vécut, après la naissance de Térach, cent dix-neuf ans; et il engendra des fils et des filles.

Térach, âgé de soixante-dix ans, engendra Abram, Nachor et Haran.

I - Début de l'histoire d'Abraham
Genèse 11,27 - 12,20

Voici la postérité de Térach[1]. Térach engendra Abram[2], Nachor et Haran. Haran engendra Lot.

———————————————————

[1] Appellation plus fréquente "Térah".

[2] Voir Gn 17,5 : Abram est renommé par Dieu "Abraham".

Et Haran mourut en présence de Térach, son père, au pays de sa naissance, à Ur en Chaldée.

Abram et Nachor prirent des femmes: le nom de la femme d'Abram était Saraï[1], et le nom de la femme de Nachor était Milca, fille d'Haran, père de Milca et père de Jisca.

30 Saraï était stérile: elle n'avait point d'enfants.

Térach prit Abram, son fils, et Lot, fils d'Haran, fils de son fils, et Saraï, sa belle-fille, femme d'Abram, son fils. Ils sortirent ensemble d'Ur en Chaldée, pour aller au pays de Canaan. Ils vinrent jusqu'à Charan[2], et ils y habitèrent.

Les jours de Térach furent de deux cent cinq ans; et Térach mourut à Charan.

Genèse 12

L'Éternel dit à Abram: Va-t-en de ton pays, de ta patrie, et de la maison de ton père, dans le pays que je te montrerai.

Je ferai de toi une grande nation, et je te bénirai; je rendrai ton nom grand, et tu seras une source de bénédiction.

Je bénirai ceux qui te béniront, et je maudirai ceux qui te maudiront; et toutes les familles de la terre seront bénies en toi.

Abram partit, comme l'Éternel le lui avait dit, et Lot partit avec lui. Abram était âgé de soixante-quinze ans, lorsqu'il sortit de Charan.

Abram prit Saraï, sa femme, et Lot, fils de son frère, avec tous les biens qu'ils possédaient et les serviteurs qu'ils avaient acquis à Charan. Ils partirent pour aller dans le pays de Canaan, et ils arrivèrent au pays de Canaan.

Abram parcourut le pays jusqu'au lieu nommé Sichem, jusqu'aux chênes de Moré. Les Cananéens étaient alors dans le pays.

L'Éternel apparut à Abram, et dit: Je donnerai ce pays à ta postérité. Et Abram bâtit là un autel à l'Éternel, qui lui était apparu.

Il se transporta de là vers la montagne, à l'orient de Béthel, et il dressa ses tentes, ayant Béthel à l'occident et Aï à l'orient. Il bâtit encore là un autel à l'Éternel, et il invoqua le nom de l'Éternel.

Abram continua ses marches, en s'avançant vers le midi.

10 Il y eut une famine dans le pays; et Abram descendit en Égypte pour y séjourner, car la famine était grande dans le pays.

Comme il était près d'entrer en Égypte, il dit à Saraï, sa femme: Voici, je sais que tu es une femme belle de figure.

---

[1] Voir Gn 17,15: Saraï sera renommée par Dieu "Sara".

[2] Appellation plus fréquente: "Harran".

Quand les Égyptiens te verront, ils diront: C'est sa femme! Et ils me tueront, et te laisseront la vie.

Dis, je te prie, que tu es ma soeur, afin que je sois bien traité à cause de toi, et que mon âme vive grâce à toi.

Lorsque Abram fut arrivé en Égypte, les Égyptiens virent que la femme était fort belle.

Les grands de Pharaon la virent aussi et la vantèrent à Pharaon; et la femme fut emmenée dans la maison de Pharaon.

Il traita bien Abram à cause d'elle; et Abram reçut des brebis, des boeufs, des ânes, des serviteurs et des servantes, des ânesses, et des chameaux.

Mais l'Éternel frappa de grandes plaies Pharaon et sa maison, au sujet de Saraï, femme d'Abram.

Alors Pharaon appela Abram, et dit: Qu'est-ce que tu m'as fait? Pourquoi ne m'as-tu pas déclaré que c'est ta femme?

Pourquoi as-tu dit: C'est ma soeur? Aussi l'ai-je prise pour ma femme. Maintenant, voici ta femme, prends-la, et va-t-en!

20 Et Pharaon donna ordre à ses gens de le renvoyer, lui et sa femme, avec tout ce qui lui appartenait.

J - Abraham et Lot se séparent
Genèse 13

Abram remonta d'Égypte vers le midi, lui, sa femme, et tout ce qui lui appartenait, et Lot avec lui.

Abram était très riche en troupeaux, en argent et en or.

Il dirigea ses marches du midi jusqu'à Béthel, jusqu'au lieu où était sa tente au commencement, entre Béthel et Aï,

au lieu où était l'autel qu'il avait fait précédemment. Et là, Abram invoqua le nom de l'Éternel.

Lot, qui voyageait avec Abram, avait aussi des brebis, des boeufs et des tentes.

Et la contrée était insuffisante pour qu'ils demeurassent ensemble, car leurs biens étaient si considérables qu'ils ne pouvaient demeurer ensemble.

Il y eut querelle entre les bergers des troupeaux d'Abram et les bergers des troupeaux de Lot. Les Cananéens et les Phérésiens habitaient alors dans le pays.

Abram dit à Lot: Qu'il n'y ait point, je te prie, de dispute entre moi et toi, ni entre mes bergers et tes bergers; car nous sommes frères.

Tout le pays n'est-il pas devant toi? Sépare-toi donc de moi: si tu vas à gauche, j'irai à droite; si tu vas à droite, j'irai à gauche.

10   Lot leva les yeux, et vit toute la plaine du Jourdain, qui était entièrement arrosée. Avant que l'Éternel eût détruit Sodome et Gomorrhe, c'était, jusqu'à Tsoar, comme un jardin de l'Éternel, comme le pays d'Égypte.

Lot choisit pour lui toute la plaine du Jourdain, et il s'avança vers l'orient. C'est ainsi qu'ils se séparèrent l'un de l'autre.

Abram habita dans le pays de Canaan; et Lot habita dans les villes de la plaine, et dressa ses tentes jusqu'à Sodome.

Les gens de Sodome étaient méchants, et de grands pécheurs contre l'Éternel.

L'Éternel dit à Abram, après que Lot se fut séparé de lui: Lève les yeux, et, du lieu où tu es, regarde vers le nord et le midi, vers l'orient et l'occident;

car tout le pays que tu vois, je le donnerai à toi et à ta postérité pour toujours.

Je rendrai ta postérité comme la poussière de la terre, en sorte que, si quelqu'un peut compter la poussière de la terre, ta postérité aussi sera comptée.

Lève-toi, parcours le pays dans sa longueur et dans sa largeur; car je te le donnerai.

Abram leva ses tentes, et vint habiter parmi les chênes de Mamré, qui sont près d'Hébron. Et il bâtit là un autel à l'Éternel.

K - Les rois; Melchisédek
Genèse 14

Dans le temps d'Amraphel, roi de Schinear, d'Arjoc, roi d'Ellasar, de Kedorlaomer, roi d'Élam, et de Tideal, roi de Gojim,

il arriva qu'ils firent la guerre à Béra, roi de Sodome, à Birscha, roi de Gomorrhe, à Schineab, roi d'Adma, à Schémééber, roi de Tseboïm, et au roi de Béla, qui est Tsoar.

Ces derniers s'assemblèrent tous dans la vallée de Siddim, qui est la mer Salée.

Pendant douze ans, ils avaient été soumis à Kedorlaomer; et la treizième année, ils s'étaient révoltés.

Mais, la quatorzième année, Kedorlaomer et les rois qui étaient avec lui se mirent en marche, et ils battirent les Rephaïm à Aschteroth Karnaïm, les Zuzim à Ham, les Émim à Schavé Kirjathaïm,

et les Horiens dans leur montagne de Séir, jusqu'au chêne de Paran, qui est près du désert.

Puis ils s'en retournèrent, vinrent à En Mischpath, qui est Kadès, et battirent les Amalécites sur tout leur territoire, ainsi que les Amoréens établis à Hatsatson Thamar.

(..) Le roi de Sodome, le roi de Gomorrhe, le roi d'Adma, le roi de Tseboïm, et le roi de Béla qui est Tsoar (..) se rangèrent en bataille (..) dans la vallée de Siddim,

contre Kedorlaomer, roi d'Élam, Tideal, roi de Gojim, Amraphel, roi de Schinear, et Arjoc, roi d'Ellasar: quatre rois contre cinq.

10   La vallée de Siddim était couverte de puits de bitume; le roi de Sodome et celui de Gomorrhe prirent la fuite, et y tombèrent; le reste s'enfuit vers la montagne.

Les vainqueurs enlevèrent toutes les richesses de Sodome et de Gomorrhe, et toutes leurs provisions; et ils s'en allèrent.

Ils enlevèrent aussi, avec ses biens, Lot, fils du frère d'Abram, qui demeurait à Sodome; et ils s'en allèrent.

Un fuyard vint l'annoncer à Abram, l'Hébreu; celui-ci habitait parmi les chênes de Mamré, l'Amoréen, frère d'Eschcol et frère d'Aner, qui avaient fait alliance avec Abram.

Dès qu'Abram eut appris que son frère avait été fait prisonnier, il arma trois cent dix-huit de ses plus braves serviteurs, nés dans sa maison, et il poursuivit les rois jusqu'à Dan.

Il divisa sa troupe, pour les attaquer de nuit, lui et ses serviteurs; il les battit, et les poursuivit jusqu'à Choba, qui est à la gauche de Damas.

Il ramena toutes les richesses; il ramena aussi Lot, son frère, avec ses biens, ainsi que les femmes et le peuple.

Après qu'Abram fut revenu vainqueur de Kedorlaomer et des rois qui étaient avec lui, le roi de Sodome sortit à sa rencontre dans la vallée de Schavé, qui est la vallée du roi.

Melchisédek, roi de Salem, fit apporter du pain et du vin: il était sacrificateur du Dieu Très Haut.

Il bénit Abram, et dit: Béni soit Abram par le Dieu Très Haut, maître du ciel et de la terre!

20   Béni soit le Dieu Très Haut, qui a livré tes ennemis entre tes mains! Et Abram lui donna la dîme de tout.

Le roi de Sodome dit à Abram: Donne-moi les personnes, et prends pour toi les richesses.

Abram répondit au roi de Sodome: Je lève la main vers l'Éternel, le Dieu Très Haut, maître du ciel et de la terre:

Je ne prendrai rien de tout ce qui est à toi, pas même un fil, ni un cordon de soulier, afin que tu ne dises pas: J'ai enrichi Abram. Rien pour moi!

Seulement, ce qu'ont mangé les jeunes gens, et la part des hommes qui ont marché avec moi, Aner, Eschcol et Mamré: eux, ils prendront leur part.

L - Dieu et Abraham - Vision
Genèse 15

Après ces événements, la parole de l'Éternel fut adressée à Abram dans une vision, et il dit: Abram, ne crains point; je suis ton bouclier, et ta récompense sera très grande.

Abram répondit: Seigneur Éternel, que me donneras-tu? Je m'en vais sans enfants; et l'héritier de ma maison, c'est Éliézer de Damas.

Et Abram dit: Voici, tu ne m'as pas donné de postérité, et celui qui est né dans ma maison sera mon héritier.

Alors la parole de l'Éternel lui fut adressée ainsi: Ce n'est pas lui qui sera ton héritier, mais c'est celui qui sortira de tes entrailles qui sera ton héritier.

Et après l'avoir conduit dehors, il dit: Regarde vers le ciel, et compte les étoiles, si tu peux les compter. Et il lui dit: Telle sera ta postérité.

Abram eut confiance en l'Éternel, qui le lui imputa à justice[1].

L'Éternel lui dit encore: Je suis l'Éternel, qui t'ai fait sortir d'Ur en Chaldée, pour te donner en possession ce pays.

Abram répondit: Seigneur Éternel, à quoi connaîtrai-je que je le posséderai?

Et l'Éternel lui dit: Prends une génisse de trois ans, une chèvre de trois ans, un bélier de trois ans, une tourterelle et une jeune colombe.

10 Abram prit tous ces animaux, les coupa par le milieu, et mit chaque morceau l'un vis-à-vis de l'autre; mais il ne partagea pas les oiseaux.

Les oiseaux de proie s'abattirent sur les cadavres; et Abram les chassa.

Au coucher du soleil, un profond sommeil tomba sur Abram; et voici, une frayeur et une grande obscurité vinrent l'assaillir.

Et l'Éternel dit à Abram: Sache que tes descendants seront étrangers dans un pays qui ne sera point à eux; ils y seront asservis, et on les opprimera pendant quatre cents ans.

Mais je jugerai la nation à laquelle ils seront asservis, et ils sortiront ensuite avec de grandes richesses.

Toi, tu iras en paix vers tes pères, tu seras enterré après une heureuse vieillesse.

A la quatrième génération, ils reviendront ici; car l'iniquité des Amoréens n'est pas encore à son comble.

Quand le soleil fut couché, il y eut une obscurité profonde; et voici, ce fut une fournaise fumante, et des flammes passèrent entre les animaux partagés.

En ce jour-là, l'Éternel fit alliance avec Abram, et dit: Je donne ce pays à ta postérité, depuis le fleuve d'Égypte jusqu'au grand fleuve, au fleuve d'Euphrate,

20 Le pays des Kéniens, des Keniziens, des Kadmoniens, des Héthiens, des Phéréziens, des Rephaïm, des Amoréens, des Cananéens, des Guirgasiens et des Jébusiens.

M - Saraï et Ismaël
Genèse 16

Saraï, femme d'Abram, ne lui avait pas donné d'enfants. Elle avait une servante égyptienne, nommée Agar.

---

[1] "Qui le considéra comme étant juste".

Saraï dit à Abram: Voici, l'Éternel m'a rendue stérile; va, je te prie, vers ma servante; peut-être aurai-je par elle des enfants. Abram écouta la voix de Saraï.

Alors Saraï, femme d'Abram, prit Agar, l'Égyptienne, sa servante, et la donna pour femme à Abram, son mari, après qu'Abram eut habité dix années dans le pays de Canaan.

Il alla vers Agar, et elle devint enceinte. Quand elle se vit enceinte, elle regarda sa maîtresse avec mépris.

Et Saraï dit à Abram: "Que l'outrage qui m'est fait retombe sur toi. J'ai mis ma servante dans ton sein; et, quand elle a vu qu'elle était enceinte, elle m'a regardée avec mépris. Que l'Éternel soit juge entre moi et toi!"

Abram répondit à Saraï: Voici, ta servante est en ton pouvoir, agis à son égard comme tu le trouveras bon. Alors Saraï la maltraita; et Agar s'enfuit loin d'elle.

L'ange de l'Éternel la trouva près d'une source d'eau dans le désert, près de la source qui est sur le chemin de Schur.

Il dit: Agar, servante de Saraï, d'où viens-tu, et où vas-tu? Elle répondit: Je fuis loin de Saraï, ma maîtresse.

L'ange de l'Éternel lui dit: Retourne vers ta maîtresse, et humilie-toi sous sa main.

L'ange de l'Éternel lui dit: Je multiplierai ta postérité, et elle sera si nombreuse qu'on ne pourra la compter.

10 L'ange de l'Éternel lui dit: Voici, tu es enceinte, et tu enfanteras un fils, à qui tu donneras le nom d'Ismaël; car l'Éternel t'a entendue dans ton affliction.

Il sera comme un âne sauvage; sa main sera contre tous, et la main de tous sera contre lui; et il habitera en face de tous ses frères.

Elle appela le Seigneur, qui lui avait parlé: « Tu es El-Roï – le Dieu qui me voit »; car elle dit: "Ai-je bien vu, ici, celui qui me voit ?"

C'est pourquoi on a appelé ce puits "Lachaï roï", c'est-à-dire: le-Vivant-qui-me-voit; il est entre Kadès et Bared.

Agar enfanta un fils à Abram; et Abram donna le nom d'Ismaël au fils qu'Agar lui enfanta.

Abram était âgé de quatre-vingt-six ans lorsqu'Agar enfanta Ismaël à Abram.

N - L'alliance - La circoncision
Genèse 17

Lorsque Abram fut âgé de quatre-vingt-dix-neuf ans, l'Éternel apparut à Abram, et lui dit: Je suis le Dieu tout puissant. Marche devant ma face, et sois intègre.

J'établirai mon alliance entre moi et toi, et je te multiplierai à l'infini.

Abram tomba sur sa face; et Dieu lui parla, en disant:

Gn 17,4 Voici mon alliance, que je fais avec toi. Tu deviendras père d'une multitude de nations.

On ne t'appellera plus Abram; mais ton nom sera Abraham, car je te rends père d'une multitude de nations.

Je te rendrai fécond à l'infini, je ferai de toi des nations; et des rois sortiront de toi.

J'établirai mon alliance entre moi et toi, et tes descendants après toi, selon leurs générations: ce sera une alliance perpétuelle, en vertu de laquelle je serai ton Dieu et celui de ta postérité après toi.

Je te donnerai, et à tes descendants après toi, le pays que tu habites comme étranger, tout le pays de Canaan, en possession perpétuelle, et je serai leur Dieu.

Dieu dit à Abraham: Toi, tu garderas mon alliance, toi et tes descendants après toi, selon leurs générations.

10 Voici mon alliance, que vous garderez entre moi et vous, et ta postérité après toi: tout mâle parmi vous sera circoncis.

Vous vous circoncirez; et ce sera un signe d'alliance entre moi et vous.

A l'âge de huit jours, tout mâle parmi vous sera circoncis, selon vos générations, qu'il soit né dans la maison, ou qu'il soit acquis à prix d'argent[1] de tout fils d'étranger, sans appartenir à ta race.

On devra circoncire celui qui est né dans la maison et celui qui est acquis à prix d'argent; et mon alliance sera dans votre chair une alliance perpétuelle.

Un mâle incirconcis, qui n'aura pas été circoncis dans sa chair, sera exterminé du milieu de son peuple: il aura violé mon alliance.

Dieu dit à Abraham: Tu ne donneras plus à Saraï, ta femme, le nom de Saraï; mais son nom sera Sara.

Je la bénirai, et je te donnerai d'elle un fils; je la bénirai, et elle deviendra des nations; des rois sortiront d'elle.

Abraham tomba sur sa face; il rit, et dit en son coeur: Naîtrait-il un fils à un homme de cent ans? et Sara, âgée de quatre-vingt-dix ans, enfanterait-elle?

Et Abraham dit à Dieu: Oh! qu'Ismaël vive devant ta face!

Dieu dit: Oui, Sara, ta femme, t'enfantera un fils; et tu l'appelleras du nom d'Isaac. J'établirai mon alliance avec lui comme une alliance perpétuelle pour sa postérité après lui.

20 A l'égard d'Ismaël, je t'exauce. Je le bénirai, je le rendrai fécond, et je le multiplierai à l'infini; il engendrera douze princes, et je ferai de lui une grande nation.

J'établirai mon alliance avec Isaac, que Sara t'enfantera à cette époque-ci de l'année prochaine.

Lorsqu'il eut achevé de lui parler, Dieu s'éleva au-dessus d'Abraham.

---

[1] Circoncision des esclaves et de leurs enfants (cf Ex 12,44).

Abraham prit Ismaël, son fils, tous ceux qui étaient nés dans sa maison et tous ceux qu'il avait acquis à prix d'argent, tous les mâles parmi les gens de la maison d'Abraham; et il les circoncit ce même jour, selon l'ordre que Dieu lui avait donné.

Abraham était âgé de quatre-vingt-dix-neuf ans, lorsqu'il fut circoncis.

Ismaël, son fils, était âgé de treize ans lorsqu'il fut circoncis.

Ce même jour, Abraham fut circoncis, ainsi qu'Ismaël, son fils.

Et tous les gens de sa maison, nés dans sa maison, ou acquis à prix d'argent des étrangers, furent circoncis avec lui.

O - Au chêne de Mambré
Genèse 18

L'Éternel apparut à Abraham parmi les chênes de Mamré, comme il était assis à l'entrée de sa tente, pendant la chaleur du jour.

Il leva les yeux, et regarda: et voici, trois hommes étaient debout près de lui. Quand il les vit, il courut au-devant d'eux, depuis l'entrée de sa tente, et se prosterna en terre.

Et il dit: Seigneur, si j'ai trouvé grâce à tes yeux, ne passe point, je te prie, loin de ton serviteur.

Permettez qu'on apporte un peu d'eau, pour vous laver les pieds; et reposez-vous sous cet arbre.

J'irai prendre un morceau de pain, pour fortifier votre coeur; après quoi, vous continuerez votre route; car c'est pour cela que vous passez près de votre serviteur. Ils répondirent: Fais comme tu l'as dit.

Abraham alla promptement dans sa tente vers Sara, et il dit: Vite, trois mesures de fleur de farine, pétris, et fais des gâteaux.

Et Abraham courut à son troupeau, prit un veau tendre et bon, et le donna à un serviteur, qui se hâta de l'apprêter.

Il prit encore de la crème et du lait, avec le veau qu'on avait apprêté, et il les mit devant eux. Il se tint lui-même à leurs côtés, sous l'arbre. Et ils mangèrent.

Alors ils lui dirent: Où est Sara, ta femme? Il répondit: Elle est là, dans la tente.

10 L'un d'entre eux dit: Je reviendrai vers toi à cette même époque; et Sara, ta femme, aura un fils. Sara écoutait à l'entrée de la tente, qui était derrière lui.

Abraham et Sara étaient vieux, avancés en âge: et Sara ne pouvait plus espérer avoir des enfants.

Elle rit en elle-même, en disant: Maintenant que je suis vieille, aurais-je encore des désirs? Mon seigneur aussi est vieux.

L'Éternel dit à Abraham: Pourquoi donc Sara a-t-elle ri, en disant: Est-ce que vraiment j'aurais un enfant, moi qui suis vieille?

Gn 18,14 Y a-t-il rien qui soit étonnant de la part de l'Éternel? Au temps fixé je reviendrai vers toi, à cette même époque; et Sara aura un fils.

Sara mentit, en disant: Je n'ai pas ri. Car elle eut peur. Mais il dit: Au contraire, tu as ri.

Ces hommes se levèrent pour partir, et ils regardèrent du côté de Sodome. Abraham alla avec eux, pour les accompagner.

Alors l'Éternel dit: Cacherai-je à Abraham ce que je vais faire?...

Abraham deviendra certainement une nation grande et puissante, et en lui seront bénies toutes les nations de la terre.

Car je l'ai choisi, afin qu'il ordonne à ses fils et à sa maison après lui de garder la voie de l'Éternel, en pratiquant la droiture et la justice, et qu'ainsi l'Éternel accomplisse en faveur d'Abraham les promesses qu'il lui a faites...

20 Et l'Éternel dit: Le cri contre Sodome et Gomorrhe s'est accru, et leur péché est énorme.

C'est pourquoi je vais descendre, et je verrai s'ils ont agi entièrement selon le bruit venu jusqu'à moi; et si cela n'est pas, je le saurai.

Les hommes s'éloignèrent, et allèrent vers Sodome. Mais Abraham se tint encore en présence de l'Éternel.

Abraham s'approcha, et dit: Feras-tu aussi périr le juste avec le méchant?

Peut-être y a-t-il cinquante justes au milieu de la ville: les feras-tu périr aussi, et ne pardonneras-tu pas à la ville à cause des cinquante justes qui sont au milieu d'elle?

Faire mourir le juste avec le méchant, en sorte qu'il en soit du juste comme du méchant, loin de toi cette manière d'agir! Loin de toi! Celui qui juge toute la terre n'exercera-t-il pas la justice?

Et l'Éternel dit: Si je trouve dans Sodome cinquante justes au milieu de la ville, je pardonnerai à toute la ville, à cause d'eux.

Abraham reprit, et dit: Voici, j'ai osé parler au Seigneur, moi qui ne suis que poudre et cendre.

Peut-être des cinquante justes en manquera-t-il cinq: pour cinq, détruiras-tu toute la ville? Et l'Éternel dit: Je ne la détruirai point, si j'y trouve quarante-cinq justes.

30 Abraham continua de lui parler, et dit: Peut-être s'y trouvera-t-il quarante justes. Et l'Éternel dit: Je ne ferai rien, à cause de ces quarante.

Abraham dit: Que le Seigneur ne s'irrite point, et je parlerai. Peut-être s'y trouvera-t-il trente justes. Et l'Éternel dit: Je ne ferai rien, si j'y trouve trente justes.

Abraham dit: Voici, j'ai osé parler au Seigneur. Peut-être s'y trouvera-t-il vingt justes. Et l'Éternel dit: Je ne la détruirai point, à cause de ces vingt.

Abraham dit: Que le Seigneur ne s'irrite point, et je ne parlerai plus que cette fois. Peut-être s'y trouvera-t-il dix justes. Et l'Éternel dit: Je ne la détruirai point, à cause de ces dix justes.

L'Éternel s'en alla lorsqu'il eut achevé de parler à Abraham. Et Abraham retourna dans sa demeure.

P - Loth et Sodome
Genèse 19

Les deux anges[1] arrivèrent à Sodome sur le soir; et Lot était assis à la porte de Sodome. Quand Lot les vit, il se leva pour aller au-devant d'eux, et se prosterna la face contre terre.

Puis il dit: Voici, mes seigneurs, entrez, je vous prie, dans la maison de votre serviteur, et passez-y la nuit; lavez-vous les pieds; vous vous lèverez de bon matin, et vous poursuivrez votre route. Non, répondirent-ils, nous passerons la nuit dans la rue.

Mais Lot les pressa tellement qu'ils vinrent chez lui et entrèrent dans sa maison. Il leur donna un festin, et fit cuire des pains sans levain. Et ils mangèrent.

Ils n'étaient pas encore couchés que les gens de la ville, les gens de Sodome, entourèrent la maison, depuis les enfants jusqu'aux vieillards; toute la population était accourue.

Ils appelèrent Lot, et lui dirent: Où sont les hommes qui sont entrés chez toi cette nuit? Fais-les sortir vers nous, pour que nous les connaissions.

Lot sortit vers eux à l'entrée de la maison, et ferma la porte derrière lui.

Et il dit: Mes frères, je vous prie, ne faites pas le mal!

Voici, j'ai deux filles qui n'ont point connu d'homme; je vous les amènerai dehors, et vous leur ferez ce qu'il vous plaira. Seulement, ne faites rien à ces hommes puisqu'ils sont venus à l'ombre de mon toit.

Ils dirent: Retire-toi! Ils dirent encore: Celui-ci est venu comme étranger, et il veut faire le juge! Eh bien, nous te ferons pis qu'à eux. Et, pressant Lot avec violence, ils s'avancèrent pour briser la porte.

10 Les hommes étendirent la main, firent rentrer Lot vers eux dans la maison, et fermèrent la porte.

Et ils frappèrent d'aveuglement les gens qui étaient à l'entrée de la maison, depuis le plus petit jusqu'au plus grand, de sorte qu'ils se donnèrent une peine inutile pour trouver la porte.

Les hommes dirent à Lot: Qui as-tu encore ici? Gendres, fils et filles, et tout ce qui t'appartient dans la ville, fais-les sortir de ce lieu.

Car nous allons détruire ce lieu, parce que le cri contre ses habitants est grand devant l'Éternel. L'Éternel nous a envoyés pour le détruire.

Lot sortit, et parla à ses gendres qui avaient pris ses filles: Levez-vous, dit-il, sortez de ce lieu; car l'Éternel va détruire la ville. Mais, aux yeux de ses gendres, il parut plaisanter.

---

[1] Ce sont deux des "hommes" du chapitre précédent.

Gn 19,15 Dès l'aube du jour, les anges insistèrent auprès de Lot, en disant: Lève-toi, prends ta femme et tes deux filles qui se trouvent ici, de peur que tu ne périsses dans la ruine de la ville.

Et comme il tardait, les hommes le saisirent par la main, lui, sa femme et ses deux filles, car l'Éternel voulait l'épargner; ils l'emmenèrent, et le laissèrent hors de la ville.

Après les avoir fait sortir, l'un d'eux dit: Sauve-toi, pour ta vie; ne regarde pas derrière toi, et ne t'arrête pas dans toute la plaine; sauve-toi vers la montagne, de peur que tu ne périsses.

Lot leur dit: Oh! non, Seigneur!

Voici, j'ai trouvé grâce à tes yeux, et tu as montré la grandeur de ta miséricorde à mon égard, en me conservant la vie; mais je ne puis me sauver à la montagne, avant que le désastre m'atteigne, et je périrai.

20 Voici, cette ville est assez proche pour que je m'y réfugie, et elle est petite. Oh! que je puisse m'y sauver,... n'est-elle pas petite?... et que mon âme vive!

Et il lui dit: Voici, je t'accorde encore cette grâce, et je ne détruirai pas la ville dont tu parles.

Hâte-toi de t'y réfugier, car je ne puis rien faire jusqu'à ce que tu y sois arrivé. C'est pour cela que l'on a donné à cette ville le nom de Tsoar[1].

Le soleil se levait sur la terre, lorsque Lot entra dans Tsoar.

Alors l'Éternel fit pleuvoir du ciel sur Sodome et sur Gomorrhe du soufre et du feu, de par l'Éternel.

Il détruisit ces villes, toute la plaine et tous les habitants des villes, et les plantes de la terre

La femme de Lot regarda en arrière, et elle devint une statue de sel.

Abraham se leva de bon matin, pour aller au lieu où il s'était tenu en présence de l'Éternel.

Il porta ses regards du côté de Sodome et de Gomorrhe, et sur tout le territoire de la plaine; et voici, il vit s'élever de la terre une fumée, comme la fumée d'une fournaise.

Lorsque Dieu détruisit les villes de la plaine, il se souvint d'Abraham; et il fit échapper Lot du milieu du désastre, par lequel il bouleversa les villes où Lot avait établi sa demeure.

30 Lot quitta Tsoar pour la hauteur, et se fixa sur la montagne, avec ses deux filles, car il craignait de rester à Tsoar. Il habita dans une caverne, lui et ses deux filles.

L'aînée dit à la plus jeune: Notre père est vieux; et il n'y a point d'homme dans la contrée, pour venir vers nous, selon l'usage de tous les pays.

---

[1] Voir deux versets plus haut: "Tsoar", en hébreu, veut dire "petite".

Viens, faisons boire du vin à notre père, et couchons avec lui, afin que nous conservions la race de notre père.

Elles firent donc boire du vin à leur père cette nuit-là; et l'aînée alla coucher avec son père: il ne s'aperçut ni quand elle se coucha, ni quand elle se leva.

Le lendemain, l'aînée dit à la plus jeune: Voici, j'ai couché la nuit dernière avec mon père; faisons-lui boire du vin encore cette nuit, et va coucher avec lui, afin que nous conservions la race de notre père.

Elles firent boire du vin à leur père encore cette nuit-là; et la cadette alla coucher avec lui: il ne s'aperçut ni quand elle se coucha, ni quand elle se leva.

Les deux filles de Lot devinrent enceintes de leur père.

L'aînée enfanta un fils, qu'elle appela du nom de Moab: c'est le père des Moabites, jusqu'à ce jour.

La plus jeune enfanta aussi un fils, qu'elle appela du nom de Ben Ammi: c'est le père des Ammonites, jusqu'à ce jour.

Q - Abraham et Abimélek
Genèse 20

Abraham partit de là pour la contrée du midi; il s'établit entre Kadès et Schur, et fit un séjour à Guérar.

Abraham disait de Sara, sa femme: C'est ma soeur. Abimélec, roi de Guérar, fit enlever Sara.

Alors Dieu apparut en songe à Abimélec pendant la nuit, et lui dit: Voici, tu vas mourir à cause de la femme que tu as enlevée, car elle a un mari.

Abimélec, qui ne s'était point approché d'elle, répondit: Seigneur, ferais-tu périr même une nation juste?

Ne m'a-t-il pas dit: C'est ma soeur? et elle-même n'a-t-elle pas dit: C'est mon frère? J'ai agi avec un coeur pur et avec des mains innocentes.

Dieu lui dit en songe: Je sais que tu as agi avec un coeur pur; aussi t'ai-je empêché de pécher contre moi. C'est pourquoi je n'ai pas permis que tu la touchasse.

Maintenant, rends la femme de cet homme; car il est prophète, il priera pour toi, et tu vivras. Mais, si tu ne la rends pas, sache que tu mourras, toi et tout ce qui t'appartient.

Abimélec se leva de bon matin, il appela tous ses serviteurs, et leur rapporta toutes ces choses; et ces gens furent saisis d'une grande frayeur.

Abimélec appela aussi Abraham, et lui dit: Qu'est-ce que tu nous as fait? Et en quoi t'ai-je offensé, que tu aies fait venir sur moi et sur mon royaume un si grand péché? Tu as commis à mon égard des actes qui ne doivent pas se commettre.

10 Et Abimélec dit à Abraham: Quelle intention avais-tu pour agir de la sorte?

Abraham répondit: Je me disais qu'il n'y avait sans doute aucune crainte de Dieu dans ce pays, et que l'on me tuerait à cause de ma femme.

De plus, il est vrai qu'elle est ma soeur, fille de mon père; seulement, elle n'est pas fille de ma mère; et elle est devenue ma femme.

Lorsque Dieu me fit errer loin de la maison de mon père, je dis à Sara: Voici la grâce que tu me feras; dans tous les lieux où nous irons, dis de moi: C'est mon frère.

Abimélec prit des brebis et des boeufs, des serviteurs et des servantes, et les donna à Abraham; et il lui rendit Sara, sa femme.

Abimélec dit: Voici, mon pays est devant toi; demeure où il te plaira.

Et il dit à Sara: Voici, je donne à ton frère mille pièces d'argent; cela te sera un voile sur les yeux pour tous ceux qui sont avec toi, et auprès de tous tu seras justifiée.

Abraham pria Dieu, et Dieu guérit Abimélec, sa femme et ses servantes; et elles purent enfanter.

Car l'Éternel avait frappé de stérilité toute la maison d'Abimélec, à cause de Sara, femme d'Abraham.

R - Isaac et Ismaël
Genèse 21,1-21

L'Éternel se souvint de ce qu'il avait dit à Sara, et l'Éternel accomplit pour Sara ce qu'il avait promis.

Sara devint enceinte, et elle enfanta un fils à Abraham dans sa vieillesse, au temps fixé dont Dieu lui avait parlé.

Abraham donna le nom d'Isaac au fils qui lui était né, que Sara lui avait enfanté.

Abraham circoncit son fils Isaac, âgé de huit jours, comme Dieu le lui avait ordonné.

Abraham était âgé de cent ans, à la naissance d'Isaac, son fils.

Et Sara dit: Dieu m'a fait un sujet de rire; quiconque l'apprendra rira de moi.

Elle ajouta: Qui aurait dit à Abraham: Sara allaitera des enfants? Cependant je lui ai enfanté un fils dans sa vieillesse.

L'enfant grandit, et fut sevré; et Abraham fit un grand festin le jour où Isaac fut sevré.

Sara vit rire le fils qu'Agar, l'Égyptienne, avait enfanté à Abraham;

10 et elle dit à Abraham: Chasse cette servante et son fils, car le fils de cette servante n'héritera pas avec mon fils, avec Isaac.

Cette parole déplut fort aux yeux d'Abraham, à cause de son fils.

Mais Dieu dit à Abraham: Que cela ne déplaise pas à tes yeux, à cause de l'enfant et de ta servante. Accorde à Sara tout ce qu'elle te demandera; car c'est d'Isaac que sortira une postérité qui te sera propre.

Je ferai aussi une nation du fils de ta servante; car il est ta postérité.

Abraham se leva de bon matin; il prit du pain et une outre d'eau, qu'il donna à Agar et plaça sur son épaule; il lui remit aussi l'enfant, et la renvoya. Elle s'en alla, et s'égara dans le désert de Beer Schéba.

Quand l'eau de l'outre fut épuisée, elle laissa l'enfant sous un des arbrisseaux,

et alla s'asseoir vis-à-vis, à une portée d'arc; car elle disait: Que je ne voie pas mourir mon enfant! Elle s'assit donc vis-à-vis de lui, éleva la voix et pleura.

Dieu entendit la voix de l'enfant; et l'ange de Dieu appela du ciel Agar, et lui dit: Qu'as-tu, Agar? Ne crains point, car Dieu a entendu la voix de l'enfant dans le lieu où il est.

Lève-toi, prends l'enfant, saisis-le de ta main; car je ferai de lui une grande nation.

Et Dieu lui ouvrit les yeux, et elle vit un puits d'eau; elle alla remplir d'eau l'outre, et donna à boire à l'enfant.

20   Dieu fut avec l'enfant, qui grandit, habita dans le désert, et devint tireur d'arc.

Il habita dans le désert de Paran, et sa mère lui prit une femme du pays d'Égypte.

S - L'alliance de Beer Scheba
Genèse 21,22-34

En ce temps-là, Abimélec, accompagné de Picol, chef de son armée, parla ainsi à Abraham: Dieu est avec toi dans tout ce que tu fais.

Jure-moi maintenant ici, par le nom de Dieu, que tu ne tromperas ni moi, ni mes enfants, ni mes petits-enfants, et que tu auras pour moi et le pays où tu séjournes la même bienveillance que j'ai eue pour toi.

Abraham dit: Je le jurerai.

Mais Abraham fit des reproches à Abimélec, au sujet d'un puits d'eau, dont s'étaient emparés de force les serviteurs d'Abimélec.

Abimélec répondit: J'ignore qui a fait cette chose-là; tu ne m'en as point informé, et moi, je ne l'apprends qu'aujourd'hui.

Et Abraham prit des brebis et des boeufs, qu'il donna à Abimélec; et ils firent tous deux alliance.

Abraham mit à part sept jeunes brebis.

Et Abimélec dit à Abraham: Qu'est-ce que ces sept jeunes brebis, que tu as mises à part?

30   Il répondit: Tu accepteras de ma main ces sept brebis, afin que cela me serve de témoignage que j'ai creusé ce puits.

C'est pourquoi on appelle ce lieu Beer Schéba; car c'est là qu'ils jurèrent l'un et l'autre.

Ils firent donc alliance à Beer Schéba. Après quoi, Abimélec se leva, avec Picol, chef de son armée; et ils retournèrent au pays des Philistins.

Abraham planta des tamaris à Beer Schéba; et là il invoqua le nom de l'Éternel, Dieu de l'éternité.

Abraham séjourna longtemps dans le pays des Philistins.

T - Le sacrifice d'Isaac[1]
Genèse 22

Après ces choses, Dieu mit Abraham à l'épreuve, et lui dit: Abraham! Et il répondit: Me voici!

Dieu dit: Prends ton fils, ton unique, celui que tu aimes, Isaac; va-t'en au pays de Morija, et là offre-le en holocauste[2] sur l'une des montagnes que je te dirai.

Abraham se leva de bon matin, sella son âne, et prit avec lui deux serviteurs et son fils Isaac. Il fendit du bois pour l'holocauste, et partit pour aller au lieu que Dieu lui avait dit.

Le troisième jour, Abraham, levant les yeux, vit le lieu de loin.

Et Abraham dit à ses serviteurs: Restez ici avec l'âne; moi et le jeune homme, nous irons jusque-là pour adorer, et nous reviendrons auprès de vous.

Abraham prit le bois pour l'holocauste, le chargea sur son fils Isaac, et porta dans sa main le feu et le couteau. Et il marchèrent tous deux ensemble.

Alors Isaac, parlant à Abraham, son père, dit: Mon père! Et il répondit: Me voici, mon fils! Isaac reprit: Voici le feu et le bois; mais où est l'agneau pour l'holocauste?

Abraham répondit: Mon fils, Dieu se pourvoira lui-même de l'agneau pour l'holocauste. Et ils marchèrent tous deux ensemble.

Lorsqu'ils furent arrivés au lieu que Dieu lui avait dit, Abraham y éleva un autel, et rangea le bois. Il lia son fils Isaac, et le mit sur l'autel, par-dessus le bois.

10 Puis Abraham étendit la main, et prit le couteau, pour égorger son fils.

Alors l'ange de l'Éternel l'appela des cieux, et dit: Abraham! Abraham! Et il répondit: Me voici!

L'ange dit: N'avance pas ta main sur l'enfant, et ne lui fais rien; car je sais maintenant que tu crains Dieu, et que tu ne m'as pas refusé ton fils, ton unique.

Abraham leva les yeux, et vit derrière lui un bélier retenu dans un buisson par les cornes; et Abraham alla prendre le bélier, et l'offrit en holocauste à la place de son fils.

---

[1] La tradition juive parle de "ligature" d'Isaac - puisque le sacrifice n'a pas lieu.

[2] Plusieurs bibles traduisent: "Fais le monter". Certains biblistes montrent, texte à l'appui, qu'il s'agit pour Abraham de laisser Isaac grandir. https://www.la-croix.com/Definitions/Bible/Dieu-Pere/Qu-est-ce-qu-etre-pere-dans-la-Bible

Abraham donna à ce lieu le nom de Jehova Jiré. C'est pourquoi l'on dit aujourd'hui: A la montagne de l'Éternel il sera pourvu.

L'ange de l'Éternel appela une seconde fois Abraham des cieux,

et dit: Je le jure par moi-même, parole de l'Éternel! parce que tu as fais cela, et que tu n'as pas refusé ton fils, ton unique,

je te bénirai et je multiplierai ta postérité, comme les étoiles du ciel et comme le sable qui est sur le bord de la mer; et ta postérité possédera la porte de ses ennemis.

Toutes les nations de la terre seront bénies en ta postérité, parce que tu as obéi à ma voix.

Abraham étant retourné vers ses serviteurs, ils se levèrent et s'en allèrent ensemble à Beer Schéba; car Abraham demeurait à Beer Schéba.

20   Après ces choses, on fit à Abraham un rapport, en disant: Voici, Milca a aussi enfanté des fils à Nachor, ton frère:

Uts, son premier-né, Buz, son frère, Kemuel, père d'Aram,

Késed, Hazo, Pildasch, Jidlaph et Bethuel.

Bethuel a engendré Rebecca. Ce sont là les huit fils que Milca a enfantés à Nachor, frère d'Abraham.

Sa concubine, nommée Réuma, a aussi enfanté Thébach, Gaham, Tahasch et Maaca.

U - Abraham et le tombeau de Sara
Genèse 23

La vie de Sara fut de cent vingt-sept ans: telles sont les années de la vie de Sara.

Sara mourut à Kirjath Arba, qui est Hébron, dans le pays de Canaan; et Abraham vint pour mener deuil sur Sara et pour la pleurer.

Abraham se leva de devant son mort, et parla ainsi aux fils de Heth:

Je suis étranger et habitant parmi vous; donnez-moi la possession d'un sépulcre chez vous, pour enterrer mon mort et l'ôter de devant moi.

Les fils de Heth répondirent à Abraham, en lui disant:

Écoute-nous, mon seigneur! Tu es un prince de Dieu au milieu de nous; enterre ton mort dans celui de nos sépulcres que tu choisiras; aucun de nous ne te refusera son sépulcre pour enterrer ton mort.

Abraham se leva, et se prosterna devant le peuple du pays, devant les fils de Heth.

Et il leur parla ainsi: Si vous permettez que j'enterre mon mort et que je l'ôte de devant mes yeux, écoutez-moi, et priez pour moi Éphron, fils de Tsochar, de me céder la caverne de Macpéla, qui lui appartient, à l'extrémité de son champ, de me la céder contre sa valeur en argent, afin qu'elle me serve de possession sépulcrale au milieu de vous.

10 Éphron était assis parmi les fils de Heth. Et Éphron, le Héthien, répondit à Abraham, en présence des fils de Heth et de tous ceux qui entraient par la porte de sa ville:

Non, mon seigneur, écoute-moi! Je te donne le champ, et je te donne la caverne qui y est. Je te les donne, aux yeux des fils de mon peuple: enterre ton mort.

Abraham se prosterna devant le peuple du pays.

Et il parla ainsi à Éphron, en présence du peuple du pays: Écoute-moi, je te prie! Je donne le prix du champ1: accepte-le de moi; et j'y enterrerai mon mort.

Et Éphron répondit à Abraham, en lui disant:

Mon seigneur, écoute-moi! Une terre de quatre cents sicles d'argent, qu'est-ce que cela entre moi et toi? Enterre ton mort.

Abraham comprit Éphron; et Abraham pesa à Éphron l'argent qu'il avait dit, en présence des fils de Heth, quatre cents sicles d'argent ayant cours chez le marchand.

Le champ d'Éphron à Macpéla, vis-à-vis de Mamré, le champ et la caverne qui y est, et tous les arbres qui sont dans le champ et dans toutes ses limites alentour,

devinrent ainsi la propriété d'Abraham, aux yeux des fils de Heth et de tous ceux qui entraient par la porte de sa ville.

Après cela, Abraham enterra Sara, sa femme, dans la caverne du champ de Macpéla, vis-à-vis de Mamré, qui est Hébron, dans le pays de Canaan.

20 Le champ et la caverne qui y est demeurèrent à Abraham comme possession sépulcrale, acquise des fils de Heth.

V - Isaac et Rébecca
Genèse 24,1 à 25,18

Abraham était vieux, avancé en âge; et l'Éternel avait béni Abraham en toute chose.

Abraham dit à son serviteur, le plus ancien de sa maison, l'intendant de tous ses biens: Mets, je te prie, ta main sous ma cuisse;

et je te ferai jurer par l'Éternel, le Dieu du ciel et le Dieu de la terre, de ne pas prendre pour mon fils une femme parmi les filles des Cananéens au milieu desquels j'habite,

mais d'aller dans mon pays et dans ma patrie prendre une femme pour mon fils Isaac.

---

1 Abraham devient ainsi propriétaire d'un terrain en Canaan.

Gn 24,5 Le serviteur lui répondit: Peut-être la femme ne voudra-t-elle pas me suivre dans ce pays-ci; devrai-je mener ton fils dans le pays d'où tu es sorti?

Abraham lui dit: Garde-toi d'y mener mon fils!

L'Éternel, le Dieu du ciel, qui m'a fait sortir de la maison de mon père et de ma patrie, qui m'a parlé et qui m'a juré, en disant: Je donnerai ce pays à ta postérité, lui-même enverra son ange devant toi; et c'est de là que tu prendras une femme pour mon fils.

Si la femme ne veut pas te suivre, tu seras dégagé de ce serment que je te fais faire. Seulement, tu n'y mèneras pas mon fils.

Le serviteur mit sa main sous la cuisse d'Abraham, son seigneur, et lui jura d'observer ces choses. .

10 Le serviteur prit dix chameaux parmi les chameaux de son seigneur, et il partit, ayant à sa disposition tous les biens de son seigneur. Il se leva, et alla en Mésopotamie, à la ville de Nachor.

Il fit reposer les chameaux sur leurs genoux hors de la ville, près d'un puits, au temps du soir, au temps où sortent celles qui vont puiser de l'eau.

Et il dit: Éternel, Dieu de mon seigneur Abraham, fais-moi, je te prie, rencontrer aujourd'hui ce que je désire, et use de bonté envers mon seigneur Abraham!

Voici, je me tiens près de la source d'eau, et les filles des gens de la ville vont sortir pour puiser l'eau.

Que la jeune fille à laquelle je dirai: Penche ta cruche, je te prie, pour que je boive, et qui répondra: Bois, et je donnerai aussi à boire à tes chameaux, soit celle que tu as destinée à ton serviteur Isaac! Et par là je connaîtrai que tu uses de bonté envers mon seigneur.

Il n'avait pas encore fini de parler que sortit, sa cruche sur l'épaule, Rebecca, née de Bethuel, fils de Milca, femme de Nachor, frère d'Abraham.

C'était une jeune fille très belle de figure; elle était vierge, et aucun homme ne l'avait connue. Elle descendit à la source, remplit sa cruche, et remonta.

Le serviteur courut au-devant d'elle, et dit: Laisse-moi boire, je te prie, un peu d'eau de ta cruche.

Elle répondit: Bois, mon seigneur. Et elle s'empressa d'abaisser sa cruche sur sa main, et de lui donner à boire.

Quand elle eut achevé de lui donner à boire, elle dit: Je puiserai aussi pour tes chameaux, jusqu'à ce qu'ils aient assez bu.

20 Et elle s'empressa de vider sa cruche dans l'abreuvoir, et courut encore au puits pour puiser; et elle puisa pour tous les chameaux.

L'homme la regardait avec étonnement et sans rien dire, pour voir si l'Éternel faisait réussir son voyage, ou non.

Gn 24,22 Quand les chameaux eurent fini de boire, l'homme prit un anneau d'or, du poids d'un demi-sicle, et deux bracelets, du poids de dix sicles d'or.

Et il dit: De qui es-tu fille? dis-le moi, je te prie. Y a-t-il dans la maison de ton père de la place pour passer la nuit?

Elle répondit: Je suis fille de Bethuel, fils de Milca et de Nachor.

Elle lui dit encore: Il y a chez nous de la paille et du fourrage en abondance, et aussi de la place pour passer la nuit. .

Alors l'homme s'inclina et se prosterna devant l'Éternel,

en disant: Béni soit l'Éternel, le Dieu de mon seigneur Abraham, qui n'a pas renoncé à sa miséricorde et à sa fidélité envers mon seigneur! Moi-même, l'Éternel m'a conduit à la maison des frères de mon seigneur.

La jeune fille courut raconter ces choses à la maison de sa mère.

Rebecca avait un frère, nommé Laban. Et Laban courut dehors vers l'homme, près de la source.

30 Il avait vu l'anneau et les bracelets aux mains de sa soeur, et il avait entendu les paroles de Rebecca, sa soeur, disant: Ainsi m'a parlé l'homme. Il vint donc à cet homme qui se tenait auprès des chameaux, vers la source,

et il dit: Viens, béni de l'Éternel! Pourquoi resterais-tu dehors? J'ai préparé la maison, et une place pour les chameaux.

L'homme arriva à la maison. Laban fit décharger les chameaux, et il donna de la paille et du fourrage aux chameaux, et de l'eau pour laver les pieds de l'homme et les pieds des gens qui étaient avec lui.

Puis, il lui servit à manger. Mais il dit: Je ne mangerai point, avant d'avoir dit ce que j'ai à dire. Parle! dit Laban.

Alors il dit: Je suis serviteur d'Abraham.

L'Éternel a comblé de bénédictions mon seigneur, qui est devenu puissant. Il lui a donné des brebis et des boeufs, de l'argent et de l'or, des serviteurs et des servantes, des chameaux et des ânes.

Sara, la femme de mon seigneur, a enfanté dans sa vieillesse un fils à mon seigneur; et il lui a donné tout ce qu'il possède.

Mon seigneur m'a fait jurer, en disant: Tu ne prendras pas pour mon fils une femme parmi les filles des Cananéens, dans le pays desquels j'habite;

mais tu iras dans la maison de mon père et de ma famille prendre une femme pour mon fils.

J'ai dit à mon seigneur: Peut-être la femme ne voudra-t-elle pas me suivre.

40 Et il m'a répondu: L'Éternel, devant qui j'ai marché, enverra son ange avec toi, et fera réussir ton voyage; et tu prendras pour mon fils une femme de la famille et de la maison de mon père.

Gn 24,41 Tu seras dégagé du serment que tu me fais, quand tu auras été vers ma famille; si on ne te l'accorde pas, tu seras dégagé du serment que tu me fais.

Je suis arrivé aujourd'hui à la source, et j'ai dit: Éternel, Dieu de mon seigneur Abraham, si tu daignes faire réussir le voyage que j'accomplis,

voici, je me tiens près de la source d'eau, et que la jeune fille qui sortira pour puiser, à qui je dirai: Laisse-moi boire, je te prie, un peu d'eau de ta cruche, et qui me répondra:

Bois toi-même, et je puiserai aussi pour tes chameaux, que cette jeune fille soit la femme que l'Éternel a destinée au fils de mon seigneur!

Avant que j'eusse fini de parler en mon coeur, voici, Rebecca est sortie, sa cruche sur l'épaule; elle est descendue à la source, et a puisé. Je lui ai dit: Donne-moi à boire, je te prie.

Elle s'est empressée d'abaisser sa cruche de dessus son épaule, et elle a dit: Bois, et je donnerai aussi à boire à tes chameaux. J'ai bu, et elle a aussi donné à boire à mes chameaux.

Je l'ai interrogée, et j'ai dit: De qui es-tu fille? Elle a répondu: Je suis fille de Bethuel, fils de Nachor[1] et de Milca. J'ai mis l'anneau à son nez, et les bracelets à ses mains.

Puis je me suis incliné et prosterné devant l'Éternel, et j'ai béni L'Éternel, le Dieu de mon seigneur Abraham, qui m'a conduit fidèlement, afin que je prisse la fille du frère de mon seigneur pour son fils.

Maintenant, si vous voulez user de bienveillance et de fidélité envers mon seigneur, déclarez-le-moi; sinon, déclarez-le-moi, et je me tournerai à droite ou à gauche.

50 Laban et Bethuel répondirent, et dirent: C'est de l'Éternel que la chose vient; nous ne pouvons te parler ni en mal ni en bien.

Voici Rebecca devant toi; prends et va, et qu'elle soit la femme du fils de ton seigneur, comme l'Éternel l'a dit.

Lorsque le serviteur d'Abraham eut entendu leurs paroles, il se prosterna en terre devant l'Éternel.

Et le serviteur sortit des objets d'argent, des objets d'or, et des vêtements, qu'il donna à Rebecca; il fit aussi de riches présents à son frère et à sa mère.

Après quoi, ils mangèrent et burent, lui et les gens qui étaient avec lui, et ils passèrent la nuit. Le matin, quand ils furent levés, le serviteur dit: Laissez-moi retournez vers mon seigneur.

Le frère et la mère dirent: Que la jeune fille reste avec nous quelque temps encore, une dizaine de jours; ensuite, tu partiras.

Il leur répondit: Ne me retardez pas, puisque l'Éternel a fait réussir mon voyage; laissez-moi partir, et que j'aille vers mon seigneur.

Alors ils répondirent: Appelons la jeune fille et consultons-la.

------

[1] Nachor est le frère d'Abraham, et Béthuel son neveu. Laban et Rébecca sont les enfants de Béthuel; Léa et Rachel (cf chapitre 25) sont les filles de Laban. Les généalogies ne sont cependant pas parfaitement claires (en Gn 29,5 Laban est dit "fils de Nahor").

Ils appelèrent donc Rebecca, et lui dirent: Veux-tu aller avec cet homme? Elle répondit: J'irai.

Et ils laissèrent partir Rebecca, leur soeur, et sa nourrice, avec le serviteur d'Abraham et ses gens.

60 Ils bénirent Rebecca, et lui dirent: O notre soeur, puisse-tu devenir des milliers de myriades, et que ta postérité possède la porte de ses ennemis!

Rebecca se leva, avec ses servantes; elles montèrent sur les chameaux, et suivirent l'homme. Et le serviteur emmena Rebecca, et partit.

Cependant Isaac était revenu du puits de Lachaï roï, et il habitait dans le pays du midi.

Un soir qu'Isaac était sorti pour méditer dans les champs, il leva les yeux, et regarda; et voici, des chameaux arrivaient.

Rebecca leva aussi les yeux, vit Isaac, et descendit de son chameau.

Elle dit au serviteur: Qui est cet homme, qui vient dans les champs à notre rencontre? Et le serviteur répondit: C'est mon seigneur. Alors elle prit son voile, et se couvrit.

Le serviteur raconta à Isaac toutes les choses qu'il avait faites.

Isaac conduisit Rebecca dans la tente de Sara, sa mère; il prit Rebecca, qui devint sa femme, et il l'aima. Ainsi fut consolé Isaac, après avoir perdu sa mère.

Genèse 25

Abraham prit encore une femme, nommée Ketura.

Elle lui enfanta Zimran, Jokschan, Medan, Madian, Jischbak et Schuach.

Jokschan engendra Séba et Dedan. Les fils de Dedan furent les Aschurim, les Letuschim et les Leummim.

Les fils de Madian furent Épha, Épher, Hénoc, Abida et Eldaa. -Ce sont là tous les fils de Ketura.

Abraham donna tous ses biens à Isaac.

Il fit des dons aux fils de ses concubines; et, tandis qu'il vivait encore, il les envoya loin de son fils Isaac du côté de l'orient, dans le pays d'Orient.

Voici les jours des années de la vie d'Abraham: il vécut cent soixante quinze ans.

Abraham expira et mourut, après une heureuse vieillesse, âgé et rassasié de jours, et il fut recueilli auprès de son peuple.

Isaac et Ismaël, ses fils, l'enterrèrent dans la caverne de Macpéla, dans le champ d'Éphron, fils de Tsochar, le Héthien, vis-à-vis de Mamré.

10 C'est le champ qu'Abraham avait acquis des fils de Heth. Là furent enterrés Abraham et Sara, sa femme.

Après la mort d'Abraham, Dieu bénit Isaac, son fils. Il habitait près du puits de Lachaï roï.

Voici la postérité d'Ismaël, fils d'Abraham, qu'Agar, l'Égyptienne, servante de Sara, avait enfanté à Abraham.

Voici les noms des fils d'Ismaël, par leurs noms, selon leurs générations: Nebajoth, premier-né d'Ismaël, Kédar, Adbeel, Mibsam,

Mischma, Duma, Massa, Hadad, Théma, Jethur, Naphisch et Kedma.

Ce sont là les fils d'Ismaël; ce sont là leurs noms, selon leurs parcs et leurs enclos. Ils furent les douze chefs de leurs peuples.

Et voici les années de la vie d'Ismaël: cent trente-sept ans. Il expira et mourut, et il fut recueilli auprès de son peuple.

Ses fils habitèrent depuis Havila jusqu'à Schur, qui est en face de l'Égypte, en allant vers l'Assyrie. Il s'établit en présence de tous ses frères

W - Esaü et Jacob
Genèse 25,19-34

Voici la postérité d'Isaac, fils d'Abraham.

20 Abraham engendra Isaac. Isaac était âgé de quarante ans, quand il prit pour femme Rebecca, fille de Bethuel, l'Araméen, de Paddan Aram, et soeur de Laban, l'Araméen.

Isaac implora l'Éternel pour sa femme, car elle était stérile, et l'Éternel l'exauça: Rebecca, sa femme, devint enceinte.

Les enfants se heurtaient dans son sein; et elle dit: S'il en est ainsi, pourquoi suis-je enceinte? Elle alla consulter l'Éternel.

Et l'Éternel lui dit: Deux nations sont dans ton ventre, et deux peuples se sépareront au sortir de tes entrailles; un de ces peuples sera plus fort que l'autre, et le plus grand sera assujetti au plus petit.

Les jours où elle devait accoucher s'accomplirent; et voici, il y avait deux jumeaux dans son ventre.

Le premier sortit entièrement roux, comme un manteau de poil; et on lui donna le nom d'Ésaü.

Ensuite sortit son frère, dont la main tenait le talon d'Ésaü; et on lui donna le nom de Jacob[1] . Isaac était âgé de soixante ans, lorsqu'ils naquirent.

Ces enfants grandirent. Ésaü devint un habile chasseur, un homme des champs; mais Jacob fut un homme tranquille, qui restait sous les tentes.

Isaac aimait Ésaü, parce qu'il mangeait du gibier; et Rebecca aimait Jacob.

Comme Jacob faisait cuire un potage, Ésaü revint des champs, accablé de fatigue.

30 Et Ésaü dit à Jacob: Laisse-moi, je te prie, manger de ce roux, de ce roux-là, car je suis fatigué. C'est pour cela qu'on a donné à Ésaü le nom d'Édom.

Jacob dit: Vends-moi aujourd'hui ton droit d'aînesse.

Ésaü répondit: Voici, je m'en vais mourir; à quoi me sert ce droit d'aînesse?

Et Jacob dit: Jure-le moi d'abord. Il le lui jura, et il vendit son droit d'aînesse à Jacob.

Alors Jacob donna à Ésaü du pain et du potage de lentilles. Il mangea et but, puis se leva et s'en alla. C'est ainsi qu'Ésaü méprisa le droit d'aînesse.

---

[1] Le nom "Jacob" ressemble, en hébreu, aux mots "talon" et "supplanter": voir plus loin vers la fin du chapitre 23.

X - Isaac et Abimélek
Genèse 26

Il y eut une famine dans le pays, outre la première famine qui eut lieu du temps d'Abraham; et Isaac alla vers Abimélec, roi des Philistins, à Guérar.

L'Éternel lui apparut, et dit: Ne descends pas en Égypte, demeure dans le pays que je te dirai.

Séjourne dans ce pays-ci: je serai avec toi, et je te bénirai, car je donnerai toutes ces contrées à toi et à ta postérité, et je tiendrai le serment que j'ai fait à Abraham, ton père.

Je multiplierai ta postérité comme les étoiles du ciel; je donnerai à ta postérité toutes ces contrées; et toutes les nations de la terre seront bénies en ta postérité,

parce qu'Abraham a obéi à ma voix, et qu'il a observé mes ordres, mes commandements, mes statuts et mes lois.

Et Isaac resta à Guérar.

Lorsque les gens du lieu faisaient des questions sur sa femme, il disait: C'est ma soeur; car il craignait, en disant ma femme, que les gens du lieu ne le tuassent, parce que Rebecca était belle de figure.

Comme son séjour se prolongeait, il arriva qu'Abimélec, roi des Philistins, regardant par la fenêtre, vit Isaac qui plaisantait avec Rebecca, sa femme.

Abimélec fit appeler Isaac, et dit: Certainement, c'est ta femme. Comment as-tu pu dire: C'est ma soeur? Isaac lui répondit: J'ai parlé ainsi, de peur de mourir à cause d'elle.

10 Et Abimélec dit: Qu'est-ce que tu nous as fait? Peu s'en est fallu que quelqu'un du peuple n'ait couché avec ta femme, et tu nous aurais rendus coupables.

Alors Abimélec fit cette ordonnance pour tout le peuple: Celui qui touchera à cet homme ou à sa femme sera mis à mort.

Isaac sema dans ce pays, et il recueillit cette année le centuple; car l'Éternel le bénit.

Cet homme devint riche, et il alla s'enrichissant de plus en plus, jusqu'à ce qu'il devint fort riche.

Il avait des troupeaux de menu bétail et des troupeaux de gros bétail, et un grand nombre de serviteurs: aussi les Philistins lui portèrent envie.

Tous les puits qu'avaient creusés les serviteurs de son père, du temps d'Abraham, son père, les Philistins les comblèrent et les remplirent de poussière.

Et Abimélec dit à Isaac: Va-t-en de chez nous, car tu es beaucoup plus puissant que nous.

Isaac partit de là, et campa dans la vallée de Guérar, où il s'établit.

Isaac creusa de nouveau les puits d'eau qu'on avait creusés du temps d'Abraham, son père, et qu'avaient comblés les Philistins après la mort d'Abraham; et il leur donna les mêmes noms que son père leur avait donnés.

Les serviteurs d'Isaac creusèrent encore dans la vallée, et y trouvèrent un puits d'eau vive.

20   Les bergers de Guérar querellèrent les bergers d'Isaac, en disant: L'eau est à nous. Et il donna au puits le nom d'Ések, parce qu'ils s'étaient disputés avec lui.

Ses serviteurs creusèrent un autre puits, au sujet duquel on chercha aussi une querelle; et il l'appela Sitna.

Il se transporta de là, et creusa un autre puits, pour lequel on ne chercha pas querelle; et il l'appela Rehoboth, car, dit-il, l'Éternel nous a maintenant mis au large, et nous prospérerons dans le pays.

Il remonta de là à Beer Schéba.

L'Éternel lui apparut dans la nuit, et dit: Je suis le Dieu d'Abraham, ton père; ne crains point, car je suis avec toi; je te bénirai, et je multiplierai ta postérité, à cause d'Abraham, mon serviteur.

Il bâtit là un autel, invoqua le nom de l'Éternel, et y dressa sa tente. Et les serviteurs d'Isaac y creusèrent un puits.

Abimélec vint de Guérar auprès de lui, avec Ahuzath, son ami, et Picol, chef de son armée.

Isaac leur dit: Pourquoi venez-vous vers moi, puisque vous me haïssez et que vous m'avez renvoyé de chez vous?

Ils répondirent: Nous voyons que l'Éternel est avec toi. C'est pourquoi nous disons: Qu'il y ait un serment entre nous, entre nous et toi, et que nous fassions alliance avec toi!

Jure que tu ne nous feras aucun mal, de même que nous ne t'avons point maltraité, que nous t'avons fait seulement du bien, et que nous t'avons laissé partir en paix. Tu es maintenant béni de l'Éternel.

30   Isaac leur fit un festin, et ils mangèrent et burent.

Ils se levèrent de bon matin, et se lièrent l'un à l'autre par un serment. Isaac les laissa partir, et ils le quittèrent en paix.

Ce même jour, des serviteurs d'Isaac vinrent lui parler du puits qu'ils creusaient, et lui dirent: Nous avons trouvé de l'eau.

Et il l'appela Schiba. C'est pourquoi on a donné à la ville le nom de Beer Schéba, jusqu'à ce jour.

Ésaü, âgé de quarante ans, prit pour femmes Judith, fille de Beéri, le Héthien, et Basmath, fille d'Élon, le Héthien.

Elles furent un sujet d'amertume pour le coeur d'Isaac et de Rebecca.

Y - Jacob dérobe le droit d'aînesse
Genèse 27

Isaac devenait vieux, et ses yeux s'étaient affaiblis au point qu'il ne voyait plus. Alors il appela Ésaü, son fils aîné, et lui dit: Mon fils! Et il lui répondit: Me voici!

Isaac dit: Voici donc, je suis vieux, je ne connais pas le jour de ma mort.

Gn 27,3 Maintenant donc, je te prie, prends tes armes, ton carquois et ton arc, va dans les champs, et chasse-moi du gibier.

Fais-moi un mets comme j'aime, et apporte-le-moi à manger, afin que mon âme te bénisse avant que je meure.

Rebecca écouta ce qu'Isaac disait à Ésaü, son fils. Et Ésaü s'en alla dans les champs, pour chasser du gibier et pour le rapporter.

Puis Rebecca dit à Jacob, son fils: Voici, j'ai entendu ton père qui parlait ainsi à Ésaü, ton frère:

Apporte-moi du gibier et fais-moi un mets que je mangerai; et je te bénirai devant l'Éternel avant ma mort.

Maintenant, mon fils, écoute ma voix à l'égard de ce que je te commande.

Va me prendre au troupeau deux bons chevreaux; j'en ferai pour ton père un mets comme il aime;

10 et tu le porteras à manger à ton père, afin qu'il te bénisse avant sa mort.

Jacob répondit à sa mère: Voici, Ésaü, mon frère, est velu, et je n'ai point de poil.

Peut-être mon père me touchera-t-il, et je passerai à ses yeux pour un menteur, et je ferai venir sur moi la malédiction, et non la bénédiction.

Sa mère lui dit: Que cette malédiction, mon fils, retombe sur moi! Écoute seulement ma voix, et va me les prendre.

Jacob alla les prendre, et les apporta à sa mère, qui fit un mets comme son père aimait.

Ensuite, Rebecca prit les vêtements d'Ésaü, son fils aîné, les plus beaux qui se trouvaient à la maison, et elle les fit mettre à Jacob, son fils cadet.

Elle couvrit ses mains de la peau des chevreaux, et son cou qui était sans poil.

Et elle plaça dans la main de Jacob, son fils, le mets et le pain qu'elle avait préparés.

Il vint vers son père, et dit: Mon père! Et Isaac dit: Me voici! qui es-tu, mon fils?

Jacob répondit à son père: Je suis Ésaü, ton fils aîné; j'ai fait ce que tu m'as dit. Lève-toi, je te prie, assieds-toi, et mange de mon gibier, afin que ton âme me bénisse.

20 Isaac dit à son fils: Eh quoi! tu en as déjà trouvé, mon fils! Et Jacob répondit: C'est que l'Éternel, ton Dieu, l'a fait venir devant moi.

Isaac dit à Jacob: Approche donc, et que je te touche, mon fils, pour savoir si tu es mon fils Ésaü, ou non.

Jacob s'approcha d'Isaac, son père, qui le toucha, et dit: La voix est la voix de Jacob, mais les mains sont les mains d'Ésaü.

Il ne le reconnut pas, parce que ses mains étaient velues, comme les mains d'Ésaü, son frère; et il le bénit.

Il dit: C'est toi qui es mon fils Ésaü? Et Jacob répondit: C'est moi.

Isaac dit: Sers-moi, et que je mange du gibier de mon fils, afin que mon âme te bénisse. Jacob le servit, et il mangea; il lui apporta aussi du vin, et il but.

Alors Isaac, son père, lui dit: Approche donc, et baise-moi, mon fils.

Gn 27,27 Jacob s'approcha, et le baisa. Isaac sentit l'odeur de ses vêtements; puis il le bénit, et dit: Voici, l'odeur de mon fils est comme l'odeur d'un champ que l'Éternel a béni.

Que Dieu te donne de la rosée du ciel Et de la graisse de la terre, Du blé et du vin en abondance!

Que des peuples te soient soumis, Et que des nations se prosternent devant toi! Sois le maître de tes frères, Et que les fils de ta mère se prosternent devant toi! Maudit soit quiconque te maudira, Et béni soit quiconque te bénira.

30 Isaac avait fini de bénir Jacob, et Jacob avait à peine quitté son père Isaac, qu'Ésaü, son frère, revint de la chasse.

Il fit aussi un mets, qu'il porta à son père; et il dit à son père: Que mon père se lève et mange du gibier de son fils, afin que ton âme me bénisse!

Isaac, son père, lui dit: Qui es-tu? Et il répondit: Je suis ton fils aîné, Ésaü.

Isaac fut saisi d'une grande, d'une violente émotion, et il dit: Qui est donc celui qui a chassé du gibier, et me l'a apporté? J'ai mangé de tout avant que tu vinsses, et je l'ai béni. Aussi sera-t-il béni.

Lorsque Ésaü entendit les paroles de son père, il poussa de forts cris, pleins d'amertume, et il dit à son père: Bénis-moi aussi, mon père!

Isaac dit: Ton frère est venu avec ruse, et il a enlevé ta bénédiction.

Ésaü dit: Est-ce parce qu'on l'a appelé du nom de Jacob qu'il m'a supplanté deux fois?[1] Il a enlevé mon droit d'aînesse, et voici maintenant qu'il vient d'enlever ma bénédiction. Et il dit: N'as-tu point réservé de bénédiction pour moi?

Isaac répondit, et dit à Ésaü: Voici, je l'ai établi ton maître, et je lui ai donné tous ses frères pour serviteurs, je l'ai pourvu de blé et de vin: que puis-je donc faire pour toi, mon fils?

Ésaü dit à son père: N'as-tu que cette seule bénédiction, mon père? Bénis-moi aussi, mon père! Et Ésaü éleva la voix, et pleura.

Isaac, son père, répondit, et lui dit: Voici! Ta demeure sera privée de la graisse de la terre Et de la rosée du ciel, d'en haut.

40 Tu vivras de ton épée, Et tu seras asservi à ton frère; Mais en errant librement çà et là, Tu briseras son joug de dessus ton cou.

Ésaü conçut de la haine contre Jacob, à cause de la bénédiction dont son père l'avait béni; et Ésaü disait en son coeur: Les jours du deuil de mon père vont approcher, et je tuerai Jacob, mon frère.

On rapporta à Rebecca les paroles d'Ésaü, son fils aîné. Elle fit alors appeler Jacob, son fils cadet, et elle lui dit: Voici, Ésaü, ton frère, veut tirer vengeance de toi, en te tuant.

Maintenant, mon fils, écoute ma voix! Lève-toi, fuis chez Laban, mon frère, à Charan; et reste auprès de lui quelque temps, jusqu'à ce que la fureur de ton frère s'apaise,

---

[1] Voir note au chapitre 22 sur le mot "Jacob".

jusqu'à ce que la colère de ton frère se détourne de toi, et qu'il oublie ce que tu lui as fait. Alors je te ferai revenir. Pourquoi serais-je privée de vous deux en un même jour? Rebecca dit à Isaac: Je suis dégoûtée de la vie, à cause des filles de Heth. Si Jacob prend une femme, comme celles-ci, parmi les filles de Heth, parmi les filles du pays, à quoi me sert la vie?

Z - L'échelle de Jacob
Genèse 28

Isaac appela Jacob, le bénit, et lui donna cet ordre: Tu ne prendras pas une femme parmi les filles de Canaan.

Lève-toi, va à Paddan-Aram, à la maison de Bethuel, père de ta mère, et prends-y une femme d'entre les filles de Laban, frère de ta mère.

Que le Dieu tout-puissant te bénisse, te rende fécond et te multiplie, afin que tu deviennes une multitude de peuples!

Qu'il te donne la bénédiction d'Abraham, à toi et à ta postérité avec toi, afin que tu possèdes le pays où tu habites comme étranger, et qu'il a donné à Abraham!

Et Isaac fit partir Jacob, qui s'en alla à Paddan-Aram, auprès de Laban, fils de Bethuel, l'Araméen, frère de Rebecca, mère de Jacob et d'Ésaü.

Ésaü vit qu'Isaac avait béni Jacob, et qu'il l'avait envoyé à Paddan-Aram pour y prendre une femme, et qu'en le bénissant il lui avait donné cet ordre: Tu ne prendras pas une femme parmi les filles de Canaan.

Il vit que Jacob avait obéi à son père et à sa mère, et qu'il était parti pour Paddan-Aram.

Ésaü comprit ainsi que les filles de Canaan déplaisaient à Isaac, son père.

Et Ésaü s'en alla vers Ismaël. Il prit pour femme, outre les femmes qu'il avait, Mahalath, fille d'Ismaël, fils d'Abraham, et soeur de Nebajoth.

10 Jacob partit de Beer-Schéba, et s'en alla à Charan.

Il arriva dans un lieu où il passa la nuit; car le soleil était couché. Il y prit une pierre, dont il fit son chevet, et il se coucha dans ce lieu-là.

Il eut un songe. Et voici, une échelle était appuyée sur la terre, et son sommet touchait au ciel. Et voici, les anges de Dieu montaient et descendaient par cette échelle.

Et voici, l'Éternel se tenait au-dessus d'elle; et il dit: "Je suis l'Éternel, le Dieu d'Abraham, ton père, et le Dieu d'Isaac. La terre sur laquelle tu es couché, je la donnerai à toi et à ta postérité.

"Ta postérité sera comme la poussière de la terre; tu t'étendras à l'occident et à l'orient, au septentrion et au midi; et toutes les familles de la terre seront bénies en toi et en ta postérité.

"Voici, je suis avec toi, je te garderai partout où tu iras, et je te ramènerai dans ce pays; car je ne t'abandonnerai point, que je n'aie exécuté ce que je te dis."

Jacob s'éveilla de son sommeil et il dit: Certainement, l'Éternel est en ce lieu, et moi, je ne le savais pas!

Il eut peur, et dit: Que ce lieu est redoutable! C'est ici la maison de Dieu, c'est ici la porte des cieux!

Et Jacob se leva de bon matin; il prit la pierre dont il avait fait son chevet, il la dressa pour monument, et il versa de l'huile sur son sommet.

Il donna à ce lieu le nom de Béthel; mais la ville s'appelait auparavant Luz.

20 Jacob fit un voeu, en disant: Si Dieu est avec moi et me garde pendant ce voyage que je fais, s'il me donne du pain à manger et des habits pour me vêtir,

et si je retourne en paix à la maison de mon père, alors l'Éternel sera mon Dieu;

Cette pierre, que j'ai dressée pour monument, sera la maison de Dieu; et je te donnerai la dîme de tout ce que tu me donneras.

AA - **Mariages de Jacob**[1]
Genèse 29,1-30

Jacob se mit en marche, et s'en alla au pays des fils de l'Orient.

Il regarda. Et voici, il y avait un puits dans les champs; et voici, il y avait à côté trois troupeaux de brebis qui se reposaient, car c'était à ce puits qu'on abreuvait les troupeaux. Et la pierre sur l'ouverture du puits était grande.

Tous les troupeaux se rassemblaient là; on roulait la pierre de dessus l'ouverture du puits, on abreuvait les troupeaux, et l'on remettait la pierre à sa place sur l'ouverture du puits.

Jacob dit aux bergers: Mes frères, d'où êtes-vous? Ils répondirent: Nous sommes de Charan.

Il leur dit: Connaissez-vous Laban, fils de Nachor?[2] Ils répondirent: Nous le connaissons.

Il leur dit: Est-il en bonne santé? Ils répondirent: Il est en bonne santé; et voici Rachel, sa fille, qui vient avec le troupeau.

Il dit: Voici, il est encore grand jour, et il n'est pas temps de rassembler les troupeaux; abreuvez les brebis, puis allez, et faites-les paître.

Ils répondirent: Nous ne le pouvons pas, jusqu'à ce que tous les troupeaux soient rassemblés; c'est alors qu'on roule la pierre de dessus l'ouverture du puits, et qu'on abreuve les brebis.

Comme il leur parlait encore, survint Rachel avec le troupeau de son père; car elle était bergère.

---

[1] Le nom de Jacob sera changé en *Israël* en Genèse 32. De ces fils descendront les douze tribus d'Israël.

[2] En fait Laban est le petit-fils de Nahor/Nachor.

^{Gn 29,10} Lorsque Jacob vit Rachel, fille de Laban, frère de sa mère, et le troupeau de Laban, frère de sa mère, il s'approcha, roula la pierre de dessus l'ouverture du puits, et abreuva le troupeau de Laban, frère de sa mère.

Et Jacob baisa Rachel, il éleva la voix et pleura.

Jacob apprit à Rachel qu'il était parent de son père, qu'il était fils de Rebecca. Et elle courut l'annoncer à son père.

Dès que Laban eut entendu parler de Jacob, fils de sa soeur, il courut au-devant de lui, il l'embrassa et le baisa, et il le fit venir dans sa maison. Jacob raconta à Laban toutes ces choses.

Et Laban lui dit: Certainement, tu es mon os et ma chair. Jacob demeura un mois chez Laban.

Puis Laban dit à Jacob: Parce que tu es mon parent, me serviras-tu pour rien? Dis-moi quel sera ton salaire.

Or, Laban avait deux filles: l'aînée s'appelait Léa, et la cadette Rachel.

Léa avait les yeux délicats; mais Rachel était belle de taille et belle de figure.

Jacob aimait Rachel, et il dit: Je te servirai sept ans pour Rachel, ta fille cadette.

Et Laban dit: J'aime mieux te la donner que de la donner à un autre homme. Reste chez moi!

20 Ainsi Jacob servit sept années pour Rachel: et elles furent à ses yeux comme quelques jours, parce qu'il l'aimait.

Ensuite Jacob dit à Laban: Donne-moi ma femme, car mon temps est accompli: et j'irai vers elle.

Laban réunit tous les gens du lieu, et fit un festin.

Le soir, il prit Léa, sa fille, et l'amena vers Jacob, qui s'approcha d'elle.

Et Laban donna pour servante à Léa, sa fille, Zilpa, sa servante.

Le lendemain matin, voilà que c'était Léa. Alors Jacob dit à Laban: Qu'est-ce que tu m'as fait? N'est-ce pas pour Rachel que j'ai servi chez toi? Pourquoi m'as-tu trompé?

Laban dit: Ce n'est point la coutume dans ce lieu de donner la cadette avant l'aînée.

Achève la semaine avec celle-ci, et nous te donnerons aussi l'autre pour le service que tu feras encore chez moi pendant sept nouvelles années.

Jacob fit ainsi, et il acheva la semaine avec Léa; puis Laban lui donna pour femme Rachel, sa fille.

Et Laban donna pour servante à Rachel, sa fille, Bilha, sa servante.

30 Jacob alla aussi vers Rachel, qu'il aimait plus que Léa; et il servit encore chez Laban pendant sept nouvelles années.

AB[1] - **Les douze fils de Jacob**[2]
Genèse 29,31-30,24

L'Éternel vit que Léa n'était pas aimée; et il la rendit féconde, tandis que Rachel était stérile.

Léa devint enceinte, et enfanta un fils, à qui elle donna le nom de *Ruben*; car elle dit: L'Éternel a vu mon humiliation, et maintenant mon mari m'aimera.

Elle devint encore enceinte, et enfanta un fils, et elle dit: L'Éternel a entendu que je n'étais pas aimée, et il m'a aussi accordé celui-ci. Et elle lui donna le nom de *Siméon*.

Elle devint encore enceinte, et enfanta un fils, et elle dit: Pour cette fois, mon mari s'attachera à moi; car je lui ai enfanté trois fils. C'est pourquoi on lui donna le nom de *Lévi*.

Elle devint encore enceinte, et enfanta un fils, et elle dit: Cette fois, je louerai l'Éternel. C'est pourquoi elle lui donna le nom de *Juda*. Et elle cessa d'enfanter.

Genèse 30

Lorsque Rachel vit qu'elle ne donnait point d'enfants à Jacob, elle porta envie à sa soeur, et elle dit à Jacob: Donne-moi des enfants, ou je meurs!

La colère de Jacob s'enflamma contre Rachel, et il dit: Suis-je à la place de Dieu, qui t'empêche d'être féconde?

Elle dit: Voici ma servante Bilha; va vers elle; qu'elle enfante sur mes genoux, et que par elle j'aie aussi des fils.

Et elle lui donna pour femme Bilha, sa servante; et Jacob alla vers elle.

Bilha devint enceinte, et enfanta un fils à Jacob.

Rachel dit: Dieu m'a rendu justice, il a entendu ma voix, et il m'a donné un fils. C'est pourquoi elle l'appela du nom de *Dan*.

Bilha, servante de Rachel, devint encore enceinte, et enfanta un second fils à Jacob.

Rachel dit: J'ai lutté divinement contre ma soeur, et j'ai vaincu. Et elle l'appela du nom de *Nephthali*.

Léa, voyant qu'elle avait cessé d'enfanter, prit Zilpa, sa servante, et la donna pour femme à Jacob.

10   Zilpa, servante de Léa, enfanta un fils à Jacob.

Léa dit: Quel bonheur! Et elle l'appela du nom de *Gad*.

Zilpa, servante de Léa, enfanta un second fils à Jacob.

---

[1] Pour les livres bibliques qui, dans la présente édition, sont découpés en plus de 26 sous-chapitres, ces derniers sont désignés, au delà de Z, par "AA", "AB", etc.

[2] Le nom de Jacob sera changé en *Israël* en Genèse 32. De ses fils descendront les douze tribus d'Israël.

Léa dit: Que je suis heureuse! car les filles me diront heureuse. Et elle l'appela du nom d'*Aser*.

Ruben sortit au temps de la moisson des blés, et trouva des mandragores dans les champs[1]. Il les apporta à Léa, sa mère. Alors Rachel dit à Léa: Donne moi, je te prie, des mandragores de ton fils.

Elle lui répondit: Est-ce peu que tu aies pris mon mari, pour que tu prennes aussi les mandragores de mon fils? Et Rachel dit: Eh bien! il couchera avec toi cette nuit pour les mandragores de ton fils.

Le soir, comme Jacob revenait des champs, Léa sortit à sa rencontre, et dit: C'est vers moi que tu viendras, car je t'ai acheté pour les mandragores de mon fils. Et il coucha avec elle cette nuit.

Dieu exauça Léa, qui devint enceinte, et enfanta un cinquième fils à Jacob.

Léa dit: Dieu m'a donné mon salaire parce que j'ai donné ma servante à mon mari. Et elle l'appela du nom *d'Issacar*.

Léa devint encore enceinte, et enfanta un sixième fils à Jacob.

20 Léa dit: Dieu m'a fait un beau don; cette fois, mon mari habitera avec moi, car je lui ai enfanté six fils. Et elle l'appela du nom de *Zabulon*.

Ensuite, elle enfanta une fille, qu'elle appela du nom de Dina.

Dieu se souvint de Rachel, il l'exauça, et il la rendit féconde.

Elle devint enceinte, et enfanta un fils, et elle dit: Dieu a enlevé mon opprobre.

Et elle lui donna le nom de *Joseph*, en disant: Que l'Éternel m'ajoute un autre fils![2]

AC - Jacob quitte Laban
Genèse 30,25 - 31,55

Lorsque Rachel eut enfanté Joseph, Jacob dit à Laban: Laisse-moi partir, pour que je m'en aille chez moi, dans mon pays.

Donne-moi mes femmes et mes enfants, pour lesquels je t'ai servi, et je m'en irai; car tu sais quel service j'ai fait pour toi.

Laban lui dit: Puissé-je trouver grâce à tes yeux! Je vois bien que l'Éternel m'a béni à cause de toi;

---

[1] Les mandragores, ou "pommes d'amour", étaient considérées comme aphrodisiaques.

[2] Onze fils: Ruben, Siméon, Lévi, Juda, Dan, Nephtali, Gad, Aser, Issacarn, Zabulon, Joseph; pour le douzième, Benjamin, cf 35,18. Ce seront les noms des tribus d'Israël.

Gn 30,28 Fixe-moi ton salaire, et je te le donnerai.

Jacob lui dit: Tu sais comment je t'ai servi, et ce qu'est devenu ton troupeau avec moi;

30 car le peu que tu avais avant moi s'est beaucoup accru, et l'Éternel t'a béni sur mes pas. Maintenant, quand travaillerai-je aussi pour ma maison?

Laban dit: Que te donnerai-je? Et Jacob répondit:

"Tu ne me donneras rien. Si tu consens à ce que je vais te dire, je ferai paître encore ton troupeau, et je le garderai:

Je parcourrai aujourd'hui tout ton troupeau; mets à part parmi les brebis tout agneau tacheté et marqueté et tout agneau noir, et parmi les chèvres tout ce qui est marqueté et tacheté. Ce sera mon salaire.

Ma droiture répondra pour moi demain, quand tu viendras voir mon salaire; tout ce qui ne sera pas tacheté et marqueté parmi les chèvres, et noir parmi les agneaux, ce sera de ma part un vol."

Laban dit: Eh bien! qu'il en soit selon ta parole.

Ce même jour, il[1] mit à part les boucs rayés et marquetés, toutes les chèvres tachetées et marquetées, toutes celles où il y avait du blanc, et tout ce qui était noir parmi les brebis. Il les remit entre les mains de ses fils.

Puis il mit l'espace de trois journées de chemin entre lui et Jacob; et Jacob fit paître le reste du troupeau de Laban.

Jacob prit des branches vertes de peuplier, d'amandier et de platane; il y pela des bandes blanches, mettant à nu le blanc qui était sur les branches[2].

Puis il plaça les branches, qu'il avait pelées, dans les auges, dans les abreuvoirs, sous les yeux des brebis qui venaient boire, pour qu'elles entrassent en chaleur en venant boire.

Les brebis entraient en chaleur près des branches, et elles faisaient des petits rayés, tachetés et marquetés.

40 Jacob séparait les agneaux, et il mettait ensemble ce qui était rayé et tout ce qui était noir dans le troupeau de Laban. Il se fit ainsi des troupeaux à part, qu'il ne réunit point au troupeau de Laban.

Toutes les fois que les brebis vigoureuses entraient en chaleur, Jacob plaçait les branches dans les auges, sous les yeux des brebis, pour qu'elles entrassent en chaleur près des branches.

Quand les brebis étaient chétives, il ne les plaçait point; de sorte que les chétives étaient pour Laban, et les vigoureuses pour Jacob.

---

[1] Il, c'est Laban; il triche aussitôt semble-t-il, en envoyant au loin tout ce qui est tacheté.

[2] Jacob triche aussi en utilisant une méthode qu'on croyait efficace pour que tous les nouveaux-nés soient tachetés.

Cet homme devint de plus en plus riche; il eut du menu bétail en abondance, des servantes et des serviteurs, des chameaux et des ânes.

Genèse 31

Jacob entendit les propos des fils de Laban, qui disaient: Jacob a pris tout ce qui était à notre père, et c'est avec le bien de notre père qu'il s'est acquis toute cette richesse.

Jacob remarqua aussi le visage de Laban; et voici, il n'était plus envers lui comme auparavant.

Alors l'Éternel dit à Jacob: Retourne au pays de tes pères et dans ton lieu de naissance, et je serai avec toi.

Jacob fit appeler Rachel et Léa, qui étaient aux champs vers son troupeau.

Il leur dit: Je vois, au visage de votre père, qu'il n'est plus envers moi comme auparavant; mais le Dieu de mon père a été avec moi.

Vous savez vous-mêmes que j'ai servi votre père de tout mon pouvoir.

Et votre père s'est joué de moi, et a changé dix fois mon salaire; mais Dieu ne lui a pas permis de me faire du mal.

Quand il disait: Les tachetés seront ton salaire, toutes les brebis faisaient des petits tachetés. Et quand il disait: Les rayés seront ton salaire, toutes les brebis faisaient des petits rayés.

Dieu a pris à votre père son troupeau, et me l'a donné.

10 Au temps où les brebis entraient en chaleur, je levai les yeux, et je vis en songe que les boucs qui couvraient les brebis étaient rayés, tachetés et marquetés.

Et l'ange de Dieu me dit en songe: Jacob! Je répondis: Me voici!

Il dit: Lève les yeux, et regarde: tous les boucs qui couvrent les brebis sont rayés, tachetés et marquetés; car j'ai vu tout ce que te fait Laban.

Je suis le Dieu de Béthel, où tu as oint un monument, où tu m'as fait un voeu. Maintenant, lève-toi, sors de ce pays, et retourne au pays de ta naissance.

Rachel et Léa répondirent, et lui dirent: Avons-nous encore une part et un héritage dans la maison de notre père?

Ne sommes-nous pas regardées par lui comme des étrangères, puisqu'il nous a vendues, et qu'il a mangé notre argent?

Toute la richesse que Dieu a ôtée à notre père appartient à nous et à nos enfants. Fais maintenant tout ce que Dieu t'a dit.

Jacob se leva, et il fit monter ses enfants et ses femmes sur les chameaux.

Il emmena tout son troupeau et tous les biens qu'il possédait, le troupeau qui lui appartenait, qu'il avait acquis à Paddan Aram; et il s'en alla vers Isaac, son père, au pays de Canaan.

Gn 31,19 Tandis que Laban était allé tondre ses brebis, Rachel déroba les théraphim[1] de son père;

20 et Jacob trompa Laban, l'Araméen, en ne l'avertissant pas de sa fuite.

Il s'enfuit, avec tout ce qui lui appartenait; il se leva, traversa le fleuve, et se dirigea vers la montagne de Galaad.

Le troisième jour, on annonça à Laban que Jacob s'était enfui.

Il prit avec lui ses frères[2], le poursuivit sept journées de marche, et l'atteignit à la montagne de Galaad.

Mais Dieu apparut la nuit en songe à Laban, l'Araméen, et lui dit: Garde-toi de parler à Jacob ni en bien ni en mal!

Laban atteignit donc Jacob. Jacob avait dressé sa tente sur la montagne; Laban dressa aussi la sienne, avec ses frères, sur la montagne de Galaad.

Alors Laban dit à Jacob: Qu'as-tu fait? Pourquoi m'as-tu trompé, et emmènes-tu mes filles comme des captives par l'épée?

Pourquoi as-tu pris la fuite en cachette, m'as-tu trompé, et ne m'as-tu point averti? Je t'aurais laissé partir au milieu des réjouissances et des chants, au son du tambourin et de la harpe.

Tu ne m'as pas permis d'embrasser mes fils et mes filles! C'est en insensé que tu as agi.

Ma main est assez forte pour vous faire du mal; mais le Dieu de votre père m'a dit hier: Garde-toi de parler à Jacob ni en bien ni en mal!

30 Maintenant que tu es parti, parce que tu languissais après la maison de ton père, pourquoi as-tu dérobé mes dieux?

Jacob répondit, et dit à Laban: J'avais de la crainte à la pensée que tu m'enlèverais peut-être tes filles.

Mais périsse celui auprès duquel tu trouveras tes dieux! En présence de nos frères, examine ce qui t'appartient chez moi, et prends-le. Jacob ne savait pas que Rachel les eût dérobés.

Laban entra dans la tente de Jacob, dans la tente de Léa, dans la tente des deux servantes, et il ne trouva rien. Il sortit de la tente de Léa, et entra dans la tente de Rachel.

Rachel avait pris les théraphim, les avait mis sous le bât du chameau, et s'était assise dessus. Laban fouilla toute la tente, et ne trouva rien.

---

[1] Idoles familiales.

[2] Les "frères" seront mentionnés à plusieurs reprises; il s'agit en fait, tant pour Laban que pour Jacob, des "gens de la parenté"; de son clan. Et parfois, notamment à la fin, de l'ensemble des deux clans.

Gn 31,35 Elle dit à son père: Que mon seigneur ne se fâche point, si je ne puis me lever devant toi, car j'ai ce qui est ordinaire aux femmes. Il chercha, et ne trouva point les théraphim.

Jacob s'irrita, et querella Laban. Il reprit la parole, et lui dit: Quel est mon crime, quel est mon péché, que tu me poursuives avec tant d'ardeur?

Quand tu as fouillé tous mes effets, qu'as-tu trouvé des effets de ta maison? Produis-le ici devant mes frères et tes frères, et qu'ils prononcent entre nous deux.

Voilà vingt ans que j'ai passés chez toi; tes brebis et tes chèvres n'ont point avorté, et je n'ai point mangé les béliers de ton troupeau.

Je ne t'ai point rapporté de bêtes déchirées, j'en ai payé le dommage; tu me redemandais ce qu'on me volait de jour et ce qu'on me volait de nuit.

40 La chaleur me dévorait pendant le jour, et le froid pendant la nuit, et le sommeil fuyait de mes yeux.

Voilà vingt ans que j'ai passés dans ta maison; je t'ai servi quatorze ans pour tes deux filles, et six ans pour ton troupeau, et tu as changé dix fois mon salaire.

Si je n'eusse pas eu pour moi le Dieu de mon père, le Dieu d'Abraham, celui que craint Isaac, tu m'aurais maintenant renvoyé à vide. Dieu a vu ma souffrance et le travail de mes mains, et hier il a prononcé son jugement.

Laban répondit, et dit à Jacob: Ces filles sont mes filles, ces enfants sont mes enfants, ce troupeau est mon troupeau, et tout ce que tu vois est à moi. Et que puis-je faire aujourd'hui pour mes filles, ou pour leurs enfants qu'elles ont mis au monde?

Viens, faisons alliance, moi et toi, et que cela serve de témoignage entre moi et toi!

Jacob prit une pierre, et il la dressa pour monument.

Jacob dit à ses frères: Ramassez des pierres. Ils prirent des pierres, et firent un monceau; et ils mangèrent là sur le monceau.

Laban l'appela Jegar Sahadutha, et Jacob l'appela Galed.

Laban dit: Que ce monceau serve aujourd'hui de témoignage entre moi et toi! C'est pourquoi on lui a donné le nom de Galed.

On l'appelle aussi Mitspa, parce que Laban dit: Que l'Éternel veille sur toi et sur moi, quand nous nous serons l'un et l'autre perdus de vue.

50 Si tu maltraites mes filles, et si tu prends encore d'autres femmes, ce n'est pas un homme qui sera avec nous, prends-y garde, c'est Dieu qui sera témoin entre moi et toi.

Laban dit à Jacob: Voici ce monceau, et voici ce monument que j'ai élevé entre moi et toi.

Que ce monceau soit témoin et que ce monument soit témoin que je n'irai point vers toi au delà de ce monceau, et que tu ne viendras point vers moi au delà de ce monceau et de ce monument, pour agir méchamment.

Que le Dieu d'Abraham et de Nachor, que le Dieu de leur père soit juge entre nous. Jacob jura par celui que craignait Isaac.

Jacob offrit un sacrifice sur la montagne, et il invita ses frères à manger; ils mangèrent donc, et passèrent la nuit sur la montagne.

Laban se leva de bon matin, baisa ses fils et ses filles, et les bénit. Ensuite il partit pour retourner dans sa demeure.

AD - Jacob prépare sa rencontre avec Ésaü
Genèse 32,1-21

Jacob poursuivit son chemin; et des anges de Dieu le rencontrèrent.

En les voyant, Jacob dit: C'est le camp de Dieu! Et il donna à ce lieu le nom de Mahanaïm.

Jacob envoya devant lui des messagers à Ésaü, son frère, au pays de Séir, dans le territoire d'Édom.

Il leur donna cet ordre: Voici ce que vous direz à mon seigneur Ésaü: Ainsi parle ton serviteur Jacob: J'ai séjourné chez Laban, et j'y suis resté jusqu'à présent;

j'ai des boeufs, des ânes, des brebis, des serviteurs et des servantes, et j'envoie l'annoncer à mon seigneur, pour trouver grâce à tes yeux.

Les messagers revinrent auprès de Jacob, en disant: Nous sommes allés vers ton frère Ésaü; et il marche à ta rencontre, avec quatre cents hommes.

Jacob fut très effrayé, et saisi d'angoisse. Il partagea en deux camps les gens qui étaient avec lui, les brebis, les boeufs et les chameaux;

et il dit: Si Ésaü vient contre l'un des camps et le bat, le camp qui restera pourra se sauver.

Jacob dit: Dieu de mon père Abraham, Dieu de mon père Isaac, Éternel, qui m'as dit: Retourne dans ton pays et dans ton lieu de naissance, et je te ferai du bien!

10 Je suis trop petit pour toutes les grâces et pour toute la fidélité dont tu as usé envers ton serviteur; car j'ai passé ce Jourdain avec mon bâton, et maintenant je forme deux camps.

Délivre-moi, je te prie, de la main de mon frère, de la main d'Ésaü! car je crains qu'il ne vienne, et qu'il ne me frappe, avec la mère et les enfants.

Et toi, tu as dit: Je te ferai du bien, et je rendrai ta postérité comme le sable de la mer, si abondant qu'on ne saurait le compter.

C'est dans ce lieu-là que Jacob passa la nuit. Il prit de ce qu'il avait sous la main, pour faire un présent à Ésaü, son frère:

deux cents chèvres et vingt boucs, deux cents brebis et vingt béliers, trente femelles de chameaux avec leurs petits qu'elles allaitaient, quarante vaches et dix taureaux, vingt ânesses et dix ânes.

Il les remit à ses serviteurs, troupeau par troupeau séparément, et il dit à ses serviteurs: Passez devant moi, et mettez un intervalle entre chaque troupeau.

Il donna cet ordre au premier: Quand Ésaü, mon frère, te rencontrera, et te demandera: A qui es-tu? où vas-tu? et à qui appartient ce troupeau devant toi?

tu répondras: A ton serviteur Jacob; c'est un présent envoyé à mon seigneur Ésaü; et voici, il vient lui-même derrière nous.

Il donna le même ordre au second, au troisième, et à tous ceux qui suivaient les troupeaux: C'est ainsi que vous parlerez à mon seigneur Ésaü, quand vous le rencontrerez.

20 Vous direz: Voici, ton serviteur Jacob vient aussi derrière nous. Car il se disait: Je l'apaiserai par ce présent qui va devant moi; ensuite je le verrai en face, et peut-être m'accueillera-t-il favorablement.

Le présent passa devant lui; et il resta cette nuit-là dans le camp.

AE - Le passage du Yabbok - Lutte avec l'Ange
Genèse 32,22-32,33

Il se leva la même nuit, prit ses deux femmes, ses deux servantes, et ses onze enfants, et passa le gué de Jabbok.

Il les prit, leur fit passer le torrent, et le fit passer à tout ce qui lui appartenait.

Jacob demeura seul. Alors un homme lutta avec lui jusqu'au lever de l'aurore.

Voyant qu'il ne pouvait le vaincre, cet homme le frappa à l'emboîture de la hanche; et l'emboîture de la hanche de Jacob se démit pendant qu'il luttait avec lui.

Il dit: Laisse-moi aller, car l'aurore se lève. Et Jacob répondit: Je ne te laisserai point aller, que tu ne m'aies béni.

Il lui dit: Quel est ton nom? Et il répondit: Jacob.

Il dit encore: ton nom ne sera plus Jacob, **mais tu seras appelé Israël**; car tu as lutté avec Dieu et avec des hommes, et tu as été vainqueur.

Jacob l'interrogea, en disant: Fais-moi je te prie, connaître ton nom. Il répondit: Pourquoi demandes-tu mon nom? Et il le bénit là.

30 Jacob appela ce lieu du nom de Peniel: car, dit-il, j'ai vu Dieu face à face, et mon âme a été sauvée.

Le soleil se levait, lorsqu'il passa Peniel. Jacob boitait de la hanche.

C'est pourquoi jusqu'à ce jour, les enfants d'Israël ne mangent point le tendon qui est à l'emboîture de la hanche; car Dieu frappa Jacob à l'emboîture de la hanche, au tendon.

AF - Rencontre avec Ésaü
Genèse 33,1-20

Jacob leva les yeux, et regarda; et voici, Ésaü arrivait, avec quatre cents hommes. Il répartit les enfants entre Léa, Rachel, et les deux servantes.

Il plaça en tête les servantes avec leurs enfants, puis Léa avec ses enfants, et enfin Rachel avec Joseph.

Lui-même passa devant eux; et il se prosterna en terre sept fois, jusqu'à ce qu'il fût près de son frère.

Ésaü courut à sa rencontre; il l'embrassa, se jeta à son cou, et le baisa. Et ils pleurèrent.

Ésaü, levant les yeux, vit les femmes et les enfants, et il dit: Qui sont ceux que tu as là? Et Jacob répondit: Ce sont les enfants que Dieu a accordés à ton serviteur.

Les servantes s'approchèrent, elles et leurs enfants, et se prosternèrent;

Léa et ses enfants s'approchèrent aussi, et se prosternèrent; ensuite Joseph et Rachel s'approchèrent, et se prosternèrent.

Ésaü dit: A quoi destines-tu tout ce camp que j'ai rencontré? Et Jacob répondit: A trouver grâce aux yeux de mon seigneur.

Ésaü dit: Je suis dans l'abondance, mon frère; garde ce qui est à toi.

10   Et Jacob répondit: Non, je te prie, si j'ai trouvé grâce à tes yeux, accepte de ma main mon présent; car c'est pour cela que j'ai regardé ta face comme on regarde la face de Dieu, et tu m'as accueilli favorablement.

Accepte donc mon présent qui t'a été offert, puisque Dieu m'a comblé de grâces, et que je ne manque de rien. Il insista auprès de lui, et Ésaü accepta.

Ésaü dit: Partons, mettons-nous en route; j'irai devant toi.

Jacob lui répondit: Mon seigneur sait que les enfants sont délicats, et que j'ai des brebis et des vaches qui allaitent; si l'on forçait leur marche un seul jour, tout le troupeau périrait.

Que mon seigneur prenne les devants sur son serviteur; et moi, je suivrai lentement, au pas du troupeau qui me précédera, et au pas des enfants, jusqu'à ce que j'arrive chez mon seigneur, à Séir.

Ésaü dit: Je veux au moins laisser avec toi une partie de mes gens. Et Jacob répondit: Pourquoi cela? Que je trouve seulement grâce aux yeux de mon seigneur!

Le même jour, Ésaü reprit le chemin de Séir.

Jacob partit pour Succoth. Il bâtit une maison pour lui, et il fit des cabanes pour ses troupeaux. C'est pourquoi l'on a appelé ce lieu de nom de Succoth.[1]

AG -Violences et ruse à Sichem
Genèse 33,18 - 34,31

A son retour de Paddan Aram, Jacob arriva heureusement[2] à la ville de Sichem[3], dans le pays de Canaan, et il campa devant la ville.

Il acheta la portion du champ où il avait dressé sa tente, des fils d'Hamor, père de Sichem, pour cent kesita.

20 Et là, il éleva un autel, qu'il appela El Élohé Israël.

Genèse 34

Dina, la fille que Léa avait enfantée à Jacob, sortit pour voir les filles du pays.

Elle fut aperçue de Sichem, fils de Hamor, prince du pays. Il l'enleva, coucha avec elle, et la déshonora.

Son coeur s'attacha à Dina, fille de Jacob; il aima la jeune fille, et sut parler à son coeur.

Et Sichem dit à Hamor, son père: Donne-moi cette jeune fille pour femme.

Jacob apprit qu'il avait déshonoré Dina, sa fille; et, comme ses fils étaient aux champs avec son troupeau, Jacob garda le silence jusqu'à leur retour.

Hamor, père de Sichem, se rendit auprès de Jacob pour lui parler.

Et les fils de Jacob revenaient des champs, lorsqu'ils apprirent la chose; ces hommes furent irrités et se mirent dans une grande colère, parce que Sichem avait commis une infamie en Israël, en couchant avec la fille de Jacob, ce qui n'aurait pas dû se faire.

Hamor leur adressa ainsi la parole: Le coeur de Sichem, mon fils, s'est attaché à votre fille; donnez-la-lui pour femme, je vous prie.

Alliez-vous avec nous; vous nous donnerez vos filles, et vous prendrez pour vous les nôtres.

10 Vous habiterez avec nous, et le pays sera à votre disposition; restez, pour y trafiquer et y acquérir des propriétés.

Sichem dit au père et aux frères de Dina: Que je trouve grâce à vos yeux, et je donnerai ce que vous me direz.

Exigez de moi une forte dot et beaucoup de présents, et je donnerai ce que vous me direz; mais accordez-moi pour femme la jeune fille.

---

[1] C'est à dire "Les huttes"; plusieurs traditions s'entremêlent ici (Voir introduction).

[2] "Sain et sauf".

[3] Sichem est à la fois le nom d'une ville et le nom du fils de Hamor (cf 34,4).

Gn 34,13 Les fils de Jacob répondirent et parlèrent avec ruse à Sichem et à Hamor, son père, parce que Sichem avait déshonoré Dina, leur soeur.

Ils leur dirent: C'est une chose que nous ne pouvons pas faire, que de donner notre soeur à un homme incirconcis; car ce serait un opprobre pour nous.

Nous ne consentirons à votre désir qu'à la condition que vous deveniez comme nous, et que tout mâle parmi vous soit circoncis.

Nous vous donnerons alors nos filles, et nous prendrons pour nous les vôtres; nous habiterons avec vous, et nous formerons un seul peuple.

Mais si vous ne voulez pas nous écouter et vous faire circoncire, nous prendrons notre fille, et nous nous en irons.

Leurs paroles eurent l'assentiment de Hamor et de Sichem, fils de Hamor.

Le jeune homme ne tarda pas à faire la chose, car il aimait la fille de Jacob. Il était considéré de tous dans la maison de son père.

20 Hamor et Sichem, son fils, se rendirent à la porte de leur ville, et ils parlèrent ainsi aux gens de leur ville:

Ces hommes sont paisibles à notre égard; qu'ils restent dans le pays, et qu'ils y trafiquent; le pays est assez vaste pour eux. Nous prendrons pour femmes leurs filles, et nous leur donnerons nos filles.

Mais ces hommes ne consentiront à habiter avec nous, pour former un seul peuple, qu'à la condition que tout mâle parmi nous soit circoncis, comme ils sont eux-mêmes circoncis.

Leurs troupeaux, leurs biens et tout leur bétail, ne seront-ils pas à nous? Acceptons seulement leur condition, pour qu'ils restent avec nous.

Tous ceux qui étaient venus à la porte de la ville écoutèrent Hamor et Sichem, son fils; et tous les mâles se firent circoncire, tous ceux qui étaient venus à la porte de la ville.

Le troisième jour, pendant qu'ils étaient souffrants, les deux fils de Jacob, Siméon et Lévi, frères de Dina, prirent chacun leur épée, tombèrent sur la ville qui se croyait en sécurité, et tuèrent tous les mâles.

Ils passèrent aussi au fil de l'épée Hamor et Sichem, son fils; ils enlevèrent Dina de la maison de Sichem, et sortirent.

Les fils de Jacob se jetèrent sur les morts, et pillèrent la ville, parce qu'on avait déshonoré leur soeur.

Ils prirent leurs troupeaux, leurs boeufs et leurs ânes, ce qui était dans la ville et ce qui était dans les champs;

ils emmenèrent comme butin toutes leurs richesses, leurs enfants et leurs femmes, et tout ce qui se trouvait dans les maisons.

30 Alors Jacob dit à Siméon et à Lévi: Vous me troublez, en me rendant odieux aux habitants du pays, aux Cananéens et aux Phérésiens. Je n'ai qu'un petit nombre d'hommes; et ils se rassembleront contre moi, ils me frapperont, et je serai détruit, moi et ma maison.

Ils répondirent: Traitera-t-on notre soeur comme une prostituée?

AH -Jacob/Israël à Béthel
Genèse 35 - 36

Dieu dit à Jacob: Lève-toi, monte à Béthel, et demeures-y; là, tu dresseras un autel au Dieu[1] qui t'apparut, lorsque tu fuyais Ésaü, ton frère.

Jacob dit à sa maison et à tous ceux qui étaient avec lui: Ôtez les dieux étrangers qui sont au milieu de vous, purifiez-vous, et changez de vêtements.

Nous nous lèverons, et nous monterons à Béthel; là, je dresserai un autel au Dieu qui m'a exaucé dans le jour de ma détresse, et qui a été avec moi pendant le voyage que j'ai fait.

Ils donnèrent à Jacob tous les dieux étrangers qui étaient entre leurs mains, et les anneaux qui étaient à leurs oreilles. Jacob les enfouit sous le térébinthe qui est près de Sichem.

Ensuite ils partirent. La terreur de Dieu se répandit sur les villes qui les entouraient, et l'on ne poursuivit point les fils de Jacob.

Jacob arriva, lui et tous ceux qui étaient avec lui, à Luz, qui est Béthel, dans le pays de Canaan.

Il bâtit là un autel, et il appela ce lieu El Béthel; car c'est là que Dieu s'était révélé à lui lorsqu'il fuyait son frère.

Débora, nourrice de Rebecca, mourut; et elle fut enterrée au-dessous de Béthel, sous le chêne auquel on a donné le nom de chêne des pleurs.

Dieu apparut encore à Jacob, après son retour de Paddan Aram, et il le bénit.

10   Dieu lui dit: Ton nom est Jacob; tu ne seras plus appelé Jacob, mais ton nom sera Israël. Et il lui donna le nom d'Israël.

Dieu lui dit: Je suis le Dieu tout puissant. Sois fécond, et multiplie: une nation et une multitude de nations naîtront de toi, et des rois sortiront de tes reins.

Je te donnerai le pays que j'ai donné à Abraham et à Isaac, et je donnerai ce pays à ta postérité après toi.

Dieu s'éleva au-dessus de lui, dans le lieu où il lui avait parlé.

Et Jacob dressa un monument dans le lieu où Dieu lui avait parlé, un monument de pierres, sur lequel il fit une libation et versa de l'huile.

Jacob donna le nom de Béthel au lieu où Dieu lui avait parlé.

Ils partirent de Béthel; et il y avait encore une certaine distance jusqu'à Éphrata, lorsque Rachel accoucha. Elle eut un accouchement pénible;

et pendant les douleurs de l'enfantement, la sage-femme lui dit: Ne crains point, car tu as encore un fils!

Et comme elle allait rendre l'âme, car elle était mourante, elle lui donna le nom de Ben Oni; mais le père l'appela Benjamin.

---

[1] Noter la différence, en hébreu; "Elohim dit à Jacob.." .. "au El" qui t'apparut.

Rachel mourut, et elle fut enterrée sur le chemin d'Éphrata, qui est Bethléem .

20 Jacob éleva un monument sur son sépulcre; c'est le monument du sépulcre de Rachel, qui existe encore aujourd'hui.

Israël partit; et il dressa sa tente au delà de Migdal Éder.

Pendant qu'Israël habitait cette contrée, Ruben alla coucher avec Bilha, concubine de son père. Et Israël l'apprit. Les fils de Jacob étaient au nombre de douze.

Fils de Léa: Ruben, premier-né de Jacob, Siméon, Lévi, Juda, Issacar et Zabulon.

Fils de Rachel: Joseph et Benjamin.

Fils de Bilha, servante de Rachel: Dan et Nephthali.

Fils de Zilpa, servante de Léa: Gad et Aser. Ce sont là les fils de Jacob, qui lui naquirent à Paddan Aram.

Jacob arriva auprès d'Isaac, son père, à Mamré, à Kirjath Arba, qui est Hébron, où avaient séjourné Abraham et Isaac.

Les jours d'Isaac furent de cent quatre-vingts ans.

Il expira et mourut, et il fut recueilli auprès de son peuple, âgé et rassasié de jours, et Ésaü et Jacob, ses fils, l'enterrèrent.

Genèse 36

Voici la postérité d'Ésaü, qui est Édom.

Ésaü prit ses femmes parmi les filles de Canaan: Ada, fille d'Élon, le Héthien; Oholibama, fille d'Ana, fille de Tsibeon, le Hévien;

et Basmath, fille d'Ismaël, soeur de Nebajoth.

Ada enfanta à Ésaü Éliphaz; Basmath enfanta Réuel;

et Oholibama enfanta Jéusch, Jaelam et Koré. Ce sont là les fils d'Ésaü, qui lui naquirent dans le pays de Canaan.

Ésaü prit ses femmes, ses fils et ses filles, toutes les personnes de sa maison, ses troupeaux, tout son bétail, et tout le bien qu'il avait acquis au pays de Canaan, et il s'en alla dans un autre pays, loin de Jacob, son frère.

Car leurs richesses étaient trop considérables pour qu'ils demeurassent ensemble, et la contrée où ils séjournaient ne pouvait plus leur suffire à cause de leurs troupeaux.

Ésaü s'établit dans la montagne de Séir. Ésaü, c'est Édom.

Voici la postérité d'Ésaü, père d'Édom, dans la montagne de Séir.

10 Voici les noms des fils d'Ésaü: Éliphaz, fils d'Ada, femme d'Ésaü; Réuel, fils de Basmath, femme d'Ésaü.

Les fils d'Éliphaz furent: Théman, Omar, Tsepho, Gaetham et Kenaz.

Et Thimna était la concubine d'Éliphaz, fils d'Ésaü: elle enfanta à Éliphaz Amalek. Ce sont là les fils d'Ada, femme d'Ésaü.

Voici les fils de Réuel: Nahath, Zérach, Schamma et Mizza. Ce sont là les fils de Basmath, femme d'Ésaü.

Voici les fils d'Oholibama, fille d'Ana, fille de Tsibeon, femme d'Ésaü: elle enfanta à Ésaü Jéusch, Jaelam et Koré.

Voici les chefs de tribus issues des fils d'Ésaü. -Voici les fils d'Éliphaz, premier-né d'Ésaü: le chef Théman, le chef Omar, le chef Tsepho, le chef Kenaz, le chef Koré, le chef Gaetham, le chef Amalek. Ce sont là les chefs issus d'Éliphaz, dans le pays d'Édom. Ce sont les fils d'Ada.

Voici les fils de Réuel, fils d'Ésaü: le chef Nahath, le chef Zérach, le chef Schamma, le chef Mizza. Ce sont là les chefs issus de Réuel, dans le pays d'Édom. Ce sont là les fils de Basmath, femme d'Ésaü.

Voici les fils d'Oholibama, femme d'Ésaü: le chef Jéusch, le chef Jaelam, le chef Koré. Ce sont là les chefs issus d'Oholibama, fille d'Ana, femme d'Ésaü.

Ce sont là les fils d'Ésaü, et ce sont là leurs chefs de tribus. Ésaü, c'est Édom.

20 Voici les fils de Séir, le Horien, anciens habitants du pays: Lothan, Schobal, Tsibeon, Ana, Dischon, Etser, et Dischan. Ce sont là les chefs des Horiens, fils de Séir, dans le pays d'Édom.

Les fils de Lothan furent: Hori et Hémam. La soeur de Lothan fut Thimna.

Voici les fils de Schobal: Alvan, Manahath, Ébal, Schepho et Onam.

Voici les fils de Tsibeon: Ajja et Ana. C'est cet Ana qui trouva les sources chaudes dans le désert, quand il faisait paître les ânes de Tsibeon, son père.

Voici les enfants d'Ana: Dischon, et Oholibama, fille d'Ana.

Voici les fils de Dischon: Hemdan, Eschban, Jithran et Karen.

Voici les fils d'Etser: Bilhan, Zaavan et Akan.

Voici les fils de Dischan: Uts et Aran.

Voici les chefs des Horiens: le chef Lothan, le chef Schobal, le chef Tsibeon, le chef Ana,

30 le chef Dischon, le chef Etser, le chef Dischan. Ce sont là les chefs des Horiens, les chefs qu'ils eurent dans le pays de Séir.

Voici les rois qui ont régné dans le pays d'Édom, avant qu'un roi régnât sur les enfants d'Israël.

Béla, fils de Béor, régna sur Édom; et le nom de sa ville était Dinhaba.

Béla mourut; et Jobab, fils de Zérach, de Botsra, régna à sa place.

Jobab mourut; et Huscham, du pays des Thémanites, régna à sa place.

Huscham mourut; et Hadad, fils de Bedad, régna à sa place. C'est lui qui frappa Madian dans les champs de Moab. Le nom de sa ville était Avith.

Hadad mourut; et Samla, de Masréka, régna à sa place.

Samla mourut; et Saül, de Rehoboth sur le fleuve, régna à sa place.

Saül mourut; et Baal Hanan, fils d'Acbor, régna à sa place.

Baal Hanan, fils d'Acbor, mourut; et Hadar régna à sa place. Le nom de sa ville était Pau; et le nom de sa femme Mehéthabeel, fille de Mathred, fille de Mézahab.

40 Voici les noms des chefs issus d'Ésaü, selon leurs tribus, selon leurs territoires, et d'après leurs noms: le chef Thimna, le chef Alva, le chef Jetheth,

le chef Oholibama, le chef Éla, le chef Pinon,

le chef Kenaz, le chef Théman, le chef Mibtsar,

le chef Magdiel, le chef Iram. Ce sont là les chefs d'Édom, selon leurs habitations dans le pays qu'ils possédaient. C'est là Ésaü, père d'Édom.

Joseph vendu par ses frères

Jacob demeura dans le pays de Canaan, où avait séjourné son père.

Gn 37,2 Voici la postérité de Jacob. Joseph, âgé de dix-sept ans, faisait paître le troupeau avec ses frères; cet enfant était auprès des fils de Bilha et des fils de Zilpa, femmes de son père. Et Joseph rapportait à leur père leurs mauvais propos.

Israël aimait Joseph plus que tous ses autres fils, parce qu'il l'avait eu dans sa vieillesse; et il lui fit une tunique de plusieurs couleurs.

Ses frères virent que leur père l'aimait plus qu'eux tous, et ils le prirent en haine. Ils ne pouvaient lui parler avec amitié.

Joseph eut un songe, et il le raconta à ses frères, qui le haïrent encore davantage.

Il leur dit: Écoutez donc ce songe que j'ai eu!

Nous étions à lier des gerbes au milieu des champs; et voici, ma gerbe se leva et se tint debout, et vos gerbes l'entourèrent et se prosternèrent devant elle.

Ses frères lui dirent: Est-ce que tu régneras sur nous? est-ce que tu nous gouverneras? Et ils le haïrent encore davantage, à cause de ses songes et à cause de ses paroles.

Il eut encore un autre songe, et il le raconta à ses frères. Il dit: J'ai eu encore un songe! Et voici, le soleil, la lune et onze étoiles se prosternaient devant moi.

10 Il le raconta à son père et à ses frères. Son père le réprimanda, et lui dit: Que signifie ce songe que tu as eu? Faut-il que nous venions, moi, ta mère et tes frères, nous prosterner en terre devant toi?

Ses frères eurent de l'envie contre lui, mais son père garda le souvenir de ces choses.

Les frères de Joseph étant allés à Sichem, pour faire paître le troupeau de leur père,

Israël dit à Joseph: Tes frères ne font-ils pas paître le troupeau à Sichem? Viens, je veux t'envoyer vers eux. Et il répondit: Me voici!

Israël lui dit: Va, je te prie, et vois si tes frères sont en bonne santé et si le troupeau est en bon état; et tu m'en rapporteras des nouvelles. Il l'envoya ainsi de la vallée d'Hébron; et Joseph alla à Sichem.

Un homme le rencontra, comme il errait dans les champs. Il le questionna, en disant: Que cherches-tu?

Joseph répondit: Je cherche mes frères; dis-moi, je te prie, où ils font paître leur troupeau.

Et l'homme dit: Ils sont partis d'ici; car je les ai entendus dire: Allons à Dothan. Joseph alla après ses frères, et il les trouva à Dothan.

Ils le virent de loin; et, avant qu'il fût près d'eux, ils complotèrent de le faire mourir.

Ils se dirent l'un à l'autre: Voici le faiseur de songes qui arrive.

20 Venez maintenant, tuons-le, et jetons-le dans une des citernes; nous dirons qu'une bête féroce l'a dévoré, et nous verrons ce que deviendront ses songes.

Ruben entendit cela, et il le délivra de leurs mains. Il dit: Ne lui ôtons pas la vie.

Ruben leur dit: Ne répandez point de sang; jetez-le dans cette citerne qui est au désert, et ne mettez pas la main sur lui. Il avait dessein de le délivrer de leurs mains pour le faire retourner vers son père.

Lorsque Joseph fut arrivé auprès de ses frères, ils le dépouillèrent de sa tunique, de la tunique de plusieurs couleurs, qu'il avait sur lui.

Ils le prirent, et le jetèrent dans la citerne. Cette citerne était vide; il n'y avait point d'eau.

Ils s'assirent ensuite pour manger. Ayant levé les yeux, ils virent une caravane d'Ismaélites venant de Galaad; leurs chameaux étaient chargés d'aromates, de baume et de myrrhe, qu'ils transportaient en Égypte.

Alors Juda dit à ses frères: Que gagnerons-nous à tuer notre frère et à cacher son sang?

Venez, vendons-le aux Ismaélites, et ne mettons pas la main sur lui, car il est notre frère, notre chair. Et ses frères l'écoutèrent.

Au passage des marchands madianites, ils tirèrent et firent remonter Joseph hors de la citerne; et ils le vendirent pour vingt sicles d'argent aux Ismaélites, qui l'emmenèrent en Égypte.

30 Ruben revint à la citerne; et voici, Joseph n'était plus dans la citerne. Il déchira ses vêtements[1], retourna vers ses frères, et dit: L'enfant n'y est plus! Et moi, où irai-je?

Ils prirent alors la tunique de Joseph; et, ayant tué un bouc, ils plongèrent la tunique dans le sang.

Ils envoyèrent à leur père la tunique de plusieurs couleurs, en lui faisant dire: Voici ce que nous avons trouvé! reconnais si c'est la tunique de ton fils, ou non.

Jacob la reconnut, et dit: C'est la tunique de mon fils! une bête féroce l'a dévoré! Joseph a été mis en pièces!

Et il déchira ses vêtements, il mit un sac sur ses reins, et il porta longtemps le deuil de son fils.

Tous ses fils et toutes ses filles vinrent pour le consoler; mais il ne voulut recevoir aucune consolation. Il disait: C'est en pleurant que je descendrai vers mon fils au séjour des morts! Et il pleurait son fils.

Les Madianites le vendirent en Égypte à Potiphar, officier de Pharaon, chef des gardes.

AJ - **Histoire de Tamar**[2]
Genèse 38

En ce temps-là, Juda s'éloigna de ses frères, et se retira vers un homme d'Adullam, nommé Hira.
Là, Juda vit la fille d'un Cananéen, nommé Schua; il la prit pour femme, et alla vers elle.
Elle devint enceinte, et enfanta un fils, qu'elle appela Er.

---

[1] Le texte actuel rassemble plusieurs récits, sans les harmoniser.

[2] Ce récit - chapitre 38 - interrompt l'histoire de Joseph, qui reprendra après.

Gn 38,4 Elle devint encore enceinte, et enfanta un fils, qu'elle appela Onan.

Elle enfanta de nouveau un fils, qu'elle appela Schéla; Juda était à Czib quand elle l'enfanta.

Juda prit pour Er, son premier-né, une femme nommée Tamar.

Er, premier-né de Juda, était méchant aux yeux de l'Éternel; et l'Éternel le fit mourir.

Alors Juda dit à Onan: Va vers la femme de ton frère, prends-la, comme beau-frère, et suscite une postérité à ton frère.

Onan, sachant que cette postérité ne serait pas à lui, se souillait à terre lorsqu'il allait vers la femme de son frère, afin de ne pas donner de postérité à son frère.

10 Ce qu'il faisait déplut à l'Éternel, qui le fit aussi mourir.

Alors Juda dit à Tamar, sa belle-fille: Demeure veuve dans la maison de ton père, jusqu'à ce que Schéla, mon fils, soit grand. Il parlait ainsi dans la crainte que Schéla ne mourût comme ses frères. Tamar s'en alla, et elle habita dans la maison de son père.

Les jours s'écoulèrent, et la fille de Schua, femme de Juda, mourut. Lorsque Juda fut consolé, il monta à Thimna, vers ceux qui tondaient ses brebis, lui et son ami Hira, l'Adullamite[1].

On en informa Tamar, et on lui dit: Voici ton beau-père qui monte à Thimna, pour tondre ses brebis.

Alors elle ôta ses habits de veuve, elle se couvrit d'un voile et s'enveloppa, et elle s'assit à l'entrée d'Énaïm, sur le chemin de Thimna; car elle voyait que Schéla était devenu grand, et qu'elle ne lui était point donnée pour femme.

Juda la vit, et la prit pour une prostituée, parce qu'elle avait couvert son visage.

Il l'aborda sur le chemin, et dit: Laisse-moi aller vers toi. Car il ne connut pas que c'était sa belle-fille. Elle dit: Que me donneras-tu pour venir vers moi?

Il répondit: Je t'enverrai un chevreau de mon troupeau. Elle dit: Me donneras-tu un gage, jusqu'à ce que tu l'envoies?

Il répondit: Quel gage te donnerai-je? Elle dit: Ton cachet, ton cordon, et le bâton que tu as à la main. Il les lui donna. Puis il alla vers elle; et elle devint enceinte de lui.

Elle se leva, et s'en alla; elle ôta son voile, et remit ses habits de veuve.

20 Juda envoya le chevreau par son ami l'Adullamite, pour retirer le gage des mains de la femme. Mais il ne la trouva point.

Il interrogea les gens du lieu, en disant: Où est cette prostituée qui se tenait à Énaïm, sur le chemin? Ils répondirent: Il n'y a point eu ici de prostituée.

Il retourna auprès de Juda, et dit: Je ne l'ai pas trouvée, et même les gens du lieu ont dit: Il n'y a point eu ici de prostituée.

Juda dit: Qu'elle garde ce qu'elle a! Ne nous exposons pas au mépris. Voici, j'ai envoyé ce chevreau, et tu ne l'as pas trouvée.

Environ trois mois après, on vint dire à Juda: Tamar, ta belle-fille, s'est prostituée, et même la voilà enceinte à la suite de sa prostitution. Et Juda dit: Faites-la sortir, et qu'elle soit brûlée.

Comme on l'amenait dehors, elle fit dire à son beau-père: C'est de l'homme à qui ces choses appartiennent que je suis enceinte; reconnais, je te prie, à qui sont ce cachet, ces cordons et ce bâton.

Juda les reconnut, et dit: Elle est moins coupable que moi, puisque je ne l'ai pas donnée à Schéla, mon fils. Et il ne la connut plus.

Quand elle fut au moment d'accoucher, voici, il y avait deux jumeaux dans son ventre.

Et pendant l'accouchement il y en eut un qui présenta la main; la sage-femme la prit, et y attacha un fil cramoisi, en disant: Celui-ci sort le premier.

---

[1] Adullam: Ville du territoire de Juda.

Mais il retira la main, et son frère sortit. Alors la sage-femme dit: Quelle brèche tu as faite! Et elle lui donna le nom de Pérets.

30 Ensuite sortit son frère, qui avait à la main le fil cramoisi; et on lui donna le nom de Zérach.

AK - Joseph, prisonnier en Égypte
Genèse 39-40

On fit descendre Joseph en Égypte; et Potiphar, officier de Pharaon, chef des gardes, Égyptien, l'acheta des Ismaélites qui l'y avaient fait descendre.

L'Éternel fut avec lui, et la prospérité l'accompagna; il habitait dans la maison de son maître, l'Égyptien.

Son maître vit que l'Éternel était avec lui, et que l'Éternel faisait prospérer entre ses mains tout ce qu'il entreprenait.

Joseph trouva grâce aux yeux de son maître, qui l'employa à son service, l'établit sur sa maison, et lui confia tout ce qu'il possédait.

Dès que Potiphar l'eut établi sur sa maison et sur tout ce qu'il possédait, l'Éternel bénit la maison de l'Égyptien, à cause de Joseph; et la bénédiction de l'Éternel fut sur tout ce qui lui appartenait, soit à la maison, soit aux champs.

Il abandonna aux mains de Joseph tout ce qui lui appartenait, et il n'avait avec lui d'autre soin que celui de prendre sa nourriture. Or, Joseph était beau de taille et beau de figure.

Après ces choses, il arriva que la femme de son maître porta les yeux sur Joseph, et dit: Couche avec moi!

Il refusa, et dit à la femme de son maître: Voici, mon maître ne prend avec moi connaissance de rien dans la maison, et il a remis entre mes mains tout ce qui lui appartient.

Il n'est pas plus grand que moi dans cette maison, et il ne m'a rien interdit, excepté toi, parce que tu es sa femme. Comment ferais-je un aussi grand mal et pécherais-je contre Dieu?

10 Quoiqu'elle parlât tous les jours à Joseph, il refusa de coucher auprès d'elle, d'être avec elle.

Un jour qu'il était entré dans la maison pour faire son ouvrage, et qu'il n'y avait là aucun des gens de la maison,

elle le saisit par son vêtement, en disant: Couche avec moi! Il lui laissa son vêtement dans la main, et s'enfuit au dehors.

Lorsqu'elle vit qu'il lui avait laissé son vêtement dans la main, et qu'il s'était enfui dehors, elle appela les gens de sa maison, et leur dit: Voyez, il nous a amené un Hébreu pour se jouer de nous. Cet homme est venu vers moi pour coucher avec moi; mais j'ai crié à haute voix.

Et quand il a entendu que j'élevais la voix et que je criais, il a laissé son vêtement à côté de moi et s'est enfui dehors.

Et elle posa le vêtement de Joseph à côté d'elle, jusqu'à ce que son maître rentrât à la maison.

Alors elle lui parla ainsi: L'esclave hébreu que tu nous as amené est venu vers moi pour se jouer de moi.

Et comme j'ai élevé la voix et que j'ai crié, il a laissé son vêtement à côté de moi et s'est enfui dehors.

Après avoir entendu les paroles de sa femme, qui lui disait: Voilà ce que m'a fait ton esclave! le maître de Joseph fut enflammé de colère.

20 Il prit Joseph, et le mit dans la prison, dans le lieu où les prisonniers du roi étaient enfermés: il fut là, en prison.

L'Éternel fut avec Joseph, et il étendit sur lui sa bonté. Il le mit en faveur aux yeux du chef de la prison.

Et le chef de la prison plaça sous sa surveillance tous les prisonniers qui étaient dans la prison; et rien ne s'y faisait que par lui.

Le chef de la prison ne prenait aucune connaissance de ce que Joseph avait en main, parce que l'Éternel était avec lui. Et l'Éternel donnait de la réussite à ce qu'il faisait.

Genèse 40

Après ces choses, il arriva que l'échanson et le panetier du roi d'Égypte offensèrent leur maître, le roi d'Égypte.

Pharaon fut irrité contre ses deux officiers, le chef des échansons et le chef des panetiers.

Et il les fit mettre dans la maison du chef des gardes, dans la prison, dans le lieu où Joseph était enfermé.

Le chef des gardes les plaça sous la surveillance de Joseph, qui faisait le service auprès d'eux; et ils passèrent un certain temps en prison.

Pendant une même nuit, l'échanson et le panetier du roi d'Égypte, qui étaient enfermés dans la prison, eurent tous les deux un songe, chacun le sien, pouvant recevoir une explication distincte.

Joseph, étant venu le matin vers eux, les regarda; et voici, ils étaient tristes.

Alors il questionna les officiers de Pharaon, qui étaient avec lui dans la prison de son maître, et il leur dit: Pourquoi avez-vous mauvais visage aujourd'hui?

Ils lui répondirent: Nous avons eu un songe, et il n'y a personne pour l'expliquer. Joseph leur dit: N'est-ce pas à Dieu qu'appartiennent les explications? Racontez-moi donc votre songe.

Le chef des échansons raconta son songe à Joseph, et lui dit: Dans mon songe, voici, il y avait un cep devant moi.

Ce cep avait trois sarments. Quand il eut poussé, sa fleur se développa et ses grappes donnèrent des raisins mûrs.

10 La coupe de Pharaon était dans ma main. Je pris les raisins, je les pressai dans la coupe de Pharaon, et je mis la coupe dans la main de Pharaon.

Joseph lui dit: En voici l'explication. Les trois sarments sont trois jours.

Encore trois jours, et Pharaon relèvera ta tête et te rétablira dans ta charge; tu mettras la coupe dans la main de Pharaon, comme tu en avais l'habitude lorsque tu étais son échanson.

Mais souviens-toi de moi, quand tu seras heureux, et montre, je te prie, de la bonté à mon égard; parle en ma faveur à Pharaon, et fais-moi sortir de cette maison.

Car j'ai été enlevé du pays des Hébreux, et ici même je n'ai rien fait pour être mis en prison.

Le chef des panetiers, voyant que Joseph avait donné une explication favorable, dit: Voici, il y avait aussi, dans mon songe, trois corbeilles de pain blanc sur ma tête.

Dans la corbeille la plus élevée il y avait pour Pharaon des mets de toute espèce, cuits au four; et les oiseaux les mangeaient dans la corbeille au-dessus de ma tête.

Joseph répondit, et dit: En voici l'explication. Les trois corbeilles sont trois jours.

Encore trois jours, et Pharaon enlèvera ta tête de dessus toi, te fera pendre à un bois, et les oiseaux mangeront ta chair.

20 Le troisième jour, jour de la naissance de Pharaon, il fit un festin à tous ses serviteurs; et il éleva la tête du chef des échansons et la tête du chef des panetiers, au milieu de ses serviteurs:

il rétablit le chef des échansons dans sa charge d'échanson, pour qu'il mît la coupe dans la main de Pharaon;

mais il fit pendre le chef des panetiers, selon l'explication que Joseph leur avait donnée.

Le chef des échansons ne pensa plus à Joseph. Il l'oublia.

AL - Le songe de Pharaon ; Joseph au pouvoir
Genèse 41

Au bout de deux ans, Pharaon eut un songe. Voici, il se tenait près du fleuve.

Et voici, sept vaches belles à voir et grasses de chair montèrent hors du fleuve, et se mirent à paître dans la prairie.

Sept autres vaches laides à voir et maigres de chair montèrent derrière elles hors du fleuve, et se tinrent à leurs côtés sur le bord du fleuve.

Gn 41,4 Les vaches laides à voir et maigres de chair mangèrent les sept vaches belles à voir et grasses de chair. Et Pharaon s'éveilla.

Il se rendormit, et il eut un second songe. Voici, sept épis gras et beaux montèrent sur une même tige.

Et sept épis maigres et brûlés par le vent d'orient poussèrent après eux.

Les épis maigres engloutirent les sept épis gras et pleins. Et Pharaon s'éveilla. Voilà le songe.

Le matin, Pharaon eut l'esprit agité, et il fit appeler tous les magiciens et tous les sages de l'Égypte. Il leur raconta ses songes. Mais personne ne put les expliquer à Pharaon.

Alors le chef des échansons prit la parole, et dit à Pharaon: Je vais rappeler aujourd'hui le souvenir de ma faute.

10 Pharaon s'était irrité contre ses serviteurs; et il m'avait fait mettre en prison dans la maison du chef des gardes, moi et le chef des panetiers.

Nous eûmes l'un et l'autre un songe dans une même nuit; et chacun de nous reçut une explication en rapport avec le songe qu'il avait eu.

Il y avait là avec nous un jeune Hébreu, esclave du chef des gardes. Nous lui racontâmes nos songes, et il nous les expliqua.

Les choses sont arrivées selon l'explication qu'il nous avait donnée. Pharaon me rétablit dans ma charge, et il fit pendre le chef des panetiers.

Pharaon fit appeler Joseph. On le fit sortir en hâte de prison. Il se rasa, changea de vêtements, et se rendit vers Pharaon.

Pharaon dit à Joseph: J'ai eu un songe. Personne ne peut l'expliquer; et j'ai appris que tu expliques un songe, après l'avoir entendu.

Joseph répondit à Pharaon, en disant: Ce n'est pas moi! c'est Dieu qui donnera une réponse favorable à Pharaon.

Pharaon dit alors à Joseph: Dans mon songe, voici, je me tenais sur le bord du fleuve.

Et voici, sept vaches grasses de chair et belles d'apparence montèrent hors du fleuve, et se mirent à paître dans la prairie.

Sept autres vaches montèrent derrière elles, maigres, fort laides d'apparence, et décharnées: je n'en ai point vu d'aussi laides dans tout le pays d'Égypte.

20 Les vaches décharnées et laides mangèrent les sept premières vaches qui étaient grasses.

Elles les engloutirent dans leur ventre, sans qu'on s'aperçût qu'elles y fussent entrées; et leur apparence était laide comme auparavant. Et je m'éveillai.

Je vis encore en songe sept épis pleins et beaux, qui montèrent sur une même tige.

Et sept épis vides, maigres, brûlés par le vent d'orient, poussèrent après eux.

Gn 41,24 Les épis maigres engloutirent les sept beaux épis. Je l'ai dit aux magiciens, mais personne ne m'a donné l'explication.

Joseph dit à Pharaon: Ce qu'a songé Pharaon est une seule chose; Dieu a fait connaître à Pharaon ce qu'il va faire.

Les sept vaches belles sont sept années: et les sept épis beaux sont sept années: c'est un seul songe.

Les sept vaches décharnées et laides, qui montaient derrière les premières, sont sept années; et les sept épis vides, brûlés par le vent d'orient, seront sept années de famine.

Ainsi, comme je viens de le dire à Pharaon, Dieu a fait connaître à Pharaon ce qu'il va faire.

Voici, il y aura sept années de grande abondance dans tout le pays d'Égypte.

30 Sept années de famine viendront après elles; et l'on oubliera toute cette abondance au pays d'Égypte, et la famine consumera le pays.

Cette famine qui suivra sera si forte qu'on ne s'apercevra plus de l'abondance dans le pays.

Si Pharaon a vu le songe se répéter une seconde fois, c'est que la chose est arrêtée de la part de Dieu, et que Dieu se hâtera de l'exécuter.

Maintenant, que Pharaon choisisse un homme intelligent et sage, et qu'il le mette à la tête du pays d'Égypte.

Que Pharaon établisse des commissaires sur le pays, pour lever un cinquième des récoltes de l'Égypte pendant les sept années d'abondance.

Qu'ils rassemblent tous les produits de ces bonnes années qui vont venir; qu'ils fassent, sous l'autorité de Pharaon, des amas de blé, des approvisionnements dans les villes, et qu'ils en aient la garde.

Ces provisions seront en réserve pour le pays, pour les sept années de famine qui arriveront dans le pays d'Égypte, afin que le pays ne soit pas consumé par la famine.

Ces paroles plurent à Pharaon et à tous ses serviteurs.

Et Pharaon dit à ses serviteurs: Trouverions-nous un homme comme celui-ci, ayant en lui l'esprit de Dieu?

Et Pharaon dit à Joseph: Puisque Dieu t'a fait connaître toutes ces choses, il n'y a personne qui soit aussi intelligent et aussi sage que toi.

40 Je t'établis sur ma maison, et tout mon peuple obéira à tes ordres. Le trône seul m'élèvera au-dessus de toi.

Pharaon dit à Joseph: Vois, je te donne le commandement de tout le pays d'Égypte.

Pharaon ôta son anneau de la main, et le mit à la main de Joseph; il le revêtit d'habits de fin lin, et lui mit un collier d'or au cou.

Il le fit monter sur le char qui suivait le sien; et l'on criait devant lui: A genoux! C'est ainsi que Pharaon lui donna le commandement de tout le pays d'Égypte.

Il dit encore à Joseph: Je suis Pharaon! Et sans toi personne ne lèvera la main ni le pied dans tout le pays d'Égypte.

Pharaon appela Joseph du nom de Tsaphnath Paenéach[1]; et il lui donna pour femme Asnath, fille de Poti Phéra, prêtre d'On. Et Joseph partit pour visiter le pays d'Égypte.

Joseph était âgé de trente ans lorsqu'il se présenta devant Pharaon, roi d'Égypte; et il quitta Pharaon, et parcourut tout le pays d'Égypte.

Pendant les sept années de fertilité, la terre rapporta abondamment.

Joseph rassembla tous les produits de ces sept années dans le pays d'Égypte; il fit des approvisionnements dans les villes, mettant dans l'intérieur de chaque ville les productions des champs d'alentour.

Joseph amassa du blé, comme le sable de la mer, en quantité si considérable que l'on cessa de compter, parce qu'il n'y avait plus de nombre.

50   Avant les années de famine, il naquit à Joseph deux fils, que lui enfanta Asnath, fille de Poti Phéra, prêtre d'On.

Joseph donna au premier-né le nom de Manassé, car, dit-il, Dieu m'a fait oublier toutes mes peines et toute la maison de mon père.

Et il donna au second le nom d'Éphraïm, car, dit-il, Dieu m'a rendu fécond dans le pays de mon affliction.

Les sept années d'abondance qu'il y eut au pays d'Égypte s'écoulèrent.

Et les sept années de famine commencèrent à venir, ainsi que Joseph l'avait annoncé. Il y eut famine dans tous les pays; mais dans tout le pays d'Égypte il y avait du pain.

Quand tout le pays d'Égypte fut aussi affamé, le peuple cria à Pharaon pour avoir du pain. Pharaon dit à tous les Égyptiens: Allez vers Joseph, et faites ce qu'il vous dira.

La famine régnait dans tout le pays. Joseph ouvrit tous les lieux d'approvisionnement, et vendit du blé aux Égyptiens. La famine augmentait dans le pays d'Égypte.

Et de tous les pays on arrivait en Égypte, pour acheter du blé auprès de Joseph; car la famine était forte dans tous les pays.

AM - Les frères de Joseph descendent en Égypte
Genèse 42 - 45

Jacob, voyant qu'il y avait du blé en Égypte, dit à ses fils: Pourquoi vous regardez-vous les uns les autres?

---

[1] Voir en bibliographie p.403 DAVIDOVITS - *La Bible avait raison TOME 2*, qui mentionne pp.18 et 62-63 le texte d'une fresque du temple égyptien de Karnak qui mentionne ce même nom ("Tsaphnath Paenéach").

Gn 42,2 Il dit: Voici, j'apprends qu'il y a du blé en Égypte; descendez-y, pour nous en acheter là, afin que nous vivions et que nous ne mourions pas.

Dix frères de Joseph descendirent en Égypte, pour acheter du blé.

Jacob n'envoya point avec eux Benjamin, frère de Joseph, dans la crainte qu'il ne lui arrivât quelque malheur.

Les fils d'Israël vinrent pour acheter du blé, au milieu de ceux qui venaient aussi; car la famine était dans le pays de Canaan.

Joseph commandait dans le pays; c'est lui qui vendait du blé à tout le peuple du pays. Les frères de Joseph vinrent, et se prosternèrent devant lui la face contre terre.

Joseph vit ses frères et les reconnut; mais il feignit d'être un étranger pour eux, il leur parla durement, et leur dit: D'où venez-vous? Ils répondirent: Du pays de Canaan, pour acheter des vivres.

Joseph reconnut ses frères, mais eux ne le reconnurent pas.

Joseph se souvint des songes qu'il avait eus à leur sujet, et il leur dit: Vous êtes des espions; c'est pour observer les lieux faibles du pays que vous êtes venus.

10 Ils lui répondirent: Non, mon seigneur, tes serviteurs sont venus pour acheter du blé.

Nous sommes tous fils d'un même homme; nous sommes sincères, tes serviteurs ne sont pas des espions.

Il leur dit: Nullement; c'est pour observer les lieux faibles du pays que vous êtes venus.

Ils répondirent: Nous, tes serviteurs, sommes douze frères, fils d'un même homme au pays de Canaan; et voici, le plus jeune est aujourd'hui avec notre père, et il y en a un qui n'est plus.

Joseph leur dit: Je viens de vous le dire, vous êtes des espions.

Voici comment vous serez éprouvés. Par la vie de Pharaon! vous ne sortirez point d'ici que votre jeune frère ne soit venu.

Envoyez l'un de vous pour chercher votre frère; et vous, restez prisonniers. Vos paroles seront éprouvées, et je saurai si la vérité est chez vous; sinon, par la vie de Pharaon! vous êtes des espions.

Et il les mit ensemble trois jours en prison.

Le troisième jour, Joseph leur dit: Faites ceci, et vous vivrez. Je crains Dieu!

Si vous êtes sincères, que l'un de vos frères reste enfermé dans votre prison; et vous, partez, emportez du blé pour nourrir vos familles,

20 et amenez-moi votre jeune frère, afin que vos paroles soient éprouvées et que vous ne mouriez point. Et ils firent ainsi.

Ils se dirent alors l'un à l'autre: Oui, nous avons été coupables envers notre frère, car nous avons vu l'angoisse de son âme, quand il nous demandait grâce, et nous ne l'avons point écouté! C'est pour cela que cette affliction nous arrive.

Ruben, prenant la parole, leur dit: Ne vous disais-je pas: Ne commettez point un crime envers cet enfant? Mais vous n'avez point écouté. Et voici, son sang est redemandé.

Ils ne savaient pas que Joseph comprenait, car il se servait avec eux d'un interprète.

Il s'éloigna d'eux, pour pleurer. Il revint, et leur parla; puis il prit parmi eux Siméon, et le fit enchaîner sous leurs yeux.

Joseph ordonna qu'on remplît de blé leurs sacs, qu'on remît l'argent de chacun dans son sac, et qu'on leur donnât des provisions pour la route. Et l'on fit ainsi.

Ils chargèrent le blé sur leurs ânes, et partirent.

L'un d'eux ouvrit son sac pour donner du fourrage à son âne, dans le lieu où ils passèrent la nuit, et il vit l'argent qui était à l'entrée du sac.

Il dit à ses frères: Mon argent a été rendu, et le voici dans mon sac. Alors leur coeur fut en défaillance; et ils se dirent l'un à l'autre, en tremblant: Qu'est-ce que Dieu nous a fait?

Ils revinrent auprès de Jacob, leur père, dans le pays de Canaan, et ils lui racontèrent tout ce qui leur était arrivé. Ils dirent:

30 L'homme, qui est le seigneur du pays, nous a parlé durement, et il nous a pris pour des espions.

Nous lui avons dit: Nous sommes sincères, nous ne sommes pas des espions.

Nous sommes douze frères, fils de notre père; l'un n'est plus, et le plus jeune est aujourd'hui avec notre père au pays de Canaan.

Et l'homme, qui est le seigneur du pays, nous a dit: Voici comment je saurai si vous êtes sincères. Laissez auprès de moi l'un de vos frères, prenez de quoi nourrir vos familles, partez, et amenez-moi votre jeune frère.

Je saurai ainsi que vous n'êtes pas des espions, que vous êtes sincères; je vous rendrai votre frère, et vous pourrez librement parcourir le pays.

Lorsqu'ils vidèrent leurs sacs, voici, le paquet d'argent de chacun était dans son sac. Ils virent, eux et leur père, leurs paquets d'argent, et ils eurent peur.

Jacob, leur père, leur dit: Vous me privez de mes enfants! Joseph n'est plus, Siméon n'est plus, et vous prendriez Benjamin! C'est sur moi que tout cela retombe.

Ruben dit à son père: Tu feras mourir mes deux fils si je ne te ramène pas Benjamin; remets-le entre mes mains, et je te le ramènerai.

Jacob dit: Mon fils ne descendra point avec vous; car son frère est mort, et il reste seul; s'il lui arrivait un malheur dans le voyage que vous allez faire, vous feriez descendre mes cheveux blancs avec douleur dans le séjour des morts.

Genèse 43

La famine s'appesantissait sur le pays.

Quand ils eurent fini de manger le blé qu'ils avaient apporté d'Égypte, Jacob dit à ses fils: Retournez, achetez-nous un peu de vivres.

Gn 43,3 Juda lui répondit: Cet homme nous a fait cette déclaration formelle: Vous ne verrez pas ma face, à moins que votre frère ne soit avec vous.

Si donc tu veux envoyer notre frère avec nous, nous descendrons, et nous t'achèterons des vivres.

Mais si tu ne veux pas l'envoyer, nous ne descendrons point, car cet homme nous a dit: Vous ne verrez pas ma face, à moins que votre frère ne soit avec vous.

Israël dit alors: Pourquoi avez-vous mal agi à mon égard, en disant à cet homme que vous aviez encore un frère?

Ils répondirent: Cet homme nous a interrogés sur nous et sur notre famille, en disant: Votre père vit-il encore? avez-vous un frère? Et nous avons répondu à ces questions. Pouvions-nous savoir qu'il dirait: Faites descendre votre frère?

Juda dit à Israël, son père: Laisse venir l'enfant avec moi, afin que nous nous levions et que nous partions; et nous vivrons et ne mourrons pas, nous, toi, et nos enfants.

Je réponds de lui; tu le redemanderas de ma main. Si je ne le ramène pas auprès de toi et si je ne le remets pas devant ta face, je serai pour toujours coupable envers toi.

10 Car si nous n'eussions pas tardé, nous serions maintenant deux fois de retour.

Israël, leur père, leur dit: Puisqu'il le faut, faites ceci. Prenez dans vos sacs des meilleures productions du pays, pour en porter un présent à cet homme, un peu de baume et un peu de miel, des aromates, de la myrrhe, des pistaches et des amandes.

Prenez avec vous de l'argent au double, et remportez l'argent qu'on avait mis à l'entrée de vos sacs: peut-être était-ce une erreur.

Prenez votre frère, et levez-vous; retournez vers cet homme.

Que le Dieu tout puissant vous fasse trouver grâce devant cet homme, et qu'il laisse revenir avec vous votre autre frère et Benjamin! Et moi, si je dois être privé de mes enfants, que j'en sois privé!

Ils prirent le présent; ils prirent avec eux de l'argent au double, ainsi que Benjamin; ils se levèrent, descendirent en Égypte, et se présentèrent devant Joseph.

Dès que Joseph vit avec eux Benjamin, il dit à son intendant: Fais entrer ces gens dans la maison, tue et apprête; car ces gens mangeront avec moi à midi.

Cet homme fit ce que Joseph avait ordonné, et il conduisit ces gens dans la maison de Joseph.

Ils eurent peur lorsqu'ils furent conduits à la maison de Joseph, et ils dirent: C'est à cause de l'argent remis l'autre fois dans nos sacs qu'on nous emmène; c'est pour se jeter sur nous, se précipiter sur nous; c'est pour nous prendre comme esclaves, et s'emparer de nos ânes.

Ils s'approchèrent de l'intendant de la maison de Joseph, et lui adressèrent la parole, à l'entrée de la maison.

20 Ils dirent: Pardon! mon seigneur, nous sommes déjà descendus une fois pour acheter des vivres.

Puis, quand nous arrivâmes, au lieu où nous devions passer la nuit, nous avons ouvert nos sacs; et voici, l'argent de chacun était à l'entrée de son sac, notre argent selon son poids: nous le rapportons avec nous.

Nous avons aussi apporté d'autre argent, pour acheter des vivres. Nous ne savons pas qui avait mis notre argent dans nos sacs.

L'intendant répondit: Que la paix soit avec vous! Ne craignez rien. C'est votre Dieu, le Dieu de votre père, qui vous a donné un trésor dans vos sacs. Votre argent m'est parvenu. Et il leur amena Siméon.

Cet homme les fit entrer dans la maison de Joseph; il leur donna de l'eau et ils se lavèrent les pieds; il donna aussi du fourrage à leurs ânes.

Ils préparèrent leur présent, en attendant que Joseph vienne à midi; car on les avait informés qu'ils mangeraient chez lui.

Quand Joseph fut arrivé à la maison, ils lui offrirent le présent qu'ils avaient apporté, et ils se prosternèrent en terre devant lui.

Il leur demanda comment ils se portaient; et il dit: Votre vieux père, dont vous avez parlé, est-il en bonne santé? vit-il encore?

Ils répondirent: Ton serviteur, notre père, est en bonne santé; il vit encore. Et ils s'inclinèrent et se prosternèrent.

Joseph leva les yeux; et, jetant un regard sur Benjamin, son frère, fils de sa mère, il dit: Est-ce là votre jeune frère, dont vous m'avez parlé? Et il ajouta: Dieu te fasse miséricorde, mon fils!

30 Ses entrailles étaient émues pour son frère, et il avait besoin de pleurer; il entra précipitamment dans une chambre, et il y pleura.

Après s'être lavé le visage, il en sortit; et, faisant des efforts pour se contenir, il dit: Servez à manger.

On servit Joseph à part, et ses frères à part; les Égyptiens qui mangeaient avec lui furent aussi servis à part, car les Égyptiens ne pouvaient pas manger avec les Hébreux, parce que c'est à leurs yeux une abomination.

Les frères de Joseph s'assirent en sa présence, le premier-né selon son droit d'aînesse, et le plus jeune selon son âge; et ils se regardaient les uns les autres avec étonnement.

Joseph leur fit porter des mets qui étaient devant lui, et Benjamin en eut cinq fois plus que les autres. Ils burent, et s'égayèrent avec lui

Genèse 44

Joseph donna cet ordre à l'intendant de sa maison: Remplis de vivres les sacs de ces gens, autant qu'ils en pourront porter, et mets l'argent de chacun à l'entrée de son sac.

Tu mettras aussi ma coupe, la coupe d'argent, à l'entrée du sac du plus jeune, avec l'argent de son blé. L'intendant fit ce que Joseph lui avait ordonné.

Gn 44,3 Le matin, dès qu'il fit jour, on renvoya ces gens avec leur ânes.

Ils étaient sortis de la ville, et ils n'en étaient guère éloignés,
lorsque Joseph dit à son intendant: Lève-toi, poursuis ces gens; et, quand tu les auras atteints, tu leur diras: Pourquoi avez-vous rendu le mal pour le bien?

N'avez-vous pas la coupe dans laquelle boit mon seigneur, et dont il se sert pour deviner? Vous avez mal fait d'agir ainsi.

L'intendant les atteignit, et leur dit ces mêmes paroles.

Ils lui répondirent: Pourquoi mon seigneur parle-t-il de la sorte? Dieu préserve tes serviteurs d'avoir commis une telle action!

Voici, nous t'avons rapporté du pays de Canaan l'argent que nous avons trouvé à l'entrée de nos sacs; comment aurions-nous dérobé de l'argent ou de l'or dans la maison de ton seigneur?

Que celui de tes serviteurs sur qui se trouvera la coupe meure, et que nous soyons nous-mêmes esclaves de mon seigneur!

10 Il dit: Qu'il en soit donc selon vos paroles! Celui sur qui se trouvera la coupe sera mon esclave; et vous, vous serez innocents.

Aussitôt, chacun descendit son sac à terre, et chacun ouvrit son sac.

L'intendant les fouilla, commençant par le plus âgé et finissant par le plus jeune; et la coupe fut trouvée dans le sac de Benjamin.

Ils déchirèrent leurs vêtements, chacun rechargea son âne, et ils retournèrent à la ville.

Juda et ses frères arrivèrent à la maison de Joseph, où il était encore, et ils se prosternèrent en terre devant lui.

Joseph leur dit: Quelle action avez-vous faite? Ne savez-vous pas qu'un homme comme moi a le pouvoir de deviner?

Juda répondit: Que dirons-nous à mon seigneur? comment parlerons-nous? comment nous justifierons-nous? Dieu a trouvé l'iniquité de tes serviteurs. Nous voici esclaves de mon seigneur, nous, et celui sur qui s'est trouvée la coupe.

Et Joseph dit: Dieu me garde de faire cela! L'homme sur qui la coupe a été trouvée sera mon esclave; mais vous, remontez en paix vers votre père.

Alors Juda s'approcha de Joseph, et dit: De grâce, mon seigneur, que ton serviteur puisse faire entendre une parole à mon seigneur, et que sa colère ne s'enflamme point contre ton serviteur! car tu es comme Pharaon.

Mon seigneur a interrogé ses serviteurs, en disant: Avez-vous un père, ou un frère?

20 Nous avons répondu: Nous avons un vieux père, et un jeune frère, enfant de sa vieillesse; cet enfant avait un frère qui est mort, et qui était de la même mère; il reste seul, et son père l'aime.

Tu as dit à tes serviteurs: Faites-le descendre vers moi, et que je le voie de mes propres yeux.

Nous avons répondu à mon seigneur: L'enfant ne peut pas quitter son père; s'il le quitte, son père mourra.

Tu as dit à tes serviteurs: Si votre jeune frère ne descend pas avec vous, vous ne reverrez pas ma face.

Lorsque nous sommes remontés auprès de ton serviteur, mon père, nous lui avons rapporté les paroles de mon seigneur.

Notre père a dit: Retournez, achetez-nous un peu de vivres.

Nous avons répondu: Nous ne pouvons pas descendre; mais, si notre jeune frère est avec nous, nous descendrons, car nous ne pouvons pas voir la face de cet homme, à moins que notre jeune frère ne soit avec nous.

Ton serviteur, notre père, nous a dit: Vous savez que ma femme m'a enfanté deux fils.

L'un étant sorti de chez moi, je pense qu'il a été sans doute déchiré, car je ne l'ai pas revu jusqu'à présent.

Si vous me prenez encore celui-ci, et qu'il lui arrive un malheur, vous ferez descendre mes cheveux blancs avec douleur dans le séjour des morts.

30 Maintenant, si je retourne auprès de ton serviteur, mon père, sans avoir avec nous l'enfant à l'âme duquel son âme est attachée,

il mourra, en voyant que l'enfant n'y est pas; et tes serviteurs feront descendre avec douleur dans le séjour des morts les cheveux blancs de ton serviteur, notre père.

Car ton serviteur a répondu pour l'enfant, en disant à mon père: Si je ne le ramène pas auprès de toi, je serai pour toujours coupable envers mon père.

Permets donc, je te prie, à ton serviteur de rester à la place de l'enfant, comme esclave de mon seigneur; et que l'enfant remonte avec ses frères.

Comment pourrai-je remonter vers mon père, si l'enfant n'est pas avec moi? Ah! que je ne voie point l'affliction de mon père!

Genèse 45

Joseph ne pouvait plus se contenir devant tous ceux qui l'entouraient. Il s'écria: Faites sortir tout le monde. Et il ne resta personne avec Joseph, quand il se fit connaître à ses frères.

Il éleva la voix, en pleurant. Les Égyptiens l'entendirent, et la maison de Pharaon l'entendit.

Joseph dit à ses frères: Je suis Joseph! Mon père vit-il encore? Mais ses frères ne purent lui répondre, car ils étaient troublés en sa présence.

Joseph dit à ses frères: Approchez-vous de moi. Et ils s'approchèrent. Il dit: Je suis Joseph, votre frère, que vous avez vendu pour être mené en Égypte.

Maintenant, ne vous affligez pas, et ne soyez pas fâchés de m'avoir vendu pour être conduit ici, car c'est pour vous sauver la vie que Dieu m'a envoyé devant vous.

Gn 45,6 Voilà deux ans que la famine est dans le pays; et pendant cinq années encore, il n'y aura ni labour, ni moisson.

Dieu m'a envoyé devant vous pour vous faire subsister dans le pays, et pour vous faire vivre par une grande délivrance.

Ce n'est donc pas vous qui m'avez envoyé ici, mais c'est Dieu; il m'a établi père de Pharaon, maître de toute sa maison, et gouverneur de tout le pays d'Égypte.

Hâtez-vous de remonter auprès de mon père, et vous lui direz: Ainsi a parlé ton fils Joseph: Dieu m'a établi seigneur de toute l'Égypte; descends vers moi, ne tarde pas!

10 Tu habiteras dans le pays de Gosen, et tu seras près de moi, toi, tes fils, et les fils de tes fils, tes brebis et tes boeufs, et tout ce qui est à toi.

Là, je te nourrirai, car il y aura encore cinq années de famine; et ainsi tu ne périras point, toi, ta maison, et tout ce qui est à toi.

Vous voyez de vos yeux, et mon frère Benjamin voit de ses yeux que c'est moi-même qui vous parle.

Racontez à mon père toute ma gloire en Égypte, et tout ce que vous avez vu; et vous ferez descendre ici mon père au plus tôt.

Il se jeta au cou de Benjamin, son frère, et pleura; et Benjamin pleura sur son cou.

Il embrassa aussi tous ses frères, en pleurant. Après quoi, ses frères s'entretinrent avec lui.

Le bruit se répandit dans la maison de Pharaon que les frères de Joseph étaient arrivés: ce qui fut agréable à Pharaon et à ses serviteurs.

Pharaon dit à Joseph: Dis à tes frères: Faites ceci. Chargez vos bêtes, et partez pour le pays de Canaan;

prenez votre père et vos familles, et venez auprès de moi. Je vous donnerai ce qu'il y a de meilleur au pays d'Égypte, et vous mangerez la graisse du pays.

Tu as ordre de leur dire: Faites ceci. Prenez dans le pays d'Égypte des chars pour vos enfants et pour vos femmes; amenez votre père, et venez.

20 Ne regrettez point ce que vous laisserez, car ce qu'il a de meilleur dans tout le pays d'Égypte sera pour vous.

Les fils d'Israël firent ainsi. Joseph leur donna des chars, selon l'ordre de Pharaon; il leur donna aussi des provisions pour la route.

Il leur donna à tous des vêtements de rechange, et il donna à Benjamin trois cents sicles d'argent et cinq vêtements de rechange.

Il envoya à son père dix ânes chargés de ce qu'il y avait de meilleur en Égypte, et dix ânesses chargées de blé, de pain et de vivres, pour son père pendant le voyage.

Puis il congédia ses frères, qui partirent; et il leur dit: Ne vous querellez pas en chemin.

Ils remontèrent de l'Égypte, et ils arrivèrent dans le pays de Canaan, auprès de Jacob, leur père.

Ils lui dirent: Joseph vit encore, et même c'est lui qui gouverne tout le pays d'Égypte. Mais le coeur de Jacob resta froid, parce qu'il ne les croyait pas.

Ils lui rapportèrent toutes les paroles que Joseph leur avait dites. Il vit les chars que Joseph avait envoyés pour le transporter. C'est alors que l'esprit de Jacob, leur père, se ranima; et Israël dit: C'est assez! Joseph, mon fils, vit encore! J'irai, et je le verrai avant que je meure.

AN - Jacob (Israël) descend en Égypte
Genèse 46 - 47,12

Israël partit, avec tout ce qui lui appartenait. Il arriva à Beer Schéba, et il offrit des sacrifices au Dieu de son père Isaac.

Dieu parla à Israël dans une vision pendant la nuit, et il dit: Jacob! Jacob! Israël répondit: Me voici!

Et Dieu dit: Je suis le Dieu, le Dieu de ton père. Ne crains point de descendre en Égypte, car là je te ferai devenir une grande nation.

Moi-même je descendrai avec toi en Égypte, et moi-même je t'en ferai remonter; et Joseph te fermera les yeux.

Jacob quitta Beer Schéba; et les fils d'Israël mirent Jacob, leur père, avec leurs enfants et leurs femmes, sur les chars que Pharaon avait envoyés pour les transporter.

Ils prirent aussi leurs troupeaux et les biens qu'ils avaient acquis dans le pays de Canaan. Et Jacob se rendit en Égypte, avec toute sa famille.

Il emmena avec lui en Égypte ses fils et les fils de ses fils, ses filles et les filles de ses fils, et toute sa famille.

Voici les noms des fils d'Israël, qui vinrent en Égypte. Jacob et ses fils. Premier-né de Jacob: Ruben.

Fils de Ruben: Hénoc, Pallu, Hetsron et Carmi.

10 Fils de Siméon: Jemuel, Jamin, Ohad, Jakin et Tsochar; et Saul, fils de la Cananéenne.

Fils de Lévi: Guerschon, Kehath et Merari.

Fils de Juda: Er, Onan, Schéla, Pérets et Zarach; mais Er et Onan moururent au pays de Canaan. Les fils de Pérets furent Hetsron et Hamul.

Fils d'Issacar: Thola, Puva, Job et Schimron.

Fils de Zabulon: Séred, Élon et Jahleel.

Ce sont là les fils que Léa enfanta à Jacob à Paddan Aram, avec sa fille Dina. Ses fils et ses filles formaient en tout trente-trois personnes.

Fils de Gad: Tsiphjon, Haggi, Schuni, Etsbon, Éri, Arodi et Areéli.

Fils d'Aser: Jimna, Jischva, Jischvi et Beria; et Sérach, leur soeur. Et les fils de Beria: Héber et Malkiel.

Ce sont là les fils de Zilpa, que Laban avait donnée à Léa, sa fille; et elle les enfanta à Jacob. En tout, seize personnes.

Fils de Rachel, femme de Jacob: Joseph et Benjamin.

20 Il naquit à Joseph, au pays d'Égypte, Manassé et Éphraïm, que lui enfanta Asnath, fille de Poti Phéra, prêtre d'On.

Fils de Benjamin: Béla, Béker, Aschbel, Guéra, Naaman, Éhi, Rosch, Muppim, Huppim et Ard.

Ce sont là les fils de Rachel, qui naquirent à Jacob. En tout, quatorze personnes.

Fils de Dan: Huschim.

Fils de Nephthali: Jathtseel, Guni, Jetser et Schillem.

Ce sont là les fils de Bilha, que Laban avait donnée à Rachel, sa fille; et elle les enfanta à Jacob. En tout, sept personnes.

Les personnes qui vinrent avec Jacob en Égypte, et qui étaient issues de lui, étaient au nombre de soixante-six en tout, sans compter les femmes des fils de Jacob.

Et Joseph avait deux fils qui lui étaient nés en Égypte. Le total des personnes de la famille de Jacob qui vinrent en Égypte était de soixante-dix.

Jacob envoya Juda devant lui vers Joseph, pour l'informer qu'il se rendait en Gosen.

Joseph attela son char et y monta, pour aller en Gosen, à la rencontre d'Israël, son père. Dès qu'il le vit, il se jeta à son cou, et pleura longtemps sur son cou.

30 Israël dit à Joseph: Que je meure maintenant, puisque j'ai vu ton visage et que tu vis encore!

Joseph dit à ses frères et à la famille de son père: Je vais avertir Pharaon, et je lui dirai: Mes frères et la famille de mon père, qui étaient au pays de Canaan, sont arrivés auprès de moi.

Ces hommes sont bergers, car ils élèvent des troupeaux; ils ont amené leurs brebis et leurs boeufs, et tout ce qui leur appartient.

Et quand Pharaon vous appellera, et dira:

Quelle est votre occupation? Vous répondrez: Tes serviteurs ont élevé des troupeaux, depuis notre jeunesse jusqu'à présent, nous et nos pères. De cette manière, vous habiterez dans le pays de Gosen, car tous les bergers sont en abomination aux Égyptiens.

Genèse 47

Joseph alla avertir Pharaon, et lui dit: Mes frères et mon père sont arrivés du pays de Canaan, avec leurs brebis et leurs boeufs, et tout ce qui leur appartient; et les voici dans le pays de Gosen.

Il prit cinq de ses frères, et les présenta à Pharaon.

Pharaon leur dit: Quelle est votre occupation? Ils répondirent à Pharaon: Tes serviteurs sont bergers, comme l'étaient nos pères.

Ils dirent encore à Pharaon: Nous sommes venus pour séjourner dans le pays, parce qu'il n'y a plus de pâturage pour les brebis de tes serviteurs, car la famine s'appesantit sur le pays de Canaan; permets donc à tes serviteurs d'habiter au pays de Gosen.

Pharaon dit à Joseph: Ton père et tes frères sont venus auprès de toi.

Le pays d'Égypte est devant toi; établis ton père et tes frères dans la meilleure partie du pays. Qu'ils habitent dans le pays de Gosen; et, si tu trouves parmi eux des hommes capables, mets-les à la tête de mes troupeaux.

Joseph fit venir Jacob, son père, et le présenta à Pharaon. Et Jacob bénit Pharaon.

Pharaon dit à Jacob: Quel est le nombre de jours des années de ta vie?

Jacob répondit à Pharaon: Les jours des années de mon pèlerinage sont de cent trente ans. Les jours des années de ma vie ont été peu nombreux et mauvais, et ils n'ont point atteint les jours des années de la vie de mes pères durant leur pèlerinage.

10   Jacob bénit encore Pharaon, et se retira de devant Pharaon.

Joseph établit son père et ses frères, et leur donna une propriété dans le pays d'Égypte, dans la meilleure partie du pays, dans la contrée de Ramsès, comme Pharaon l'avait ordonné.

Joseph fournit du pain à son père et à ses frères, et à toute la famille de son père, selon le nombre des enfants.

AO - Joseph gère le pays
Genèse 47,13-31

Il n'y avait plus de pain dans tout le pays, car la famine était très grande; le pays d'Égypte et le pays de Canaan languissaient, à cause de la famine.

Joseph recueillit tout l'argent qui se trouvait dans le pays d'Égypte et dans le pays de Canaan, contre le blé qu'on achetait; et il fit entrer cet argent dans la maison de Pharaon.

Quand l'argent du pays d'Égypte et du pays de Canaan fut épuisé, tous les Égyptiens vinrent à Joseph, en disant: Donne-nous du pain! Pourquoi mourrions-nous en ta présence? car l'argent manque.

Joseph dit: Donnez vos troupeaux, et je vous donnerai du pain contre vos troupeaux, si l'argent manque.

Ils amenèrent leurs troupeaux à Joseph, et Joseph leur donna du pain contre les chevaux, contre les troupeaux de brebis et de boeufs, et contre les ânes. Il leur fournit ainsi du pain cette année-là contre tous leurs troupeaux.

Gn 47,18 Lorsque cette année fut écoulée, ils vinrent à Joseph l'année suivante, et lui dirent: Nous ne cacherons point à mon seigneur que l'argent est épuisé, et que les troupeaux de bétail ont été amenés à mon seigneur; il ne reste devant mon seigneur que nos corps et nos terres.

Pourquoi mourrions-nous sous tes yeux, nous et nos terres? Achète-nous avec nos terres contre du pain, et nous appartiendrons à mon seigneur, nous et nos terres. Donne-nous de quoi semer, afin que nous vivions et que nous ne mourions pas, et que nos terres ne soient pas désolées.

20 Joseph acheta toutes les terres de l'Égypte pour Pharaon; car les Égyptiens vendirent chacun leur champ, parce que la famine les pressait. Et le pays devint la propriété de Pharaon.

Il fit passer le peuple dans les villes, d'un bout à l'autre des frontières de l'Égypte.

Seulement, il n'acheta point les terres des prêtres, parce qu'il y avait une loi de Pharaon en faveur des prêtres, qui vivaient du revenu que leur assurait Pharaon: c'est pourquoi ils ne vendirent point leurs terres.

Joseph dit au peuple: Je vous ai achetés aujourd'hui avec vos terres, pour Pharaon; voici pour vous de la semence, et vous pourrez ensemencer le sol.

A la récolte, vous donnerez un cinquième à Pharaon, et vous aurez les quatre autres parties, pour ensemencer les champs, et pour vous nourrir avec vos enfants et ceux qui sont dans vos maisons.

Ils dirent: Tu nous sauves la vie! que nous trouvions grâce aux yeux de mon seigneur, et nous serons esclaves de Pharaon.

Joseph fit de cela une loi, qui a subsisté jusqu'à ce jour, et d'après laquelle un cinquième du revenu des terres de l'Égypte appartient à Pharaon; il n'y a que les terres des prêtres qui ne soient point à Pharaon.

Israël[1] habita dans le pays d'Égypte, dans le pays de Gosen. Ils eurent des possessions, ils furent féconds et multiplièrent beaucoup.

Jacob vécut dix-sept ans dans le pays d'Égypte; et les jours des années de la vie de Jacob furent de cent quarante-sept ans.

Lorsqu'Israël approcha du moment de sa mort, il appela son fils Joseph, et lui dit: Si j'ai trouvé grâce à tes yeux, mets, je te prie, ta main sous ma cuisse, et use envers moi de bonté et de fidélité: ne m'enterre pas en Égypte!

30 Quand je serai couché avec mes pères, tu me transporteras hors de l'Égypte, et tu m'enterreras dans leur sépulcre. Joseph répondit: Je ferai selon ta parole.

Jacob dit: Jure-le-moi. Et Joseph le lui jura. Puis Israël se prosterna sur le chevet de son lit.

____

[1] Israël désigne ici l'ensemble de ceux qui sont descendus avec le patriarche "Jacob-Israël".

AP - Mort de Jacob
Genèse 48 - 49 - 50,1-14

Après ces choses, l'on vint dire à Joseph: Voici, ton père est malade. Et il prit avec lui ses deux fils, Manassé et Éphraïm[1].

On avertit Jacob, et on lui dit: Voici ton fils Joseph qui vient vers toi. Et Israël rassembla ses forces, et s'assit sur son lit.

Jacob dit à Joseph: Le Dieu tout puissant m'est apparu à Luz[2], dans le pays de Canaan, et il m'a béni.

Il m'a dit: Je te rendrai fécond, je te multiplierai, et je ferai de toi une multitude de peuples; je donnerai ce pays à ta postérité après toi, pour qu'elle le possède à toujours.

Maintenant, les deux fils qui te sont nés au pays d'Égypte, avant mon arrivée vers toi en Égypte, seront à moi; Éphraïm et Manassé seront à moi, comme Ruben et Siméon.

Mais les enfants que tu as engendrés après eux seront à toi; ils seront appelés du nom de leurs frères dans leur héritage.

A mon retour de Paddan, Rachel mourut en route auprès de moi, dans le pays de Canaan, à quelque distance d'Éphrata; et c'est là que je l'ai enterrée, sur le chemin d'Éphrata, qui est Bethléem .

Israël regarda les fils de Joseph, et dit: Qui sont ceux-ci?

Joseph répondit à son père: Ce sont mes fils, que Dieu m'a donnés ici. Israël dit: Fais-les, je te prie, approcher de moi, pour que je les bénisse.

10 Les yeux d'Israël étaient appesantis par la vieillesse; il ne pouvait plus voir. Joseph les fit approcher de lui; et Israël leur donna un baiser, et les embrassa.

Israël dit à Joseph: Je ne pensais pas revoir ton visage, et voici que Dieu me fait voir même ta postérité.

Joseph les retira des genoux de son père, et il se prosterna en terre devant lui.

Puis Joseph les prit tous deux, Éphraïm de sa main droite à la gauche d'Israël, et Manassé de sa main gauche à la droite d'Israël, et il les fit approcher de lui.

Israël étendit sa main droite et la posa sur la tête d'Éphraïm qui était le plus jeune, et il posa sa main gauche sur la tête de Manassé: ce fut avec intention qu'il posa ses mains ainsi, car Manassé était le premier-né.

Il bénit Joseph, et dit: Que le Dieu en présence duquel ont marché mes pères, Abraham et Isaac, que le Dieu qui m'a conduit depuis que j'existe jusqu'à ce jour que l'ange qui

---

[1] Cf ci-dessus Ch 36 - Gn 46,20.

[2] Luz, c'est Béthel; cf ci-dessus "L'échelle de Jacob" (ch.24).

m'a délivré de tout mal, bénisse ces enfants! Qu'ils soient appelés de mon nom et du nom de mes pères, Abraham et Isaac, et qu'ils multiplient en abondance au milieu du pays!

Joseph vit avec déplaisir que son père posait sa main droite sur la tête d'Éphraïm; il saisit la main de son père, pour la détourner de dessus la tête d'Éphraïm, et la diriger sur celle de Manassé.

Et Joseph dit à son père: Pas ainsi, mon père, car celui-ci est le premier-né; pose ta main droite sur sa tête.

Son père refusa, et dit: Je le sais, mon fils, je le sais; lui aussi deviendra un peuple, lui aussi sera grand; mais son frère cadet sera plus grand que lui, et sa postérité deviendra une multitude de nations.

20 Il les bénit ce jour-là, et dit: C'est par toi qu'Israël bénira, en disant: Que Dieu te traite comme Éphraïm et comme Manassé! Et il mit Éphraïm avant Manassé.

Israël dit à Joseph: Voici, je vais mourir! Mais Dieu sera avec vous, et il vous fera retourner dans le pays de vos pères.

Je te donne, de plus qu'à tes frères, une part que j'ai prise de la main des Amoréens avec mon épée et avec mon arc.

Genèse 49

Jacob appela ses fils, et dit: Assemblez-vous, et je vous annoncerai ce qui vous arrivera dans la suite des temps.

Rassemblez-vous, et écoutez, fils de Jacob! Écoutez Israël, votre père!

Ruben, toi, mon premier-né, Ma force et les prémices de ma vigueur, Supérieur en dignité et supérieur en puissance,

Impétueux comme les eaux, tu n'auras pas la prééminence! Car tu es monté sur la couche de ton père, Tu as souillé ma couche en y montant.

Siméon et Lévi sont frères; leurs glaives sont des instruments de violence.

Que mon âme n'entre point dans leur conciliabule, Que mon esprit ne s'unisse point à leur assemblée! Car, dans leur colère, ils ont tué des hommes, Et, dans leur méchanceté, ils ont coupé les jarrets des taureaux.

Maudite soit leur colère, car elle est violente, Et leur fureur, car elle est cruelle! Je les séparerai dans Jacob, Et je les disperserai dans Israël.

Juda, tu recevras les hommages de tes frères; Ta main sera sur la nuque de tes ennemis. Les fils de ton père se prosterneront devant toi.

Juda est un jeune lion. Tu reviens du carnage, mon fils! Il ploie les genoux, il se couche comme un lion, Comme une lionne: qui le fera lever?

10 Le sceptre ne s'éloignera point de Juda, Ni le bâton souverain d'entre ses pieds, Jusqu'à ce que vienne le Schilo, Et que les peuples lui obéissent.

Gn 49,11 Il attache à la vigne son âne, et au meilleur cep le petit de son ânesse; Il lave dans le vin son vêtement, Et dans le sang des raisins son manteau.

Il a les yeux rouges de vin, Et les dents blanches de lait.

Zabulon habitera sur la côte des mers, Il sera sur la côte des navires, Et sa limite s'étendra du côté de Sidon.

Issacar est un âne robuste, Qui se couche dans les étables.

Il voit que le lieu où il repose est agréable, Et que la contrée est magnifique; Et il courbe son épaule sous le fardeau, Il s'assujettit à un tribut.

Dan jugera son peuple, Comme l'une des tribus d'Israël.

Dan sera un serpent sur le chemin, Une vipère sur le sentier, Mordant les talons du cheval, Pour que le cavalier tombe à la renverse.

J'espère en ton secours, ô Éternel!

Gad sera assailli par des bandes armées, Mais il les assaillira et les poursuivra.

20 Aser produit une nourriture excellente; Il fournira les mets délicats des rois.

Nephthali est une biche en liberté; Il profère de belles paroles.

Joseph est le rejeton d'un arbre fertile, Le rejeton d'un arbre fertile près d'une source; Les branches s'élèvent au-dessus de la muraille.

Ils l'ont provoqué, ils ont lancé des traits; Les archers l'ont poursuivi de leur haine.

Mais son arc est demeuré ferme, Et ses mains ont été fortifiées Par les mains du Puissant de Jacob: Il est ainsi devenu le berger, le rocher d'Israël.

C'est l'oeuvre du Dieu de ton père, qui t'aidera; C'est l'oeuvre du Tout puissant, qui te bénira Des bénédictions des cieux en haut, Des bénédictions des eaux en bas, Des bénédictions des mamelles et du sein maternel.

Les bénédictions de ton père s'élèvent Au-dessus des bénédictions de mes pères Jusqu'à la cime des collines éternelles: Qu'elles soient sur la tête de Joseph, Sur le sommet de la tête du prince de ses frères!

Benjamin est un loup qui déchire; Le matin, il dévore la proie, Et le soir, il partage le butin.

Ce sont là tous ceux qui forment les douze tribus d'Israël. Et c'est là ce que leur dit leur père, en les bénissant. Il les bénit, chacun selon sa bénédiction.

Puis il leur donna cet ordre: Je vais être recueilli auprès de mon peuple; enterrez-moi avec mes pères, dans la caverne qui est au champ d'Éphron, le Héthien,

30 dans la caverne du champ de Macpéla, vis-à-vis de Mamré, dans le pays de Canaan. C'est le champ qu'Abraham a acheté d'Éphron, le Héthien, comme propriété sépulcrale.

Là on a enterré Abraham et Sara, sa femme; là on a enterré Isaac et Rebecca, sa femme; et là j'ai enterré Léa.

Le champ et la caverne qui s'y trouve ont été achetés des fils de Heth.

Lorsque Jacob eut achevé de donner ses ordres à ses fils, il retira ses pieds dans le lit, il expira, et fut recueilli auprès de son peuple.

Genèse 50

Joseph se jeta sur le visage de son père, pleura sur lui, et le baisa.

Il ordonna aux médecins à son service d'embaumer son père, et les médecins embaumèrent Israël.

Quarante jours s'écoulèrent ainsi, et furent employés à l'embaumer. Et les Égyptiens le pleurèrent soixante-dix jours.

Quand les jours du deuil furent passés, Joseph s'adressa aux gens de la maison de Pharaon, et leur dit: Si j'ai trouvé grâce à vos yeux, rapportez, je vous prie, à Pharaon ce que je vous dis. Mon père m'a fait jurer, en disant: Voici, je vais mourir! Tu m'enterreras dans le sépulcre que je me suis acheté au pays de Canaan. Je voudrais donc y monter, pour enterrer mon père; et je reviendrai.

Pharaon répondit: Monte, et enterre ton père, comme il te l'a fait jurer.

Joseph monta, pour enterrer son père. Avec lui montèrent tous les serviteurs de Pharaon, anciens de sa maison, tous les anciens du pays d'Égypte,

toute la maison de Joseph, ses frères, et la maison de son père: on ne laissa dans le pays de Gosen que les enfants, les brebis et les boeufs.

Il y avait encore avec Joseph des chars et des cavaliers, en sorte que le cortège était très nombreux.

10 Arrivés à l'aire d'Athad, qui est au delà du Jourdain, ils firent entendre de grandes et profondes lamentations; et Joseph fit en l'honneur de son père un deuil de sept jours.

Les habitants du pays, les Cananéens, furent témoins de ce deuil dans l'aire d'Athad, et ils dirent: Voilà un grand deuil parmi les Égyptiens! C'est pourquoi l'on a donné le nom d'Abel Mitsraïm à cette aire qui est au delà du Jourdain.

C'est ainsi que les fils de Jacob exécutèrent les ordres de leur père.

Ils le transportèrent au pays de Canaan, et l'enterrèrent dans la caverne du champ de Macpéla, qu'Abraham avait achetée d'Éphron, le Héthien, comme propriété sépulcrale, et qui est vis-à-vis de Mamré.

Joseph, après avoir enterré son père, retourna en Égypte, avec ses frères et tous ceux qui étaient montés avec lui pour enterrer son père.

AQ - Fin de l'histoire de Joseph
Genèse 50,15 - 50,26

Quand les frères de Joseph virent que leur père était mort, ils dirent: Si Joseph nous prenait en haine, et nous rendait tout le mal que nous lui avons fait!

Gn 50,16 Et ils firent dire à Joseph: Ton père a donné cet ordre avant de mourir:

Vous parlerez ainsi à Joseph: Oh! pardonne le crime de tes frères et leur péché, car ils t'ont fait du mal! Pardonne maintenant le péché des serviteurs du Dieu de ton père! Joseph pleura, en entendant ces paroles.

Ses frères vinrent eux-mêmes se prosterner devant lui, et ils dirent: Nous sommes tes serviteurs.

Joseph leur dit: Soyez sans crainte; car suis-je à la place de Dieu?

20 Vous aviez médité de me faire du mal: Dieu l'a changé en bien, pour accomplir ce qui arrive aujourd'hui, pour sauver la vie à un peuple nombreux.

Soyez donc sans crainte; je vous entretiendrai, vous et vos enfants. Et il les consola, en parlant à leur coeur.

Joseph demeura en Égypte, lui et la maison de son père. Il vécut cent dix ans.

Joseph vit les fils d'Éphraïm jusqu'à la troisième génération; et les fils de Makir, fils de Manassé, naquirent sur ses genoux.

Joseph dit à ses frères: Je vais mourir! Mais Dieu vous visitera, et il vous fera remonter de ce pays-ci dans le pays qu'il a juré de donner à Abraham, à Isaac et à Jacob.

Joseph fit jurer les fils d'Israël, en disant: Dieu vous visitera; et vous ferez remonter mes os loin d'ici.

Joseph mourut, âgé de cent dix ans. On l'embauma, et on le mit dans un cercueil en Égypte.

****

LE LIVRE DE L'EXODE

A - Persécution des Hébreux - Naissance de Moïse

Exode 1 et 2,1-10

Voici les noms des fils d'Israël, venus en Égypte avec Jacob et la famille de chacun d'eux:

Ruben, Siméon, Lévi, Juda,

Issacar, Zabulon, Benjamin,

Dan, Nephthali, Gad et Aser.

Les personnes issues de Jacob étaient au nombre de soixante-dix en tout. Joseph était alors en Égypte.

Joseph mourut, ainsi que tous ses frères et toute cette génération-là.

Les enfants d'Israël furent féconds et multiplièrent, ils s'accrurent et devinrent de plus en plus puissants. Et le pays en fut rempli.

Il s'éleva sur l'Égypte un nouveau roi, qui n'avait point connu Joseph.

Il dit à son peuple: Voilà les enfants d'Israël qui forment un peuple plus nombreux et plus puissant que nous.

10   Allons! Montrons-nous habiles à son égard; empêchons qu'il ne s'accroisse, et que, s'il survient une guerre, il ne se joigne à nos ennemis, pour nous combattre et sortir ensuite du pays.

Et l'on établit sur lui des chefs de corvées, afin de l'accabler de travaux pénibles. C'est ainsi qu'il bâtit les villes de Pithom et de Ramsès, pour servir de magasins à Pharaon.

Mais plus on l'accablait, plus il multipliait et s'accroissait; et l'on prit en aversion les enfants d'Israël.

Alors les Égyptiens réduisirent les enfants d'Israël à une dure servitude.

Ils leur rendirent la vie amère par de rudes travaux en argile et en briques, et par tous les ouvrages des champs: et c'était avec cruauté qu'ils leur imposaient toutes ces charges.

Le roi d'Égypte parla aussi aux sages-femmes des Hébreux, nommées l'une Schiphra, et l'autre Pua.

Il leur dit: Quand vous accoucherez les femmes des Hébreux et que vous les verrez sur les sièges, si c'est un garçon, faites-le mourir; si c'est une fille, laissez-la vivre.

Mais les sages-femmes craignirent Dieu, et ne firent point ce que leur avait dit le roi d'Égypte; elles laissèrent vivre les enfants.

Le roi d'Égypte appela les sages-femmes, et leur dit: Pourquoi avez-vous agi ainsi, et avez-vous laissé vivre les enfants?

Les sages-femmes répondirent à Pharaon: C'est que les femmes des Hébreux ne sont pas comme les Égyptiennes; elles sont vigoureuses et elles accouchent avant l'arrivée de la sage-femme.

20 Dieu fit du bien aux sages-femmes; et le peuple multiplia et devint très nombreux.

Parce que les sages-femmes avaient eu la crainte de Dieu, Dieu fit prospérer leurs maisons.

Alors Pharaon donna cet ordre à tout son peuple: Vous jetterez dans le fleuve tout garçon qui naîtra, et vous laisserez vivre toutes les filles.

Exode 2

Un homme de la maison de Lévi avait pris pour femme une fille de Lévi.

Cette femme devint enceinte et enfanta un fils. Elle vit qu'il était beau, et elle le cacha pendant trois mois.

Ne pouvant plus le cacher, elle prit une caisse de jonc, qu'elle enduisit de bitume et de poix; elle y mit l'enfant, et le déposa parmi les roseaux, sur le bord du fleuve.

La soeur de l'enfant se tint à quelque distance, pour savoir ce qui lui arriverait.

La fille de Pharaon descendit au fleuve pour se baigner, et ses compagnes se promenèrent le long du fleuve. Elle aperçut la caisse au milieu des roseaux, et elle envoya sa servante pour la prendre.

Elle l'ouvrit, et vit l'enfant: c'était un petit garçon qui pleurait. Elle en eut pitié, et elle dit: C'est un enfant des Hébreux!

Alors la soeur de l'enfant dit à la fille de Pharaon: Veux-tu que j'aille te chercher une nourrice parmi les femmes des Hébreux, pour allaiter cet enfant?

Va, lui répondit la fille de Pharaon. Et la jeune fille alla chercher la mère de l'enfant.

La fille de Pharaon lui dit: Emporte cet enfant, et allaite-le-moi; je te donnerai ton salaire. La femme prit l'enfant, et l'allaita.

10 Quand il eut grandi, elle l'amena à la fille de Pharaon, et il fut pour elle comme un fils. Elle lui donna le nom de Moïse, car, dit-elle, je l'ai retiré des eaux.[1]

B - Moïse en Madian
Exode 2,11- 22

En ce temps-là, Moïse, devenu grand, se rendit vers ses frères, et fut témoin de leurs pénibles travaux. Il vit un Égyptien qui frappait un Hébreu d'entre ses frères.

---

[1] Étymologie populaire; en fait c'est un nom égyptien, comme Thoutmosis etc. (note de la TOB).

Il regarda de côté et d'autre, et, voyant qu'il n'y avait personne, il tua l'Égyptien, et le cacha dans le sable.

Il sortit le jour suivant; et voici, deux Hébreux se querellaient. Il dit à celui qui avait tort: Pourquoi frappes-tu ton prochain?

Et cet homme répondit: Qui t'a établi chef et juge sur nous? Penses-tu me tuer, comme tu as tué l'Égyptien? Moïse eut peur, et dit: Certainement la chose est connue.

Pharaon apprit ce qui s'était passé, et il cherchait à faire mourir Moïse. Mais Moïse s'enfuit de devant Pharaon, et il se retira dans le pays de Madian, où il s'arrêta près d'un puits.

Le sacrificateur de Madian[1] avait sept filles. Elle vinrent puiser de l'eau, et elles remplirent les auges pour abreuver le troupeau de leur père.

Les bergers arrivèrent, et les chassèrent. Alors Moïse se leva, prit leur défense, et fit boire leur troupeau.

Quand elles furent de retour auprès de Réuel, leur père, il dit: Pourquoi revenez-vous si tôt aujourd'hui?

Elles répondirent: Un Égyptien nous a délivrées de la main des bergers, et même il nous a puisé de l'eau, et a fait boire le troupeau.

20 Et il dit à ses filles: Où est-il? Pourquoi avez-vous laissé cet homme? Appelez-le, pour qu'il prenne quelque nourriture.

Moïse se décida à demeurer chez cet homme, qui lui donna pour femme Séphora, sa fille.

Elle enfanta un fils, qu'il appela du nom de Guerschom, car, dit-il, j'habite un pays étranger.

C - Apparition à l'Horeb
Exode 2,23 - 4,17

Longtemps après, le roi d'Égypte mourut, et les enfants d'Israël gémissaient encore sous la servitude, et poussaient des cris. Ces cris, que leur arrachait la servitude, montèrent jusqu'à Dieu.

Dieu entendit leurs gémissements, et se souvint de son alliance avec Abraham, Isaac et Jacob.

Dieu regarda les enfants d'Israël, et il en eut compassion.

Exode 3
Moïse faisait paître le troupeau de Jéthro, son beau-père, sacrificateur de Madian; et il mena le troupeau derrière le désert, et vint à la montagne de Dieu, à l'Horeb.

---

[1] Son nom sera donné plus loin: Jéthro (Ex 3).

Ex 3,2 L'ange de l'Éternel lui apparut dans une flamme de feu, au milieu d'un buisson. Moïse regarda; et voici, le buisson était tout en feu, et le buisson ne se consumait point.

Moïse dit: Je veux me détourner pour voir quelle est cette grande vision, et pourquoi le buisson ne se consume point.

L'Éternel vit qu'il se détournait pour voir; et Dieu l'appela du milieu du buisson, et dit: Moïse! Moïse! Et il répondit: Me voici!

Dieu dit: N'approche pas d'ici, ôte tes souliers de tes pieds, car le lieu sur lequel tu te tiens est une terre sainte.

Et il ajouta: Je suis le Dieu de ton père, le Dieu d'Abraham, le Dieu d'Isaac et le Dieu de Jacob. Moïse se cacha le visage, car il craignait de regarder Dieu.

L'Éternel dit: J'ai vu la souffrance de mon peuple qui est en Égypte, et j'ai entendu les cris que lui font pousser ses oppresseurs, car je connais ses douleurs.

Je suis descendu pour le délivrer de la main des Égyptiens, et pour le faire monter de ce pays dans un bon et vaste pays, dans un pays où coulent le lait et le miel, dans les lieux qu'habitent les Cananéens, les Héthiens, les Amoréens, les Phéréziens, les Héviens et les Jébusiens.

Voici, les cris d'Israël sont venus jusqu'à moi, et j'ai vu l'oppression que leur font souffrir les Égyptiens.

10 Maintenant, va, je t'enverrai auprès de Pharaon, et tu feras sortir d'Égypte mon peuple, les enfants d'Israël.

Moïse dit à Dieu: Qui suis-je, pour aller vers Pharaon, et pour faire sortir d'Égypte les enfants d'Israël?

Dieu dit: Je serai avec toi; et ceci sera pour toi le signe que c'est moi qui t'envoie: quand tu auras fait sortir d'Égypte le peuple, vous servirez Dieu sur cette montagne.

Moïse dit à Dieu: J'irai donc vers les enfants d'Israël, et je leur dirai: Le Dieu de vos pères m'envoie vers vous. Mais, s'ils me demandent quel est son nom, que leur répondrai-je?

Dieu dit à Moïse: Je suis celui qui suis. Et il ajouta: C'est ainsi que tu répondras aux enfants d'Israël: Celui qui s'appelle 'je suis' m'a envoyé vers vous.

Dieu dit encore à Moïse: Tu parleras ainsi aux enfants d'Israël: L'Éternel, le Dieu de vos pères, le Dieu d'Abraham, le Dieu d'Isaac et le Dieu de Jacob, m'envoie vers vous. Voilà mon nom pour l'éternité, voilà mon nom de génération en génération.

Va, rassemble les anciens d'Israël, et dis-leur: L'Éternel, le Dieu de vos pères, m'est apparu, le Dieu d'Abraham, d'Isaac et de Jacob. Il a dit: Je vous ai vus, et j'ai vu ce qu'on vous fait en Égypte, et j'ai dit: Je vous ferai monter de l'Égypte, où vous souffrez, dans le pays des Cananéens, des Héthiens, des Amoréens, des Phéréziens, des Héviens et des Jébusiens, dans un pays où coulent le lait et le miel.

Ils écouteront ta voix; et tu iras, toi et les anciens d'Israël, auprès du roi d'Égypte, et vous lui direz: L'Éternel, le Dieu des Hébreux, nous est apparu. Permets-nous de faire trois journées de marche dans le désert, pour offrir des sacrifices à l'Éternel, notre Dieu.

Je sais que le roi d'Égypte ne vous laissera point aller, si ce n'est par une main puissante.

20 J'étendrai ma main, et je frapperai l'Égypte par toutes sortes de prodiges que je ferai au milieu d'elle. Après quoi, il vous laissera aller.

Je ferai même trouver grâce à ce peuple aux yeux des Égyptiens, et quand vous partirez, vous ne partirez point à vide.

Chaque femme demandera à sa voisine et à celle qui demeure dans sa maison des vases d'argent, des vases d'or, et des vêtements, que vous mettrez sur vos fils et vos filles. Et vous dépouillerez les Égyptiens.

Exode 4

Moïse répondit, et dit: Voici, ils ne me croiront point, et ils n'écouteront point ma voix. Mais ils diront: L'Éternel ne t'est point apparu.

L'Éternel lui dit: Qu'y a-t-il dans ta main? Il répondit: Une verge.

L'Éternel dit: Jette-la par terre. Il la jeta par terre, et elle devint un serpent. Moïse fuyait devant lui.

L'Éternel dit à Moïse: Étends ta main, et saisis-le par la queue. Il étendit la main et le saisit et le serpent redevint une verge dans sa main.

C'est là, dit l'Éternel, ce que tu feras, afin qu'ils croient que l'Éternel, le Dieu de leurs pères, t'est apparu, le Dieu d'Abraham, le Dieu d'Isaac et le Dieu de Jacob.

L'Éternel lui dit encore: Mets ta main dans ton sein. Il mit sa main dans son sein; puis il la retira, et voici, sa main était couverte de lèpre, blanche comme la neige.

L'Éternel dit: Remets ta main dans ton sein. Il remit sa main dans son sein; puis il la retira de son sein, et voici, elle était redevenue comme sa chair.

S'ils ne te croient pas, dit l'Éternel, et n'écoutent pas la voix du premier signe, ils croiront à la voix du dernier signe.

S'ils ne croient pas même à ces deux signes, et n'écoutent pas ta voix, tu prendras de l'eau du fleuve, tu la répandras sur la terre, et l'eau que tu auras prise du fleuve deviendra du sang sur la terre.

10 Moïse dit à l'Éternel: Ah! Seigneur, je ne suis pas un homme qui ait la parole facile, et ce n'est ni d'hier ni d'avant-hier, ni même depuis que tu parles à ton serviteur; car j'ai la bouche et la langue embarrassées.

L'Éternel lui dit: Qui a fait la bouche de l'homme? et qui rend muet ou sourd, voyant ou aveugle? N'est-ce pas moi, l'Éternel?

Va donc, je serai avec ta bouche, et je t'enseignerai ce que tu auras à dire.

Moïse dit: Ah! Seigneur, envoie qui tu voudras envoyer.

Alors la colère de l'Éternel s'enflamma contre Moïse, et il dit: N'y a t-il pas ton frère Aaron, le Lévite? Je sais qu'il parlera facilement. Le voici lui-même, qui vient au-devant de toi; et, quand il te verra, il se réjouira dans son coeur.

Tu lui parleras, et tu mettras les paroles dans sa bouche; et moi, je serai avec ta bouche et avec sa bouche, et je vous enseignerai ce que vous aurez à faire.

Il parlera pour toi au peuple; il te servira de bouche, et tu tiendras pour lui la place de Dieu.
Prends dans ta main cette verge, avec laquelle tu feras les signes.

D - Retour de Moïse en Égypte
Exode 4,18-31

Moïse s'en alla; et de retour auprès de Jéthro, son beau-père, il lui dit: Laisse-moi, je te prie, aller rejoindre mes frères qui sont en Égypte, afin que je voie s'ils sont encore vivants. Jéthro dit à Moïse: Va en paix.

L'Éternel dit à Moïse, en Madian: Va, retourne en Égypte, car tous ceux qui en voulaient à ta vie sont morts.

20   Moïse prit sa femme et ses fils[1], les fit monter sur des ânes, et retourna dans le pays d'Égypte. Il prit dans sa main la verge de Dieu.

L'Éternel dit à Moïse: En partant pour retourner en Égypte, vois tous les prodiges que je mets en ta main: tu les feras devant Pharaon. Et moi, j'endurcirai son coeur, et il ne laissera point aller le peuple.

Tu diras à Pharaon: Ainsi parle l'Éternel: Israël est mon fils, mon premier-né.
Je te dis: Laisse aller mon fils, pour qu'il me serve; si tu refuses de le laisser aller, voici, je ferai périr ton fils, ton premier-né.

Pendant le voyage, en un lieu où Moïse passa la nuit, l'Éternel l'attaqua et voulut le faire mourir[2].

---

[1] Un seul fils est mentionné, avant (Ex 2,22) comme quelques versets après (Ex 4,25).

[2] Combat qui ressemble à celui qu'a eu Jacob au Yabbok (AD ci-dessus), associé ici avec la question de la circoncision; la circoncision se faisait alors à la puberté; Moïse n'a sans doute pas été circoncis avant d'être abandonné sur le fleuve. Peut-être cet épisode représente-t-il une circoncision symbolique.

Séphora prit une pierre aiguë, coupa le prépuce de son fils, et le jeta aux pieds de Moïse, en disant: Tu es pour moi un époux de sang!

Et l'Éternel le laissa. C'est alors qu'elle dit: Époux de sang! A cause de la circoncision.

L'Éternel dit à Aaron: Va dans le désert au-devant de Moïse. Aaron partit; il rencontra Moïse à la montagne de Dieu, et il le baisa.

Moïse fit connaître à Aaron toutes les paroles de l'Éternel qui l'avait envoyé, et tous les signes qu'il lui avait ordonné de faire.

Moïse et Aaron poursuivirent leur chemin, et ils assemblèrent tous les anciens des enfants d'Israël.

30 Aaron rapporta toutes les paroles que l'Éternel avait dites à Moïse, et il exécuta les signes aux yeux du peuple.

Et le peuple crut. Ils apprirent que l'Éternel avait visité les enfants d'Israël, qu'il avait vu leur souffrance; et ils s'inclinèrent et se prosternèrent.

E - Premières rencontres avec Pharaon
Exode 5,1- 6,13

Moïse et Aaron se rendirent ensuite auprès de Pharaon, et lui dirent: Ainsi parle l'Éternel, le Dieu d'Israël: Laisse aller mon peuple, pour qu'il célèbre au désert une fête en mon honneur.

Pharaon répondit: Qui est l'Éternel, pour que j'obéisse à sa voix, en laissant aller Israël? Je ne connais point l'Éternel, et je ne laisserai point aller Israël.

Ils dirent: Le Dieu des Hébreux nous est apparu. Permets-nous de faire trois journées de marche dans le désert, pour offrir des sacrifices à l'Éternel, afin qu'il ne nous frappe pas de la peste ou de l'épée.

Et le roi d'Égypte leur dit: Moïse et Aaron, pourquoi détournez-vous le peuple de son ouvrage? Allez à vos travaux.

Pharaon dit: Voici, ce peuple est maintenant nombreux dans le pays, et vous lui feriez interrompre ses travaux!

Et ce jour même, Pharaon donna cet ordre aux inspecteurs du peuple et aux commissaires:

Vous ne donnerez plus comme auparavant de la paille au peuple pour faire des briques; qu'ils aillent eux-mêmes ramasser de la paille.

Vous leur imposerez néanmoins la quantité de briques qu'ils faisaient auparavant, vous n'en retrancherez rien; car ce sont des paresseux; voilà pourquoi ils crient, en disant: Allons offrir des sacrifices à notre Dieu!

Que l'on charge de travail ces gens, qu'ils s'en occupent, et ils ne prendront plus garde à des paroles de mensonge.

10 Les inspecteurs du peuple et les commissaires vinrent dire au peuple: Ainsi parle Pharaon: Je ne vous donne plus de paille;

allez vous-mêmes vous procurer de la paille où vous en trouverez, car l'on ne retranche rien de votre travail.

Le peuple se répandit dans tout le pays d'Égypte, pour ramasser du chaume au lieu de paille.

Les inspecteurs les pressaient, en disant: Achevez votre tâche, jour par jour, comme quand il y avait de la paille.

On battit même les commissaires des enfants d'Israël, établis sur eux par les inspecteurs de Pharaon: Pourquoi, disait-on, n'avez-vous pas achevé hier et aujourd'hui, comme auparavant, la quantité de briques qui vous avait été fixée?

Les commissaires des enfants d'Israël allèrent se plaindre à Pharaon, et lui dirent: Pourquoi traites-tu ainsi tes serviteurs?

On ne donne point de paille à tes serviteurs, et l'on nous dit: Faites des briques! Et voici, tes serviteurs sont battus, comme si ton peuple était coupable.

Pharaon répondit: Vous êtes des paresseux, des paresseux! Voilà pourquoi vous dites: Allons offrir des sacrifices à l'Éternel!

Maintenant, allez travailler; on ne vous donnera point de paille, et vous livrerez la même quantité de briques.

Les commissaires des enfants d'Israël virent qu'on les rendait malheureux, en disant: Vous ne retrancherez rien de vos briques; chaque jour la tâche du jour.

20 En sortant de chez Pharaon, ils rencontrèrent Moïse et Aaron qui les attendaient.

Ils leur dirent: Que l'Éternel vous regarde, et qu'il juge! Vous nous avez rendus odieux à Pharaon et à ses serviteurs, vous avez mis une épée dans leurs mains pour nous faire périr.

Moïse retourna vers l'Éternel, et dit: Seigneur, pourquoi as-tu fait du mal à ce peuple? pourquoi m'as-tu envoyé?

Depuis que je suis allé vers Pharaon pour parler en ton nom, il fait du mal à ce peuple, et tu n'as point délivré ton peuple.

Exode 6

L'Éternel dit à Moïse: Tu verras maintenant ce que je ferai à Pharaon; une main puissante le forcera à les laisser aller, une main puissante le forcera à les chasser de son pays.

Dieu parla encore à Moïse, et lui dit: Je suis l'Éternel.

Je suis apparu à Abraham, à Isaac et à Jacob, comme le Dieu tout puissant; mais je n'ai pas été connu d'eux sous mon nom, l'Éternel.

J'ai aussi établi mon alliance avec eux, pour leur donner le pays de Canaan, le pays de leurs pèlerinages, dans lequel ils ont séjourné.

J'ai entendu les gémissements des enfants d'Israël, que les Égyptiens tiennent dans la servitude, et je me suis souvenu de mon alliance.

C'est pourquoi dis aux enfants d'Israël: Je suis l'Éternel, je vous affranchirai des travaux dont vous chargent les Égyptiens, je vous délivrerai de leur servitude, et je vous sauverai à bras étendu et par de grands jugements.

Je vous prendrai pour mon peuple, je serai votre Dieu, et vous saurez que c'est moi, l'Éternel, votre Dieu, qui vous affranchis des travaux dont vous chargent les Égyptiens.

Je vous ferai entrer dans le pays que j'ai juré de donner à Abraham, à Isaac et à Jacob; je vous le donnerai en possession, moi l'Éternel.

Ainsi parla Moïse aux enfants d'Israël. Mais l'angoisse et la dure servitude les empêchèrent d'écouter Moïse.

10   L'Éternel parla à Moïse, et dit:

Va, parle à Pharaon, roi d'Égypte, pour qu'il laisse aller les enfants d'Israël hors de son pays.

Moïse répondit en présence de l'Éternel: Voici, les enfants d'Israël ne m'ont point écouté; comment Pharaon m'écouterait-il, moi qui n'ai pas la parole facile?

L'Éternel parla à Moïse et à Aaron, et leur donna des ordres au sujet des enfants d'Israël et au sujet de Pharaon, roi d'Égypte, pour faire sortir du pays d'Égypte les enfants d'Israël.

Versets 6,14 à 6,25: Liste des familles des différents fils de Jacob
Versets 6,26 à 7,7: Reprise de versets antérieurs (notamment: 6,13).

F - Les neuf premiers fléaux ("plaies d'Egypte")
Exode 7,8- 11,9

L'Éternel dit à Moïse et à Aaron:

Si Pharaon vous parle, et vous dit: Faites un miracle! tu diras à Aaron: Prends ta verge, et jette-la devant Pharaon. Elle deviendra un serpent.

10   Moïse et Aaron allèrent auprès de Pharaon, et ils firent ce que l'Éternel avait ordonné. Aaron jeta sa verge devant Pharaon et devant ses serviteurs; et elle devint un serpent.

Mais Pharaon appela des sages et des enchanteurs; et les magiciens d'Égypte, eux aussi, en firent autant par leurs enchantements.

Ils jetèrent tous leurs verges, et elles devinrent des serpents. Et la verge d'Aaron engloutit leurs verges.

Ex 7,13 Le coeur de Pharaon s'endurcit, et il n'écouta point Moïse et Aaron selon ce que l'Éternel avait dit.

1° plaie - L'eau changée en sang

L'Éternel dit à Moïse: Pharaon a le coeur endurci; il refuse de laisser aller le peuple.

Va vers Pharaon dès le matin; il sortira pour aller près de l'eau, et tu te présenteras devant lui au bord du fleuve. Tu prendras à ta main la verge qui a été changée en serpent,

Et tu diras à Pharaon: L'Éternel, le Dieu des Hébreux, m'a envoyé auprès de toi, pour te dire: Laisse aller mon peuple, afin qu'il me serve dans le désert. Et voici, jusqu'à présent tu n'as point écouté.

Ainsi parle l'Éternel: A ceci tu connaîtras que je suis l'Éternel. Je vais frapper les eaux du fleuve avec la verge qui est dans ma main; et elles seront changées en sang.

Les poissons qui sont dans le fleuve périront, le fleuve se corrompra, et les Égyptiens s'efforceront en vain de boire l'eau du fleuve.

L'Éternel dit à Moïse: Dis à Aaron: Prends ta verge, et étends ta main sur les eaux des Égyptiens, sur leurs rivières, sur leurs ruisseaux, sur leurs étangs, et sur tous leurs amas d'eaux. Elles deviendront du sang: et il y aura du sang dans tout le pays d'Égypte, dans les vases de bois et dans les vases de pierre.

20 Moïse et Aaron firent ce que l'Éternel avait ordonné. Aaron leva la verge, et il frappa les eaux qui étaient dans le fleuve, sous les yeux de Pharaon et sous les yeux de ses serviteurs; et toutes les eaux du fleuve furent changées en sang.

Les poissons qui étaient dans le fleuve périrent, le fleuve se corrompit, les Égyptiens ne pouvaient plus boire l'eau du fleuve, et il y eut du sang dans tout le pays d'Égypte.

Mais les magiciens d'Égypte en firent autant par leurs enchantements. Le coeur de Pharaon s'endurcit, et il n'écouta point Moïse et Aaron, selon ce que l'Éternel avait dit.

Pharaon s'en retourna, et alla dans sa maison; et il ne prit pas même à coeur ces choses.

Tous les Égyptiens creusèrent aux environs du fleuve, pour trouver de l'eau à boire; car ils ne pouvaient boire de l'eau du fleuve.

Il s'écoula sept jours, après que l'Éternel eut frappé le fleuve.

2° plaie - Les grenouilles

(¹) L'Éternel dit à Moïse: Va vers Pharaon, et tu lui diras: Ainsi parle l'Éternel: Laisse aller mon peuple, afin qu'il me serve.

Si tu refuses de le laisser aller, je vais frapper par des grenouilles toute l'étendue de ton pays.

---

[1] Ce verset et les 3 suivants sont parfois numérotés 8,1 à 8,4; l'écart de numérotation se poursuit sur tout le chapitre 8.

Le fleuve fourmillera de grenouilles; elles monteront, et elles entreront dans ta maison, dans ta chambre à coucher et dans ton lit, dans la maison de tes serviteurs et dans celles de ton peuple, dans tes fours et dans tes pétrins.

Les grenouilles monteront sur toi, sur ton peuple, et sur tous tes serviteurs.

Exode 8

L'Éternel dit à Moïse: Dis à Aaron: Étends ta main avec ta verge sur les rivières, sur les ruisseaux et sur les étangs, et fais monter les grenouilles sur le pays d'Égypte.

Aaron étendit sa main sur les eaux de l'Égypte; et les grenouilles montèrent et couvrirent le pays d'Égypte.

Mais les magiciens en firent autant par leurs enchantements. Ils firent monter les grenouilles sur le pays d'Égypte.

Pharaon appela Moïse et Aaron, et dit: Priez l'Éternel, afin qu'il éloigne les grenouilles de moi et de mon peuple; et je laisserai aller le peuple, pour qu'il offre des sacrifices à l'Éternel.

Moïse dit à Pharaon: Glorifie-toi sur moi! Pour quand prierai-je l'Éternel en ta faveur, en faveur de tes serviteurs et de ton peuple, afin qu'il retire les grenouilles loin de toi et de tes maisons? Il n'en restera que dans le fleuve.

Il répondit: Pour demain. Et Moïse dit: Il en sera ainsi, afin que tu saches que nul n'est semblable à l'Éternel, notre Dieu.

Les grenouilles s'éloigneront de toi et de tes maisons, de tes serviteurs et de ton peuple; il n'en restera que dans le fleuve.

Moïse et Aaron sortirent de chez Pharaon. Et Moïse cria à l'Éternel au sujet des grenouilles dont il avait frappé Pharaon.

L'Éternel fit ce que demandait Moïse; et les grenouilles périrent dans les maisons, dans les cours et dans les champs.

10 On les entassa par monceaux, et le pays fut infecté.

Pharaon, voyant qu'il y avait du relâche, endurcit son coeur, et il n'écouta point Moïse et Aaron, selon ce que l'Éternel avait dit.

3° plaie - La vermine

L'Éternel dit à Moïse: Dis à Aaron: Étends ta verge, et frappe la poussière de la terre. Elle se changera en poux, dans tout le pays d'Égypte.

Ils firent ainsi. Aaron étendit sa main, avec sa verge, et il frappa la poussière de la terre; et elle fut changée en poux sur les hommes et sur les animaux. Toute la poussière de la terre fut changée en poux, dans tout le pays d'Égypte.

Les magiciens employèrent leurs enchantements pour produire les poux; mais ils ne purent pas. Les poux étaient sur les hommes et sur les animaux.

Et les magiciens dirent à Pharaon: C'est le doigt de Dieu! Le coeur de Pharaon s'endurcit, et il n'écouta point Moïse et Aaron, selon ce que l'Éternel avait dit.

4° plaie - *Les mouches venimeuses*

L'Éternel dit à Moïse: Lève-toi de bon matin, et présente-toi devant Pharaon; il sortira pour aller près de l'eau. Tu lui diras: Ainsi parle l'Éternel: Laisse aller mon peuple, afin qu'il me serve.

Si tu ne laisses pas aller mon peuple, je vais envoyer les mouches venimeuses contre toi, contre tes serviteurs, contre ton peuple et contre tes maisons; les maisons des Égyptiens seront remplies de mouches, et le sol en sera couvert.

Mais, en ce jour-là, je distinguerai le pays de Gosen où habite mon peuple, et là il n'y aura point de mouches, afin que tu saches que moi, l'Éternel, je suis au milieu de ce pays.

J'établirai une distinction entre mon peuple et ton peuple. Ce signe sera pour demain.

20   L'Éternel fit ainsi. Il vint une quantité de mouches venimeuses dans la maison de Pharaon et de ses serviteurs, et tout le pays d'Égypte fut dévasté par les mouches.

Pharaon appela Moïse et Aaron et dit: Allez, offrez des sacrifices à votre Dieu dans le pays.

Moïse répondit: Il n'est point convenable de faire ainsi; car nous offririons à l'Éternel, notre Dieu, des sacrifices qui sont en abomination aux Égyptiens. Et si nous offrons, sous leurs yeux, des sacrifices qui sont en abomination aux Égyptiens, ne nous lapideront-ils pas?

Nous ferons trois journées de marche dans le désert, et nous offrirons des sacrifices à l'Éternel, notre Dieu, selon ce qu'il nous dira.

Pharaon dit: Je vous laisserai aller, pour offrir à l'Éternel, votre Dieu, des sacrifices dans le désert: seulement, vous ne vous éloignerez pas, en y allant. Priez pour moi.

Moïse répondit: Je vais sortir de chez toi, et je prierai l'Éternel. Demain, les mouches s'éloigneront de Pharaon, de ses serviteurs et de son peuple. Mais, que Pharaon ne trompe plus, en refusant de laisser aller le peuple, pour offrir des sacrifices à l'Éternel.

Moïse sortit de chez Pharaon, et il pria l'Éternel.

L'Éternel fit ce que demandait Moïse; et les mouches s'éloignèrent de Pharaon, de ses serviteurs et de son peuple. Il n'en resta pas une.

Mais Pharaon, cette fois encore, endurcit son coeur, et il ne laissa point aller le peuple.

Exode 9

5° plaie - *La peste du bétail*

L'Éternel dit à Moïse: Va vers Pharaon, et tu lui diras: Ainsi parle l'Éternel, le Dieu des Hébreux: Laisse aller mon peuple, afin qu'il me serve.

Ex 9,2   Si tu refuses de le laisser aller, et si tu le retiens encore,

voici, la main de l'Éternel sera sur tes troupeaux qui sont dans les champs, sur les chevaux, sur les ânes, sur les chameaux, sur les boeufs et sur les brebis; il y aura une mortalité très grande.

L'Éternel distinguera entre les troupeaux d'Israël et les troupeaux des Égyptiens, et il ne périra rien de tout ce qui est aux enfants d'Israël.

L'Éternel fixa le temps, et dit: Demain, l'Éternel fera cela dans le pays.

Et l'Éternel fit ainsi, dès le lendemain. Tous les troupeaux des Égyptiens périrent, et il ne périt pas une bête des troupeaux des enfants d'Israël.

Pharaon s'informa de ce qui était arrivé; et voici, pas une bête des troupeaux d'Israël n'avait péri. Mais le coeur de Pharaon s'endurcit, et il ne laissa point aller le peuple.

6° plaie - Les ulcères

L'Éternel dit à Moïse et à Aaron: Remplissez vos mains de cendre de fournaise, et que Moïse la jette vers le ciel, sous les yeux de Pharaon.

Elle deviendra une poussière qui couvrira tout le pays d'Égypte; et elle produira, dans tout le pays d'Égypte, sur les hommes et sur les animaux, des ulcères formés par une éruption de pustules.

10   Ils prirent de la cendre de fournaise, et se présentèrent devant Pharaon; Moïse la jeta vers le ciel, et elle produisit sur les hommes et sur les animaux des ulcères formés par une éruption de pustules.

Les magiciens ne purent paraître devant Moïse, à cause des ulcères; car les ulcères étaient sur les magiciens, comme sur tous les Égyptiens.

L'Éternel endurcit le coeur de Pharaon, et Pharaon n'écouta point Moïse et Aaron, selon ce que l'Éternel avait dit à Moïse.

7° plaie - La grêle

L'Éternel dit à Moïse: Lève-toi de bon matin, et présente-toi devant Pharaon. Tu lui diras: Ainsi parle l'Éternel, le Dieu des Hébreux: Laisse aller mon peuple, afin qu'il me serve.

Car, cette fois, je vais envoyer toutes mes plaies contre ton coeur, contre tes serviteurs et contre ton peuple, afin que tu saches que nul n'est semblable à moi sur toute la terre.

Si j'avais étendu ma main, et que je t'eusse frappé par la mortalité, toi et ton peuple, tu aurais disparu de la terre.

Mais, je t'ai laissé subsister, afin que tu voies ma puissance, et que l'on publie mon nom par toute la terre.

Si tu t'élèves encore contre mon peuple, et si tu ne le laisses point aller,

voici, je ferai pleuvoir demain, à cette heure, une grêle tellement forte, qu'il n'y en a point eu de semblable en Égypte depuis le jour où elle a été fondée jusqu'à présent.

Ex 9,19 Fais donc mettre en sûreté tes troupeaux et tout ce qui est à toi dans les champs. La grêle tombera sur tous les hommes et sur tous les animaux qui se trouveront dans les champs et qui n'auront pas été recueillis dans les maisons, et ils périront.

Ceux des serviteurs de Pharaon qui craignirent la parole de l'Éternel firent retirer dans les maisons leurs serviteurs et leurs troupeaux.

Mais ceux qui ne prirent point à coeur la parole de l'Éternel laissèrent leurs serviteurs et leurs troupeaux dans les champs.

L'Éternel dit à Moïse: Étends ta main vers le ciel; et qu'il tombe de la grêle dans tout le pays d'Égypte sur les hommes, sur les animaux, et sur toutes les herbes des champs, dans le pays d'Égypte.

Moïse étendit sa verge vers le ciel; et l'Éternel envoya des tonnerres et de la grêle, et le feu se promenait sur la terre. L'Éternel fit pleuvoir de la grêle sur le pays d'Égypte.

Il tomba de la grêle, et le feu se mêlait avec la grêle; elle était tellement forte qu'il n'y en avait point eu de semblable dans tout le pays d'Égypte depuis qu'il existe comme nation.

La grêle frappa, dans tout le pays d'Égypte, tout ce qui était dans les champs, depuis les hommes jusqu'aux animaux; la grêle frappa aussi toutes les herbes des champs, et brisa tous les arbres des champs.

Ce fut seulement dans le pays de Gosen, où étaient les enfants d'Israël, qu'il n'y eut point de grêle.

Pharaon fit appeler Moïse et Aaron, et leur dit: Cette fois, j'ai péché; c'est l'Éternel qui est le juste, et moi et mon peuple nous sommes les coupables.

Priez l'Éternel, pour qu'il n'y ait plus de tonnerres ni de grêle; et je vous laisserai aller, et l'on ne vous retiendra plus.

Moïse lui dit: Quand je sortirai de la ville, je lèverai mes mains vers l'Éternel, les tonnerres cesseront et il n'y aura plus de grêle, afin que tu saches que la terre est à l'Éternel.

30 Mais je sais que toi et tes serviteurs, vous ne craindrez pas encore l'Éternel Dieu.

Le lin et l'orge avaient été frappés, parce que l'orge était en épis et que c'était la floraison du lin;

le froment et l'épeautre n'avaient point été frappés, parce qu'ils sont tardifs.

Moïse sortit de chez Pharaon, pour aller hors de la ville; il leva ses mains vers l'Éternel, les tonnerres et la grêle cessèrent, et la pluie ne tomba plus sur la terre.

Pharaon, voyant que la pluie, la grêle et les tonnerres avaient cessé, continua de pécher, et il endurcit son coeur, lui et ses serviteurs.

Le coeur de Pharaon s'endurcit, et il ne laissa point aller les enfants d'Israël, selon ce que l'Éternel avait dit par l'intermédiaire de Moïse.

Exode 10

8° plaie - Les sauterelles

L'Éternel dit à Moïse: Va vers Pharaon, car j'ai endurci son coeur et le coeur de ses serviteurs, pour faire éclater mes signes au milieu d'eux.

C'est aussi pour que tu racontes à ton fils et au fils de ton fils comment j'ai traité les Égyptiens, et quels signes j'ai fait éclater au milieu d'eux. Et vous saurez que je suis l'Éternel.

Moïse et Aaron allèrent vers Pharaon, et lui dirent: Ainsi parle l'Éternel, le Dieu des Hébreux: Jusqu'à quand refuseras-tu de t'humilier devant moi? Laisse aller mon peuple, afin qu'il me serve.

Si tu refuses de laisser aller mon peuple, voici, je ferai venir demain des sauterelles dans toute l'étendue de ton pays.

Elles couvriront la surface de la terre, et l'on ne pourra plus voir la terre; elles dévoreront le reste de ce qui est échappé, ce que vous a laissé la grêle, elles dévoreront tous les arbres qui croissent dans vos champs;

elles rempliront tes maisons, les maisons de tous tes serviteurs et les maisons de tous les Égyptiens. Tes pères et les pères de tes pères n'auront rien vu de pareil depuis qu'ils existent sur la terre jusqu'à ce jour. Moïse se retira, et sortit de chez Pharaon.

Les serviteurs de Pharaon lui dirent: Jusqu'à quand cet homme sera-t-il pour nous un piège? Laisse aller ces gens, et qu'ils servent l'Éternel, leur Dieu. Ne vois-tu pas encore que l'Égypte périt?

On fit revenir vers Pharaon Moïse et Aaron: Allez, leur dit-il, servez l'Éternel, votre Dieu. Qui sont ceux qui iront?

Moïse répondit: Nous irons avec nos enfants et nos vieillards, avec nos fils et nos filles, avec nos brebis et nos boeufs; car c'est pour nous une fête en l'honneur de l'Éternel.

10 Pharaon leur dit: Que l'Éternel soit avec vous, tout comme je vais vous laisser aller, vous et vos enfants! Prenez garde, car le malheur est devant vous![1]

Non, non: allez, vous les hommes, et servez l'Éternel, car c'est là ce que vous avez demandé. Et on les chassa de la présence de Pharaon.

L'Éternel dit à Moïse: Étends ta main sur le pays d'Égypte, et que les sauterelles montent sur le pays d'Égypte; qu'elles dévorent toute l'herbe de la terre, tout ce que la grêle a laissé.

Moïse étendit sa verge sur le pays d'Égypte; et l'Éternel fit souffler un vent d'orient sur le pays toute cette journée et toute la nuit. Quand ce fut le matin, le vent d'orient avait apporté les sauterelles.

---

[1] Autre traduction: "Que le Seigneur vous aide si je vous laisse.. (..); non, non! Voyez vos mauvaises intentions!"

Les sauterelles montèrent sur le pays d'Égypte, et se posèrent dans toute l'étendue de l'Égypte; elles étaient en si grande quantité qu'il n'y avait jamais eu et qu'il n'y aura jamais rien de semblable.

Elles couvrirent la surface de toute la terre, et la terre fut dans l'obscurité; elles dévorèrent toute l'herbe de la terre et tout le fruit des arbres, tout ce que la grêle avait laissé; et il ne resta aucune verdure aux arbres ni à l'herbe des champs, dans tout le pays d'Égypte.

Aussitôt Pharaon appela Moïse et Aaron, et dit: J'ai péché contre l'Éternel, votre Dieu, et contre vous.

Mais pardonne mon péché pour cette fois seulement; et priez l'Éternel, votre Dieu, afin qu'il éloigne de moi encore cette plaie mortelle.

Moïse sortit de chez Pharaon, et il pria l'Éternel.

L'Éternel fit souffler un vent d'occident très fort, qui emporta les sauterelles, et les précipita dans la mer Rouge; il ne resta pas une seule sauterelle dans toute l'étendue de l'Égypte.

20   L'Éternel endurcit le coeur de Pharaon, et Pharaon ne laissa point aller les enfants d'Israël.

9° plaie - Les ténèbres

L'Éternel dit à Moïse: Étends ta main vers le ciel, et qu'il y ait des ténèbres sur le pays d'Égypte, et que l'on puisse les toucher.

Moïse étendit sa main vers le ciel; et il y eut d'épaisses ténèbres dans tout le pays d'Égypte, pendant trois jours.

On ne se voyait pas les uns les autres, et personne ne se leva de sa place pendant trois jours. Mais il y avait de la lumière dans les lieux où habitaient tous les enfants d'Israël.

Pharaon appela Moïse, et dit: Allez, servez l'Éternel. Il n'y aura que vos brebis et vos boeufs qui resteront, et vos enfants pourront aller avec vous.

Moïse répondit: Tu mettras toi-même entre nos mains de quoi faire les sacrifices et les holocaustes que nous offrirons à l'Éternel, notre Dieu.

Nos troupeaux iront avec nous, et il ne restera pas un ongle; car c'est là que nous prendrons pour servir l'Éternel, notre Dieu; et jusqu'à ce que nous soyons arrivés, nous ne savons pas ce que nous choisirons pour offrir à l'Éternel.

L'Éternel endurcit le coeur de Pharaon, et Pharaon ne voulut point les laisser aller.

Pharaon dit à Moïse: Sors de chez moi! Garde-toi de paraître encore en ma présence, car le jour où tu paraîtras en ma présence, tu mourras.

Tu l'as dit! répliqua Moïse, je ne paraîtrai plus en ta présence.

Exode 11

Annonce de la 10° plaie

L'Éternel dit à Moïse: Je ferai venir encore une plaie sur Pharaon et sur l'Égypte. Après cela, il vous laissera partir d'ici. Lorsqu'il vous laissera tout à fait aller, il vous chassera même d'ici.

Parle au peuple, pour que chacun demande à son voisin et chacune à sa voisine des vases d'argent et des vases d'or.

L'Éternel fit trouver grâce au peuple aux yeux des Égyptiens; Moïse lui-même était très considéré dans le pays d'Égypte, aux yeux des serviteurs de Pharaon et aux yeux du peuple.

Moïse dit: Ainsi parle l'Éternel: Vers le milieu de la nuit, je passerai au travers de l'Égypte;

et tous les premiers-nés mourront dans le pays d'Égypte, depuis le premier-né de Pharaon assis sur son trône, jusqu'au premier-né de la servante qui est derrière la meule, et jusqu'à tous les premiers-nés des animaux.

Il y aura dans tout le pays d'Égypte de grands cris, tels qu'il n'y en a point eu et qu'il n'y en aura plus de semblables.

Mais parmi tous les enfants d'Israël, depuis les hommes jusqu'aux animaux, pas même un chien ne remuera sa langue, afin que vous sachiez quelle différence l'Éternel fait entre l'Égypte et Israël.

Alors tous tes serviteurs que voici[1] descendront vers moi et se prosterneront devant moi, en disant: Sors, toi et tout le peuple qui s'attache à tes pas! Après cela, je sortirai. Moïse sortit de chez Pharaon, dans une ardente colère.

L'Éternel dit à Moïse: Pharaon ne vous écoutera point, afin que mes miracles se multiplient dans le pays d'Égypte.

10   Moïse et Aaron firent tous ces miracles devant Pharaon, et ne Pharaon ne laissa point aller les enfants d'Israël hors de son pays.

G - La Pâque, sortie d'Égypte
Exode 12

L'Éternel dit à Moïse et à Aaron dans le pays d'Égypte:[2]

Ce mois-ci sera pour vous le premier des mois; il sera pour vous le premier des mois de l'année.

Parlez à toute l'assemblée d'Israël, et dites: Le dixième jour de ce mois, on prendra un agneau pour chaque famille, un agneau pour chaque maison.

Si la maison est trop peu nombreuse pour un agneau, on le prendra avec son plus proche voisin, selon le nombre des personnes; vous compterez pour cet agneau d'après ce que chacun peut manger.

Ce sera un agneau sans défaut, mâle, âgé d'un an; vous pourrez prendre un agneau ou un chevreau.

---

[1] Autre traduction: Tous les gens de ton entourage.

[2] Ce chapitre entremêle le récit de cette nuit de départ et les prescriptions rituelles à appliquer ensuite chaque année, en souvenir.

Ex 12,6 Vous le garderez jusqu'au quatorzième jour de ce mois; et toute l'assemblée d'Israël l'immolera entre les deux soirs.

On prendra de son sang, et on en mettra sur les deux poteaux et sur le linteau de la porte des maisons où on le mangera.

Cette même nuit, on en mangera la chair, rôtie au feu; on la mangera avec des pains sans levain et des herbes amères.

Vous ne le mangerez point à demi cuit et bouilli dans l'eau; mais il sera rôti au feu, avec la tête, les jambes et l'intérieur.

10 Vous n'en laisserez rien jusqu'au matin; et, s'il en reste quelque chose le matin, vous le brûlerez au feu.

Quand vous le mangerez, vous aurez vos reins ceints, vos souliers aux pieds, et votre bâton à la main; et vous le mangerez à la hâte. C'est la Pâque de l'Éternel.

Cette nuit-là, je passerai dans le pays d'Égypte, et je frapperai tous les premiers-nés du pays d'Égypte, depuis les hommes jusqu'aux animaux, et j'exercerai des jugements contre tous les dieux de l'Égypte. Je suis l'Éternel.

Le sang vous servira de signe sur les maisons où vous serez; je verrai le sang, et je passerai par-dessus vous, et il n'y aura point de plaie qui vous détruise, quand je frapperai le pays d'Égypte.

Vous conserverez le souvenir de ce jour, et vous le célébrerez par une fête en l'honneur de l'Éternel; vous le célébrerez comme une loi perpétuelle pour vos descendants.

Pendant sept jours, vous mangerez des pains sans levain. Dès le premier jour, il n'y aura plus de levain dans vos maisons; car toute personne qui mangera du pain levé, du premier jour au septième jour, sera retranchée d'Israël.

Le premier jour, vous aurez une sainte convocation; et le septième jour, vous aurez une sainte convocation. On ne fera aucun travail ces jours-là; vous pourrez seulement préparer la nourriture de chaque personne.

Vous observerez la fête des pains sans levain, car c'est en ce jour même que j'aurai fait sortir vos armées du pays d'Égypte; vous observerez ce jour comme une loi perpétuelle pour vos descendants.

Le premier mois, le quatorzième jour du mois, au soir, vous mangerez des pains sans levain jusqu'au soir du vingt et unième jour.

Pendant sept jours, il ne se trouvera point de levain dans vos maisons; car toute personne qui mangera du pain levé sera retranchée de l'assemblée d'Israël, que ce soit un étranger ou un indigène.

20 Vous ne mangerez point de pain levé; dans toutes vos demeures, vous mangerez des pains sans levain.

Ex 12,21 Moïse appela tous les anciens d'Israël, et leur dit: Allez prendre du bétail pour vos familles, et immolez la Pâque.

Vous prendrez ensuite un bouquet d'hysope, vous le tremperez dans le sang qui sera dans le bassin, et vous toucherez le linteau et les deux poteaux de la porte avec le sang qui sera dans le bassin. Nul de vous ne sortira de sa maison jusqu'au matin.

Quand l'Éternel passera pour frapper l'Égypte, et verra le sang sur le linteau et sur les deux poteaux, l'Éternel passera par-dessus la porte, et il ne permettra pas au destructeur d'entrer dans vos maisons pour frapper.

Vous observerez cela comme une loi pour vous et pour vos enfants à perpétuité.

Quand vous serez entrés dans le pays que l'Éternel vous donnera, selon sa promesse, vous observerez cet usage sacré.

Et lorsque vos enfants vous diront: Que signifie pour vous cet usage?

vous répondrez: C'est le sacrifice de Pâque en l'honneur de l'Éternel, qui a passé par-dessus les maisons des enfants d'Israël en Égypte, lorsqu'il frappa l'Égypte et qu'il sauva nos maisons. Le peuple s'inclina et se prosterna.

Et les enfants d'Israël s'en allèrent, et firent ce que l'Éternel avait ordonné à Moïse et à Aaron; ils firent ainsi.

Au milieu de la nuit, l'Éternel frappa tous les premiers-nés dans le pays d'Égypte, depuis le premier-né de Pharaon assis sur son trône, jusqu'au premier-né du captif dans sa prison, et jusqu'à tous les premiers-nés des animaux.

30 Pharaon se leva de nuit, lui et tous ses serviteurs, et tous les Égyptiens; et il y eut de grands cris en Égypte, car il n'y avait point de maison où il n'y eût un mort.

Dans la nuit même, Pharaon appela Moïse et Aaron, et leur dit: Levez-vous, sortez du milieu de mon peuple, vous et les enfants d'Israël. Allez, servez l'Éternel, comme vous l'avez dit.

Prenez vos brebis et vos boeufs, comme vous l'avez dit; allez, et bénissez-moi.

Les Égyptiens pressaient le peuple, et avaient hâte de le renvoyer du pays, car ils disaient: Nous périrons tous.

Le peuple emporta sa pâte avant qu'elle fût levée. Ils enveloppèrent les pétrins dans leurs vêtements, et les mirent sur leurs épaules.

Les enfants d'Israël firent ce que Moïse avait dit, et ils demandèrent aux Égyptiens des vases d'argent, des vases d'or et des vêtements.

L'Éternel fit trouver grâce au peuple aux yeux des Égyptiens, qui se rendirent à leur demande. Et ils dépouillèrent les Égyptiens.

Les enfants d'Israël partirent de Ramsès pour Succoth au nombre d'environ six cent mille hommes de pied, sans les enfants[1].

Une multitude de gens de toute espèce montèrent avec eux; ils avaient aussi des troupeaux considérables de brebis et de boeufs.

Ils firent des gâteaux cuits sans levain avec la pâte qu'ils avaient emportée d'Égypte, et qui n'était pas levée; car ils avaient été chassés d'Égypte, sans pouvoir tarder, et sans prendre des provisions avec eux.

40 Le séjour des enfants d'Israël en Égypte fut de quatre cent trente ans.

Et au bout de quatre cent trente ans, le jour même, toutes les armées de l'Éternel sortirent du pays d'Égypte.

Cette nuit sera célébrée en l'honneur de l'Éternel, parce qu'il les fit sortir du pays d'Égypte; cette nuit sera célébrée en l'honneur de l'Éternel par tous les enfants d'Israël et par leurs descendants.

L'Éternel dit à Moïse et à Aaron: Voici une ordonnance au sujet de la Pâque: Aucun étranger n'en mangera.

Tu circonciras tout esclave acquis à prix d'argent; alors il en mangera.

L'habitant et le mercenaire n'en mangeront point.

On ne la mangera que dans la maison; vous n'emporterez point de chair hors de la maison, et vous ne briserez aucun os.

Toute l'assemblée d'Israël fera la Pâque.

Si un étranger en séjour chez toi veut faire la Pâque de l'Éternel, tout mâle de sa maison devra être circoncis; alors il s'approchera pour la faire, et il sera comme l'indigène; mais aucun incirconcis n'en mangera.

La même loi existera pour l'indigène comme pour l'étranger en séjour au milieu de vous.

50 Tous les enfants d'Israël firent ce que l'Éternel avait ordonné à Moïse et à Aaron; ils firent ainsi.

Et ce même jour l'Éternel fit sortir du pays d'Égypte les enfants d'Israël, selon leurs armées.

H - Premiers éléments de la Loi[2]
Exode 13,1-16

L'Éternel parla à Moïse, et dit:

Consacre-moi tout premier-né, tout premier-né parmi les enfants d'Israël, tant des hommes que des animaux: il m'appartient.

---

[1] Sans compter les enfants.

[2] Le récit de la sortie d'Égypte reprend ensuite.

Moïse dit au peuple: Souvenez-vous de ce jour, où vous êtes sortis d'Égypte, de la maison de servitude; car c'est par sa main puissante que l'Éternel vous en a fait sortir. On ne mangera point de pain levé.

Vous sortez aujourd'hui, dans le mois des épis.

Quand l'Éternel t'aura fait entrer dans le pays des Cananéens, des Héthiens, des Amoréens, des Héviens et des Jébusiens, qu'il a juré à tes pères de te donner, pays où coulent le lait et le miel, tu rendras ce culte à l'Éternel dans ce même mois.

Pendant sept jours, tu mangeras des pains sans levain; et le septième jour, il y aura une fête en l'honneur de l'Éternel.

On mangera des pains sans levain pendant les sept jours; on ne verra point chez toi de pain levé, et l'on ne verra point chez toi de levain, dans toute l'étendue de ton pays.

Tu diras alors à ton fils: C'est en mémoire de ce que l'Éternel a fait pour moi, lorsque je suis sorti d'Égypte.

Ce sera pour toi comme un signe sur ta main et comme un souvenir entre tes yeux, afin que la loi de l'Éternel soit dans ta bouche; car c'est par sa main puissante que l'Éternel t'a fait sortir d'Égypte.

10 Tu observeras cette ordonnance au temps fixé d'année en année.

Quand l'Éternel t'aura fait entrer dans le pays des Cananéens, comme il l'a juré à toi et à tes pères, et qu'il te l'aura donné,

tu consacreras à l'Éternel tout premier-né, même tout premier-né des animaux que tu auras: les mâles appartiennent à l'Éternel.

Tu rachèteras avec un agneau tout premier-né de l'âne; et, si tu ne le rachètes pas, tu lui briseras la nuque. Tu rachèteras aussi tout premier-né de l'homme parmi tes fils.

Et lorsque ton fils te demandera un jour: Que signifie cela? tu lui répondras: Par sa main puissante, l'Éternel nous a fait sortir d'Égypte, de la maison de servitude;

Et, comme Pharaon s'obstinait à ne point nous laisser aller, l'Éternel fit mourir tous les premiers-nés dans le pays d'Égypte, depuis les premiers-nés des hommes jusqu'aux premiers-nés des animaux. Voilà pourquoi j'offre en sacrifice à l'Éternel tout premier-né des mâles, et je rachète tout premier-né de mes fils.

Ce sera comme un signe sur ta main et comme des fronteaux entre tes yeux; car c'est par sa main puissante que l'Éternel nous a fait sortir d'Égypte.

I - Suite du récit de la sortie d'Egypte
Exode 13,17 - 14,31

Lorsque Pharaon laissa aller le peuple, Dieu ne le conduisit point par le chemin du (../..)

(.../..) pays des Philistins, quoique le plus proche; car Dieu dit: Le peuple pourrait se repentir en voyant la guerre, et retourner en Égypte.

Mais Dieu fit faire au peuple un détour par le chemin du désert, vers la mer des Joncs. Les enfants d'Israël montèrent en armes hors du pays d'Égypte.

Moïse prit avec lui les os de Joseph; car Joseph avait fait jurer les fils d'Israël, en disant: Dieu vous visitera, et vous ferez remonter avec vous mes os loin d'ici.

20 Ils partirent de Succoth, et ils campèrent à Étham, à l'extrémité du désert.

L'Éternel allait devant eux, le jour dans une colonne de nuée pour les guider dans leur chemin, et la nuit dans une colonne de feu pour les éclairer, afin qu'ils marchassent jour et nuit.

La colonne de nuée ne se retirait point de devant le peuple pendant le jour, ni la colonne de feu pendant la nuit.

Exode 14

L'Éternel parla à Moïse, et dit:

Parle aux enfants d'Israël; qu'ils se détournent, et qu'ils campent devant Pi Hahiroth, entre Migdol et la mer, vis-à-vis de Baal Tsephon; c'est en face de ce lieu que vous camperez, près de la mer.

Pharaon dira des enfants d'Israël: Ils sont égarés dans le pays; le désert les enferme.

J'endurcirai le coeur de Pharaon, et il les poursuivra; mais Pharaon et toute son armée serviront à faire éclater ma gloire, et les Égyptiens sauront que je suis l'Éternel. Et les enfants d'Israël firent ainsi.

On annonça au roi d'Égypte que le peuple avait pris la fuite. Alors le coeur de Pharaon et celui de ses serviteurs furent changés à l'égard du peuple. Ils dirent: Qu'avons-nous fait, en laissant aller Israël, dont nous n'aurons plus les services?

Et Pharaon attela son char, et il prit son peuple avec lui.

Il prit six cent chars d'élite, et tous les chars de l'Égypte; il y avait sur tous des combattants.

L'Éternel endurcit le coeur de Pharaon, roi d'Égypte, et Pharaon poursuivit les enfants d'Israël. Les enfants d'Israël étaient sortis la main levée.

Les Égyptiens les poursuivirent; et tous les chevaux, les chars de Pharaon, ses cavaliers et son armée, les atteignirent campés près de la mer, vers Pi Hahiroth, vis-à-vis de Baal Tsephon.

10 Pharaon approchait. Les enfants d'Israël levèrent les yeux, et voici, les Égyptiens étaient en marche derrière eux. Et les enfants d'Israël eurent une grande frayeur, et crièrent à l'Éternel.

Ex 14,11 Ils dirent à Moïse: N'y avait-il pas des sépulcres en Égypte, sans qu'il fût besoin de nous mener mourir au désert? Que nous as-tu fait en nous faisant sortir d'Égypte?

N'est-ce pas là ce que nous te disions en Égypte: Laisse-nous servir les Égyptiens, car nous aimons mieux servir les Égyptiens que de mourir au désert?

Moïse répondit au peuple: Ne craignez rien, restez en place, et regardez la délivrance que l'Éternel va vous accorder en ce jour; car les Égyptiens que vous voyez aujourd'hui, vous ne les verrez plus jamais.

L'Éternel combattra pour vous; et vous, gardez le silence.

L'Éternel dit à Moïse: Pourquoi ces cris? Parle aux enfants d'Israël, et qu'ils marchent.

Toi, lève ta verge, étends ta main sur la mer, et fends-la; et les enfants d'Israël entreront au milieu de la mer à sec.

Et moi, je vais endurcir le coeur des Égyptiens, pour qu'ils y entrent après eux: et Pharaon et toute son armée, ses chars et ses cavaliers, feront éclater ma gloire.

Et les Égyptiens sauront que je suis l'Éternel, quand Pharaon, ses chars et ses cavaliers, auront fait éclater ma gloire.

L'ange de Dieu, qui allait devant le camp d'Israël, partit et alla derrière eux; et la colonne de nuée qui les précédait, partit et se tint derrière eux.

20 Elle se plaça entre le camp des Égyptiens et le camp d'Israël. Cette nuée était ténébreuse d'un côté, et de l'autre elle éclairait la nuit. Et les deux camps n'approchèrent point l'un de l'autre pendant toute la nuit.

Moïse étendit sa main sur la mer. Et l'Éternel refoula la mer par un vent d'orient, qui souffla avec impétuosité toute la nuit; il mit la mer à sec, et les eaux se fendirent.

Les enfants d'Israël entrèrent au milieu de la mer à sec, et les eaux formaient comme une muraille à leur droite et à leur gauche.

Les Égyptiens les poursuivirent; et tous les chevaux de Pharaon, ses chars et ses cavaliers, entrèrent après eux au milieu de la mer.

A la veille du matin, l'Éternel, de la colonne de feu et de nuée, regarda le camp des Égyptiens, et mit en désordre le camp des Égyptiens.

Il ôta les roues de leurs chars et en rendit la marche difficile. Les Égyptiens dirent alors: Fuyons devant Israël, car l'Éternel combat pour lui contre les Égyptiens.

L'Éternel dit à Moïse: Étends ta main sur la mer; et les eaux reviendront sur les Égyptiens, sur leurs chars et sur leurs cavaliers.

Moïse étendit sa main sur la mer. Et vers le matin, la mer reprit son impétuosité, et les Égyptiens s'enfuirent à son approche; mais l'Éternel précipita les Égyptiens au milieu de la mer.

Les eaux revinrent, et couvrirent les chars, les cavaliers et toute l'armée de Pharaon, qui étaient entrés dans la mer après les enfants d'Israël; et il n'en échappa pas un seul.

Mais les enfants d'Israël marchèrent à sec au milieu de la mer, et les eaux formaient comme une muraille à leur droite et à leur gauche.

30   En ce jour, l'Éternel délivra Israël de la main des Égyptiens; et Israël vit sur le rivage de la mer les Égyptiens qui étaient morts.

Israël vit la main puissante que l'Éternel avait dirigée contre les Égyptiens. Et le peuple craignit l'Éternel, et il crut en l'Éternel et en Moïse, son serviteur.

J - Cantiques de Moïse et de Miryam[1]
Exode 15,1 -15,21

Alors Moïse et les enfants d'Israël chantèrent ce cantique à l'Éternel. Ils dirent: Je chanterai à l'Éternel, car il a fait éclater sa gloire; Il a précipité dans la mer le cheval et son cavalier.

L'Éternel est ma force et le sujet de mes louanges; C'est lui qui m'a sauvé. Il est mon Dieu: je le célébrerai; Il est le Dieu de mon père: je l'exalterai.

L'Éternel est un vaillant guerrier; L'Éternel est son nom.

Il a lancé dans la mer les chars de Pharaon et son armée; Ses combattants d'élite ont été engloutis dans la mer Rouge.

Les flots les ont couverts: Ils sont descendus au fond des eaux, comme une pierre.

Ta droite, ô Éternel! a signalé sa force; Ta droite, ô Éternel! a écrasé l'ennemi.

Par la grandeur de ta majesté Tu renverses tes adversaires; Tu déchaînes ta colère: Elle les consume comme du chaume.

Au souffle de tes narines, les eaux se sont amoncelées, Les courants se sont dressés comme une muraille, Les flots se sont durcis au milieu de la mer.

L'ennemi disait: Je poursuivrai, j'atteindrai, Je partagerai le butin; Ma vengeance sera assouvie, Je tirerai l'épée, ma main les détruira.

10   Tu as soufflé de ton haleine: La mer les a couverts; Ils se sont enfoncés comme du plomb, Dans la profondeur des eaux.

Qui est comme toi parmi les dieux, ô Éternel? Qui est comme toi magnifique en sainteté, Digne de louanges, Opérant des prodiges?

Tu as étendu ta droite: La terre les a engloutis.

Par ta miséricorde tu as conduit, Tu as délivré ce peuple; Par ta puissance tu le diriges Vers la demeure de ta sainteté.

Les peuples l'apprennent, et ils tremblent: La terreur s'empare des Philistins;

---

[1] Miryam est appelée "Marie" dans la traduction Segond ci-dessous.

Les chefs d'Édom s'épouvantent; Un tremblement saisit les guerriers de Moab; Tous les habitants de Canaan tombent en défaillance.

La crainte et la frayeur les surprendront; Par la grandeur de ton bras Ils deviendront muets comme une pierre, Jusqu'à ce que ton peuple soit passé, ô Éternel! Jusqu'à ce qu'il soit passé, Le peuple que tu as acquis.

Tu les amèneras et tu les établiras sur la montagne de ton héritage, Au lieu que tu as préparé pour ta demeure, ô Éternel! Au sanctuaire, Seigneur! que tes mains ont fondé.

L'Éternel régnera éternellement et à toujours.

Car les chevaux de Pharaon, ses chars et ses cavaliers sont entrés dans la mer, Et l'Éternel a ramené sur eux les eaux de la mer; Mais les enfants d'Israël ont marché à sec au milieu de la mer.

20   Marie, la prophétesse, soeur d'Aaron, prit à la main un tambourin, et toutes les femmes vinrent après elle, avec des tambourins et en dansant.

Marie répondait aux enfants d'Israël: Chantez à l'Éternel, car il a fait éclater sa gloire; Il a précipité dans la mer le cheval et son cavalier.

K - Dans le désert: l'eau - la "manne"
Exode 15,22 -17,7

Moïse fit partir Israël de la mer Rouge. Ils prirent la direction du désert de Schur; et, après trois journées de marche dans le désert, ils ne trouvèrent point d'eau.

Ils arrivèrent à Mara; mais ils ne purent pas boire l'eau de Mara parce qu'elle était amère. C'est pourquoi ce lieu fut appelé Mara.

Le peuple murmura contre Moïse, en disant: Que boirons-nous?

Moïse cria à l'Éternel; et l'Éternel lui indiqua un bois, qu'il jeta dans l'eau. Et l'eau de vint douce. Ce fut là que l'Éternel donna au peuple des lois et des ordonnances, et ce fut là qu'il le mit à l'épreuve.

Il dit: Si tu écoutes attentivement la voix de l'Éternel, ton Dieu, si tu fais ce qui est droit à ses yeux, si tu prêtes l'oreille à ses commandements, et si tu observes toutes ses lois, je ne te frapperai d'aucune des maladies dont j'ai frappé les Égyptiens; car je suis l'Éternel, qui te guérit.

Ils arrivèrent à Élim, où il y avait douze sources d'eau et soixante-dix palmiers. Ils campèrent là, près de l'eau.

Exode 16

Toute l'assemblée des enfants d'Israël partit d'Élim, et ils arrivèrent au désert de Sin, qui est entre Élim et Sinaï, le quinzième jour du second mois après leur sortie du pays d'Égypte.

Ex 16,2 Et toute l'assemblée des enfants d'Israël murmura dans le désert contre Moïse et Aaron.

Les enfants d'Israël leur dirent: Que ne sommes-nous morts par la main de l'Éternel dans le pays d'Égypte, quand nous étions assis près des pots de viande, quand nous mangions du pain à satiété? car vous nous avez menés dans ce désert pour faire mourir de faim toute cette multitude.

L'Éternel dit à Moïse: Voici, je ferai pleuvoir pour vous du pain, du haut des cieux. Le peuple sortira, et en ramassera, jour par jour, la quantité nécessaire, afin que je le mette à l'épreuve, et que je voie s'il marchera, ou non, selon ma loi.

Le sixième jour, lorsqu'ils prépareront ce qu'ils auront apporté, il s'en trouvera le double de ce qu'ils ramasseront jour par jour.

Moïse et Aaron dirent à tous les enfants d'Israël: Ce soir, vous comprendrez que c'est l'Éternel qui vous a fait sortir du pays d'Égypte.

Et, au matin, vous verrez la gloire de l'Éternel, parce qu'il a entendu vos murmures contre l'Éternel; car que sommes-nous, pour que vous murmuriez contre nous?

Moïse dit: L'Éternel vous donnera ce soir de la viande à manger, et au matin du pain à satiété, parce que l'Éternel a entendu les murmures que vous avez proférés contre lui; car que sommes-nous? Ce n'est pas contre nous que sont vos murmures, c'est contre l'Éternel.

Moïse dit à Aaron: Dis à toute l'assemblée des enfants d'Israël: Approchez-vous devant l'Éternel, car il a entendu vos murmures.

10   Et tandis qu'Aaron parlait à toute l'assemblée des enfants d'Israël, ils se tournèrent du côté du désert, et voici, la gloire de l'Éternel parut dans la nuée.

L'Éternel, s'adressant à Moïse, dit:

J'ai entendu les murmures des enfants d'Israël. Dis-leur: A la tombée du soir vous mangerez de la viande, et au matin vous vous rassasierez de pain; et vous saurez que je suis l'Éternel, votre Dieu.

Le soir, il survint des cailles qui couvrirent le camp; et, au matin, il y eut une couche de rosée autour du camp.

Quand cette rosée fut dissipée, il y avait à la surface du désert quelque chose de menu comme des grains, quelque chose de menu comme la gelée blanche sur la terre.

Les enfants d'Israël regardèrent et ils se dirent l'un à l'autre: Qu'est-ce que cela? car ils ne savaient pas ce que c'était. Moïse leur dit: C'est le pain que L'Éternel vous donne pour nourriture.

Voici ce que l'Éternel a ordonné: Que chacun de vous en ramasse ce qu'il faut pour sa nourriture, un omer par tête, suivant le nombre de vos personnes; chacun en prendra pour ceux qui sont dans sa tente.

Les Israélites firent ainsi; et ils en ramassèrent les uns en plus, les autres moins.

On mesurait ensuite avec l'omer; celui qui avait ramassé plus n'avait rien de trop, et celui qui avait ramassé moins n'en manquait pas. Chacun ramassait ce qu'il fallait pour sa nourriture.

Moïse leur dit: Que personne n'en laisse jusqu'au matin.

20 Ils n'écoutèrent pas Moïse, et il y eut des gens qui en laissèrent jusqu'au matin; mais il s'y mit des vers, et cela devint infect. Moïse fut irrité contre ces gens.

Tous les matins, chacun ramassait ce qu'il fallait pour sa nourriture; et quand venait la chaleur du soleil, cela fondait.

Le sixième jour, ils ramassèrent une quantité double de nourriture, deux omers pour chacun. Tous les principaux de l'assemblée vinrent le rapporter à Moïse.

Et Moïse leur dit: C'est ce que l'Éternel a ordonné. Demain est le jour du repos, le sabbat consacré à l'Éternel; faites cuire ce que vous avez à faire cuire, faites bouillir ce que vous avez à faire bouillir, et mettez en réserve jusqu'au matin tout ce qui restera.

Ils le laissèrent jusqu'au matin, comme Moïse l'avait ordonné; et cela ne devint point infect, et il ne s'y mit point de vers.

Moïse dit: Mangez-le aujourd'hui, car c'est le jour du sabbat; aujourd'hui vous n'en trouverez point dans la campagne.

Pendant six jours vous en ramasserez; mais le septième jour, qui est le sabbat, il n'y en aura point.

Le septième jour, quelques-uns du peuple sortirent pour en ramasser, et ils n'en trouvèrent point.

Alors l'Éternel dit à Moïse: Jusques à quand refuserez-vous d'observer mes commandements et mes lois?

Considérez que l'Éternel vous a donné le sabbat; c'est pourquoi il vous donne au sixième jour de la nourriture pour deux jours. Que chacun reste à sa place, et que personne ne sorte du lieu où il est au septième jour.

30 Et le peuple se reposa le septième jour.

La maison d'Israël donna à cette nourriture le nom de manne. Elle ressemblait à de la graine de coriandre; elle était blanche, et avait le goût d'un gâteau au miel.

Moïse dit: Voici ce que l'Éternel a ordonné: Qu'un omer rempli de manne soit conservé pour vos descendants, afin qu'ils voient le pain que je vous ai fait manger dans le désert, après vous avoir fait sortir du pays d'Égypte.

Et Moïse dit à Aaron: Prends un vase, mets-y de la manne plein un omer, et dépose-le devant l'Éternel[1], afin qu'il soit conservé pour vos descendants.

Suivant l'ordre donné par l'Éternel à Moïse, Aaron le déposa devant le témoignage, afin qu'il fût conservé.

Les enfants d'Israël mangèrent la manne pendant quarante ans, jusqu'à leur arrivée dans un pays habité; ils mangèrent la manne jusqu'à leur arrivée aux frontières du pays de Canaan.

L'omer est la dixième partie de l'épha.

Exode 17

Toute l'assemblée des enfants d'Israël partit du désert de Sin, selon les marches que l'Éternel leur avait ordonnées; et ils campèrent à Rephidim, où le peuple ne trouva point d'eau à boire.

---

[1] Devant l'arche d'alliance qui ne sera décrite que quelques chapitres plus loin (Ex 25,10).

Alors le peuple chercha querelle à Moïse. Ils dirent: Donnez-nous de l'eau à boire. Moïse leur répondit: Pourquoi me cherchez-vous querelle? Pourquoi tentez-vous l'Éternel?

Le peuple était là, pressé par la soif, et murmurait contre Moïse. Il disait: Pourquoi nous as-tu fait monter hors d'Égypte, pour me faire mourir de soif avec mes enfants et mes troupeaux?

Moïse cria à l'Éternel, en disant: Que ferai-je à ce peuple? Encore un peu, et ils me lapideront.

L'Éternel dit à Moïse: Passe devant le peuple, et prends avec toi des anciens d'Israël; prends aussi dans ta main ta verge avec laquelle tu as frappé le fleuve, et marche!

Voici, je me tiendrai devant toi sur le rocher d'Horeb; tu frapperas le rocher, et il en sortira de l'eau, et le peuple boira. Et Moïse fit ainsi, aux yeux des anciens d'Israël.

Il donna à ce lieu le nom de Massa et Meriba, parce que les enfants d'Israël avaient contesté, et parce qu'ils avaient tenté l'Éternel, en disant: L'Éternel est-il au milieu de nous, ou n'y est-il pas?

L - Combat contre Amalek
Exode 17,8 à 17,16

Amalek[1] vint combattre Israël à Rephidim.

Alors Moïse dit à Josué: Choisis-nous des hommes, sors, et combats Amalek; demain je me tiendrai sur le sommet de la colline, la verge de Dieu dans ma main.

10 Josué fit ce que lui avait dit Moïse, pour combattre Amalek. Et Moïse, Aaron et Hur montèrent au sommet de la colline.

Lorsque Moïse élevait sa main, Israël était le plus fort; et lorsqu'il baissait sa main, Amalek était le plus fort.

Les mains de Moïse étant fatiguées, ils prirent une pierre qu'ils placèrent sous lui, et il s'assit dessus. Aaron et Hur soutenaient ses mains, l'un d'un côté, l'autre de l'autre; et ses mains restèrent fermes jusqu'au coucher du soleil.

Et Josué vainquit Amalek et son peuple, au tranchant de l'épée.

L'Éternel dit à Moïse: Écris cela dans le livre, pour que le souvenir s'en conserve, et déclare à Josué que j'effacerai la mémoire d'Amalek de dessous les cieux.

Moïse bâtit un autel, et lui donna pour nom: l'Éternel ma bannière.

Il dit: Parce que la main a été levée sur le trône de l'Éternel, il y aura guerre de l'Éternel contre Amalek, de génération en génération.

---

[1] Tribus habitant cette région du désert; on les retrouvera face à Saül et David.

M - Rencontre de Moïse et de Jéthro
Exode 18

Jéthro, sacrificateur de Madian, beau-père de Moïse, apprit tout ce que Dieu avait fait en faveur de Moïse et d'Israël, son peuple; il apprit que l'Éternel avait fait sortir Israël d'Égypte.

Jéthro, beau-père de Moïse, prit Séphora, femme de Moïse, qui avait été renvoyée.

Il prit aussi les deux fils de Séphora; l'un se nommait Guerschom, car Moïse avait dit: J'habite un pays étranger;

l'autre se nommait Éliézer, car il avait dit: Le Dieu de mon père m'a secouru, et il m'a délivré de l'épée de Pharaon.

Jéthro, beau-père de Moïse, avec les fils et la femme de Moïse, vint au désert où il campait, à la montagne de Dieu.

Il fit dire à Moïse: Moi, ton beau-père Jéthro, je viens vers toi, avec ta femme et ses deux fils.

Moïse sortit au-devant de son beau-père, il se prosterna, et il le baisa. Ils s'informèrent réciproquement de leur santé, et ils entrèrent dans la tente de Moïse.

Moïse raconta à son beau-père tout ce que l'Éternel avait fait à Pharaon et à l'Égypte à cause d'Israël, toutes les souffrances qui leur étaient survenues en chemin, et comment l'Éternel les avait délivrés.

10 Jéthro se réjouit de tout le bien que l'Éternel avait fait à Israël, et de ce qu'il l'avait délivré de la main des Égyptiens.

Et Jéthro dit: Béni soit l'Éternel, qui vous a délivrés de la main des Égyptiens et de la main de Pharaon; qui a délivré le peuple de la main des Égyptiens!

Je reconnais maintenant que l'Éternel est plus grand que tous les dieux; car la méchanceté des Égyptiens est retombée sur eux.

Jéthro, beau-père de Moïse, offrit à Dieu un holocauste et des sacrifices. Aaron et tous les anciens d'Israël vinrent participer au repas avec le beau-père de Moïse, en présence de Dieu.

Le lendemain, Moïse s'assit pour juger le peuple, et le peuple se tint devant lui depuis le matin jusqu'au soir.

Le beau-père de Moïse vit tout ce qu'il faisait pour le peuple, et il dit: Que fais-tu là avec ce peuple? Pourquoi sièges-tu seul, et tout le peuple se tient-il devant toi, depuis le matin jusqu'au soir?

Moïse répondit à son beau-père: C'est que le peuple vient à moi pour consulter Dieu.

Quand ils ont quelque affaire, ils viennent à moi; je prononce entre eux, et je fais connaître les ordonnances de Dieu et ses lois.

Le beau-père de Moïse lui dit: Ce que tu fais n'est pas bien.

Tu t'épuiseras toi-même, et tu épuiseras ce peuple qui est avec toi; car la chose est au-dessus de tes forces, tu ne pourras pas y suffire seul.

Maintenant écoute ma voix; je vais te donner un conseil, et que Dieu soit avec toi! Sois l'interprète du peuple auprès de Dieu, et porte les affaires devant Dieu.

20 Enseigne-leur les ordonnances et les lois; et fais-leur connaître le chemin qu'ils doivent suivre, et ce qu'ils doivent faire.

Choisis parmi tout le peuple des hommes capables, craignant Dieu, des hommes intègres, ennemis de la cupidité; établis-les sur eux comme chefs de mille, chefs de cent, chefs de cinquante et chefs de dix.

Qu'ils jugent le peuple en tout temps; qu'ils portent devant toi toutes les affaires importantes, et qu'ils prononcent eux-mêmes sur les petites causes. Allège ta charge, et qu'ils la portent avec toi.

Si tu fais cela, et que Dieu te donne des ordres, tu pourras y suffire, et tout ce peuple parviendra heureusement à sa destination.

Moïse écouta la voix de son beau-père, et fit tout ce qu'il avait dit.

Moïse choisit des hommes capables parmi tout Israël, et il les établit chefs du peuple, chefs de mille, chefs de cent, chefs de cinquante et chefs de dix.

Ils jugeaient le peuple en tout temps; ils portaient devant Moïse les affaires difficiles, et ils prononçaient eux-mêmes sur toutes les petites causes.

Moïse laissa partir son beau-père, et Jéthro s'en alla dans son pays.

N - Au Sinaï: les "Dix Paroles"
Exode 19 & 20

Le troisième mois après leur sortie du pays d'Égypte, les enfants d'Israël arrivèrent ce jour-là au désert de Sinaï.

Étant partis de Rephidim, ils arrivèrent au désert de Sinaï, et ils campèrent dans le désert; Israël campa là, vis-à-vis de la montagne.

Moïse monta vers Dieu: et l'Éternel l'appela du haut de la montagne, en disant: Tu parleras ainsi à la maison de Jacob, et tu diras aux enfants d'Israël:

Vous avez vu ce que j'ai fait à l'Égypte, et comment je vous ai portés sur des ailes d'aigle et amenés vers moi.

Maintenant, si vous écoutez ma voix, et si vous gardez mon alliance, vous m'appartiendrez entre tous les peuples, car toute la terre est à moi;

vous serez pour moi un royaume de sacrificateurs et une nation sainte. Voilà les paroles que tu diras aux enfants d'Israël.

Ex 19,7 Moïse vint appeler les anciens du peuple, et il mit devant eux toutes ces paroles, comme l'Éternel le lui avait ordonné.

Le peuple tout entier répondit: Nous ferons tout ce que l'Éternel a dit. Moïse rapporta les paroles du peuple à l'Éternel.

Et l'Éternel dit à Moïse: Voici, je viendrai vers toi dans une épaisse nuée, afin que le peuple entende quand je te parlerai, et qu'il ait toujours confiance en toi. Moïse rapporta les paroles du peuple à l'Éternel.

10 Et l'Éternel dit à Moïse: Va vers le peuple; sanctifie-les aujourd'hui et demain, qu'ils lavent leurs vêtements.

Qu'ils soient prêts pour le troisième jour; car le troisième jour l'Éternel descendra, aux yeux de tout le peuple, sur la montagne de Sinaï.

Tu fixeras au peuple des limites tout à l'entour, et tu diras: Gardez-vous de monter sur la montagne, ou d'en toucher le bord. Quiconque touchera la montagne sera puni de mort.

On ne mettra pas la main sur lui, mais on le lapidera, ou on le percera de flèches: animal ou homme, il ne vivra point. Quand la trompette sonnera, ils s'avanceront près de la montagne.

Moïse descendit de la montagne vers le peuple; il sanctifia le peuple, et ils lavèrent leurs vêtements.

Et il dit au peuple: Soyez prêts dans trois jours; ne vous approchez d'aucune femme.
Le troisième jour au matin, il y eut des tonnerres, des éclairs, et une épaisse nuée sur la montagne; le son de la trompette retentit fortement; et tout le peuple qui était dans le camp fut saisi d'épouvante.

Moïse fit sortir le peuple du camp, à la rencontre de Dieu; et ils se placèrent au bas de la montagne.

La montagne de Sinaï était tout en fumée, parce que l'Éternel y était descendu au milieu du feu; cette fumée s'élevait comme la fumée d'une fournaise, et toute la montagne tremblait avec violence.

Le son de la trompette retentissait de plus en plus fortement. Moïse parlait, et Dieu lui répondait à haute voix.

20 Ainsi l'Éternel descendit sur la montagne de Sinaï, sur le sommet de la montagne; l'Éternel appela Moïse sur le sommet de la montagne. Et Moïse monta.

L'Éternel dit à Moïse: Descends, fais au peuple la défense expresse de se précipiter vers l'Éternel, pour regarder, de peur qu'un grand nombre d'entre eux ne périssent.

Que les sacrificateurs, qui s'approchent de l'Éternel, se sanctifient aussi, de peur que l'Éternel ne les frappe de mort.

Moïse dit à l'Éternel: Le peuple ne pourra pas monter sur la montagne de Sinaï, car tu nous en as fait la défense expresse, en disant: Fixe des limites autour de la montagne, et sanctifie-la.

L'Éternel lui dit: Va, descends; tu monteras ensuite avec Aaron; mais que les sacrificateurs et le peuple ne se précipitent point pour monter vers l'Éternel, de peur qu'il ne les frappe de mort.

Exode 20

Dieu prononça toutes ces paroles[1]:

Je suis l'Éternel, ton Dieu, qui t'ai fait sortir du pays d'Égypte, de la maison de servitude.

Tu n'auras pas d'autres dieux devant ma face.

Tu ne te feras point d'image taillée, ni de représentation quelconque des choses qui sont en haut dans les cieux, qui sont en bas sur la terre, et qui sont dans les eaux plus bas que la terre.

Tu ne te prosterneras point devant elles, et tu ne les serviras point; car moi, l'Éternel, ton Dieu, je suis un Dieu jaloux, qui punis l'iniquité des pères sur les enfants jusqu'à la troisième et la quatrième génération de ceux qui me haïssent,

et qui fais miséricorde jusqu'en mille générations à ceux qui m'aiment et qui gardent mes commandements.

Tu ne prendras point le nom de l'Éternel, ton Dieu, en vain; car l'Éternel ne laissera point impuni celui qui prendra son nom en vain.

Souviens-toi du jour du repos, pour le sanctifier.

Tu travailleras six jours, et tu feras tout ton ouvrage.

10 *Mais le septième jour est le jour du repos de l'Éternel, ton Dieu: tu ne feras aucun ouvrage, ni toi, ni ton fils, ni ta fille, ni ton serviteur, ni ta servante, ni ton bétail, ni l'étranger qui est dans tes portes.*

Car en six jours l'Éternel a fait les cieux, la terre et la mer, et tout ce qui y est contenu, et il s'est reposé le septième jour: c'est pourquoi l'Éternel a béni le jour du repos et l'a sanctifié.

Honore ton père et ta mère, afin que tes jours se prolongent dans le pays que l'Éternel, ton Dieu, te donne.

Tu ne tueras point.

Tu ne commettras point d'adultère.

Tu ne déroberas point.

Tu ne porteras point de faux témoignage contre ton prochain.

---

[1] En italique, les "Dix commandements" ou "Décalogue. Une version un peu différente se trouve dans le Deutéronome (Dt 5,6).

Tu ne convoiteras point la maison de ton prochain; tu ne convoiteras point la femme de ton prochain, ni son serviteur, ni sa servante, ni son boeuf, ni son âne, ni aucune chose qui appartienne à ton prochain.

Tout le peuple entendait les tonnerres et le son de la trompette; il voyait les flammes de la montagne fumante. A ce spectacle, le peuple tremblait, et se tenait dans l'éloignement.

Ils dirent à Moïse: Parle-nous toi-même, et nous écouterons; mais que Dieu ne nous parle point, de peur que nous ne mourions.

20 Moïse dit au peuple: Ne vous effrayez pas; car c'est pour vous mettre à l'épreuve que Dieu est venu, et c'est pour que vous ayez sa crainte devant les yeux, afin que vous ne péchiez point.

Le peuple restait dans l'éloignement; mais Moïse s'approcha de la nuée où était Dieu.

L'Éternel dit à Moïse: Tu parleras ainsi aux enfants d'Israël: Vous avez vu que je vous ai parlé depuis les cieux.

Vous ne ferez point des dieux d'argent et des dieux d'or, pour me les associer; vous ne vous en ferez point.

Tu m'élèveras un autel de terre, sur lequel tu offriras tes holocaustes et tes sacrifices d'actions de grâces, tes brebis et tes boeufs. Partout où je rappellerai mon nom, je viendrai à toi, et je te bénirai.

Si tu m'élèves un autel de pierre, tu ne le bâtiras point en pierres taillées; car en passant ton ciseau sur la pierre, tu la profanerais.

Tu ne monteras point à mon autel par des degrés, afin que ta nudité ne soit pas découverte[1].

O - Règles diverses; promesses de Dieu
Exode 21 à 23

Voici les lois que tu leur présenteras.

Si tu achètes un esclave hébreu, il servira six années; mais la septième, il sortira libre, sans rien payer.

S'il est entré seul, il sortira seul; s'il avait une femme, sa femme sortira avec lui.

Si c'est son maître qui lui a donné une femme, et qu'il en ait eu des fils ou des filles, la femme et ses enfants seront à son maître, et il sortira seul.

Si l'esclave dit: J'aime mon maître, ma femme et mes enfants, je ne veux pas sortir libre, -

alors son maître le conduira devant Dieu, et le fera approcher de la porte ou du poteau, et son maître lui percera l'oreille avec un poinçon, et l'esclave sera pour toujours à son service.

---

[1] L'autel doit être assez bas - Les prêtres portaient parfois de simples pagnes.

Ex 21,7 Si un homme vend sa fille pour être servante, elle ne sortira point comme sortent les esclaves.

Si elle déplaît à son maître, qui s'était proposé de la prendre pour femme, il facilitera son rachat; mais il n'aura pas le pouvoir de la vendre à des étrangers, après lui avoir été infidèle.

S'il la destine à son fils, il agira envers elle selon le droit des filles.

10 S'il prend une autre femme, il ne retranchera rien pour la première à la nourriture, au vêtement, et au droit conjugal.

Et s'il ne fait pas pour elle ces trois choses, elle pourra sortir sans rien payer, sans donner de l'argent.

Celui qui frappera un homme mortellement sera puni de mort.

S'il ne lui a point dressé d'embûches, et que Dieu l'ait fait tomber sous sa main, je t'établirai un lieu où il pourra se réfugier.

Mais si quelqu'un agit méchamment contre son prochain, en employant la ruse pour le tuer, tu l'arracheras même de mon autel, pour le faire mourir.

Celui qui frappera son père ou sa mère sera puni de mort.

Celui qui dérobera un homme, et qui l'aura vendu ou retenu entre ses mains, sera puni de mort.

Celui qui maudira son père ou sa mère sera puni de mort.

Si des hommes se querellent, et que l'un d'eux frappe l'autre avec une pierre ou avec le poing, sans causer sa mort, mais en l'obligeant à garder le lit,

Celui qui aura frappé ne sera point puni, dans le cas où l'autre viendrait à se lever et à se promener dehors avec son bâton. Seulement, il le dédommagera de son interruption de travail, et il le fera soigner jusqu'à sa guérison.

20 Si un homme frappe du bâton son esclave, homme ou femme, et que l'esclave meure sous sa main, le maître sera puni.

Mais s'il survit un jour ou deux, le maître ne sera point puni; car c'est son argent.

Si des hommes se querellent, et qu'ils heurtent une femme enceinte, et la fasse accoucher, sans autre accident, ils seront punis d'une amende imposée par le mari de la femme, et qu'ils paieront devant les juges.

Mais s'il y a un accident, tu donneras vie pour vie,

oeil pour oeil, dent pour dent, main pour main, pied pour pied,

brûlure pour brûlure, blessure pour blessure, meurtrissure pour meurtrissure.

Si un homme frappe l'oeil de son esclave, homme ou femme, et qu'il lui fasse perdre l'oeil, il le mettra en liberté, pour prix de son oeil.

Et s'il fait tomber une dent à son esclave, homme ou femme, il le mettra en liberté, pour prix de sa dent.

Si un boeuf frappe de ses cornes un homme ou une femme, et que la mort en soit la suite, le boeuf sera lapidé, sa chair ne sera point mangée, et le maître du boeuf ne sera point puni.

Mais si le boeuf était auparavant sujet à frapper, et qu'on en ait averti le maître, qui ne l'a point surveillé, le boeuf sera lapidé, dans le cas où il tuerait un homme ou une femme, et son maître sera puni de mort.

30 Si on impose au maître un prix pour le rachat de sa vie, il paiera tout ce qui lui sera imposé.

Lorsque le boeuf frappera un fils ou une fille, cette loi recevra son application;

mais si le boeuf frappe un esclave, homme ou femme, on donnera trente sicles d'argent au maître de l'esclave, et le boeuf sera lapidé.

Si un homme met à découvert une citerne, ou si un homme en creuse une et ne la couvre pas, et qu'il y tombe un boeuf ou un âne,

le possesseur de la citerne paiera au maître la valeur de l'animal en argent, et aura pour lui l'animal mort.

Si le boeuf d'un homme frappe de ses cornes le boeuf d'un autre homme, et que la mort en soit la suite, ils vendront le boeuf vivant et en partageront le prix; ils partageront aussi le boeuf mort.

Mais s'il est connu que le boeuf était auparavant sujet à frapper, et que son maître ne l'ait point surveillé, ce maître rendra boeuf pour boeuf, et aura pour lui le boeuf mort.

Exode 22

Si un homme dérobe un boeuf ou un agneau, et qu'il l'égorge ou le vende, il restituera cinq boeufs pour le boeuf et quatre agneaux pour l'agneau.

Si le voleur est surpris dérobant avec effraction, et qu'il soit frappé et meure, on ne sera point coupable de meurtre envers lui;

mais si le soleil est levé, on sera coupable de meurtre envers lui. Il fera restitution; s'il n'a rien, il sera vendu pour son vol;

si ce qu'il a dérobé, boeuf, âne, ou agneau, se trouve encore vivant entre ses mains, il fera une restitution au double.

Si un homme fait du dégât dans un champ ou dans une vigne, et qu'il laisse son bétail paître dans le champ d'autrui, il donnera en dédommagement le meilleur produit de son champ et de sa vigne.

Si un feu éclate et rencontre des épines, et que du blé en gerbes ou sur pied, ou bien le champ, soit consumé, celui qui a causé l'incendie sera tenu à un dédommagement.

Si un homme donne à un autre de l'argent ou des objets à garder, et qu'on les vole dans la maison de ce dernier, le voleur fera une restitution au double, dans le cas où il serait trouvé.

Si le voleur ne se trouve pas, le maître de la maison se présentera devant Dieu, pour déclarer qu'il n'a pas mis la main sur le bien de son prochain.

Dans toute affaire frauduleuse concernant un boeuf, un âne, un agneau, un vêtement, ou un objet perdu, au sujet duquel on dira: C'est cela! -la cause des deux parties ira jusqu'à Dieu; celui que Dieu condamnera fera à son prochain une restitution au double.

10 Si un homme donne à un autre un âne, un boeuf, un agneau, ou un animal quelconque à garder, et que l'animal meure, se casse un membre, ou soit enlevé, sans que personne l'ait vu,

le serment au nom de l'Éternel interviendra entre les deux parties, et celui qui a gardé l'animal déclarera qu'il n'a pas mis la main sur le bien de son prochain; le maître de l'animal acceptera ce serment, et l'autre ne sera point tenu à une restitution.

Mais si l'animal a été dérobé chez lui, il sera tenu vis-à-vis de son maître à une restitution.

Si l'animal a été déchiré, il le produira en témoignage, et il ne sera point tenu à une restitution pour ce qui a été déchiré.

Si un homme emprunte à un autre un animal, et que l'animal se casse un membre ou qu'il meure, en l'absence de son maître, il y aura lieu à restitution.

Si le maître est présent, il n'y aura pas lieu à restitution. Si l'animal a été loué, le prix du louage suffira.

Si un homme séduit une vierge qui n'est point fiancée, et qu'il couche avec elle, il paiera sa dot et la prendra pour femme.

Si le père refuse de la lui accorder, il paiera en argent la valeur de la dot des vierges.

Tu ne laisseras point vivre la magicienne.

Quiconque couche avec une bête sera puni de mort.

20 Celui qui offre des sacrifices à d'autres dieux qu'à l'Éternel seul sera voué à l'extermination.

Tu ne maltraiteras point l'étranger, et tu ne l'opprimeras point; car vous avez été étrangers dans le pays d'Égypte.

Tu n'affligeras point la veuve, ni l'orphelin.

Si tu les affliges, et qu'ils viennent à moi, j'entendrai leurs cris;

ma colère s'enflammera, et je vous détruirai par l'épée; vos femmes deviendront veuves, et vos enfants orphelins.

Si tu prêtes de l'argent à mon peuple, au pauvre qui est avec toi, tu ne seras point à son égard comme un créancier, tu n'exigeras de lui point d'intérêt.

Si tu prends en gage le vêtement de ton prochain, tu le lui rendras avant le coucher du soleil;

car c'est sa seule couverture, c'est le vêtement dont il s'enveloppe le corps: dans quoi coucherait-il? S'il crie à moi, je l'entendrai, car je suis miséricordieux.

Tu ne maudiras point Dieu, et tu ne maudiras point le prince de ton peuple.

Tu ne différeras point de m'offrir les prémices de ta moisson et de ta vendange. Tu me donneras le premier-né de tes fils.

30 Tu me donneras aussi le premier-né de ta vache et de ta brebis; il restera sept jours avec sa mère; le huitième jour, tu me le donneras.

Vous serez pour moi des hommes saints. Vous ne mangerez point de chair déchirée dans les champs: vous la jetterez aux chiens.

Exode 23

Tu ne répandras point de faux bruit. Tu ne te joindras point au méchant pour faire un faux témoignage

Tu ne suivras point la multitude pour faire le mal; et tu ne déposeras point dans un procès en te mettant du côté du grand nombre, pour violer la justice.

Tu ne favoriseras point le pauvre dans son procès.

Si tu rencontres le boeuf de ton ennemi ou son âne égaré, tu le lui ramèneras.

Si tu vois l'âne de ton ennemi succombant sous sa charge, et que tu hésites à le décharger, tu l'aideras à le décharger.

Tu ne porteras point atteinte au droit du pauvre dans son procès.

Ex 23,7 Tu ne prononceras point de sentence inique, et tu ne feras point mourir l'innocent et le juste; car je n'absoudrai point le coupable.

Tu ne recevras point de présent; car les présents aveuglent ceux qui ont les yeux ouverts et corrompent les paroles des justes.

Tu n'opprimeras point l'étranger; vous savez ce qu'éprouve l'étranger, car vous avez été étrangers dans le pays d'Égypte.

10 Pendant six années, tu ensemenceras la terre, et tu en recueilleras le produit.

Mais la septième, tu lui donneras du relâche et tu la laisseras en repos; les pauvres de ton peuple en jouiront, et les bêtes des champs mangeront ce qui restera. Tu feras de même pour ta vigne et pour tes oliviers.

Pendant six jours, tu feras ton ouvrage. Mais le septième jour, tu te reposeras, afin que ton boeuf et ton âne aient du repos, afin que le fils de ton esclave et l'étranger aient du relâche.

Vous observerez tout ce que je vous ai dit, et vous ne prononcerez point le nom d'autres dieux: qu'on ne l'entende point sortir de votre bouche.

Trois fois par année, tu célébreras des fêtes en mon honneur.

Tu observeras la fête des pains sans levain; pendant sept jours, au temps fixé dans le mois des épis, tu mangeras des pains sans levain, comme je t'en ai donné l'ordre, car c'est dans ce mois que tu es sorti d'Égypte; et l'on ne se présentera point à vide devant ma face.

Tu observeras la fête de la moisson, des prémices de ton travail, de ce que tu auras semé dans les champs; et la fête de la récolte, à la fin de l'année, quand tu recueilleras des champs le fruit de ton travail.

Trois fois par année, tous les mâles se présenteront devant le Seigneur, l'Éternel.

Tu n'offriras point avec du pain levé le sang de la victime sacrifiée en mon honneur; et sa graisse ne sera point gardée pendant la nuit jusqu'au matin.

Tu apporteras à la maison de l'Éternel, ton Dieu, les prémices des premiers fruits de la terre. Tu ne feras point cuire un chevreau dans le lait de sa mère.

20 Voici, j'envoie un ange devant toi, pour te protéger en chemin, et pour te faire arriver au lieu que j'ai préparé.

Tiens-toi sur tes gardes en sa présence, et écoute sa voix; ne lui résiste point, parce qu'il ne pardonnera pas vos péchés, car mon nom est en lui.

Mais si tu écoutes sa voix, et si tu fais tout ce que je te dirai, je serai l'ennemi de tes ennemis et l'adversaire de tes adversaires.

Mon ange marchera devant toi, et te conduira chez les Amoréens, les Héthiens, les Phéréziens, les Cananéens, les Héviens et les Jébusiens, et je les exterminerai.

Tu ne te prosterneras point devant leurs dieux, et tu ne les serviras point; tu n'imiteras point ces peuples dans leur conduite, mais tu les détruiras, et tu briseras leurs statues.

Vous servirez l'Éternel, votre Dieu, et il bénira votre pain et vos eaux, et j'éloignerai la maladie du milieu de toi.

Il n'y aura dans ton pays ni femme qui avorte, ni femme stérile. Je remplirai le nombre de tes jours.

J'enverrai ma terreur devant toi, je mettrai en déroute tous les peuples chez lesquels tu arriveras, et je ferai tourner le dos devant toi à tous tes ennemis.

J'enverrai les frelons devant toi, et ils chasseront loin de ta face les Héviens, les Cananéens et les Héthiens.

Je ne les chasserai pas en une seule année loin de ta face, de peur que le pays ne devienne un désert et que les bêtes des champs ne se multiplient contre toi.

30 Je les chasserai peu à peu loin de ta face, jusqu'à ce que tu augmentes en nombre et que tu puisses prendre possession du pays.

J'établirai tes limites depuis la mer Rouge jusqu'à la mer des Philistins, et depuis le désert jusqu'au fleuve; car je livrerai entre vos mains les habitants du pays, et tu les chasseras devant toi.

Tu ne feras point d'alliance avec eux, ni avec leurs dieux.

Ils n'habiteront point dans ton pays, de peur qu'ils ne te fassent pécher contre moi; car tu servirais leurs dieux, et ce serait un piège pour toi.

P - Conclusion de l'alliance
Exode 24

Dieu dit à Moïse: Monte vers l'Éternel, toi et Aaron, Nadab et Abihu, et soixante-dix des anciens d'Israël, et vous vous prosternerez de loin.

Moïse s'approchera seul de l'Éternel; les autres ne s'approcheront pas, et le peuple ne montera point avec lui.

Moïse vint rapporter au peuple toutes les paroles de l'Éternel et toutes les lois. Le peuple entier répondit d'une même voix: Nous ferons tout ce que l'Éternel a dit.

Moïse écrivit toutes les paroles de l'Éternel. Puis il se leva de bon matin; il bâtit un autel au pied de la montagne, et dressa douze pierres pour les douze tribus d'Israël.

Il envoya des jeunes hommes, enfants d'Israël, pour offrir à l'Éternel des holocaustes, et immoler des taureaux en sacrifices d'actions de grâces.

Moïse prit la moitié du sang, qu'il mit dans des bassins, et il répandit l'autre moitié sur l'autel.

Il prit le livre de l'alliance, et le lut en présence du peuple; ils dirent: Nous ferons tout ce que l'Éternel a dit, et nous obéirons.

Moïse prit le sang, et il le répandit sur le peuple, en disant: Voici le sang de l'alliance que l'Éternel a faite avec vous selon toutes ces paroles.

Moïse monta avec Aaron, Nadab et Abihu, et soixante-dix anciens d'Israël.

10 Ils virent le Dieu d'Israël; sous ses pieds, c'était comme un ouvrage de saphir transparent, comme le ciel lui-même dans sa pureté.

Il n'étendit point sa main sur l'élite des enfants d'Israël. Ils virent Dieu, et ils mangèrent et burent.

L'Éternel dit à Moïse: Monte vers moi sur la montagne, et reste là; je te donnerai des tables de pierre, la loi et les ordonnances que j'ai écrites pour leur instruction.

Moïse se leva, avec Josué qui le servait, et Moïse monta sur la montagne de Dieu.

Il dit aux anciens: Attendez-nous ici, jusqu'à ce que nous revenions auprès de vous. Voici, Aaron et Hur resteront avec vous; si quelqu'un a un différend, c'est à eux qu'il s'adressera.

Moïse monta sur la montagne, et la nuée couvrit la montagne.

La gloire de l'Éternel reposa sur la montagne de Sinaï, et la nuée le couvrit pendant six jours. Le septième jour, l'Éternel appela Moïse du milieu de la nuée.

L'aspect de la gloire de l'Éternel était comme un feu dévorant sur le sommet de la montagne, aux yeux des enfants d'Israël.

Moïse entra au milieu de la nuée, et il monta sur la montagne. Moïse demeura sur la montagne quarante jours et quarante nuits.

Q - Règles diverses
Exode 25 à 31

L'Éternel parla à Moïse, et dit:

Parle aux enfants d'Israël. Qu'ils m'apportent une offrande; vous la recevrez pour moi de tout homme qui la fera de bon coeur.

Voici ce que vous recevrez d'eux en offrande: de l'or, de l'argent et de l'airain;

des étoffes teintes en bleu, en pourpre, en cramoisi, du fin lin et du poil de chèvre;

des peaux de béliers teintes en rouge et des peaux de dauphins; du bois d'acacia;

de l'huile pour le chandelier, des aromates pour l'huile d'onction et pour le parfum odoriférant;

des pierres d'onyx et d'autres pierres pour la garniture de l'éphod et du pectoral.

Ils me feront un sanctuaire, et j'habiterai au milieu d'eux.

Vous ferez le tabernacle et tous ses ustensiles d'après le modèle que je vais te montrer.

10   Ils feront une arche de bois d'acacia, sa longueur sera de deux coudées et demie, sa largeur d'une coudée et demie, et sa hauteur d'une coudée et demie.

Tu la couvriras d'or pur, tu la couvriras en dedans et en dehors, et tu y feras une bordure d'or tout autour.

Tu fondras pour elle quatre anneaux d'or, et tu les mettras à ses quatre coins, deux anneaux d'un côté et deux anneaux de l'autre côté.

Tu feras des barres de bois d'acacia, et tu les couvriras d'or.

Tu passeras les barres dans les anneaux sur les côtés de l'arche, pour qu'elles servent à porter l'arche;

les barres resteront dans les anneaux de l'arche, et n'en seront point retirées.

Tu mettras dans l'arche le témoignage, que je te donnerai.

Tu feras un propitiatoire d'or pur; sa longueur sera de deux coudées et demie, et sa largeur d'une coudée et demie.

Tu feras deux chérubins d'or, tu les feras d'or battu, aux deux extrémités du propitiatoire;

Ex 25,19 Fais un chérubin à l'une des extrémités et un chérubin à l'autre extrémité; vous ferez les chérubins sortant du propitiatoire à ses deux extrémités.

20 Les chérubins étendront les ailes par-dessus, couvrant de leurs ailes le propitiatoire, et se faisant face l'un à l'autre; les chérubins auront la face tournée vers le propitiatoire.

Tu mettras le propitiatoire sur l'arche, et tu mettras dans l'arche le témoignage, que je te donnerai.

C'est là que je me rencontrerai avec toi; du haut du propitiatoire, entre les deux chérubins placés sur l'arche du témoignage, je te donnerai tous mes ordres pour les enfants d'Israël.

Tu feras une table de bois d'acacia; sa longueur sera de deux coudées, sa largeur d'une coudée, et sa hauteur d'une coudée et demie.

Tu la couvriras d'or pur, et tu y feras une bordure d'or tout autour.

Tu y feras à l'entour un rebord de quatre doigts, sur lequel tu mettras une bordure d'or tout autour.

Tu feras pour la table quatre anneaux d'or, et tu mettras les anneaux aux quatre coins, qui seront à ses quatre pieds.

Les anneaux seront près du rebord, et recevront les barres pour porter la table.

Tu feras les barres de bois d'acacia, et tu les couvriras d'or; et elles serviront à porter la table.

Tu feras ses plats, ses coupes, ses calices et ses tasses, pour servir aux libations; tu les feras d'or pur.

30 Tu mettras sur la table les pains de proposition continuellement devant ma face.

Tu feras un chandelier d'or pur; ce chandelier sera fait d'or battu; son pied, sa tige, ses calices, ses pommes et ses fleurs seront d'une même pièce.

Six branches sortiront de ses côtés, trois branches du chandelier de l'un des côtés, et trois branches du chandelier de l'autre côté.

Il y aura sur une branche trois calices en forme d'amande, avec pommes et fleurs, et sur une autre branche trois calices en forme d'amande, avec pommes et fleurs; il en sera de même pour les six branches sortant du chandelier.

A la tige du chandelier, il y aura quatre calices en forme d'amande, avec leurs pommes et leurs fleurs.

Il y aura une pomme sous deux des branches sortant de la tige du chandelier, une pomme sous deux autres branches, et une pomme sous deux autres branches; il en sera de même pour les six branches sortant du chandelier.

Les pommes et les branches du chandelier seront d'une même pièce: il sera tout entier d'or battu, d'or pur.

Tu feras ses sept lampes, qui seront placées dessus, de manière à éclairer en face.

Ses mouchettes et ses vases à cendre seront d'or pur.

On emploiera un talent d'or pur pour faire le chandelier avec tous ses ustensiles.

40 Regarde, et fais d'après le modèle qui t'est montré sur la montagne.

Exode 26

Tu feras le tabernacle de dix tapis de fin lin retors, et d'étoffes teintes en bleu, en pourpre et en cramoisi; tu y représenteras des chérubins artistement travaillés.

La longueur d'un tapis sera de vingt-huit coudées, et la largeur d'un tapis sera de quatre coudées; la mesure sera la même pour tous les tapis.

Cinq de ces tapis seront joints ensemble; les cinq autres seront aussi joints ensemble.

Tu feras des lacets bleus au bord du tapis terminant le premier assemblage; et tu feras de même au bord du tapis terminant le second assemblage.

Tu mettras cinquante lacets au premier tapis, et tu mettras cinquante lacets au bord du tapis terminant le second assemblage; ces lacets se correspondront les uns aux autres.

Tu feras cinquante agrafes d'or, et tu joindras les tapis l'un à l'autre avec les agrafes. Et le tabernacle formera un tout.

Tu feras des tapis de poil de chèvre, pour servir de tente sur le tabernacle; tu feras onze de ces tapis.

La longueur d'un tapis sera de trente coudées, et la largeur d'un tapis sera de quatre coudées; la mesure sera la même pour les onze tapis.

Tu joindras séparément cinq de ces tapis, et les six autres séparément, et tu redoubleras le sixième tapis sur le devant de la tente.

10 Tu mettras cinquante lacets au bord du tapis terminant le premier assemblage, et cinquante lacets au bord du tapis du second assemblage.

Tu feras cinquante agrafes d'airain, et tu feras entrer les agrafes dans les lacets. Tu assembleras ainsi la tente, qui fera un tout.

Comme il y aura du surplus dans les tapis de la tente, la moitié du tapis de reste retombera sur le derrière du tabernacle;

la coudée d'une part, et la coudée d'autre part, qui seront de reste sur la longueur des tapis de la tente, retomberont sur les deux côtés du tabernacle, pour le couvrir.

Tu feras pour la tente une couverture de peaux de béliers teintes en rouge, et une couverture de peaux de dauphins par-dessus.

Tu feras des planches pour le tabernacle; elles seront de bois d'acacia, placées debout.

La longueur d'une planche sera de dix coudées, et la largeur d'une planche sera d'une coudée et demie.

Il y aura à chaque planche deux tenons joints l'un à l'autre; tu feras de même pour toutes les planches du tabernacle.

Tu feras vingt planches pour le tabernacle, du côté du midi.

Tu mettras quarante bases d'argent sous les vingt planches, deux bases sous chaque planche pour ses deux tenons.

20 Tu feras vingt planches pour le second côté du tabernacle, le côté du nord,

et leurs quarante bases d'argent, deux bases sous chaque planche.

Tu feras six planches pour le fond du tabernacle, du côté de l'occident.

Tu feras deux planches pour les angles du tabernacle, dans le fond;

elles seront doubles depuis le bas, et bien liées à leur sommet par un anneau; il en sera de même pour toutes les deux, placées aux deux angles.

Il y aura ainsi huit planches, avec leurs bases d'argent, soit seize bases, deux bases sous chaque planche.

Tu feras cinq barres de bois d'acacia pour les planches de l'un des côtés du tabernacle,

cinq barres pour les planches du second côté du tabernacle, et cinq barres pour les planches du côté du tabernacle formant le fond vers l'occident.

La barre du milieu traversera les planches d'une extrémité à l'autre.

Tu couvriras d'or les planches, et tu feras d'or leurs anneaux qui recevront les barres, et tu couvriras d'or les barres.

30 Tu dresseras le tabernacle d'après le modèle qui t'est montré sur la montagne.

Tu feras un voile bleu, pourpre et cramoisi, et de fin lin retors; il sera artistement travaillé, et l'on y représentera des chérubins.

Tu le mettras sur quatre colonnes d'acacia, couvertes d'or; ces colonnes auront des crochets d'or, et poseront sur quatre bases d'argent.

Tu mettras le voile au-dessous des agrafes, et c'est là, en dedans du voile, que tu feras entrer l'arche du témoignage; le voile vous servira de séparation entre le lieu saint et le lieu très saint.

Tu mettras le propitiatoire sur l'arche du témoignage dans le lieu très saint.

Tu mettras la table en dehors du voile, et le chandelier en face de la table, au côté méridional du tabernacle; et tu mettras la table au côté septentrional.

Tu feras pour l'entrée de la tente un rideau bleu, pourpre et cramoisi, et de fin lin retors; ce sera un ouvrage de broderie.

Tu feras pour le rideau cinq colonnes d'acacia, et tu les couvriras d'or; elles auront des crochets d'or, et tu fondras pour elles cinq bases d'airain.

Exode 27

Tu feras l'autel de bois d'acacia; sa longueur sera de cinq coudées, et sa largeur de cinq coudées. L'autel sera carré, et sa hauteur sera de trois coudées.

Tu feras, aux quatre coins, des cornes qui sortiront de l'autel; et tu le couvriras d'airain.

Tu feras pour l'autel des cendriers, des pelles, des bassins, des fourchettes et des brasiers; tu feras d'airain tous ses ustensiles.

Tu feras à l'autel une grille d'airain, en forme de treillis, et tu mettras quatre anneaux d'airain aux quatre coins du treillis.

Tu le placeras au-dessous du rebord de l'autel, à partir du bas, jusqu'à la moitié de la hauteur de l'autel.

Tu feras des barres pour l'autel, des barres de bois d'acacia, et tu les couvriras d'airain.

On passera les barres dans les anneaux; et les barres seront aux deux côtés de l'autel, quand on le portera.

Tu le feras creux, avec des planches; il sera fait tel qu'il t'est montré sur la montagne.

Tu feras le parvis du tabernacle. Du côté du midi, il y aura, pour former le parvis, des toiles de fin lin retors, sur une longueur de cent coudées pour ce premier côté,

10   avec vingt colonnes posant sur vingt bases d'airain; les crochets des colonnes et leurs tringles seront d'argent.

Du côté du nord, il y aura également des toiles sur une longueur de cent coudées, avec vingt colonnes et leurs vingt bases d'airain; les crochets des colonnes et leurs tringles seront d'argent.

Du côté de l'occident, il y aura pour la largeur du parvis cinquante coudées de toiles, avec dix colonnes et leurs dix bases.

Du côté de l'orient, sur les cinquante coudées de largeur du parvis,

il y aura quinze coudées de toiles pour une aile, avec trois colonnes et leurs trois bases,

et quinze coudées de toiles pour la seconde aile, avec trois colonnes et leurs trois bases.

Pour la porte du parvis il y aura un rideau de vingt coudées, bleu, pourpre et cramoisi, et de fin lin retors, en ouvrage de broderie, avec quatre colonnes et leurs quatre bases.

Toutes les colonnes formant l'enceinte du parvis auront des tringles d'argent, des crochets d'argent, et des bases d'airain.

La longueur du parvis sera de cent coudées, sa largeur de cinquante de chaque côté, et sa hauteur de cinq coudées; les toiles seront de fin lin retors, et les bases d'airain.

Tous les ustensiles destinés au service du tabernacle, tous ses pieux, et tous les pieux du parvis, seront d'airain.

20   Tu ordonneras aux enfants d'Israël de t'apporter pour le chandelier de l'huile pure d'olive concassées, afin d'entretenir les lampes continuellement.

C'est dans la tente d'assignation, en dehors du voile qui est devant le témoignage, qu'Aaron et ses fils la prépareront, pour que les lampes brûlent du soir au matin en présence de l'Éternel. C'est une loi perpétuelle pour leurs descendants, et que devront observer les enfants d'Israël.

Exode 28

Fais approcher de toi Aaron, ton frère, et ses fils, et prends-les parmi les enfants d'Israël pour les consacrer à mon service dans le sacerdoce: Aaron et les fils d'Aaron, Nadab, Abihu, Éléazar et Ithamar.

Tu feras à Aaron, ton frère, des vêtements sacrés, pour marquer sa dignité et pour lui servir de parure.

Tu parleras à tous ceux qui sont habiles, à qui j'ai donné un esprit plein d'intelligence; et ils feront les vêtements d'Aaron, afin qu'il soit consacré et qu'il exerce mon sacerdoce.

Voici les vêtements qu'ils feront: un pectoral, un éphod, une robe, une tunique brodée, une tiare, et une ceinture. Ils feront des vêtements sacrés à Aaron, ton frère, et à ses fils, afin qu'ils exercent mon sacerdoce.

Ils emploieront de l'or, des étoffes teintes en bleu, en pourpre, en cramoisi, et de fin lin.

Ils feront l'éphod d'or, de fil bleu, pourpre et cramoisi, et de fin lin retors; il sera artistement travaillé.

Ex 28,7 On y fera deux épaulettes, qui le joindront par ses deux extrémités; et c'est ainsi qu'il sera joint.

La ceinture sera du même travail que l'éphod et fixée sur lui; elle sera d'or, de fil bleu, pourpre et cramoisi, et de fin lin retors.

Tu prendras deux pierres d'onyx, et tu y graveras les noms des fils d'Israël,

10 six de leurs noms sur une pierre, et les six autres sur la seconde pierre, d'après l'ordre des naissances.

Tu graveras sur les deux pierres les noms des fils d'Israël, comme on grave les pierres et les cachets; tu les entoureras de montures d'or.

Tu mettras les deux pierres sur les épaulettes de l'éphod, en souvenir des fils d'Israël; et c'est comme souvenir qu'Aaron portera leurs noms devant l'Éternel sur ses deux épaules.

Tu feras des montures d'or,

et deux chaînettes d'or pur, que tu tresseras en forme de cordons; et tu fixeras aux montures les chaînettes ainsi tressées.

Tu feras le pectoral du jugement, artistement travaillé; tu le feras du même travail que l'éphod, tu le feras d'or, de fil bleu, pourpre et cramoisi, et de fin lin retors.

Il sera carré et double; sa longueur sera d'un empan, et sa largeur d'un empan.

Tu y enchâsseras une garniture de pierres, quatre rangées de pierres: première rangée, une sardoine, une topaze, une émeraude;

seconde rangée, une escarboucle, un saphir, un diamant;

troisième rangée, une opale, une agate, une améthyste;

20 quatrième rangée, une chrysolithe, un onyx, un jaspe. Ces pierres seront enchâssées dans leurs montures d'or.

Il y en aura douze, d'après les noms des fils d'Israël; elles seront gravées comme des cachets, chacune avec le nom de l'une des douze tribus. -

Tu feras sur le pectoral des chaînettes d'or pur, tressées en forme de cordons.

Tu feras sur le pectoral deux anneaux d'or, et tu mettras ces deux anneaux aux deux extrémités du pectoral.

Tu passeras les deux cordons d'or dans les deux anneaux aux deux extrémités du pectoral;

et tu arrêteras par devant les bouts des deux cordons aux deux montures placées sur les épaulettes de l'éphod.

Tu feras encore deux anneaux d'or, que tu mettras aux deux extrémités du pectoral, sur le bord intérieur appliqué contre l'éphod.

Et tu feras deux autres anneaux d'or, que tu mettras au bas des deux épaulettes de l'éphod, sur le devant, près de la jointure, au-dessus de la ceinture de l'éphod.

On attachera le pectoral par ses anneaux de l'éphod avec un cordon bleu, afin que le pectoral soit au-dessus de la ceinture de l'éphod et qu'il ne puisse pas se séparer de l'éphod.

Lorsque Aaron entrera dans le sanctuaire, il portera sur son coeur les noms des fils d'Israël, gravés sur le pectoral du jugement, pour en conserver à toujours le souvenir devant l'Éternel.

30 Tu joindras au pectoral du jugement l'urim et le thummim, et ils seront sur le coeur d'Aaron, lorsqu'il se présentera devant l'Éternel. Ainsi, Aaron portera constamment sur son coeur le jugement des enfants d'Israël, lorsqu'il se présentera devant l'Éternel.[1]

Tu feras la robe de l'éphod entièrement d'étoffe bleue.

Il y aura, au milieu, une ouverture pour la tête; et cette ouverture aura tout autour un bord tissé, comme l'ouverture d'une cotte de mailles, afin que la robe ne se déchire pas.

Tu mettras autour de la bordure, en bas, des grenades de couleur bleue, pourpre et cramoisie, entremêlées de clochettes d'or:

une clochette d'or et une grenade, une clochette d'or et une grenade, sur tout le tour de la bordure de la robe.

Aaron s'en revêtira pour faire le service; quand il entrera dans le sanctuaire devant l'Éternel, et quand il en sortira, on entendra le son des clochettes, et il ne mourra point.

Tu feras une lame d'or pur, et tu y graveras, comme on grave un cachet: Sainteté à l'Éternel.

Tu l'attacheras avec un cordon bleu sur la tiare, sur le devant de la tiare.

Elle sera sur le front d'Aaron; et Aaron sera chargé des iniquités commises par les enfants d'Israël en faisant toutes leurs saintes offrandes; elle sera constamment sur son front devant l'Éternel, pour qu'il leur soit favorable.

Tu feras la tunique de fin lin; tu feras une tiare de fin lin, et tu feras une ceinture brodée.

40 Pour les fils d'Aaron tu feras des tuniques, tu leur feras des ceintures, et tu leur feras des bonnets, pour marquer leur dignité et pour leur servir de parure.

Tu en revêtiras Aaron, ton frère, et ses fils avec lui. Tu les oindras, tu les consacreras, tu les sanctifieras, et ils seront à mon service dans le sacerdoce.

Fais-leur des caleçons de lin, pour couvrir leur nudité; ils iront depuis les reins jusqu'aux cuisses.

Aaron et ses fils les porteront, quand ils entreront dans la tente d'assignation, ou quand ils s'approcheront de l'autel, pour faire le service dans le sanctuaire; ainsi ils ne se rendront point coupables, et ne mourront point. C'est une loi perpétuelle pour Aaron et pour ses descendants après lui.

Exode 29

Voici ce que tu feras pour les sanctifier, afin qu'ils soient à mon service dans le sacerdoce. Prends un jeune taureau et deux béliers sans défaut.

Fais, avec de la fleur de farine de froment, des pains sans levain, des gâteaux sans levain pétris à l'huile, et des galettes sans levain arrosées d'huile.

Tu les mettras dans une corbeille, en offrant le jeune taureau et les deux béliers.

Tu feras avancer Aaron et ses fils vers l'entrée de la tente d'assignation, et tu les laveras avec de l'eau.

---

[1] Ces objets servaient aux jugements par tirage au sort et élimination; voir 1 Samuel 10,20.

Ex 29,5 Tu prendras les vêtements; tu revêtiras Aaron de la tunique, de la robe de l'éphod, de l'éphod et du pectoral, et tu mettras sur lui la ceinture de l'éphod.

Tu poseras la tiare sur sa tête, et tu placeras le diadème de sainteté sur la tiare.

Tu prendras l'huile d'onction, tu en répandras sur sa tête, et tu l'oindras.

Tu feras approcher ses fils, et tu les revêtiras des tuniques.

Tu mettras une ceinture à Aaron et à ses fils, et tu attacheras des bonnets aux fils d'Aaron. Le sacerdoce leur appartiendra par une loi perpétuelle. Tu consacreras donc Aaron et ses fils.

10   Tu amèneras le taureau devant la tente d'assignation, et Aaron et ses fils poseront leurs mains sur la tête du taureau.

Tu égorgeras le taureau devant l'Éternel, à l'entrée de la tente d'assignation.

Tu prendras du sang du taureau, tu en mettras avec ton doigt sur les cornes de l'autel, et tu répandras tout le sang au pied de l'autel.

Tu prendras toute la graisse qui couvre les entrailles, le grand lobe du foie, les deux rognons et la graisse qui les entoure, et tu brûleras cela sur l'autel.

Mais tu brûleras au feu hors du camp la chair du taureau, sa peau et ses excréments: c'est un sacrifice pour le péché.

Tu prendras l'un des béliers, et Aaron et ses fils poseront leurs mains sur la tête du bélier.

Tu égorgeras le bélier; tu en prendras le sang, et tu le répandras sur l'autel tout autour.

Tu couperas le bélier par morceaux, et tu laveras les entrailles et les jambes, que tu mettras sur les morceaux et sur sa tête.

Tu brûleras tout le bélier sur l'autel; c'est un holocauste à l'Éternel, c'est un sacrifice consumé par le feu, d'une agréable odeur à l'Éternel.

Tu prendras l'autre bélier, et Aaron et ses fils poseront leurs mains sur la tête du bélier.

20   Tu égorgeras le bélier; tu prendras de son sang, tu en mettras sur le lobe de l'oreille droite d'Aaron et sur le lobe de l'oreille droite de ses fils, sur le pouce de leur main droite et sur le gros orteil de leur pied droit, et tu répandras le sang sur l'autel tout autour.

Tu prendras du sang qui sera sur l'autel et de l'huile d'onction, et tu en feras l'aspersion sur Aaron et sur ses vêtements, sur ses fils et sur leurs vêtements. Ainsi seront consacrés Aaron et ses vêtements, ses fils et leurs vêtements.

Tu prendras la graisse du bélier, la queue, la graisse qui couvre les entrailles, le grand lobe du foie, les deux rognons et la graisse qui les entoure, et l'épaule droite, car c'est un bélier de consécration;

tu prendras aussi dans la corbeille de pains sans levain, placée devant l'Éternel, un gâteau de pain, un gâteau à l'huile et une galette.

Tu mettras toutes ces choses sur les mains d'Aaron et sur les mains de ses fils, et tu les agiteras de côté et d'autre devant l'Éternel.

Tu les ôteras ensuite de leurs mains, et tu les brûleras sur l'autel, par-dessus l'holocauste; c'est un sacrifice consumé par le feu devant l'Éternel, d'une agréable odeur à l'Éternel.

Tu prendras la poitrine du bélier qui aura servi à la consécration d'Aaron, et tu l'agiteras de côté et d'autre devant l'Éternel: ce sera ta portion.

Tu sanctifieras la poitrine et l'épaule du bélier qui aura servi à la consécration d'Aaron et de ses fils, la poitrine en l'agitant de côté et d'autre, l'épaule en la présentant par élévation.

Elles appartiendront à Aaron et à ses fils, par une loi perpétuelle qu'observeront les enfants d'Israël, car c'est une offrande par élévation; et, dans les sacrifices d'actions de grâces des enfants d'Israël, l'offrande par élévation sera pour l'Éternel.

Les vêtements sacrés d'Aaron seront après lui pour ses fils, qui les mettront lorsqu'on les oindra et qu'on les consacrera.

30 Ils seront portés pendant sept jours par celui de ses fils qui lui succédera dans le sacerdoce, et qui entrera dans la tente d'assignation, pour faire le service dans le sanctuaire.

Tu prendras le bélier de consécration, et tu en feras cuire la chair dans un lieu saint.

Aaron et ses fils mangeront, à l'entrée de la tente d'assignation, la chair du bélier et le pain qui sera dans la corbeille.

Ils mangeront ainsi ce qui aura servi d'expiation afin qu'ils fussent consacrés et sanctifiés; nul étranger n'en mangera, car ce sont des choses saintes.

S'il reste de la chair de consécration et du pain jusqu'au matin, tu brûleras dans le feu ce qui restera; on ne le mangera point, car c'est une chose sainte.

Tu suivras à l'égard d'Aaron et de ses fils tous les ordres que je t'ai donnés. Tu emploieras sept jours à les consacrer.

Tu offriras chaque jour un taureau en sacrifice pour le péché, pour l'expiation; tu purifieras l'autel par cette expiation, et tu l'oindras pour le sanctifier.

Pendant sept jours, tu feras des expiations sur l'autel, et tu le sanctifieras; et l'autel sera très saint, et tout ce qui touchera l'autel sera sanctifié.

Voici ce que tu offriras sur l'autel: deux agneaux d'un an, chaque jour, à perpétuité.

Tu offriras l'un des agneaux le matin, et l'autre agneau entre les deux soirs.

40 Tu offriras, avec le premier agneau, un dixième d'épha de fleur de farine pétrie dans un quart de hin d'huile d'olives concassées, et une libation d'un quart de hin de vin.

Tu offriras le second agneau entre les deux soirs, avec une offrande et une libation semblables à celles du matin; c'est un sacrifice consumé par le feu, d'une agréable odeur à l'Éternel.

Voilà l'holocauste perpétuel qui sera offert par vos descendants, à l'entrée de la tente d'assignation, devant l'Éternel: c'est là que je me rencontrerai avec vous, et que je te parlerai.

Je me rencontrerai là avec les enfants d'Israël, et ce lieu sera sanctifié par ma gloire.

Je sanctifierai la tente d'assignation et l'autel; je sanctifierai Aaron et ses fils, pour qu'ils soient à mon service dans le sacerdoce.

J'habiterai au milieu des enfants d'Israël, et je serai leur Dieu.

Ils connaîtront que je suis l'Éternel, leur Dieu, qui les ai fait sortir du pays d'Égypte, pour habiter au milieu d'eux. Je suis l'Éternel, leur Dieu.

Exode 30

Tu feras un autel pour brûler des parfums, tu le feras de bois d'acacia;

sa longueur sera d'une coudée, et sa largeur d'une coudée; il sera carré, et sa hauteur sera de deux coudées. Tu feras des cornes qui sortiront de l'autel.

Ex 30,3 Tu le couvriras d'or pur, le dessus, les côtés tout autour et les cornes, et tu y feras une bordure d'or tout autour.

Tu feras au-dessous de la bordure deux anneaux d'or aux deux côtés; tu en mettras aux deux côtés, pour recevoir les barres qui serviront à le porter.

Tu feras les barres de bois d'acacia, et tu les couvriras d'or.

Tu placeras l'autel en face du voile qui est devant l'arche du témoignage, en face du propitiatoire qui est sur le témoignage, et où je me rencontrerai avec toi.

Aaron y fera brûler du parfum odoriférant; il en fera brûler chaque matin, lorsqu'il préparera les lampes;

il en fera brûler aussi entre les deux soirs, lorsqu'il arrangera les lampes. C'est ainsi que l'on brûlera à perpétuité du parfum devant l'Éternel parmi vos descendants.

Vous n'offrirez sur l'autel ni parfum étranger, ni holocauste, ni offrande, et vous n'y répandrez aucune libation.

10 Une fois chaque année, Aaron fera des expiations sur les cornes de l'autel; avec le sang de la victime expiatoire, il y sera fait des expiations une fois chaque année parmi vos descendants Ce sera une chose très sainte devant l'Éternel.

L'Éternel parla à Moïse, et dit:

Lorsque tu compteras les enfants d'Israël pour en faire le dénombrement, chacun d'eux paiera à l'Éternel le rachat de sa personne, afin qu'ils ne soient frappés d'aucune plaie lors de ce dénombrement.

Voici ce que donneront tous ceux qui seront compris dans le dénombrement: un demi-sicle, selon le sicle du sanctuaire, qui est de vingt guéras; un demi-sicle sera le don prélevé pour l'Éternel.

Tout homme compris dans le dénombrement, depuis l'âge de vingt ans et au-dessus, paiera le don prélevé pour l'Éternel.

Le riche ne paiera pas plus, et le pauvre ne paiera pas moins d'un demi-sicle, comme don prélevé pour l'Éternel, afin de racheter leurs personnes.

Tu recevras des enfants d'Israël l'argent du rachat, et tu l'appliqueras au travail de la tente d'assignation; ce sera pour les enfants d'Israël un souvenir devant l'Éternel pour le rachat de leurs personnes.

L'Éternel parla à Moïse, et dit:

Tu feras une cuve d'airain, avec sa base d'airain, pour les ablutions; tu la placeras entre la tente d'assignation et l'autel, et tu y mettras de l'eau,

avec laquelle Aaron et ses fils se laveront les mains et les pieds.

20 Lorsqu'ils entreront dans la tente d'assignation, ils se laveront avec cette eau, afin qu'ils ne meurent point; et aussi lorsqu'ils s'approcheront de l'autel, pour faire le service et pour offrir des sacrifices à l'Éternel.

Ils se laveront les mains et les pieds, afin qu'ils ne meurent point. Ce sera une loi perpétuelle pour Aaron, pour ses fils et pour leurs descendants.

L'Éternel parla à Moïse, et dit:

Prends des meilleurs aromates, cinq cents sicles de myrrhe, de celle qui coule d'elle-même; la moitié, soit deux cent cinquante sicles, de cinnamome aromatique, deux cent cinquante sicles de roseau aromatique,

cinq cents sicles de casse, selon le sicle du sanctuaire, et un hin d'huile d'olive.

Tu feras avec cela une huile pour l'onction sainte, composition de parfums selon l'art du parfumeur; ce sera l'huile pour l'onction sainte.

Tu en oindras la tente d'assignation et l'arche du témoignage,

la table et tous ses ustensiles, le chandelier et ses ustensiles, l'autel des parfums,

l'autel des holocaustes et tous ses ustensiles, la cuve avec sa base.

Tu sanctifieras ces choses, et elles seront très saintes, tout ce qui les touchera sera sanctifié.

30 Tu oindras Aaron et ses fils, et tu les sanctifieras, pour qu'ils soient à mon service dans le sacerdoce.

Tu parleras aux enfants d'Israël, et tu diras: Ce sera pour moi l'huile de l'onction sainte, parmi vos descendants.

On n'en répandra point sur le corps d'un homme, et vous n'en ferez point de semblable, dans les mêmes proportions; elle est sainte, et vous la regarderez comme sainte.

Quiconque en composera de semblable, ou en mettra sur un étranger, sera retranché de son peuple.

L'Éternel dit à Moïse: Prends des aromates, du stacté, de l'ongle odorant, du galbanum, et de l'encens pur, en parties égales.

Tu feras avec cela un parfum composé selon l'art du parfumeur; il sera salé, pur et saint.

Tu le réduiras en poudre, et tu le mettras devant le témoignage, dans la tente d'assignation, où je me rencontrerai avec toi. Ce sera pour vous une chose très sainte.

Vous ne ferez point pour vous de parfum semblable, dans les mêmes proportions; vous le regarderez comme saint, et réservé pour l'Éternel.

Quiconque en fera de semblable, pour le sentir, sera retranché de son peuple.

Exode 31

L'Éternel parla à Moïse, et dit:

Sache que j'ai choisi Betsaleel, fils d'Uri, fils de Hur, de la tribu de Juda.

Je l'ai rempli de l'Esprit de Dieu, de sagesse, d'intelligence, et de savoir pour toutes sortes d'ouvrages,

je l'ai rendu capable de faire des inventions, de travailler l'or, l'argent et l'airain,

de graver les pierres à enchâsser, de travailler le bois, et d'exécuter toutes sortes d'ouvrages.

Et voici, je lui ai donné pour aide Oholiab, fils d'Ahisamac, de la tribu de Dan. J'ai mis de l'intelligence dans l'esprit de tous ceux qui sont habiles, pour qu'ils fassent tout ce que je t'ai ordonné:

la tente d'assignation, l'arche du témoignage, le propitiatoire qui sera dessus, et tous les ustensiles de la tente;

la table et ses ustensiles, le chandelier d'or pur et tous ses ustensiles, l'autel des parfums; l'autel des holocaustes et tous ses ustensiles, la cuve avec sa base;

10   les vêtements d'office, les vêtements sacrés pour le sacrificateur Aaron, les vêtements de ses fils pour les fonctions du sacerdoce;

l'huile d'onction, et le parfum odoriférant pour le sanctuaire. Ils se conformeront à tous les ordres que j'ai donnés.

L'Éternel parla à Moïse, et dit:

Parle aux enfants d'Israël, et dis-leur: Vous ne manquerez pas d'observer mes sabbats, car ce sera entre moi et vous, et parmi vos descendants, un signe auquel on connaîtra que je suis l'Éternel qui vous sanctifie.

Vous observerez le sabbat, car il sera pour vous une chose sainte. Celui qui le profanera, sera puni de mort; celui qui fera quelque ouvrage ce jour-là, sera retranché du milieu de son peuple.

On travaillera six jours; mais le septième jour est le sabbat, le jour du repos, consacré à l'Éternel. Celui qui fera quelque ouvrage le jour du sabbat, sera puni de mort.

Les enfants d'Israël observeront le sabbat, en le célébrant, eux et leurs descendants, comme une alliance perpétuelle.

Ce sera entre moi et les enfants d'Israël un signe qui devra durer à perpétuité; car en six jours l'Éternel a fait les cieux et la terre, et le septième jour il a cessé son oeuvre et il s'est reposé.

Lorsque l'Éternel eut achevé de parler à Moïse sur la montagne de Sinaï, il lui donna les deux tables du témoignage, tables de pierre, écrites du doigt de Dieu.

R - Le veau d'or
Exode 32

Le peuple, voyant que Moïse tardait à descendre de la montagne, s'assembla autour d'Aaron, et lui dit: Allons! fais-nous un dieu qui marche devant nous, car ce Moïse, cet homme qui nous a fait sortir du pays d'Égypte, nous ne savons ce qu'il est devenu.

Aaron leur dit: Otez les anneaux d'or qui sont aux oreilles de vos femmes, de vos fils et de vos filles, et apportez-les-moi.

Et tous ôtèrent les anneaux d'or qui étaient à leurs oreilles, et ils les apportèrent à Aaron.

Il les reçut de leurs mains, jeta l'or dans un moule, et en fit une statue de veau. Ils dirent alors: Israël! voici ton dieu, qui t'a fait sortir du pays d'Égypte.

Lorsqu'Aaron vit cela, il bâtit un autel devant lui, et il s'écria: Demain, il y aura fête en l'honneur de l'Éternel!

Le lendemain, ils se levèrent de bon matin, et ils offrirent des holocaustes et des sacrifices d'actions de grâces. Le peuple s'assit pour manger et pour boire; puis ils se levèrent pour se divertir.

Ex 32,7 L'Éternel dit à Moïse: Va, descends; car ton peuple, que tu as fait sortir du pays d'Égypte, s'est corrompu.

Ils se sont promptement écartés de la voie que je leur avais prescrite; ils se sont fait un veau en fonte, ils se sont prosternés devant lui, ils lui ont offert des sacrifices, et ils ont dit: Israël! voici ton dieu, qui t'a fait sortir du pays d'Égypte.

L'Éternel dit à Moïse: Je vois que ce peuple est un peuple au cou roide.

10 Maintenant laisse-moi; ma colère va s'enflammer contre eux, et je les consumerai; mais je ferai de toi une grande nation.

Moïse implora l'Éternel, son Dieu, et dit: Pourquoi, ô Éternel! ta colère s'enflammerait-elle contre ton peuple, que tu as fait sortir du pays d'Égypte par une grande puissance et par une main forte?

Pourquoi les Égyptiens diraient-ils: C'est pour leur malheur qu'il les a fait sortir, c'est pour les tuer dans les montagnes, et pour les exterminer de dessus la terre? Reviens de l'ardeur de ta colère, et repens-toi du mal que tu veux faire à ton peuple.

Souviens-toi d'Abraham, d'Isaac et d'Israël, tes serviteurs, auxquels tu as dit, en jurant par toi-même: Je multiplierai votre postérité comme les étoiles du ciel, je donnerai à vos descendants tout ce pays dont j'ai parlé, et ils le posséderont à jamais.

Et l'Éternel se repentit du mal qu'il avait déclaré vouloir faire à son peuple.

Moïse retourna et descendit de la montagne, les deux tables du témoignage dans sa main; les tables étaient écrites des deux côtés, elles étaient écrites de l'un et de l'autre côté.

Les tables étaient l'ouvrage de Dieu, et l'écriture était l'écriture de Dieu, gravée sur les tables.

Josué entendit la voix du peuple, qui poussait des cris, et il dit à Moïse: Il y a un cri de guerre dans le camp.

Moïse répondit: Ce n'est ni un cri de vainqueurs, ni un cri de vaincus; ce que j'entends, c'est la voix de gens qui chantent.

20 Et, comme il approchait du camp, il vit le veau et les danses. La colère de Moïse s'enflamma; il jeta de ses mains les tables, et les brisa au pied de la montagne.

Il prit le veau qu'ils avaient fait, et le jeta dans le feu; il le réduisit en poudre, répandit cette poudre à la surface de l'eau, et la fit boire aux enfants d'Israël.

Moïse dit à Aaron: Que t'a fait ce peuple, pour que tu l'aies laissé commettre un si grand péché?

Aaron répondit: Que la colère de mon seigneur ne s'enflamme point! Tu sais toi-même que ce peuple est porté au mal.

Ils m'ont dit: Fais-nous un dieu qui marche devant nous; car ce Moïse, cet homme qui nous a fait sortir du pays d'Égypte, nous ne savons ce qu'il est devenu.

Je leur ai dit: Que ceux qui ont de l'or, s'en dépouillent! Et ils me l'ont donné; je l'ai jeté au feu, et il en est sorti ce veau.

Moïse vit que le peuple était livré au désordre, et qu'Aaron l'avait laissé dans ce désordre, exposé à l'opprobre parmi ses ennemis.

Moïse se plaça à la porte du camp, et dit: A moi ceux qui sont pour l'Éternel! Et tous les enfants de Lévi s'assemblèrent auprès de lui.

Il leur dit: Ainsi parle l'Éternel, le Dieu d'Israël: Que chacun de vous mette son épée au côté; traversez et parcourez le camp d'une porte à l'autre, et que chacun tue son frère, son parent.[1]

Les enfants de Lévi firent ce qu'ordonnait Moïse; et environ trois mille hommes parmi le peuple périrent en cette journée.

Moïse dit: Consacrez-vous aujourd'hui à l'Éternel, même en sacrifiant votre fils et votre frère, afin qu'il vous accorde aujourd'hui une bénédiction.

30 Le lendemain, Moïse dit au peuple: Vous avez commis un grand péché. Je vais maintenant monter vers l'Éternel: j'obtiendrai peut-être le pardon de votre péché.

Moïse retourna vers l'Éternel et dit: Ah! ce peuple a commis un grand péché. Ils se sont fait un dieu d'or.

Pardonne maintenant leur péché! Sinon, efface-moi de ton livre que tu as écrit.

L'Éternel dit à Moïse: C'est celui qui a péché contre moi que j'effacerai de mon livre.

Va donc, conduis le peuple où je t'ai dit. Voici, mon ange marchera devant toi, mais au jour de ma vengeance, je les punirai de leur péché.

L'Éternel frappa le peuple, parce qu'il avait fait le veau, fabriqué par Aaron.

S - Renouvellement de l'Alliance
Exode 33 & 34

L'Éternel dit à Moïse: Va, pars d'ici, toi et le peuple que tu as fait sortir du pays d'Égypte; monte vers le pays que j'ai juré de donner à Abraham, à Isaac et à Jacob, en disant: Je le donnerai à ta postérité.

J'enverrai devant toi un ange, et je chasserai les Cananéens, les Amoréens, les Héthiens, les Phéréziens, les Héviens et les Jébusiens.

Monte vers ce pays où coulent le lait et le miel. Mais je ne monterai point au milieu de toi, de peur que je ne te consume en chemin, car tu es un peuple au cou roide.

Lorsque le peuple eut entendu ces sinistres paroles, il fut dans la désolation, et personne ne mit ses ornements.

---

[1] C'est à dire d'autres Israélites.

Ex 33,5 Et l'Éternel dit à Moïse: Dis aux enfants d'Israël: Vous êtes un peuple au cou roide; si je montais un seul instant au milieu de toi, je te consumerais. Ote maintenant tes ornements de dessus toi, et je verrai ce que je te ferai.

Les enfants d'Israël se dépouillèrent de leurs ornements, en s'éloignant du mont Horeb.

Moïse prit la tente et la dressa hors du camp, à quelque distance; il l'appela tente d'assignation[1]; et tous ceux qui consultaient l'Éternel allaient vers la tente d'assignation, qui était hors du camp.

Lorsque Moïse se rendait à la tente, tout le peuple se levait; chacun se tenait à l'entrée de sa tente, et suivait des yeux Moïse, jusqu'à ce qu'il fût entré dans la tente.

Et lorsque Moïse était entré dans la tente, la colonne de nuée descendait et s'arrêtait à l'entrée de la tente, et l'Éternel parlait avec Moïse.

10 Tout le peuple voyait la colonne de nuée qui s'arrêtait à l'entrée de la tente, tout le peuple se levait et se prosternait à l'entrée de sa tente.

L'Éternel parlait avec Moïse face à face, comme un homme parle à son ami. Puis Moïse retournait au camp; mais son jeune serviteur, Josué, fils de Nun, ne sortait pas du milieu de la tente.

Moïse dit à l'Éternel: Voici, tu me dis: Fais monter ce peuple! Et tu ne me fais pas connaître qui tu enverras avec moi. Cependant, tu as dit: Je te connais par ton nom, et tu as trouvé grâce à mes yeux.

Maintenant, si j'ai trouvé grâce à tes yeux, fais-moi connaître tes voies; alors je te connaîtrai, et je trouverai encore grâce à tes yeux. Considère que cette nation est ton peuple.

L'Éternel répondit: Je marcherai moi-même avec toi, et je te donnerai du repos.

Moïse lui dit: Si tu ne marches pas toi-même avec nous, ne nous fais point partir d'ici.

Comment sera-t-il donc certain que j'ai trouvé grâce à tes yeux, moi et ton peuple? Ne sera-ce pas quand tu marcheras avec nous, et quand nous serons distingués, moi et ton peuple, de tous les peuples qui sont sur la face de la terre?

L'Éternel dit à Moïse: Je ferai ce que tu me demandes, car tu as trouvé grâce à mes yeux, et je te connais par ton nom.

Moïse dit: Fais-moi voir ta gloire!

L'Éternel répondit: Je ferai passer devant toi toute ma bonté, et je proclamerai devant toi le nom de l'Éternel; je fais grâce à qui je fais grâce, et miséricorde à qui je fais miséricorde.

20 L'Éternel dit: Tu ne pourras pas voir ma face, car l'homme ne peut me voir et vivre.

L'Éternel dit: Voici un lieu près de moi; tu te tiendras sur le rocher.

Quand ma gloire passera, je te mettrai dans un creux du rocher, et je te couvrirai de ma main jusqu'à ce que j'aie passé.

---

[1] Autre traduction: "Tente de la Rencontre"

Et lorsque je retournerai ma main, tu me verras par derrière, mais ma face ne pourra pas être vue.

Exode 34

L'Éternel dit à Moïse: Taille deux tables de pierre comme les premières, et j'y écrirai les paroles qui étaient sur les premières tables que tu as brisées.

Sois prêt de bonne heure, et tu monteras dès le matin sur la montagne de Sinaï; tu te tiendras là devant moi, sur le sommet de la montagne.

Que personne ne monte avec toi, et que personne ne paraisse sur toute la montagne; et même que ni brebis ni boeufs ne paissent près de cette montagne.

Moïse tailla deux tables de pierre comme les premières; il se leva de bon matin, et monta sur la montagne de Sinaï, selon l'ordre que l'Éternel lui avait donné, et il prit dans sa main les deux tables de pierre.

L'Éternel descendit dans une nuée, se tint là auprès de lui, et proclama le nom de l'Éternel.

Et l'Éternel passa devant lui, et s'écria: L'Éternel, l'Éternel, Dieu miséricordieux et compatissant, lent à la colère, riche en bonté et en fidélité,

qui conserve son amour jusqu'à mille générations, qui pardonne l'iniquité, la rébellion et le péché, mais qui ne tient point le coupable pour innocent, et qui punit l'iniquité des pères sur les enfants et sur les enfants des enfants jusqu'à la troisième et à la quatrième génération!

Aussitôt Moïse s'inclina à terre et se prosterna.

Il dit: Seigneur, si j'ai trouvé grâce à tes yeux, que le Seigneur marche au milieu de nous, car c'est un peuple au cou roide; pardonne nos iniquités et nos péchés, et prends-nous pour ta possession.

10 L'Éternel répondit: Voici, je traite une alliance. Je ferai, en présence de tout ton peuple, des prodiges qui n'ont eu lieu dans aucun pays et chez aucune nation; tout le peuple qui t'environne verra l'oeuvre de l'Éternel, et c'est par toi que j'accomplirai des choses terribles.

Prends garde à ce que je t'ordonne aujourd'hui. Voici, je chasserai devant toi les Amoréens, les Cananéens, les Héthiens, les Phéréziens, les Héviens et les Jébusiens.

Garde-toi de faire alliance avec les habitants du pays où tu dois entrer, de peur qu'ils ne soient un piège pour toi.

Au contraire, vous renverserez leurs autels, vous briserez leurs statues, et vous abattrez leurs idoles.

Tu ne te prosterneras point devant un autre dieu; car l'Éternel porte le nom de jaloux, il est un Dieu jaloux.

Ex 34,15 Garde-toi de faire alliance avec les habitants du pays, de peur que, se prostituant à leurs dieux et leur offrant des sacrifices, ils ne t'invitent, et que tu ne manges de leurs victimes;

de peur que tu ne prennes de leurs filles pour tes fils, et que leurs filles, se prostituant à leurs dieux, n'entraînent tes fils à se prostituer à leurs dieux.

Tu ne te feras point de dieu en fonte.[1]

Tu observeras la fête des pains sans levain; pendant sept jours, au temps fixé dans le mois des épis, tu mangeras des pains sans levain, comme je t'en ai donné l'ordre, car c'est dans le mois des épis que tu es sorti d'Égypte.

Tout premier-né m'appartient, même tout mâle premier-né dans les troupeaux de gros et de menu bétail.

20 Tu rachèteras avec un agneau le premier-né de l'âne; et si tu ne le rachètes pas, tu lui briseras la nuque. Tu rachèteras tout premier-né de tes fils; et l'on ne se présentera point à vide devant ma face.

Tu travailleras six jours, et tu te reposeras le septième jour; tu te reposeras, même au temps du labourage et de la moisson.

Tu célébreras la fête des semaines, des prémices de la moisson du froment, et la fête de la récolte, à la fin de l'année.

Trois fois par an, tous les mâles se présenteront devant le Seigneur, l'Éternel, Dieu d'Israël.

Car je chasserai les nations devant toi, et j'étendrai tes frontières; et personne ne convoitera ton pays, pendant que tu monteras pour te présenter devant l'Éternel, ton Dieu, trois fois par an.

Tu n'offriras point avec du pain levé le sang de la victime immolée en mon honneur; et le sacrifice de la fête de Pâque ne sera point gardé pendant la nuit jusqu'au matin.

Tu apporteras à la maison de L'Éternel, ton Dieu, les prémices des premiers fruits de la terre. Tu ne feras point cuire un chevreau dans le lait de sa mère.

L'Éternel dit à Moïse: Écris ces paroles; car c'est conformément à ces paroles que je traite alliance avec toi et avec Israël.

Moïse fut là avec l'Éternel quarante jours et quarante nuits. Il ne mangea point de pain, et il ne but point d'eau. Et l'Éternel écrivit sur les tables les paroles de l'alliance, les dix paroles.

Moïse descendit de la montagne de Sinaï, ayant les deux tables du témoignage dans sa main, en descendant de la montagne; et il ne savait pas que la peau de son visage rayonnait, parce qu'il avait parlé avec l'Éternel.

---

[1] On traduit en général: "en métal fondu".

30 Aaron et tous les enfants d'Israël regardèrent Moïse, et voici la peau de son visage rayonnait; et ils craignaient de s'approcher de lui.

Moïse les appela; Aaron et tous les principaux de l'assemblée vinrent auprès de lui, et il leur parla.

Après cela, tous les enfants d'Israël s'approchèrent, et il leur donna tous les ordres qu'il avait reçus de l'Éternel, sur la montagne de Sinaï.

Lorsque Moïse eut achevé de leur parler, il mit un voile sur son visage.

Quand Moïse entrait devant l'Éternel, pour lui parler, il ôtait le voile, jusqu'à ce qu'il sortît; et quand il sortait, il disait aux enfants d'Israël ce qui lui avait été ordonné.

Les enfants d'Israël regardaient le visage de Moïse, et voyait que la peau de son visage rayonnait; et Moïse remettait le voile sur son visage jusqu'à ce qu'il entrât, pour parler avec l'Éternel.

T - Réalisation de la Tente et de l'Arche
Exode 35,1 à 40,16

Moïse convoqua toute l'assemblée des enfants d'Israël, et leur dit: Voici les choses que l'Éternel ordonne de faire.

On travaillera six jours; mais le septième jour sera pour vous une chose sainte; c'est le sabbat, le jour du repos, consacré à l'Éternel. Celui qui fera quelque ouvrage ce jour-là, sera puni de mort.

Vous n'allumerez point de feu, dans aucune de vos demeures, le jour du sabbat.

Moïse parla à toute l'assemblée des enfants d'Israël, et dit: Voici ce que l'Éternel a ordonné.

Prenez sur ce qui vous appartient une offrande pour l'Éternel. Tout homme dont le coeur est bien disposé apportera en offrande à l'Éternel: de l'or, de l'argent et de l'airain;
des étoffes teintes en bleu, en pourpre, en cramoisi, du fin lin et du poil de chèvre;
des peaux de béliers teintes en rouge et des peaux de dauphins; du bois d'acacia;
de l'huile pour le chandelier, des aromates pour l'huile d'onction et pour le parfum odoriférant;
des pierres d'onyx et d'autres pierres pour la garniture de l'éphod et du pectoral.

10 Que tous ceux d'entre vous qui ont de l'habileté viennent et exécutent tout ce que l'Éternel a ordonné:
le tabernacle, sa tente et sa couverture, ses agrafes, ses planches, ses barres, ses colonnes et ses bases;
l'arche et ses barres, le propitiatoire, et le voile pour couvrir l'arche;
la table et ses barres, et tous ses ustensiles, et les pains de proposition;
le chandelier et ses ustensiles, ses lampes, et l'huile pour le chandelier;
l'autel des parfums et ses barres, l'huile d'onction et le parfum odoriférant, et le rideau de la porte pour l'entrée du tabernacle;

Ex 35,16 l'autel des holocaustes, sa grille d'airain, ses barres, et tous ses ustensiles; la cuve avec sa base;

les toiles du parvis, ses colonnes, ses bases, et le rideau de la porte du parvis;

les pieux du tabernacle, les pieux du parvis, et leurs cordages; les vêtements d'office pour le service dans le sanctuaire,

les vêtements sacrés pour le sacrificateur Aaron, et les vêtements de ses fils pour les fonctions du sacerdoce.

20 Toute l'assemblée des enfants d'Israël sortit de la présence de Moïse.

Tous ceux qui furent entraînés par le coeur et animés de bonne volonté vinrent et apportèrent une offrande à l'Éternel pour l'oeuvre de la tente d'assignation, pour tout son service, et pour les vêtements sacrés.

Les hommes vinrent aussi bien que les femmes; tous ceux dont le coeur était bien disposé apportèrent des boucles, des anneaux, des bagues, des bracelets, toutes sortes d'objets d'or; chacun présenta l'offrande d'or qu'il avait consacrée à l'Éternel.

Tous ceux qui avaient des étoffes teintes en bleu, en pourpre, en cramoisi, du fin lin et du poil de chèvre, des peaux de béliers teintes en rouge et des peaux de dauphins, les apportèrent.

Tous ceux qui présentèrent par élévation une offrande d'argent et d'airain apportèrent l'offrande à l'Éternel. Tous ceux qui avaient du bois d'acacia pour les ouvrages destinés au service, l'apportèrent.

Toutes les femmes qui avaient de l'habileté filèrent de leurs mains, et elles apportèrent leur ouvrage, des fils teints en bleu, en pourpre, en cramoisi, et du fin lin.

Toutes les femmes dont le coeur était bien disposé, et qui avaient de l'habileté, filèrent du poil de chèvre.

Les principaux du peuple apportèrent des pierres d'onyx et d'autres pierres pour la garniture de l'éphod et du pectoral;

des aromates et de l'huile pour le chandelier, pour l'huile d'onction et pour le parfum odoriférant.

Tous les enfants d'Israël, hommes et femmes, dont le coeur était disposé à contribuer pour l'oeuvre que l'Éternel avait ordonnée par Moïse, apportèrent des offrandes volontaires à l'Éternel.

30 Moïse dit aux enfants d'Israël: Sachez que l'Éternel a choisi Betsaleel, fils d'Uri, fils de Hur, de la tribu de Juda.

Il l'a rempli de l'Esprit de Dieu, de sagesse, d'intelligence, et de savoir pour toutes sortes d'ouvrages.

Il l'a rendu capable de faire des inventions, de travailler l'or, l'argent et l'airain,

de graver les pierres à enchâsser, de travailler le bois, et d'exécuter toute sortes d'ouvrages d'art.

Il lui a accordé aussi le don d'enseigner, de même qu'à Oholiab, fils d'Ahisamac, de la tribu de Dan.

Il les a remplis d'intelligence, pour exécuter tous les ouvrages de sculpture et d'art, pour broder et tisser les étoffes teintes en bleu, en pourpre, en cramoisi, et le fin lin, pour faire toute espèce de travaux et d'inventions.

Exode 36

Betsaleel, Oholiab, et tous les hommes habiles, en qui l'Éternel avait mis de la sagesse et de l'intelligence pour savoir et pour faire, exécutèrent les ouvrages destinés au service du sanctuaire, selon tout ce que l'Éternel avait ordonné.

Moïse appela Betsaleel, Oholiab, et tous les hommes habiles dans l'esprit desquels l'Éternel avait mis de l'intelligence, tous ceux dont le coeur était disposé à s'appliquer à l'oeuvre pour l'exécuter.

Ils prirent devant Moïse toutes les offrandes qu'avaient apportées les enfants d'Israël pour faire les ouvrages destinés au service du sanctuaire. Chaque matin, on apportait encore à Moïse des offrandes volontaires.

Alors tous les hommes habiles, occupés à tous les travaux du sanctuaire, quittèrent chacun l'ouvrage qu'ils faisaient,

et vinrent dire à Moïse: Le peuple apporte beaucoup plus qu'il ne faut pour exécuter les ouvrages que l'Éternel a ordonné de faire.

Moïse fit publier dans le camp que personne, homme ou femme, ne s'occupât plus d'offrandes pour le sanctuaire. On empêcha ainsi le peuple d'en apporter.

Les objets préparés suffisaient, et au delà, pour tous les ouvrages à faire.

Tous les hommes habiles, qui travaillèrent à l'oeuvre, firent le tabernacle avec dix tapis de fin lin retors et de fil bleu, pourpre et cramoisi; on y représenta des chérubins artistement travaillés.

La longueur d'un tapis était de vingt-huit coudées; et la largeur d'un tapis était de quatre coudées; la mesure était la même pour tous les tapis.

10 Cinq de ces tapis furent joints ensemble; les cinq autres furent aussi joints ensemble.

On fit des lacets bleus au bord du tapis terminant le premier assemblage; on fit de même au bord du tapis terminant le second assemblage.

On mit cinquante lacets au premier tapis, et l'on mit cinquante lacets au bord du tapis terminant le second assemblage; ces lacets se correspondaient les uns aux autres.

On fit cinquante agrafes d'or, et l'on joignit les tapis l'un à l'autre avec les agrafes. Et le tabernacle forma un tout.

On fit des tapis de poil de chèvre, pour servir de tente sur le tabernacle; on fit onze de ces tapis.

La longueur d'un tapis était de trente coudées, et la largeur d'un tapis était de quatre coudées; la mesure était la même pour les onze tapis.

On joignit séparément cinq de ces tapis, et les six autres séparément.

On mit cinquante lacets au bord du tapis terminant un assemblage, et l'on mit cinquante lacets au bord du tapis du second assemblage.

On fit cinquante agrafes d'airain, pour assembler la tente, afin qu'elle formât un tout.

On fit pour la tente une couverture de peaux de béliers teintes en rouge, et une couverture de peaux de dauphins, qui devait être mise par-dessus.

20 On fit les planches pour le tabernacle; elles étaient de bois d'acacia, placées debout.

La longueur d'une planche était de dix coudées, et la largeur d'une planche était d'une coudée et demie.

Il y avait pour chaque planche deux tenons, joints l'un à l'autre; l'on fit de même pour toutes les planches du tabernacle.

On fit vingt planches pour le tabernacle, du côté du midi.

On mit quarante bases d'argent sous les vingt planches, deux bases sous chaque planche pour ses deux tenons.

On fit vingt planches pour le second côté du tabernacle, le côté du nord,

et leur quarante bases d'argent, deux bases sous chaque planche.

On fit six planches pour le fond du tabernacle, du côté de l'occident.

On fit deux planches pour les angles du tabernacle dans le fond;

elles étaient doubles depuis le bas et bien liées à leur sommet par un anneau; on fit de même pour toutes aux deux angles.

30 Il y avait ainsi huit planches, avec leurs bases d'argent, soit seize bases, deux bases sous chaque planche.

On fit cinq barres de bois d'acacia pour les planches de l'un des côtés du tabernacle,

cinq barres pour les planches du second côté du tabernacle, et cinq barres pour les planches du côté du tabernacle formant le fond vers l'occident;

on fit la barre du milieu pour traverser les planches d'une extrémité à l'autre.

On couvrit d'or les planches, et l'on fit d'or leurs anneaux pour recevoir les barres, et l'on couvrit d'or les barres.

On fit le voile de fil bleu, pourpre et cramoisi, et de fin lin retors; on le fit artistement travaillé, et l'on y représenta des chérubins.

On fit pour lui quatre colonnes d'acacia, et on les couvrit d'or; elles avaient des crochets d'or, et l'on fondit pour elles quatre bases d'argent.

On fit pour l'entrée de la tente un rideau de fil bleu, pourpre et cramoisi, et de fin lin retors; c'était un ouvrage de broderie.

On fit ses cinq colonnes et leurs crochets, et l'on couvrit d'or leurs chapiteaux et leurs tringles; leurs cinq bases étaient d'airain.

Exode 37

Betsaleel fit l'arche de bois d'acacia; sa longueur était de deux coudées et demie, sa largeur d'une coudée et demie, et sa hauteur d'une coudée et demie.

Il la couvrit d'or pur en dedans et en dehors, et il y fit une bordure d'or tout autour.

Il fondit pour elle quatre anneaux d'or, qu'il mit à ses quatre coins, deux anneaux d'un côté et deux anneaux de l'autre côté.

Il fit des barres de bois d'acacia, et les couvrit d'or.

Il passa les barres dans les anneaux sur les côtés de l'arche, pour porter l'arche.

Il fit un propitiatoire d'or pur; sa longueur était de deux coudées et demie, et sa largeur d'une coudée et demie.

Il fit deux chérubins d'or; il les fit d'or battu, aux deux extrémités du propitiatoire,

un chérubin à l'une des extrémités, et un chérubin à l'autre extrémité; il fit les chérubins sortant du propitiatoire à ses deux extrémités.

Les chérubins étendaient les ailes par-dessus, couvrant de leurs ailes le propitiatoire, et se regardant l'un l'autre; les chérubins avaient la face tournée vers le propitiatoire.

10 Il fit la table de bois d'acacia, sa longueur était de deux coudées, sa largeur d'une coudée, et sa hauteur d'une coudée et demie.

Il la couvrit d'or pur, et il y fit une bordure d'or tout autour.

Il y fit à l'entour un rebord de quatre doigts, sur lequel il mit une bordure d'or tout autour.

Il fondit pour la table quatre anneaux d'or, et mit les anneaux aux quatre coins, qui étaient à ses quatre pieds.

Les anneaux étaient près du rebord, et recevaient les barres pour porter la table.

Il fit les barres de bois d'acacia, et les couvrit d'or; et elles servaient à porter la table.

Il fit les ustensiles qu'on devait mettre sur la table, ses plats, ses coupes, ses calices et ses tasses pour servir aux libations; il les fit d'or pur.

Il fit le chandelier d'or pur; il fit le chandelier d'or battu; son pied, sa tige, ses calices, ses pommes et ses fleurs, étaient d'une même pièce.

Six branches sortaient de ses côtés, trois branches du chandelier de l'un des côtés, et trois branches du chandelier de l'autre côté.

Il y avait sur une branche trois calices en forme d'amande, avec pommes et fleurs, et sur une autre branche trois calices en forme d'amande, avec pommes et fleurs; il en était de même pour les six branches sortant du chandelier.

20 A la tige du chandelier il y avait quatre calices en forme d'amande, avec leurs pommes et leurs fleurs.

Il y avait une pomme sous deux des branches sortant du chandelier, une pomme sous deux autres branches, et une pomme sous deux autres branches; il en était de même pour les six branches sortant du chandelier.

Les pommes et les branches du chandelier étaient d'une même pièce; il était tout entier d'or battu, d'or pur.

Il fit ses sept lampes, ses mouchettes et ses vases à cendre d'or pur.

Il employa un talent d'or pur, pour faire le chandelier avec tous ses ustensiles.

Il fit l'autel des parfums de bois d'acacia; sa longueur était d'une coudée et sa largeur d'une coudée; il était carré, et sa hauteur était de deux coudées. Des cornes sortaient de l'autel.

Il le couvrit d'or pur, le dessus, les côtés tout autour et les cornes, et il y fit une bordure d'or tout autour.

Il fit au-dessous de la bordure deux anneaux d'or aux deux côtés; il en mit aux deux côtés, pour recevoir les barres qui servaient à le porter.

Il fit des barres de bois d'acacia, et les couvrit d'or.

Il fit l'huile pour l'onction sainte, et le parfum odoriférant, pur, composé selon l'art du parfumeur.

Exode 38

Il fit l'autel des holocaustes de bois d'acacia; sa longueur était de cinq coudées, et sa largeur de cinq coudées; il était carré, et sa hauteur était de trois coudées.

Il fit, aux quatre coins, des cornes qui sortaient de l'autel, et il le couvrit d'airain.

Il fit tous les ustensiles de l'autel, les cendriers, les pelles, les bassins, les fourchettes et les brasiers; il fit d'airain tous ces ustensiles.

Ex 38,4 Il fit pour l'autel une grille d'airain, en forme de treillis, qu'il plaça au-dessous du rebord de l'autel, à partir du bas, jusqu'à la moitié de la hauteur de l'autel.

Il fondit quatre anneaux, qu'il mit aux quatre coins de la grille d'airain, pour recevoir les barres.

Il fit les barres de bois d'acacia, et les couvrit d'airain.

Il passa dans les anneaux aux côtés de l'autel les barres qui servaient à le porter. Il le fit creux, avec des planches.

Il fit la cuve d'airain, avec sa base d'airain, en employant les miroirs des femmes qui s'assemblaient à l'entrée de la tente d'assignation.

Il fit le parvis. Du côté du midi, il y avait, pour former le parvis, des toiles de fin lin retors, sur une longueur de cent coudées,

10 avec vingt colonnes posant sur vingt bases d'airain; les crochets des colonnes et leurs tringles étaient d'argent.

Du côté du nord, il y avait cent coudées de toiles, avec vingt colonnes et leurs vingt bases d'airain; les crochets des colonnes et leurs tringles étaient d'argent.

Du côté de l'occident, il y avait cinquante coudées de toiles, avec dix colonnes et leurs dix bases; les crochets des colonnes et leurs tringles étaient d'argent.

Du côté de l'orient, sur les cinquante coudées de largeur,

il y avait, pour une aile, quinze coudées de toiles, avec trois colonnes et leurs trois bases,

et, pour la seconde aile, qui lui correspondait de l'autre côté de la porte du parvis, quinze coudées de toiles, avec trois colonnes et leurs trois bases.

Toutes les toiles formant l'enceinte du parvis étaient de fin lin retors.

Les bases pour les colonnes étaient d'airain, les crochets des colonnes et leurs tringles étaient d'argent, et leurs chapiteaux étaient couverts d'argent. Toutes les colonnes du parvis étaient jointes par des tringles d'argent.

Le rideau de la porte du parvis était un ouvrage de broderie en fil bleu, pourpre et cramoisi, et en fin lin retors; il avait une longueur de vingt coudées, et sa hauteur était de cinq coudées, comme la largeur des toiles du parvis;

ses quatre colonnes et leurs quatre bases étaient d'airain, les crochets et leurs tringles étaient d'argent, et leurs chapiteaux étaient couverts d'argent.

20 Tous les pieux de l'enceinte du tabernacle et du parvis étaient d'airain.

Voici les comptes du tabernacle, du tabernacle d'assignation, révisés, d'après l'ordre de Moïse, par les soins des Lévites, sous la direction d'Ithamar, fils du sacrificateur Aaron.

Betsaleel, fils d'Uri, fils de Hur, de la tribu de Juda, fit tout ce que l'Éternel avait ordonné à Moïse;

il eut pour aide Oholiab, fils d'Ahisamac, de la tribu de Dan, habile à graver, à inventer, et à broder sur les étoffes teintes en bleu, en pourpre, en cramoisi, et sur le fin lin.

Le total de l'or employé à l'oeuvre pour tous les travaux du sanctuaire, or qui fut le produit des offrandes, montait à vingt-neuf talents et sept cent trente sicles, selon le sicle du sanctuaire.

L'argent de ceux de l'assemblée dont on fit le dénombrement montait à cent talents et mille sept cent soixante-quinze sicles, selon le sicle du sanctuaire.

C'était un demi-sicle par tête, la moitié d'un sicle, selon le sicle du sanctuaire, pour chaque homme compris dans le dénombrement, depuis l'âge de vingt ans et au-dessus, soit pour six cent trois mille cinq cent cinquante hommes.

Les cent talents d'argent servirent à fondre les bases du sanctuaire et les bases du voile, cent bases pour les cent talents, un talent par base.

Et avec les mille sept cent soixante-quinze sicles on fit les crochets et les tringles pour les colonnes, et on couvrit les chapiteaux.

L'airain des offrandes montait à soixante-dix talents et deux mille quatre cents sicles.

30 On en fit les bases de l'entrée de la tente d'assignation; l'autel d'airain avec sa grille, et tous les ustensiles de l'autel;

les bases du parvis, tout autour, et les bases de la porte du parvis; et tous les pieux de l'enceinte du tabernacle et du parvis.

Exode 39

Avec les étoffes teintes en bleu, en pourpre et en cramoisi, on fit les vêtements d'office pour le service dans le sanctuaire, et on fit les vêtements sacrés pour Aaron, comme l'Éternel l'avait ordonné à Moïse.

On fit l'éphod d'or, de fil bleu, pourpre et cramoisi, et de fin lin retors.

On étendit des lames d'or, et on les coupa en fils, que l'on entrelaça dans les étoffes teintes en bleu, en pourpre et en cramoisi, et dans le fin lin; il était artistement travaillé.

On y fit des épaulettes qui le joignaient, et c'est ainsi qu'il était joint par ses deux extrémités.

La ceinture était du même travail que l'éphod et fixée sur lui; elle était d'or, de fil bleu, pourpre et cramoisi, et de fin lin retors, comme l'Éternel l'avait ordonné à Moïse.

On entoura de montures d'or des pierres d'onyx, sur lesquelles on grava les noms des fils d'Israël, comme on grave les cachets.

On les mit sur les épaulettes de l'éphod, en souvenir des fils d'Israël, comme l'Éternel l'avait ordonné à Moïse.

On fit le pectoral, artistement travaillé, du même travail que l'éphod, d'or, de fil bleu, pourpre et cramoisi, et de fin lin retors.

Il était carré; on fit le pectoral double: sa longueur était d'un empan, et sa largeur d'un empan; il était double.

10 On le garnit de quatre rangées de pierres: première rangée, une sardoine, une topaze, une émeraude;

seconde rangée, une escarboucle, un saphir, un diamant;

troisième rangée, une opale, une agate, une améthyste;

quatrième rangée, une chrysolithe, un onyx, un jaspe. Ces pierres étaient enchâssées dans leurs montures d'or.

Il y en avait douze, d'après les noms des fils d'Israël; elles étaient gravées comme des cachets, chacune avec le nom de l'une des douze tribus. -

On fit sur le pectoral des chaînettes d'or pur, tressées en forme de cordons.

On fit deux montures d'or et deux anneaux d'or, et on mit les deux anneaux aux deux extrémités du pectoral.

On passa les deux cordons d'or dans les deux anneaux aux deux extrémités du pectoral;

on arrêta par devant les bouts des deux cordons aux deux montures placées sur les épaulettes de l'éphod. -

On fit encore deux anneaux d'or, que l'on mit aux deux extrémités du pectoral, sur le bord intérieur appliqué contre l'éphod.

20 On fit deux autres anneaux d'or, que l'on mit au bas des deux épaulettes de l'éphod, sur le devant, près de la jointure, au-dessus de la ceinture de l'éphod.

On attacha le pectoral par ses anneaux aux anneaux de l'éphod avec un cordon bleu, afin que le pectoral fût au-dessus de la ceinture de l'éphod et qu'il ne pût pas se séparer de l'éphod, comme l'Éternel l'avait ordonné à Moïse.

On fit la robe de l'éphod, tissée entièrement d'étoffe bleue.

Il y avait, au milieu de la robe, une ouverture comme l'ouverture d'une cotte de mailles, et cette ouverture était bordée tout autour, afin que la robe ne se déchirât pas.

On mit sur la bordure de la robe des grenades de couleur bleue, pourpre et cramoisi, en fil retors;

on fit des clochettes d'or pur, et on mit les clochettes entre les grenades, sur tout le tour de la bordure de la robe, entre les grenades:

une clochette et une grenade, une clochette et une grenade, sur tout le tour de la bordure de la robe, pour le service, comme l'Éternel l'avait ordonné à Moïse.

On fit les tuniques de fin lin, tissées, pour Aaron et pour ses fils;

la tiare de fin lin, et les bonnets de fin lin servant de parure; les caleçons de lin, de fin lin retors;

la ceinture de fin lin retors, brodée, et de couleur bleue, pourpre et cramoisie, comme l'Éternel l'avait ordonné à Moïse.

30 On fit d'or pur la lame, diadème sacré, et l'on y écrivit, comme on grave un cachet: Sainteté à l'Éternel.

On l'attacha avec un cordon bleu à la tiare, en haut, comme l'Éternel l'avait ordonné à Moïse.

Ainsi furent achevés tous les ouvrages du tabernacle, de la tente d'assignation. Les enfants d'Israël firent tout ce que l'Éternel avait ordonné à Moïse; ils firent ainsi.

On amena le tabernacle à Moïse: la tente et tout ce qui en dépendait, les agrafes, les planches, les barres, les colonnes et les bases;

la couverture de peaux de béliers teintes en rouge, la couverture de peaux de dauphins, et le voile de séparation;

l'arche du témoignage et ses barres, et le propitiatoire;

la table, tous ses ustensiles, et les pains de proposition;

le chandelier d'or pur, ses lampes, les lampes préparées, tous ses ustensiles, et l'huile pour le chandelier;

l'autel d'or, l'huile d'onction et le parfum odoriférant, et le rideau de l'entrée de la tente;

l'autel d'airain, sa grille d'airain, ses barres, et tous ses ustensiles; la cuve avec sa base;

40 les toiles du parvis, ses colonnes, ses bases, et le rideau de la porte du parvis, ses cordages, ses pieux, et tous les ustensiles pour le service du tabernacle, pour la tente d'assignation;

les vêtements d'office pour le sanctuaire, les vêtements sacrés pour le sacrificateur Aaron, et les vêtements de ses fils pour les fonctions du sacerdoce.

Les enfants d'Israël firent tous ces ouvrages, en se conformant à tous les ordres que l'Éternel avait donnés à Moïse.

Moïse examina tout le travail; et voici, ils l'avaient fait comme l'Éternel l'avait ordonné, ils l'avaient fait ainsi. Et Moïse les bénit.

Exode 40

L'Éternel parla à Moïse, et dit:

Le premier jour du premier mois, tu dresseras le tabernacle, la tente d'assignation.

Tu y placeras l'arche du témoignage, et tu couvriras l'arche avec le voile.

Tu apporteras la table, et tu la disposeras en ordre. Tu apporteras le chandelier, et tu en arrangeras les lampes.

Tu placeras l'autel d'or pour le parfum devant l'arche du témoignage, et tu mettras le rideau à l'entrée du tabernacle.

Tu placeras l'autel des holocaustes devant l'entrée du tabernacle, de la tente d'assignation.

Tu placeras la cuve entre la tente d'assignation et l'autel, et tu y mettras de l'eau.

Tu placeras le parvis à l'entour, et tu mettras le rideau à la porte du parvis.

Tu prendras l'huile d'onction, tu en oindras le tabernacle et tout ce qu'il renferme, et tu le sanctifieras, avec tous ses ustensiles; et il sera saint.

10   Tu oindras l'autel des holocaustes et tous ses ustensiles, et tu sanctifieras l'autel; et l'autel sera très saint.

Tu oindras la cuve avec sa base, et tu la sanctifieras.

Tu feras avancer Aaron et ses fils vers l'entrée de la tente d'assignation, et tu les laveras avec de l'eau.

Tu revêtiras Aaron des vêtements sacrés, tu l'oindras, et tu le sanctifieras, pour qu'il soit à mon service dans le sacerdoce.

Tu feras approcher ses fils, tu les revêtiras des tuniques,

et tu les oindras comme tu auras oint leur père, pour qu'ils soient à mon service dans le sacerdoce. Cette onction leur assurera à perpétuité le sacerdoce parmi leurs descendants.

Moïse fit tout ce que l'Éternel lui avait ordonné; il fit ainsi.

U - La présence de Dieu remplit la Tente
Exode 40,17-38

Le premier jour du premier mois de la seconde année, le tabernacle fut dressé.

Moïse dressa le tabernacle; il en posa les bases, plaça les planches et les barres, et éleva les colonnes.

Il étendit la tente sur le tabernacle, et il mit la couverture de la tente par-dessus, comme l'Éternel l'avait ordonné à Moïse.

20   Il prit le témoignage, et le plaça dans l'arche; il mit les barres à l'arche, et il posa le propitiatoire au-dessus de l'arche.

Il apporta l'arche dans le tabernacle; il mit le voile de séparation, et il en couvrit l'arche du témoignage, comme l'Éternel l'avait ordonné à Moïse.

Il plaça la table dans la tente d'assignation, au côté septentrional du tabernacle, en dehors du voile;

et il y déposa en ordre les pains, devant l'Éternel, comme l'Éternel l'avait ordonné à Moïse.

Il plaça le chandelier dans la tente d'assignation, en face de la table, au côté méridional du tabernacle;

et il en arrangea les lampes, devant l'Éternel, comme l'Éternel l'avait ordonné à Moïse.

Il plaça l'autel d'or dans la tente d'assignation, devant le voile;

et il y fit brûler le parfum odoriférant, comme l'Éternel l'avait ordonné à Moïse.

Il plaça le rideau à l'entrée du tabernacle.

Ex 40,29 Il plaça l'autel des holocaustes à l'entrée du tabernacle, de la tente d'assignation; et il y offrit l'holocauste et l'offrande, comme l'Éternel l'avait ordonné à Moïse.

30 Il plaça la cuve entre la tente d'assignation et l'autel, et il y mit de l'eau pour les ablutions.

Moïse, Aaron et ses fils, s'y lavèrent les mains et les pieds;

lorsqu'ils entrèrent dans la tente d'assignation et qu'ils s'approchèrent de l'autel, ils se lavèrent, comme l'Éternel l'avait ordonné à Moïse.

Il dressa le parvis autour du tabernacle et de l'autel, et il mit le rideau à la porte du parvis. Ce fut ainsi que Moïse acheva l'ouvrage.

Alors la nuée couvrit la tente d'assignation, et la gloire de l'Éternel remplit le tabernacle.

Moïse ne pouvait pas entrer dans la tente d'assignation, parce que la nuée restait dessus, et que la gloire de l'Éternel remplissait le tabernacle.

Aussi longtemps que durèrent leurs marches, les enfants d'Israël partaient, quand la nuée s'élevait de dessus le tabernacle.

Et quand la nuée ne s'élevait pas, ils ne partaient pas, jusqu'à ce qu'elle s'élevât.

La nuée de l'Éternel était de jour sur le tabernacle; et de nuit, il y avait un feu, aux yeux de toute la maison d'Israël, pendant toutes leurs marches.

———

LE LIVRE DU LÉVITIQUE

A - Rituels des sacrifices
Lévitique 1 à 7

L'Éternel appela Moïse; de la tente d'assignation, il lui parla et dit:

Parle aux enfants d'Israël, et dis-leur: Lorsque quelqu'un d'entre vous fera une offrande à l'Éternel, il offrira du bétail, du gros ou du menu bétail.

Si son offrande est un holocauste de gros bétail, il offrira un mâle sans défaut; il l'offrira à l'entrée de la tente d'assignation, devant l'Éternel, pour obtenir sa faveur.

Il posera sa main sur la tête de l'holocauste, qui sera agréé de l'Éternel, pour lui servir d'expiation.

Il égorgera le veau devant l'Éternel; et les sacrificateurs, fils d'Aaron, offriront le sang, et le répandront tout autour sur l'autel qui est à l'entrée de la tente d'assignation.

Il dépouillera l'holocauste, et le coupera par morceaux.

Les fils du sacrificateur Aaron mettront du feu sur l'autel, et arrangeront du bois sur le feu.

Les sacrificateurs, fils d'Aaron, poseront les morceaux, la tête et la graisse, sur le bois mis au feu sur l'autel.

Il lavera avec de l'eau les entrailles et les jambes; et le sacrificateur brûlera le tout sur l'autel. C'est un holocauste, un sacrifice consumé par le feu, d'une agréable odeur à l'Éternel.

10 Si son offrande est un holocauste de menu bétail, d'agneaux ou de chèvres, il offrira un mâle sans défaut.

Il l'égorgera au côté septentrional de l'autel, devant l'Éternel; et les sacrificateurs, fils d'Aaron, en répandront le sang sur l'autel tout autour.

Il le coupera par morceaux; et le sacrificateur les posera, avec la tête et la graisse, sur le bois mis au feu sur l'autel.

Il lavera avec de l'eau les entrailles et les jambes; et le sacrificateur sacrifiera le tout, et le brûlera sur l'autel. C'est un holocauste, un sacrifice consumé par le feu, d'une agréable odeur à l'Éternel.

Si son offrande à l'Éternel est un holocauste d'oiseaux, il offrira des tourterelles ou de jeunes pigeons.

Le sacrificateur sacrifiera l'oiseau sur l'autel; il lui ouvrira la tête avec l'ongle, et la brûlera sur l'autel, et il exprimera le sang contre un côté de l'autel.

Il ôtera le jabot avec ses plumes, et le jettera près de l'autel, vers l'orient, dans le lieu où l'on met les cendres.

Il déchirera les ailes, sans les détacher; et le sacrificateur brûlera l'oiseau sur l'autel, sur le bois mis au feu. C'est un holocauste, un sacrifice consumé par le feu, d'une agréable odeur à l'Éternel.

Lévitique 2

Lorsque quelqu'un fera à l'Éternel une offrande en don, son offrande sera de fleur de farine; il versera de l'huile dessus, et il y ajoutera de l'encens.

Il l'apportera aux sacrificateurs, fils d'Aaron; le sacrificateur prendra une poignée de cette fleur de farine, arrosée d'huile, avec tout l'encens, et il brûlera cela sur l'autel comme souvenir. C'est une offrande d'une agréable odeur à l'Éternel.

Ce qui restera de l'offrande sera pour Aaron et pour ses fils; c'est une chose très sainte parmi les offrandes consumées par le feu devant l'Éternel.

Si tu fais une offrande de ce qui est cuit au four, qu'on se serve de fleur de farine, et que ce soient des gâteaux sans levain pétris à l'huile et des galettes sans levain arrosées d'huile.

Si ton offrande est un gâteau cuit à la poêle, il sera de fleur de farine pétrie à l'huile, sans levain.

Tu le rompras en morceaux, et tu verseras de l'huile dessus; c'est une offrande.

Si ton offrande est un gâteau cuit sur le gril, il sera fait de fleur de farine pétrie à l'huile.

Tu apporteras l'offrande qui sera faite à l'Éternel avec ces choses-là; elle sera remise au sacrificateur, qui la présentera sur l'autel.

Le sacrificateur en prélèvera ce qui doit être offert comme souvenir, et le brûlera sur l'autel. C'est une offrande d'une agréable odeur à l'Éternel.

10 Ce qui restera de l'offrande sera pour Aaron et pour ses fils; c'est une chose très sainte parmi les offrandes consumées par le feu devant l'Éternel.

Aucune des offrandes que vous présenterez à l'Éternel ne sera faite avec du levain; car vous ne brûlerez rien qui contienne du levain ou du miel parmi les offrandes consumées par le feu devant l'Éternel.

Vous pourrez en offrir à l'Éternel comme offrande des prémices; mais il n'en sera point présenté sur l'autel comme offrande d'une agréable odeur.

Tu mettras du sel sur toutes tes offrandes; tu ne laisseras point ton offrande manquer de sel, signe de l'alliance de ton Dieu; sur toutes tes offrandes tu mettras du sel.

Si tu fais à l'Éternel une offrande des prémices, tu présenteras des épis nouveaux, rôtis au feu et broyés, comme offrande de tes prémices.

Tu verseras de l'huile dessus, et tu y ajouteras de l'encens; c'est une offrande.

Le sacrificateur brûlera comme souvenir une portion des épis broyés et de l'huile, avec tout l'encens. C'est une offrande consumée par le feu devant l'Éternel.

Lévitique 3

Lorsque quelqu'un offrira à l'Éternel un sacrifice d'actions de grâces: S'il offre du gros bétail, mâle ou femelle, il l'offrira sans défaut, devant l'Éternel.

Il posera sa main sur la tête de la victime, qu'il égorgera à l'entrée de la tente d'assignation; et les sacrificateurs, fils d'Aaron, répandront le sang sur l'autel tout autour.

De ce sacrifice d'actions de grâces, il offrira en sacrifice consumé par le feu devant l'Éternel: la graisse qui couvre les entrailles et toute celle qui y est attachée;

les deux rognons, et la graisse qui les entoure, qui couvre les flancs, et le grand lobe du foie, qu'il détachera près des rognons.

Les fils d'Aaron brûleront cela sur l'autel, par-dessus l'holocauste qui sera sur le bois mis au feu. C'est un sacrifice consumé par le feu, d'une agréable odeur à l'Éternel.

    S'il offre du menu bétail, mâle ou femelle, en sacrifice d'actions de grâces à l'Éternel, il l'offrira sans défaut.

    S'il offre en sacrifice un agneau, il le présentera devant l'Éternel.

    Il posera sa main sur la tête de la victime, qu'il égorgera devant la tente d'assignation; et les fils d'Aaron en répandront le sang sur l'autel tout autour.

    De ce sacrifice d'actions de grâces, il offrira en sacrifice consumé par le feu devant l'Éternel: la graisse, la queue entière, qu'il séparera près de l'échine, la graisse qui couvre les entrailles et toute celle qui y est attachée,

    les deux rognons, et la graisse qui les entoure, qui couvre les flancs, et le grand lobe du foie, qu'il détachera près des rognons.

10   Le sacrificateur brûlera cela sur l'autel. C'est l'aliment d'un sacrifice consumé par le feu devant l'Éternel.

    Si son offrande est une chèvre, il la présentera devant l'Éternel.

    Il posera sa main sur la tête de sa victime, qu'il égorgera devant la tente d'assignation; et les fils d'Aaron en répandront le sang sur l'autel tout autour.

    De la victime, il offrira en sacrifice consumé par le feu devant l'Éternel: la graisse qui couvre les entrailles et toute celle qui y est attachée,

    les deux rognons, et la graisse qui les entoure, qui couvre les flancs, et le grand lobe du foie, qu'il détachera près des rognons.

    Le sacrificateur brûlera cela sur l'autel. Toute la graisse est l'aliment d'un sacrifice consumé par le feu, d'une agréable odeur à l'Éternel.

C'est ici une loi perpétuelle pour vos descendants, dans tous les lieux où vous habiterez: vous ne mangerez ni graisse ni sang.

Lévitique 4

L'Éternel parla à Moïse et dit:

Lv 4,2 Parle aux enfants d'Israël, et dis: Lorsque quelqu'un péchera involontairement contre l'un des commandements de l'Éternel, en faisant des choses qui ne doivent point se faire;

Si c'est le sacrificateur ayant reçu l'onction qui a péché et a rendu par là le peuple coupable, il offrira à l'Éternel, pour le péché qu'il a commis, un jeune taureau sans défaut, en sacrifice d'expiation.

Il amènera le taureau à l'entrée de la tente d'assignation, devant l'Éternel; et il posera sa main sur la tête du taureau, qu'il égorgera devant l'Éternel.

Le sacrificateur ayant reçu l'onction prendra du sang du taureau, et l'apportera dans la tente d'assignation;

il trempera son doigt dans le sang, et il en fera sept fois l'aspersion devant l'Éternel, en face du voile du sanctuaire.

Le sacrificateur mettra du sang sur les cornes de l'autel des parfums odoriférants, qui est devant l'Éternel dans la tente d'assignation; et il répandra tout le sang du taureau au pied de l'autel des holocaustes, qui est à l'entrée de la tente d'assignation.

Il enlèvera toute la graisse du taureau expiatoire, la graisse qui couvre les entrailles et toute celle qui y est attachée,

les deux rognons, et la graisse qui les entoure, qui couvre les flancs, et le grand lobe du foie, qu'il détachera près des rognons.

10 Le sacrificateur enlèvera ces parties comme on les enlève du taureau dans le sacrifice d'actions de grâces, et il les brûlera sur l'autel des holocaustes.

Mais la peau du taureau, toute sa chair, avec sa tête, ses jambes, ses entrailles et ses excréments,

le taureau entier, il l'emportera hors du camp, dans un lieu pur, où l'on jette les cendres, et il le brûlera au feu sur du bois: c'est sur le tas de cendres qu'il sera brûlé.

Si c'est toute l'assemblée d'Israël qui a péché involontairement et sans s'en apercevoir, en faisant contre l'un des commandements de l'Éternel des choses qui ne doivent point se faire et en se rendant ainsi coupable,

et que le péché qu'on a commis vienne à être découvert, l'assemblée offrira un jeune taureau en sacrifice d'expiation, et on l'amènera devant la tente d'assignation.

Les anciens d'Israël poseront leurs mains sur la tête du taureau devant l'Éternel, et on égorgera le taureau devant l'Éternel.

Le sacrificateur ayant reçu l'onction apportera du sang du taureau dans la tente d'assignation;

il trempera son doigt dans le sang, et il en fera sept fois l'aspersion devant l'Éternel, en face du voile.

Il mettra du sang sur les cornes de l'autel qui est devant l'Éternel dans la tente d'assignation; et il répandra tout le sang au pied de l'autel des holocaustes, qui est à l'entrée de la tente d'assignation.

Il enlèvera toute la graisse du taureau, et il la brûlera sur l'autel.

20 Il fera de ce taureau comme du taureau expiatoire; il fera de même. C'est ainsi que le sacrificateur fera pour eux l'expiation, et il leur sera pardonné.

Il emportera le taureau hors du camp, et il le brûlera comme le premier taureau. C'est un sacrifice d'expiation pour l'assemblée.

Si c'est un chef qui a péché, en faisant involontairement contre l'un des commandements de l'Éternel, son Dieu, des choses qui ne doivent point se faire et en se rendant ainsi coupable,

et qu'il vienne à découvrir le péché qu'il a commis, il offrira en sacrifice un bouc mâle sans défaut.

Il posera sa main sur la tête du bouc, qu'il égorgera dans le lieu où l'on égorge les holocaustes devant l'Éternel. C'est un sacrifice d'expiation.

Le sacrificateur prendra avec son doigt du sang de la victime expiatoire, il en mettra sur les cornes de l'autel des holocaustes, et il répandra le sang au pied de l'autel des holocaustes.

Il brûlera toute la graisse sur l'autel, comme la graisse du sacrifice d'actions de grâces. C'est ainsi que le sacrificateur fera pour ce chef l'expiation de son péché, et il lui sera pardonné.

Si c'est quelqu'un du peuple qui a péché involontairement, en faisant contre l'un des commandements de l'Éternel des choses qui ne doivent point se faire et en se rendant ainsi coupable,

et qu'il vienne à découvrir le péché qu'il a commis, il offrira en sacrifice une chèvre, une femelle sans défaut, pour le péché qu'il a commis.

Il posera sa main sur la tête de la victime expiatoire, qu'il égorgera dans le lieu où l'on égorge les holocaustes.

30 Le sacrificateur prendra avec son doigt du sang de la victime, il en mettra sur les cornes de l'autel des holocaustes, et il répandra tout le sang au pied de l'autel.

Le sacrificateur ôtera toute la graisse, comme on ôte la graisse du sacrifice d'actions de grâces, et il la brûlera sur l'autel, et elle sera d'une agréable odeur à l'Éternel. C'est ainsi que le sacrificateur fera pour cet homme l'expiation, et il lui sera pardonné.

S'il offre un agneau en sacrifice d'expiation, il offrira une femelle sans défaut.

Il posera sa main sur la tête de la victime, qu'il égorgera en sacrifice d'expiation dans le lieu où l'on égorge les holocaustes.

Le sacrificateur prendra avec son doigt du sang de la victime, il en mettra sur les cornes de l'autel des holocaustes, et il répandra tout le sang au pied de l'autel.

Le sacrificateur ôtera toute la graisse, comme on ôte la graisse de l'agneau dans le sacrifice d'actions de grâces, et il la brûlera sur l'autel, comme un sacrifice consumé par le feu devant l'Éternel. C'est ainsi que le sacrificateur fera pour cet homme l'expiation du péché qu'il a commis, et il lui sera pardonné.

Lévitique 5

Lorsque quelqu'un, après avoir été mis sous serment comme témoin, péchera en ne déclarant pas ce qu'il a vu ou ce qu'il sait, il restera chargé de sa faute.

Lv 5,2 Lorsque quelqu'un, sans s'en apercevoir, touchera une chose souillée, comme le cadavre d'un animal impur, que ce soit d'une bête sauvage ou domestique, ou bien d'un reptile, il deviendra lui-même impur et il se rendra coupable.

Lorsque, sans y prendre garde, il touchera une souillure humaine quelconque, et qu'il s'en aperçoive plus tard, il en sera coupable.

Lorsque quelqu'un, parlant à la légère, jure de faire du mal ou du bien, et que, ne l'ayant pas remarqué d'abord, il s'en aperçoive plus tard, il en sera coupable.

Celui donc qui se rendra coupable de l'une de ces choses, fera l'aveu de son péché.

Puis il offrira en sacrifice de culpabilité à l'Éternel, pour le péché qu'il a commis, une femelle de menu bétail, une brebis ou une chèvre, comme victime expiatoire. Et le sacrificateur fera pour lui l'expiation de son péché.

S'il n'a pas de quoi se procurer une brebis ou une chèvre, il offrira en sacrifice de culpabilité à l'Éternel pour son péché deux tourterelles ou deux jeunes pigeons, l'un comme victime expiatoire, l'autre comme holocauste.

Il les apportera au sacrificateur, qui sacrifiera d'abord celui qui doit servir de victime expiatoire. Le sacrificateur lui ouvrira la tête avec l'ongle près de la nuque, sans la séparer;

il fera sur un côté de l'autel l'aspersion du sang de la victime expiatoire, et le reste du sang sera exprimé au pied de l'autel: c'est un sacrifice d'expiation.

10 Il fera de l'autre oiseau un holocauste, d'après les règles établies. C'est ainsi que le sacrificateur fera pour cet homme l'expiation du péché qu'il a commis, et il lui sera pardonné.

S'il n'a pas de quoi se procurer deux tourterelles ou deux jeunes pigeons, il apportera en offrande pour son péché un dixième d'épha de fleur de farine, comme offrande d'expiation; il ne mettra point d'huile dessus, et il n'y ajoutera point d'encens, car c'est une offrande d'expiation.

Il l'apportera au sacrificateur, et le sacrificateur en prendra une poignée comme souvenir, et il la brûlera sur l'autel, comme les offrandes consumées par le feu devant l'Éternel: c'est une offrande d'expiation.

C'est ainsi que le sacrificateur fera pour cet homme l'expiation du péché qu'il a commis à l'égard de l'une de ces choses, et il lui sera pardonné. Ce qui restera de l'offrande sera pour le sacrificateur, comme dans l'offrande en don.

L'Éternel parla à Moïse, et dit:

Lorsque quelqu'un commettra une infidélité et péchera involontairement à l'égard des choses consacrées à l'Éternel, il offrira en sacrifice de culpabilité à l'Éternel pour son péché un bélier sans défaut, pris du troupeau d'après ton estimation en sicles d'argent, selon le sicle du sanctuaire.

Il donnera, en y ajoutant un cinquième, la valeur de la chose dont il a frustré le sanctuaire, et il la remettra au sacrificateur. Et le sacrificateur fera pour lui l'expiation avec le bélier offert en sacrifice de culpabilité, et il lui sera pardonné.

Lorsque quelqu'un péchera en faisant, sans le savoir, contre l'un des commandements de l'Éternel, des choses qui ne doivent point se faire, il se rendra coupable et sera chargé de sa faute.

Il présentera au sacrificateur en sacrifice de culpabilité un bélier sans défaut, pris du troupeau d'après ton estimation. Et le sacrificateur fera pour lui l'expiation de la faute qu'il a commise sans le savoir, et il lui sera pardonné.

C'est un sacrifice de culpabilité. Cet homme s'était rendu coupable envers l'Éternel.

20 L'Éternel parla à Moïse, et dit:

([1]) Lorsque quelqu'un péchera et commettra une infidélité envers l'Éternel, en mentant à son prochain au sujet d'un dépôt, d'un objet confié à sa garde, d'une chose volée ou soustraite par fraude,

en niant d'avoir trouvé une chose perdue, ou en faisant un faux serment sur une chose quelconque de nature à constituer un péché;

lorsqu'il péchera ainsi et se rendra coupable, il restituera la chose qu'il a volée ou soustraite par fraude, la chose qui lui avait été confiée en dépôt, la chose perdue qu'il a trouvée,

ou la chose quelconque sur laquelle il a fait un faux serment. Il la restituera en son entier, y ajoutera un cinquième, et la remettra à son propriétaire, le jour même où il offrira son sacrifice de culpabilité.

Il présentera au sacrificateur en sacrifice de culpabilité à l'Éternel pour son péché un bélier sans défaut, pris du troupeau d'après ton estimation.

Et le sacrificateur fera pour lui l'expiation devant l'Éternel, et il lui sera pardonné, quelle que soit la faute dont il se sera rendu coupable.

Lévitique 6

L'Éternel parla à Moïse, et dit:

Donne cet ordre à Aaron et à ses fils, et dis: Voici la loi de l'holocauste. L'holocauste restera sur le foyer de l'autel toute la nuit jusqu'au matin, et le feu brûlera sur l'autel.

Le sacrificateur revêtira sa tunique de lin, et mettra des caleçons sur sa chair, il enlèvera la cendre faite par le feu qui aura consumé l'holocauste sur l'autel, et il la déposera près de l'autel.

Puis il quittera ses vêtements et en mettra d'autres, pour porter la cendre hors du camp, dans un lieu pur.

Le feu brûlera sur l'autel, il ne s'éteindra point; chaque matin, le sacrificateur y allumera du bois, arrangera l'holocauste, et brûlera la graisse des sacrifices d'actions de grâces.

Le feu brûlera continuellement sur l'autel, il ne s'éteindra point.

Voici la loi de l'offrande. Les fils d'Aaron la présenteront devant l'Éternel, devant l'autel.

Le sacrificateur prélèvera une poignée de la fleur de farine et de l'huile, avec tout l'encens ajouté à l'offrande, et il brûlera cela sur l'autel comme souvenir d'une agréable odeur à l'Éternel.

Aaron et ses fils mangeront ce qui restera de l'offrande; ils le mangeront sans levain, dans un lieu saint, dans le parvis de la tente d'assignation.

---

[1] Ce verset et les 6 suivants sont parfois numérotés 6,1 à 6,7; l'écart de numérotation se poursuit sur tout le chapitre 6.

10 On ne le cuira pas avec du levain. C'est la part que je leur ai donnée de mes offrandes consumées par le feu. C'est une chose très sainte, comme le sacrifice d'expiation et comme le sacrifice de culpabilité.

Tout mâle d'entre les enfants d'Aaron en mangera. C'est une loi perpétuelle pour vos descendants, au sujet des offrandes consumées par le feu devant l'Éternel: quiconque y touchera sera sanctifié.

L'Éternel parla à Moïse, et dit:

Voici l'offrande qu'Aaron et ses fils feront à l'Éternel, le jour où ils recevront l'onction: un dixième d'épha[1] de fleur de farine, comme offrande perpétuelle, moitié le matin et moitié le soir.

Elle sera préparée à la poêle avec de l'huile, et tu l'apporteras frite; tu la présenteras aussi cuite et en morceaux comme une offrande d'une agréable odeur à l'Éternel.

Le sacrificateur qui, parmi les fils d'Aaron, sera oint pour lui succéder, fera aussi cette offrande. C'est une loi perpétuelle devant l'Éternel: elle sera brûlée en entier.

Toute offrande d'un sacrificateur sera brûlée en entier; elle ne sera point mangée.

L'Éternel parla à Moïse, et dit:

Parle à Aaron et à ses fils, et dis: Voici la loi du sacrifice d'expiation. C'est dans le lieu où l'on égorge l'holocauste que sera égorgée devant l'Éternel la victime pour le sacrifice d'expiation: c'est une chose très sainte.

Le sacrificateur qui offrira la victime expiatoire la mangera; elle sera mangée dans un lieu saint, dans le parvis de la tente d'assignation.

20 Quiconque en touchera la chair sera sanctifié. S'il en rejaillit du sang sur un vêtement, la place sur laquelle il aura rejailli sera lavée dans un lieu saint.

Le vase de terre dans lequel elle aura cuit sera brisé; si c'est dans un vase d'airain qu'elle a cuit, il sera nettoyé et lavé dans l'eau.

Tout mâle parmi les sacrificateurs en mangera: c'est une chose très sainte.

Mais on ne mangera aucune victime expiatoire dont on apportera du sang dans la tente d'assignation, pour faire l'expiation dans le sanctuaire: elle sera brûlée au feu.

Lévitique 7

Voici la loi du sacrifice de culpabilité: c'est une chose très sainte.

C'est dans le lieu où l'on égorge l'holocauste que sera égorgée la victime pour le sacrifice de culpabilité. On en répandra le sang sur l'autel tout autour.

On en offrira toute la graisse, la queue, la graisse qui couvre les entrailles,

les deux rognons, et la graisse qui les entoure, qui couvre les flancs, et le grand lobe du foie, qu'on détachera près des rognons.

Le sacrificateur brûlera cela sur l'autel en sacrifice consumé devant l'Éternel. C'est un sacrifice de culpabilité.

Tout mâle parmi les sacrificateurs en mangera; il le mangera dans un lieu saint: c'est une chose très sainte.

---

[1] Un épha, c'est environ 30 ou 35 litres.

Lv 7,7 Il en est du sacrifice de culpabilité comme du sacrifice d'expiation; la loi est la même pour ces deux sacrifices: la victime sera pour le sacrificateur qui fera l'expiation.

Le sacrificateur qui offrira l'holocauste de quelqu'un aura pour lui la peau de l'holocauste qu'il a offert.

Toute offrande cuite au four, préparée sur le gril ou à la poêle, sera pour le sacrificateur qui l'a offerte.

10 Toute offrande pétrie à l'huile et sèche sera pour tous les fils d'Aaron, pour l'un comme pour l'autre.

Voici la loi du sacrifice d'actions de grâces, qu'on offrira à l'Éternel.

Si quelqu'un l'offre par reconnaissance, il offrira, avec le sacrifice d'actions de grâces, des gâteaux sans levain pétris à l'huile, des galettes sans levain arrosées d'huile, et des gâteaux de fleur de farine frite et pétris à l'huile.

A ces gâteaux il ajoutera du pain levé pour son offrande, avec son sacrifice de reconnaissance et d'actions de grâces.

On présentera par élévation à l'Éternel une portion de chaque offrande; elle sera pour le sacrificateur qui a répandu le sang de la victime d'actions de grâces.

La chair du sacrifice de reconnaissance et d'actions de grâces sera mangée le jour où il est offert; on n'en laissera rien jusqu'au matin.

Si quelqu'un offre un sacrifice pour l'accomplissement d'un voeu ou comme offrande volontaire, la victime sera mangée le jour où il l'offrira, et ce qui en restera sera mangé le lendemain.

Ce qui restera de la chair de la victime sera brûlé au feu le troisième jour.

Dans le cas où l'on mangerait de la chair de son sacrifice d'actions de grâces le troisième jour, le sacrifice ne sera point agréé; il n'en sera pas tenu compte à celui qui l'a offert; ce sera une chose infecte, et quiconque en mangera restera chargé de sa faute.

La chair qui a touché quelque chose d'impur ne sera point mangée: elle sera brûlée au feu.

20 Tout homme pur peut manger de la chair; mais celui qui, se trouvant en état d'impureté, mangera de la chair du sacrifice d'actions de grâces qui appartient à l'Éternel, celui-là sera retranché de son peuple.

Et celui qui touchera quelque chose d'impur, une souillure humaine, un animal impur, ou quoi que ce soit d'impur, et qui mangera de la chair du sacrifice d'actions de grâces qui appartient à l'Éternel, celui-là sera retranché de son peuple.

L'Éternel parla à Moïse, et dit:

Parle aux enfants d'Israël, et dis: Vous ne mangerez point de graisse de boeuf, d'agneau ni de chèvre.

La graisse d'une bête morte ou déchirée pourra servir à un usage quelconque; mais vous ne la mangerez point.

Car celui qui mangera de la graisse des animaux dont on offre à l'Éternel des sacrifices consumés par le feu, celui-là sera retranché de son peuple.

Vous ne mangerez point de sang, ni d'oiseau, ni de bétail, dans tous les lieux où vous habiterez.

Celui qui mangera du sang d'une espèce quelconque, celui-là sera retranché de son peuple.

L'Éternel parla à Moïse, et dit:

Parle aux enfants d'Israël, et dis: Celui qui offrira à l'Éternel son sacrifice d'actions de grâces apportera son offrande à l'Éternel, prise sur son sacrifice d'actions de grâces.

30 Il apportera de ses propres mains ce qui doit être consumé par le feu devant l'Éternel; il apportera la graisse avec la poitrine, la poitrine pour l'agiter de côté et d'autre devant l'Éternel.

Le sacrificateur brûlera la graisse sur l'autel, et la poitrine sera pour Aaron et pour ses fils.

Dans vos sacrifices d'actions de grâces, vous donnerez au sacrificateur l'épaule droite, en la présentant par élévation.

Celui des fils d'Aaron qui offrira le sang et la graisse du sacrifice d'actions de grâces aura l'épaule droite pour sa part.

Car je prends sur les sacrifices d'actions de grâces offerts par les enfants d'Israël la poitrine qu'on agitera de côté et d'autre et l'épaule qu'on présentera par élévation, et je les donne au sacrificateur Aaron et à ses fils, par une loi perpétuelle qu'observeront les enfants d'Israël.

C'est là le droit que l'onction d'Aaron et de ses fils leur donnera sur les sacrifices consumés par le feu devant l'Éternel, depuis le jour où ils seront présentés pour être à mon service dans le sacerdoce.

C'est ce que l'Éternel ordonne aux enfants d'Israël de leur donner depuis le jour de leur onction; ce sera une loi perpétuelle parmi leurs descendants.

Telle est la loi de l'holocauste, de l'offrande, du sacrifice d'expiation, du sacrifice de culpabilité, de la consécration, et du sacrifice d'actions de grâces.

L'Éternel la prescrivit à Moïse sur la montagne de Sinaï, le jour où il ordonna aux enfants d'Israël de présenter leurs offrandes à l'Éternel dans le désert du Sinaï.

B - Investiture des prêtres
Lévitique 8 à 10

L'Éternel parla à Moïse, et dit:

Prends Aaron et ses fils avec lui, les vêtements, l'huile d'onction, le taureau expiatoire, les deux béliers et la corbeille de pains sans levain;

et convoque toute l'assemblée à l'entrée de la tente d'assignation.

Moïse fit ce que l'Éternel lui avait ordonné; et l'assemblée se réunit à l'entrée de la tente d'assignation.

Moïse dit à l'assemblée: Voici ce que l'Éternel a ordonné de faire.

Moïse fit approcher Aaron et ses fils, et il les lava avec de l'eau.

Il mit à Aaron la tunique, il le ceignit de la ceinture, il le revêtit de la robe, et il plaça sur lui l'éphod, qu'il serra avec la ceinture de l'éphod dont il le revêtit.

Il lui mit le pectoral, et il joignit au pectoral l'urim et le thummim.

Il posa la tiare sur sa tête, et il plaça sur le devant de la tiare la lame d'or, diadème sacré, comme l'Éternel l'avait ordonné à Moïse.

10 Moïse prit l'huile d'onction, il oignit le sanctuaire et toutes les choses qui y étaient, et le sanctifia.

Lv 8,11 Il en fit sept fois l'aspersion sur l'autel, et il oignit l'autel et tous ses ustensiles, et la cuve avec sa base, afin de les sanctifier.

Il répandit de l'huile d'onction sur la tête d'Aaron, et l'oignit, afin de la sanctifier.

Moïse fit aussi approcher les fils d'Aaron; il les revêtit de tuniques, les ceignit de ceintures, et leur attacha des bonnets, comme l'Éternel l'avait ordonné à Moïse.

Il fit approcher le taureau expiatoire, et Aaron et ses fils posèrent leurs mains sur la tête du taureau expiatoire.

Moïse l'égorgea, prit du sang, et en mit avec son doigt sur les cornes de l'autel tout autour, et purifia l'autel; il répandit le sang au pied de l'autel, et le sanctifia pour y faire l'expiation.

Il prit toute la graisse qui couvre les entrailles, le grand lobe du foie, et les deux rognons avec leur graisse, et il brûla cela sur l'autel.

Mais il brûla au feu hors du camp le taureau, sa peau, sa chair et ses excréments, comme l'Éternel l'avait ordonné à Moïse.

Il fit approcher le bélier de l'holocauste, et Aaron et ses fils posèrent leurs mains sur la tête du bélier.

Moïse l'égorgea, et répandit le sang sur l'autel tout autour.

20   Il coupa le bélier par morceaux, et il brûla la tête, les morceaux et la graisse.

Il lava avec de l'eau les entrailles et les jambes, et il brûla tout le bélier sur l'autel: ce fut l'holocauste, ce fut un sacrifice consumé par le feu, d'une agréable odeur à l'Éternel, comme l'Éternel l'avait ordonné à Moïse.

Il fit approcher l'autre bélier, le bélier de consécration, et Aaron et ses fils posèrent leurs mains sur la tête du bélier.

Moïse égorgea le bélier, prit de son sang, et en mit sur le lobe de l'oreille droite d'Aaron, sur le pouce de sa main droite et sur le gros orteil de son pied droit.

Il fit approcher les fils d'Aaron, mit du sang sur le lobe de leur oreille droite, sur le pouce de leur main droite et sur le gros orteil de leur pied droit, et il répandit le sang sur l'autel tout autour.

Il prit la graisse, la queue, toute la graisse qui couvre les entrailles, le grand lobe du foie, les deux rognons avec leur graisse, et l'épaule droite;

il prit aussi dans la corbeille de pains sans levain, placée devant l'Éternel, un gâteau sans levain, un gâteau de pain à l'huile et une galette, et il les posa sur les graisses et sur l'épaule droite.

Il mit toutes ces choses sur les mains d'Aaron et sur les mains de ses fils, et il les agita de côté et d'autre devant l'Éternel.

Puis Moïse les ôta de leurs mains, et il les brûla sur l'autel, par-dessus l'holocauste: ce fut le sacrifice de consécration, ce fut un sacrifice consumé par le feu, d'une agréable odeur à l'Éternel.

Moïse prit la poitrine du bélier de consécration, et il l'agita de côté et d'autre devant l'Éternel: ce fut la portion de Moïse, comme l'Éternel l'avait ordonné à Moïse.

30   Moïse prit de l'huile d'onction et du sang qui était sur l'autel; il en fit l'aspersion sur Aaron et sur ses vêtements, sur les fils d'Aaron et sur leurs vêtements; et il sanctifia Aaron et ses vêtements, les fils d'Aaron et leurs vêtements avec lui.

Moïse dit à Aaron et à ses fils: Faites cuire la chair à l'entrée de la tente d'assignation; c'est là que vous la mangerez, avec le pain qui est dans la corbeille de consécration, comme je l'ai ordonné, en disant: Aaron et ses fils la mangeront.

Vous brûlerez dans le feu ce qui restera de la chair et du pain.

Pendant sept jours, vous ne sortirez point de l'entrée de la tente d'assignation, jusqu'à ce que les jours de votre consécration soient accomplis; car sept jours seront employés à vous consacrer.

Ce qui s'est fait aujourd'hui, l'Éternel a ordonné de le faire comme expiation pour vous.

Vous resterez donc sept jours à l'entrée de la tente d'assignation, jour et nuit, et vous observerez les commandements de l'Éternel, afin que vous ne mouriez pas; car c'est là ce qui m'a été ordonné.

Aaron et ses fils firent toutes les choses que l'Éternel avait ordonnées par Moïse.

Lévitique 9

Le huitième jour, Moïse appela Aaron et ses fils, et les anciens d'Israël.

Il dit à Aaron: Prends un jeune veau pour le sacrifice d'expiation, et un bélier pour l'holocauste, l'un et l'autre sans défaut, et sacrifie-les devant l'Éternel.

Tu parleras aux enfants d'Israël, et tu diras: Prenez un bouc, pour le sacrifice d'expiation, un veau et un agneau, âgés d'un an et sans défaut, pour l'holocauste;

un boeuf et un bélier, pour le sacrifice d'actions de grâces, afin de les sacrifier devant l'Éternel; et une offrande pétrie à l'huile. Car aujourd'hui l'Éternel vous apparaîtra.

Ils amenèrent devant la tente d'assignation ce que Moïse avait ordonné; et toute l'assemblée s'approcha, et se tint devant l'Éternel.

Moïse dit: Vous ferez ce que l'Éternel a ordonné; et la gloire de l'Éternel vous apparaîtra.

Moïse dit à Aaron: Approche-toi de l'autel; offre ton sacrifice d'expiation et ton holocauste, et fais l'expiation pour toi et pour le peuple; offre aussi le sacrifice du peuple, et fais l'expiation pour lui, comme l'Éternel l'a ordonné.

Aaron s'approcha de l'autel, et il égorgea le veau pour son sacrifice d'expiation.

Les fils d'Aaron lui présentèrent le sang; il trempa son doigt dans le sang, en mit sur les cornes de l'autel, et répandit le sang au pied de l'autel.

10   Il brûla sur l'autel la graisse, les rognons, et le grand lobe du foie de la victime expiatoire, comme l'Éternel l'avait ordonné à Moïse.

Mais il brûla au feu hors du camp la chair et la peau.

Il égorgea l'holocauste. Les fils d'Aaron lui présentèrent le sang, et il le répandit sur l'autel tout autour.

Ils lui présentèrent l'holocauste coupé par morceaux, avec la tête, et il les brûla sur l'autel.

Il lava les entrailles et les jambes, et il les brûla sur l'autel, par dessus l'holocauste.

Ensuite, il offrit le sacrifice du peuple. Il prit le bouc pour le sacrifice expiatoire du peuple, il l'égorgea, et l'offrit en expiation, comme la première victime.

Il offrit l'holocauste, et le sacrifia, d'après les règles établies.

Il présenta l'offrande, en prit une poignée, et la brûla sur l'autel, outre l'holocauste du matin.

Il égorgea le boeuf et le bélier, en sacrifice d'actions de grâces pour le peuple. Les fils d'Aaron lui présentèrent le sang, et il le répandit sur l'autel tout autour.

Ils lui présentèrent la graisse du boeuf et du bélier, la queue, la graisse qui couvre les entrailles, les rognons, et le grand lobe du foie;

20 ils mirent les graisses sur les poitrines, et il brûla les graisses sur l'autel.

Aaron agita de côté et d'autre devant l'Éternel les poitrines et l'épaule droite, comme Moïse l'avait ordonné.

Aaron leva ses mains vers le peuple, et il le bénit. Puis il descendit, après avoir offert le sacrifice d'expiation, l'holocauste et le sacrifice d'actions de grâces.

Moïse et Aaron entrèrent dans la tente d'assignation. Lorsqu'ils en sortirent, ils bénirent le peuple. Et la gloire de l'Éternel apparut à tout le peuple.

Le feu sortit de devant l'Éternel, et consuma sur l'autel l'holocauste et les graisses. Tout le peuple le vit; et ils poussèrent des cris de joie, et se jetèrent sur leur face.

Lévitique 10

Les fils d'Aaron, Nadab et Abihu, prirent chacun un brasier, y mirent du feu, et posèrent du parfum dessus; ils apportèrent devant l'Éternel du feu étranger, ce qu'il ne leur avait point ordonné.

Alors le feu sortit de devant l'Éternel, et les consuma: ils moururent devant l'Éternel.

Moïse dit à Aaron: C'est ce que l'Éternel a déclaré, lorsqu'il a dit: Je serai sanctifié par ceux qui s'approchent de moi, et je serai glorifié en présence de tout le peuple. Aaron garda le silence.

Et Moïse appela Mischaël et Eltsaphan, fils d'Uziel, oncle d'Aaron, et il leur dit: Approchez-vous, emportez vos frères loin du sanctuaire, hors du camp.

Ils s'approchèrent, et ils les emportèrent dans leurs tuniques hors du camp, comme Moïse l'avait dit.

Moïse dit à Aaron, à Éléazar et à Ithamar, fils d'Aaron: Vous ne découvrirez point vos têtes, et vous ne déchirerez point vos vêtements, de peur que vous ne mouriez, et que l'Éternel ne s'irrite contre toute l'assemblée. Laissez vos frères, toute la maison d'Israël, pleurer sur l'embrasement que l'Éternel a allumé.

Vous ne sortirez point de l'entrée de la tente d'assignation, de peur que vous ne mouriez; car l'huile de l'onction de l'Éternel est sur vous. Ils firent ce que Moïse avait dit.

L'Éternel parla à Aaron, et dit:

Tu ne boiras ni vin, ni boisson enivrante, toi et tes fils avec toi, lorsque vous entrerez dans la tente d'assignation, de peur que vous ne mouriez: ce sera une loi perpétuelle parmi vos descendants,

10 afin que vous puissiez distinguer ce qui est saint de ce qui est profane, ce qui est impur de ce qui est pur,

et enseigner aux enfants d'Israël toutes les lois que l'Éternel leur a données par Moïse.

Moïse dit à Aaron, à Éléazar et à Ithamar, les deux fils qui restaient à Aaron: Prenez ce qui reste de l'offrande parmi les sacrifices consumés par le feu devant l'Éternel, et mangez-le sans levain près de l'autel: car c'est une chose très sainte.

Vous le mangerez dans un lieu saint; c'est ton droit et le droit de tes fils sur les offrandes consumées par le feu devant l'Éternel; car c'est là ce qui m'a été ordonné.

Vous mangerez aussi dans un lieu pur, toi, tes fils et tes filles avec toi, la poitrine qu'on a agitée de côté et d'autre et l'épaule qui a été présentée par élévation; car elles vous sont données, comme ton droit et le droit de tes fils, dans les sacrifices d'actions de grâces des enfants d'Israël.

Ils apporteront, avec les graisses destinées à être consumées par le feu, l'épaule que l'on présente par élévation et la poitrine que l'on agite de côté et d'autre devant l'Éternel: elles seront pour toi et pour tes fils avec toi, par une loi perpétuelle, comme l'Éternel l'a ordonné.

Moïse chercha le bouc expiatoire; et voici, il avait été brûlé. Alors il s'irrita contre Éléazar et Ithamar, les fils qui restaient à Aaron, et il dit:

Pourquoi n'avez-vous pas mangé la victime expiatoire dans le lieu saint? C'est une chose très sainte; et l'Éternel vous l'a donnée, afin que vous portiez l'iniquité de l'assemblée, afin que vous fassiez pour elle l'expiation devant l'Éternel.

Voici, le sang de la victime n'a point été porté dans l'intérieur du sanctuaire; vous deviez la manger dans le sanctuaire, comme cela m'avait été ordonné.

Aaron dit à Moïse: Voici, ils ont offert aujourd'hui leur sacrifice d'expiation et leur holocauste devant l'Éternel; et, après ce qui m'est arrivé, si j'eusse mangé aujourd'hui la victime expiatoire, cela aurait-il été bien aux yeux de l'Éternel?

20   Moïse entendit et approuva ces paroles.

C - Le pur et l'impur
Lévitique 11 à 15

L'Éternel parla à Moïse et à Aaron, et leur dit:
Parlez aux enfants d'Israël, et dites: Voici les animaux dont vous mangerez parmi toutes les bêtes qui sont sur la terre.[1]
Vous mangerez de tout animal qui a la corne fendue, le pied fourchu, et qui rumine.

Mais vous ne mangerez pas de ceux qui ruminent seulement, ou qui ont la corne fendue seulement. Ainsi, vous ne mangerez pas le chameau, qui rumine, mais qui n'a pas la corne fendue: vous le regarderez comme impur.

Vous ne mangerez pas le daman, qui rumine, mais qui n'a pas la corne fendue: vous le regarderez comme impur.

Vous ne mangerez pas le lièvre, qui rumine, mais qui n'a pas la corne fendue: vous le regarderez comme impur.

---

[1] Voir une autre liste en Dt 14.

Lv 11,7 Vous ne mangerez pas le porc, qui a la corne fendue et le pied fourchu, mais qui ne rumine pas: vous le regarderez comme impur.

Vous ne mangerez pas de leur chair, et vous ne toucherez pas leurs corps morts: vous les regarderez comme impurs.

Voici les animaux dont vous mangerez parmi tous ceux qui sont dans les eaux. Vous mangerez de tous ceux qui ont des nageoires et des écailles, et qui sont dans les eaux, soit dans les mers, soit dans les rivières.

10 Mais vous aurez en abomination tous ceux qui n'ont pas des nageoires et des écailles, parmi tout ce qui se meut dans les eaux et tout ce qui est vivant dans les eaux, soit dans les mers, soit dans les rivières.

Vous les aurez en abomination, vous ne mangerez pas de leur chair, et vous aurez en abomination leurs corps morts.

Vous aurez en abomination tous ceux qui, dans les eaux, n'ont pas des nageoires et des écailles.

Voici, parmi les oiseaux, ceux que vous aurez en abomination, et dont on ne mangera pas: l'aigle, l'orfraie et l'aigle de mer;

le milan, l'autour et ce qui est de son espèce;

le corbeau et toutes ses espèces;

l'autruche, le hibou, la mouette, l'épervier et ce qui est de son espèce;

le chat-huant, le plongeon et la chouette;

le cygne, le pélican et le cormoran;

la cigogne, le héron et ce qui est de son espèce, la huppe et la chauve-souris.

20 Vous aurez en abomination tout reptile qui vole et qui marche sur quatre pieds.

Mais, parmi tous les reptiles qui volent et qui marchent sur quatre pieds, vous mangerez ceux qui ont des jambes au-dessus de leurs pieds, pour sauter sur la terre.

Voici ceux que vous mangerez: la sauterelle, le solam, le hargol et le hagab, selon leurs espèces.

Vous aurez en abomination tous les autres reptiles qui volent et qui ont quatre pieds.

Ils vous rendront impurs: quiconque touchera leurs corps morts sera impur jusqu'au soir,

et quiconque portera leurs corps morts lavera ses vêtements et sera impur jusqu'au soir.

Vous regarderez comme impur tout animal qui a la corne fendue, mais qui n'a pas le pied fourchu et qui ne rumine pas: quiconque le touchera sera impur.

Vous regarderez comme impurs tous ceux des animaux à quatre pieds qui marchent sur leurs pattes: quiconque touchera leurs corps morts sera impur jusqu'au soir,

et quiconque portera leurs corps morts lavera ses vêtements et sera impur jusqu'au soir. Vous les regarderez comme impurs.

Voici, parmi les animaux qui rampent sur la terre, ceux que vous regarderez comme impurs: la taupe, la souris et le lézard, selon leurs espèces;

30 le hérisson, la grenouille, la tortue, le limaçon et le caméléon.

Vous les regarderez comme impurs parmi tous les reptiles: quiconque les touchera morts sera impur jusqu'au soir.

Tout objet sur lequel tombera quelque chose de leurs corps morts sera souillé, ustensiles de bois, vêtement, peau, sac, tout objet dont on fait usage; il sera mis dans l'eau, et restera souillé jusqu'au soir; après quoi, il sera pur.

Tout ce qui se trouvera dans un vase de terre où il en tombera quelque chose, sera souillé, et vous briserez le vase.

Tout aliment qui sert à la nourriture, et sur lequel il sera tombé de cette eau, sera souillé; et toute boisson dont on fait usage, quel que soit le vase qui la contienne, sera souillée.

Tout objet sur lequel tombera quelque chose de leurs corps morts sera souillé; le four et le foyer seront détruits: ils seront souillés, et vous les regarderez comme souillés.

Il n'y aura que les sources et les citernes, formant des amas d'eaux, qui resteront pures; mais celui qui y touchera de leurs corps morts sera impur.

S'il tombe quelque chose de leurs corps morts sur une semence qui doit être semée, elle restera pure;

mais si l'on a mis de l'eau sur la semence, et qu'il y tombe quelque chose de leurs corps morts, vous la regarderez comme souillée.

S'il meurt un des animaux qui vous servent de nourriture, celui qui touchera son corps mort sera impur jusqu'au soir;

40 celui qui mangera de son corps mort lavera ses vêtements et sera impur jusqu'au soir, et celui qui portera son corps mort lavera ses vêtements et sera impur jusqu'au soir.

Vous aurez en abomination tout reptile qui rampe sur la terre: on n'en mangera point.

Vous ne mangerez point, parmi tous les reptiles qui rampent sur la terre, de tous ceux qui se traînent sur le ventre, ni de tous ceux qui marchent sur quatre pieds ou sur un grand nombre de pieds; car vous les aurez en abomination.

Ne rendez point vos personnes abominables par tous ces reptiles qui rampent; ne vous rendez point impurs par eux, ne vous souillez point par eux.

Car je suis l'Éternel, votre Dieu; vous vous sanctifierez, et vous serez saints, car je suis saint; et vous ne vous rendrez point impurs par tous ces reptiles qui rampent sur la terre.

Car je suis l'Éternel, qui vous ai fait monter du pays d'Égypte, pour être votre Dieu, et pour que vous soyez saints; car je suis saint.

Telle est la loi touchant les animaux, les oiseaux, tous les êtres vivants qui se meuvent dans les eaux, et tous les êtres qui rampent sur la terre,

afin que vous distinguiez ce qui est impur et ce qui est pur, l'animal qui se mange et l'animal qui ne se mange pas.

Lévitique 12

L'Éternel parla à Moïse, et dit:

Parle aux enfants d'Israël, et dis: Lorsqu'une femme deviendra enceinte, et qu'elle enfantera un mâle, elle sera impure pendant sept jours; elle sera impure comme au temps de son indisposition menstruelle.

Le huitième jour, l'enfant sera circoncis.

Elle restera encore trente-trois jours à se purifier de son sang; elle ne touchera aucune chose sainte, et elle n'ira point au sanctuaire, jusqu'à ce que les jours de sa purification soient accomplis.

Si elle enfante une fille, elle sera impure pendant deux semaines, comme au temps de son indisposition menstruelle; elle restera soixante-six jours à se purifier de son sang.

Lorsque les jours de sa purification seront accomplis, pour un fils ou pour une fille, elle apportera au sacrificateur, à l'entrée de la tente d'assignation, un agneau d'un an pour l'holocauste, et un jeune pigeon ou une tourterelle pour le sacrifice d'expiation.

Le sacrificateur les sacrifiera devant l'Éternel, et fera pour elle l'expiation; et elle sera purifiée du flux de son sang. Telle est la loi pour la femme qui enfante un fils ou une fille.

Si elle n'a pas de quoi se procurer un agneau, elle prendra deux tourterelles ou deux jeunes pigeons, l'un pour l'holocauste, l'autre pour le sacrifice d'expiation. Le sacrificateur fera pour elle l'expiation, et elle sera pure.

Lévitique 13

L'Éternel parla à Moïse et à Aaron, et dit:

Lorsqu'un homme aura sur la peau de son corps une tumeur, une dartre, ou une tache blanche, qui ressemblera à une plaie de lèpre sur la peau de son corps, on l'amènera au sacrificateur Aaron, ou à l'un de ses fils qui sont sacrificateurs.

Le sacrificateur examinera la plaie qui est sur la peau du corps. Si le poil de la plaie est devenu blanc, et que la plaie paraisse plus profonde que la peau du corps, c'est une plaie de lèpre: le sacrificateur qui aura fait l'examen déclarera cet homme impur.

S'il y a sur la peau du corps une tache blanche qui ne paraisse pas plus profonde que la peau, et que le poil ne soit pas devenu blanc, le sacrificateur enfermera pendant sept jours celui qui a la plaie.

Le sacrificateur l'examinera le septième jour. Si la plaie lui paraît ne pas avoir fait de progrès et ne pas s'être étendue sur la peau, le sacrificateur l'enfermera une seconde fois pendant sept jours.

Le sacrificateur l'examinera une seconde fois le septième jour. Si la plaie est devenue pâle et ne s'est pas étendue sur la peau, le sacrificateur déclarera cet homme pur: c'est une dartre; il lavera ses vêtements, et il sera pur.

Mais si la dartre s'est étendue sur la peau, après qu'il s'est montré au sacrificateur pour être déclaré pur, il se fera examiner une seconde fois par le sacrificateur.

Le sacrificateur l'examinera. Si la dartre s'est étendue sur la peau, le sacrificateur le déclarera impur; c'est la lèpre.

Lorsqu'il y aura sur un homme une plaie de lèpre, on l'amènera au sacrificateur.

10   Le sacrificateur l'examinera. S'il y a sur la peau une tumeur blanche, si cette tumeur a fait blanchir le poil, et qu'il y ait une trace de chair vive dans la tumeur,

Lv 13,11 c'est une lèpre invétérée dans la peau du corps de cet homme: le sacrificateur le déclarera impur; il ne l'enfermera pas, car il est impur.

Si la lèpre fait une éruption sur la peau et couvre toute la peau de celui qui a la plaie, depuis la tête jusqu'aux pieds, partout où le sacrificateur portera ses regards, le sacrificateur l'examinera;

et quand il aura vu que la lèpre couvre tout le corps, il déclarera pur celui qui a la plaie: comme il est entièrement devenu blanc, il est pur.

Mais le jour où l'on apercevra en lui de la chair vive, il sera impur;

quand le sacrificateur aura vu la chair vive, il le déclarera impur: la chair vive est impure, c'est la lèpre.

Si la chair vive change et devient blanche, il ira vers le sacrificateur;

le sacrificateur l'examinera, et si la plaie est devenue blanche, le sacrificateur déclarera pur celui qui a la plaie: il est pur.

Lorsqu'un homme aura eu sur la peau de son corps un ulcère qui a été guéri,

et qu'il se manifestera, à la place où était l'ulcère, une tumeur blanche ou une tache d'un blanc rougeâtre, cet homme se montrera au sacrificateur.

20 Le sacrificateur l'examinera. Si la tache paraît plus enfoncée que la peau, et que le poil soit devenu blanc, le sacrificateur le déclarera impur: c'est une plaie de lèpre, qui a fait éruption dans l'ulcère.

Si le sacrificateur voit qu'il n'y a point de poil blanc dans la tache, qu'elle n'est pas plus enfoncée que la peau, et qu'elle est devenue pâle, il enfermera cet homme pendant sept jours.

Si la tache s'est étendue sur la peau, le sacrificateur le déclarera impur: c'est une plaie de lèpre.

Mais si la tache est restée à la même place et ne s'est pas étendue, c'est une cicatrice de l'ulcère: le sacrificateur le déclarera pur.

Lorsqu'un homme aura eu sur la peau de son corps une brûlure par le feu, et qu'il se manifestera sur la trace de la brûlure une tache blanche ou d'un blanc rougeâtre, le sacrificateur l'examinera.

Si le poil est devenu blanc dans la tache, et qu'elle paraisse plus profonde que la peau, c'est la lèpre, qui a fait éruption dans la brûlure; le sacrificateur déclarera cet homme impur: c'est une plaie de lèpre.

Si le sacrificateur voit qu'il n'y a point de poil blanc dans la tache, qu'elle n'est pas plus enfoncée que la peau, et qu'elle est devenu pâle, il enfermera cet homme pendant sept jours.

Le sacrificateur l'examinera le septième jour. Si la tache s'est étendue sur la peau, le sacrificateur le déclarera impur: c'est une plaie de lèpre.

Mais si la tache est restée à la même place, ne s'est pas étendue sur la peau, et est devenue pâle, c'est la tumeur de la brûlure; le sacrificateur le déclarera pur, car c'est la cicatrice de la brûlure.

Lorsqu'un homme ou une femme aura une plaie à la tête ou à la barbe,

30 le sacrificateur examinera la plaie. Si elle paraît plus profonde que la peau, et qu'il y ait du poil jaunâtre et mince, le sacrificateur déclarera cet homme impur: c'est la teigne, c'est la lèpre de la tête ou de la barbe.

Si le sacrificateur voit que la plaie de la teigne ne paraît pas plus profonde que la peau, et qu'il n'y a point de poil noir, il enferma pendant sept jours celui qui a la plaie de la teigne.

Lv 13,32 Le sacrificateur examinera la plaie le septième jour. Si la teigne ne s'est pas étendue, s'il n'y a point de poil jaunâtre, et si elle ne paraît pas plus profonde que la peau,

celui qui a la teigne se rasera, mais il ne rasera point la place où est la teigne; et le sacrificateur l'enfermera une seconde fois pendant sept jours.

Le sacrificateur examinera la teigne le septième jour. Si la teigne ne s'est pas étendue sur la peau, et si elle ne paraît pas plus profonde que la peau, le sacrificateur le déclarera pur; il lavera ses vêtements, et il sera pur.

Mais si la teigne s'est étendue sur la peau, après qu'il a été déclaré pur, le sacrificateur l'examinera.

Et si la teigne s'est étendue sur la peau, le sacrificateur n'aura pas à rechercher s'il y a du poil jaunâtre: il est impur.

Si la teigne lui paraît ne pas avoir fait de progrès, et qu'il y ait crû du poil noir, la teigne est guérie: il est pur, et le sacrificateur le déclarera pur.

Lorsqu'un homme ou une femme aura sur la peau de son corps des taches, des taches blanches,

le sacrificateur l'examinera. S'il y a sur la peau de son corps des taches d'un blanc pâle, ce ne sont que des taches qui ont fait éruption sur la peau: il est pur.

40 Lorsqu'un homme aura la tête dépouillée de cheveux, c'est un chauve: il est pur.

S'il a la tête dépouillée de cheveux du côté de la face, c'est un chauve par-devant: il est pur.

Mais s'il y a dans la partie chauve de devant ou de derrière une plaie d'un blanc rougeâtre, c'est la lèpre qui a fait éruption dans la partie chauve de derrière ou de devant.

Le sacrificateur l'examinera. S'il y a une tumeur de plaie d'un blanc rougeâtre dans la partie chauve de derrière ou de devant, semblable à la lèpre sur la peau du corps,

c'est un homme lépreux, il est impur: le sacrificateur le déclarera impur; c'est à la tête qu'est sa plaie.

Le lépreux, atteint de la plaie, portera ses vêtements déchirés, et aura la tête nue; il se couvrira la barbe, et criera: Impur! Impur!

Aussi longtemps qu'il aura la plaie, il sera impur: il est impur. Il habitera seul; sa demeure sera hors du camp.

Lorsqu'il y aura sur un vêtement une plaie de lèpre, sur un vêtement de laine ou sur un vêtement de lin,

à la chaîne ou à la trame de lin, ou de laine, sur une peau ou sur quelque ouvrage de peau,

et que la plaie sera verdâtre ou rougeâtre sur le vêtement ou sur la peau, à la chaîne ou à la trame, ou sur un objet quelconque de peau, c'est une plaie de lèpre, et elle sera montrée au sacrificateur.

50 Le sacrificateur examinera la plaie, et il enfermera pendant sept jours ce qui en est attaqué.

Il examinera la plaie le septième jour. Si la plaie s'est étendue sur le vêtement, à la chaîne ou à la trame, sur la peau ou sur l'ouvrage quelconque fait de peau, c'est une plaie de lèpre invétérée: l'objet est impur.

Il brûlera le vêtement, la chaîne ou la trame de laine ou de lin, l'objet quelconque de peau sur lequel se trouve la plaie, car c'est une lèpre invétérée: il sera brûlé au feu.

Mais si le sacrificateur voit que la plaie ne s'est pas étendue sur le vêtement, sur la chaîne ou sur la trame, sur l'objet quelconque de peau,

il ordonnera qu'on lave ce qui est attaqué de la plaie, et il l'enfermera une seconde fois pendant sept jours.

Le sacrificateur examinera la plaie, après qu'elle aura été lavée. Si la plaie n'a pas changé d'aspect et ne s'est pas étendue, l'objet est impur: il sera brûlé au feu; c'est une partie de l'endroit ou de l'envers qui a été rongée.

Si le sacrificateur voit que la plaie est devenue pâle, après avoir été lavée, il l'arrachera du vêtement ou de la peau, de la chaîne ou de la trame.

Si elle paraît encore sur le vêtement, à la chaîne ou à la trame, ou sur l'objet quelconque de peau, c'est une éruption de lèpre: ce qui est attaqué de la plaie sera brûlé au feu.

Le vêtement, la chaîne ou la trame, l'objet quelconque de peau, qui a été lavé, et d'où la plaie a disparu, sera lavé une seconde fois, et il sera pur.

Telle est la loi sur la plaie de la lèpre, lorsqu'elle attaque les vêtements de laine ou de lin, la chaîne ou la trame, ou un objet quelconque de peau, et d'après laquelle ils seront déclarés purs ou impurs.

Lévitique 14

L'Éternel parla à Moïse, et dit:

Voici quelle sera la loi sur le lépreux, pour le jour de sa purification. On l'amènera devant le sacrificateur.

Le sacrificateur sortira du camp, et il examinera le lépreux. Si le lépreux est guéri de la plaie de la lèpre,

le sacrificateur ordonnera que l'on prenne, pour celui qui doit être purifié, deux oiseaux vivants et purs, du bois de cèdre, du cramoisi et de l'hysope.

Le sacrificateur ordonnera qu'on égorge l'un des oiseaux sur un vase de terre, sur de l'eau vive.

Il prendra l'oiseau vivant, le bois de cèdre, le cramoisi et l'hysope; et il les trempera, avec l'oiseau vivant, dans le sang de l'oiseau égorgé sur l'eau vive.

Il en fera sept fois l'aspersion sur celui qui doit être purifié de la lèpre. Puis il le déclarera pur, et il lâchera dans les champs l'oiseau vivant.

Celui qui se purifie lavera ses vêtements, rasera tout son poil, et se baignera dans l'eau; et il sera pur. Ensuite il pourra entrer dans le camp, mais il restera sept jours hors de sa tente.

Le septième jour, il rasera tout son poil, sa tête, sa barbe, ses sourcils, il rasera tout son poil; il lavera ses vêtements, et baignera son corps dans l'eau, et il sera pur.

10 Le huitième jour, il prendra deux agneaux sans défaut et une brebis d'un an sans défaut, trois dixièmes d'un épha de fleur de farine en offrande pétrie à l'huile, et un log d'huile.

Le sacrificateur qui fait la purification présentera l'homme qui se purifie et toutes ces choses devant l'Éternel, à l'entrée de la tente d'assignation.

Le sacrificateur prendra l'un des agneaux, et il l'offrira en sacrifice de culpabilité, avec le log d'huile; il les agitera de côté et d'autre devant l'Éternel.

Il égorgera l'agneau dans le lieu où l'on égorge les victimes expiatoires et les holocaustes, dans le lieu saint; car, dans le sacrifice de culpabilité, comme dans le sacrifice d'expiation, la victime est pour le sacrificateur; c'est une chose très sainte.

Le sacrificateur prendra du sang de la victime de culpabilité; il en mettra sur le lobe de l'oreille droite de celui qui se purifie, sur le pouce de sa main droite et sur le gros orteil de son pied droit.

Le sacrificateur prendra du log d'huile, et il en versera dans le creux de sa main gauche.

Lv 14,16 Le sacrificateur trempera le doigt de sa main droite dans l'huile qui est dans le creux de sa main gauche, et il fera avec le doigt sept fois l'aspersion de l'huile devant l'Éternel.

Le sacrificateur mettra de l'huile qui lui reste dans la main sur le lobe de l'oreille droite de celui qui se purifie, sur le pouce de sa main droite et sur le gros orteil de son pied droit, par-dessus le sang de la victime de culpabilité.

Le sacrificateur mettra ce qui lui reste d'huile dans la main sur la tête de celui qui se purifie; et le sacrificateur fera pour lui l'expiation devant l'Éternel.

Puis le sacrificateur offrira le sacrifice d'expiation; et il fera l'expiation pour celui qui se purifie de sa souillure.

20 Ensuite il égorgera l'holocauste. Le sacrificateur offrira sur l'autel l'holocauste et l'offrande; et il fera pour cet homme l'expiation, et il sera pur.

S'il est pauvre et que ses ressources soient insuffisantes, il prendra un seul agneau, qui sera offert en sacrifice de culpabilité, après avoir été agité de côté et d'autre, et avec lequel on fera pour lui l'expiation. Il prendra un seul dixième de fleur de farine pétrie à l'huile pour l'offrande, et un log d'huile.

Il prendra aussi deux tourterelles ou deux jeunes pigeons, selon ses ressources, l'un pour le sacrifice d'expiation, l'autre pour l'holocauste.

Le huitième jour, il apportera pour sa purification toutes ces choses au sacrificateur, à l'entrée de la tente d'assignation, devant l'Éternel.

Le sacrificateur prendra l'agneau pour le sacrifice de culpabilité, et le log d'huile; et il les agitera de côté et d'autre devant l'Éternel.

Il égorgera l'agneau du sacrifice de culpabilité. Le sacrificateur prendra du sang de la victime de culpabilité; il en mettra sur le lobe de l'oreille droite de celui qui se purifie, sur le pouce de sa main droite et sur le gros orteil de son pied droit.

Le sacrificateur versera de l'huile dans le creux de sa main gauche.

Le sacrificateur fera avec le doigt de sa main droite sept fois l'aspersion de l'huile qui est dans sa main gauche, devant l'Éternel.

Le sacrificateur mettra de l'huile qui est dans sa main sur le lobe de l'oreille droite de celui qui se purifie, sur le pouce de sa main droite et sur le gros orteil de son pied droit, à la place où il a mis du sang de la victime de culpabilité.

Le sacrificateur mettra ce qui lui reste d'huile dans la main sur la tête de celui qui se purifie, afin de faire pour lui l'expiation devant l'Éternel.

30 Puis il offrira l'une des tourterelles ou l'un des jeunes pigeons qu'il a pu se procurer,

l'un en sacrifice d'expiation, l'autre en holocauste, avec l'offrande; et le sacrificateur fera pour celui qui se purifie l'expiation devant l'Éternel.

Telle est la loi pour la purification de celui qui a une plaie de lèpre, et dont les ressources sont insuffisantes.

L'Éternel parla à Moïse et à Aaron, et dit[1]:

Lorsque vous serez entrés dans le pays de Canaan, dont je vous donne la possession; si je mets une plaie de lèpre sur une maison du pays que vous posséderez,

celui à qui appartiendra la maison ira le déclarer au sacrificateur, et dira: J'aperçois comme une plaie dans ma maison.

---

[1] Le texte qui suit concerne la "lèpre des maisons", situation dont la nature exacte ne nous est pas connue.

Lv 14,36 Le sacrificateur, avant d'y entrer pour examiner la plaie, ordonnera qu'on vide la maison, afin que tout ce qui y est ne devienne pas impur. Après cela, le sacrificateur entrera pour examiner la maison.

Le sacrificateur examinera la plaie. S'il voit qu'elle offre sur les murs de la maison des cavités verdâtres ou rougeâtres, paraissant plus enfoncées que le mur,

il sortira de la maison, et, quand il sera à la porte, il fera fermer la maison pour sept jours.

Le sacrificateur y retournera le septième jour. S'il voit que la plaie s'est étendue sur les murs de la maison,

40 il ordonnera qu'on ôte les pierres attaquées de la plaie, et qu'on les jette hors de la ville, dans un lieu impur.

Il fera râcler tout l'intérieur de la maison; et l'on jettera hors de la ville, dans un lieu impur, la poussière qu'on aura râclée.

On prendra d'autres pierres, que l'on mettra à la place des premières; et l'on prendra d'autre mortier, pour recrépir la maison.

Si la plaie revient et fait éruption dans la maison, après qu'on a ôté les pierres, râclé et recrépi la maison,

le sacrificateur y retournera. S'il voit que la plaie s'est étendue dans la maison, c'est une lèpre invétérée dans la maison: elle est impure.

On abattra la maison, les pierres, le bois, et tout le mortier de la maison; et l'on portera ces choses hors de la ville dans un lieu impur.

Celui qui sera entré dans la maison pendant tout le temps qu'elle était fermée sera impur jusqu'au soir.

Celui qui aura couché dans la maison lavera ses vêtements. Celui qui aura mangé dans la maison lavera aussi ses vêtements.

Si le sacrificateur, qui est retourné dans la maison, voit que la plaie ne s'est pas étendue, après que la maison a été recrépie, il déclarera la maison pure, car la plaie est guérie.

Il prendra, pour purifier la maison, deux oiseaux, du bois de cèdre, du cramoisi et de l'hysope.

50 Il égorgera l'un des oiseaux sur un vase de terre, sur de l'eau vive.

Il prendra le bois de cèdre, l'hysope, le cramoisi et l'oiseau vivant; il les trempera dans le sang de l'oiseau égorgé et dans l'eau vive, et il en fera sept fois l'aspersion sur la maison.

Il purifiera la maison avec le sang de l'oiseau, avec de l'eau vive, avec l'oiseau vivant, avec le bois de cèdre, l'hysope et le cramoisi.

Il lâchera l'oiseau vivant hors de la ville, dans les champs. C'est ainsi qu'il fera pour la maison l'expiation, et elle sera pure.

Telle est la loi pour toute plaie de lèpre et pour la teigne,

pour la lèpre des vêtements et des maisons,

pour les tumeurs, les dartres et les taches:

elle enseigne quand une chose est impure, et quand elle est pure. Telle est la loi sur la lèpre.

Lévitique 15

L'Éternel parla à Moïse et à Aaron, et dit:

Parlez aux enfants d'Israël, et dites-leur: Tout homme qui a une gonorrhée est par là même impur.

C'est à cause de sa gonorrhée qu'il est impur: que sa chair laisse couler son flux, ou qu'elle le retienne, il est impur.

Tout lit sur lequel il couchera sera impur, et tout objet sur lequel il s'assiéra sera impur.

Celui qui touchera son lit lavera ses vêtements, se lavera dans l'eau, et sera impur jusqu'au soir.

Celui qui s'assiéra sur l'objet sur lequel il s'est assis lavera ses vêtements, se lavera dans l'eau, et sera impur jusqu'au soir.

Celui qui touchera sa chair lavera ses vêtements, se lavera dans l'eau, et sera impur jusqu'au soir.

S'il crache sur un homme pur, cet homme lavera ses vêtements, se lavera dans l'eau, et sera impur jusqu'au soir.

Toute monture sur laquelle il s'assiéra sera impure.

10 Celui qui touchera une chose quelconque qui a été sous lui sera impur jusqu'au soir; et celui qui la portera lavera ses vêtements, se lavera dans l'eau, et sera impur jusqu'au soir.

Celui qui sera touché par lui, et qui ne se sera pas lavé les mains dans l'eau, lavera ses vêtements, se lavera dans l'eau, et sera impur jusqu'au soir.

Tout vase de terre qui sera touché par lui sera brisé, et tout vase de bois sera lavé dans l'eau.

Lorsqu'il sera purifié de son flux, il comptera sept jours pour sa purification; il lavera ses vêtements, il lavera sa chair avec de l'eau vive, et il sera pur.

Le huitième jour, il prendra deux tourterelles ou deux jeunes pigeons, il ira devant l'Éternel, à l'entrée de la tente d'assignation, et il les donnera au sacrificateur.

Le sacrificateur les offrira, l'un en sacrifice d'expiation, et l'autre en holocauste; et le sacrificateur fera pour lui l'expiation devant l'Éternel, à cause de son flux.

L'homme qui aura une pollution lavera tout son corps dans l'eau, et sera impur jusqu'au soir.

Tout vêtement et toute peau qui en seront atteints seront lavés dans l'eau, et seront impurs jusqu'au soir.

Si une femme a couché avec un tel homme, ils se laveront l'un et l'autre, et seront impurs jusqu'au soir.

La femme qui aura un flux, un flux de sang en sa chair, restera sept jours dans son impureté. Quiconque la touchera sera impur jusqu'au soir.

20 Tout lit sur lequel elle couchera pendant son impureté sera impur, et tout objet sur lequel elle s'assiéra sera impur.

Quiconque touchera son lit lavera ses vêtements, se lavera dans l'eau, et sera impur jusqu'au soir.

Quiconque touchera un objet sur lequel elle s'est assise lavera ses vêtements, se lavera dans l'eau, et sera impur jusqu'au soir.

S'il y a quelque chose sur le lit ou sur l'objet sur lequel elle s'est assise, celui qui la touchera sera impur jusqu'au soir.

Si un homme couche avec elle et que l'impureté de cette femme vienne sur lui, il sera impur pendant sept jours, et tout lit sur lequel il couchera sera impur.

La femme qui aura un flux de sang pendant plusieurs jours hors de ses époques régulières, ou dont le flux durera plus qu'à l'ordinaire, sera impure tout le temps de son flux, comme au temps de son indisposition menstruelle.

Tout lit sur lequel elle couchera pendant la durée de ce flux sera comme le lit de son flux menstruel, et tout objet sur lequel elle s'assiéra sera impur comme lors de son flux menstruel.

Quiconque les touchera sera souillé; il lavera ses vêtements, se lavera dans l'eau, et sera impur jusqu'au soir.

Lorsqu'elle sera purifiée de son flux, elle comptera sept jours, après lesquels elle sera pure.

Le huitième jour, elle prendra deux tourterelles ou deux jeunes pigeons, et elle les apportera au sacrificateur, à l'entrée de la tente d'assignation.

30   Le sacrificateur offrira l'un en sacrifice d'expiation, et l'autre en holocauste; et le sacrificateur fera pour elle l'expiation devant l'Éternel, à cause du flux qui la rendait impure.

Vous éloignerez les enfants d'Israël de leurs impuretés, de peur qu'ils ne meurent à cause de leurs impuretés, s'ils souillent mon tabernacle qui est au milieu d'eux.

Telle est la loi pour celui qui a une gonorrhée ou qui est souillé par une pollution,

pour celle qui a son flux menstruel, pour l'homme ou la femme qui a un flux, et pour l'homme qui couche avec une femme impure.

D - Le jour du grand pardon
Lévitique 16

L'Éternel parla à Moïse, après la mort des deux fils d'Aaron, qui moururent en se présentant devant l'Éternel[1].

L'Éternel dit à Moïse: Parle à ton frère Aaron, afin qu'il n'entre pas en tout temps dans le sanctuaire, au dedans du voile, devant le propitiatoire qui est sur l'arche, de peur qu'il ne meure; car j'apparaîtrai[2] dans la nuée sur le propitiatoire.

Voici de quelle manière Aaron entrera dans le sanctuaire. Il prendra un jeune taureau pour le sacrifice d'expiation et un bélier pour l'holocauste.

Il se revêtira de la tunique sacrée de lin, et portera sur son corps des caleçons de lin; il se ceindra d'une ceinture de lin, et il se couvrira la tête d'une tiare de lin: ce sont les vêtements sacrés, dont il se revêtira après avoir lavé son corps dans l'eau.

Il recevra de l'assemblée des enfants d'Israël deux boucs pour le sacrifice d'expiation et un bélier pour l'holocauste.

---

[1] Cf Lv 10,1-2.

[2] Beaucoup de Bibles traduisent: "quand j'apparaîtrai".

Lv 16,6 Aaron offrira son taureau expiatoire, et il fera l'expiation pour lui et pour sa maison.
Il prendra les deux boucs, et il les placera devant l'Éternel, à l'entrée de la tente d'assignation.
Aaron jettera le sort sur les deux boucs, un sort pour l'Éternel et un sort pour Azazel.
Aaron fera approcher le bouc sur lequel est tombé le sort pour l'Éternel, et il l'offrira en sacrifice d'expiation.

10 Et le bouc sur lequel est tombé le sort pour Azazel sera placé vivant devant l'Éternel, afin qu'il serve à faire l'expiation et qu'il soit lâché dans le désert pour Azazel.

Aaron offrira son taureau expiatoire, et il fera l'expiation pour lui et pour sa maison. Il égorgera son taureau expiatoire.
Il prendra un brasier plein de charbons ardents ôtés de dessus l'autel devant l'Éternel, et de deux poignées de parfum odoriférants en poudre; il portera ces choses au delà du voile;
il mettra le parfum sur le feu devant l'Éternel, afin que la nuée du parfum couvre le propitiatoire qui est sur le témoignage, et il ne mourra point.
Il prendra du sang du taureau, et il fera l'aspersion avec son doigt sur le devant du propitiatoire vers l'orient; il fera avec son doigt sept fois l'aspersion du sang devant le propitiatoire.

Il égorgera le bouc expiatoire pour le peuple, et il en portera le sang au delà du voile. Il fera avec ce sang comme il a fait avec le sang du taureau, il en fera l'aspersion sur le propitiatoire et devant le propitiatoire.

C'est ainsi qu'il fera l'expiation pour le sanctuaire à cause des impuretés des enfants d'Israël et de toutes les transgressions par lesquelles ils ont péché. Il fera de même pour la tente d'assignation, qui est avec eux au milieu de leurs impuretés.
Il n'y aura personne dans la tente d'assignation lorsqu'il entrera pour faire l'expiation dans le sanctuaire, jusqu'à ce qu'il en sorte. Il fera l'expiation pour lui et pour sa maison, et pour toute l'assemblée d'Israël.
En sortant, il ira vers l'autel qui est devant l'Éternel, et il fera l'expiation pour l'autel; il prendra du sang du taureau et du bouc, et il en mettra sur les cornes de l'autel tout autour.
Il fera avec son doigt sept fois l'aspersion du sang sur l'autel; il le purifiera et le sanctifiera, à cause des impuretés des enfants d'Israël.

20 Lorsqu'il aura achevé de faire l'expiation pour le sanctuaire, pour la tente d'assignation et pour l'autel, il fera approcher le bouc vivant.

Aaron posera ses deux mains sur la tête du bouc vivant, et il confessera sur lui toutes les iniquités des enfants d'Israël et toutes les transgressions par lesquelles ils ont péché; il les mettra sur la tête du bouc, puis il le chassera dans le désert, à l'aide d'un homme qui aura cette charge.

Le bouc emportera sur lui toutes leurs iniquités dans une terre désolée; il sera chassé dans le désert.

Aaron entrera dans la tente d'assignation; il quittera les vêtements de lin qu'il avait mis en entrant dans le sanctuaire, et il les déposera là.
Il lavera son corps avec de l'eau dans un lieu saint, et reprendra ses vêtements. Puis il sortira, offrira son holocauste et l'holocauste du peuple, et fera l'expiation pour lui et pour le peuple.
Il brûlera sur l'autel la graisse de la victime expiatoire.

Celui qui aura chassé le bouc pour Azazel lavera ses vêtements, et lavera son corps dans l'eau; après cela, il rentrera dans le camp.

On emportera hors du camp le taureau expiatoire et le bouc expiatoire dont on a porté le sang dans le sanctuaire pour faire l'expiation, et l'on brûlera au feu leurs peaux, leur chair et leurs excréments.

Celui qui les brûlera lavera ses vêtements, et lavera son corps dans l'eau; après cela, il rentrera dans le camp.

C'est ici pour vous une loi perpétuelle: au septième mois, le dixième jour du mois, vous humilierez vos âmes, vous ne ferez aucun ouvrage, ni l'indigène, ni l'étranger qui séjourne au milieu de vous.

30 Car en ce jour on fera l'expiation pour vous, afin de vous purifier: vous serez purifiés de tous vos péchés devant l'Éternel.

Ce sera pour vous un sabbat, un jour de repos, et vous humilierez vos âmes. C'est une loi perpétuelle.

L'expiation sera faite par le sacrificateur qui a reçu l'onction et qui a été consacré pour succéder à son père dans le sacerdoce; il se revêtira des vêtements de lin, des vêtements sacrés.

Il fera l'expiation pour le sanctuaire de sainteté, il fera l'expiation pour la tente d'assignation et pour l'autel, et il fera l'expiation pour les sacrificateurs et pour tout le peuple de l'assemblée.

Ce sera pour vous une loi perpétuelle: il se fera une fois chaque année l'expiation pour les enfants d'Israël, à cause de leurs péchés. On fit ce que l'Éternel avait ordonné à Moïse.

E - Le sang
Lévitique 17

L'Éternel parla à Moïse, et dit:
Parle à Aaron et à ses fils, et à tous les enfants d'Israël, et tu leur diras: Voici ce que l'Éternel a ordonné.

Si un homme de la maison d'Israël égorge dans le camp ou hors du camp un boeuf, un agneau ou une chèvre,
et ne l'amène pas à l'entrée de la tente d'assignation, pour en faire une offrande à l'Éternel devant le tabernacle de l'Éternel, le sang sera imputé à cet homme; il a répandu le sang, cet homme-là sera retranché du milieu de son peuple.

C'est afin que les enfants d'Israël, au lieu de sacrifier leurs victimes dans les champs, les amènent au sacrificateur, devant l'Éternel, à l'entrée de la tente d'assignation, et qu'ils les offrent à l'Éternel en sacrifices d'actions de grâces.

Le sacrificateur en répandra le sang sur l'autel de l'Éternel, à l'entrée de la tente d'assignation; et il brûlera la graisse, qui sera d'une agréable odeur à l'Éternel.

Ils n'offriront plus leurs sacrifices aux boucs, avec lesquels ils se prostituent. Ce sera une loi perpétuelle pour eux et pour leurs descendants.

Tu leur diras donc: Si un homme de la maison d'Israël ou des étrangers qui séjournent au milieu d'eux offre un holocauste ou une victime,

et ne l'amène pas à l'entrée de la tente d'assignation, pour l'offrir en sacrifice à l'Éternel, cet homme-là sera retranché de son peuple.

10 Si un homme de la maison d'Israël ou des étrangers qui séjournent au milieu d'eux mange du sang d'une espèce quelconque, je tournerai ma face contre celui qui mange le sang, et je le retrancherai du milieu de son peuple.

Car l'âme de la chair est dans le sang. Je vous l'ai donné sur l'autel, afin qu'il servît d'expiation pour vos âmes, car c'est par l'âme que le sang fait l'expiation.

C'est pourquoi j'ai dit aux enfants d'Israël: Personne d'entre vous ne mangera du sang, et l'étranger qui séjourne au milieu de vous ne mangera pas du sang.

Si quelqu'un des enfants d'Israël ou des étrangers qui séjournent au milieu d'eux prend à la chasse un animal ou un oiseau qui se mange, il en versera le sang et le couvrira de poussière.

Car l'âme de toute chair, c'est son sang, qui est en elle. C'est pourquoi j'ai dit aux enfants d'Israël: Vous ne mangerez le sang d'aucune chair; car l'âme de toute chair, c'est son sang: quiconque en mangera sera retranché.

Toute personne, indigène ou étrangère, qui mangera d'une bête morte ou déchirée, lavera ses vêtements, se lavera dans l'eau, et sera impure jusqu'au soir; puis elle sera pure.

Si elle ne lave pas ses vêtements, et ne lave pas son corps, elle portera la peine de sa faute.

F - La sexualité
Lévitique 18

L'Éternel parla à Moïse, et dit:

Parle aux enfants d'Israël, et tu leur diras: Je suis l'Éternel, votre Dieu.

Vous ne ferez point ce qui se fait dans le pays d'Égypte où vous avez habité, et vous ne ferez point ce qui se fait dans le pays de Canaan où je vous mène: vous ne suivrez point leurs usages.

Vous pratiquerez mes ordonnances, et vous observerez mes lois: vous les suivrez. Je suis l'Éternel, votre Dieu.

Vous observerez mes lois et mes ordonnances: l'homme qui les mettra en pratique vivra par elles. Je suis l'Éternel.

Nul de vous ne s'approchera de sa parente, pour découvrir sa nudité. Je suis l'Éternel.

Tu ne découvriras point la nudité de ton père, ni la nudité de ta mère. C'est ta mère: tu ne découvriras point sa nudité.

Tu ne découvriras point la nudité de la femme de ton père. C'est la nudité de ton père.

Lv 18,9 Tu ne découvriras point la nudité de ta soeur, fille de ton père ou fille de ta mère, née dans la maison ou née hors de la maison.

10 Tu ne découvriras point la nudité de la fille de ton fils ou de la fille de ta fille. Car c'est ta nudité.

Tu ne découvriras point la nudité de la fille de la femme de ton père, née de ton père. C'est ta soeur.

Tu ne découvriras point la nudité de la soeur de ton père. C'est la proche parente de ton père.

Tu ne découvriras point la nudité de la soeur de ta mère. Car c'est la proche parente de ta mère.

Tu ne découvriras point la nudité du frère de ton père. Tu ne t'approcheras point de sa femme. C'est ta tante.

Tu ne découvriras point la nudité de ta belle-fille. C'est la femme de ton fils: tu ne découvriras point sa nudité.

Tu ne découvriras point la nudité de la femme de ton frère. C'est la nudité de ton frère.

Tu ne découvriras point la nudité d'une femme et de sa fille. Tu ne prendras point la fille de son fils, ni la fille de sa fille, pour découvrir leur nudité. Ce sont tes proches parentes: c'est un crime.

Tu ne prendras point la soeur de ta femme, pour exciter une rivalité, en découvrant sa nudité à côté de ta femme pendant sa vie.

Tu ne t'approcheras point d'une femme pendant son impureté menstruelle, pour découvrir sa nudité.

20 Tu n'auras point commerce avec la femme de ton prochain, pour te souiller avec elle.

Tu ne livreras aucun de tes enfants pour le faire passer à Moloc, et tu ne profaneras point le nom de ton Dieu. Je suis l'Éternel.

Tu ne coucheras point avec un homme comme on couche avec une femme. C'est une abomination.

Tu ne coucheras point avec une bête, pour te souiller avec elle. La femme ne s'approchera point d'une bête, pour se prostituer à elle. C'est une confusion.

Ne vous souillez par aucune de ces choses, car c'est par toutes ces choses que se sont souillées les nations que je vais chasser devant vous.

Le pays en a été souillé; je punirai son iniquité, et le pays vomira ses habitants.
Vous observerez donc mes lois et mes ordonnances, et vous ne commettrez aucune de ces abominations, ni l'indigène, ni l'étranger qui séjourne au milieu de vous.
Car ce sont là toutes les abominations qu'ont commises les hommes du pays, qui y ont été avant vous; et le pays en a été souillé.
Prenez garde que le pays ne vous vomisse, si vous le souillez, comme il aura vomi les nations qui y étaient avant vous.

Car tous ceux qui commettront quelqu'une de ces abominations seront retranchés du milieu de leur peuple.

30 Vous observerez mes commandements, et vous ne pratiquerez aucun des usages abominables qui se pratiquaient avant vous, vous ne vous en souillerez pas. Je suis l'Éternel, votre Dieu.

G - Soyez saints
Lévitique 19

L'Éternel parla à Moïse, et dit:

Parle à toute l'assemblée des enfants d'Israël, et tu leur diras: Soyez saints, car je suis saint, moi, l'Éternel, votre Dieu.

Chacun de vous respectera sa mère et son père, et observera mes sabbats. Je suis l'Éternel, votre Dieu.

Vous ne vous tournerez point vers les idoles, et vous ne vous ferez point des dieux de fonte.

Quand vous offrirez à l'Éternel un sacrifice d'actions de grâces, vous l'offrirez en sorte qu'il soit agréé.

La victime sera mangée le jour où vous la sacrifierez, ou le lendemain; ce qui restera jusqu'au troisième jour sera brûlé au feu.

Si l'on en mange le troisième jour, ce sera une chose infecte: le sacrifice ne sera point agréé.

Celui qui en mangera portera la peine de son péché, car il profane ce qui est consacré à l'Éternel: cette personne-là sera retranchée de son peuple.

Quand vous ferez la moisson dans votre pays, tu laisseras un coin de ton champ sans le moissonner, et tu ne ramasseras pas ce qui reste à glaner.

10 Tu ne cueilleras pas non plus les grappes restées dans ta vigne, et tu ne ramasseras pas les grains qui en seront tombés. Tu abandonneras cela au pauvre et à l'étranger. Je suis l'Éternel, votre Dieu.

Vous ne déroberez point, et vous n'userez ni de mensonge ni de tromperie les uns envers les autres.

Vous ne jurerez point faussement par mon nom, car tu profanerais le nom de ton Dieu. Je suis l'Éternel.

Tu n'opprimeras point ton prochain, et tu ne raviras rien par violence. Tu ne retiendras point jusqu'au lendemain le salaire du mercenaire.

Tu ne maudiras point au sourd, et tu ne mettras devant un aveugle rien qui puisse le faire tomber; car tu auras la crainte de ton Dieu. Je suis l'Éternel.

Lv 19,14 Tu ne commettras point d'iniquité dans tes jugements: tu n'auras point égard à la personne du pauvre, et tu ne favoriseras point la personne du grand, mais tu jugeras ton prochain selon la justice.

Tu ne répandras point de calomnies parmi ton peuple. Tu ne t'élèveras point contre le sang de ton prochain. Je suis l'Éternel.

Tu ne haïras point ton frère dans ton coeur; tu auras soin de reprendre ton prochain, mais tu ne te chargeras point d'un péché à cause de lui.

Tu ne te vengeras point, et tu ne garderas point de rancune contre les enfants de ton peuple. Tu aimeras ton prochain comme toi-même. Je suis l'Éternel.

Vous observerez mes lois. Tu n'accoupleras point des bestiaux de deux espèces différentes; tu n'ensemenceras point ton champ de deux espèces de semences; et tu ne porteras pas un vêtement tissé de deux espèces de fils.

20 Lorsqu'un homme couchera et aura commerce avec une femme, si c'est une esclave fiancée à un autre homme, et qui n'a pas été rachetée ou affranchie, ils seront châtiés, mais non punis de mort, parce qu'elle n'a pas été affranchie.

L'homme amènera pour sa faute à l'Éternel, à l'entrée de la tente d'assignation, un bélier en sacrifice de culpabilité.

Le sacrificateur fera pour lui l'expiation devant l'Éternel, pour le péché qu'il a commis, avec le bélier offert en sacrifice de culpabilité, et le péché qu'il a commis lui sera pardonné.

Quand vous serez entrés dans le pays, et que vous y aurez planté toutes sortes d'arbres fruitiers, vous en regarderez les fruits comme incirconcis; pendant trois ans, ils seront pour vous incirconcis; on n'en mangera point.

La quatrième année, tous leurs fruits seront consacrés à l'Éternel au milieu des réjouissances.

La cinquième année, vous en mangerez les fruits, et vous continuerez à les récolter. Je suis l'Éternel, votre Dieu.

Vous ne mangerez rien avec du sang. Vous n'observerez ni les serpents ni les nuages pour en tirer des pronostics.

Vous ne couperez point en rond les coins de votre chevelure, et tu ne raseras point les coins de ta barbe.

Vous ne ferez point d'incisions dans votre chair pour un mort, et vous n'imprimerez point de figures sur vous. Je suis l'Éternel.

Tu ne profaneras point ta fille en la livrant à la prostitution, de peur que le pays ne se prostitue et ne se remplisse de crimes.

30 Vous observerez mes sabbats, et vous révérerez mon sanctuaire. Je suis l'Éternel.

Ne vous tournez point vers ceux qui évoquent les esprits, ni vers les devins; ne les recherchez point, de peur de vous souiller avec eux. Je suis l'Éternel, votre Dieu.

Tu te lèveras devant les cheveux blancs, et tu honoreras la personne du vieillard. Tu craindras ton Dieu. Je suis l'Éternel.

Si un étranger vient séjourner avec vous dans votre pays, vous ne l'opprimerez point. Vous traiterez l'étranger en séjour parmi vous comme un indigène du milieu de vous; vous l'aimerez comme vous-mêmes, car vous avez été étrangers dans le pays d'Égypte. Je suis l'Éternel, votre Dieu.

Vous ne commettrez point d'iniquité ni dans les jugements, ni dans les mesures de dimension, ni dans les poids, ni dans les mesures de capacité. Vous aurez des balances justes, des poids justes, des épha justes et des hin justes. Je suis l'Éternel, votre Dieu, qui vous ai fait sortir du pays d'Égypte.

Vous observerez toutes mes lois et toutes mes ordonnances, et vous les mettrez en pratique. Je suis l'Éternel.

H - Sanctions
Lévitique 20

L'Éternel parla à Moïse, et dit:

Tu diras aux enfants d'Israël: Si un homme des enfants d'Israël ou des étrangers qui séjournent en Israël livre à Moloc l'un de ses enfants, il sera puni de mort: le peuple du pays le lapidera.

Et moi, je tournerai ma face contre cet homme, et je le retrancherai du milieu de son peuple, parce qu'il a livré de ses enfants à Moloc, souillé mon sanctuaire et profané mon saint nom.

Si le peuple du pays détourne ses regards de cet homme, qui livre de ses enfants à Moloc, et s'il ne le fait pas mourir,

je tournerai, moi, ma face contre cet homme et contre sa famille, et je le retrancherai du milieu de son peuple, avec tous ceux qui se prostituent comme lui en se prostituant à Moloc.

Si quelqu'un s'adresse aux morts et aux esprits, pour se prostituer après eux, je tournerai ma face contre cet homme, je le retrancherai du milieu de son peuple.

Vous vous sanctifierez et vous serez saints, car je suis l'Éternel, votre Dieu.

Vous observerez mes lois, et vous les mettrez en pratique. Je suis l'Éternel, qui vous sanctifie.

Si un homme quelconque maudit son père ou sa mère, il sera puni de mort; il a maudit son père ou sa mère: son sang retombera sur lui.

10 Si un homme commet un adultère avec une femme mariée, s'il commet un adultère avec la femme de son prochain, l'homme et la femme adultères seront punis de mort.

Si un homme couche avec la femme de son père, et découvre ainsi la nudité de son père, cet homme et cette femme seront punis de mort: leur sang retombera sur eux.

Si un homme couche avec sa belle-fille, ils seront tous deux punis de mort; ils ont fait une confusion: leur sang retombera sur eux.

Si un homme couche avec un homme comme on couche avec une femme, ils ont fait tous deux une chose abominable; ils seront punis de mort: leur sang retombera sur eux.

Si un homme prend pour femmes la fille et la mère, c'est un crime: on les brûlera au feu, lui et elles, afin que ce crime n'existe pas au milieu de vous.

Si un homme couche avec une bête, il sera puni de mort; et vous tuerez la bête.

Si une femme s'approche d'une bête, pour se prostituer à elle, tu tueras la femme et la bête; elles seront mises à mort: leur sang retombera sur elles.

Si un homme prend sa soeur, fille de son père ou fille de sa mère, s'il voit sa nudité et qu'elle voie la sienne, c'est une infamie; ils seront retranchés sous les yeux des enfants de leur peuple: il a découvert la nudité de sa soeur, il portera la peine de son péché.

Si un homme couche avec une femme qui a son indisposition, et découvre sa nudité, s'il découvre son flux, et qu'elle découvre le flux de son sang, ils seront tous deux retranchés du milieu de leur peuple.

Tu ne découvriras point la nudité de la soeur de ta mère, ni de la soeur de ton père, car c'est découvrir sa proche parente: ils porteront la peine de leur péché.

20 Si un homme couche avec sa tante, il a découvert la nudité de son oncle; ils porteront la peine de leur péché, ils mourront sans enfant.

Si un homme prend la femme de son frère, c'est une impureté; il a découvert la nudité de son frère: ils seront sans enfant.

Vous observerez toutes mes lois et toutes mes ordonnances, et vous les mettrez en pratique, afin que le pays où je vous mène pour vous y établir ne vous vomisse point.

Vous ne suivrez point les usages des nations que je vais chasser devant vous; car elles ont fait toutes ces choses, et je les ai en abomination.

Je vous ai dit: C'est vous qui posséderez leur pays; je vous en donnerai la possession: c'est un pays où coulent le lait et le miel. Je suis l'Éternel, votre Dieu, qui vous ai séparés des peuples.

Vous observerez la distinction entre les animaux purs et impurs, entre les oiseaux purs et impurs, afin de ne pas rendre vos personnes abominables par des animaux, par des oiseaux, par tous les reptiles de la terre, que je vous ai appris à distinguer comme impurs.

Vous serez saints pour moi, car je suis saint, moi, l'Éternel; je vous ai séparés des peuples, afin que vous soyez à moi.

Si un homme ou une femme ont en eux l'esprit d'un mort ou un esprit de divination, ils seront punis de mort; on les lapidera: leur sang retombera sur eux.

I - Règles relatives aux prêtres
Lévitique 21-22

L'Éternel dit à Moïse: Parle aux sacrificateurs, fils d'Aaron, et tu leur diras: Un sacrificateur ne se rendra point impur parmi son peuple pour un mort,

excepté pour ses plus proches parents, pour sa mère, pour son père, pour son fils, pour son frère,

et aussi pour sa soeur encore vierge, qui le touche de près lorsqu'elle n'est pas mariée. Chef parmi son peuple, il ne se rendra point impur en se profanant.

Les sacrificateurs ne se feront point de place chauve sur la tête, ils ne raseront point les coins de leur barbe, et ils ne feront point d'incisions dans leur chair.

Ils seront saints pour leur Dieu, et ils ne profaneront pas le nom de leur Dieu; car ils offrent à l'Éternel les sacrifices consumés par le feu, l'aliment de leur Dieu: ils seront saints.

Ils ne prendront point une femme prostituée ou déshonorée, ils ne prendront point une femme répudiée par son mari, car ils sont saints pour leur Dieu.

Tu regarderas un sacrificateur comme saint, car il offre l'aliment de ton Dieu; il sera saint pour toi, car je suis saint, moi, l'Éternel, qui vous sanctifie.

Si la fille d'un sacrificateur se déshonore en se prostituant, elle déshonore son père: elle sera brûlée au feu.

10 Le sacrificateur qui a la supériorité sur ses frères, sur la tête duquel a été répandue l'huile d'onction, et qui a été consacré et revêtu des vêtements sacrés, ne découvrira point sa tête et ne déchirera point ses vêtements.

Il n'ira vers aucun mort, il ne se rendra point impur, ni pour son père, ni pour sa mère.

Il ne sortira point du sanctuaire, et ne profanera point le sanctuaire de son Dieu; car l'huile d'onction de son Dieu est une couronne sur lui. Je suis l'Éternel.

Il prendra pour femme une vierge.

Il ne prendra ni une veuve, ni une femme répudiée, ni une femme déshonorée ou prostituée; mais il prendra pour femme une vierge parmi son peuple.

Il ne déshonorera point sa postérité parmi son peuple; car je suis l'Éternel, qui le sanctifie.

L'Éternel parla à Moïse, et dit:

Parle à Aaron, et dis: Tout homme de ta race et parmi tes descendants, qui aura un défaut corporel, ne s'approchera point pour offrir l'aliment de son Dieu.

Tout homme qui aura un défaut corporel ne pourra s'approcher: un homme aveugle, boiteux, ayant le nez camus ou un membre allongé;

un homme ayant une fracture au pied ou à la main;

20 un homme bossu ou grêle, ayant une tache à l'oeil, la gale, une dartre, ou les testicules écrasés.

Tout homme de la race du sacrificateur Aaron, qui aura un défaut corporel, ne s'approchera point pour offrir à l'Éternel les sacrifices consumés par le feu; il a un défaut corporel: il ne s'approchera point pour offrir l'aliment de son Dieu.

Il pourra manger l'aliment de son Dieu, des choses très saintes et des choses saintes.

Mais il n'ira point vers le voile, et il ne s'approchera point de l'autel, car il a un défaut corporel; il ne profanera point mes sanctuaires, car je suis l'Éternel, qui les sanctifie.

C'est ainsi que parla Moïse à Aaron et à ses fils, et à tous les enfants d'Israël.

Lévitique 22

L'Éternel parla à Moïse, et dit:

Parle à Aaron et à ses fils, afin qu'ils s'abstiennent des choses saintes qui me sont consacrées par les enfants d'Israël, et qu'ils ne profanent point mon saint nom. Je suis l'Éternel.

Dis-leur: Tout homme parmi vos descendants et de votre race, qui s'approchera des choses saintes que consacrent à l'Éternel les enfants d'Israël, et qui aura sur lui quelque impureté, cet homme-là sera retranché de devant moi. Je suis l'Éternel.

Lv 22,4 Tout homme de la race d'Aaron, qui aura la lèpre ou une gonorrhée, ne mangera point des choses saintes jusqu'à ce qu'il soit pur. Il en sera de même pour celui qui touchera une personne souillée par le contact d'un cadavre, pour celui qui aura une pollution,

pour celui qui touchera un reptile et en aura été souillé, ou un homme atteint d'une impureté quelconque et en aura été souillé.

Celui qui touchera ces choses sera impur jusqu'au soir; il ne mangera pas des choses saintes, mais il lavera son corps dans l'eau;

après le coucher du soleil, il sera pur, et il mangera ensuite des choses saintes, car c'est sa nourriture.

Il ne mangera point d'une bête morte ou déchirée, afin de ne pas se souiller par elle. Je suis l'Éternel.

Ils observeront mes commandements, de peur qu'ils ne portent la peine de leur péché et qu'ils ne meurent, pour avoir profané les choses saintes. Je suis l'Éternel, qui les sanctifie.

10 Aucun étranger ne mangera des choses saintes; celui qui demeure chez un sacrificateur et le mercenaire ne mangeront point des choses saintes.

Mais un esclave acheté par le sacrificateur à prix d'argent pourra en manger, de même que celui qui est né dans sa maison; ils mangeront de sa nourriture.

La fille d'un sacrificateur, mariée à un étranger, ne mangera point des choses saintes offertes par élévation.

Mais la fille d'un sacrificateur qui sera veuve ou répudiée, sans avoir d'enfants, et qui retournera dans la maison de son père comme dans sa jeunesse, pourra manger de la nourriture de son père. Aucun étranger n'en mangera.

Si un homme mange involontairement d'une chose sainte, il donnera au sacrificateur la valeur de la chose sainte, en y ajoutant un cinquième.

Les sacrificateurs ne profaneront point les choses saintes qui sont présentées par les enfants d'Israël, et qu'ils ont offertes par élévation à l'Éternel;

ils les chargeraient ainsi du péché dont ils se rendraient coupables en mangeant les choses saintes: car je suis l'Éternel, qui les sanctifie.

L'Éternel parla à Moïse, et dit:

Parle à Aaron et à ses fils, et à tous les enfants d'Israël, et tu leur diras: Tout homme de la maison d'Israël ou des étrangers en Israël, qui offrira un holocauste à l'Éternel, soit pour l'accomplissement d'un voeu, soit comme offrande volontaire,

prendra un mâle sans défaut parmi les boeufs, les agneaux ou les chèvres, afin que sa victime soit agréée.

20 Vous n'en offrirez aucune qui ait un défaut, car elle ne serait pas agréée.

Si un homme offre à l'Éternel du gros ou du menu bétail en sacrifice d'actions de grâces, soit pour l'accomplissement d'un voeu, soit comme offrande volontaire, la victime sera sans défaut, afin qu'elle soit agréée; il n'y aura en elle aucun défaut.

Vous n'en offrirez point qui soit aveugle, estropiée, ou mutilée, qui ait des ulcères, la gale ou une dartre; vous n'en ferez point sur l'autel un sacrifice consumé par le feu devant l'Éternel.

Tu pourras sacrifier comme offrande volontaire un boeuf ou un agneau ayant un membre trop long ou trop court, mais il ne sera point agréé pour l'accomplissement d'un voeu.

Vous n'offrirez point à l'Éternel un animal dont les testicules ont été froissés, écrasés, arrachés ou coupés; vous ne l'offrirez point en sacrifice dans votre pays.

Vous n'accepterez de l'étranger aucune de ces victimes, pour l'offrir comme aliment de votre Dieu; car elles sont mutilées, elles ont des défauts: elles ne seraient point agréées.

L'Éternel dit à Moïse:

Un boeuf, un agneau ou une chèvre, quand il naîtra, restera sept jours avec sa mère; dès le huitième jour et les suivants, il sera agréé pour être offert à l'Éternel en sacrifice consumé par le feu.

Boeuf ou agneau, vous n'égorgerez pas un animal et son petit le même jour.

Quand vous offrirez à l'Éternel un sacrifice d'actions de grâces, vous ferez en sorte qu'il soit agréé.

30 La victime sera mangée le jour même; vous n'en laisserez rien jusqu'au matin. Je suis l'Éternel.

Vous observerez mes commandements, et vous les mettrez en pratique. Je suis l'Éternel.

Vous ne profanerez point mon saint nom, afin que je sois sanctifié au milieu des enfants d'Israël. Je suis l'Éternel, qui vous sanctifie,

et qui vous ai fait sortir du pays d'Égypte pour être votre Dieu. Je suis l'Éternel.

J - Les fêtes
Lévitique 23

L'Éternel parla à Moïse, et dit:

Parle aux enfants d'Israël, et tu leur diras: Les fêtes de l'Éternel, que vous publierez, seront de saintes convocations[1]. Voici quelles sont mes fêtes.

On travaillera six jours; mais le septième jour est le sabbat, le jour du repos: il y aura une sainte convocation. Vous ne ferez aucun ouvrage: c'est le sabbat de l'Éternel, dans toutes vos demeures.

Voici les fêtes de l'Éternel, les saintes convocations, que vous publierez à leurs temps fixés.

Le premier mois, le quatorzième jour du mois, entre les deux soirs, ce sera la Pâque de l'Éternel.

Et le quinzième jour de ce mois, ce sera la fête des pains sans levain en l'honneur de l'Éternel; vous mangerez pendant sept jours des pains sans levain.

Le premier jour, vous aurez une sainte convocation: vous ne ferez aucune oeuvre servile.

Vous offrirez à l'Éternel, pendant sept jours, des sacrifices consumés par le feu. Le septième jour, il y aura une sainte convocation: vous ne ferez aucune oeuvre servile.

L'Éternel parla à Moïse, et dit:

10 Parle aux enfants d'Israël et tu leur diras: Quand vous serez entrés dans le pays que je vous donne, et que vous y ferez la moisson, vous apporterez au sacrificateur une gerbe, prémices de votre moisson.

Il agitera de côté et d'autre la gerbe devant l'Éternel, afin qu'elle soit agréée: le sacrificateur l'agitera de côté et d'autre, le lendemain du sabbat.

Le jour où vous agiterez la gerbe, vous offrirez en holocauste à l'Éternel un agneau d'un an sans défaut;

---

[1] C'est à dire : Lors des fêtes du Seigneur, vous vous réunirez.

Lv 23,13 Vous y joindrez une offrande de deux dixièmes de fleur de farine pétrie à l'huile, comme offrande consumée par le feu, d'une agréable odeur à l'Éternel; et vous ferez une libation d'un quart de hin de vin.

Vous ne mangerez ni pain, ni épis rôtis ou broyés, jusqu'au jour même où vous apporterez l'offrande à votre Dieu. C'est une loi perpétuelle pour vos descendants, dans tous les lieux où vous habiterez.

Depuis le lendemain du sabbat, du jour où vous apporterez la gerbe pour être agitée de côté et d'autre, vous compterez sept semaines entières.

Vous compterez cinquante jours jusqu'au lendemain du septième sabbat; et vous ferez à l'Éternel une offrande nouvelle.

Vous apporterez de vos demeures deux pains, pour qu'ils soient agités de côté et d'autre; ils seront faits avec deux dixièmes de fleur de farine, et cuits avec du levain: ce sont les prémices à l'Éternel.

Outre ces pains, vous offrirez en holocauste à l'Éternel sept agneaux d'un an sans défaut, un jeune taureau et deux béliers; vous y joindrez l'offrande et la libation ordinaires, comme offrande consumée par le feu, d'une agréable odeur à l'Éternel.

Vous offrirez un bouc en sacrifice d'expiation, et deux agneaux d'un an en sacrifice d'actions de grâces.

20 Le sacrificateur agitera ces victimes de côté et d'autre devant l'Éternel, avec le pain des prémices et avec les deux agneaux: elles seront consacrées à l'Éternel, et appartiendront au sacrificateur.

Ce jour même, vous publierez la fête, et vous aurez une sainte convocation: vous ne ferez aucune oeuvre servile. C'est une loi perpétuelle pour vos descendants, dans tous les lieux où vous habiterez.

Quand vous ferez la moisson dans votre pays, tu laisseras un coin de ton champ sans le moissonner, et tu ne ramasseras pas ce qui reste à glaner. Tu abandonneras cela au pauvre et à l'étranger. Je suis l'Éternel, votre Dieu.

L'Éternel parla à Moïse, et dit:
Parle aux enfants d'Israël, et dis: Le septième mois, le premier jour du mois, vous aurez un jour de repos, publié au son des trompettes, et une sainte convocation.

Vous ne ferez aucune oeuvre servile, et vous offrirez à l'Éternel des sacrifices consumés par le feu.

L'Éternel parla à Moïse, et dit:
Le dixième jour de ce septième mois, ce sera le jour des expiations: vous aurez une sainte convocation, vous humilierez vos âmes, et vous offrirez à l'Éternel des sacrifices consumés par le feu.

Vous ne ferez aucun ouvrage ce jour-là, car c'est le jour des expiations, où doit être faite pour vous l'expiation devant l'Éternel, votre Dieu.

Toute personne qui ne s'humiliera pas ce jour-là sera retranchée de son peuple.

30 Toute personne qui fera ce jour-là un ouvrage quelconque, je la détruirai du milieu de son peuple.

Vous ne ferez aucun ouvrage. C'est une loi perpétuelle pour vos descendants dans tous les lieux où vous habiterez.

Ce sera pour vous un sabbat, un jour de repos, et vous humilierez vos âmes; dès le soir du neuvième jour jusqu'au soir suivant, vous célébrerez votre sabbat.

L'Éternel parla à Moïse, et dit:

Parle aux enfants d'Israël, et dis: Le quinzième jour de ce septième mois, ce sera la fête des tabernacles en l'honneur de l'Éternel, pendant sept jours.

Le premier jour, il y aura une sainte convocation: vous ne ferez aucune oeuvre servile.

Pendant sept jours, vous offrirez à l'Éternel des sacrifices consumés par le feu. Le huitième jour, vous aurez une sainte convocation, et vous offrirez à l'Éternel des sacrifices consumés par le feu; ce sera une assemblée solennelle: vous ne ferez aucune oeuvre servile.

Telles sont les fêtes de l'Éternel, les saintes convocations, que vous publierez, afin que l'on offre à l'Éternel des sacrifices consumés par le feu, des holocaustes, des offrandes, des victimes et des libations, chaque chose au jour fixé.

Vous observerez en outre les sabbats de l'Éternel, et vous continuerez à faire vos dons à l'Éternel, tous vos sacrifices pour l'accomplissement d'un voeu et toutes vos offrandes volontaires.

Le quinzième jour du septième mois, quand vous récolterez les produits du pays, vous célébrerez donc une fête à l'Éternel, pendant sept jours: le premier jour sera un jour de repos, et le huitième sera un jour de repos.

40 Vous prendrez, le premier jour, du fruit des beaux arbres, des branches de palmiers, des rameaux d'arbres touffus et des saules de rivière; et vous vous réjouirez devant l'Éternel, votre Dieu, pendant sept jours.

Vous célébrerez chaque année cette fête à l'Éternel, pendant sept jours. C'est une loi perpétuelle pour vos descendants. Vous la célébrerez le septième mois.

Vous demeurerez pendant sept jours sous des tentes; tous les indigènes en Israël demeureront sous des tentes,

afin que vos descendants sachent que j'ai fait habiter sous des tentes les enfants d'Israël, après les avoir fait sortir du pays d'Égypte. Je suis l'Éternel, votre Dieu.

C'est ainsi que Moïse dit aux enfants d'Israël quelles sont les fêtes de l'Éternel.

K - Lampes, pains d'offrande; blasphème; talion
Lévitique 24

L'Éternel parla à Moïse, et dit:

Ordonne aux enfants d'Israël de t'apporter pour le chandelier de l'huile pure d'olives concassées, afin d'entretenir les lampes continuellement.

Lv 24,3 C'est en dehors du voile qui est devant le témoignage, dans la tente d'assignation, qu'Aaron la préparera, pour que les lampes brûlent continuellement du soir au matin en présence de l'Éternel. C'est une loi perpétuelle pour vos descendants.

Il arrangera les lampes sur le chandelier d'or pur, pour qu'elles brûlent continuellement devant l'Éternel.

Tu prendras de la fleur de farine, et tu en feras douze gâteaux; chaque gâteau sera de deux dixièmes.

Tu les placeras en deux piles, six par pile, sur la table d'or pur devant l'Éternel.

Tu mettras de l'encens pur sur chaque pile, et il sera sur le pain comme souvenir, comme une offrande consumée par le feu devant l'Éternel.

Chaque jour de sabbat, on rangera ces pains devant l'Éternel, continuellement: c'est une alliance perpétuelle qu'observeront les enfants d'Israël.

Ils appartiendront à Aaron et à ses fils, et ils les mangeront dans un lieu saint; car ce sera pour eux une chose très sainte, une part des offrandes consumées par le feu devant l'Éternel. C'est une loi perpétuelle.

10 Le fils d'une femme israélite et d'un homme égyptien, étant venu au milieu des enfants d'Israël, se querella dans le camp avec un homme israélite.

Le fils de la femme israélite blasphéma et maudit le nom de Dieu. On l'amena à Moïse. Sa mère s'appelait Schelomith, fille de Dibri, de la tribu de Dan.

On le mit en prison, jusqu'à ce que Moïse eût déclaré ce que l'Éternel ordonnerait.

L'Éternel parla à Moïse, et dit:

Fais sortir du camp le blasphémateur; tous ceux qui l'ont entendu poseront leurs mains sur sa tête, et toute l'assemblée le lapidera.

Tu parleras aux enfants d'Israël, et tu diras: Quiconque maudira son Dieu portera la peine de son péché.

Celui qui blasphémera le nom de l'Éternel sera puni de mort: toute l'assemblée le lapidera. Qu'il soit étranger ou indigène, il mourra, pour avoir blasphémé le nom de Dieu.

Celui qui frappera un homme mortellement sera puni de mort.

Celui qui frappera un animal mortellement le remplacera: vie pour vie.

Si quelqu'un blesse son prochain, il lui sera fait comme il a fait:

20 Fracture pour fracture, oeil pour oeil, dent pour dent; il lui sera fait la même blessure qu'il a faite à son prochain.

Celui qui tuera un animal le remplacera, mais celui qui tuera un homme sera puni de mort.

Vous aurez la même loi, l'étranger comme l'indigène; car je suis l'Éternel, votre Dieu.

Moïse parla aux enfants d'Israël; ils firent sortir du camp le blasphémateur, et ils le lapidèrent. Les enfants d'Israël se conformèrent à l'ordre que l'Éternel avait donné à Moïse.

L - Années saintes - Rachats
Lévitique 25 - 26,1-2

L'Éternel parla à Moïse sur la montagne de Sinaï, et dit:

Parle aux enfants d'Israël, et tu leur diras: Quand vous serez entrés dans le pays que je vous donne, la terre se reposera: ce sera un sabbat en l'honneur de l'Éternel.

Pendant six années tu ensemenceras ton champ, pendant six années tu tailleras ta vigne; et tu en recueilleras le produit.

Mais la septième année sera un sabbat, un temps de repos pour la terre, un sabbat en l'honneur de l'Éternel: tu n'ensemenceras point ton champ, et tu ne tailleras point ta vigne.

Tu ne moissonneras point ce qui proviendra des grains tombés de ta moisson, et tu ne vendangeras point les raisins de ta vigne non taillée: ce sera une année de repos pour la terre.

Ce que produira la terre pendant son sabbat vous servira de nourriture, à toi, à ton serviteur et à ta servante, à ton mercenaire et à l'étranger qui demeurent avec toi,

à ton bétail et aux animaux qui sont dans ton pays; tout son produit servira de nourriture.

Tu compteras sept sabbats d'années, sept fois sept années, et les jours de ces sept sabbats d'années feront quarante-neuf ans.

Le dixième jour du septième mois, tu feras retentir les sons éclatants de la trompette; le jour des expiations, vous sonnerez de la trompette dans tout votre pays.

10   Et vous sanctifierez la cinquantième année, vous publierez la liberté dans le pays pour tous ses habitants: ce sera pour vous le jubilé; chacun de vous retournera dans sa propriété, et chacun de vous retournera dans sa famille.

La cinquantième année sera pour vous le jubilé: vous ne sèmerez point, vous ne moissonnerez point ce que les champs produiront d'eux-mêmes, et vous ne vendangerez point la vigne non taillée.

Car c'est le jubilé: vous le regarderez comme une chose sainte. Vous mangerez le produit de vos champs.

Dans cette année de jubilé, chacun de vous retournera dans sa propriété.

Si vous vendez à votre prochain, ou si vous achetez de votre prochain, qu'aucun de vous ne trompe son frère.

Lv 25,15 Tu achèteras de ton prochain[1], en comptant les années depuis le jubilé; et il te vendra, en comptant les années de rapport.

Plus il y aura d'années, plus tu élèveras le prix; et moins il y aura d'années, plus tu le réduiras; car c'est le nombre des récoltes qu'il te vend.

Aucun de vous ne trompera son prochain, et tu craindras ton Dieu; car je suis l'Éternel, votre Dieu.

Mettez mes lois en pratique, observez mes ordonnances et mettez-les en pratique; et vous habiterez en sécurité dans le pays.

Le pays donnera ses fruits, vous mangerez à satiété, et vous y habiterez en sécurité.

20 Si vous dites: Que mangerons-nous la septième année, puisque nous ne sèmerons point et ne ferons point nos récoltes?

Je vous accorderai ma bénédiction la sixième année, et elle donnera des produits pour trois ans.

Vous sèmerez la huitième année, et vous mangerez de l'ancienne récolte; jusqu'à la neuvième année, jusqu'à la nouvelle récolte, vous mangerez de l'ancienne.

Les terres ne se vendront point à perpétuité; car le pays est à moi, car vous êtes chez moi comme étrangers et comme habitants.

Dans tout le pays dont vous aurez la possession, vous établirez le droit de rachat pour les terres.

Si ton frère devient pauvre et vend une portion de sa propriété, celui qui a le droit de rachat, son plus proche parent, viendra et rachètera ce qu'a vendu son frère.

Si un homme n'a personne qui ait le droit de rachat, et qu'il se procure lui-même de quoi faire son rachat,

il comptera les années depuis la vente, restituera le surplus à l'acquéreur, et retournera dans sa propriété.

S'il ne trouve pas de quoi lui faire cette restitution, ce qu'il a vendu restera entre les mains de l'acquéreur jusqu'à l'année du jubilé; au jubilé, il retournera dans sa propriété, et l'acquéreur en sortira.

Si un homme vend une maison d'habitation dans une ville entourée de murs, il aura le droit de rachat jusqu'à l'accomplissement d'une année depuis la vente; son droit de rachat durera un an.

30 Mais si cette maison située dans une ville entourée de murs n'est pas rachetée avant l'accomplissement d'une année entière, elle restera à perpétuité à l'acquéreur et à ses descendants; il n'en sortira point au jubilé.

Les maisons des villages non entourés de murs seront considérées comme des fonds de terre; elles pourront être rachetées, et l'acquéreur en sortira au jubilé.

Quant aux villes des Lévites et aux maisons qu'ils y posséderont, les Lévites auront droit perpétuel de rachat.

---

[1] Il s'agit de l'achat et de la vente de propriétés.

Lv 25,33 Celui qui achètera des Lévites une maison, sortira au jubilé de la maison vendue et de la ville où il la possédait; car les maisons des villes des Lévites sont leur propriété au milieu des enfants d'Israël.

Les champs situés autour des villes des Lévites ne pourront point se vendre; car ils en ont à perpétuité la possession.

Si ton frère devient pauvre, et que sa main fléchisse près de toi, tu le soutiendras; tu feras de même pour celui qui est étranger et qui demeure dans le pays, afin qu'il vive avec toi.

Tu ne tireras de lui ni intérêt ni usure, tu craindras ton Dieu, et ton frère vivra avec toi.

Tu ne lui prêteras point ton argent à intérêt, et tu ne lui prêteras point tes vivres à usure.

Je suis l'Éternel, ton Dieu, qui vous ai fait sortir du pays d'Égypte, pour vous donner le pays de Canaan, pour être votre Dieu.

Si ton frère devient pauvre près de toi, et qu'il se vende à toi, tu ne lui imposeras point le travail d'un esclave.

40 Il sera chez toi comme un mercenaire, comme celui qui y demeure; il sera à ton service jusqu'à l'année du jubilé.

Il sortira alors de chez toi, lui et ses enfants avec lui, et il retournera dans sa famille, dans la propriété de ses pères.

Car ce sont mes serviteurs, que j'ai fait sortir du pays d'Égypte; ils ne seront point vendus comme on vend des esclaves.

Tu ne domineras point sur lui avec dureté, et tu craindras ton Dieu.

C'est des nations qui vous entourent que tu prendras ton esclave et ta servante qui t'appartiendront, c'est d'elles que vous achèterez l'esclave et la servante.

Vous pourrez aussi en acheter des enfants des étrangers qui demeureront chez toi, et de leurs familles qu'ils engendreront dans votre pays; et ils seront votre propriété.

Vous les laisserez en héritage à vos enfants après vous, comme une propriété; vous les garderez comme esclaves à perpétuité. Mais à l'égard de vos frères, les enfants d'Israël, aucun de vous ne dominera avec dureté sur son frère.

Si un étranger, si celui qui demeure chez toi devient riche, et que ton frère devienne pauvre près de lui et se vende à l'étranger qui demeure chez toi ou à quelqu'un de la famille de l'étranger,

il y aura pour lui le droit de rachat, après qu'il se sera vendu: un de ses frères pourra le racheter.

Son oncle, ou le fils de son oncle, ou l'un de ses proches parents, pourra le racheter; ou bien, s'il en a les ressources, il se rachètera lui-même.

50 Il comptera avec celui qui l'a acheté depuis l'année où il s'est vendu jusqu'à l'année du jubilé; et le prix à payer dépendra du nombre d'années, lesquelles seront évaluées comme celles d'un mercenaire.

S'il y a encore beaucoup d'années, il paiera son rachat à raison du prix de ces années et pour lequel il a été acheté;

s'il reste peu d'années jusqu'à celle du jubilé, il en fera le compte, et il paiera son rachat à raison de ces années.

Il sera comme un mercenaire à l'année, et celui chez qui il sera ne le traitera point avec dureté sous tes yeux.

S'il n'est racheté d'aucune de ces manières, il sortira l'année du jubilé, lui et ses enfants avec lui.

Car c'est de moi que les enfants d'Israël sont esclaves; ce sont mes esclaves, que j'ai fait sortir du pays d'Égypte. Je suis l'Éternel, votre Dieu.

Lévitique 26

Vous ne vous ferez point d'idoles, vous ne vous élèverez ni image taillée ni statue, et vous ne placerez dans votre pays aucune pierre ornée de figures, pour vous prosterner devant elle; car je suis l'Éternel, votre Dieu.

Vous observerez mes sabbats, et vous révérerez mon sanctuaire. Je suis l'Éternel.

M - Bénédictions - Malédictions
Lévitique 26,3 à 39

Si vous suivez mes lois, si vous gardez mes commandements et les mettez en pratique, je vous enverrai des pluies en leur saison, la terre donnera ses produits, et les arbres des champs donneront leurs fruits.

A peine aurez-vous battu le blé que vous toucherez à la vendange, et la vendange atteindra les semailles; vous mangerez votre pain à satiété, et vous habiterez en sécurité dans votre pays.

Je mettrai la paix dans le pays, et personne ne troublera votre sommeil; je ferai disparaître du pays les bêtes féroces, et l'épée ne passera point par votre pays.

Vous poursuivrez vos ennemis, et ils tomberont devant vous par l'épée.

Cinq d'entre vous en poursuivront cent, et cent d'entre vous en poursuivront dix mille, et vos ennemis tomberont devant vous par l'épée.

Je me tournerai vers vous, je vous rendrai féconds et je vous multiplierai, et je maintiendrai mon alliance avec vous.

10 Vous mangerez des anciennes récoltes, et vous sortirez les vieilles pour faire place aux nouvelles.

J'établirai ma demeure au milieu de vous, et mon âme ne vous aura point en horreur.

Je marcherai au milieu de vous, je serai votre Dieu, et vous serez mon peuple.

Je suis l'Éternel, votre Dieu, qui vous ai fait sortir du pays d'Égypte, qui vous ai tirés de la servitude; j'ai brisé les liens de votre joug, et je vous ai fait marcher la tête levée.

Mais si vous ne m'écoutez point et ne mettez point en pratique tous ces commandements,

Lv 26,15 Si vous méprisez mes lois, et si votre âme a en horreur mes ordonnances, en sorte que
vous ne pratiquiez point tous mes commandements et que vous rompiez mon alliance,
voici alors ce que je vous ferai. J'enverrai sur vous la terreur, la consomption et la fièvre,
qui rendront vos yeux languissants et votre âme souffrante; et vous sèmerez en vain vos
semences: vos ennemis les dévoreront.

Je tournerai ma face contre vous, et vous serez battus devant vos ennemis; ceux qui
vous haïssent domineront sur vous, et vous fuirez sans que l'on vous poursuive.

Si, malgré cela, vous ne m'écoutez point, je vous châtierai sept fois plus pour vos
péchés.

Je briserai l'orgueil de votre force, je rendrai votre ciel comme du fer, et votre terre
comme de l'airain.

20 Votre force s'épuisera inutilement, votre terre ne donnera pas ses produits, et les
arbres de la terre ne donneront pas leurs fruits.

Si vous me résistez et ne voulez point m'écouter, je vous frapperai sept fois plus selon
vos péchés.

J'enverrai contre vous les animaux des champs, qui vous priveront de vos enfants, qui
détruiront votre bétail, et qui vous réduiront à un petit nombre; et vos chemins seront
déserts.

Si ces châtiments ne vous corrigent point et si vous me résistez,
je vous résisterai aussi et je vous frapperai sept fois plus pour vos péchés.

Je ferai venir contre vous l'épée, qui vengera mon alliance; quand vous vous
rassemblerez dans vos villes, j'enverrai la peste au milieu de vous, et vous serez livrés
aux mains de l'ennemi.

Lorsque je vous briserai le bâton du pain, dix femmes cuiront votre pain dans un seul
four et rapporteront votre pain au poids; vous mangerez, et vous ne serez point
rassasiés.

Si, malgré cela, vous ne m'écoutez point et si vous me résistez,
je vous résisterai aussi avec fureur et je vous châtierai sept fois plus pour vos péchés.

Vous mangerez la chair de vos fils, et vous mangerez la chair de vos filles.

30 Je détruirai vos hauts lieux, j'abattrai vos statues consacrées au soleil, je mettrai vos
cadavres sur les cadavres de vos idoles, et mon âme vous aura en horreur.

Je réduirai vos villes en déserts, je ravagerai vos sanctuaires, et je ne respirerai plus
l'odeur agréable de vos parfums.

Je dévasterai le pays, et vos ennemis qui l'habiteront en seront stupéfaits.

Je vous disperserai parmi les nations et je tirerai l'épée après vous. Votre pays sera
dévasté, et vos villes seront désertes.

Alors le pays jouira de ses sabbats, tout le temps qu'il sera dévasté et que vous serez
dans le pays de vos ennemis; alors le pays se reposera, et jouira de ses sabbats.

Tout le temps qu'il sera dévasté, il aura le repos qu'il n'avait pas eu dans vos sabbats,
tandis que vous l'habitiez.

Je rendrai pusillanime le coeur de ceux d'entre vous qui survivront, dans les pays de leurs ennemis; le bruit d'une feuille agitée les poursuivra; ils fuiront comme on fuit devant l'épée, et ils tomberont sans qu'on les poursuive.

Ils se renverseront les uns sur les autres comme devant l'épée, sans qu'on les poursuive. Vous ne subsisterez point en présence de vos ennemis;

vous périrez parmi les nations, et le pays de vos ennemis vous dévorera.

Ceux d'entre vous qui survivront seront frappés de langueur pour leurs iniquités, dans les pays de leurs ennemis; ils seront aussi frappés de langueur pour les iniquités de leurs pères.

40   Ils confesseront leurs iniquités et les iniquités de leurs pères, les transgressions qu'ils ont commises envers moi, et la résistance qu'ils m'ont opposée,

péchés à cause desquels moi aussi je leur résisterai et les mènerai dans le pays de leurs ennemis. Et alors leur coeur incirconcis s'humiliera, et ils paieront la dette de leurs iniquités.

Je me souviendrai de mon alliance avec Jacob, je me souviendrai de mon alliance avec Isaac et de mon alliance avec Abraham, et je me souviendrai du pays.

Le pays sera abandonné par eux, et il jouira de ses sabbats pendant qu'il restera dévasté loin d'eux; et ils paieront la dette de leurs iniquités, parce qu'ils ont méprisé mes ordonnances et que leur âme a eu mes lois en horreur.

Mais, lorsqu'ils seront dans le pays de leurs ennemis, je ne les rejetterai pourtant point, et je ne les aurai point en horreur jusqu'à les exterminer, jusqu'à rompre mon alliance avec eux; car je suis l'Éternel, leur Dieu.

Je me souviendrai en leur faveur de l'ancienne alliance, par laquelle je les ai fait sortir du pays d'Égypte, aux yeux des nations, pour être leur Dieu. Je suis l'Éternel.

Tels sont les statuts, les ordonnances et les lois, que l'Éternel établit entre lui et les enfants d'Israël, sur la montagne de Sinaï, par Moïse.

N - Équivalences monétaires
Lévitique 27

L'Éternel parla à Moïse, et dit:

Parle aux enfants d'Israël, et tu leur diras: Lorsqu'on fera des voeux, s'il s'agit de personnes, elles seront à l'Éternel d'après ton estimation.

Si tu as à faire l'estimation d'un mâle de vingt à soixante ans, ton estimation sera de cinquante sicles d'argent, selon le sicle du sanctuaire;

Si c'est une femme, ton estimation sera de trente sicles.

De cinq à vingt ans, ton estimation sera de vingt sicles pour un mâle, et de dix sicles pour une fille.

D'un mois à cinq ans, ton estimation sera de cinq sicles d'argent pour un mâle, et de trois sicles d'argent pour une fille.

Lv 27,7 De soixante ans et au-dessus, ton estimation sera de quinze sicles pour un mâle, et de dix sicles pour une femme.

Si celui qui a fait le voeu est trop pauvre pour payer ton estimation, on le présentera au sacrificateur, qui le taxera, et le sacrificateur fera une estimation en rapport avec les ressources de cet homme.

S'il s'agit d'animaux qui peuvent être offerts en sacrifice à l'Éternel, tout animal qu'on donnera à l'Éternel sera chose sainte.

10 On ne le changera point, et l'on n'en mettra point un mauvais à la place d'un bon ni un bon à la place d'un mauvais; si l'on remplace un animal par un autre, ils seront l'un et l'autre chose sainte.

S'il s'agit d'animaux impurs, qui ne peuvent être offerts en sacrifice à l'Éternel, on présentera l'animal au sacrificateur,

qui en fera l'estimation selon qu'il sera bon ou mauvais, et l'on s'en rapportera à l'estimation du sacrificateur.

Si on veut le racheter, on ajoutera un cinquième à son estimation.

Si quelqu'un sanctifie sa maison en la consacrant à l'Éternel, le sacrificateur en fera l'estimation selon qu'elle sera bonne ou mauvaise, et l'on s'en tiendra à l'estimation du sacrificateur.

Si celui qui a sanctifié sa maison veut la racheter, il ajoutera un cinquième au prix de son estimation, et elle sera à lui.

Si quelqu'un sanctifie à l'Éternel un champ de sa propriété, ton estimation sera en rapport avec la quantité de semence, cinquante sicles d'argent pour un homer de semence d'orge.

Si c'est dès l'année du jubilé qu'il sanctifie son champ, on s'en tiendra à ton estimation;

si c'est après le jubilé qu'il sanctifie son champ, le sacrificateur en évaluera le prix à raison du nombre d'années qui restent jusqu'au jubilé, et il sera fait une réduction sur ton estimation.

Si celui qui a sanctifié son champ veut le racheter, il ajoutera un cinquième au prix de ton estimation, et le champ lui restera.

20 S'il ne rachète point le champ, et qu'on le vende à un autre homme, il ne pourra plus être racheté.

Et quand l'acquéreur en sortira au jubilé, ce champ sera consacré à l'Éternel, comme un champ qui a été dévoué; il deviendra la propriété du sacrificateur.

Si quelqu'un sanctifie à l'Éternel un champ qu'il a acquis et qui ne fait point partie de sa propriété,

Le sacrificateur en évaluera le prix d'après ton estimation jusqu'à l'année du jubilé, et cet homme paiera le jour même le prix fixé, comme étant consacré à l'Éternel.

L'année du jubilé, le champ retournera à celui de qui il avait été acheté et de la propriété dont il faisait partie.

Toutes tes estimations se feront en sicles du sanctuaire: le sicle est de vingt guéras.

Nul ne pourra sanctifier le premier-né de son bétail, lequel appartient déjà à l'Éternel en sa qualité de premier-né; soit boeuf, soit agneau, il appartient à l'Éternel.

S'il s'agit d'un animal impur, on le rachètera au prix de ton estimation, en y ajoutant un cinquième; s'il n'est pas racheté, il sera vendu d'après ton estimation.

Tout ce qu'un homme dévouera par interdit à l'Éternel, dans ce qui lui appartient, ne pourra ni se vendre, ni se racheter, que ce soit une personne, un animal, ou un champ de sa propriété; tout ce qui sera dévoué par interdit sera entièrement consacré à l'Éternel.

Aucune personne dévouée par interdit ne pourra être rachetée, elle sera mise à mort.

30 Toute dîme de la terre, soit des récoltes de la terre, soit du fruit des arbres, appartient à l'Éternel; c'est une chose consacrée à l'Éternel.

Si quelqu'un veut racheter quelque chose de sa dîme, il y ajoutera un cinquième.

Toute dîme de gros et de menu bétail, de tout ce qui passe sous la houlette, sera une dîme consacrée à l'Éternel.

On n'examinera point si l'animal est bon ou mauvais, et l'on ne fera point d'échange; si l'on remplace un animal par un autre, ils seront l'un et l'autre chose sainte, et ne pourront être rachetés.

Tels sont les commandements que l'Éternel donna à Moïse pour les enfants d'Israël, sur la montagne de Sinaï.

LE LIVRE DES NOMBRES

Le Livre des Nombres a été appelé ainsi tardivement, en raison des divers recensements qu'il contient. Il comprend des éléments très divers, correspondant à différentes périodes de l'histoire initiale d'Israël.

A - Recensement initial et ordre de marche
Nombres 1 - 2

L'Éternel parla à Moïse dans le désert de Sinaï, dans la tente d'assignation, le premier jour du second mois, la seconde année après leur sortie du pays d'Égypte. Il dit:

Faites le dénombrement de toute l'assemblée des enfants d'Israël, selon leurs familles, selon les maisons de leurs pères, en comptant par tête les noms de tous les mâles,

depuis l'âge de vingt ans et au-dessus, tous ceux d'Israël en état de porter les armes; vous en ferez le dénombrement selon leurs divisions, toi et Aaron.

Il y aura avec vous un homme par tribu, chef de la maison de ses pères.

Voici les noms des hommes qui se tiendront avec vous. Pour Ruben: Élitsur, fils de Schedéur;

pour Siméon: Schelumiel, fils de Tsurischaddaï;

pour Juda: Nachschon, fils d'Amminadab;

pour Issacar: Nethaneel, fils de Tsuar;

pour Zabulon: Éliab, fils de Hélon;

10 pour les fils de Joseph, -pour Éphraïm: Élischama, fils d'Ammihud; -pour Manassé: Gamliel, fils de Pedahtsur;

pour Benjamin: Abidan, fils de Guideoni;

Nb 1,12 pour Dan: Ahiézer, fils d'Ammischaddaï;
pour Aser: Paguiel, fils d'Ocran;
pour Gad: Éliasaph, fils de Déuel;
pour Nephthali: Ahira, fils d'Énan.

Tels sont ceux qui furent convoqués à l'assemblée, princes des tribus de leurs pères, chefs des milliers d'Israël.

Moïse et Aaron prirent ces hommes, qui avaient été désignés par leurs noms,

et ils convoquèrent toute l'assemblée, le premier jour du second mois. On les enregistra selon leurs familles, selon les maisons de leurs pères, en comptant par tête les noms depuis l'âge de vingt ans et au-dessus.

Moïse en fit le dénombrement dans le désert de Sinaï, comme l'Éternel le lui avait ordonné.

20   On enregistra les fils de Ruben, premier-né d'Israël, selon leurs familles, selon les maisons de leurs pères, en comptant par tête les noms de tous les mâles, depuis l'âge de vingt ans et au-dessus, tous ceux en état de porter les armes:
les hommes de la tribu de Ruben dont on fit le dénombrement furent quarante-six mille cinq cents.

On enregistra les fils de Siméon, selon leurs familles, selon les maisons de leurs pères; on en fit le dénombrement, en comptant par tête les noms de tous les mâles depuis l'âge de vingt ans et au-dessus, tous ceux en état de porter les armes:
les hommes de la tribu de Siméon dont on fit le dénombrement furent cinquante-neuf mille trois cents.

On enregistra les fils de Gad, selon leurs familles, selon les maisons de leurs pères, en comptant les noms depuis l'âge de vingt ans et au-dessus, tous ceux en état de porter les armes:
les hommes de la tribu de Gad dont on fit le dénombrement furent quarante-cinq mille six cent cinquante.

On enregistra les fils de Juda, selon leurs familles, selon les maisons de leurs pères, en comptant les noms depuis l'âge de vingt ans et au-dessus, tous ceux en état de porter les armes:
les hommes de la tribu de Juda dont on fit le dénombrement furent soixante-quatorze mille six cents.

On enregistra les fils d'Issacar, selon leurs familles, selon les maisons de leurs pères, en comptant les noms depuis l'âge de vingt ans et au-dessus, tous ceux en état de porter les armes:
les hommes de la tribu d'Issacar dont on fit le dénombrement furent cinquante-quatre mille quatre cents.

30   On enregistra les fils de Zabulon, selon leurs familles, selon les maisons de leurs pères, en comptant les noms depuis l'âge de vingt ans et au-dessus, tous ceux en état de porter les armes:
les hommes de la tribu de Zabulon dont on fit le dénombrement furent cinquante-sept mille quatre cents.

On enregistra, d'entre les fils de Joseph, les fils d'Éphraïm, selon leurs familles, selon les maisons de leurs pères, en comptant les noms depuis l'âge de vingt ans et au-dessus, tous ceux en état de porter les armes:
les hommes de la tribu d'Éphraïm dont on fit le dénombrement furent quarante mille cinq cents.

Nb 1,34 On enregistra les fils de Manassé, selon leurs familles, selon les maisons de leurs pères, en comptant les noms depuis l'âge de vingt ans et au-dessus, tous ceux en état de porter les armes:
les hommes de la tribu de Manassé dont on fit le dénombrement furent trente-deux mille deux cents.
On enregistra les fils de Benjamin, selon leurs familles, selon les maisons de leurs pères, en comptant les noms depuis l'âge de vingt ans et au-dessus, tous ceux en état de porter les armes:
les hommes de la tribu de Benjamin dont on fit le dénombrement furent trente-cinq mille quatre cents.
On enregistra les fils de Dan, selon leurs familles, selon les maisons de leurs pères, en comptant les noms depuis l'âge de vingt ans et au-dessus, tous ceux en état de porter les armes:
les hommes de la tribu de Dan dont on fit le dénombrement furent soixante-deux mille sept cents.
40 On enregistra les fils d'Aser, selon leurs familles, selon les maisons de leurs pères, en comptant les noms depuis l'âge de vingt ans et au-dessus, tous ceux en état de porter les armes:
les hommes de la tribu d'Aser dont on fit le dénombrement furent quarante et un mille cinq cents.
On enregistra les fils de Nephthali, selon leurs familles, selon les maisons de leurs pères, en comptant les noms depuis l'âge de vingt ans et au-dessus, tous ceux en état de porter les armes:
les hommes de la tribu de Nephthali dont on fit le dénombrement furent cinquante-trois mille quatre cents.
Tels sont ceux dont le dénombrement fut fait par Moïse et Aaron, et par les douze hommes, princes d'Israël; il y avait un homme pour chacune des maisons de leurs pères.
Tous ceux des enfants d'Israël dont on fit le dénombrement, selon les maisons de leurs pères, depuis l'âge de vingt ans et au-dessus, tous ceux d'Israël en état de porter les armes,
tous ceux dont on fit le dénombrement furent six cent trois mille cinq cent cinquante.
Les Lévites, selon la tribu de leurs pères, ne firent point partie de ce dénombrement.

L'Éternel parla à Moïse, et dit:
Tu ne feras point le dénombrement de la tribu de Lévi, et tu n'en compteras point les têtes au milieu des enfants d'Israël.
50 Remets aux soins des Lévites le tabernacle du témoignage, tous ses ustensiles et tout ce qui lui appartient. Ils porteront le tabernacle et tous ses ustensiles, ils en feront le service, et ils camperont autour du tabernacle.
Quand le tabernacle partira, les Lévites le démonteront; quand le tabernacle campera, les Lévites le dresseront; et l'étranger qui en approchera sera puni de mort.
Les enfants d'Israël camperont chacun dans son camp, chacun près de sa bannière, selon leurs divisions.
Mais les Lévites camperont autour du tabernacle du témoignage, afin que ma colère n'éclate point sur l'assemblée des enfants d'Israël; et les Lévites auront la garde du tabernacle du témoignage.

Les enfants d'Israël se conformèrent à tous les ordres que l'Éternel avait donnés à Moïse; ils firent ainsi.

Nombres 2

L'Éternel parla à Moïse et à Aaron, et dit:

Les enfants d'Israël camperont chacun près de sa bannière, sous les enseignes de la maison de ses pères; ils camperont vis-à-vis et tout autour de la tente d'assignation.

A l'orient, le camp de Juda, avec sa bannière, et avec ses corps d'armée. Là camperont le prince des fils de Juda, Nachschon, fils d'Amminadab,

et son corps d'armée composé de soixante-quatorze mille six cents hommes, d'après le dénombrement.

A ses côtés camperont la tribu d'Issacar, le prince des fils d'Issacar, Nethaneel, fils de Tsuar,

et son corps d'armée composé de cinquante-quatre mille quatre cents hommes, d'après le dénombrement;

puis la tribu de Zabulon, le prince des fils de Zabulon, Éliab, fils de Hélon,

et son corps d'armée composé de cinquante-sept mille quatre cents hommes, d'après le dénombrement.

Total pour le camp de Juda, d'après le dénombrement: cent quatre-vingt six mille quatre cents hommes, selon leurs corps d'armée. Ils seront les premiers dans la marche.

10 Au midi, le camp de Ruben, avec sa bannière, et avec ses corps d'armée. Là camperont le prince des fils de Ruben, Élitsur, fils de Schedéur,

et son corps d'armée composé de quarante-six mille cinq cents hommes, d'après le dénombrement.

A ses côtés camperont la tribu de Siméon, le prince des fils de Siméon, Schelumiel, fils de Tsurischaddaï,

et son corps d'armée composé de cinquante-neuf mille trois cents hommes, d'après le dénombrement;

puis la tribu de Gad, le prince des fils de Gad, Éliasaph, fils de Déuel,

et son corps d'armée composé de quarante-cinq mille six cent cinquante hommes, d'après le dénombrement.

Total pour le camp de Ruben, d'après le dénombrement: cent cinquante et un mille quatre cent cinquante hommes, selon leurs corps d'armée. Ils seront les seconds dans la marche.

Ensuite partira la tente d'assignation, avec le camp des Lévites placé au milieu des autres camps: Ils suivront dans la marche l'ordre dans lequel ils auront campé, chacun dans son rang, selon sa bannière.

A l'occident, le camp d'Éphraïm, avec sa bannière, et avec ses corps d'armée. Là camperont le prince des fils d'Éphraïm, Élischama, fils d'Ammihud,

et son corps d'armée composé de quarante mille cinq cents hommes, d'après le dénombrement.

20 A ses côtés camperont la tribu de Manassé, le prince des fils de Manassé, Gamliel, fils de Pedahtsur,

et son corps d'armée composé de trente-deux mille deux cents hommes, d'après le dénombrement;

puis la tribu de Benjamin, le prince des fils de Benjamin, Abidan, fils de Guideoni, et son corps d'armée composé de trente-cinq mille quatre cents hommes, d'après le dénombrement.

Total pour le camp d'Éphraïm, d'après le dénombrement: cent huit mille et cent hommes, selon leurs corps d'armée. Ils seront les troisièmes dans la marche.

Au nord, le camp de Dan, avec sa bannière, et avec ses corps d'armée. Là camperont le prince des fils de Dan, Ahiézer, fils d'Ammischaddaï,

et son corps d'armée composé de soixante-deux mille sept cents hommes, d'après le dénombrement.

A ses côtés camperont la tribu d'Aser, le prince des fils d'Aser, Paguiel, fils d'Ocran,

et son corps d'armée composé de quarante et un mille cinq cents hommes, d'après le dénombrement;

puis la tribu de Nephthali, le prince des fils de Nephthali, Ahira, fils d'Énan,

30 et son corps d'armée composé de cinquante-trois mille quatre cents hommes, d'après le dénombrement.

Total pour le camp de Dan, d'après le dénombrement: cent cinquante-sept mille six cents hommes. Ils seront les derniers dans la marche, selon leur bannière.

Tels sont ceux des enfants d'Israël dont on fit le dénombrement, selon les maisons de leurs pères. Tous ceux dont on fit le dénombrement, et qui formèrent les camps, selon leurs corps d'armée, furent six cent trois mille cinq cent cinquante.

Les Lévites, suivant l'ordre que l'Éternel avait donné à Moïse, ne firent point partie du dénombrement au milieu des enfants d'Israël.

Et les enfants d'Israël se conformèrent à tous les ordres que l'Éternel avait donnés à Moïse. C'est ainsi qu'ils campaient, selon leurs bannières; et c'est ainsi qu'ils se mettaient en marche, chacun selon sa famille, selon la maison de ses pères.

B - Les Lévites
Nombres 3 - 4

Voici la postérité d'Aaron et de Moïse, au temps où l'Éternel parla à Moïse, sur la montagne de Sinaï.

Voici les noms des fils d'Aaron: Nadab, le premier-né, Abihu, Éléazar et Ithamar.

Ce sont là les noms des fils d'Aaron, qui reçurent l'onction comme sacrificateurs, et qui furent consacrés pour l'exercice du sacerdoce.

Nadab et Abihu moururent devant l'Éternel, lorsqu'ils apportèrent devant l'Éternel du feu étranger, dans le désert de Sinaï; ils n'avaient point de fils. Éléazar et Ithamar exercèrent le sacerdoce, en présence d'Aaron, leur père.

L'Éternel parla à Moïse, et dit:

Fais approcher la tribu de Lévi, et tu la placeras devant le sacrificateur Aaron, pour qu'elle soit à son service.

Ils auront le soin de ce qui est remis à sa garde et à la garde de toute l'assemblée, devant la tente d'assignation: ils feront le service du tabernacle.

Ils auront le soin de tous les ustensiles de la tente d'assignation, et de ce qui est remis à la garde des enfants d'Israël: ils feront le service du tabernacle.

Nb 3, 9 Tu donneras les Lévites à Aaron et à ses fils; ils lui seront entièrement donnés, de la part des enfants d'Israël.

10 Tu établiras Aaron et ses fils pour qu'ils observent les fonctions de leur sacerdoce; et l'étranger qui approchera sera puni de mort.

L'Éternel parla à Moïse, et dit:

Voici, j'ai pris les Lévites du milieu des enfants d'Israël, à la place de tous les premiers-nés, des premiers-nés des enfants d'Israël; et les Lévites m'appartiendront.

Car tout premier-né m'appartient; le jour où j'ai frappé tous les premiers-nés dans le pays d'Égypte, je me suis consacré tous les premiers-nés en Israël, tant des hommes que des animaux: ils m'appartiendront. Je suis l'Éternel.

L'Éternel parla à Moïse, dans le désert de Sinaï, et dit:

Fais le dénombrement des enfants de Lévi, selon les maisons de leurs pères, selon leurs familles; tu feras le dénombrement de tous les mâles, depuis l'âge d'un mois et au-dessus.

Moïse en fit le dénombrement sur l'ordre de l'Éternel, en se conformant à l'ordre qui lui fut donné.

Ce sont ici les fils de Lévi, d'après leurs noms: Guerschon, Kehath et Merari. -

Voici les noms des fils de Guerschon, selon leurs familles: Libni et Schimeï.

Voici les fils de Kehath, selon leurs familles: Amram, Jitsehar, Hébron et Uziel;

20 et les fils de Merari, selon leurs familles: Machli et Muschi. Ce sont là les familles de Lévi, selon les maisons de leurs pères.

De Guerschon descendent la famille de Libni et la famille de Schimeï, formant les familles des Guerschonites.

Ceux dont on fit le dénombrement, en comptant tous les mâles depuis l'âge d'un mois et au-dessus, furent sept mille cinq cents.

Les familles des Guerschonites campaient derrière le tabernacle à l'occident.

Le chef de la maison paternelle des Guerschonites était Éliasaph, fils de Laël.

Pour ce qui concerne la tente d'assignation, on remit aux soins des fils de Guerschon le tabernacle et la tente, la couverture, le rideau qui est à l'entrée de la tente d'assignation;

les toiles du parvis et le rideau de l'entrée du parvis, tout autour du tabernacle et de l'autel, et tous les cordages pour le service du tabernacle.

De Kehath descendent la famille des Amramites, la famille des Jitseharites, la famille des Hébronites et la famille des Uziélites, formant les familles des Kehathites.

En comptant tous les mâles depuis l'âge d'un mois et au-dessus, il y en eut huit mille six cents, qui furent chargés des soins du sanctuaire.

Les familles des fils de Kehath campaient au côté méridional du tabernacle.

30 Le chef de la maison paternelle des familles des Kehathites était Élitsaphan, fils d'Uziel.

On remit à leurs soins l'arche, la table, le chandelier, les autels, les ustensiles du sanctuaire, avec lesquels on fait le service, le voile et tout ce qui en dépend.

Le chef des chefs des Lévites était Éléazar, fils du sacrificateur Aaron; il avait la surveillance de ceux qui étaient chargés des soins du sanctuaire.

De Merari descendent la famille de Machli et la famille de Muschi, formant les familles des Merarites.

Ceux dont on fit le dénombrement, en comptant tous les mâles depuis l'âge d'un mois et au-dessus, furent six mille deux cents.

Le chef de la maison paternelle des familles de Merari était Tsuriel, fils d'Abihaïl. Ils campaient du côté septentrional du tabernacle.

On remit à la garde et aux soins des fils de Merari les planches du tabernacle, ses barres, ses colonnes et leurs bases, tous ses ustensiles et tout ce qui en dépend;

les colonnes du parvis tout autour, leurs bases, leurs pieux et leurs cordages.

Moïse, Aaron et ses fils campaient devant le tabernacle, à l'orient, devant la tente d'assignation, au levant; ils avaient la garde et le soin du sanctuaire, remis à la garde des enfants d'Israël; et l'étranger qui s'approchera sera puni de mort.

Tous les Lévites dont Moïse et Aaron firent le dénombrement sur l'ordre de l'Éternel, selon leurs familles, tous les mâles depuis l'âge d'un mois et au-dessus, furent vingt-deux mille.

40 L'Éternel dit à Moïse: Fais le dénombrement de tous les premiers-nés mâles parmi les enfants d'Israël, depuis l'âge d'un mois et au-dessus, et compte les d'après leurs noms.

Tu prendras les Lévites pour moi, l'Éternel, à la place de tous les premiers-nés des enfants d'Israël, et le bétail des Lévites à la place de tous les premiers-nés du bétail des enfants d'Israël.

Moïse fit le dénombrement de tous les premiers-nés parmi les enfants d'Israël, selon l'ordre que l'Éternel lui avait donné.

Tous les premiers-nés, dont on fit le dénombrement, en comptant les noms, depuis l'âge d'un mois et au-dessus, furent vingt-deux mille deux cent soixante-treize.

L'Éternel parla à Moïse, et dit:

Prends les Lévites à la place de tous les premiers-nés des enfants d'Israël, et le bétail des Lévites à la place de leur bétail; et les Lévites m'appartiendront. Je suis l'Éternel.

Pour le rachat des deux cent soixante-treize qui dépassent le nombre des Lévites, parmi les premiers-nés des enfants d'Israël,

tu prendras cinq sicles par tête; tu les prendras selon le sicle du sanctuaire, qui est de vingt guéras.

Tu donneras l'argent à Aaron et à ses fils, pour le rachat de ceux qui dépassent le nombre des Lévites.

Moïse prit l'argent pour le rachat de ceux qui dépassaient le nombre des rachetés par les Lévites;

50 il prit l'argent des premiers-nés des enfants d'Israël: mille trois cent soixante-cinq sicles, selon le sicle du sanctuaire.

Et Moïse donna l'argent du rachat à Aaron et à ses fils, sur l'ordre de l'Éternel, en se conformant à l'ordre que l'Éternel avait donné à Moïse.

Nombres 4

L'Éternel parla à Moïse et à Aaron, et dit:

Compte les fils de Kehath parmi les enfants de Lévi, selon leurs familles, selon les maisons de leurs pères,

depuis l'âge de trente ans et au-dessus jusqu'à l'âge de cinquante ans, tous ceux qui sont propres à exercer quelque fonction dans la tente d'assignation.

Voici les fonctions des fils de Kehath, dans la tente d'assignation: elles concernent le lieu très saint.

Au départ du camp, Aaron et ses fils viendront démonter le voile, et ils en couvriront l'arche du témoignage;

Nb 4,6 ils mettront dessus une couverture de peaux de dauphins, et ils étendront par-dessus un drap entièrement d'étoffe bleue; puis ils placeront les barres de l'arche.

Ils étendront un drap bleu sur la table des pains de proposition, et ils mettront dessus les plats, les coupes, les tasses et les calices pour les libations; le pain y sera toujours;

ils étendront sur ces choses un drap de cramoisi, et ils l'envelopperont d'une couverture de peaux de dauphins; puis ils placeront les barres de la table.

Ils prendront un drap bleu, et ils couvriront le chandelier, ses lampes, ses mouchettes, ses vases à cendre et tous ses vases à l'huile, destinés à son service;

10 ils le mettront, avec tous ses ustensiles, dans une couverture de peaux de dauphins; puis ils le placeront sur le brancard.

Ils étendront un drap bleu sur l'autel d'or, et ils l'envelopperont d'une couverture de peaux de dauphins; puis ils placeront les barres de l'autel.

Ils prendront tous les ustensiles dont on se sert pour le service dans le sanctuaire, et ils les mettront dans un drap bleu, et ils les envelopperont d'une couverture de peaux de dauphins; puis ils les placeront sur le brancard.

Ils ôteront les cendres de l'autel, et ils étendront sur l'autel un drap de pourpre;

ils mettront dessus tous les ustensiles destinés à son service, les brasiers, les fourchettes, les pelles, les bassins, tous les ustensiles de l'autel, et ils étendront par-dessus une couverture de peaux de dauphins; puis ils placeront les barres de l'autel.

Après qu'Aaron et ses fils auront achevé de couvrir le sanctuaire et tous les ustensiles du sanctuaire, les fils de Kehath viendront, au départ du camp, pour les porter; mais ils ne toucheront point les choses saintes, de peur qu'ils ne meurent. Telles sont les fonctions de porteurs, imposées aux fils de Kehath dans la tente d'assignation.

Éléazar, fils du sacrificateur Aaron, aura sous sa surveillance l'huile du chandelier, le parfum odoriférant, l'offrande perpétuelle et l'huile d'onction; il aura sous sa surveillance tout le tabernacle et tout ce qu'il contient, le sanctuaire et ses ustensiles.

L'Éternel parla à Moïse et à Aaron, et dit:

N'exposez point la race des familles des Kehathites à être retranchée du milieu des Lévites.

Faites ceci pour eux, afin qu'ils vivent et qu'ils ne meurent point, quand ils s'approcheront du lieu très saint: Aaron et ses fils viendront, et ils placeront chacun d'eux à son service et à sa charge.

20 Ils n'entreront point pour voir envelopper les choses saintes, de peur qu'ils ne meurent.

L'Éternel parla à Moïse, et dit:

Compte aussi les fils de Guerschon, selon les maisons de leurs pères, selon leurs familles;

tu feras le dénombrement, depuis l'âge de trente ans et au-dessus jusqu'à l'âge de cinquante ans, de tous ceux qui sont propres à exercer quelque fonction dans la tente d'assignation.

Voici les fonctions des familles des Guerschonites, le service qu'ils devront faire et ce qu'ils devront porter.

Ils porteront les tapis du tabernacle et la tente d'assignation, sa couverture et la couverture de peaux de dauphins qui se met par-dessus, le rideau qui est à l'entrée de la tente d'assignation;

les toiles du parvis et le rideau de l'entrée de la porte du parvis, tout autour du tabernacle et de l'autel, leurs cordages et tous les ustensiles qui en dépendent. Et ils feront tout le service qui s'y rapporte.

Dans leurs fonctions, les fils des Guerschonites seront sous les ordres d'Aaron et de ses fils, pour tout ce qu'ils porteront et pour tout le service qu'ils devront faire; vous remettrez à leurs soins tout ce qu'ils ont à porter.

Nb 4,28 Telles sont les fonctions des familles des fils des Guerschonites dans la tente d'assignation, et ce qu'ils ont à garder sous la direction d'Ithamar, fils du sacrificateur Aaron.

Tu feras le dénombrement des fils de Merari, selon leurs familles, selon les maisons de leurs pères;

30 tu feras le dénombrement, depuis l'âge de trente ans et au-dessus jusqu'à l'âge de cinquante ans, de tous ceux qui sont propres à exercer quelque fonction dans la tente d'assignation.

Voici ce qui est remis à leurs soins et ce qu'ils ont à porter, pour toutes leurs fonctions dans la tente d'assignation: les planches du tabernacle, ses barres, ses colonnes, ses bases,

les colonnes du parvis formant l'enceinte, leurs bases, leurs pieux, leurs cordages, tous les ustensiles qui en dépendent et tout ce qui est destiné à leur service. Vous désignerez par leurs noms les objets qui sont remis à leurs soins et qu'ils ont à porter.

Telles sont les fonctions des familles des fils de Merari, toutes leurs fonctions dans la tente d'assignation, sous la direction d'Ithamar, fils du sacrificateur Aaron.

Moïse, Aaron et les princes de l'assemblée firent le dénombrement des fils des Kehathites, selon leurs familles et selon les maisons de leurs pères,

de tous ceux qui, depuis l'âge de trente ans et au-dessus jusqu'à l'âge de cinquante ans, étaient propres à exercer quelque fonction dans la tente d'assignation.

Ceux dont ils firent le dénombrement, selon leurs familles, furent deux mille sept cent cinquante.

Tels sont ceux des familles des Kehathites dont on fit le dénombrement, tous ceux qui exerçaient des fonctions dans la tente d'assignation; Moïse et Aaron en firent le dénombrement sur l'ordre de l'Éternel par Moïse.

Les fils de Guerschon dont on fit le dénombrement, selon leurs familles et selon les maisons de leurs pères,

depuis l'âge de trente ans et au-dessus jusqu'à l'âge de cinquante ans, tous ceux qui étaient propres à exercer quelque fonction dans la tente d'assignation,

40 ceux dont on fit le dénombrement, selon leurs familles, selon les maisons de leurs pères, furent deux mille six cent trente.

Tels sont ceux des familles des fils de Guerschon dont on fit le dénombrement, tous ceux qui exerçaient des fonctions dans la tente d'assignation; Moïse et Aaron en firent le dénombrement sur l'ordre de l'Éternel.

Ceux des familles des fils de Merari dont on fit le dénombrement, selon leurs familles, selon les maisons de leurs pères,

depuis l'âge de trente ans et au-dessus jusqu'à l'âge de cinquante ans, tous ceux qui étaient propres à exercer quelque fonction dans la tente d'assignation,

ceux dont on fit le dénombrement, selon leurs familles, furent trois mille deux cents.

Tels sont ceux des familles des fils de Merari dont on fit le dénombrement; Moïse et Aaron en firent le dénombrement sur l'ordre de l'Éternel par Moïse.

Tous ceux des Lévites dont Moïse, Aaron et les princes d'Israël firent le dénombrement, selon leurs familles et selon les maisons de leurs pères,

depuis l'âge de trente ans et au-dessus jusqu'à l'âge de cinquante ans, tous ceux qui étaient propres à exercer quelque fonction et à servir de porteurs dans la tente d'assignation,

tous ceux dont on fit le dénombrement furent huit mille cinq cent quatre-vingts.

On en fit le dénombrement sur l'ordre de l'Éternel par Moïse, en indiquant à chacun le service qu'il devait faire et ce qu'il devait porter; on en fit le dénombrement selon l'ordre que l'Éternel avait donné à Moïse.

C - Prescriptions rituelles
Nombres 5 - 8

L'Éternel parla à Moïse, et dit:

Ordonne aux enfants d'Israël de renvoyer du camp tout lépreux, et quiconque a une gonorrhée ou est souillé par un mort.

Hommes ou femmes, vous les renverrez, vous les renverrez hors du camp, afin qu'ils ne souillent pas le camp au milieu duquel j'ai ma demeure.

Les enfants d'Israël firent ainsi, et ils les renvoyèrent hors du camp; comme l'Éternel l'avait ordonné à Moïse, ainsi firent les enfants d'Israël.

L'Éternel parla à Moïse, et dit:

Parle aux enfants d'Israël: Lorsqu'un homme ou une femme péchera contre son prochain en commettant une infidélité à l'égard de l'Éternel, et qu'il se rendra ainsi coupable,

Il confessera son péché, et il restituera dans son entier l'objet mal acquis, en y ajoutant un cinquième; il le remettra à celui envers qui il s'est rendu coupable.

S'il n'y a personne qui ait droit à la restitution de l'objet mal acquis, cet objet revient à l'Éternel, au sacrificateur, outre le bélier expiatoire avec lequel on fera l'expiation pour le coupable.

Toute offrande de choses consacrées par les enfants d'Israël appartiendra au sacrificateur à qui elles seront présentées.

10 Les choses qu'on aura consacrées lui appartiendront, ce qu'on lui aura remis lui appartiendra.

L'Éternel parla à Moïse, et dit:

Parle aux enfants d'Israël, et tu leur diras: Si une femme se détourne de son mari, et lui devient infidèle;

si un autre a commerce avec elle, et que la chose soit cachée aux yeux de son mari; si elle s'est souillée en secret, sans qu'il y ait de témoin contre elle, et sans qu'elle ait été prise sur le fait;

et si le mari est saisi d'un esprit de jalousie et a des soupçons sur sa femme, qui s'est souillée, ou bien s'il est saisi d'un esprit de jalousie et a des soupçons sur sa femme, qui ne s'est point souillée:

Cet homme amènera sa femme au sacrificateur, et apportera en offrande pour elle un dixième d'épha de farine d'orge; il n'y répandra point d'huile, et n'y mettra point d'encens, car c'est une offrande de jalousie, une offrande de souvenir, qui rappelle une iniquité.

Le sacrificateur la fera approcher, et la fera tenir debout devant l'Éternel.

Le sacrificateur prendra de l'eau sainte dans un vase de terre; il prendra de la poussière sur le sol du tabernacle, et la mettra dans l'eau.

Le sacrificateur fera tenir la femme d

ebout devant l'Éternel; il découvrira la tête de la femme, et lui posera sur les mains l'offrande de souvenir, l'offrande de jalousie; le sacrificateur aura dans sa main les eaux amères qui apportent la malédiction.

Le sacrificateur fera jurer la femme, et lui dira: Si aucun homme n'a couché avec toi, et si, étant sous la puissance de ton mari, tu ne t'en es point détournée pour te souiller, ces eaux amères qui apportent la malédiction ne te seront point funestes.

20 Mais si, étant sous la puissance de ton mari, tu t'en es détournée et que tu te sois souillée, et si un autre homme que ton mari a couché avec toi, -

et le sacrificateur fera jurer la femme avec un serment d'imprécation, et lui dira: -Que l'Éternel te livre à la malédiction et à l'exécration au milieu de ton peuple, en faisant dessécher ta cuisse et enfler ton ventre,

et que ces eaux qui apportent la malédiction entrent dans tes entrailles pour te faire enfler le ventre et dessécher la cuisse! Et la femme dira: Amen! Amen!

Le sacrificateur écrira ces imprécations dans un livre, puis les effacera avec les eaux amères.

Et il fera boire à la femme les eaux amères qui apportent la malédiction, et les eaux qui apportent la malédiction entreront en elle pour produire l'amertume.

Le sacrificateur prendra des mains de la femme l'offrande de jalousie, il agitera l'offrande de côté et d'autre devant l'Éternel, et il l'offrira sur l'autel;

le sacrificateur prendra une poignée de cette offrande comme souvenir, et il la brûlera sur l'autel. C'est après cela qu'il fera boire les eaux à la femme.

Quand il aura fait boire les eaux, il arrivera, si elle s'est souillée et a été infidèle à son mari, que les eaux qui apportent la malédiction entreront en elle pour produire l'amertume; son ventre s'enflera, sa cuisse se desséchera, et cette femme sera en malédiction au milieu de son peuple.

Mais si la femme ne s'est point souillée et qu'elle soit pure, elle sera reconnue innocente et aura des enfants.

Telle est la loi sur la jalousie, pour le cas où une femme sous la puissance de son mari se détourne et se souille,

30 et pour le cas où un mari saisi d'un esprit de jalousie a des soupçons sur sa femme: le sacrificateur la fera tenir debout devant l'Éternel, et lui appliquera cette loi dans son entier.

Le mari sera exempt de faute, mais la femme portera la peine de son iniquité.

Nombres 6

L'Éternel parla à Moïse, et dit:

Parle aux enfants d'Israël, et tu leur diras:

Lorsqu'un homme ou une femme se séparera des autres en faisant voeu de naziréat, pour se consacrer à l'Éternel,

Nb 6,3 il s'abstiendra de vin et de boisson enivrante; il ne boira ni vinaigre fait avec du vin, ni vinaigre fait avec une boisson enivrante; il ne boira d'aucune liqueur tirée des raisins, et il ne mangera point de raisins frais ni de raisins secs.

Pendant tout le temps de son naziréat, il ne mangera rien de ce qui provient de la vigne, depuis les pépins jusqu'à la peau du raisin.

Pendant tout le temps de son naziréat, le rasoir ne passera point sur sa tête; jusqu'à l'accomplissement des jours pour lesquels il s'est consacré à l'Éternel, il sera saint, il laissera croître librement ses cheveux.

Pendant tout le temps qu'il a voué à l'Éternel, il ne s'approchera point d'une personne morte;

il ne se souillera point à la mort de son père, de sa mère, de son frère ou de sa soeur, car il porte sur sa tête la consécration de son Dieu.

Pendant tout le temps de son naziréat, il sera consacré à l'Éternel.

Si quelqu'un meurt subitement près de lui, et que sa tête consacrée devienne ainsi souillée, il se rasera la tête le jour de sa purification, il se la rasera le septième jour.

10 Le huitième jour, il apportera au sacrificateur deux tourterelles ou deux jeunes pigeons, à l'entrée de la tente d'assignation.

Le sacrificateur sacrifiera l'un comme victime expiatoire, et l'autre comme holocauste, et il fera pour lui l'expiation de son péché à l'occasion du mort. Le naziréen sanctifiera ainsi sa tête ce jour-là

Il consacrera de nouveau à l'Éternel les jours de son naziréat, et il offrira un agneau d'un an en sacrifice de culpabilité; les jours précédents ne seront point comptés, parce que son naziréat a été souillé.

Voici la loi du naziréen. Le jour où il aura accompli le temps de son naziréat, on le fera venir à l'entrée de la tente d'assignation.

Il présentera son offrande à l'Éternel: un agneau d'un an et sans défaut pour l'holocauste, une brebis d'un an et sans défaut pour le sacrifice d'expiation, et un bélier sans défaut pour le sacrifice d'actions de grâces;

une corbeille de pains sans levain, de gâteaux de fleur de farine pétris à l'huile, et de galettes sans levain arrosées d'huile, avec l'offrande et la libation ordinaires.

Le sacrificateur présentera ces choses devant l'Éternel, et il offrira sa victime expiatoire et son holocauste;

il offrira le bélier en sacrifice d'actions de grâces à l'Éternel, outre la corbeille de pains sans levain, avec l'offrande et la libation.

Le naziréen rasera, à l'entrée de la tente d'assignation, sa tête consacrée; il prendra les cheveux de sa tête consacrée, et il les mettra sur le feu qui est sous le sacrifice d'actions de grâces.

Le sacrificateur prendra l'épaule cuite du bélier, un gâteau sans levain de la corbeille, et une galette sans levain; et il les posera sur les mains du naziréen, après qu'il aura rasé sa tête consacrée.

20 Le sacrificateur les agitera de côté et d'autre devant l'Éternel: c'est une chose sainte, qui appartient au sacrificateur, avec la poitrine agitée et l'épaule offerte par élévation. Ensuite, le naziréen pourra boire du vin.

Telle est la loi pour celui qui fait voeu de naziréat; telle est son offrande à l'Éternel pour son naziréat, outre ce que lui permettront ses ressources. Il accomplira ce qui est ordonné pour le voeu qu'il a fait, selon la loi de son naziréat.

L'Éternel parla à Moïse, et dit: Parle à Aaron et à ses fils, et dis:

Vous bénirez ainsi les enfants d'Israël, vous leur direz:

Que l'Éternel te bénisse, et qu'il te garde!
Que l'Éternel fasse luire sa face sur toi, et qu'il t'accorde sa grâce!
Que l'Éternel tourne sa face vers toi, et qu'il te donne la paix!

C'est ainsi qu'ils mettront mon nom sur les enfants d'Israël, et je les bénirai.

Nombres 7

Lorsque Moïse eut achevé de dresser le tabernacle, il l'oignit et le sanctifia avec tous ses ustensiles, de même que l'autel avec tous ses ustensiles; il les oignit et les sanctifia.

Alors les princes d'Israël, chefs des maisons de leurs pères, présentèrent leur offrande: c'étaient les princes des tribus, ceux qui avaient présidé au dénombrement.

Ils amenèrent leur offrande devant l'Éternel: six chars en forme de litières et douze boeufs, soit un char pour deux princes et un boeuf pour chaque prince; et ils les offrirent devant le tabernacle.

L'Éternel parla à Moïse, et dit:

Prends d'eux ces choses, afin de les employer pour le service de la tente d'assignation; tu les donneras aux Lévites, à chacun selon ses fonctions.

Moïse prit les chars et les boeufs, et il les remit aux Lévites.

Il donna deux chars et quatre boeufs aux fils de Guerschon, selon leurs fonctions;

il donna quatre chars et huit boeufs aux fils de Merari, selon leurs fonctions, sous la conduite d'Ithamar, fils du sacrificateur Aaron.

Mais il n'en donna point aux fils de Kehath, parce que, selon leurs fonctions, ils devaient porter les choses saintes sur les épaules.

10 Les princes présentèrent leur offrande pour la dédicace de l'autel, le jour où on l'oignit; les princes présentèrent leur offrande devant l'autel.

L'Éternel dit à Moïse: Les princes viendront un à un, et à des jours différents, présenter leur offrande pour la dédicace de l'autel.

Celui qui présenta son offrande le premier jour fut Nachschon, fils d'Amminadab, de la tribu de Juda.

Il offrit: un plat d'argent du poids de cent trente sicles, un bassin d'argent de soixante-dix sicles, selon le sicle du sanctuaire, tous deux pleins de fleur de farine pétrie à l'huile, pour l'offrande;

une coupe d'or de dix sicles, pleine de parfum;

un jeune taureau, un bélier, un agneau d'un an, pour l'holocauste;

un bouc, pour le sacrifice d'expiation;

Nb 7,17 et, pour le sacrifice d'actions de grâces, deux boeufs, cinq béliers, cinq boucs, cinq agneaux d'un an. Telle fut l'offrande de Nachschon, fils d'Amminadab.

Le second jour, Nethaneel, fils de Tsuar, prince d'Issacar, présenta son offrande.

Il offrit: un plat d'argent du poids de cent trente sicles, un bassin d'argent de soixante-dix sicles, selon le sicle du sanctuaire, tous deux pleins de fleur de farine pétrie à l'huile, pour l'offrande;

20 une coupe d'or de dix sicles, pleine de parfum;

un jeune taureau, un bélier, un agneau d'un an, pour l'holocauste;

un bouc, pour le sacrifice d'expiation;

et, pour le sacrifice d'actions de grâces, deux boeufs, cinq béliers, cinq boucs, cinq agneaux d'un an. Telle fut l'offrande de Nethaneel, fils de Tsuar.

Le troisième jour, le prince des fils de Zabulon, Éliab, fils de Hélon,

offrit: un plat d'argent du poids de cent trente sicles, un bassin d'argent de soixante-dix sicles, selon le sicle du sanctuaire, tous deux pleins de fleur de farine pétrie à l'huile, pour l'offrande;

une coupe d'or de dix sicles, pleine de parfum;

un jeune taureau, un bélier, un agneau d'un an, pour l'holocauste;

un bouc, pour le sacrifice d'expiation;

et, pour le sacrifice d'actions de grâces, deux boeufs, cinq béliers, cinq boucs, cinq agneaux d'un an. Telle fut l'offrande d'Éliab, fils de Hélon.

30 Le quatrième jour, le prince des fils de Ruben, Élitsur, fils de Schedéur,

offrit: un plat d'argent du poids de cent trente sicles, un bassin d'argent de soixante-dix sicles, selon le sicle du sanctuaire, tous deux pleins de fleur de farine pétrie à l'huile, pour l'offrande;

une coupe d'or de dix sicles, pleine de parfum;

un jeune taureau, un bélier, un agneau d'un an, pour l'holocauste;

un bouc, pour le sacrifice d'expiation;

et, pour le sacrifice d'actions de grâces, deux boeufs, cinq béliers, cinq boucs, cinq agneaux d'un an. Telle fut l'offrande d'Élitsur, fils de Schedéur.

Le cinquième jour, le prince des fils de Siméon, Schelumiel, fils de Tsurischaddaï,

offrit: un plat d'argent du poids de cent trente sicles, un bassin d'argent de soixante-dix sicles, selon le sicle du sanctuaire, tous deux pleins de fleur de farine pétrie à l'huile, pour l'offrande;

une coupe d'or de dix sicles, pleine de parfum;

un jeune taureau, un bélier, un agneau d'un an, pour l'holocauste;

40 un bouc, pour le sacrifice d'expiation;

et, pour le sacrifice d'actions de grâces, deux boeufs, cinq béliers, cinq boucs, cinq agneaux d'un an. Telle fut l'offrande de Schelumiel, fils de Tsurischaddaï.

Le sixième jour, le prince des fils de Gad, Éliasaph, fils de Déuel,

offrit: un plat d'argent du poids de cent trente sicles, un bassin d'argent de soixante-dix sicles, selon le sicle du sanctuaire, tous deux pleins de fleur de farine pétrie à l'huile, pour l'offrande;

une coupe d'or de dix sicles, pleine de parfum;

un jeune taureau, un bélier, un agneau d'un an, pour l'holocauste;

un bouc, pour le sacrifice d'expiation;

et, pour le sacrifice d'actions de grâces, deux boeufs, cinq béliers, cinq boucs, cinq agneaux d'un an. Telle fut l'offrande d'Éliasaph, fils de Déuel.

Le septième jour, le prince des fils d'Éphraïm, Élischama, fils d'Ammihud,

offrit: un plat d'argent du poids de cent trente sicles, un bassin d'argent de soixante-dix sicles, selon le sicle du sanctuaire, tous deux pleins de fleur de farine pétrie à l'huile, pour l'offrande;

Nb 7,50 une coupe d'or de dix sicles, pleine de parfum;

un jeune taureau, un bélier, un agneau d'un an, pour l'holocauste;

un bouc, pour le sacrifice d'expiation;

et, pour le sacrifice d'actions de grâces, deux boeufs, cinq béliers, cinq boucs, cinq agneaux d'un an. Telle fut l'offrande d'Élischama, fils d'Ammihud.

Le huitième jour, le prince des fils de Manassé, Gamliel, fils de Pedahtsur,

offrit: un plat d'argent du poids de cent trente sicles, un bassin d'argent de soixante-dix sicles, selon le sicle du sanctuaire, tous deux pleins de fleur de farine pétrie à l'huile, pour l'offrande;

une coupe d'or de dix sicles, pleine de parfum;

un jeune taureau, un bélier, un agneau d'un an, pour l'holocauste;

un bouc, pour le sacrifice d'expiation;

et, pour le sacrifice d'actions de grâces, deux boeufs, cinq béliers, cinq boucs, cinq agneaux d'un an. Telle fut l'offrande de Gamliel, fils de Pedahtsur.

60 Le neuvième jour, le prince des fils de Benjamin, Abidan, fils de Guideoni,

offrit: un plat d'argent du poids de cent trente sicles, un bassin d'argent de soixante-dix sicles, selon le sicle du sanctuaire, tous deux pleins de fleur de farine pétrie à l'huile, pour l'offrande;

une coupe d'or de dix sicles, pleine de parfum;

un jeune taureau, un bélier, un agneau d'un an, pour l'holocauste;

un bouc, pour le sacrifice d'expiation;

et, pour le sacrifice d'actions de grâces, deux boeufs, cinq béliers, cinq boucs, cinq agneaux d'un an. Telle fut l'offrande d'Abidan, fils de Guideoni.

Le dixième jour, le prince des fils de Dan, Ahiézer, fils d'Ammischaddaï,

offrit: un plat d'argent du poids de cent trente sicles, un bassin d'argent de soixante-dix sicles, selon le sicle du sanctuaire, tous deux pleins de fleur de farine pétrie à l'huile, pour l'offrande;

une coupe d'or de dix sicles, pleine de parfum;

un jeune taureau, un bélier, un agneau d'un an, pour l'holocauste;

70 un bouc, pour le sacrifice d'expiation;

et, pour le sacrifice d'actions de grâces, deux boeufs, cinq béliers, cinq boucs, cinq agneaux d'un an. Telle fut l'offrande d'Ahiézer, fils d'Ammischaddaï.

Le onzième jour, le prince des fils d'Aser, Paguiel fils d'Ocran,

offrit: un plat d'argent du poids de cent trente sicles, un bassin d'argent de soixante-dix sicles, selon le sicle du sanctuaire, tous deux pleins de fleur de farine pétrie à l'huile, pour l'offrande;

une coupe d'or de dix sicles, pleine de parfum;

un jeune taureau, un bélier, un agneau d'un an, pour l'holocauste;

un bouc, pour le sacrifice d'expiation;

et, pour le sacrifice d'actions de grâces, deux boeufs, cinq béliers, cinq boucs, cinq agneaux d'un an. Telle fut l'offrande de Paguiel, fils d'Ocran.

Le douzième jour, le prince des fils de Nephthali, Ahira, fils d'Énan,

offrit: un plat d'argent du poids de cent trente sicles, un bassin d'argent de soixante-dix sicles selon le sicle du sanctuaire, tous deux pleins de fleur de farine pétrie à l'huile, pour l'offrande;

80 une coupe d'or de dix sicles, pleine de parfum;

un jeune taureau, un bélier, un agneau d'un an, pour l'holocauste;

un bouc, pour le sacrifice d'expiation;

et, pour le sacrifice d'actions de grâces, deux boeufs, cinq béliers, cinq boucs, cinq agneaux d'un an. Telle fut l'offrande d'Ahira, fils d'Énan.

Tels furent les dons des princes d'Israël pour la dédicace de l'autel, le jour où on l'oignit. Douze plats d'argent, douze bassins d'argent, douze coupes d'or;

chaque plat d'argent pesait cent trente sicles, et chaque bassin soixante-dix, ce qui fit pour l'argent de ces ustensiles un total de deux mille quatre cents sicles, selon le sicle du sanctuaire;

les douze coupes d'or pleines de parfum, à dix sicles la coupe, selon le sicle du sanctuaire, firent pour l'or des coupes un total de cent vingt sicles.

Total des animaux pour l'holocauste: douze taureaux, douze béliers, douze agneaux d'un an, avec les offrandes ordinaires. Douze boucs, pour le sacrifice d'expiation.

Total des animaux pour le sacrifice d'actions de grâces: vingt-quatre boeufs, soixante béliers, soixante boucs, soixante agneaux d'un an. Tels furent les dons pour la dédicace de l'autel, après qu'on l'eut oint.

Lorsque Moïse entrait dans la tente d'assignation pour parler avec l'Éternel, il entendait la voix qui lui parlait du haut du propitiatoire placé sur l'arche du témoignage, entre les deux chérubins. Et il parlait avec l'Éternel.

Nombres 8

L'Éternel parla à Moïse, et dit:

Parle à Aaron, et tu lui diras: Lorsque tu placeras les lampes sur le chandelier, les sept lampes devront éclairer en face.

Aaron fit ainsi; il plaça les lampes sur le devant du chandelier, comme l'Éternel l'avait ordonné à Moïse.

Le chandelier était d'or battu; jusqu'à son pied, jusqu'à ses fleurs, il était d'or battu; Moïse avait fait le chandelier d'après le modèle que l'Éternel lui avait montré.

L'Éternel parla à Moïse, et dit:

Prends les Lévites du milieu des enfants d'Israël, et purifie-les.

Voici comment tu les purifieras. Fais sur eux une aspersion d'eau expiatoire; qu'ils fassent passer le rasoir sur tout leur corps, qu'ils lavent leurs vêtements, et qu'ils se purifient.

Ils prendront ensuite un jeune taureau, avec l'offrande ordinaire de fleur de farine pétrie à l'huile; et tu prendras un autre jeune taureau pour le sacrifice d'expiation.

Tu feras approcher les Lévites devant la tente d'assignation, et tu convoqueras toute l'assemblée des enfants d'Israël.

10 Tu feras approcher les Lévites devant l'Éternel; et les enfants d'Israël poseront leurs mains sur les Lévites.

Aaron fera tourner de côté et d'autre les Lévites devant l'Éternel, comme une offrande de la part des enfants d'Israël; et ils seront consacrés au service de l'Éternel.

Les Lévites poseront leurs mains sur la tête des taureaux; et tu offriras l'un en sacrifice d'expiation, et l'autre en holocauste, afin de faire l'expiation pour les Lévites.

Tu feras tenir les Lévites debout devant Aaron et devant ses fils, et tu les feras tourner de côté et d'autre comme une offrande à l'Éternel.

Tu sépareras les Lévites du milieu des enfants d'Israël; et les Lévites m'appartiendront.

Après cela, les Lévites viendront faire le service dans la tente d'assignation. C'est ainsi que tu les purifieras, et que tu les feras tourner de côté et d'autre comme une offrande.

Car ils me sont entièrement donnés du milieu des enfants d'Israël: je les ai pris pour moi à la place des premiers-nés, de tous les premiers-nés des enfants d'Israël.

Car tout premier-né des enfants d'Israël m'appartient, tant des hommes que des animaux; le jour où j'ai frappé tous les premiers-nés dans le pays d'Égypte, je me les suis consacrés.

Et j'ai pris les Lévites à la place de tous les premiers-nés des enfants d'Israël.

J'ai donné les Lévites entièrement à Aaron et à ses fils, du milieu des enfants d'Israël, pour qu'ils fassent le service des enfants d'Israël dans la tente d'assignation, pour qu'ils fassent l'expiation pour les enfants d'Israël, et pour que les enfants d'Israël ne soient frappés d'aucune plaie, en s'approchant du sanctuaire.

20 Moïse, Aaron et toute l'assemblée des enfants d'Israël, firent à l'égard des Lévites tout ce que l'Éternel avait ordonné à Moïse touchant les Lévites; ainsi firent à leur égard les enfants d'Israël.

Les Lévites se purifièrent, et lavèrent leurs vêtements; Aaron les fit tourner de côté et d'autre comme une offrande devant l'Éternel, et il fit l'expiation pour eux, afin de les purifier.

Après cela, les Lévites vinrent faire leur service dans la tente d'assignation, en présence d'Aaron et de ses fils, selon ce que l'Éternel avait ordonné à Moïse touchant les Lévites; ainsi fut-il fait à leur égard.

L'Éternel parla à Moïse, et dit:

Voici ce qui concerne les Lévites. Depuis l'âge de vingt-cinq ans et au-dessus, tout Lévite entrera au service de la tente d'assignation pour y exercer une fonction.

Depuis l'âge de cinquante ans, il sortira de fonction, et ne servira plus.

Il aidera ses frères dans la tente d'assignation, pour garder ce qui est remis à leurs soins; mais il ne fera plus de service. Tu agiras ainsi à l'égard des Lévites pour ce qui concerne leurs fonctions.

D - Le peuple se met en marche
Nombres 9- 12

L'Éternel parla à Moïse, dans le désert de Sinaï, le premier mois de la seconde année après leur sortie du pays d'Égypte.

Il dit: Que les enfants d'Israël célèbrent la Pâque au temps fixé.

Vous la célébrerez au temps fixé, le quatorzième jour de ce mois, entre les deux soirs; vous la célébrerez selon toutes les lois et toutes les ordonnances qui s'y rapportent.

Moïse parla aux enfants d'Israël, afin qu'ils célébrassent la Pâque.

Et ils célébrèrent la Pâque le quatorzième jour du premier mois, entre les deux soirs, dans le désert de Sinaï; les enfants d'Israël se conformèrent à tous les ordres que l'Éternel avait donnés à Moïse.

Il y eut des hommes qui, se trouvant impurs à cause d'un mort, ne pouvaient pas célébrer la Pâque ce jour-là. Ils se présentèrent le même jour devant Moïse et Aaron;

et ces hommes dirent à Moïse: Nous sommes impurs à cause d'un mort; pourquoi serions-nous privés de présenter au temps fixé l'offrande de l'Éternel au milieu des enfants d'Israël?

Moïse leur dit: Attendez que je sache ce que l'Éternel vous ordonne.

Et l'Éternel parla à Moïse, et dit:

10 Parle aux enfants d'Israël, et dis-leur: Si quelqu'un d'entre vous ou de vos descendants est impur à cause d'un mort, ou est en voyage dans le lointain, il célébrera la Pâque en l'honneur de l'Éternel.

C'est au second mois qu'ils la célébreront, le quatorzième jour, entre les deux soirs; ils la mangeront avec des pains sans levain et des herbes amères.

Ils n'en laisseront rien jusqu'au matin, et ils n'en briseront aucun os. Ils la célébreront selon toutes les ordonnances de la Pâque.

Si celui qui est pur et qui n'est pas en voyage s'abstient de célébrer la Pâque, celui-là sera retranché de son peuple; parce qu'il n'a pas présenté l'offrande de l'Éternel au temps fixé, cet homme-là portera la peine de son péché.

Si un étranger en séjour chez vous célèbre la Pâque de l'Éternel, il se conformera aux lois et aux ordonnances de la Pâque. Il y aura une même loi parmi vous, pour l'étranger comme pour l'indigène.

Le jour où le tabernacle fut dressé, la nuée couvrit le tabernacle, la tente d'assignation; et, depuis le soir jusqu'au matin, elle eut sur le tabernacle l'apparence d'un feu.

Il en fut continuellement ainsi: la nuée couvrait le tabernacle, et elle avait de nuit l'apparence d'un feu.

20 Quand la nuée s'élevait de dessus la tente, les enfants d'Israël partaient; et les enfants d'Israël campaient dans le lieu où s'arrêtait la nuée.

Les enfants d'Israël partaient sur l'ordre de l'Éternel, et ils campaient sur l'ordre de l'Éternel; ils campaient aussi longtemps que la nuée restait sur le tabernacle.

Quand la nuée restait longtemps sur le tabernacle, les enfants d'Israël obéissaient au commandement de l'Éternel, et ne partaient point.

Quand la nuée restait peu de jours sur le tabernacle, ils campaient sur l'ordre de l'Éternel, et ils partaient sur l'ordre de l'Éternel.

Si la nuée s'arrêtait du soir au matin, et s'élevait le matin, ils partaient. Si la nuée s'élevait après un jour et une nuit, ils partaient.

Si la nuée s'arrêtait sur le tabernacle deux jours, ou un mois, ou une année, les enfants d'Israël restaient campés, et ne partaient point; et quand elle s'élevait, ils partaient.

Ils campaient sur l'ordre de l'Éternel, et ils partaient sur l'ordre de l'Éternel; ils obéissaient au commandement de l'Éternel, sur l'ordre de l'Éternel par Moïse.

Nombres 10

L'Éternel parla à Moïse, et dit:

Nb 10,2 Fais-toi deux trompettes d'argent; tu les feras d'argent battu. Elles te serviront pour la convocation de l'assemblée et pour le départ des camps.

Quand on en sonnera, toute l'assemblée se réunira auprès de toi, à l'entrée de la tente d'assignation.

Si l'on ne sonne que d'une trompette, les princes, les chefs des milliers d'Israël, se réuniront auprès de toi.

Quand vous sonnerez avec éclat, ceux qui campent à l'orient partiront;

quand vous sonnerez avec éclat pour la seconde fois, ceux qui campent au midi partiront: on sonnera avec éclat pour leur départ.

Vous sonnerez aussi pour convoquer l'assemblée, mais vous ne sonnerez pas avec éclat.

Les fils d'Aaron, les sacrificateurs, sonneront des trompettes. Ce sera une loi perpétuelle pour vous et pour vos descendants.

Lorsque, dans votre pays, vous irez à la guerre contre l'ennemi qui vous combattra, vous sonnerez des trompettes avec éclat, et vous serez présents au souvenir de l'Éternel, votre Dieu, et vous serez délivrés de vos ennemis.

10 Dans vos jours de joie, dans vos fêtes, et à vos nouvelles lunes, vous sonnerez des trompettes, en offrant vos holocaustes et vos sacrifices d'actions de grâces, et elles vous mettront en souvenir devant votre Dieu. Je suis l'Éternel, votre Dieu.

Le vingtième jour du second mois de la seconde année, la nuée s'éleva de dessus le tabernacle du témoignage.

Et les enfants d'Israël partirent du désert de Sinaï, selon l'ordre fixé pour leur marche. La nuée s'arrêta dans le désert de Paran.

Ils firent ce premier départ sur l'ordre de l'Éternel par Moïse.

La bannière du camp des fils de Juda partit la première, avec ses corps d'armée. Le corps d'armée de Juda était commandé par Nachschon, fils d'Amminadab;

le corps d'armée de la tribu des fils d'Issacar, par Nethaneel, fils de Tsuar;

le corps d'armée de la tribu des fils de Zabulon, par Éliab, fils de Hélon.

Le tabernacle fut démonté; et les fils de Guerschon et les fils de Merari partirent, portant le tabernacle.

La bannière du camp de Ruben partit, avec ses corps d'armée. Le corps d'armée de Ruben était commandé par Élitsur, fils de Schedéur;

le corps d'armée de la tribu des fils de Siméon, par Schelumiel, fils de Tsurischaddaï;

20 le corps d'armée de la tribu des fils de Gad, par Éliasaph, fils de Déuel.

Les Kehathites partirent, portant le sanctuaire; et l'on dressait le tabernacle en attendant leur arrivée.

La bannière du camp des fils d'Éphraïm partit, avec ses corps d'armée. Le corps d'armée d'Éphraïm était commandé par Élischama, fils d'Ammihud;

le corps d'armée de la tribu des fils de Manassé, par Gamliel, fils de Pedahtsur;

le corps d'armée de la tribu des fils de Benjamin, par Abidan, fils de Guideoni.

La bannière du camp des fils de Dan partit, avec ses corps d'armée: elle formait l'arrière-garde de tous les camps. Le corps d'armée de Dan était commandé par Ahiézer, fils d'Ammischaddaï;

le corps d'armée de la tribu des fils d'Aser, par Paguiel, fils d'Ocran;

le corps d'armée de la tribu des fils de Nephthali, par Ahira, fils d'Énan.

Tel fut l'ordre d'après lequel les enfants d'Israël se mirent en marche selon leur corps d'armée; et c'est ainsi qu'ils partirent.

Moïse dit à Hobab, fils de Réuel, le Madianite, beau-père de Moïse: Nous partons pour le lieu dont l'Éternel a dit: Je vous le donnerai. Viens avec nous, et nous te ferons du bien, car l'Éternel a promis de faire du bien à Israël.

30 Hobab lui répondit: Je n'irai point; mais j'irai dans mon pays et dans ma patrie.

Et Moïse dit: Ne nous quitte pas, je te prie; puisque tu connais les lieux où nous campons dans le désert, tu nous serviras de guide.

Et si tu viens avec nous, nous te ferons jouir du bien que l'Éternel nous fera.

Ils partirent de la montagne de l'Éternel, et marchèrent trois jours; l'arche de l'alliance de l'Éternel partit devant eux[1], et fit une marche de trois jours, pour leur chercher un lieu de repos.

La nuée de l'Éternel était au-dessus d'eux pendant le jour, lorsqu'ils partaient du camp.

Quand l'arche partait, Moïse disait: Lève-toi, Éternel! et que tes ennemis soient dispersés! que ceux qui te haïssent fuient devant ta face!

Et quand on la posait, il disait: Reviens, Éternel, aux myriades des milliers d'Israël!

Nombres 11

Le peuple murmura et cela déplut aux oreilles l'Éternel. Lorsque l'Éternel l'entendit, sa colère s'enflamma; le feu de l'Éternel s'alluma parmi eux, et dévora l'extrémité du camp.

Le peuple cria à Moïse. Moïse pria l'Éternel, et le feu s'arrêta.

On donna à ce lieu le nom de Tabeéra, parce que le feu de l'Éternel s'était allumé parmi eux.

Le ramassis de gens qui se trouvaient au milieu d'Israël[2] fut saisi de convoitise; et même les enfants d'Israël recommencèrent à pleurer et dirent: Qui nous donnera de la viande à manger?

Nous nous souvenons des poissons que nous mangions en Égypte, et qui ne nous coûtaient rien, des concombres, des melons, des poireaux, des oignons et des aulx.

Maintenant, notre âme est desséchée: plus rien! Nos yeux ne voient que de la manne.

La manne ressemblait à de la graine de coriandre, et avait l'apparence du bdellium.

Le peuple se dispersait pour la ramasser; il la broyait avec des meules, ou la pilait dans un mortier; il la cuisait au pot, et en faisait des gâteaux. Elle avait le goût d'un gâteau à l'huile.

Quand la rosée descendait la nuit sur le camp, la manne y descendait aussi.

---

[1] Ce sont les porteurs de l'arche qui partent.

[2] Voir Ex 12,38: Toutes sortes de gens sont sortis d'Égypte avec les Israélites (cf p.97 3° alinéa).

Nb 11,10 Moïse entendit le peuple qui pleurait, chacun dans sa famille et à l'entrée de sa tente. La colère de l'Éternel s'enflamma fortement.

Moïse fut attristé, et il dit à l'Éternel: Pourquoi affliges-tu ton serviteur, et pourquoi n'ai-je pas trouvé grâce à tes yeux, que tu aies mis sur moi la charge de tout ce peuple?
Est-ce moi qui ai conçu ce peuple? est-ce moi qui l'ai enfanté, pour que tu me dises: Porte-le sur ton sein, comme le nourricier porte un enfant, jusqu'au pays que tu as juré à ses pères de lui donner?
Où prendrai-je de la viande pour donner à tout ce peuple? Car ils pleurent auprès de moi, en disant: Donne-nous de la viande à manger!
Je ne puis pas, à moi seul, porter tout ce peuple, car il est trop pesant pour moi.
Plutôt que de me traiter ainsi, tue-moi, je te prie, si j'ai trouvé grâce à tes yeux, et que je ne voie pas mon malheur.

L'Éternel dit à Moïse: Assemble auprès de moi soixante-dix hommes des anciens d'Israël, de ceux que tu connais comme anciens du peuple et ayant autorité sur lui; amène-les à la tente d'assignation, et qu'ils s'y présentent avec toi.

Je descendrai, et là je te parlerai; je prendrai de l'esprit qui est sur toi, et je le mettrai sur eux, afin qu'ils portent avec toi la charge du peuple, et que tu ne la portes pas à toi seul.

Tu diras au peuple: Sanctifiez-vous pour demain, et vous mangerez de la viande, puisque vous avez pleuré aux oreilles de l'Éternel, en disant: Qui nous fera manger de la viande? car nous étions bien en Égypte. L'Éternel vous donnera de la viande, et vous en mangerez.
Vous en mangerez non pas un jour, ni deux jours, ni cinq jours, ni dix jours, ni vingt jours,

20 mais un mois entier, jusqu'à ce qu'elle vous sorte par les narines et que vous en ayez du dégoût, parce que vous avez rejeté l'Éternel qui est au milieu de vous, et parce que vous avez pleuré devant lui, en disant: Pourquoi donc sommes-nous sortis d'Égypte?

Moïse dit: Six cent mille hommes de pied forment le peuple au milieu duquel je suis, et tu dis: Je leur donnerai de la viande, et ils en mangeront un mois entier!

Égorgera-t-on pour eux des brebis et des boeufs, en sorte qu'ils en aient assez? Ou rassemblera-t-on pour eux tous les poissons de la mer, en sorte qu'ils en aient assez?

L'Éternel répondit à Moïse: La main de l'Éternel serait-elle trop courte? Tu verras maintenant si ce que je t'ai dit arrivera ou non.

Moïse sortit, et rapporta au peuple les paroles de l'Éternel. Il assembla soixante-dix hommes des anciens du peuple, et les plaça autour de la tente.
L'Éternel descendit dans la nuée, et parla à Moïse; il prit de l'esprit qui était sur lui, et le mit sur les soixante-dix anciens. Et dès que l'esprit reposa sur eux, ils prophétisèrent; mais ils ne continuèrent pas.

Il y eut deux hommes, l'un appelé Eldad, et l'autre Médad, qui étaient restés dans le camp, et sur lesquels l'esprit reposa; car ils étaient parmi les inscrits, quoiqu'ils ne fussent point allés à la tente; et ils prophétisèrent dans le camp.

Un jeune garçon courut l'annoncer à Moïse, et dit: Eldad et Médad prophétisent dans le camp.

Et Josué, fils de Nun, serviteur de Moïse depuis sa jeunesse, prit la parole et dit: Moïse, mon seigneur, empêche-les!

Moïse lui répondit: Es-tu jaloux pour moi? Puisse tout le peuple de l'Éternel être composé de prophètes; et veuille l'Éternel mettre son esprit sur eux!

30 Et Moïse se retira au camp, lui et les anciens d'Israël.

L'Éternel fit souffler de la mer un vent, qui amena des cailles, et les répandit sur le camp, environ une journée de chemin d'un côté et environ une journée de chemin de l'autre côté, autour du camp. Il y en avait près de deux coudées au-dessus de la surface de la terre.

Pendant tout ce jour et toute la nuit, et pendant toute la journée du lendemain, le peuple se leva et ramassa les cailles; celui qui en avait ramassé le moins en avait dix homers. Ils les étendirent pour eux autour du camp.

Comme la chair était encore entre leurs dents sans être mâchée, la colère de l'Éternel s'enflamma contre le peuple[1], et l'Éternel frappa le peuple d'une très grande plaie.

On donna à ce lieu le nom de Kibroth Hattaava, parce qu'on y enterra le peuple que la convoitise avait saisi.

De Kibroth Hattaava le peuple partit pour Hatséroth, et il s'arrêta à Hatséroth.

Nombres 12

Marie[2] et Aaron parlèrent contre Moïse au sujet de la femme éthiopienne qu'il avait prise, car il avait pris une femme éthiopienne.

Ils dirent: Est-ce seulement par Moïse que l'Éternel parle? N'est-ce pas aussi par nous qu'il parle?

Et l'Éternel l'entendit. Or, Moïse était un homme fort patient, plus qu'aucun homme sur la face de la terre.

Soudain l'Éternel dit à Moïse, à Aaron et à Marie: Allez, vous trois, à la tente d'assignation. Et ils y allèrent tous les trois.

L'Éternel descendit dans la colonne de nuée, et il se tint à l'entrée de la tente. Il appela Aaron et Marie, qui s'avancèrent tous les deux.

---

[1] C'est l'attitude de fringale qui est condamnée.

[2] Marie ou Myriam est la sœur de Moïse (Cf Ex 15,20).

Et il dit: Écoutez bien mes paroles! Lorsqu'il y aura parmi vous un prophète, c'est dans une vision que moi, l'Éternel, je me révélerai à lui, c'est dans un songe que je lui parlerai.

Il n'en est pas ainsi de mon serviteur Moïse. Il est fidèle dans toute ma maison.

Je lui parle bouche à bouche, je me révèle à lui sans énigmes, et il voit une représentation de l'Éternel. Pourquoi donc n'avez-vous pas craint de parler contre mon serviteur, contre Moïse?

La colère de l'Éternel s'enflamma contre eux. Et il s'en alla.

10 La nuée se retira de dessus la tente. Et voici, Marie était frappée d'une lèpre, blanche comme la neige. Aaron se tourna vers Marie; et voici, elle avait la lèpre.

Alors Aaron dit à Moïse: De grâce, mon seigneur, ne nous fais pas porter la peine du péché que nous avons commis en insensés, et dont nous nous sommes rendus coupables!

Oh! qu'elle ne soit pas comme l'enfant mort-né, dont la chair est à moitié consumée quand il sort du sein de sa mère!

Moïse cria à l'Éternel, en disant: O Dieu, je te prie, guéris-la!

Et l'Éternel dit à Moïse: Si son père lui avait craché au visage, ne serait-elle pas pendant sept jours un objet de honte? Qu'elle soit enfermée sept jours en dehors du camp; après quoi, elle y sera reçue.

Marie fut enfermée sept jours en dehors du camp; et le peuple ne partit point, jusqu'à ce que Marie y fut rentrée.

Après cela, le peuple partit de Hatséroth, et il campa dans le désert de Paran.

E - Essais de pénétration en Canaan
Nombres 13- 14

L'Éternel parla à Moïse, et dit:

Envoie des hommes pour explorer le pays de Canaan, que je donne aux enfants d'Israël. Tu enverras un homme de chacune des tribus de leurs pères; tous seront des principaux d'entre eux.

Moïse les envoya du désert de Paran, d'après l'ordre de l'Éternel; tous ces hommes étaient chefs des enfants d'Israël.

.Voici leurs noms. Pour la tribu de Ruben: Schammua, fils de Zaccur;

.pour la tribu de Siméon: Schaphath, fils de Hori;

.pour la tribu de Juda: *Caleb*, fils de Jephunné;

.pour la tribu d'Issacar: Jigual, fils de Joseph;

.pour la tribu d'Éphraïm: Hosée, fils de Nun;

.pour la tribu de Benjamin: Palthi, fils de Raphu;

10 .pour la tribu de Zabulon: Gaddiel, fils de Sodi;

Nb 13,11 .pour la tribu de Joseph, la tribu de Manassé: Gaddi, fils de Susi;

.pour la tribu de Dan: Ammiel, fils de Guemalli;

.pour la tribu d'Aser: Sethur, fils de Micaël;

.pour la tribu de Nephthali: Nachbi, fils de Vophsi;

.pour la tribu de Gad: Guéuel, fils de Maki.

Tels sont les noms des hommes que Moïse envoya pour explorer le pays. Moïse donna à Hosée, fils de Nun, le nom de *Josué.*

Moïse les envoya pour explorer le pays de Canaan. Il leur dit: Montez ici, par le midi; et vous monterez sur la montagne.

Vous verrez le pays, ce qu'il est, et le peuple qui l'habite, s'il est fort ou faible, s'il est en petit ou en grand nombre;

ce qu'est le pays où il habite, s'il est bon ou mauvais; ce que sont les villes où il habite, si elles sont ouvertes ou fortifiées;

20 ce qu'est le terrain, s'il est gras ou maigre, s'il y a des arbres ou s'il n'y en a point. Ayez bon courage, et prenez des fruits du pays. C'était le temps des premiers raisins.

Ils montèrent, et ils explorèrent le pays, depuis le désert de Tsin jusqu'à Rehob, sur le chemin de Hamath.

Ils montèrent, par le midi, et ils allèrent jusqu'à Hébron, où étaient Ahiman, Schéschaï et Talmaï, enfants d'Anak. Hébron avait été bâtie sept ans avant Tsoan en Égypte.

Ils arrivèrent jusqu'à la vallée d'Eschcol, où ils coupèrent une branche de vigne avec une grappe de raisin, qu'ils portèrent à deux au moyen d'une perche; ils prirent aussi des grenades et des figues.

On donna à ce lieu le nom de vallée d'Eschcol, à cause de la grappe que les enfants d'Israël y coupèrent.

Ils furent de retour de l'exploration du pays au bout de quarante jours.

A leur arrivée, ils se rendirent auprès de Moïse et d'Aaron, et de toute l'assemblée des enfants d'Israël, à Kadès dans le désert de Paran. Ils leur firent un rapport, ainsi qu'à toute l'assemblée, et ils leur montrèrent les fruits du pays.

Voici ce qu'ils racontèrent à Moïse: Nous sommes allés dans le pays où tu nous as envoyés. A la vérité, c'est un pays où coulent le lait et le miel, et en voici les fruits.

Mais le peuple qui habite ce pays est puissant, les villes sont fortifiées, très grandes; nous y avons vu des enfants d'Anak.

Les Amalécites habitent la contrée du midi; les Héthiens, les Jébusiens et les Amoréens habitent la montagne; et les Cananéens habitent près de la mer et le long du Jourdain.

30 Caleb fit taire le peuple, qui murmurait contre Moïse. Il dit: Montons, emparons-nous du pays, nous y serons vainqueurs!

Mais les hommes qui y étaient allés avec lui dirent: Nous ne pouvons pas monter contre ce peuple, car il est plus fort que nous.

Et ils décrièrent devant les enfants d'Israël le pays qu'ils avaient exploré. Ils dirent: Le pays que nous avons parcouru, pour l'explorer, est un pays qui dévore ses habitants; tous ceux que nous y avons vus sont des hommes d'une haute taille;

et nous y avons vu les géants, enfants d'Anak, de la race des géants: nous étions à nos yeux et aux leurs comme des sauterelles.

Nombres 14

Toute l'assemblée éleva la voix et poussa des cris, et le peuple pleura pendant la nuit.

Tous les enfants d'Israël murmurèrent contre Moïse et Aaron, et toute l'assemblée leur dit: Que ne sommes-nous morts dans le pays d'Égypte, ou que ne sommes-nous morts dans ce désert!

Pourquoi l'Éternel nous fait-il aller dans ce pays, où nous tomberons par l'épée, où nos femmes et nos petits enfants deviendront une proie? Ne vaut-il pas mieux pour nous retourner en Égypte?

Et ils se dirent l'un à l'autre: Nommons un chef, et retournons en Égypte.

Moïse et Aaron tombèrent sur leur visage, en présence de toute l'assemblée réunie des enfants d'Israël.

Et, parmi ceux qui avaient exploré le pays, Josué, fils de Nun, et Caleb, fils de Jephunné, déchirèrent leurs vêtements,

et parlèrent ainsi à toute l'assemblée des enfants d'Israël: Le pays que nous avons parcouru, pour l'explorer, est un pays très bon, excellent.

Si l'Éternel nous est favorable, il nous mènera dans ce pays, et nous le donnera: c'est un pays où coulent le lait et le miel.

Seulement, ne soyez point rebelles contre l'Éternel, et ne craignez point les gens de ce pays, car ils nous serviront de pâture, ils n'ont plus d'ombrage pour les couvrir, l'Éternel est avec nous, ne les craignez point!

10 Toute l'assemblée parlait de les lapider, lorsque la gloire de l'Éternel apparut sur la tente d'assignation, devant tous les enfants d'Israël.

Et l'Éternel dit à Moïse: Jusqu'à quand ce peuple me méprisera-t-il? Jusqu'à quand ne croira-t-il pas en moi, malgré tous les prodiges que j'ai faits au milieu de lui?

Je le frapperai par la peste, et je le détruirai; mais je ferai de toi une nation plus grande et plus puissante que lui.

Moïse dit à l'Éternel: Les Égyptiens l'apprendront, eux du milieu desquels tu as fait monter ce peuple par ta puissance,

et ils le diront aux habitants de ce pays. Ils savaient que toi, l'Éternel, tu es au milieu de ce peuple; que tu apparais visiblement, toi, l'Éternel; que ta nuée se tient sur lui; que tu marches devant lui le jour dans une colonne de nuée, et la nuit dans une colonne de feu.

Nb 14,15 Si tu fais mourir ce peuple comme un seul homme, les nations qui ont entendu parler de toi diront:

L'Éternel n'avait pas le pouvoir de mener ce peuple dans le pays qu'il avait juré de lui donner: c'est pour cela qu'il l'a égorgé dans le désert.

Maintenant, que la puissance du Seigneur se montre dans sa grandeur, comme tu l'as déclaré en disant:

L'Éternel est lent à la colère et riche en bonté, il pardonne l'iniquité et la rébellion; mais il ne tient point le coupable pour innocent, et il punit l'iniquité des pères sur les enfants jusqu'à la troisième et la quatrième génération.

Pardonne l'iniquité de ce peuple, selon la grandeur de ta miséricorde, comme tu as pardonné à ce peuple depuis l'Égypte jusqu'ici.

20 Et l'Éternel dit: Je pardonne, comme tu l'as demandé.

Mais, je suis vivant! et la gloire de l'Éternel remplira toute la terre.

Tous ceux qui ont vu ma gloire, et les prodiges que j'ai faits en Égypte et dans le désert, qui m'ont tenté déjà dix fois, et qui n'ont point écouté ma voix,

tous ceux-là ne verront point le pays que j'ai juré à leurs pères de leur donner, tous ceux qui m'ont méprisé ne le verront point.

Et parce que mon serviteur Caleb a été animé d'un autre esprit, et qu'il a pleinement suivi ma voie, je le ferai entrer dans le pays où il est allé, et ses descendants le posséderont.

Les Amalécites et les Cananéens habitent la vallée: demain, tournez-vous, et partez pour le désert, dans la direction de la mer Rouge.

L'Éternel parla à Moïse et à Aaron, et dit:

Jusqu'à quand laisserai-je cette méchante assemblée murmurer contre moi? J'ai entendu les murmures des enfants d'Israël qui murmuraient contre moi.

Dis-leur: Je suis vivant! dit l'Éternel, je vous ferai ainsi que vous avez parlé à mes oreilles.

Vos cadavres tomberont dans ce désert. Vous tous, dont on a fait le dénombrement, en vous comptant depuis l'âge de vingt ans et au-dessus, et qui avez murmuré contre moi,

30 Vous n'entrerez point dans le pays que j'avais juré de vous faire habiter, excepté Caleb, fils de Jephunné, et Josué, fils de Nun.

Et vos petits enfants, dont vous avez dit: Ils deviendront une proie! je les y ferai entrer, et ils connaîtront le pays que vous avez dédaigné.

Vos cadavres, à vous, tomberont dans le désert;

et vos enfants paîtront quarante années dans le désert, et porteront la peine de vos infidélités, jusqu'à ce que vos cadavres soient tous tombés dans le désert.

De même que vous avez mis quarante jours à explorer le pays, vous porterez la peine de vos iniquités quarante années, une année pour chaque jour; et vous saurez ce que c'est que d'être privé de ma présence.

Moi, l'Éternel, j'ai parlé! et c'est ainsi que je traiterai cette méchante assemblée qui s'est réunie contre moi; ils seront consumés dans ce désert, ils y mourront.

Les hommes que Moïse avait envoyés pour explorer le pays, et qui, à leur retour, avaient fait murmurer contre lui toute l'assemblée, en décriant le pays;

ces hommes, qui avaient décrié le pays, moururent frappés d'une plaie devant l'Éternel.

Josué, fils de Nun, et Caleb, fils de Jephunné, restèrent seuls vivants parmi ces hommes qui étaient allés pour explorer le pays.

Moïse rapporta ces choses à tous les enfants d'Israël, et le peuple fut dans une grande désolation.

40   Ils se levèrent de bon matin, et montèrent au sommet de la montagne, en disant: Nous voici! nous monterons au lieu dont a parlé l'Éternel, car nous avons péché.[1]

Moïse dit: Pourquoi transgressez-vous l'ordre de l'Éternel? Cela ne réussira point.

Ne montez pas! car l'Éternel n'est pas au milieu de vous. Ne vous faites pas battre par vos ennemis.

Car les Amalécites et les Cananéens sont là devant vous, et vous tomberez par l'épée. Parce que vous vous êtes détournés de l'Éternel, l'Éternel ne sera point avec vous.

Ils s'obstinèrent à monter au sommet de la montagne; mais l'arche de l'alliance et Moïse ne sortirent point du milieu du camp.

Alors descendirent les Amalécites et les Cananéens qui habitaient cette montagne; ils les battirent, et les taillèrent en pièces jusqu'à Horma.

F - Prescriptions diverses
Nombres 15

L'Éternel parla à Moïse, et dit:

Parle aux enfants d'Israël, et dis-leur: Quand vous serez entrés dans le pays que je vous donne pour y établir vos demeures,

et que vous offrirez à l'Éternel un sacrifice consumé par le feu, soit un holocauste, soit un sacrifice en accomplissement d'un voeu ou en offrande volontaire, ou bien dans vos fêtes, pour produire avec votre gros ou votre menu bétail une agréable odeur à l'Éternel,

celui qui fera son offrande à l'Éternel présentera en offrande un dixième de fleur de farine pétrie dans un quart de hin d'huile,

---

[1] Autre traduction: "C'est vrai, nous avons péché. Mais maintenant, nous sommes prêts à aller à l'endroit que le Seigneur a montré" (Bible "Parole de Vie").

Nb 15,5 et tu feras une libation d'un quart de hin de vin, avec l'holocauste ou le sacrifice, pour chaque agneau.

Pour un bélier, tu présenteras en offrande deux dixièmes de fleur de farine pétrie dans un tiers de hin d'huile,

et tu feras une libation d'un tiers de hin de vin, comme offrande d'une agréable odeur à l'Éternel.

Si tu offres un veau, soit comme holocauste, soit comme sacrifice en accomplissement d'un voeu, ou comme sacrifice d'actions de grâces à l'Éternel,

on présentera en offrande, avec le veau, trois dixièmes de fleur de farine pétrie dans un demi-hin d'huile,

10 et tu feras une libation d'un demi-hin de vin: c'est un sacrifice consumé par le feu, d'une agréable odeur à l'Éternel.

On fera ainsi pour chaque boeuf, pour chaque bélier, pour chaque petit des brebis ou des chèvres.

Suivant le nombre des victimes, vous ferez ainsi pour chacune, d'après leur nombre.

Tout indigène fera ces choses ainsi, lorsqu'il offrira un sacrifice consumé par le feu, d'une agréable odeur à l'Éternel.

Si un étranger séjournant chez vous, ou se trouvant à l'avenir au milieu de vous, offre un sacrifice consumé par le feu, d'une agréable odeur à l'Éternel, il l'offrira de la même manière que vous.

Il y aura une seule loi pour toute l'assemblée, pour vous et pour l'étranger en séjour au milieu de vous; ce sera une loi perpétuelle parmi vos descendants: il en sera de l'étranger comme de vous, devant l'Éternel.

Il y aura une seule loi et une seule ordonnance pour vous et pour l'étranger en séjour parmi vous.

L'Éternel parla à Moïse, et dit:

Parle aux enfants d'Israël, et dis-leur: Quand vous serez arrivés dans le pays où je vous ferai entrer,

et que vous mangerez du pain de ce pays, vous prélèverez une offrande pour l'Éternel.

20 Vous présenterez par élévation un gâteau, les prémices de votre pâte; vous le présenterez comme l'offrande qu'on prélève de l'aire.

Vous prélèverez pour l'Éternel une offrande des prémices de votre pâte, dans les temps à venir.

Si vous péchez involontairement, en n'observant pas tous ces commandements que l'Éternel a fait connaître à Moïse,

tout ce que l'Éternel vous a ordonné par Moïse, depuis le jour où l'Éternel a donné des commandements et plus tard dans les temps à venir;

si l'on a péché involontairement, sans que l'assemblée s'en soit aperçue, toute l'assemblée offrira un jeune taureau en holocauste d'une agréable odeur à l'Éternel, avec l'offrande et la libation, d'après les règles établies; elle offrira encore un bouc en sacrifice d'expiation.

Le sacrificateur fera l'expiation pour toute l'assemblée des enfants d'Israël, et il leur sera pardonné; car ils ont péché involontairement, et ils ont apporté leur offrande, un sacrifice consumé par le feu en l'honneur de l'Éternel et une victime expiatoire devant l'Éternel, à cause du péché qu'ils ont involontairement commis.

Il sera pardonné à toute l'assemblée des enfants d'Israël et à l'étranger en séjour au milieu d'eux, car c'est involontairement que tout le peuple a péché.

Si c'est une seule personne qui a péché involontairement, elle offrira une chèvre d'un an en sacrifice pour le péché.

Le sacrificateur fera l'expiation pour la personne qui a péché involontairement devant l'Éternel: quand il aura fait l'expiation pour elle, il lui sera pardonné.

Pour l'indigène parmi les enfants d'Israël et pour l'étranger en séjour au milieu d'eux, il y aura pour vous une même loi, quand on péchera involontairement.

30 Mais si quelqu'un, indigène ou étranger, agit la main levée, il outrage l'Éternel; celui-là sera retranché du milieu de son peuple.

Il a méprisé la parole de l'Éternel, et il a violé son commandement: celui-là sera retranché, il portera la peine de son iniquité.

Comme les enfants d'Israël étaient dans le désert, on trouva un homme qui ramassait du bois le jour du sabbat.

Ceux qui l'avaient trouvé ramassant du bois l'amenèrent à Moïse, à Aaron, et à toute l'assemblée.

On le mit en prison, car ce qu'on devait lui faire n'avait pas été déclaré.

L'Éternel dit à Moïse: Cet homme sera puni de mort, toute l'assemblée le lapidera hors du camp.

Toute l'assemblée le fit sortir du camp et le lapida, et il mourut, comme l'Éternel l'avait ordonné à Moïse.

L'Éternel dit à Moïse:

Parle aux enfants d'Israël, et dis-leur qu'ils se fassent, de génération en génération, une frange au bord de leurs vêtements, et qu'ils mettent un cordon bleu sur cette frange du bord de leurs vêtements.

Quand vous aurez cette frange, vous la regarderez, et vous vous souviendrez de tous les commandements de l'Éternel pour les mettre en pratique, et vous ne suivrez pas les désirs de vos coeurs et de vos yeux pour vous laisser entraîner à l'infidélité.

40 Vous vous souviendrez ainsi de mes commandements, vous les mettrez en pratique, et vous serez saints pour votre Dieu.

Je suis l'Éternel, votre Dieu, qui vous ai fait sortir du pays d'Égypte, pour être votre Dieu. Je suis l'Éternel, votre Dieu.

G - Révoltes et châtiments
Nombres 16 - 17

Koré, fils de Jitsehar, fils de Kehath, fils de Lévi[1], se révolta avec Dathan et Abiram, fils d'Éliab, et On, fils de Péleth, tous trois fils de Ruben.

---

[1] Dans la tribu de Lévi, seuls les descendants d'Aaron (appelés plus loin "Race d'Aaron") étaient prêtres; les autres étaient lévites.

Nb 16,2 Ils se soulevèrent contre Moïse, avec deux cent cinquante hommes des enfants d'Israël, des principaux de l'assemblée, de ceux que l'on convoquait à l'assemblée, et qui étaient des gens de renom.

Ils s'assemblèrent contre Moïse et Aaron, et leur dirent: C'en est assez! car toute l'assemblée, tous sont saints, et l'Éternel est au milieu d'eux. Pourquoi vous élevez-vous au-dessus de l'assemblée de l'Éternel?

Quand Moïse eut entendu cela, il tomba sur son visage.

Il parla à Koré et à toute sa troupe, en disant: Demain, l'Éternel fera connaître qui est à lui et qui est saint, et il le fera approcher de lui; il fera approcher de lui celui qu'il choisira.

Faites ceci. Prenez des brasiers, Koré et toute sa troupe.

Demain, mettez-y du feu, et posez-y du parfum devant l'Éternel; celui que l'Éternel choisira, c'est celui-là qui sera saint. C'en est assez, enfants de Lévi!

Moïse dit à Koré: Écoutez donc, enfants de Lévi:

Est-ce trop peu pour vous que le Dieu d'Israël vous ait choisis dans l'assemblée d'Israël, en vous faisant approcher de lui, afin que vous soyez employés au service du tabernacle de l'Éternel, et que vous vous présentiez devant l'assemblée pour la servir?

10 Il vous a fait approcher de lui, toi, et tous tes frères, les enfants de Lévi, et vous voulez encore le sacerdoce!

C'est à cause de cela que toi et toute ta troupe, vous vous assemblez contre l'Éternel! car qui est Aaron, pour que vous murmuriez contre lui?

Moïse envoya appeler Dathan et Abiram, fils d'Éliab. Mais ils dirent: Nous ne monterons pas[1].

N'est-ce pas assez que tu nous aies fait sortir d'un pays où coulent le lait et le miel[2] pour nous faire mourir au désert, sans que tu continues à dominer sur nous?

Et ce n'est pas dans un pays où coulent le lait et le miel que tu nous as menés, ce ne sont pas des champs et des vignes que tu nous as donnés en possession. Penses-tu crever les yeux de ces gens? Nous ne monterons pas.

Moïse fut très irrité, et il dit à l'Éternel: N'aie point égard à leur offrande. Je ne leur ai pas même pris un âne, et je n'ai fait de mal à aucun d'eux.

Moïse dit à Koré: Toi et toute ta troupe, trouvez-vous demain devant l'Éternel, toi et eux, avec Aaron.

Prenez chacun votre brasier[3], mettez-y du parfum, et présentez devant l'Éternel chacun votre brasier: il y aura deux cent cinquante brasiers; toi et Aaron, vous prendrez aussi chacun votre brasier.

---

[1] Autre traduction: Nous ne viendrons pas.

[2] Ils appliquent à l'Égypte la caractéristique d'Israël !

[3] Brasier": Appelé *cendrier* (vase à cendres) en Ex 25,38 et 27,3.

Nb 16,18 Ils prirent chacun leur brasier, y mirent du feu et y posèrent du parfum, et ils se tinrent à l'entrée de la tente d'assignation, avec Moïse et Aaron.

Et Koré convoqua toute l'assemblée contre Moïse et Aaron, à l'entrée de la tente d'assignation. Alors la gloire de l'Éternel apparut à toute l'assemblée.

20 Et l'Éternel parla à Moïse et à Aaron, et dit:
Séparez-vous du milieu de cette assemblée, et je les consumerai en un seul instant.
Ils tombèrent sur leur visage, et dirent: O Dieu, Dieu des esprits de toute chair! un seul homme a péché, et tu t'irriterais contre toute l'assemblée?

L'Éternel parla à Moïse, et dit:
Parle à l'assemblée, et dis: Retirez-vous de toutes parts loin de la demeure de Koré, de Dathan et d'Abiram.
Moïse se leva, et alla vers Dathan et Abiram; et les anciens d'Israël le suivirent.
Il parla à l'assemblée, et dit: Éloignez-vous des tentes de ces méchants hommes, et ne touchez à rien de ce qui leur appartient, de peur que vous ne périssiez en même temps qu'ils seront punis pour tous leurs péchés.

Ils se retirèrent de toutes parts loin de la demeure de Koré, de Dathan et d'Abiram. Dathan et Abiram sortirent, et se tinrent à l'entrée de leurs tentes, avec leurs femmes, leurs fils et leurs petits-enfants.
Moïse dit: A ceci vous connaîtrez que l'Éternel m'a envoyé pour faire toutes ces choses, et que je n'agis pas de moi-même.
Si ces gens meurent comme tous les hommes meurent, s'ils subissent le sort commun à tous les hommes, ce n'est pas l'Éternel qui m'a envoyé;
30 mais si l'Éternel fait une chose inouïe, si la terre ouvre sa bouche pour les engloutir avec tout ce qui leur appartient, et qu'ils descendent vivants dans le séjour des morts, vous saurez alors que ces gens ont méprisé l'Éternel.

Comme il achevait de prononcer toutes ces paroles, la terre qui était sous eux se fendit. La terre ouvrit sa bouche, et les engloutit, eux et leurs maisons, avec tous les gens de Koré et tous leurs biens.
Ils descendirent vivants dans le séjour des morts, eux et tout ce qui leur appartenait; la terre les recouvrit, et ils disparurent au milieu de l'assemblée.

Tout Israël, qui était autour d'eux, s'enfuit à leur cri; car ils disaient: Fuyons, de peur que la terre ne nous engloutisse!

Un feu sortit d'auprès de l'Éternel, et consuma les deux cent cinquante hommes qui offraient le parfum.

Nombres 17[1]

L'Éternel parla à Moïse, et dit:

Dis à Éléazar, fils du sacrificateur Aaron, de retirer de l'incendie les brasiers et d'en répandre au loin le feu, car ils sont sanctifiés.

Avec les brasiers de ces gens qui ont péché au péril de leur vie, que l'on fasse des lames étendues dont on couvrira l'autel. Puisqu'ils ont été présentés devant l'Éternel et qu'ils sont sanctifiés, ils serviront de souvenir aux enfants d'Israël.

Le sacrificateur Éléazar prit les brasiers d'airain qu'avaient présentés les victimes de l'incendie, et il en fit des lames pour couvrir l'autel.

C'est un souvenir pour les enfants d'Israël, afin qu'aucun étranger à la race d'Aaron ne s'approche pour offrir du parfum devant l'Éternel et ne soit comme Koré et comme sa troupe, selon ce que l'Éternel avait déclaré par Moïse.

Dès le lendemain, toute l'assemblée des enfants d'Israël murmura contre Moïse et Aaron, en disant: Vous avez fait mourir le peuple de l'Éternel.

Comme l'assemblée se formait contre Moïse et Aaron, et comme ils tournaient les regards vers la tente d'assignation, voici, la nuée la couvrit, et la gloire de l'Éternel apparut.

Moïse et Aaron arrivèrent devant la tente d'assignation.

Et l'Éternel parla à Moïse, et dit:

10 Retirez-vous du milieu de cette assemblée, et je les consumerai en un instant. Ils tombèrent sur leur visage;

et Moïse dit à Aaron: Prends le brasier, mets-y du feu de dessus l'autel, poses-y du parfum, va promptement vers l'assemblée, et fais pour eux l'expiation; car la colère de l'Éternel a éclaté, la plaie a commencé.

Aaron prit le brasier, comme Moïse avait dit, et courut au milieu de l'assemblée; et voici, la plaie avait commencé parmi le peuple. Il offrit le parfum, et il fit l'expiation pour le peuple.

Il se plaça entre les morts et les vivants, et la plaie fut arrêtée.

Il y eut quatorze mille sept cents personnes qui moururent de cette plaie, outre ceux qui étaient morts à cause de Koré.

Aaron retourna auprès de Moïse, à l'entrée de la tente d'assignation. La plaie était arrêtée.

L'Éternel parla à Moïse, et dit:

Parle aux enfants d'Israël, et prend d'eux une verge[2] selon les maisons de leurs pères, soit douze verges de la part de tous leurs princes selon les maisons de leurs pères.

Tu écriras le nom de chacun sur sa verge, et tu écriras le nom d'Aaron sur la verge de Lévi; car il y aura une verge pour chaque chef des maisons de leurs pères.

---

[1] Dans certaines éditions de la Bible, le chapitre 16 se poursuit sur les 15 versets suivants; en conséquence la numérotation des versets du chapitre 17 est alors différente.

[2] Demande-leur de te donner un de leurs bâtons (de commandement).

Tu les déposeras dans la tente d'assignation, devant le témoignage, où je me rencontre avec vous.

20 L'homme que je choisirai sera celui dont la verge fleurira, et je ferai cesser de devant moi les murmures que profèrent contre vous les enfants d'Israël.

Moïse parla aux enfants d'Israël; et tous leurs princes lui donnèrent une verge, chaque prince une verge, selon les maisons de leurs pères, soit douze verges; la verge d'Aaron était au milieu des leurs.

Moïse déposa les verges devant l'Éternel, dans la tente du témoignage.

Le lendemain, lorsque Moïse entra dans la tente du témoignage, voici, la verge d'Aaron, pour la maison de Lévi, avait fleuri, elle avait poussé des boutons, produit des fleurs, et mûri des amandes.

Moïse ôta de devant l'Éternel toutes les verges, et les porta à tous les enfants d'Israël, afin qu'ils les vissent et qu'ils prissent chacun leur verge.

L'Éternel dit à Moïse: Reporte la verge d'Aaron devant le témoignage, pour être conservée comme un signe pour les enfants de rébellion, afin que tu fasses cesser de devant moi leurs murmures et qu'ils ne meurent point.

Moïse fit ainsi; il se conforma à l'ordre que l'Éternel lui avait donné.

Les enfants d'Israël dirent à Moïse: Voici, nous expirons, nous périssons, nous périssons tous!

Quiconque s'approche du tabernacle de l'Éternel, meurt. Nous faudra-t-il tous expirer?

H - Règles concernant les prêtres et les lévites
Nombres 18 - 19

L'Éternel dit à Aaron: Toi et tes fils, et la maison de ton père avec toi, vous porterez la peine des iniquités commises dans le sanctuaire[1]; toi et tes fils avec toi, vous porterez la peine des iniquités commises dans l'exercice de votre sacerdoce.

Fais aussi approcher de toi tes frères, la tribu de Lévi, la tribu de ton père, afin qu'ils te soient attachés et qu'ils te servent, lorsque toi, et tes fils avec toi, vous serez devant la tente du témoignage.

Ils observeront ce que tu leur ordonneras et ce qui concerne toute la tente; mais ils ne s'approcheront ni des ustensiles du sanctuaire, ni de l'autel, de peur que vous ne mouriez, eux et vous.

Ils te seront attachés, et ils observeront ce qui concerne la tente d'assignation pour tout le service de la tente. Aucun étranger n'approchera de vous.

Vous observerez ce qui concerne le sanctuaire et l'autel, afin qu'il n'y ait plus de colère contre les enfants d'Israël.

---

[1] "Vous serez tenus pour responsables"; "iniquités": fautes.

Nb 18,6 Voici, j'ai pris vos frères les Lévites du milieu des enfants d'Israël: donnés à l'Éternel, ils vous sont remis en don pour faire le service de la tente d'assignation.

Toi, et tes fils avec toi, vous observerez les fonctions de votre sacerdoce pour tout ce qui concerne l'autel et pour ce qui est en dedans du voile: c'est le service que vous ferez. Je vous accorde en pur don l'exercice du sacerdoce. L'étranger qui approchera sera mis à mort.

L'Éternel dit à Aaron: Voici, de toutes les choses que consacrent les enfants d'Israël, je te donne celles qui me sont offertes par élévation; je te les donne, à toi et à tes fils, comme droit d'onction, par une loi perpétuelle.

Voici ce qui t'appartiendra parmi les choses très saintes qui ne sont pas consumées par le feu: toutes leurs offrandes, tous leurs dons, tous leurs sacrifices d'expiation, et tous les sacrifices de culpabilité qu'ils m'offriront; ces choses très saintes seront pour toi et pour tes fils.

10 Vous les mangerez dans un lieu très saint; tout mâle en mangera; vous les regarderez comme saintes.

Voici encore ce qui t'appartiendra: tous les dons que les enfants d'Israël présenteront par élévation et en les agitant de côté et d'autre, je te les donne à toi, à tes fils et à tes filles avec toi, par une loi perpétuelle. Quiconque sera pur dans ta maison en mangera.

Je te donne les prémices qu'ils offriront à l'Éternel: tout ce qu'il y aura de meilleur en huile, tout ce qu'il y aura de meilleur en moût et en blé.

Les premiers produits de leur terre, qu'ils apporteront à l'Éternel, seront pour toi. Quiconque sera pur dans ta maison en mangera.

Tout ce qui sera dévoué par interdit en Israël sera pour toi.

Tout premier-né de toute chair, qu'ils offriront à l'Éternel, tant des hommes que des animaux, sera pour toi. Seulement, tu feras racheter le premier-né de l'homme, et tu feras racheter le premier-né d'un animal impur.

Tu les feras racheter dès l'âge d'un mois, d'après ton estimation, au prix de cinq sicles d'argent, selon le sicle du sanctuaire, qui est de vingt guéras.

Mais tu ne feras point racheter le premier-né du boeuf, ni le premier-né de la brebis, ni le premier-né de la chèvre: ce sont des choses saintes. Tu répandras leur sang sur l'autel, et tu brûleras leur graisse: ce sera un sacrifice consumé par le feu, d'une agréable odeur à l'Éternel.

Leur chair sera pour toi, comme la poitrine qu'on agite de côté et d'autre et comme l'épaule droite.

Je te donne, à toi, à tes fils et à tes filles avec toi, par une loi perpétuelle, toutes les offrandes saintes que les enfants d'Israël présenteront à l'Éternel par élévation. C'est une alliance inviolable et à perpétuité devant l'Éternel, pour toi et pour ta postérité avec toi.

20 L'Éternel dit à Aaron: Tu ne posséderas rien dans leur pays, et il n'y aura point de part pour toi au milieu d'eux; c'est moi qui suis ta part et ta possession, au milieu des enfants d'Israël.

Je donne comme possession aux fils de Lévi toute dîme en Israël, pour le service qu'ils font, le service de la tente d'assignation.

Les enfants d'Israël n'approcheront plus de la tente d'assignation, de peur qu'ils ne se chargent d'un péché et qu'ils ne meurent.

Les Lévites feront le service de la tente d'assignation, et ils resteront chargés de leurs iniquités. Ils n'auront point de possession au milieu des enfants d'Israël: ce sera une loi perpétuelle parmi vos descendants.

Je donne comme possession aux Lévites les dîmes que les enfants d'Israël présenteront à l'Éternel par élévation; c'est pourquoi je dis à leur égard: Ils n'auront point de possession au milieu des enfants d'Israël.

L'Éternel parla à Moïse, et dit:

Tu parleras aux Lévites, et tu leur diras: Lorsque vous recevrez des enfants d'Israël la dîme que je vous donne de leur part comme votre possession, vous en prélèverez une offrande pour l'Éternel, une dîme de la dîme;

et votre offrande vous sera comptée comme le blé qu'on prélève de l'aire et comme le moût qu'on prélève de la cuve.

C'est ainsi que vous prélèverez une offrande pour l'Éternel sur toutes les dîmes que vous recevrez des enfants d'Israël, et vous donnerez au sacrificateur Aaron l'offrande que vous en aurez prélevée pour l'Éternel.

Sur tous les dons qui vous seront faits, vous prélèverez toutes les offrandes pour l'Éternel; sur tout ce qu'il y aura de meilleur, vous prélèverez la portion consacrée.

30 Tu leur diras: Quand vous en aurez prélevé le meilleur, la dîme sera comptée aux Lévites comme le revenu de l'aire et comme le revenu de la cuve.

Vous la mangerez en un lieu quelconque, vous et votre maison; car c'est votre salaire pour le service que vous faites dans la tente d'assignation.

Vous ne serez chargés pour cela d'aucun péché, quand vous en aurez prélevé le meilleur, vous ne profanerez point les offrandes saintes des enfants d'Israël, et vous ne mourrez point.

Nombres 19

L'Éternel parla à Moïse et à Aaron, et dit:

Voici ce qui est ordonné par la loi que l'Éternel a prescrite, en disant: Parle aux enfants d'Israël, et qu'ils t'amènent une vache rousse, sans tache, sans défaut corporel, et qui n'ait point porté le joug.

Vous la remettrez au sacrificateur Éléazar, qui la fera sortir du camp, et on l'égorgera devant lui.

Le sacrificateur Éléazar prendra du sang de la vache avec le doigt, et il en fera sept fois l'aspersion sur le devant de la tente d'assignation.

On brûlera la vache sous ses yeux; on brûlera sa peau, sa chair et son sang, avec ses excréments.

Le sacrificateur prendra du bois de cèdre, de l'hysope et du cramoisi, et il les jettera au milieu des flammes qui consumeront la vache.

Le sacrificateur lavera ses vêtements, et lavera son corps dans l'eau; puis il rentrera dans le camp, et sera impur jusqu'au soir.

Celui qui aura brûlé la vache lavera ses vêtements dans l'eau, et lavera son corps dans l'eau; et il sera impur jusqu'au soir.

Un homme pur recueillera la cendre de la vache, et la déposera hors du camp, dans un lieu pur; on la conservera pour l'assemblée des enfants d'Israël, afin d'en faire l'eau de purification. C'est une eau expiatoire.

10 Celui qui aura recueilli la cendre de la vache lavera ses vêtements, et sera impur jusqu'au soir. Ce sera une loi perpétuelle pour les enfants d'Israël et pour l'étranger en séjour au milieu d'eux.

Celui qui touchera un mort, un corps humain quelconque, sera impur pendant sept jours.

Il se purifiera avec cette eau le troisième jour et le septième jour, et il sera pur; mais, s'il ne se purifie pas le troisième jour et le septième jour, il ne sera pas pur.

Celui qui touchera un mort, le corps d'un homme qui sera mort, et qui ne se purifiera pas, souille le tabernacle de l'Éternel; celui-là sera retranché d'Israël. Comme l'eau de purification n'a pas été répandue sur lui, il est impur, et son impureté est encore sur lui.

Voici la loi. Lorsqu'un homme mourra dans une tente, quiconque entrera dans la tente, et quiconque se trouvera dans la tente, sera impur pendant sept jours.

Tout vase découvert, sur lequel il n'y aura point de couvercle attaché, sera impur.

Quiconque touchera, dans les champs, un homme tué par l'épée, ou un mort, ou des ossements humains, ou un sépulcre, sera impur pendant sept jours.

On prendra, pour celui qui est impur, de la cendre de la victime expiatoire qui a été brûlée, et on mettra dessus de l'eau vive dans un vase.

Un homme pur prendra de l'hysope, et la trempera dans l'eau; puis il en fera l'aspersion sur la tente, sur tous les ustensiles, sur les personnes qui sont là, sur celui qui a touché des ossements, ou un homme tué, ou un mort, ou un sépulcre.

Celui qui est pur fera l'aspersion sur celui qui est impur, le troisième jour et le septième jour, et il le purifiera le septième jour. Il lavera ses vêtements, et se lavera dans l'eau; et le soir, il sera pur.

20 Un homme qui sera impur, et qui ne se purifiera pas, sera retranché du milieu de l'assemblée, car il a souillé le sanctuaire de l'Éternel; comme l'eau de purification n'a pas été répandue sur lui, il est impur.

Ce sera pour eux une loi perpétuelle. Celui qui fera l'aspersion de l'eau de purification lavera ses vêtements, et celui qui touchera l'eau de purification sera impur jusqu'au soir.

Tout ce que touchera celui qui est impur sera souillé, et la personne qui le touchera sera impure jusqu'au soir.

I - Vers la Terre Promise
Nombres 20 - 21

Toute l'assemblée des enfants d'Israël arriva dans le désert de Tsin le premier mois, et le peuple s'arrêta à Kadès. C'est là que mourut Marie, et qu'elle fut enterrée.

Il n'y avait point d'eau pour l'assemblée; et l'on se souleva contre Moïse et Aaron.

Le peuple chercha querelle à Moïse. Ils dirent: Que n'avons-nous expiré, quand nos frères expirèrent devant l'Éternel?

Pourquoi avez-vous fait venir l'assemblée de l'Éternel dans ce désert, pour que nous y mourions, nous et notre bétail?

Nb 20,5 Pourquoi nous avez-vous fait monter hors d'Égypte, pour nous amener dans ce méchant lieu? Ce n'est pas un lieu où l'on puisse semer, et il n'y a ni figuier, ni vigne, ni grenadier, ni d'eau à boire.

Moïse et Aaron s'éloignèrent de l'assemblée pour aller à l'entrée de la tente d'assignation. Ils tombèrent sur leur visage; et la gloire de l'Éternel leur apparut.

L'Éternel parla à Moïse, et dit:

Prends la verge, et convoque l'assemblée, toi et ton frère Aaron. Vous parlerez en leur présence au rocher, et il donnera ses eaux; tu feras sortir pour eux de l'eau du rocher, et tu abreuveras l'assemblée et leur bétail.

Moïse prit la verge qui était devant l'Éternel, comme l'Éternel le lui avait ordonné.

10 Moïse et Aaron convoquèrent l'assemblée en face du rocher. Et Moïse leur dit: Écoutez donc, rebelles! Est-ce de ce rocher que nous vous ferons sortir de l'eau?

Puis Moïse leva la main et frappa deux fois le rocher avec sa verge. Il sortit de l'eau en abondance. L'assemblée but, et le bétail aussi.

Alors l'Éternel dit à Moïse et à Aaron: Parce que vous n'avez pas cru en moi[1], pour me sanctifier aux yeux des enfants d'Israël, vous ne ferez point entrer cette assemblée dans le pays que je lui donne.

Ce sont les eaux de Meriba, où les enfants d'Israël contestèrent avec l'Éternel, qui fut sanctifié en eux.

De Kadès, Moïse envoya des messagers au roi d'Édom, pour lui dire: Ainsi parle ton frère Israël: Tu sais toutes les souffrances que nous avons éprouvées.

Nos pères descendirent en Égypte, et nous y demeurâmes longtemps. Mais les Égyptiens nous ont maltraités, nous et nos pères.

Nous avons crié à l'Éternel, et il a entendu notre voix. Il a envoyé un ange, et nous a fait sortir de l'Égypte. Et voici, nous sommes à Kadès, ville à l'extrémité de ton territoire.

Laisse-nous passer par ton pays; nous ne traverserons ni les champs, ni les vignes, et nous ne boirons pas l'eau des puits; nous suivrons la route royale, sans nous détourner à droite ou à gauche, jusqu'à ce que nous ayons franchi ton territoire.

Édom lui dit: Tu ne passeras point chez moi, sinon je sortirai à ta rencontre avec l'épée.

Les enfants d'Israël lui dirent: Nous monterons par la grande route; et, si nous buvons de ton eau, moi et mes troupeaux, j'en paierai le prix; je ne ferai que passer avec mes pieds, pas autre chose.

20 Il répondit: Tu ne passeras pas! Et Édom sortit à sa rencontre avec un peuple nombreux et à main forte.

Ainsi Édom refusa de donner passage à Israël par son territoire. Et Israël se détourna de lui.

---

[1] Moïse semble s'être interrogé ("Est-ce que ..."), et aussi il a frappé deux fois le rocher (et non pas une).

Toute l'assemblée des enfants d'Israël partit de Kadès, et arriva à la montagne de Hor.

L'Éternel dit à Moïse et à Aaron, vers la montagne de Hor, sur la frontière du pays d'Édom:

Aaron va être recueilli auprès de son peuple; car il n'entrera point dans le pays que je donne aux enfants d'Israël, parce que vous avez été rebelles à mon ordre, aux eaux de Meriba.

Prends Aaron et son fils Éléazar, et fais-les monter sur la montagne de Hor.

Dépouille Aaron de ses vêtements, et fais-les revêtir à Éléazar, son fils. C'est là qu'Aaron sera recueilli et qu'il mourra.

Moïse fit ce que l'Éternel avait ordonné. Ils montèrent sur la montagne de Hor, aux yeux de toute l'assemblée.

Moïse dépouilla Aaron de ses vêtements, et les fit revêtir à Éléazar, son fils. Aaron mourut là, au sommet de la montagne. Moïse et Éléazar descendirent de la montagne.

Toute l'assemblée vit qu'Aaron avait expiré, et toute la maison d'Israël pleura Aaron pendant trente jours.

Nombres 21

Le roi d'Arad, Cananéen, qui habitait le midi, apprit qu'Israël venait par le chemin d'Atharim. Il combattit Israël, et emmena des prisonniers.

Alors Israël fit un voeu à l'Éternel, et dit: Si tu livres ce peuple entre mes mains, je dévouerai ses villes par interdit.

L'Éternel entendit la voix d'Israël, et livra les Cananéens. On les dévoua par interdit, eux et leurs villes; et l'on nomma ce lieu Horma.

Ils partirent de la montagne de Hor par le chemin de la mer Rouge, pour contourner le pays d'Édom. Le peuple s'impatienta en route et parla contre Dieu et contre Moïse: Pourquoi nous avez-vous fait monter hors d'Égypte, pour que nous mourions dans le désert? car il n'y a point de pain, et il n'y a point d'eau, et notre âme est dégoûtée de cette misérable nourriture.

Alors l'Éternel envoya contre le peuple des serpents brûlants; ils mordirent le peuple, et il mourut beaucoup de gens en Israël.

Le peuple vint à Moïse, et dit: Nous avons péché, car nous avons parlé contre l'Éternel et contre toi. Prie l'Éternel, afin qu'il éloigne de nous ces serpents. Moïse pria pour le peuple.

L'Éternel dit à Moïse: Fais-toi un serpent brûlant, et place-le sur une perche; quiconque aura été mordu, et le regardera, conservera la vie.

Moïse fit un serpent d'airain, et le plaça sur une perche; et quiconque avait été mordu par un serpent, et regardait le serpent d'airain, conservait la vie.

10   Les enfants d'Israël partirent, et ils campèrent à Oboth.

Nb 21,11 Ils partirent d'Oboth et ils campèrent à Ijjé Abarim, dans le désert qui est vis-à-vis de Moab, vers le soleil levant.

De là ils partirent, et ils campèrent dans la vallée de Zéred.

De là ils partirent, et ils campèrent de l'autre côté de l'Arnon, qui coule dans le désert en sortant du territoire des Amoréens; car l'Arnon est la frontière de Moab, entre Moab et les Amoréens.

C'est pourquoi il est dit dans le livre des Guerres de l'Éternel: ...Vaheb en Supha, et les torrents de l'Arnon,

et le cours des torrents, qui s'étend du côté d'Ar et touche à la frontière de Moab.

De là ils allèrent à Beer. C'est ce Beer, où l'Éternel dit à Moïse: Rassemble le peuple, et je leur donnerai de l'eau.

Alors Israël chanta ce cantique: Monte, puits! Chantez en son honneur!

Puits, que des princes ont creusé, Que les grands du peuple ont creusé, Avec le sceptre, avec leurs bâtons!

Du désert ils allèrent à Matthana; de Matthana, à Nahaliel; de Nahaliel, à Bamoth;

20 de Bamoth, à la vallée qui est dans le territoire de Moab, au sommet du Pisga, en regard du désert.

Israël envoya des messagers à Sihon, roi des Amoréens, pour lui dire:

Laisse-moi passer par ton pays; nous n'entrerons ni dans les champs, ni dans les vignes, et nous ne boirons pas l'eau des puits; nous suivrons la route royale, jusqu'à ce que nous ayons franchi ton territoire.

Sihon n'accorda point à Israël le passage sur son territoire; il rassembla tout son peuple, et sortit à la rencontre d'Israël, dans le désert; il vint à Jahats, et combattit Israël.

Israël le frappa du tranchant de l'épée et s'empara de son pays depuis l'Arnon jusqu'au Jabbok, jusqu'à la frontière des enfants d'Ammon; car la frontière des enfants d'Ammon était fortifiée.[1]

Israël prit toutes les villes, et s'établit dans toutes les villes des Amoréens, à Hesbon et dans toutes les villes de son ressort.

Car Hesbon était la ville de Sihon, roi des Amoréens; il avait fait la guerre au précédent roi de Moab, et lui avait enlevé tout son pays jusqu'à l'Arnon.

C'est pourquoi les poètes disent: Venez à Hesbon! Que la ville de Sihon soit rebâtie et fortifiée!

Car il est sorti un feu de Hesbon, Une flamme de la ville de Sihon; Elle a dévoré Ar Moab, les habitants des hauteurs de l'Arnon.

Malheur à toi, Moab! Tu es perdu, peuple de Kemosch! Il a fait de ses fils des fuyards, Et il a livré ses filles captives A Sihon, roi des Amoréens.

30 Nous avons lancé sur eux nos traits: De Hesbon à Dibon tout est détruit; Nous avons étendu nos ravages jusqu'à Nophach, Jusqu'à Médeba.

Israël s'établit dans le pays des Amoréens.

Moïse envoya reconnaître Jaezer; et ils prirent les villes de son ressort, et chassèrent les Amoréens qui y étaient.

---

[1] Cette fin du chapitre 21 décrit, de fait, la conquête de la Transjordanie, où s'installeront plusieurs tribus (cf livre de Josué).

Ils changèrent ensuite de direction, et montèrent par le chemin de Basan. Og, roi de Basan, sortit à leur rencontre, avec tout son peuple, pour les combattre à Édréi.

L'Éternel dit à Moïse: Ne le crains point; car je le livre entre tes mains, lui et tout son peuple, et son pays; tu le traiteras comme tu as traité Sihon, roi des Amoréens, qui habitait à Hesbon.

Et ils le battirent, lui et ses fils, et tout son peuple, sans en laisser échapper un seul, et ils s'emparèrent de son pays.

J - Les oracles de Balaam
Nombres 22 - 24

Les enfants d'Israël partirent, et ils campèrent dans les plaines de Moab, au delà du Jourdain, vis-à-vis de Jéricho.

Balak, fils de Tsippor, vit tout ce qu'Israël avait fait aux Amoréens.
Et Moab fut très effrayé en face d'un peuple aussi nombreux, il fut saisi de terreur en face des enfants d'Israël.
Moab dit aux anciens de Madian: Cette multitude va dévorer tout ce qui nous entoure, comme le boeuf broute la verdure des champs. Balak, fils de Tsippor, était alors roi de Moab.
Il envoya des messagers auprès de Balaam, fils de Beor, à Pethor sur le fleuve, dans le pays des fils de son peuple, afin de l'appeler et de lui dire: Voici, un peuple est sorti d'Égypte, il couvre la surface de la terre, et il habite vis-à-vis de moi.

Viens, je te prie, maudis-moi ce peuple, car il est plus puissant que moi; peut-être ainsi pourrai-je le battre et le chasserai-je du pays, car je sais que celui que tu bénis est béni, et que celui que tu maudis est maudit.

Les anciens de Moab et les anciens de Madian partirent, ayant avec eux des présents pour le devin. Ils arrivèrent auprès de Balaam, et lui rapportèrent les paroles de Balak.
Balaam leur dit: Passez ici la nuit, et je vous donnerai réponse, d'après ce que l'Éternel me dira. Et les chefs de Moab restèrent chez Balaam.

Dieu vint à Balaam, et dit: Qui sont ces hommes que tu as chez toi?
10 Balaam répondit à Dieu: Balak, fils de Tsippor, roi de Moab, les a envoyés pour me dire:
Voici, un peuple est sorti d'Égypte, et il couvre la surface de la terre; viens donc, maudis-le; peut-être ainsi pourrai-je le combattre, et le chasserai-je.
Dieu dit à Balaam: Tu n'iras point avec eux; tu ne maudiras point ce peuple, car il est béni.
Balaam se leva le matin, et il dit aux chefs de Balak: Allez dans votre pays, car l'Éternel refuse de me laisser aller avec vous.

Nb 22,14 Et les princes de Moab se levèrent, retournèrent auprès de Balak, et dirent: Balaam a refusé de venir avec nous.

Balak envoya de nouveau des chefs en plus grand nombre et plus considérés que les précédents.

Ils arrivèrent auprès de Balaam, et lui dirent: Ainsi parle Balak, fils de Tsippor: Que l'on ne t'empêche donc pas de venir vers moi;

car je te rendrai beaucoup d'honneurs, et je ferai tout ce que tu me diras; viens, je te prie, maudis-moi ce peuple.

Balaam répondit et dit aux serviteurs de Balak: Quand Balak me donnerait sa maison pleine d'argent et d'or, je ne pourrais faire aucune chose, ni petite ni grande, contre l'ordre de l'Éternel, mon Dieu.

Maintenant, je vous prie, restez ici cette nuit, et je saurai ce que l'Éternel me dira encore.

20 Dieu vint à Balaam pendant la nuit, et lui dit: Puisque ces hommes sont venus pour t'appeler, lève-toi, va avec eux; mais tu feras ce que je te dirai.

Balaam se leva le matin, sella son ânesse, et partit avec les chefs de Moab.

La colère de Dieu s'enflamma[1], parce qu'il était parti; et l'ange de l'Éternel se plaça sur le chemin, pour lui résister. Balaam était monté sur son ânesse, et ses deux serviteurs étaient avec lui.

L'ânesse vit l'ange de l'Éternel qui se tenait sur le chemin, son épée nue dans la main; elle se détourna du chemin et alla dans les champs. Balaam frappa l'ânesse pour la ramener dans le chemin.

L'ange de l'Éternel se plaça dans un sentier entre les vignes; il y avait un mur de chaque côté.

L'ânesse vit l'ange de l'Éternel; elle se serra contre le mur, et pressa le pied de Balaam contre le mur. Balaam la frappa de nouveau.

L'ange de l'Éternel passa plus loin, et se plaça dans un lieu où il n'y avait point d'espace pour se détourner à droite ou à gauche.

L'ânesse vit l'ange de l'Éternel, et elle s'abattit sous Balaam. La colère de Balaam s'enflamma, et il frappa l'ânesse avec un bâton.

L'Éternel ouvrit la bouche de l'ânesse, et elle dit à Balaam: Que t'ai je fait, pour que tu m'aies frappée déjà trois fois?

Balaam répondit à l'ânesse: C'est parce que tu t'es moquée de moi; si j'avais une épée dans la main, je te tuerais à l'instant.

30 L'ânesse dit à Balaam: Ne suis-je pas ton ânesse, que tu as de tout temps montée jusqu'à ce jour? Ai-je l'habitude de te faire ainsi? Et il répondit: Non.

---

[1] Deux récits ont été mélangés ici, le deuxième ignorant ce qui est mentionné aux versets précédents.

L'Éternel ouvrit les yeux de Balaam, et Balaam vit l'ange de l'Éternel qui se tenait sur le chemin, son épée nue dans la main; et il s'inclina, et se prosterna sur son visage.

L'ange de l'Éternel lui dit: Pourquoi as-tu frappé ton ânesse déjà trois fois? Voici, je suis sorti pour te résister, car ce voyage ne me plaît pas.[1]

L'ânesse m'a vu, et elle s'est détournée devant moi déjà trois fois; si elle ne fût pas détournée de moi, je t'aurais même tué, et je lui aurais laissé la vie.

Balaam dit à l'ange de l'Éternel: J'ai péché, car je ne savais pas que tu te fusses placé au-devant de moi sur le chemin; et maintenant, si tu me désapprouves, je m'en retournerai.

L'ange de l'Éternel dit à Balaam: Va avec ces hommes; mais tu ne feras que répéter les paroles que je te dirai. Et Balaam alla avec les chefs de Balak.

Balak apprit que Balaam arrivait, et il sortit à sa rencontre jusqu'à la ville de Moab qui est sur la limite de l'Arnon, à l'extrême frontière.

Balak dit à Balaam: N'ai-je pas envoyé auprès de toi pour t'appeler? Pourquoi n'es-tu pas venu vers moi? Ne puis-je donc pas te traiter avec honneur?

Balaam dit à Balak: Voici, je suis venu vers toi; maintenant, me sera-t-il permis de dire quoi que ce soit? Je dirai les paroles que Dieu mettra dans ma bouche.

Balaam alla avec Balak, et ils arrivèrent à Kirjath Hutsoth.

40 Balak sacrifia des boeufs et des brebis, et il en envoya à Balaam et aux chefs qui étaient avec lui.

Le matin, Balak prit Balaam, et le fit monter à Bamoth Baal, d'où Balaam vit une partie du peuple.

Nombres 23

Balaam dit à Balak: Bâtis-moi ici sept autels, et prépare-moi ici sept taureaux et sept béliers.

Balak fit ce que Balaam avait dit; et Balak et Balaam offrirent un taureau et un bélier sur chaque autel.

Balaam dit à Balak: Tiens-toi près de ton holocauste, et je m'éloignerai; peut-être que l'Éternel viendra à ma rencontre, et je te dirai ce qu'il me révélera. Et il alla sur un lieu élevé.

Dieu vint au-devant de Balaam, et Balaam lui dit: J'ai dressé sept autels, et j'ai offert un taureau et un bélier sur chaque autel.

L'Éternel mit des paroles dans la bouche de Balaam, et dit: Retourne vers Balak, et tu parleras ainsi.

Il retourna vers lui; et voici, Balak se tenait près de son holocauste, lui et tous les chefs de Moab.

---

[1] La Bible Segond 1901 écrit: "c'est un chemin de perdition qui est devant moi", traduction qui n'est retenue par aucune autre Bible.

Nb 23,7 Balaam prononça son oracle, et dit: Balak m'a fait descendre d'Aram, Le roi de Moab m'a fait descendre des montagnes de l'Orient. -Viens, maudis-moi Jacob! Viens, sois irrité contre Israël!

Comment maudirais-je celui que Dieu n'a point maudit? Comment serais-je irrité quand l'Éternel n'est point irrité?

Je le vois du sommet des rochers, Je le contemple du haut des collines: C'est un peuple qui a sa demeure à part, Et qui ne fait point partie des nations.

10 Qui peut compter la poussière de Jacob, Et dire le nombre du quart d'Israël? Que je meure de la mort des justes, Et que ma fin soit semblable à la leur!

Balak dit à Balaam: Que m'as-tu fait? Je t'ai pris pour maudire mon ennemi, et voici, tu le bénis!

Il répondit, et dit: N'aurai-je pas soin de dire ce que l'Éternel met dans ma bouche?

Balak lui dit: Viens donc avec moi dans un autre lieu, d'où tu le verras; tu n'en vois qu'une partie, tu n'en vois pas la totalité. Et de là maudis-le-moi.

Il le mena au champ de Tsophim, sur le sommet du Pisga; il bâtit sept autels, et offrit un taureau et un bélier sur chaque autel.

Balaam dit à Balak: Tiens-toi ici, près de ton holocauste, et j'irai à la rencontre de Dieu.

L'Éternel vint au-devant de Balaam; il mit des paroles dans sa bouche, et dit: Retourne vers Balak, et tu parleras ainsi.

Il retourna vers lui; et voici, Balak se tenait près de son holocauste, avec les chefs de Moab. Balak lui dit: Qu'est-ce que l'Éternel a dit?

Balaam prononça son oracle, et dit: Lève-toi, Balak, écoute! Prête-moi l'oreille, fils de Tsippor!

Dieu n'est point un homme pour mentir, Ni fils d'un homme pour se repentir. Ce qu'il a dit, ne le fera-t-il pas? Ce qu'il a déclaré, ne l'exécutera-t il pas?

20 Voici, j'ai reçu l'ordre de bénir: Il a béni, je ne le révoquerai point.

Il n'aperçoit point d'iniquité en Jacob, Il ne voit point d'injustice en Israël; l'Éternel, son Dieu, est avec lui, Il est son roi, l'objet de son allégresse.

Dieu les a fait sortir d'Égypte, Il est pour eux comme la vigueur du buffle.

L'enchantement ne peut rien contre Jacob, Ni la divination contre Israël; Au temps voulu, il est dit à Jacob et à Israël quelle est l'oeuvre de Dieu.

C'est un peuple qui se lève comme une lionne, Et qui se dresse comme un lion; Il ne se couche point jusqu'à ce qu'il ait dévoré la proie, Et qu'il ait bu le sang des blessés.

Balak dit à Balaam: Ne le maudis pas, mais du moins ne le bénis pas.

Balaam répondit, et dit à Balak: Ne t'ai-je pas parlé ainsi: Je ferai tout ce que l'Éternel dira?

Balak dit à Balaam: Viens donc, je te mènerai dans un autre lieu; peut être Dieu trouvera-t-il bon que de là tu me maudisses ce peuple.

Balak mena Balaam sur le sommet du Peor, en regard du désert.

Balaam dit à Balak: Bâtis-moi ici sept autels, et prépare-moi ici sept taureaux et sept béliers.

30 Balak fit ce que Balaam avait dit, et il offrit un taureau et un bélier sur chaque autel.

Nombres 24

Balaam vit que l'Éternel trouvait bon de bénir Israël, et il n'alla point, comme les autres fois, à la rencontre des enchantements; mais il tourna son visage du côté du désert.

Balaam leva les yeux, et vit Israël campé selon ses tribus. Alors l'esprit de Dieu fut sur lui.
Balaam prononça son oracle, et dit: Parole de Balaam, fils de Beor, Parole de l'homme qui a l'oeil ouvert,
Parole de celui qui entend les paroles de Dieu, De celui qui voit la vision du Tout Puissant, De celui qui se prosterne et dont les yeux s'ouvrent.

Qu'elles sont belles, tes tentes, ô Jacob! Tes demeures, ô Israël!
Elles s'étendent comme des vallées, Comme des jardins près d'un fleuve, Comme des aloès que l'Éternel a plantés, Comme des cèdres le long des eaux.
L'eau coule de ses seaux, Et sa semence est fécondée par d'abondantes eaux. Son roi s'élève au-dessus d'Agag, Et son royaume devient puissant.

Dieu l'a fait sortir d'Égypte, Il est pour lui comme la vigueur du buffle. Il dévore les nations qui s'élèvent contre lui, Il brise leurs os, et les abat de ses flèches.

Il ploie les genoux, il se couche comme un lion, comme une lionne: Qui le fera lever? Béni soit quiconque te bénira, Et maudit soit quiconque te maudira!

10 La colère de Balak s'enflamma contre Balaam; il frappa des mains, et dit à Balaam: C'est pour maudire mes ennemis que je t'ai appelé, et voici, tu les as bénis déjà trois fois.
Fuis maintenant, va-t'en chez toi! J'avais dit que je te rendrais des honneurs, mais l'Éternel t'empêche de les recevoir.
Balaam répondit à Balak: Eh! n'ai-je pas dit aux messagers que tu m'as envoyés:
Quand Balak me donnerait sa maison pleine d'argent et d'or, je ne pourrais faire de moi-même ni bien ni mal contre l'ordre de l'Éternel; je répéterai ce que dira l'Éternel?
Et maintenant voici, je m'en vais vers mon peuple. Viens, je t'annoncerai ce que ce peuple fera à ton peuple dans la suite des temps.

Balaam prononça son oracle, et dit: Parole de Balaam, fils de Beor, Parole de l'homme qui a l'oeil ouvert,
Parole de celui qui entend les paroles de Dieu, De celui qui connaît les desseins du Très Haut, De celui qui voit la vision du Tout Puissant, De celui qui se prosterne et dont les yeux s'ouvrent.
Je le vois, mais non maintenant, Je le contemple, mais non de près. Un astre sort de Jacob, Un sceptre s'élève d'Israël. Il perce les flancs de Moab, Et il abat tous les enfants de Seth.
Il se rend maître d'Édom, Il se rend maître de Séir, ses ennemis. Israël manifeste sa force.

Celui qui sort de Jacob règne en souverain, Il fait périr ceux qui s'échappent des villes.

20 Puis, voyant Amalek, il prononça un oracle, et dit: Amalek est la première des nations, Mais un jour il sera détruit.

Voyant les Kéniens, il prononça un oracle, et dit: Ta demeure est solide, Et ton nid posé sur le roc.

Mais le Kénien sera chassé, quand l'Assyrien t'emmènera captif.

Balaam prononça son oracle, et dit: Hélas! qui vivra après que Dieu l'aura établi?

Mais des navires viendront de Kittim, ils humilieront l'Assyrien, ils humilieront l'Hébreu; et lui aussi sera détruit.

Balaam se leva, partit, et retourna chez lui. Balak s'en alla aussi de son côté.

K - Péor; Recensement; Josué succède à Moïse
Nombres 25 -27

Israël demeurait à Sittim; et le peuple commença à se livrer à la débauche avec les filles de Moab[1].

Elles invitèrent le peuple aux sacrifices de leurs dieux; et le peuple mangea, et se prosterna devant leurs dieux.

Israël s'attacha à Baal Peor, et la colère de l'Éternel s'enflamma contre Israël.

L'Éternel dit à Moïse: Assemble tous les chefs du peuple, et fais pendre les coupables devant l'Éternel en face du soleil, afin que la colère ardente de l'Éternel se détourne d'Israël.

Moïse dit aux juges d'Israël: Que chacun de vous tue ceux de ses gens qui se sont attachés à Baal Peor.

Et voici, un homme des enfants d'Israël vint et amena vers ses frères une Madianite, sous les yeux de Moïse et sous les yeux de toute l'assemblée des enfants d'Israël, tandis qu'ils pleuraient à l'entrée de la tente d'assignation.

A cette vue, Phinées, fils d'Éléazar, fils du sacrificateur Aaron, se leva du milieu de l'assemblée, et prit une lance, dans sa main.

Il suivit l'homme d'Israël dans sa tente, et il les perça tous les deux, l'homme d'Israël, puis la femme, par le bas-ventre. Et la plaie s'arrêta parmi les enfants d'Israël[2].

Il y en eut vingt-quatre mille qui moururent de la plaie.

10 L'Éternel parla à Moïse, et dit:

---

[1] Regroupement de deux récits, l'un concernant Moab, l'autre Madian; la punition est une "plaie".

[2] La "colère" de l'Éternel, mentionnée plus haut (verset 3).

"Phinées, fils d'Éléazar, fils du sacrificateur Aaron, a détourné ma fureur de dessus les enfants d'Israël, parce qu'il a été animé de mon zèle au milieu d'eux; et je n'ai point, dans ma colère, consumé les enfants d'Israël.

"C'est pourquoi tu diras que je traite avec lui une alliance de paix.

"Ce sera pour lui et pour sa postérité après lui l'alliance d'un sacerdoce perpétuel, parce qu'il a été zélé pour son Dieu, et qu'il a fait l'expiation pour les enfants d'Israël."

L'homme d'Israël qui fut tué avec la Madianite s'appelait Zimri, fils de Salu; il était chef d'une maison paternelle des Siméonites.

La femme qui fut tuée, la Madianite, s'appelait Cozbi, fille de Tsur, chef des peuplades issues d'une maison paternelle en Madian.

L'Éternel parla à Moïse, et dit:

"Traite les Madianites en ennemis, et tuez-les;

"car ils se sont montrés vos ennemis, en vous séduisant par leurs ruses, dans l'affaire de Peor, et dans l'affaire de Cozbi, fille d'un chef de Madian, leur soeur, tuée le jour de la plaie qui eut lieu à l'occasion de Peor."

Nombres 26

A la suite de cette plaie, l'Éternel dit à Moïse et à Éléazar, fils du sacrificateur Aaron:

"Faites le dénombrement de toute l'assemblée des enfants d'Israël, depuis l'âge de vingt ans et au-dessus, selon les maisons de leurs pères, de tous ceux d'Israël en état de porter les armes."

Moïse et le sacrificateur Éléazar leur parlèrent dans les plaines de Moab, près du Jourdain, vis-à-vis de Jéricho. Ils dirent:

On fera le dénombrement, depuis l'âge de vingt ans et au-dessus, comme l'Éternel l'avait ordonné à Moïse et aux enfants d'Israël, quand ils furent sortis du pays d'Égypte.

- Ruben, premier-né d'Israël. Fils de Ruben: Hénoc de qui descend la famille des Hénokites; Pallu, de qui descend la famille des Palluites;

Hetsron, de qui descend la famille des Hetsronites; Carmi, de qui descend la famille des Carmites.

Ce sont là les familles des Rubénites: ceux dont on fit le dénombrement furent quarante-trois mille sept cent trente. -

Fils de Pallu: Éliab.

Fils d'Éliab: Nemuel, Dathan et Abiram. C'est ce Dathan et cet Abiram, qui étaient de ceux que l'on convoquait à l'assemblée, et qui se soulevèrent contre Moïse et Aaron, dans l'assemblée de Koré, lors de leur révolte contre l'Éternel.

10 La terre ouvrit sa bouche, et les engloutit avec Koré, quand moururent ceux qui s'étaient assemblés, et que le feu consuma les deux cent cinquante hommes: ils servirent au peuple d'avertissement.

Les fils de Koré, eux, ne moururent pas.

Nb 26,12 - Fils de Siméon, selon leurs familles: de Nemuel descend la famille des Nemuélites; de
Jamin, la famille des Jaminites; de Jakin, la famille des Jakinites;
de Zérach, la famille des Zérachites; de Saül, la famille des Saülites.
Ce sont là les familles des Siméonites; vingt-deux mille deux cents.
- Fils de Gad, selon leurs familles: de Tsephon descend la famille des Tsephonites; de Haggi,
la famille des Haggites; de Schuni, la famille des Schunites;
d'Ozni, la famille des Oznites; d'Éri, la famille des Érites;
d'Arod, la famille des Arodites; d'Areéli, la famille des Areélites.
Ce sont là les familles des fils de Gad, d'après leur dénombrement: quarante mille cinq cents.
Fils de Juda: Er et Onan; mais Er et Onan moururent au pays de Canaan.
20   Voici les fils de Juda, selon leurs familles: de Schéla descend la famille des Schélanites; de
Pérets, la famille des Péretsites; de Zérach, la famille des Zérachites.
Les fils de Pérets furent: Hetsron, de qui descend la famille des Hetsronites; Hamul, de qui
descend la famille des Hamulites.
Ce sont là les familles de Juda, d'après leur dénombrement: soixante-seize mille cinq cents.
Fils d'Issacar, selon leurs familles: de Thola descend la famille des Tholaïtes; de Puva, la
famille des Puvites;
de Jaschub, la famille des Jaschubites; de Schimron, la famille des Schimronites.
Ce sont là les familles d'Issacar, d'après leur dénombrement: soixante quatre mille trois cents.
Fils de Zabulon, selon leurs familles: de Séred descend la famille des Sardites; d'Élon, la
famille des Élonites; de Jahleel, la famille des Jahleélites.
Ce sont là les familles des Zabulonites, d'après leur dénombrement: soixante mille cinq cents.
Fils de Joseph, selon leurs familles: Manassé et Éphraïm.
Fils de Manassé: de Makir descend la famille des Makirites. -Makir engendra Galaad. De
Galaad descend la famille des Galaadites.
30   Voici les fils de Galaad: Jézer, de qui descend la famille des Jézerites; Hélek, la famille des Hélekites;
Asriel, la famille des Asriélites; Sichem, la famille des Sichémites;
Schemida, la famille des Schemidaïtes; Hépher, la famille des Héphrites.
Tselophchad, fils de Hépher, n'eut point de fils, mais il eut des filles. Voici les noms des filles
de Tselophchad: Machla, Noa, Hogla, Milca et Thirsta.
Ce sont là les familles de Manassé, d'après leur dénombrement: cinquante-deux mille sept cents.
Voici les fils d'Éphraïm, selon leurs familles: de Schutélach descend la famille des
Schutalchites; de Béker, la famille des Bakrites; de Thachan, la famille des Thachanites.
Voici les fils de Schutélach: d'Éran est descendue la famille des Éranites.
Ce sont là les familles des fils d'Éphraïm, d'après leur dénombrement: trente-deux mille cinq
cents. Ce sont là les fils de Joseph, selon leurs familles.
Fils de Benjamin, selon leurs familles: de Béla descend la famille des Balites; d'Aschbel, la
famille des Aschbélites; d'Achiram, la famille des Achiramites;
de Schupham, la famille des Schuphamites; de Hupham, la famille des Huphamites. -
40   Les fils de Béla furent: Ard et Naaman. D'Ard descend la famille des Ardites; de Naaman, la
famille des Naamanites.
Ce sont là les fils de Benjamin, selon leurs familles et d'après leur dénombrement; quarante-
cinq mille six cents.
Voici les fils de Dan, selon leurs familles: de Schucham descend la famille des Schuchamites.
Ce sont là les familles de Dan, selon leurs familles.

Nb 26,43 Total pour les familles des Schuchamites, d'après leur dénombrement: soixante-quatre mille quatre cents.

Fils d'Aser, selon leurs familles: de Jimna descend la famille des Jimnites; de Jischvi, la famille des Jischvites; de Beria, la famille des Beriites.

Des fils de Beria descendent: de Héber, la famille des Hébrites; de Malkiel, la famille des Malkiélites.

Le nom de la fille d'Aser était Sérach.

Ce sont là les familles des fils d'Aser, d'après leur dénombrement: cinquante-trois mille quatre cents.

Fils de Nephthali, selon leurs familles: de Jahtseel descend la famille des Jahtseélites; de Guni, la famille des Gunites;

de Jetser, la famille des Jitsrites; de Schillem, la famille des Schillémites.

50 Ce sont là les familles de Nephthali, selon leurs familles et d'après leur dénombrement: quarante-cinq mille quatre cents.

Tels sont ceux des enfants d'Israël dont on fit le dénombrement: six cent un mille sept cent trente.

L'Éternel parla à Moïse, et dit:

Le pays sera partagé entre eux, pour être leur propriété, selon le nombre des noms.

A ceux qui sont en plus grand nombre tu donneras une portion plus grande, et à ceux qui sont en plus petit nombre tu donneras une portion plus petite; on donnera à chacun sa portion d'après le dénombrement.

Mais le partage du pays aura lieu par le sort; ils le recevront en propriété selon les noms des tribus de leurs pères.

C'est par le sort que le pays sera partagé entre ceux qui sont en grand nombre et ceux qui sont en petit nombre.

Voici les Lévites dont on fit le dénombrement, selon leurs familles: de Guerschon descend la famille des Guerschonites; de Kehath, la famille des Kehathites; de Merari, la famille des Merarites.

Voici les familles de Lévi: la famille des Libnites, la famille des Hébronites, la famille des Machlites, la famille des Muschites, la famille des Korites[1]. Kehath engendra Amram.

Le nom de la femme d'Amram était Jokébed, fille de Lévi, laquelle naquit à Lévi, en Égypte; elle enfanta à Amram: Aaron, Moïse, et Marie, leur soeur.

60 Il naquit à Aaron: Nadab et Abihu, Éléazar et Ithamar.

Nadab et Abihu moururent, lorsqu'ils apportèrent devant l'Éternel du feu étranger.

Ceux dont on fit le dénombrement, tous les mâles depuis l'âge d'un mois et au-dessus, furent vingt-trois mille. Ils ne furent pas compris dans le dénombrement des enfants d'Israël, parce qu'il ne leur fut point donné de possession au milieu des enfants d'Israël.

Tels sont ceux des enfants d'Israël dont Moïse et le sacrificateur Éléazar firent le dénombrement dans les plaines de Moab, près du Jourdain, vis-à-vis de Jéricho.

Parmi eux, il n'y avait aucun des enfants d'Israël dont Moïse et le sacrificateur Aaron avaient fait le dénombrement dans le désert de Sinaï.

---

[1] Autre division des Lévites, datant sans doute d'une époque différente.

Car l'Éternel avait dit: ils mourront dans le désert, et il n'en restera pas un, excepté Caleb, fils de Jephunné, et Josué, fils de Nun.

Nombres 27

Les filles de Tselophchad, fils de Hépher, fils de Galaad, fils de Makir, fils de Manassé, des familles de Manassé, fils de Joseph, et dont les noms étaient Machla, Noa, Hogla, Milca et Thirsta,

s'approchèrent et se présentèrent devant Moïse, devant le sacrificateur Éléazar, et devant les princes et toute l'assemblée, à l'entrée de la tente d'assignation. Elles dirent:

Notre père est mort dans le désert; il n'était pas au milieu de l'assemblée de ceux qui se révoltèrent contre l'Éternel, de l'assemblée de Koré, mais il est mort pour son péché, et il n'avait point de fils.

Pourquoi le nom de notre père serait-il retranché du milieu de sa famille, parce qu'il n'avait point eu de fils? Donne-nous une possession parmi les frères de notre père.

Moïse porta la cause devant l'Éternel.

Et l'Éternel dit à Moïse:

Les filles de Tselophchad ont raison. Tu leur donneras en héritage une possession parmi les frères de leur père, et c'est à elles que tu feras passer l'héritage de leur père.

Tu parleras aux enfants d'Israël, et tu diras: Lorsqu'un homme mourra sans laisser de fils, vous ferez passer son héritage à sa fille.

S'il n'a point de fille, vous donnerez son héritage à ses frères.

10   S'il n'a point de frères, vous donnerez son héritage aux frères de son père.

S'il n'y a point de frères de son père, vous donnerez son héritage au plus proche parent dans sa famille, et c'est lui qui le possédera. Ce sera pour les enfants d'Israël une loi et un droit, comme l'Éternel l'a ordonné à Moïse.

L'Éternel dit à Moïse: Monte sur cette montagne d'Abarim, et regarde le pays que je donne aux enfants d'Israël.

Tu le regarderas; mais toi aussi, tu sera recueilli auprès de ton peuple, comme Aaron, ton frère, a été recueilli;

parce que vous avez été rebelles à mon ordre, dans le désert de Tsin, lors de la contestation de l'assemblée, et que vous ne m'avez point sanctifié à leurs yeux à l'occasion des eaux. Ce sont les eaux de contestation, à Kadès, dans le désert de Tsin[1].

Moïse parla à l'Éternel, et dit:

Que l'Éternel, le Dieu des esprits de toute chair, établisse sur l'assemblée un homme qui sorte devant eux et qui entre devant eux, qui les fasse sortir et qui les fasse entrer, afin que l'assemblée de l'Éternel ne soit pas comme des brebis qui n'ont point de berger.

L'Éternel dit à Moïse: Prends Josué, fils de Nun, homme en qui réside l'esprit; et tu poseras ta main sur lui.

---

[1] Cf. 20,10-12 Les eaux de Mériba.

Tu le placeras devant le sacrificateur Éléazar et devant toute l'assemblée, et tu lui donneras des ordres sous leurs yeux.

20 Tu le rendras participant de ta dignité, afin que toute l'assemblée des enfants d'Israël l'écoute.

Il se présentera devant le sacrificateur Éléazar, qui consultera pour lui le jugement de l'urim devant l'Éternel; et Josué, tous les enfants d'Israël avec lui, et toute l'assemblée, sortiront sur l'ordre d'Éléazar et entreront sur son ordre.

Moïse fit ce que l'Éternel lui avait ordonné. Il prit Josué, et il le plaça devant le sacrificateur Éléazar et devant toute l'assemblée.

Il posa ses mains sur lui, et lui donna des ordres, comme l'Éternel l'avait dit par Moïse.

L - Offrandes
Nombres 28 - 30

L'Éternel parla à Moïse, et dit: Donne cet ordre aux enfants d'Israël, et dis-leur:

Vous aurez soin de me présenter, au temps fixé, mon offrande, l'aliment de mes sacrifices consumés par le feu, et qui me sont d'une agréable odeur.

Tu leur diras: Voici le sacrifice consumé par le feu que vous offrirez à l'Éternel: chaque jour, deux agneaux d'un an sans défaut, comme holocauste perpétuel.

Tu offriras l'un des agneaux le matin, et l'autre agneau entre les deux soirs,

et, pour l'offrande, un dixième d'épha de fleur de farine pétrie dans un quart de hin d'huile d'olives concassées.

C'est l'holocauste perpétuel, qui a été offert à la montagne de Sinaï; c'est un sacrifice consumé par le feu, d'une agréable odeur à l'Éternel.

La libation sera d'un quart de hin pour chaque agneau: c'est dans le lieu saint que tu feras la libation de vin à l'Éternel.

Tu offriras le second agneau entre les deux soirs, avec une offrande et une libation semblables à celles du matin; c'est un sacrifice consumé par le feu, d'une agréable odeur à l'Éternel.

Le jour du sabbat, vous offrirez deux agneaux d'un an sans défaut, et, pour l'offrande, deux dixièmes de fleur de farine pétrie à l'huile, avec la libation.

10 C'est l'holocauste du sabbat, pour chaque sabbat, outre l'holocauste perpétuel et la libation.

Au commencement de vos mois, vous offrirez en holocauste à l'Éternel deux jeunes taureaux, un bélier, et sept agneaux d'un an sans défaut;

et, comme offrande pour chaque taureau, trois dixièmes de fleur de farine pétrie à l'huile; comme offrande pour le bélier, deux dixièmes de fleur de farine pétrie à l'huile;

comme offrande pour chaque agneau, un dixième de fleur de farine pétrie à l'huile. C'est un holocauste, un sacrifice consumé par le feu, d'une agréable odeur à l'Éternel.

Les libations seront d'un demi-hin de vin pour un taureau, d'un tiers de hin pour un bélier, et d'un quart de hin pour un agneau. C'est l'holocauste du commencement du mois, pour chaque mois, pour tous les mois de l'année.

On offrira à l'Éternel un bouc, en sacrifice d'expiation, outre l'holocauste perpétuel et la libation.

Le premier mois, le quatorzième jour du mois, ce sera la Pâque de l'Éternel.

Le quinzième jour de ce mois sera un jour de fête. On mangera pendant sept jours des pains sans levain.

Le premier jour, il y aura une sainte convocation: vous ne ferez aucune oeuvre servile.

Vous offrirez en holocauste à l'Éternel un sacrifice consumé par le feu: deux jeunes taureaux, un bélier, et sept agneaux d'un an sans défaut.

20 Vous y joindrez l'offrande de fleur de farine pétrie à l'huile, trois dixièmes pour un taureau, deux dixièmes pour un bélier,

et un dixième pour chacun des sept agneaux.

Vous offrirez un bouc en sacrifice d'expiation, afin de faire pour vous l'expiation.

Vous offrirez ces sacrifices, outre l'holocauste du matin, qui est un holocauste

Vous les offrirez chaque jour, pendant sept jours, comme l'aliment d'un sacrifice consumé par le feu, d'une agréable odeur à l'Éternel. On les offrira, outre l'holocauste perpétuel et la libation.

Le septième jour, vous aurez une sainte convocation: vous ne ferez aucune oeuvre servile.

Le jour des prémices, où vous présenterez à l'Éternel une offrande, à votre fête des semaines, vous aurez une sainte convocation: vous ne ferez aucune oeuvre servile.

Vous offrirez en holocauste, d'une agréable odeur à l'Éternel, deux jeunes taureaux, un bélier, et sept agneaux d'un an.

Vous y joindrez l'offrande de fleur de farine pétrie à l'huile, trois dixièmes pour chaque taureau, deux dixièmes pour le bélier,

et un dixième pour chacun des sept agneaux.

30 Vous offrirez un bouc, afin de faire pour vous l'expiation.

Vous offrirez ces sacrifices, outre l'holocauste perpétuel et l'offrande. Vous aurez des agneaux sans défaut, et vous joindrez les libations.

Nombres 29

Le septième mois, le premier jour du mois, vous aurez une sainte convocation: vous ne ferez aucune oeuvre servile. Ce jour sera publié parmi vous au son des trompettes.

Vous offrirez en holocauste, d'une agréable odeur à l'Éternel, un jeune taureau, un bélier, et sept agneaux d'un an sans défaut.

Vous y joindrez l'offrande de fleur de farine pétrie à l'huile, trois dixièmes pour le taureau, deux dixièmes pour le bélier,

et un dixième pour chacun des sept agneaux.

Vous offrirez un bouc en sacrifice d'expiation, afin de faire pour vous l'expiation.

Vous offrirez ces sacrifices, outre l'holocauste et l'offrande de chaque mois, l'holocauste perpétuel et l'offrande, et les libations qui s'y joignent, d'après les règles établies. Ce sont des sacrifices consumés par le feu, d'une agréable odeur à l'Éternel.

Le dixième jour de ce septième mois, vous aurez une sainte convocation, et vous humilierez vos âmes: vous ne ferez aucun ouvrage.

Vous offrirez en holocauste, d'une agréable odeur à l'Éternel, un jeune taureau, un bélier, et sept agneaux d'un an sans défaut.

Vous y joindrez l'offrande de fleur de farine pétrie à l'huile, trois dixièmes pour le taureau,

10 deux dixièmes pour le bélier, et un dixième pour chacun des sept agneaux.

Nb 29,11 Vous offrirez un bouc en sacrifice d'expiation, outre le sacrifice des expiations, l'holocauste perpétuel et l'offrande, et les libations ordinaires.

Le quinzième jour du septième mois, vous aurez une sainte convocation: vous ne ferez aucune oeuvre servile. Vous célébrerez une fête en l'honneur de l'Éternel, pendant sept jours.

Vous offrirez en holocauste un sacrifice consumé par le feu, d'une agréable odeur à l'Éternel: treize jeunes taureaux, deux béliers, et quatorze agneaux d'un an sans défaut.
Vous y joindrez l'offrande de fleur de farine pétrie à l'huile, trois dixièmes pour chacun des treize taureaux, deux dixièmes pour chacun des deux béliers,
et un dixième pour chacun des quatorze agneaux.
Vous offrirez un bouc en sacrifice d'expiation, outre l'holocauste perpétuel, l'offrande et la libation. -
Le second jour, vous offrirez douze jeunes taureaux, deux béliers, et quatorze agneaux d'un an sans défaut,
avec l'offrande et les libations pour les taureaux, les béliers et les agneaux, selon leur nombre, d'après les règles établies.
Vous offrirez un bouc en sacrifice d'expiation, outre l'holocauste perpétuel, l'offrande et la libation.
20 Le troisième jour, vous offrirez onze taureaux, deux béliers, et quatorze agneaux d'un an sans défaut,
avec l'offrande et les libations pour les taureaux, les béliers et les agneaux, selon leur nombre, d'après les règles établies.
Vous offrirez un bouc en sacrifice d'expiation, outre l'holocauste perpétuel, l'offrande et la libation. -
Le quatrième jour, vous offrirez dix taureaux, deux béliers, et quatorze agneaux d'un an sans défaut,
avec l'offrande et les libations pour les taureaux, les béliers et les agneaux, selon leur nombre, d'après les règles établies.
Vous offrirez un bouc en sacrifice d'expiation, outre l'holocauste perpétuel, l'offrande et la libation. -
Le cinquième jour, vous offrirez neuf taureaux, deux béliers, et quatorze agneaux d'un an sans défaut,
avec l'offrande et les libations pour les taureaux, les béliers et les agneaux selon leur nombre, d'après les règles établies.
Vous offrirez un bouc en sacrifice d'expiation, outre l'holocauste perpétuel, l'offrande et la libation. -
Le sixième jour, vous offrirez huit taureaux, deux béliers et quatorze agneaux d'un an sans défaut,
30 avec l'offrande et les libations pour les taureaux, les béliers et les agneaux, selon leur nombre, d'après les règles établies.
Vous offrirez un bouc en sacrifice d'expiation, outre l'holocauste perpétuel, l'offrande et la libation. -
Le septième jour, vous offrirez sept taureaux, deux béliers, et quatorze agneaux d'un an sans défaut,
avec l'offrande et les libations pour les taureaux, les béliers et les agneaux, selon leur nombre, d'après les règles établies.
Vous offrirez un bouc en sacrifice d'expiation, outre l'holocauste perpétuel, l'offrande et la libation. -

Le huitième jour, vous aurez une assemblée solennelle: vous ne ferez aucune oeuvre servile.

Vous offrirez en holocauste un sacrifice consumé par le feu, d'une agréable odeur à l'Éternel: un taureau, un bélier, et sept agneaux d'un an sans défaut,

avec l'offrande et les libations pour le taureau, le bélier et les agneaux, selon leur nombre, d'après les règles établies.

Vous offrirez un bouc en sacrifice d'expiation, outre l'holocauste perpétuel, l'offrande et la libation.

Tels sont les sacrifices que vous offrirez à l'Éternel dans vos fêtes, outre vos holocaustes, vos offrandes et vos libations, et vos sacrifices de prospérité, en accomplissement d'un voeu ou en offrandes volontaires.

Nombres 30

Moïse dit aux enfants d'Israël tout ce que l'Éternel lui avait ordonné.

Moïse parla aux chefs des tribus des enfants d'Israël, et dit: Voici ce que l'Éternel ordonne.

Lorsqu'un homme fera un voeu à l'Éternel, ou un serment pour se lier par un engagement, il ne violera point sa parole, il agira selon tout ce qui est sorti de sa bouche.

Lorsqu'une femme, dans sa jeunesse et à la maison de son père, fera un voeu à l'Éternel et se liera par un engagement,

et que son père aura connaissance du voeu qu'elle a fait et de l'engagement par lequel elle s'est liée - si son père garde le silence envers elle, tout voeu qu'elle aura fait sera valable, et tout engagement par lequel elle se sera liée sera valable;

mais si son père la désapprouve le jour où il en a connaissance, tous ses voeux et tous les engagements par lesquels elle se sera liée n'auront aucune valeur; et l'Éternel lui pardonnera, parce qu'elle a été désapprouvée de son père.

Lorsqu'elle sera mariée, après avoir fait des voeux, ou s'être liée par une parole échappée de ses lèvres,

et que son mari en aura connaissance - s'il garde le silence envers elle le jour où il en a connaissance, ses voeux seront valables, et les engagements par lesquels elle se sera liée seront valables;

mais si son mari la désapprouve le jour où il en a connaissance, il annulera le voeu qu'elle a fait et la parole échappée de ses lèvres, par laquelle elle s'est liée; et l'Éternel lui pardonnera.

10 Le voeu d'une femme veuve ou répudiée, l'engagement quelconque par lequel elle se sera liée, sera valable pour elle.

Lorsqu'une femme, dans la maison de son mari, fera des voeux ou se liera par un serment,

et que son mari en aura connaissance, -s'il garde le silence envers elle et ne la désapprouve pas, tous ses voeux seront valables, et tous les engagements par lesquels elle se sera liée seront valables;

mais si son mari les annule le jour où il en a connaissance, tout voeu et tout engagement sortis de ses lèvres n'auront aucune valeur, son mari les a annulés; et l'Éternel lui pardonnera.

Son mari peut ratifier et son mari peut annuler tout voeu, tout serment par lequel elle s'engage à mortifier sa personne.

S'il garde de jour en jour le silence envers elle, il ratifie ainsi tous les voeux ou tous les engagements par lesquels elle s'est liée; il les ratifie, parce qu'il a gardé le silence envers elle le jour où il en a eu connaissance.

Mais s'il les annule après le jour où il en a eu connaissance, il sera coupable du péché de sa femme.

Telles sont les lois que l'Éternel prescrivit à Moïse, entre un mari et sa femme, entre un père et sa fille, lorsqu'elle est dans sa jeunesse et à la maison de son père.

M - Guerre contre Madian
Nombres 31

L'Éternel parla à Moïse, et dit:

Venge les enfants d'Israël sur les Madianites; tu seras ensuite recueilli auprès de ton peuple.

Moïse parla au peuple, et dit: Équipez d'entre vous des hommes pour l'armée, et qu'ils marchent contre Madian, afin d'exécuter la vengeance de l'Éternel sur Madian[1].

Vous enverrez à l'armée mille hommes par tribu, de toutes les tribus d'Israël.

On leva d'entre les milliers d'Israël mille hommes par tribu, soit douze mille hommes équipés pour l'armée.

Moïse envoya à l'armée ces mille hommes par tribu, et avec eux le fils du sacrificateur Éléazar, Phinées, qui portait les instruments sacrés et les trompettes retentissantes.

Ils s'avancèrent contre Madian, selon l'ordre que l'Éternel avait donné à Moïse; et ils tuèrent tous les mâles.

Ils tuèrent les rois de Madian avec tous les autres, Évi, Rékem, Tsur, Hur et Réba, cinq rois de Madian; ils tuèrent aussi par l'épée Balaam, fils de Beor.

Les enfants d'Israël firent prisonnières les femmes des Madianites avec leurs petits enfants, et ils pillèrent tout leur bétail, tous leurs troupeaux et toutes leurs richesses.

10   Ils incendièrent toutes les villes qu'ils habitaient et tous leurs enclos.

Ils prirent toutes les dépouilles et tout le butin, personnes et bestiaux;

et ils amenèrent les captifs, le butin et les dépouilles, à Moïse, au sacrificateur Éléazar, et à l'assemblée des enfants d'Israël, campés dans les plaines de Moab, près du Jourdain, vis-à-vis de Jéricho.

Moïse, le sacrificateur Éléazar, et tous les princes de l'assemblée, sortirent au-devant d'eux, hors du camp.

Et Moïse s'irrita contre les commandants de l'armée, les chefs de milliers et les chefs de centaines, qui revenaient de l'expédition.

Il leur dit: Vous avez laissé la vie à toutes les femmes?

Or ce sont elles qui, sur le conseil de Balaam[2], ont entraîné les enfants d'Israël à l'infidélité envers l'Éternel, dans l'affaire de Peor; et alors éclata la plaie dans l'assemblée de l'Éternel.

---

[1] Voir la fin du chapitre 25.

[2] Ce conseil de Balaam n'apparaît pas dans la Bible telle qu'elle nous a été transmise; il est mentionné dans l'Apocalypse, en Ap 2,14. Balaam est un "mage qui va vers celui qui le paie" (Note du *Dictionnaire de la Bible* - Voir Bibliographie P.403).

Nb 31,17 Maintenant, tuez tout mâle parmi les petits enfants, et tuez toute femme qui a connu un homme en couchant avec lui;

Mais laissez en vie pour vous toutes les filles qui n'ont point connu la couche d'un homme.

Et vous, campez pendant sept jours hors du camp; tous ceux d'entre vous qui ont tué quelqu'un, et tous ceux qui ont touché un mort, se purifieront le troisième et le septième jour, eux et vos prisonniers.

20 Vous purifierez aussi tout vêtement, tout objet de peau, tout ouvrage de poil de chèvre et tout ustensile de bois.

Le sacrificateur Éléazar dit aux soldats qui étaient allés à la guerre: Voici ce qui est ordonné par la loi que l'Éternel a prescrite à Moïse.

L'or, l'argent, l'airain, le fer, l'étain et le plomb,

tout objet qui peut aller au feu, vous le ferez passer par le feu pour le rendre pur. Mais c'est par l'eau de purification que sera purifié tout ce qui ne peut aller au feu; vous le ferez passer dans l'eau.

Vous laverez vos vêtements le septième jour, et vous serez purs; ensuite, vous pourrez entrer dans le camp.

L'Éternel dit à Moïse:

Fais, avec le sacrificateur Éléazar et les chefs de maison de l'assemblée, le compte du butin, de ce qui a été pris, personnes et bestiaux.

Partage le butin entre les combattants qui sont allés à l'armée et toute l'assemblée.

Tu prélèveras sur la portion des soldats qui sont allés à l'armée un tribut pour l'Éternel, savoir: un sur cinq cents, tant des personnes que des boeufs, des ânes et des brebis.

Vous le prendrez sur leur moitié, et tu le donneras au sacrificateur Éléazar comme une offrande à l'Éternel.

30 Et sur la moitié qui revient aux enfants d'Israël tu prendras un sur cinquante, tant des personnes que des boeufs, des ânes et des brebis, de tout animal; et tu le donneras aux Lévites, qui ont la garde du tabernacle de l'Éternel.

Moïse et le sacrificateur Éléazar firent ce que l'Éternel avait ordonné à Moïse.

Le butin, reste du pillage de ceux qui avaient fait partie de l'armée, était de six cent soixante-quinze mille brebis,

soixante-douze mille boeufs,

soixante et un mille ânes,

et trente-deux mille personnes ou femmes qui n'avaient point connu la couche d'un homme.

La moitié, formant la part de ceux qui étaient allés à l'armée, fut de trois cent trente-sept mille cinq cents brebis,

dont six cent soixante-quinze pour le tribut à l'Éternel;

trente-six mille boeufs, dont soixante-douze pour le tribut à l'Éternel;

trente mille cinq cents ânes, dont soixante et un pour le tribut à l'Éternel;

40 et seize mille personnes, dont trente-deux pour le tribut à l'Éternel.

Moïse donna au sacrificateur Éléazar le tribut réservé comme offrande à l'Éternel, selon ce que l'Éternel lui avait ordonné. -

La moitié qui revenait aux enfants d'Israël, séparée par Moïse de celle des hommes de l'armée,

et formant la part de l'assemblée, fut de trois cent trente-sept mille cinq cents brebis,

trente-six mille boeufs, trente mille cinq cents ânes,
et seize mille personnes.

Sur cette moitié qui revenait aux enfants d'Israël, Moïse prit un sur cinquante, tant des personnes que des animaux; et il le donna aux Lévites, qui ont la garde du tabernacle de l'Éternel, selon ce que l'Éternel lui avait ordonné.

Les commandants des milliers de l'armée, les chefs de milliers et les chefs de centaines, s'approchèrent de Moïse,

et lui dirent: Tes serviteurs ont fait le compte des soldats qui étaient sous nos ordres, et il ne manque pas un homme d'entre nous.

50 Nous apportons, comme offrande à l'Éternel, chacun les objets d'or que nous avons trouvés, chaînettes, bracelets, anneaux, pendants d'oreilles, et colliers, afin de faire pour nos personnes l'expiation devant l'Éternel.

Moïse et le sacrificateur Éléazar reçurent d'eux tous ces objets travaillés en or.

Tout l'or, que les chefs de milliers et les chefs de centaines présentèrent à l'Éternel en offrande par élévation, pesait seize mille sept cent cinquante sicles.

Les hommes de l'armée gardèrent chacun le butin qu'ils avaient fait.

Moïse et le sacrificateur Éléazar prirent l'or des chefs de milliers et des chefs de centaines, et l'apportèrent à la tente d'assignation, comme souvenir pour les enfants d'Israël devant l'Éternel.

N - Trois tribus s'installent à l'est du Jourdain
Nombres 32 - 34

Les fils de Ruben et les fils de Gad avaient une quantité considérable de troupeaux, et ils virent que le pays de Jaezer et le pays de Galaad étaient un lieu propre pour des troupeaux.

Alors les fils de Gad et les fils de Ruben vinrent auprès de Moïse, du sacrificateur Éléazar et des princes de l'assemblée, et ils leur dirent:

Atharoth, Dibon, Jaezer, Nimra, Hesbon, Élealé, Sebam, Nebo et Beon[1],

ce pays que l'Éternel a frappé devant l'assemblée d'Israël, est un lieu propre pour des troupeaux, et tes serviteurs ont des troupeaux.

Ils ajoutèrent: Si nous avons trouvé grâce à tes yeux, que la possession de ce pays soit accordée à tes serviteurs, et ne nous fais point passer le Jourdain.

Moïse répondit aux fils de Gad et aux fils de Ruben: Vos frères iront à la guerre, et vous, vous resterez ici?

Pourquoi voulez-vous décourager les enfants d'Israël de passer dans le pays que l'Éternel leur donne?

Ainsi firent vos pères, quand je les envoyai de Kadès Barnéa pour examiner le pays.

Ils montèrent jusqu'à la vallée d'Eschcol, et, après avoir examiné le pays, ils découragèrent les enfants d'Israël d'aller dans le pays que l'Éternel leur donnait.

10 La colère de l'Éternel s'enflamma ce jour-là, et il jura en disant:

---

[1] C'est une liste de villes.

Ces hommes qui sont montés d'Égypte, depuis l'âge de vingt ans et au-dessus, ne verront point le pays que j'ai juré de donner à Abraham, à Isaac et à Jacob, car ils n'ont pas suivi pleinement ma voie,

excepté Caleb, fils de Jephunné, le Kenizien, et Josué, fils de Nun, qui ont pleinement suivi la voie de l'Éternel.

La colère de l'Éternel s'enflamma contre Israël, et il les fit errer dans le désert pendant quarante années, jusqu'à l'anéantissement de toute la génération qui avait fait le mal aux yeux de l'Éternel.

Et voici, vous prenez la place de vos pères comme des rejetons d'hommes pécheurs, pour rendre la colère de l'Éternel encore plus ardente contre Israël.

Car, si vous vous détournez de lui, il continuera de laisser Israël au désert, et vous causerez la perte de tout ce peuple.

Ils s'approchèrent de Moïse, et ils dirent: Nous construirons ici des parcs pour nos troupeaux et des villes pour nos petits enfants;

Puis nous nous équiperons en hâte pour marcher devant les enfants d'Israël, jusqu'à ce que nous les ayons introduits dans le lieu qui leur est destiné; et nos petits enfants demeureront dans les villes fortes, à cause des habitants du pays.

Nous ne retournerons point dans nos maisons avant que les enfants d'Israël aient pris possession chacun de son héritage;

et nous ne posséderons rien avec eux de l'autre côté du Jourdain, ni plus loin, puisque nous aurons notre héritage de ce côté-ci du Jourdain, à l'orient.

20 Moïse leur dit: Si vous faites cela, si vous vous armez pour combattre devant l'Éternel, si tous ceux de vous qui s'armeront passent le Jourdain devant l'Éternel jusqu'à ce qu'il ait chassé ses ennemis loin de sa face,

et si vous revenez seulement après que le pays aura été soumis devant l'Éternel, vous serez alors sans reproche vis-à-vis de l'Éternel et vis-à-vis d'Israël, et cette contrée-ci sera votre propriété devant l'Éternel.

Mais si vous ne faites pas ainsi, vous péchez contre l'Éternel; sachez que votre péché vous atteindra.

Construisez des villes pour vos petits enfants et des parcs pour vos troupeaux, et faites ce que votre bouche a déclaré.

Les fils de Gad et les fils de Ruben dirent à Moïse: Tes serviteurs feront ce que mon seigneur ordonne.

Nos petits enfants, nos femmes, nos troupeaux et tout notre bétail, resteront dans les villes de Galaad;

et tes serviteurs, tous armés pour la guerre, iront combattre devant l'Éternel, comme dit mon seigneur.

Moïse donna des ordres à leur sujet au sacrificateur Éléazar, à Josué, fils de Nun, et aux chefs de famille dans les tribus des enfants d'Israël.

Il leur dit: Si les fils de Gad et les fils de Ruben passent avec vous le Jourdain, tous armés pour combattre devant l'Éternel, et que le pays soit soumis devant vous, vous leur donnerez en propriété la contrée de Galaad.

30 Mais s'ils ne marchent point en armes avec vous, qu'ils s'établissent au milieu de vous dans le pays de Canaan.[1]

Les fils de Gad et les fils de Ruben répondirent: Nous ferons ce que l'Éternel a dit à tes serviteurs.

Nous passerons en armes devant l'Éternel au pays de Canaan; mais que nous possédions notre héritage de ce côté-ci du Jourdain.

Moïse donna aux fils de Gad et aux fils de Ruben, et à la moitié de la tribu de Manassé[2], fils de Joseph, le royaume de Sihon, roi des Amoréens, et le royaume d'Og, roi de Basan, le pays avec ses villes, avec les territoires des villes du pays tout alentour.

Les fils de Gad bâtirent Dibon, Atharoth, Aroër,

Athroth Schophan, Jaezer, Jogbeha,

Beth Nimra et Beth Haran, villes fortes, et ils firent des parcs pour les troupeaux.

Les fils de Ruben bâtirent Hesbon, Élealé et Kirjathaïm,

Nebo et Baal Meon, dont les noms furent changés, et Sibma, et ils donnèrent des noms aux villes qu'ils bâtirent.

Les fils de Makir, fils de Manassé, marchèrent contre Galaad, et s'en emparèrent; ils chassèrent les Amoréens qui y étaient.

40 Moïse donna Galaad à Makir, fils de Manassé, qui s'y établit.

Jaïr, fils de Manassé, se mit en marche, prit les bourgs, et les appela bourgs de Jaïr.

Nobach se mit en marche, prit Kenath avec les villes de son ressort, et l'appela Nobach, d'après son nom.

Nombres 33

Voici les stations[3] des enfants d'Israël qui sortirent du pays d'Égypte, selon leurs corps d'armée, sous la conduite de Moïse et d'Aaron[4].

Moïse écrivit leurs marches de station en station, d'après l'ordre de l'Éternel. Et voici leurs stations, selon leurs marches.

Ils partirent de Ramsès le premier mois, le quinzième jour du premier mois. Le lendemain de la Pâque, les enfants d'Israël sortirent la main levée, à la vue de tous les Égyptiens.

Et les Égyptiens enterraient ceux que l'Éternel avait frappés parmi eux, tous les premiers-nés; l'Éternel exerçait aussi des jugements contre leurs dieux.

Les enfants d'Israël partirent de Ramsès, et campèrent à Succoth.

Ils partirent de Succoth, et campèrent à Étham, qui est à l'extrémité du désert.

Ils partirent d'Étham, se détournèrent vers Pi Hahiroth, vis-à-vis de Baal Tsephon, et campèrent devant Migdol.

---

[1] Ce qui serait leur donner des terres moins favorables à l'élevage.

[2] La plupart des traductions emploient ici l'appellation "demi-tribu"; la tribu de Manassé se trouve de fait partagée en deux..

[3] Les "étapes".

[4] Récapitulation des étapes, depuis l'Égypte jusqu'au passage du Jourdain.

Nb 33,8 Ils partirent de devant Pi Hahiroth, et passèrent au milieu de la mer dans la direction du désert; ils firent trois journées de marche dans le désert d'Étham, et
campèrent à Mara.Ils partirent de Mara, et arrivèrent à Élim; il y avait à Élim douze sources d'eau et soixante-dix palmiers: ce fut là qu'ils campèrent.Ils partirent d'Élim, et campèrent près de la mer Rouge.Ils partirent de la mer Rouge, et campèrent dans le désert de Sin.Ils partirent du désert de Sin, et campèrent à Dophka.Ils partirent de Dophka, et campèrent à Alusch.Ils partirent d'Alusch, et campèrent à Rephidim, où le peuple ne trouva point d'eau à boire.Ils partirent de Rephidim, et campèrent dans le désert de Sinaï.Ils partirent de désert du Sinaï, et campèrent à Kibroth Hattaava.Ils partirent de Kibroth Hattaava, et campèrent à Hatséroth.Ils partirent de Hatséroth, et campèrent à Rithma.Ils partirent de Rithma, et campèrent à Rimmon Pérets.Ils partirent de Rimmon Pérets, et campèrent à Libna.Ils partirent de Libna, et campèrent à Rissa.Ils partirent de Rissa, et campèrent à Kehélatha.Ils partirent de Kehélatha, et campèrent à la montagne de Schapher.Ils partirent de la montagne de Schapher, et campèrent à Harada.Ils partirent de Harada, et campèrent à Makhéloth.Ils partirent de Makhéloth, et campèrent à Tahath.Ils partirent de Tahath, et campèrent à Tarach.
Ils partirent de Tarach, et campèrent à Mithka.Ils partirent de Mithka, et campèrent à Haschmona.Ils partirent de Haschmona, et campèrent à Moséroth.Ils partirent de Moséroth, et campèrent à Bené Jaakan.Ils partirent de Bené Jaakan, et campèrent à Hor Guidgad.Ils partirent de Hor Guidgad, et campèrent à Jothbatha.Ils partirent de Jothbatha, et campèrent à Abrona.Ils partirent d'Abrona, et campèrent à Etsjon Guéber.Ils partirent d'Etsjon Guéber, et campèrent dans le désert de Tsin: c'est Kadès.Ils partirent de Kadès, et campèrent à la montagne de Hor, à l'extrémité du pays d'Édom.

Le sacrificateur Aaron monta sur la montagne de Hor, suivant l'ordre de l'Éternel; et il y mourut, la quarantième année après la sortie des enfants d'Israël du pays d'Égypte, le cinquième mois, le premier jour du mois.

Aaron était âgé de cent vingt-trois ans lorsqu'il mourut sur la montagne de Hor.

40 Le roi d'Arad, Cananéen, qui habitait le midi du pays de Canaan, apprit l'arrivée des enfants d'Israël.

Ils partirent de la montagne de Hor, et campèrent à Tsalmona.

Ils partirent de Tsalmona, et campèrent à Punon.

Ils partirent de Punon, et campèrent à Oboth.

Ils partirent d'Oboth, et campèrent à Ijjé Abarim, sur la frontière de Moab.

Ils partirent d'Ijjé Abarim, et campèrent à Dibon Gad.

Ils partirent de Dibon Gad, et campèrent à Almon Diblathaïm.

Ils partirent d'Almon Diblathaïm, et campèrent aux montagnes d'Abarim, devant Nebo.

Ils partirent des montagnes d'Abarim, et campèrent dans les plaines de Moab, près du Jourdain, vis-à-vis de Jéricho.

Ils campèrent près du Jourdain, depuis Beth Jeschimoth jusqu'à Abel Sittim, dans les plaines de Moab.

50 L'Éternel parla à Moïse dans les plaines de Moab, près du Jourdain, vis-à-vis de Jéricho. Il dit:

Parle aux enfants d'Israël, et dis-leur: Lorsque vous aurez passé le Jourdain et que vous serez entrés dans le pays de Canaan, vous chasserez devant vous tous les habitants du pays, vous détruirez toutes leurs idoles de pierre, vous détruirez toutes leurs images de fonte, et vous détruirez tous leurs hauts lieux.

Vous prendrez possession du pays, et vous vous y établirez; car je vous ai donné le pays, pour qu'il soit votre propriété.

Vous partagerez le pays par le sort, selon vos familles. A ceux qui sont en plus grand nombre vous donnerez une portion plus grande, et à ceux qui sont en plus petit nombre vous donnerez une portion plus petite. Chacun possédera ce qui lui sera échu par le sort: vous le recevrez en propriété, selon les tribus de vos pères.

Mais si vous ne chassez pas devant vous les habitants du pays, ceux d'entre eux que vous laisserez seront comme des épines dans vos yeux et des aiguillons dans vos côtés, ils seront vos ennemis dans le pays où vous allez vous établir.

Et il arrivera que je vous traiterai comme j'avais résolu de les traiter.

Nombres 34

L'Éternel parla à Moïse, et dit:

Donne cet ordre aux enfants d'Israël, et dis-leur: Quand vous serez entrés dans le pays de Canaan, ce pays deviendra votre héritage, le pays de Canaan, dont voici les limites.

Le côté du midi commencera au désert de Tsin près d'Édom. Ainsi, votre limite méridionale partira de l'extrémité de la mer Salée, vers l'orient;

elle tournera au sud de la montée d'Akrabbim, passera par Tsin, et s'étendra jusqu'au midi de Kadès Barnéa; elle continuera par Hatsar Addar, et passera vers Atsmon;

depuis Atsmon, elle tournera jusqu'au torrent d'Égypte, pour aboutir à la mer.

Votre limite occidentale sera la grande mer: ce sera votre limite à l'occident.

Voici quelle sera votre limite septentrionale: à partir de la grande mer, vous la tracerez jusqu'à la montagne de Hor;

depuis la montagne de Hor, vous la ferez passer par Hamath, et arriver à Tsedad;

elle continuera par Ziphron, pour aboutir à Hatsar Énan: ce sera votre limite au septentrion.

10   Vous tracerez votre limite orientale de Hatsar Énan à Schepham;

elle descendra de Schepham vers Ribla, à l'orient d'Aïn; elle descendra, et s'étendra le long de la mer de Kinnéreth, à l'orient;

elle descendra encore vers le Jourdain, pour aboutir à la mer Salée. Tel sera votre pays avec ses limites tout autour.

Moïse transmit cet ordre aux enfants d'Israël, et dit: C'est là le pays que vous partagerez par le sort, et que l'Éternel a résolu de donner aux neuf tribus et à la demi-tribu.

Car la tribu des fils de Ruben et la tribu des fils de Gad ont pris leur héritage, selon les maisons de leurs pères; la demi-tribu de Manassé a aussi pris son héritage.

Ces deux tribus et la demi-tribu ont pris leur héritage en deçà du Jourdain, vis-à-vis de Jéricho, du côté de l'orient.

L'Éternel parla à Moïse, et dit:

Voici les noms des hommes qui partageront entre vous le pays: le sacrificateur Éléazar, et Josué, fils de Nun.

Vous prendrez encore un prince de chaque tribu, pour faire le partage du pays.

Voici les noms de ces hommes. Pour la tribu de Juda: Caleb, fils de Jephunné;

20   pour la tribu des fils de Siméon: Samuel, fils d'Ammihud;

pour la tribu de Benjamin: Élidad, fils de Kislon;

pour la tribu des fils de Dan: le prince Buki, fils de Jogli;

pour les fils de Joseph, -pour la tribu des fils de Manassé: le prince Hanniel, fils d'Éphod; -et pour la tribu des fils d'Éphraïm: le prince Kemuel, fils de Schiphtan;

pour la tribu des fils de Zabulon: le prince Élitsaphan, fils de Parnac;

pour la tribu des fils d'Issacar: le prince Paltiel, fils d'Azzan;

pour la tribu des fils d'Aser: le prince Ahihud, fils de Schelomi;

pour la tribu des fils de Nephthali: le prince Pedahel, fils d'Ammihud.

Tels sont ceux à qui l'Éternel ordonna de partager le pays de Canaan entre les enfants d'Israël.

O - Villes lévitiques - villes de refuge
Nombres 35 - 36

L'Éternel parla à Moïse, dans les plaines de Moab, près du Jourdain, vis-à-vis de Jéricho. Il dit:

Ordonne aux enfants d'Israël d'accorder aux Lévites, sur l'héritage qu'ils posséderont, des villes où ils puissent habiter. Vous donnerez aussi aux Lévites une banlieue autour de ces villes.

Ils auront les villes pour y habiter; et les banlieues seront pour leur bétail, pour leurs biens et pour tous leurs animaux.

Les banlieues des villes que vous donnerez aux Lévites auront, à partir du mur de la ville et au dehors, mille coudées tout autour.

Vous mesurerez, en dehors de la ville, deux mille coudées pour le côté oriental, deux mille coudées pour le côté méridional, deux mille coudées pour le côté occidental, et deux mille coudées pour le côté septentrional. La ville sera au milieu. Telles seront les banlieues de leurs villes.

Parmi les villes que vous donnerez aux Lévites, il y aura six villes de refuge où pourra s'enfuir le meurtrier, et quarante-deux autres villes.

Total des villes que vous donnerez aux Lévites: quarante-huit villes, avec leurs banlieues.

Les villes que vous donnerez sur les propriétés des enfants d'Israël seront livrées en plus grand nombre par ceux qui en ont le plus, et en plus petit nombre par ceux qui en ont moins; chacun donnera de ses villes aux Lévites à proportion de l'héritage qu'il possédera.

Nb 35,9 L'Éternel parla à Moïse, et dit:

10 Parle aux enfants d'Israël, et dis-leur: Lorsque vous aurez passé le Jourdain et que vous serez entrés dans le pays de Canaan,

vous vous établirez des villes qui soient pour vous des villes de refuge, où pourra s'enfuir le meurtrier qui aura tué quelqu'un involontairement.

Ces villes vous serviront de refuge contre le vengeur du sang, afin que le meurtrier ne soit point mis à mort avant d'avoir comparu devant l'assemblée pour être jugé.

Des villes que vous donnerez, six seront pour vous des villes de refuge[1].

Vous donnerez trois villes au delà du Jourdain, et vous donnerez trois villes dans le pays de Canaan: ce seront des villes de refuge.

Ces six villes serviront de refuge aux enfants d'Israël, à l'étranger et à celui qui demeure au milieu de vous: là pourra s'enfuir tout homme qui aura tué quelqu'un involontairement.

Si un homme frappe son prochain avec un instrument de fer, et que la mort en soit la suite, c'est un meurtrier: le meurtrier sera puni de mort.

S'il le frappe, tenant à la main une pierre qui puisse causer la mort, et que la mort en soit la suite, c'est un meurtrier: le meurtrier sera puni de mort.

S'il le frappe, tenant à la main un instrument de bois qui puisse causer la mort, et que la mort en soit la suite, c'est un meurtrier: le meurtrier sera puni de mort.

Le vengeur du sang fera mourir le meurtrier; quand il le rencontrera, il le tuera.

20 Si un homme pousse son prochain par un mouvement de haine, ou s'il jette quelque chose sur lui avec préméditation, et que la mort en soit la suite,

Ou s'il le frappe de sa main par inimitié, et que la mort en soit la suite, celui qui a frappé sera puni de mort, c'est un meurtrier: le vengeur du sang tuera le meurtrier, quand il le rencontrera.

Mais si un homme pousse son prochain subitement et non par inimitié, ou s'il jette quelque chose sur lui sans préméditation,

Ou s'il fait tomber sur lui par mégarde une pierre qui puisse causer la mort, et que la mort en soit la suite, sans qu'il ait de la haine contre lui et qu'il lui cherche du mal,

Voici les lois d'après lesquelles l'assemblée jugera entre celui qui a frappé et le vengeur du sang.

L'assemblée délivrera le meurtrier de la main du vengeur du sang, et le fera retourner dans la ville de refuge où il s'était enfui. Il y demeurera jusqu'à la mort du souverain sacrificateur qu'on a oint de l'huile sainte.

Si le meurtrier sort du territoire de la ville de refuge où il s'est enfui,

et si le vengeur du sang le rencontre hors du territoire de la ville de refuge et qu'il tue le meurtrier, il ne sera point coupable de meurtre.

Car le meurtrier doit demeurer dans sa ville de refuge jusqu'à la mort du souverain sacrificateur; et après la mort du souverain sacrificateur, il pourra retourner dans sa propriété.

---

[1] Ce texte répète et développe ce qui est dit au verset 6 (page précédente).

Voici des ordonnances de droit pour vous et pour vos descendants, dans tous les lieux où vous habiterez.

30 Si un homme tue quelqu'un, on ôtera la vie au meurtrier, sur la déposition de témoins. Un seul témoin ne suffira pas pour faire condamner une personne à mort.

Vous n'accepterez point de rançon pour la vie d'un meurtrier qui mérite la mort, car il sera puni de mort.

Vous n'accepterez point de rançon, qui lui permette de s'enfuir dans sa ville de refuge, et de retourner habiter dans le pays après la mort du sacrificateur.

Vous ne souillerez point le pays où vous serez, car le sang souille le pays; et il ne sera fait pour le pays aucune expiation du sang qui y sera répandu que par le sang de celui qui l'aura répandu.

Vous ne souillerez point le pays où vous allez demeurer, et au milieu duquel j'habiterai; car je suis l'Éternel, qui habite au milieu des enfants d'Israël.

Nombres 36

Les chefs de la famille de Galaad, fils de Makir, fils de Manassé, d'entre les familles des fils de Joseph, s'approchèrent et parlèrent devant Moïse et devant les princes, chefs de famille des enfants d'Israël.

Ils dirent: L'Éternel a ordonné à mon seigneur de donner le pays en héritage par le sort aux enfants d'Israël. Mon seigneur a aussi reçu de l'Éternel l'ordre de donner l'héritage de Tselophchad, notre frère, à ses filles.

Si elles se marient à l'un des fils d'une autre tribu des enfants d'Israël, leur héritage sera retranché de l'héritage de nos pères et ajouté à celui de la tribu à laquelle elles appartiendront; ainsi sera diminué l'héritage qui nous est échu par le sort.

Et quand viendra le jubilé pour les enfants d'Israël, leur héritage sera ajouté à celui de la tribu à laquelle elles appartiendront, et il sera retranché de celui de la tribu de nos pères.

Moïse transmit aux enfants d'Israël les ordres de l'Éternel. Il dit: La tribu des fils de Joseph a raison.

Voici ce que l'Éternel ordonne au sujet des filles de Tselophchad: elles se marieront à qui elles voudront, pourvu qu'elles se marient dans une famille de la tribu de leurs pères.

Aucun héritage parmi les enfants d'Israël ne passera d'une tribu à une autre tribu, mais les enfants d'Israël s'attacheront chacun à l'héritage de la tribu de ses pères.

Et toute fille, possédant un héritage dans les tribus des enfants d'Israël, se mariera à quelqu'un d'une famille de la tribu de son père, afin que les enfants d'Israël possèdent chacun l'héritage de leurs pères.

Aucun héritage ne passera d'une tribu à une autre tribu, mais les tribus des enfants d'Israël s'attacheront chacune à son héritage.

10 Les filles de Tselophchad se conformèrent à l'ordre que l'Éternel avait donné à Moïse.

Machla, Thirtsa, Hogla, Milca et Noa, filles de Tselophchad, se marièrent aux fils de leurs oncles;

elles se marièrent dans les familles des fils de Manassé, fils de Joseph, et leur héritage resta dans la tribu de la famille de leur père.

Tels sont les commandements et les lois que l'Éternel donna par Moïse aux enfants d'Israël, dans les plaines de Moab, près du Jourdain, vis-à-vis de Jéricho.

———————

LE DEUTÉRONOME

A - Premier discours de Moïse
Deutéronome 1 - 4,43

Voici les paroles que Moïse adressa à tout Israël, de l'autre côté du Jourdain, dans le désert, dans la plaine, vis-à-vis de Suph, entre Paran, Tophel, Laban, Hatséroth et Di Zahab.

Il y a onze journées depuis Horeb, par le chemin de la montagne de Séir, jusqu'à Kadès Barnéa.

Dans la quarantième année, au onzième mois, le premier du mois, Moïse parla aux enfants d'Israël selon tout ce que l'Éternel lui avait ordonné de leur dire.
C'était après qu'il eut battu Sihon, roi des Amoréens, qui habitait à Hesbon, et Og, roi de Basan, qui habitait à Aschtaroth et à Édréi.

De l'autre côté du Jourdain, dans le pays de Moab,
Moïse commença à expliquer la loi de Dieu, et dit:

L'Éternel, notre Dieu, nous a parlé à Horeb, en disant: Vous avez assez demeuré dans cette montagne.
Tournez-vous, et partez; allez à la montagne des Amoréens et dans tout le voisinage, dans la plaine, sur la montagne, dans la vallée, dans le midi, sur la côte de la mer, au pays des Cananéens et au Liban, jusqu'au grand fleuve, au fleuve d'Euphrate.
Voyez, j'ai mis le pays devant vous; allez, et prenez possession du pays que l'Éternel a juré à vos pères, Abraham, Isaac et Jacob, de donner à eux et à leur postérité après eux.

Dans ce temps-là, je vous ai dit: Je ne puis pas, à moi seul, vous porter.
10 L'Éternel, votre Dieu, vous a multipliés, et vous êtes aujourd'hui aussi nombreux que les étoiles du ciel.
Que l'Éternel, le Dieu de vos pères, vous augmente mille fois autant, et qu'il vous bénisse comme il vous l'a promis!

Comment porterais-je, à moi seul, votre charge, votre fardeau et vos contestations?

Dt 1,13 Prenez dans vos tribus des hommes sages, intelligents et connus, et je les mettrai à votre tête.

Vous me répondîtes, en disant: Ce que tu proposes de faire est une bonne chose.

Je pris alors les chefs de vos tribus, des hommes sages et connus, et je les mis à votre tête comme chefs de mille, chefs de cent, chefs de cinquante, et chefs de dix, et comme ayant autorité dans vos tribus.

Je donnai, dans le même temps, cet ordre à vos juges: Écoutez vos frères, et jugez selon la justice les différends de chacun avec son frère ou avec l'étranger.

Vous n'aurez point égard à l'apparence des personnes dans vos jugements; vous écouterez le petit comme le grand; vous ne craindrez aucun homme, car c'est Dieu qui rend la justice. Et lorsque vous trouverez une cause trop difficile, vous la porterez devant moi, pour que je l'entende.

C'est ainsi que je vous prescrivis, dans ce temps-là, tout ce que vous aviez à faire.

Nous partîmes d'Horeb, et nous parcourûmes en entier ce grand et affreux désert que vous avez vu; nous prîmes le chemin de la montagne des Amoréens, comme l'Éternel, notre Dieu, nous l'avait ordonné, et nous arrivâmes à Kadès Barnéa.

20   Je vous dis: Vous êtes arrivés à la montagne des Amoréens, que l'Éternel, notre Dieu, nous donne.

Vois, l'Éternel, ton Dieu, met le pays devant toi; monte, prends-en possession, comme te l'a dit l'Éternel, le Dieu de tes pères; ne crains point, et ne t'effraie point.

Vous vous approchâtes tous de moi, et vous dîtes: Envoyons des hommes devant nous, pour explorer le pays, et pour nous faire un rapport sur le chemin par lequel nous y monterons et sur les villes où nous arriverons.

Cet avis me parut bon; et je pris douze hommes parmi vous, un homme par tribu[1].

Ils partirent, traversèrent la montagne, et arrivèrent jusqu'à la vallée d'Eschcol, qu'ils explorèrent.

Ils prirent dans leurs mains des fruits du pays, et nous les présentèrent; ils nous firent un rapport, et dirent: C'est un bon pays, que l'Éternel, notre Dieu, nous donne.

Mais vous ne voulûtes point y monter, et vous fûtes rebelles à l'ordre de l'Éternel, votre Dieu.

Vous murmurâtes dans vos tentes, et vous dîtes: C'est parce que l'Éternel nous hait, qu'il nous a fait sortir du pays d'Égypte, afin de nous livrer entre les mains des Amoréens et de nous détruire.

Où monterions-nous? Nos frères nous ont fait perdre courage, en disant: C'est un peuple plus grand et de plus haute taille que nous; ce sont des villes grandes et fortifiées jusqu'au ciel; nous y avons même vu des enfants d'Anak.

Je vous dis: Ne vous épouvantez pas, et n'ayez pas peur d'eux.

30   L'Éternel, votre Dieu, qui marche devant vous, combattra lui-même pour vous, selon tout ce qu'il a fait pour vous sous vos yeux en Égypte,

puis au désert, où tu as vu que l'Éternel, ton Dieu, t'a porté comme un homme porte son fils, pendant toute la route que vous avez faite jusqu'à votre arrivée en ce lieu.

---

[1] Voir Nombres 13-14.

Malgré cela, vous n'eûtes point confiance en l'Éternel, votre Dieu,

qui allait devant vous sur la route pour vous chercher un lieu de campement, la nuit dans un feu afin de vous montrer le chemin où vous deviez marcher, et le jour dans une nuée.

L'Éternel entendit le bruit de vos paroles. Il s'irrita, et jura, en disant:

Aucun des hommes de cette génération méchante ne verra le bon pays que j'ai juré de donner à vos pères,

excepté Caleb, fils de Jephunné; il le verra, lui, et je donnerai à lui et à ses enfants le pays sur lequel il a marché, parce qu'il a pleinement suivi la voie de l'Éternel.

L'Éternel s'irrita aussi contre moi, à cause de vous, et il dit: Toi non plus, tu n'y entreras point.

Josué, fils de Nun, ton serviteur, y entrera; fortifie-le, car c'est lui qui mettra Israël en possession de ce pays.

Et vos petits enfants, dont vous avez dit: Ils deviendront une proie! et vos fils, qui ne connaissent aujourd'hui ni le bien ni le mal, ce sont eux qui y entreront, c'est à eux que je le donnerai, et ce sont eux qui le posséderont.

40 Mais vous, tournez-vous, et partez pour le désert, dans la direction de la mer Rouge.

Vous répondîtes, en me disant: Nous avons péché contre l'Éternel; nous monterons et nous combattrons, comme l'Éternel, notre Dieu, nous l'a ordonné. Et vous ceignîtes chacun vos armes, et vous fîtes le projet téméraire de monter à la montagne.

L'Éternel me dit: Dis-leur "Ne montez pas et ne combattez pas, car je ne suis pas au milieu de vous; ne vous faites pas battre par vos ennemis".

Je vous parlai, mais vous n'écoutâtes point; vous fûtes rebelles à l'ordre de l'Éternel, et vous montâtes audacieusement à la montagne.

Alors les Amoréens, qui habitent cette montagne, sortirent à votre rencontre, et vous poursuivirent comme font les abeilles; ils vous battirent en Séir, jusqu'à Horma.

A votre retour, vous pleurâtes devant l'Éternel; mais l'Éternel n'écouta point votre voix, et ne vous prêta point l'oreille.

Vous restâtes à Kadès, où le temps que vous y avez passé fut de longue durée.

Deutéronome 2

Nous nous tournâmes, et nous partîmes pour le désert, par le chemin vers la mer Rouge, comme l'Éternel me l'avait ordonné; nous suivîmes longtemps les contours de la montagne de Séir.

L'Éternel me dit:

Vous avez assez suivi les contours de cette montagne. Tournez-vous vers le nord.

Donne cet ordre au peuple: Vous allez passer à la frontière de vos frères, les enfants d'Ésaü, qui habitent en Séir. Ils vous craindront; mais soyez bien sur vos gardes.

Dt 2,5 Ne les attaquez pas; car je ne vous donnerai dans leur pays pas même de quoi poser la plante du pied: j'ai donné la montagne de Séir en propriété à Ésaü.

Vous achèterez d'eux à prix d'argent la nourriture que vous mangerez, et vous achèterez d'eux à prix d'argent même l'eau que vous boirez.

Car l'Éternel, ton Dieu, t'a béni dans tout le travail de tes mains, il a connu ta marche dans ce grand désert. Voilà quarante années que l'Éternel, ton Dieu, est avec toi: tu n'as manqué de rien.

Nous passâmes à distance de nos frères, les enfants d'Ésaü, qui habitent en Séir, et à distance du chemin de la plaine, d'Élath et d'Etsjon Guéber, puis nous nous tournâmes, et nous prîmes la direction du désert de Moab.

L'Éternel me dit: N'attaque pas Moab, et ne t'engage pas dans un combat avec lui; car je ne te donnerai rien à posséder dans son pays: c'est aux enfants de Lot que j'ai donné Ar en propriété.

10 (Les Émim y habitaient auparavant; c'était un peuple grand, nombreux et de haute taille, comme les Anakim.

Ils passaient aussi pour être des Rephaïm, de même que les Anakim; mais les Moabites les appelaient Émim.

Séir était habité autrefois par les Horiens; les enfants d'Ésaü les chassèrent, les détruisirent devant eux, et s'établirent à leur place, comme l'a fait Israël dans le pays qu'il possède et que l'Éternel lui a donné.)

Maintenant levez-vous, et passez le torrent de Zéred. Nous passâmes le torrent de Zéred.

Le temps que durèrent nos marches de Kadès Barnéa au passage du torrent de Zéred fut de trente-huit ans, jusqu'à ce que toute la génération des hommes de guerre eût disparu du milieu du camp, comme l'Éternel le leur avait juré.

La main de l'Éternel fut aussi sur eux pour les détruire du milieu du camp, jusqu'à ce qu'ils eussent disparu.

Lorsque tous les hommes de guerre eurent disparu par la mort du milieu du peuple, l'Éternel me parla, et dit:

Tu passeras aujourd'hui la frontière de Moab, à Ar,

et tu approcheras des enfants d'Ammon. Ne les attaque pas, et ne t'engage pas dans un combat avec eux; car je ne te donnerai rien à posséder dans le pays des enfants d'Ammon: c'est aux enfants de Lot que je l'ai donné en propriété.

20 (Ce pays passait aussi pour un pays de Rephaïm; des Rephaïm y habitaient auparavant, et les Ammonites les appelaient Zamzummim:

c'était un peuple grand, nombreux et de haute taille, comme les Anakim. L'Éternel les détruisit devant les Ammonites, qui les chassèrent et s'établirent à leur place.

C'est ainsi que fit l'Éternel pour les enfants d'Ésaü qui habitent en Séir, quand il détruisit les Horiens devant eux; ils les chassèrent et s'établirent à leur place, jusqu'à ce jour.

Les Avviens, qui habitaient dans des villages jusqu'à Gaza, furent détruits par les Caphtorim, sortis de Caphtor, qui s'établirent à leur place.)

Levez-vous, partez, et passez le torrent de l'Arnon. Vois, je livre entre tes mains Sihon, roi de Hesbon, l'Amoréen et son pays. **Commence la conquête, fais-lui la guerre!** Je vais répandre dès aujourd'hui la frayeur et la crainte de toi sur tous les peuples qui sont sous le ciel; et, au bruit de ta renommée, ils trembleront et seront saisis d'angoisse à cause de toi.

2,25

J'envoyai, du désert de Kedémoth, des messagers à Sihon, roi de Hesbon, avec des paroles de paix. Je lui fis dire:

Laisse-moi passer par ton pays; je suivrai la grande route, sans m'écarter ni à droite ni à gauche.

Tu me vendras à prix d'argent la nourriture que je mangerai, et tu me donneras à prix d'argent l'eau que je boirai; *je ne ferai que passer avec mes pieds.*

C'est ce que m'ont accordé les enfants d'Ésaü qui habitent en Séir, et les Moabites qui demeurent à Ar. Accorde-le aussi, jusqu'à ce que je passe le Jourdain pour entrer au pays que l'Éternel, notre Dieu, nous donne.

30 Mais Sihon, roi de Hesbon, ne voulut point nous laisser passer chez lui; car l'Éternel, ton Dieu, rendit son esprit inflexible et endurcit son coeur, afin de le livrer entre tes mains, comme tu le vois aujourd'hui.

L'Éternel me dit: Vois, je te livre dès maintenant Sihon et son pays.

Sihon sortit à notre rencontre, avec tout son peuple, pour nous combattre à Jahats.

L'Éternel, notre Dieu, nous le livra, et nous le battîmes, lui et ses fils, et tout son peuple.

Nous prîmes alors toutes ses villes, et nous les dévouâmes par interdit, hommes, femmes et petits enfants, sans en laisser échapper un seul.

Seulement, nous pillâmes pour nous le bétail et le butin des villes que nous avions prises.

Depuis Aroër sur les bords du torrent de l'Arnon, et la ville qui est dans la vallée, jusqu'à Galaad, il n'y eut pas de ville trop forte pour nous: l'Éternel, notre Dieu, nous livra tout.

Mais tu n'approchas point du pays des enfants d'Ammon, de tous les bords du torrent de Jabbok, des villes de la montagne, de tous les lieux que l'Éternel, notre Dieu, t'avait défendu d'attaquer.

Deutéronome 3

Nous nous tournâmes, et nous montâmes par le chemin de Basan. Og, roi de Basan, sortit à notre rencontre, avec tout son peuple, pour nous combattre à Édréi.

L'Éternel me dit: Ne le crains point; car je le livre entre tes mains, lui et tout son peuple, et son pays; tu le traiteras comme tu as traité Sihon, roi des Amoréens, qui habitait à Hesbon.

Et l'Éternel, notre Dieu, livra encore entre nos mains Og, roi de Basan, avec tout son peuple; nous le battîmes, sans laisser échapper aucun de ses gens.

Dt 3,4 Nous prîmes alors toutes ses villes, et il n'y en eut pas une qui ne tombât en notre pouvoir: soixante villes, toute la contrée d'Argob, le royaume d'Og en Basan.

Toutes ces villes étaient fortifiées, avec de hautes murailles, des portes et des barres; il y avait aussi des villes sans murailles en très grand nombre.

Nous les dévouâmes par interdit, comme nous l'avions fait à Sihon, roi de Hesbon; nous dévouâmes toutes les villes par interdit, hommes, femmes et petits enfants.

Mais nous pillâmes pour nous tout le bétail et le butin des villes.

C'est ainsi que, dans ce temps-là, nous conquîmes sur les deux rois des Amoréens le pays de l'autre côté du Jourdain, depuis le torrent de l'Arnon jusqu'à la montagne de l'Hermon

(les Sidoniens donnent à l'Hermon le nom de Sirion, et les Amoréens celui de Senir),

10 toutes les villes de la plaine, tout Galaad et tout Basan jusqu'à Salca et Édréi, villes du royaume d'Og en Basan.

(Og, roi de Basan, était resté seul de la race des Rephaïm. Voici, son lit, un lit de fer, n'est-il pas à Rabbath, ville des enfants d'Ammon? Sa longueur est de neuf coudées, et sa largeur de quatre coudées, en coudées d'homme.)

Nous prîmes alors possession de ce pays. Je donnai aux Rubénites et aux Gadites le territoire à partir d'Aroër sur le torrent de l'Arnon et la moitié de la montagne de Galaad avec ses villes.

Je donnai à la moitié de la tribu de Manassé le reste de Galaad et tout le royaume d'Og en Basan: toute la contrée d'Argob, avec tout Basan, c'est ce qu'on appelait le pays des Rephaïm.

Jaïr, fils de Manassé, prit toute la contrée d'Argob jusqu'à la frontière des Gueschuriens et des Maacathiens, et il donna son nom aux bourgs de Basan, appelés encore aujourd'hui bourgs de Jaïr.

Je donnai Galaad à Makir.

Aux Rubénites et aux Gadites je donnai une partie de Galaad jusqu'au torrent de l'Arnon, dont le milieu sert de limite, et jusqu'au torrent de Jabbok, frontière des enfants d'Ammon;

je leur donnai encore la plaine, limitée par le Jourdain, depuis Kinnéreth jusqu'à la mer de la plaine, la mer Salée, au pied du Pisga vers l'orient.

En ce temps-là, je vous donnai cet ordre. L'Éternel, votre Dieu, vous livre ce pays, pour que vous le possédiez. Vous tous, soldats, vous marcherez en armes devant les enfants d'Israël.

Vos femmes seulement, vos petits enfants et vos troupeaux - je sais que vous avez de nombreux troupeaux - resteront dans les villes que je vous ai donnée,

20 jusqu'à ce que l'Éternel ait accordé du repos à vos frères comme à vous, et qu'ils possèdent, eux aussi, le pays que l'Éternel, votre Dieu, leur donne de l'autre côté du Jourdain. Et vous retournerez chacun dans l'héritage que je vous ai donné.

En ce temps-là, je donnai des ordres à Josué, et je dis: Tes yeux ont vu tout ce que l'Éternel, votre Dieu, a fait à ces deux rois: ainsi fera l'Éternel à tous les royaumes contre lesquels tu vas marcher.

Ne les craignez point; car l'Éternel, votre Dieu, combattra lui-même pour vous.

En ce temps-là, j'implorai la miséricorde de l'Éternel, en disant:

Seigneur Éternel, tu as commencé à montrer à ton serviteur ta grandeur et ta main puissante; car quel dieu y a-t-il, au ciel et sur la terre, qui puisse imiter tes oeuvres et tes hauts faits?

Laisse-moi passer, je te prie, laisse-moi voir ce bon pays de l'autre côté du Jourdain, ces belles montagnes et le Liban.

Mais l'Éternel s'irrita contre moi, à cause de vous, et il ne m'écouta point. L'Éternel me dit: C'est assez, ne me parle plus de cette affaire.[1]

Monte au sommet du Pisga, porte tes regards à l'occident, au nord, au midi et à l'orient, et contemple de tes yeux; car tu ne passeras pas ce Jourdain.

Donne des ordres à Josué, fortifie-le et affermis-le; car c'est lui qui marchera devant ce peuple et qui le mettra en possession du pays que tu verras.

Nous demeurâmes dans la vallée, vis-à-vis de Beth Peor.

Deutéronome 4

Maintenant, Israël, écoute les lois et les ordonnances que je vous enseigne. Mettez-les en pratique, afin que vous viviez, et que vous entriez en possession du pays que vous donne l'Éternel, le Dieu de vos pères.

Vous n'ajouterez rien à ce que je vous prescris, et vous n'en retrancherez rien; mais vous observerez les commandements de l'Éternel, votre Dieu, tels que je vous les prescris.

Vos yeux ont vu ce que l'Éternel a fait à l'occasion de Baal Peor: l'Éternel, ton Dieu, a détruit du milieu de toi tous ceux qui étaient allés après Baal Peor.

Et vous, qui vous êtes attachés à l'Éternel, votre Dieu, vous êtes aujourd'hui tous vivants.

Voici, je vous ai enseigné des lois et des ordonnances, comme l'Éternel, mon Dieu, me l'a commandé, afin que vous les mettiez en pratique dans le pays dont vous allez prendre possession.

Vous les observerez et vous les mettrez en pratique; car ce sera là votre sagesse et votre intelligence aux yeux des peuples, qui entendront parler de toutes ces lois et qui diront: Cette grande nation est un peuple absolument sage et intelligent!

Quelle est, en effet, la grande nation qui ait des dieux aussi proches que l'Éternel, notre Dieu, l'est de nous toutes les fois que nous l'invoquons?

Et quelle est la grande nation qui ait des lois et des ordonnances justes, comme toute cette loi que je vous présente aujourd'hui?

Seulement, prends garde à toi et veille attentivement sur ton âme, tous les jours de ta vie, de peur que tu n'oublies les choses que tes yeux ont vues, et qu'elles ne sortent de ton coeur; enseigne-les à tes enfants et aux enfants de tes enfants.

---

[1] Cf Dt 1,37 p.251.

Dt 4,10 Souviens-toi du jour où tu te présentas devant l'Éternel, ton Dieu, à Horeb, lorsque l'Éternel me dit: Assemble auprès de moi le peuple! Je veux leur faire entendre mes paroles, afin qu'ils apprennent à me craindre tout le temps qu'ils vivront sur la terre; et afin qu'ils les enseignent à leurs enfants.

Vous vous approchâtes et vous vous tîntes au pied de la montagne. La montagne était embrasée, et les flammes s'élevaient jusqu'au milieu du ciel. Il y avait des ténèbres, des nuées, de l'obscurité.
Et l'Éternel vous parla du milieu du feu; vous entendîtes le son des paroles, mais vous ne vîtes point de figure, vous n'entendîtes qu'une voix.

Il publia son alliance, qu'il vous ordonna d'observer, les dix commandements; et il les écrivit sur deux tables de pierre.
En ce temps-là, l'Éternel me commanda de vous enseigner des lois et des ordonnances, afin que vous les mettiez en pratique dans le pays dont vous allez prendre possession.

Puisque vous n'avez vu aucune figure le jour où l'Éternel vous parla du milieu du feu, à Horeb, veillez attentivement sur vos âmes,

de peur que vous ne vous corrompiez et que vous ne vous fassiez une image taillée, une représentation de quelque idole, la figure d'un homme ou d'une femme,
la figure d'un animal qui soit sur la terre, la figure d'un oiseau qui vole dans les cieux,
la figure d'une bête qui rampe sur le sol, la figure d'un poisson qui vive dans les eaux au-dessous de la terre.

Veille sur ton âme, de peur que, levant tes yeux vers le ciel, et voyant le soleil, la lune et les étoiles, toute l'armée des cieux, tu ne sois entraîné à te prosterner en leur présence et à leur rendre un culte: ce sont des choses que l'Éternel, ton Dieu, a données en partage à tous les peuples, sous le ciel tout entier.

20   Mais vous, l'Éternel vous a pris, et vous a fait sortir de la fournaise de fer de l'Égypte, afin que vous fussiez un peuple qui lui appartînt en propre, comme vous l'êtes aujourd'hui.

Et l'Éternel s'irrita contre moi, à cause de vous; et il jura que je ne passerais point le Jourdain, et que je n'entrerais point dans le bon pays que l'Éternel, ton Dieu, te donne en héritage.

Je mourrai donc en ce pays-ci, je ne passerai point le Jourdain; mais vous le passerez, et vous posséderez ce bon pays.
Veillez sur vous, afin de ne point mettre en oubli l'alliance que l'Éternel, votre Dieu, a traitée avec vous, et de ne point vous faire d'image taillée, de représentation quelconque, que l'Éternel, ton Dieu, t'ait défendue.

Car l'Éternel, ton Dieu, est un feu dévorant, un Dieu jaloux.

Lorsque tu auras des enfants, et des enfants de tes enfants, et que vous serez depuis longtemps dans le pays, si vous vous corrompez, si vous faites des images taillées, des représentations de quoi que ce soit, si vous faites ce qui est mal aux yeux de l'Éternel, votre Dieu, pour l'irriter,

Dt 4,26 j'en prends aujourd'hui à témoin contre vous le ciel et la terre, vous disparaîtrez par une mort rapide du pays dont vous allez prendre possession au delà du Jourdain, vous n'y prolongerez pas vos jours, car vous serez entièrement détruits.

L'Éternel vous dispersera parmi les peuples, et vous ne resterez qu'un petit nombre au milieu des nations où l'Éternel vous emmènera.

Et là, vous servirez des dieux, ouvrage de mains d'homme, du bois et de la pierre, qui ne peuvent ni voir, ni entendre, ni manger, ni sentir.
C'est de là aussi que tu chercheras l'Éternel, ton Dieu, et que tu le trouveras, si tu le cherches de tout ton coeur et de toute ton âme.

30   Au sein de ta détresse, toutes ces choses t'arriveront. Alors, dans la suite des temps, tu retourneras à l'Éternel, ton Dieu, et tu écouteras sa voix;
car l'Éternel, ton Dieu, est un Dieu de miséricorde, qui ne t'abandonnera point et ne te détruira point: il n'oubliera pas l'alliance de tes pères, qu'il leur a jurée.

Interroge les temps anciens qui t'ont précédé, depuis le jour où Dieu créa l'homme sur la terre, et d'une extrémité du ciel à l'autre: y eut-il jamais si grand événement, et a-t-on jamais ouï chose semblable?

Fut-il jamais un peuple qui entendît la voix de Dieu parlant du milieu du feu, comme tu l'as entendue, et qui soit demeuré vivant?

Fut-il jamais un dieu qui essayât de venir prendre à lui une nation du milieu d'une nation, par des épreuves, des signes, des miracles et des combats, à main forte et à bras étendu, et avec des prodiges de terreur, comme l'a fait pour vous l'Éternel, votre Dieu, en Égypte et sous vos yeux?

Tu as été rendu témoin de ces choses, afin que tu reconnusses que l'Éternel est Dieu, qu'il n'y en a point d'autre.

Du ciel, il t'a fait entendre sa voix pour t'instruire; et, sur la terre, il t'a fait voir son grand feu, et tu as entendu ses paroles du milieu du feu.

Il a aimé tes pères, et il a choisi leur postérité après eux; il t'a fait lui-même sortir d'Égypte par sa grande puissance;
il a chassé devant toi des nations supérieures en nombre et en force, pour te faire entrer dans leur pays, pour t'en donner la possession, comme tu le vois aujourd'hui.

Sache donc en ce jour, et retiens dans ton coeur que l'Éternel est Dieu, en haut dans le ciel et en bas sur la terre, et qu'il n'y en a point d'autre.

40   Et observe ses lois et ses commandements que je te prescris aujourd'hui, afin que tu sois heureux, toi et tes enfants après toi, et que tu prolonges désormais tes jours dans le pays que l'Éternel, ton Dieu, te donne.

Alors Moïse choisit trois villes de l'autre côté du Jourdain, à l'orient, afin qu'elles servissent de refuge au meurtrier qui aurait involontairement tué son prochain, sans avoir été auparavant son ennemi, et afin qu'il pût sauver sa vie en s'enfuyant dans l'une de ces villes.

C'étaient: Betser, dans le désert, dans la plaine, chez les Rubénites; Ramoth, en Galaad, chez les Gadites, et Golan, en Basan, chez les Manassites.

B - Deuxième discours de Moïse - Les commandements[1]
Deutéronome 4,44 - 11,32

C'est ici la loi que présenta Moïse aux enfants d'Israël.

Voici les préceptes, les lois et les ordonnances que Moïse prescrivit aux enfants d'Israël, après leur sortie d'Égypte.

C'était de l'autre côté du Jourdain, dans la vallée, vis-à-vis de Beth Peor, au pays de Sihon, roi des Amoréens, qui habitait à Hesbon, et qui fut battu par Moïse et les enfants d'Israël, après leur sortie d'Égypte.

Ils s'emparèrent de son pays et de celui d'Og, roi de Basan. Ces deux rois des Amoréens étaient de l'autre côté du Jourdain, à l'orient.

Leur territoire s'étendait depuis Aroër sur les bords du torrent de l'Arnon jusqu'à la montagne de Sion qui est l'Hermon,

et il embrassait toute la plaine de l'autre côté du Jourdain, à l'orient, jusqu'à la mer de la plaine, au pied du Pisga.

Deutéronome 5

Moïse convoqua tout Israël, et leur dit: Écoute, Israël, les lois et les ordonnances que je vous fais entendre aujourd'hui. Apprenez-les, et mettez-les soigneusement en pratique.

L'Éternel, notre Dieu, a traité avec nous une alliance à Horeb.

Ce n'est point avec nos pères que l'Éternel a traité cette alliance; c'est avec nous, qui sommes ici aujourd'hui, tous vivants.

L'Éternel vous parla face à face sur la montagne, du milieu du feu.

Je me tins alors entre l'Éternel et vous, pour vous annoncer la parole de l'Éternel; car vous aviez peur du feu, et vous ne montâtes point sur la montagne. Il dit:

Je suis l'Éternel, ton Dieu, qui t'ai fait sortir du pays d'Égypte, de la maison de servitude.

Tu n'auras point d'autres dieux devant ma face.

---

[1] La liste est un peu différente de celle de Ex 20,2-17; voir aussi Ex 34,14-35.

Dt 5,8 *Tu ne te feras point d'image taillée, de représentation quelconque des choses qui sont en haut dans les cieux, qui sont en bas sur la terre, et qui sont dans les eaux plus bas que la terre.*

Tu ne te prosterneras point devant elles, et tu ne les serviras point; car moi, l'Éternel, ton Dieu, je suis un Dieu jaloux, qui punis l'iniquité des pères sur les enfants jusqu'à la troisième et à la quatrième génération de ceux qui me haïssent,

10 *et qui fais miséricorde jusqu'en mille générations à ceux qui m'aiment et qui gardent mes commandements.*

Tu ne prendras point le nom de l'Éternel, ton Dieu, en vain; car l'Éternel ne laissera point impuni celui qui prendra son nom en vain.

Observe le jour du repos, pour le sanctifier, comme l'Éternel, ton Dieu, te l'a ordonné.

Tu travailleras six jours, et tu feras tout ton ouvrage.

Mais le septième jour est le jour du repos de l'Éternel, ton Dieu: tu ne feras aucun ouvrage, ni toi, ni ton fils, ni ta fille, ni ton serviteur, ni ta servante, ni ton boeuf, ni ton âne, ni aucune de tes bêtes, ni l'étranger qui est dans tes portes, afin que ton serviteur et ta servante se reposent comme toi.

Tu te souviendras que tu as été esclave au pays d'Égypte, et que l'Éternel, ton Dieu, t'en a fait sortir à main forte et à bras étendu: c'est pourquoi l'Éternel, ton Dieu, t'a ordonné d'observer le jour du repos.

Honore ton père et ta mère, comme l'Éternel, ton Dieu, te l'a ordonné, afin que tes jours se prolongent et que tu sois heureux dans le pays que l'Éternel, ton Dieu, te donne.

Tu ne tueras point.

Tu ne commettras point d'adultère.

Tu ne déroberas point.

20 *Tu ne porteras point de faux témoignage contre ton prochain.*

Tu ne convoiteras point la femme de ton prochain; tu ne désireras point la maison de ton prochain, ni son champ, ni son serviteur, ni sa servante, ni son boeuf, ni son âne, ni aucune chose qui appartienne à ton prochain.

Telles sont les paroles que prononça l'Éternel à haute voix sur la montagne, du milieu du feu, des nuées et de l'obscurité, et qu'il adressa à toute votre assemblée, sans rien ajouter. Il les écrivit sur deux tables de pierre, qu'il me donna.

Lorsque vous eûtes entendu la voix du milieu des ténèbres, et tandis que la montagne était tout en feu, vos chefs de tribus et vos anciens s'approchèrent tous de moi,

et vous dîtes: Voici, l'Éternel, notre Dieu, nous a montré sa gloire et sa grandeur, et nous avons entendu sa voix du milieu du feu; aujourd'hui, nous avons vu que Dieu a parlé à des hommes, et qu'ils sont demeurés vivants.

Et maintenant pourquoi mourrions-nous? car ce grand feu nous dévorera; *si nous continuons à entendre la voix de l'Éternel, notre Dieu, nous mourrons.*
.Quel est l'homme, en effet, qui ait jamais entendu, comme nous, la voix du Dieu vivant parlant du milieu du feu, et qui soit demeuré vivant?

Approche, toi, et écoute tout ce que dira l'Éternel, notre Dieu; tu nous rapporteras toi-même tout ce que te dira l'Éternel, notre Dieu; nous l'écouterons, et nous le ferons.

L'Éternel entendit les paroles que vous m'adressâtes. Et l'Éternel me dit: J'ai entendu les paroles que ce peuple t'a adressées: tout ce qu'ils ont dit est bien.
Oh! s'ils avaient toujours ce même coeur pour me craindre et pour observer tous mes commandements, afin qu'ils fussent heureux à jamais, eux et leurs enfants!
30 Va, dis-leur: Retournez dans vos tentes.

Mais toi, reste ici avec moi, et je te dirai tous les commandements, les lois et les ordonnances, que tu leur enseigneras, afin qu'ils les mettent en pratique dans le pays dont je leur donne la possession.

Vous ferez avec soin ce que l'Éternel, votre Dieu, vous a ordonné; vous ne vous en détournerez ni à droite, ni à gauche.
Vous suivrez entièrement la voie que l'Éternel, votre Dieu, vous a prescrite, afin que vous viviez et que vous soyez heureux, afin que vous prolongiez vos jours dans le pays dont vous aurez la possession.

Deutéronome 6

Voici les commandements, les lois et les ordonnances que l'Éternel, votre Dieu, a commandé de vous enseigner, afin que vous les mettiez en pratique dans le pays dont vous allez prendre possession;
 afin que tu craignes l'Éternel, ton Dieu, en observant, tous les jours de ta vie, toi, ton fils, et le fils de ton fils, toutes ses lois et tous ses commandements que je te prescris, et afin que tes jours soient prolongés.
Tu les écouteras donc, Israël, et tu auras soin de les mettre en pratique, afin que tu sois heureux et que vous multipliiez beaucoup, comme te l'a dit l'Éternel, le Dieu de tes pères, en te promettant un pays où coulent le lait et le miel.

Écoute, Israël! l'Éternel, notre Dieu, est le seul Éternel.
Tu aimeras l'Éternel, ton Dieu, de tout ton coeur, de toute ton âme et de toute ta force.

Et ces commandements, que je te donne aujourd'hui, seront dans ton coeur.
Tu les inculqueras à tes enfants, et tu en parleras quand tu seras dans ta maison, quand tu iras en voyage, quand tu te coucheras et quand tu te lèveras.
Tu les lieras comme un signe sur tes mains, et ils seront comme des fronteaux entre tes yeux.
Tu les écriras sur les poteaux de ta maison et sur tes portes.

6,10 L'Éternel, ton Dieu, te fera entrer dans le pays qu'il a juré à tes pères, à Abraham, à Isaac et à Jacob, de te donner. Tu posséderas de grandes et bonnes villes que tu n'as point bâties,

des maisons qui sont pleines de toutes sortes de biens et que tu n'as point remplies, des citernes creusées que tu n'as point creusées, des vignes et des oliviers que tu n'as point plantés.

Lorsque tu mangeras et te rassasieras, garde-toi d'oublier l'Éternel, qui t'a fait sortir du pays d'Égypte, de la maison de servitude.

Tu craindras l'Éternel, ton Dieu, tu le serviras, et tu jureras par son nom.

Vous n'irez point après d'autres dieux, d'entre les dieux des peuples qui sont autour de vous;

car l'Éternel, ton Dieu, est un Dieu jaloux au milieu de toi. La colère de l'Éternel, ton Dieu, s'enflammerait contre toi, et il t'exterminerait de dessus la terre.

Vous ne tenterez point l'Éternel, votre Dieu, comme vous l'avez tenté à Massa.

Mais vous observerez les commandements de l'Éternel, votre Dieu, ses ordonnances et ses lois qu'il vous a prescrites.

Tu feras ce qui est droit et ce qui est bien aux yeux de l'Éternel, afin que tu sois heureux, et que tu entres en possession du bon pays que l'Éternel a juré à tes pères de te donner,

après qu'il aura chassé tous tes ennemis devant toi, comme l'Éternel l'a dit.

20 Lorsque ton fils te demandera un jour: Que signifient ces préceptes, ces lois et ces ordonnances, que l'Éternel, notre Dieu, vous a prescrits?

tu diras à ton fils: Nous étions esclaves de Pharaon en Égypte, et l'Éternel nous a fait sortir de l'Égypte par sa main puissante.

L'Éternel a opéré, sous nos yeux, des miracles et des prodiges, grands et désastreux, contre l'Égypte, contre Pharaon et contre toute sa maison;

et il nous a fait sortir de là, pour nous amener dans le pays qu'il avait juré à nos pères de nous donner.

L'Éternel nous a commandé de mettre en pratique toutes ces lois, et de craindre l'Éternel, notre Dieu, afin que nous fussions toujours heureux, et qu'il nous conservât la vie, comme il le fait aujourd'hui.

Nous aurons la justice en partage, si nous mettons soigneusement en pratique tous ces commandements devant l'Éternel, notre Dieu, comme il nous l'a ordonné.

Deutéronome 7

Lorsque l'Éternel, ton Dieu, t'aura fait entrer dans le pays dont tu vas prendre possession, et qu'il chassera devant toi beaucoup de nations, les Héthiens, les Guirgasiens, les Amoréens, les Cananéens, les Phéréziens, les Héviens et les Jébusiens, sept nations plus nombreuses et plus puissantes que toi;

Dt 7,2   lorsque l'Éternel, ton Dieu, te les aura livrées et que tu les auras battues, tu les dévoueras par interdit, tu ne traiteras point d'alliance avec elles, et tu ne leur feras point grâce.

Tu ne contracteras point de mariage avec ces peuples, tu ne donneras point tes filles à leurs fils, et tu ne prendras point leurs filles pour tes fils;

car ils détourneraient de moi tes fils, qui serviraient d'autres dieux, et la colère de l'Éternel s'enflammerait contre vous: il te détruirait promptement.

Voici, au contraire, comment vous agirez à leur égard: vous renverserez leurs autels, vous briserez leurs statues, vous abattrez leurs idoles, et vous brûlerez au feu leurs images taillées.

Car tu es un peuple saint pour l'Éternel, ton Dieu; l'Éternel, ton Dieu, t'a choisi, pour que tu fusses un peuple qui lui appartînt entre tous les peuples qui sont sur la face de la terre.

Ce n'est point parce que vous surpassez en nombre tous les peuples, que l'Éternel s'est attaché à vous et qu'il vous a choisis, car vous êtes le moindre de tous les peuples.

Mais, parce que l'Éternel vous aime, parce qu'il a voulu tenir le serment qu'il avait fait à vos pères, l'Éternel vous a fait sortir par sa main puissante, vous a délivrés de la maison de servitude, de la main de Pharaon, roi d'Égypte.

Sache donc que c'est l'Éternel, ton Dieu, qui est Dieu. Ce Dieu fidèle garde son alliance et sa miséricorde jusqu'à la millième génération envers ceux qui l'aiment et qui observent ses commandements.

10   Mais il use directement de représailles envers ceux qui le haïssent, et il les fait périr; il ne diffère point envers celui qui le hait, il use directement de représailles.

Ainsi, observe les commandements, les lois et les ordonnances que je te prescris aujourd'hui, et mets-les en pratique.

Si vous écoutez ces ordonnances, si vous les observez et les mettez en pratique, l'Éternel, ton Dieu, gardera envers toi l'alliance et la miséricorde qu'il a jurées à tes pères.

Il t'aimera, il te bénira et te multipliera; il bénira le fruit de tes entrailles et le fruit de ton sol, ton blé, ton moût et ton huile, les portées de ton gros et de ton menu bétail, dans le pays qu'il a juré à tes pères de te donner.

Tu seras béni plus que tous les peuples; il n'y aura chez toi ni homme ni femme stérile, ni bête stérile parmi tes troupeaux.

L'Éternel éloignera de toi toute maladie; il ne t'enverra aucune de ces mauvaises maladies d'Égypte qui te sont connues, mais il en frappera tous ceux qui te haïssent.

Tu dévoreras tous les peuples que l'Éternel, ton Dieu, va te livrer, tu ne jetteras pas sur eux un regard de pitié, et tu ne serviras point leurs dieux, car ce serait un piège pour toi.

Peut-être diras-tu dans ton coeur: Ces nations sont plus nombreuses que moi; comment pourrai-je les chasser?

Ne les crains point. Rappelle à ton souvenir ce que l'Éternel, ton Dieu, a fait à Pharaon et à toute l'Égypte, les grandes épreuves que tes yeux ont vues, les miracles et les prodiges, la main forte et le bras étendu, quand l'Éternel, ton Dieu, t'a fait sortir: ainsi fera l'Éternel, ton Dieu, à tous les peuples que tu redoutes.

20 L'Éternel, ton Dieu, enverra même les frelons contre eux, jusqu'à la destruction de ceux qui échapperont et qui se cacheront devant toi.

Ne sois point effrayé à cause d'eux; car l'Éternel, ton Dieu, est au milieu de toi, le Dieu grand et terrible.

L'Éternel, ton Dieu, chassera peu à peu ces nations loin de ta face; tu ne pourras pas les exterminer promptement, de peur que les bêtes des champs ne se multiplient contre toi.

L'Éternel, ton Dieu, te les livrera; et il les mettra complètement en déroute, jusqu'à ce qu'elles soient détruites.

Il livrera leurs rois entre tes mains, et tu feras disparaître leurs noms de dessous les cieux; aucun ne tiendra contre toi, jusqu'à ce que tu les aies détruits.

Vous brûlerez au feu les images taillées de leurs dieux. Tu ne convoiteras point et tu ne prendras point pour toi l'argent et l'or qui sont sur elles, de peur que ces choses ne te deviennent un piège; car elles sont en abomination à l'Éternel, ton Dieu.

Tu n'introduiras point une chose abominable dans ta maison, afin que tu ne sois pas, comme cette chose, dévoué par interdit; tu l'auras en horreur, tu l'auras en abomination,, car c'est une chose dévouée par interdit.

Deutéronome 8

Vous observerez et vous mettrez en pratique tous les commandements que je vous prescris aujourd'hui, afin que vous viviez, que vous multipliiez, et que vous entriez en possession du pays que l'Éternel a juré de donner à vos pères.

Souviens-toi de tout le chemin que l'Éternel, ton Dieu, t'a fait faire pendant ces quarante années dans le désert, afin de l'humilier et de t'éprouver, pour savoir quelles étaient les dispositions de ton coeur et si tu garderais ou non ses commandements.

Il t'a humilié, il t'a fait souffrir de la faim, et il t'a nourri de la manne, que tu ne connaissais pas et que n'avaient pas connue tes pères, afin de t'apprendre que l'homme ne vit pas de pain seulement, mais que l'homme vit de tout ce qui sort de la bouche de l'Éternel.

Ton vêtement ne s'est point usé sur toi, et ton pied ne s'est point enflé, pendant ces quarante années.

Reconnais en ton coeur que l'Éternel, ton Dieu, te châtie comme un homme châtie son enfant.

Tu observeras les commandements de l'Éternel, ton Dieu, pour marcher dans ses voies et pour le craindre.

Car l'Éternel, ton Dieu, va te faire entrer dans un bon pays, pays de cours d'eau, de sources et de lacs, qui jaillissent dans les vallées et dans les montagnes;

pays de froment, d'orge, de vignes, de figuiers et de grenadiers; pays d'oliviers et de miel;

pays où tu mangeras du pain avec abondance, où tu ne manqueras de rien; pays dont les pierres sont du fer, et des montagnes duquel tu tailleras l'airain.

10 Lorsque tu mangeras et te rassasieras, tu béniras l'Éternel, ton Dieu, pour le bon pays qu'il t'a donné.

Garde-toi d'oublier l'Éternel, ton Dieu, au point de ne pas observer ses commandements, ses ordonnances et ses lois, que je te prescris aujourd'hui.

Lorsque tu mangeras et te rassasieras, lorsque tu bâtiras et habiteras de belles maisons,

lorsque tu verras multiplier ton gros et ton menu bétail, s'augmenter ton argent et ton or, et s'accroître tout ce qui est à toi,

prends garde que ton coeur ne s'enfle, et que tu n'oublies l'Éternel, ton Dieu, qui t'a fait sortir du pays d'Égypte, de la maison de servitude,

qui t'a fait marcher dans ce grand et affreux désert, où il y a des serpents brûlants et des scorpions, dans des lieux arides et sans eau, et qui a fait jaillir pour toi de l'eau du rocher le plus dur,

qui t'a fait manger dans le désert la manne inconnue à tes pères, afin de t'humilier et de t'éprouver, pour te faire ensuite du bien.

Garde-toi de dire en ton coeur: Ma force et la puissance de ma main m'ont acquis ces richesses.

Souviens-toi de l'Éternel, ton Dieu, car c'est lui qui te donnera de la force pour les acquérir, afin de confirmer, comme il le fait aujourd'hui, son alliance qu'il a jurée à tes pères.

Si tu oublies l'Éternel, ton Dieu, et que tu ailles après d'autres dieux, si tu les sers et te prosternes devant eux, je vous déclare formellement aujourd'hui que vous périrez.

20 Vous périrez comme les nations que l'Éternel fait périr devant vous, parce que vous n'aurez point écouté la voix de l'Éternel, votre Dieu.

Deutéronome 9

Écoute, Israël! Tu vas aujourd'hui passer le Jourdain, pour te rendre maître de nations plus grandes et plus puissantes que toi, de villes grandes et fortifiées jusqu'au ciel,

d'un peuple grand et de haute taille, les enfants d'Anak, que tu connais, et dont tu as entendu dire: Qui pourra tenir contre les enfants d'Anak?

Sache aujourd'hui que l'Éternel, ton Dieu, marchera lui-même devant toi comme un feu dévorant, c'est lui qui les détruira, qui les humiliera devant toi; et tu les chasseras, tu les feras périr promptement, comme l'Éternel te l'a dit.

Dt 9,4 - 9,18

Lorsque l'Éternel, ton Dieu, les chassera devant toi, ne dis pas en ton coeur: C'est à cause de ma justice que l'Éternel me fait entrer en possession de ce pays. Car c'est à cause de la méchanceté de ces nations que l'Éternel les chasse devant toi.

Non, ce n'est point à cause de ta justice et de la droiture de ton coeur que tu entres en possession de leur pays; mais c'est à cause de la méchanceté de ces nations que l'Éternel, ton Dieu, les chasse devant toi, et c'est pour confirmer la parole que l'Éternel a jurée à tes pères, à Abraham, à Isaac et à Jacob.

Sache donc que ce n'est point à cause de ta justice que l'Éternel, ton Dieu, te donne ce bon pays pour que tu le possèdes; car tu es un peuple au cou roide.

Souviens-toi, n'oublie pas de quelle manière tu as excité la colère de l'Éternel, ton Dieu, dans le désert. Depuis le jour où tu es sorti du pays d'Égypte jusqu'à votre arrivée dans ce lieu, vous avez été rebelles contre l'Éternel.

A Horeb, vous excitâtes la colère de l'Éternel; et l'Éternel s'irrita contre vous, et eut la pensée de vous détruire.

Lorsque je fus monté sur la montagne, pour prendre les tables de pierre, les tables de l'alliance que l'Éternel a traitée avec vous, je demeurai sur la montagne quarante jours et quarante nuits, sans manger de pain et sans boire d'eau;

10 et l'Éternel me donna les deux tables de pierre écrites du doigt de Dieu, et contenant toutes les paroles que l'Éternel vous avait dites sur la montagne, du milieu du feu, le jour de l'assemblée.

Ce fut au bout des quarante jours et des quarante nuits que l'Éternel me donna les deux tables de pierre, les tables de l'alliance.

L'Éternel me dit alors: Lève-toi, descends en hâte d'ici; car ton peuple, que tu as fait sortir d'Égypte, s'est corrompu. Ils se sont promptement écartés de la voie que je leur avais prescrite; ils se sont fait une image de fonte.

L'Éternel me dit: Je vois que ce peuple est un peuple au cou roide.

Laisse-moi les détruire et effacer leur nom de dessous les cieux; et je ferai de toi une nation plus puissante et plus nombreuse que ce peuple.

Je retournai et je descendis de la montagne tout en feu, les deux tables de l'alliance dans mes deux mains.

Je regardai, et voici, vous aviez péché contre l'Éternel, votre Dieu, vous vous étiez fait un veau de fonte, vous vous étiez promptement écartés de la voie que vous avait prescrite l'Éternel.

Je saisis les deux tables, je les jetai de mes mains, et je les brisai sous vos yeux.

Je me prosternai devant l'Éternel, comme auparavant, quarante jours et quarante nuits, sans manger de pain et sans boire d'eau, à cause de tous les péchés que vous aviez commis en faisant ce qui est mal aux yeux de l'Éternel, pour l'irriter.

Car j'étais effrayé à la vue de la colère et de la fureur dont l'Éternel était animé contre vous jusqu'à vouloir vous détruire. Mais l'Éternel m'exauça encore cette fois.

20 L'Éternel était aussi très irrité contre Aaron, qu'il voulait faire périr, et pour qui j'intercédai encore dans ce temps-là.

Je pris le veau que vous aviez fait, ce produit de votre péché, je le brûlai au feu, je le broyai jusqu'à ce qu'il fût réduit en poudre, et je jetai cette poudre dans le torrent qui descend de la montagne.

A Tabeéra, à Massa, et à Kibroth Hattaava, vous excitâtes la colère de l'Éternel.

Et lorsque l'Éternel vous envoya à Kadès Barnéa, en disant: Montez, et prenez possession du pays que je vous donne! vous fûtes rebelles à l'ordre de l'Éternel, votre Dieu, vous n'eûtes point foi en lui, et vous n'obéîtes point à sa voix.

Vous avez été rebelles contre l'Éternel depuis que je vous connais.

Je me prosternai devant l'Éternel, je me prosternai quarante jours et quarante nuits, parce que l'Éternel avait dit qu'il voulait vous détruire.

Je priai l'Éternel, et je dis: Seigneur Éternel, ne détruis pas ton peuple, ton héritage, que tu as racheté dans ta grandeur, que tu as fait sortir d'Égypte par ta main puissante.

Souviens-toi de tes serviteurs, Abraham, Isaac et Jacob. Ne regarde point à l'opiniâtreté de ce peuple, à sa méchanceté et à son péché,

de peur que le pays d'où tu nous as fait sortir ne dise: C'est parce que l'Éternel n'avait pas le pouvoir de les mener dans le pays qu'il leur avait promis, et c'est parce qu'il les haïssait, qu'il les a fait sortir pour les faire mourir dans le désert.

Ils sont pourtant ton peuple et ton héritage, que tu as fait sortir d'Égypte par ta grande puissance et par ton bras étendu.

Deutéronome 10

En ce temps-là, l'Éternel me dit: Taille deux tables de pierre comme les premières, et monte vers moi sur la montagne; tu feras aussi une arche de bois.

J'écrirai sur ces tables les paroles qui étaient sur les premières tables que tu as brisées, et tu les mettras dans l'arche.

Je fis une arche de bois d'acacia, je taillai deux tables de pierre comme les premières, et je montai sur la montagne, les deux tables dans ma main.

L'Éternel écrivit sur les tables ce qui avait été écrit sur les premières, les dix paroles qu'il vous avait dites sur la montagne, du milieu du feu, le jour de l'assemblée; et l'Éternel me les donna.

Je retournai et je descendis de la montagne, je mis les tables dans l'arche que j'avais faite, et elles restèrent là, comme l'Éternel me l'avait ordonné.

Les enfants d'Israël partirent de Beéroth Bené Jaakan pour Moséra. C'est là que mourut Aaron, et qu'il fut enterré; Éléazar, son fils, lui succéda dans le sacerdoce.

Ils partirent de là pour Gudgoda, et de Gudgoda pour Jothbatha, pays où il y a des cours d'eau.

En ce temps-là, l'Éternel sépara la tribu de Lévi, et lui ordonna de porter l'arche de l'alliance de l'Éternel, de se tenir devant l'Éternel pour le servir, et de bénir le peuple en son nom: ce qu'elle a fait jusqu'à ce jour.

C'est pourquoi Lévi n'a ni part ni héritage avec ses frères: l'Éternel est son héritage, comme l'Éternel, ton Dieu, le lui a dit.

10 Je restai sur la montagne, comme précédemment, quarante jours et quarante nuits. L'Éternel m'exauça encore cette fois; l'Éternel ne voulut pas te détruire.

L'Éternel me dit: Lève-toi, va, marche à la tête du peuple. Qu'ils aillent prendre possession du pays que j'ai juré à leurs pères de leur donner.

Maintenant, Israël, que demande de toi l'Éternel, ton Dieu, si ce n'est que tu craignes l'Éternel, ton Dieu, afin de marcher dans toutes ses voies, d'aimer et de servir l'Éternel, ton Dieu, de tout ton coeur et de toute ton âme;

si ce n'est que tu observes les commandements de l'Éternel et ses lois que je te prescris aujourd'hui, afin que tu sois heureux?

Voici, à l'Éternel, ton Dieu, appartiennent les cieux et les cieux des cieux, la terre et tout ce qu'elle renferme.

Et c'est à tes pères seulement que l'Éternel s'est attaché pour les aimer; et, après eux, c'est leur postérité, c'est vous qu'il a choisis d'entre tous les peuples, comme vous le voyez aujourd'hui.

Vous circoncirez donc votre coeur, et vous ne roidirez plus votre cou.

Car l'Éternel, votre Dieu, est le Dieu des dieux, le Seigneur des seigneurs, le Dieu grand, fort et terrible, qui ne fait point acception des personnes et qui ne reçoit point de présent,

qui fait droit à l'orphelin et à la veuve, qui aime l'étranger et lui donne de la nourriture et des vêtements.

Vous aimerez l'étranger, car vous avez été étrangers dans le pays d'Égypte.

20 Tu craindras l'Éternel, ton Dieu, tu le serviras, tu t'attacheras à lui, et tu jureras par son nom.

Il est ta gloire, il est ton Dieu: c'est lui qui a fait au milieu de toi ces choses grandes et terribles que tes yeux ont vues.

Tes pères descendirent en Égypte au nombre de soixante-dix personnes; et maintenant l'Éternel, ton Dieu, a fait de toi une multitude pareille aux étoiles des cieux.

Deutéronome 11

Tu aimeras l'Éternel, ton Dieu, et tu observeras toujours ses préceptes, ses lois, ses ordonnances et ses commandements.

Dt 11,2 Reconnaissez aujourd'hui - ce que n'ont pu connaître et voir vos enfants - les châtiments de l'Éternel, votre Dieu, sa grandeur, sa main forte et son bras étendu,

ses signes et ses actes qu'il a accomplis au milieu de l'Égypte contre Pharaon, roi d'Égypte, et contre tout son pays.

Reconnaissez ce qu'il a fait à l'armée d'Égypte, à ses chevaux et à ses chars, comment il a fait couler sur eux les eaux de la mer Rouge, lorsqu'ils vous poursuivaient, et les a détruits pour toujours;

ce qu'il vous a fait dans le désert, jusqu'à votre arrivée en ce lieu;

ce qu'il a fait à Dathan et à Abiram, fils d'Éliab, fils de Ruben, comment la terre ouvrit sa bouche et les engloutit, avec leurs maisons et leurs tentes et tout ce qui était à leur suite, au milieu de tout Israël[1].

Car vos yeux ont vu toutes les grandes choses que l'Éternel a faites.

Ainsi, vous observerez tous les commandements que je vous prescris aujourd'hui, afin que vous ayez la force de vous emparer du pays où vous allez passer pour en prendre possession,

et afin que vous prolongiez vos jours dans le pays que l'Éternel a juré à vos pères de leur donner, à eux et à leur postérité, pays où coulent le lait et le miel.

10 Car le pays dont tu vas entrer en possession, n'est pas comme le pays d'Égypte, d'où vous êtes sortis, où tu jetais dans les champs ta semence et les arrosais avec ton pied comme un jardin potager.

Le pays que vous allez posséder est un pays de montagnes et de vallées, et qui boit les eaux de la pluie du ciel;

c'est un pays dont l'Éternel, ton Dieu, prend soin, et sur lequel l'Éternel, ton Dieu, a continuellement les yeux, du commencement à la fin de l'année.

Si vous obéissez à mes commandements que je vous prescris aujourd'hui, si vous aimez l'Éternel, votre Dieu, et si vous le servez de tout votre coeur et de toute votre âme,

je donnerai à votre pays la pluie en son temps, la pluie de la première et de l'arrière-saison, et tu recueilleras ton blé, ton moût et ton huile;

je mettrai aussi dans tes champs de l'herbe pour ton bétail, et tu mangeras et te rassasieras.

Gardez-vous de laisser séduire votre coeur, de vous détourner, de servir d'autres dieux et de vous prosterner devant eux.

La colère de l'Éternel s'enflammerait alors contre vous; il fermerait les cieux, et il n'y aurait point de pluie; la terre ne donnerait plus ses produits, et vous péririez promptement dans le bon pays que l'Éternel vous donne.

Mettez dans votre coeur et dans votre âme ces paroles que je vous dis. Vous les lierez comme un signe sur vos mains, et elles seront comme des fronteaux entre vos yeux.

---

[1] Voir Nombres 16,24.

Vous les enseignerez à vos enfants, et vous leur en parlerez quand tu seras dans ta maison, quand tu iras en voyage, quand tu te coucheras et quand tu te lèveras.

20   Tu les écriras sur les poteaux de ta maison et sur tes portes.

Et alors vos jours et les jours de vos enfants, dans le pays que l'Éternel a juré à vos pères de leur donner, seront aussi nombreux que les jours des cieux le seront au-dessus de la terre.

Car si vous observez tous ces commandements que je vous prescris, et si vous les mettez en pratique pour aimer l'Éternel, votre Dieu, pour marcher dans toutes ses voies et pour vous attacher à lui,

l'Éternel chassera devant vous toutes ces nations, et vous vous rendrez maîtres de nations plus grandes et plus puissantes que vous.

Tout lieu que foulera la plante de votre pied sera à vous: votre frontière s'étendra du désert au Liban, et du fleuve de l'Euphrate jusqu'à la mer occidentale.

Nul ne tiendra contre vous. L'Éternel, votre Dieu, répandra, comme il vous l'a dit, la frayeur et la crainte de toi sur tout le pays où vous marcherez.

Vois, je mets aujourd'hui devant vous la bénédiction et la malédiction:

la bénédiction, si vous obéissez aux commandements de l'Éternel, votre Dieu, que je vous prescris en ce jour;

la malédiction, si vous n'obéissez pas aux commandements de l'Éternel, votre Dieu, et si vous vous détournez de la voie que je vous prescris en ce jour, pour aller après d'autres dieux que vous ne connaissez point.

Et lorsque l'Éternel, ton Dieu, t'aura fait entrer dans le pays dont tu vas prendre possession, tu prononceras la bénédiction sur la montagne de Garizim, et la malédiction sur la montagne d'Ébal.

30   Ces montagnes ne sont-elles pas de l'autre côté du Jourdain, derrière le chemin de l'occident, au pays des Cananéens qui habitent dans la plaine vis-à-vis de Guilgal, près des chênes de Moré?

Car vous allez passer le Jourdain pour entrer en possession du pays que l'Éternel, votre Dieu, vous donne; vous le posséderez, et vous y habiterez.

Vous observerez et vous mettrez en pratique toutes les lois et les ordonnances que je vous prescris aujourd'hui.

C - Le code des lois
Deutéronome 12 - 26

Voici les lois et les ordonnances que vous observerez et que vous mettrez en pratique, aussi longtemps que vous y vivrez, dans le pays dont l'Éternel, le Dieu de vos pères, vous donne la possession.

Dt 12,2 Vous détruirez tous les lieux où les nations que vous allez chasser servent leurs dieux, sur les hautes montagnes, sur les collines, et sous tout arbre vert.

Vous renverserez leurs autels, vous briserez leurs statues, vous brûlerez au feu leurs idoles, vous abattrez les images taillées de leurs dieux, et vous ferez disparaître leurs noms de ces lieux-là.

Vous n'agirez pas ainsi à l'égard de l'Éternel, votre Dieu.

Mais vous le chercherez à sa demeure, et vous irez au lieu que l'Éternel, votre Dieu, choisira parmi toutes vos tribus pour y placer son nom.

C'est là que vous présenterez vos holocaustes, vos sacrifices, vos dîmes, vos prémices, vos offrandes en accomplissement d'un voeu, vos offrandes volontaires, et les premiers-nés de votre gros et de votre menu bétail.

C'est là que vous mangerez devant l'Éternel, votre Dieu, et que, vous et vos familles, vous ferez servir à votre joie tous les biens par lesquels l'Éternel, votre Dieu, vous aura bénis.

Vous n'agirez donc pas comme nous le faisons maintenant ici, où chacun fait ce qui lui semble bon,

parce que vous n'êtes point encore arrivés dans le lieu de repos et dans l'héritage que l'Éternel, votre Dieu, vous donne.

10 Mais vous passerez le Jourdain, et vous habiterez dans le pays dont l'Éternel, votre Dieu, vous mettra en possession; il vous donnera du repos, après vous avoir délivrés de tous vos ennemis qui vous entourent, et vous vous établirez en sécurité.

Alors il y aura un lieu que l'Éternel, votre Dieu, choisira pour y faire résider son nom; c'est là que vous présenterez tout ce que je vous ordonne, vos holocaustes, vos sacrifices, vos dîmes, vos prémices, et les offrandes choisies que vous ferez à l'Éternel pour accomplir vos voeux.

C'est là que vous vous réjouirez devant l'Éternel, votre Dieu, vous, vos fils et vos filles, vos serviteurs et vos servantes, et le Lévite qui sera dans vos portes; car il n'a ni part ni héritage avec vous.

Garde-toi d'offrir tes holocaustes dans tous les lieux que tu verras;
mais tu offriras tes holocaustes au lieu que l'Éternel choisira dans l'une de tes tribus, et c'est là que tu feras tout ce que je t'ordonne.

Néanmoins, quand tu en auras le désir, tu pourras tuer du bétail et manger de la viande dans toutes tes portes, selon les bénédictions que t'accordera l'Éternel, ton Dieu; celui qui sera impur et celui qui sera pur pourront en manger, comme on mange de la gazelle et du cerf.

Seulement, vous ne mangerez pas le sang: tu le répandras sur la terre comme de l'eau.

Dt 12,17 Tu ne pourras pas manger dans tes portes la dîme de ton blé, de ton moût et de ton huile, ni les premiers-nés de ton gros et de ton menu bétail, ni aucune de tes offrandes en accomplissement d'un voeu, ni tes offrandes volontaires, ni tes prémices.

Mais c'est devant l'Éternel, ton Dieu, que tu les mangeras, dans le lieu que l'Éternel, ton Dieu, choisira, toi, ton fils et ta fille, ton serviteur et ta servante, et le Lévite qui sera dans tes portes; et c'est devant l'Éternel, ton Dieu, que tu feras servir à ta joie tous les biens que tu posséderas.

Aussi longtemps que tu vivras dans ton pays, garde-toi de délaisser le Lévite.

20 Lorsque l'Éternel, ton Dieu, aura élargi tes frontières, comme il te l'a promis, et que le désir de manger de la viande te fera dire: Je voudrais manger de la viande! tu pourras en manger, selon ton désir.

Si le lieu que l'Éternel, ton Dieu, aura choisi pour y placer son nom est éloigné de toi, tu pourras tuer du gros et du menu bétail, comme je te l'ai prescrit, et tu pourras en manger dans tes portes selon ton désir.

Tu en mangeras comme on mange de la gazelle et du cerf; celui qui sera impur, et celui qui sera pur en mangeront l'un et l'autre.

Seulement, garde-toi de manger le sang, car le sang, c'est l'âme; et tu ne mangeras pas l'âme avec la chair.

Tu ne le mangeras pas: tu le répandras sur la terre comme de l'eau.

Tu ne le mangeras pas, afin que tu sois heureux, toi et tes enfants après toi, en faisant ce qui est droit aux yeux de l'Éternel.

Mais les choses que tu voudras consacrer et les offrandes que tu feras en accomplissement d'un voeu, tu iras les présenter au lieu qu'aura choisi l'Éternel.

Tu offriras tes holocaustes, la chair et le sang, sur l'autel de l'Éternel, ton Dieu; dans tes autres sacrifices, le sang sera répandu sur l'autel de l'Éternel, ton Dieu, et tu mangeras la chair.

Garde et écoute toutes ces choses que je t'ordonne, afin que tu sois heureux, toi et tes enfants après toi, à perpétuité, en faisant ce qui est bien et ce qui est droit aux yeux de l'Éternel, ton Dieu.

Lorsque l'Éternel, ton Dieu, aura exterminé les nations que tu vas chasser devant toi, lorsque tu les auras chassées et que tu te seras établi dans leur pays,

30 garde-toi de te laisser prendre au piège en les imitant, après qu'elles auront été détruites devant toi. Garde-toi de t'informer de leurs dieux et de dire: Comment ces nations servaient-elles leurs dieux? Moi aussi, je veux faire de même.

Tu n'agiras pas ainsi à l'égard de l'Éternel, ton Dieu; car elles servaient leurs dieux en faisant toutes les abominations qui sont odieuses à l'Éternel, et même elles brûlaient au feu leurs fils et leurs filles en l'honneur de leurs dieux.[1]

Deutéronome 13[2]

Vous observerez et vous mettrez en pratique toutes les choses que je vous ordonne; vous n'y ajouterez rien, et vous n'en retrancherez rien.

S'il s'élève au milieu de toi un prophète ou un songeur qui t'annonce un signe ou un prodige, et qu'il y ait accomplissement du signe ou du prodige dont il t'a parlé en disant: Allons après d'autres dieux, -des dieux que tu ne connais point, -et servons-les!

tu n'écouteras pas les paroles de ce prophète ou de ce songeur, car c'est l'Éternel, votre Dieu, qui vous met à l'épreuve pour savoir si vous aimez l'Éternel, votre Dieu, de tout votre coeur et de toute votre âme.

Vous irez après l'Éternel, votre Dieu, et vous le craindrez; vous observerez ses commandements, vous obéirez fià sa voix, vous le servirez, et vous vous attacherez à lui.

Ce prophète ou ce songeur sera puni de mort, car il a parlé de révolte contre l'Éternel, votre Dieu, qui vous a fait sortir du pays d'Égypte et vous a délivrés de la maison de servitude, et il a voulu te détourner de la voie dans laquelle l'Éternel, ton Dieu, t'a ordonné de marcher. Tu ôteras ainsi le mal du milieu de toi.

Si ton frère, fils de ta mère, ou ton fils, ou ta fille, ou la femme qui repose sur ton sein, ou ton ami que tu aimes comme toi-même, t'incite secrètement en disant: Allons, et servons d'autres dieux! -des dieux que ni toi ni tes pères n'avez connus,

d'entre les dieux des peuples qui vous entourent, près de toi ou loin de toi, d'une extrémité de la terre à l'autre-

tu n'y consentiras pas, et tu ne l'écouteras pas; tu ne jetteras pas sur lui un regard de pitié, tu ne l'épargneras pas, et tu ne le couvriras pas.

Mais tu le feras mourir; ta main se lèvera la première sur lui pour le mettre à mort, et la main de tout le peuple ensuite;

10   tu le lapideras, et il mourra, parce qu'il a cherché à te détourner de l'Éternel, ton Dieu, qui t'a fait sortir du pays d'Égypte, de la maison de servitude.

Il en sera ainsi, afin que tout Israël entende et craigne, et que l'on ne commette plus un acte aussi criminel au milieu de toi.

---

[1] La Bible Segond 1910 comprend ici un verset supplémentaire, qui est repris comme verset 13,1 dans les Bibles actuelles. Voir note pour le chapitre 13.

[2] Pour ce chapitre, la numérotation de la Bible Segond 1910 diffère d'une unité de la numérotation des bibles actuelles, qui a été suivie ici (le verset 13,1 est en 12,32 dans la Segond 1910).

Si tu entends dire au sujet de l'une des villes que t'a données pour demeure l'Éternel, ton Dieu:

Des gens pervers sont sortis du milieu de toi, et ont séduit les habitants de leur ville en disant: Allons, et servons d'autres dieux! des dieux que tu ne connais point,

tu feras des recherches, tu examineras, tu interrogeras avec soin. La chose est-elle vraie, le fait est-il établi, cette abomination a-t-elle été commise au milieu de toi,

alors tu frapperas du tranchant de l'épée les habitants de cette ville, tu la dévoueras par interdit avec tout ce qui s'y trouvera, et tu en passeras le bétail au fil de l'épée.

Tu amasseras tout le butin au milieu de la place, et tu brûleras entièrement au feu la ville avec tout son butin, devant l'Éternel, ton Dieu: elle sera pour toujours un monceau de ruines, elle ne sera jamais rebâtie.

Rien de ce qui sera dévoué par interdit ne s'attachera à ta main, afin que l'Éternel revienne de l'ardeur de sa colère, qu'il te fasse miséricorde et grâce, et qu'il te multiplie, comme il l'a juré à tes pères,

si tu obéis à la voix de l'Éternel, ton Dieu, en observant tous ses commandements que je te prescris aujourd'hui, et en faisant ce qui est droit aux yeux de l'Éternel, ton Dieu.

Deutéronome 14

Vous êtes les enfants de l'Éternel, votre Dieu. Vous ne vous ferez point d'incisions et vous ne ferez point de place chauve[1] entre les yeux pour un mort.

Car tu es un peuple saint pour l'Éternel, ton Dieu; et l'Éternel, ton Dieu, t'a choisi, pour que tu fusses un peuple qui lui appartînt entre tous les peuples qui sont sur la face de la terre.

Tu ne mangeras aucune chose abominable.

Voici les animaux que vous mangerez: le boeuf, la brebis et la chèvre;[2]

le cerf, la gazelle et le daim; le bouquetin, le chevreuil, la chèvre sauvage et la girafe.

Vous mangerez de tout animal qui a la corne fendue, le pied fourchu, et qui rumine.

Mais vous ne mangerez pas de ceux qui ruminent seulement, ou qui ont la corne fendue et le pied fourchu seulement. Ainsi, vous ne mangerez pas le chameau, le lièvre et le daman[3], qui ruminent, mais qui n'ont pas la corne fendue: vous les regarderez comme impurs.

Vous ne mangerez pas le porc, qui a la corne fendue, mais qui ne rumine pas: vous le regarderez comme impur. Vous ne mangerez pas de leur chair, et vous ne toucherez pas leurs corps morts.

Voici les animaux dont vous mangerez parmi tous ceux qui sont dans les eaux: vous mangerez de tous ceux qui ont des nageoires et des écailles.

10 Mais vous ne mangerez d'aucun de ceux qui n'ont pas des nageoires et des écailles: vous les regarderez comme impurs.

---

[1] "Raser entre les yeux", pratique païenne.

[2] Voir une autre liste en Lv 11,1-19.

[3] Animal voisin du lièvre, vivant dans les rochers.

Vous mangerez tout oiseau pur.

Mais voici ceux dont vous ne mangerez pas: l'aigle, l'orfraie et l'aigle de mer,

le milan, l'autour, le vautour et ce qui est de son espèce;

le corbeau et toutes ses espèces;

l'autruche, le hibou, la mouette, l'épervier et ce qui est de son espèce;

le chat-huant, la chouette et le cygne;   14,16

le pélican, le cormoran et le plongeon;

la cigogne, le héron et ce qui est de son espèce, la huppe et la chauve-souris.

Vous regarderez comme impur tout reptile qui vole: on n'en mangera point.

20 Vous mangerez tout oiseau pur.

Vous ne mangerez d'aucune bête morte; tu la donneras à l'étranger qui sera dans tes portes, afin qu'il la mange, ou tu la vendras à un étranger; car tu es un peuple saint pour l'Éternel, ton Dieu. Tu ne feras point cuire un chevreau dans le lait de sa mère.

Tu lèveras la dîme de tout ce que produira ta semence, de ce que rapportera ton champ chaque année.

Et tu mangeras devant l'Éternel, ton Dieu, dans le lieu qu'il choisira pour y faire résider son nom, la dîme de ton blé, de ton moût et de ton huile, et les premiers-nés de ton gros et de ton menu bétail, afin que tu apprennes à craindre toujours l'Éternel, ton Dieu.

Peut-être lorsque l'Éternel, ton Dieu, t'aura béni, le chemin sera-t-il trop long pour que tu puisses transporter ta dîme, à cause de ton éloignement du lieu qu'aura choisi l'Éternel, ton Dieu, pour y faire résider son nom.

Alors, tu échangeras ta dîme contre de l'argent, tu serreras cet argent dans ta main, et tu iras au lieu que l'Éternel, ton Dieu, aura choisi.

Là, tu achèteras avec l'argent tout ce que tu désireras, des boeufs, des brebis, du vin et des liqueurs fortes, tout ce qui te fera plaisir, tu mangeras devant l'Éternel, ton Dieu, et tu te réjouiras, toi et ta famille.

Tu ne délaisseras point le Lévite qui sera dans tes portes, car il n'a ni part ni héritage avec toi.

Au bout de trois ans, tu sortiras toute la dîme de tes produits pendant la troisième année, et tu la déposeras dans tes portes.

Alors viendront le Lévite, qui n'a ni part ni héritage avec toi, l'étranger, l'orphelin et la veuve, qui seront dans tes portes, et ils mangeront et se rassasieront, afin que l'Éternel, ton Dieu, te bénisse dans tous les travaux que tu entreprendras de tes mains.

Deutéronome 15

Tous les sept ans, tu feras relâche.

Et voici comment s'observera la relâche. Quand on aura publié la relâche en l'honneur de l'Éternel, tout créancier qui aura fait un prêt à son prochain se relâchera de son droit, il ne pressera pas son prochain et son frère pour le paiement de sa dette.

Dt 15,3 Tu pourras presser l'étranger; mais tu te relâcheras de ton droit pour ce qui t'appartiendra chez ton frère.

Toutefois, il n'y aura point d'indigent chez toi, car l'Éternel te bénira dans le pays que l'Éternel, ton Dieu, te fera posséder en héritage,

pourvu seulement que tu obéisses à la voix de l'Éternel, ton Dieu, en mettant soigneusement en pratique tous ces commandements que je te prescris aujourd'hui.

L'Éternel, ton Dieu, te bénira comme il te l'a dit, tu prêteras à beaucoup de nations, et tu n'emprunteras point; tu domineras sur beaucoup de nations, et elles ne domineront point sur toi.

S'il y a chez toi quelque indigent d'entre tes frères, dans l'une de tes portes, au pays que l'Éternel, ton Dieu, te donne, tu n'endurciras point ton coeur et tu ne fermeras point ta main devant ton frère indigent.

Mais tu lui ouvriras ta main, et tu lui prêteras de quoi pourvoir à ses besoins.

Garde-toi d'être assez méchant pour dire en ton coeur: La septième année, l'année du relâche, approche! Garde-toi d'avoir un oeil sans pitié pour ton frère indigent et de lui faire un refus. Il crierait à l'Éternel contre toi, et tu te chargerais d'un péché.

10 Donne-lui, et que ton coeur ne lui donne point à regret; car, à cause de cela, l'Éternel, ton Dieu, te bénira dans tous tes travaux et dans toutes tes entreprises.

Il y aura toujours des indigents dans le pays; c'est pourquoi je te donne ce commandement: Tu ouvriras ta main à ton frère, au pauvre et à l'indigent dans ton pays.

Si l'un de tes frères hébreux, homme ou femme, se vend à toi, il te servira six années; mais la septième année, tu le renverras libre de chez toi.

Et lorsque tu le renverras libre de chez toi, tu ne le renverras point à vide;

tu lui feras des présents de ton menu bétail, de ton aire, de ton pressoir, de ce que tu auras par la bénédiction de l'Éternel, ton Dieu.

Tu te souviendras que tu as été esclave au pays d'Égypte, et que l'Éternel, ton Dieu, t'a racheté; c'est pourquoi je te donne aujourd'hui ce commandement.

Si ton esclave te dit: Je ne veux pas sortir de chez toi, -parce qu'il t'aime, toi et ta maison, et qu'il se trouve bien chez toi, -

alors tu prendras un poinçon et tu lui perceras l'oreille contre la porte, et il sera pour toujours ton esclave. Tu feras de même pour ta servante.

Tu ne trouveras point dur de le renvoyer libre de chez toi, car il t'a servi six ans, ce qui vaut le double du salaire d'un mercenaire; et l'Éternel, ton Dieu, te bénira dans tout ce que tu feras.

Tu consacreras à l'Éternel, ton Dieu, tout premier-né mâle qui naîtra dans ton gros et dans ton menu bétail. Tu ne travailleras point avec le premier-né de ton boeuf, et tu ne tondras point le premier-né de tes brebis.

20 Tu le mangeras chaque année, toi et ta famille, devant l'Éternel, ton Dieu, dans le lieu qu'il choisira.

S'il a quelque défaut, s'il est boiteux ou aveugle, ou s'il a quelque autre difformité, tu ne l'offriras point en sacrifice à l'Éternel, ton Dieu.

Tu le mangeras dans tes portes; celui qui sera impur et celui qui sera pur en mangeront l'un et l'autre, comme on mange de la gazelle et du cerf.

Seulement, tu n'en mangeras pas le sang; tu le répandras sur la terre comme de l'eau.

Deutéronome 16

Observe le mois des épis, et célèbre la Pâque en l'honneur de l'Éternel, ton Dieu; car c'est dans le mois des épis que l'Éternel, ton Dieu, t'a fait sortir d'Égypte, pendant la nuit.

Tu sacrifieras la Pâque à l'Éternel, ton Dieu, tes victimes de menu et de gros bétail, dans le lieu que l'Éternel choisira pour y faire résider son nom.

Pendant la fête, tu ne mangeras pas du pain levé, mais tu mangeras sept jours des pains sans levain, du pain d'affliction, car c'est avec précipitation que tu es sorti du pays d'Égypte: il en sera ainsi, afin que tu te souviennes toute ta vie du jour où tu es sorti du pays d'Égypte.

On ne verra point chez toi de levain, dans toute l'étendue de ton pays, pendant sept jours; et aucune partie des victimes que tu sacrifieras le soir du premier jour ne sera gardée pendant la nuit jusqu'au matin.

Tu ne pourras point sacrifier la Pâque dans l'un quelconque des lieux que l'Éternel, ton Dieu, te donne pour demeure;

mais c'est dans le lieu que choisira l'Éternel, ton Dieu, pour y faire résider son nom, que tu sacrifieras la Pâque, le soir, au coucher du soleil, à l'époque de ta sortie d'Égypte.

Tu feras cuire la victime, et tu la mangeras dans le lieu que choisira l'Éternel, ton Dieu. Et le matin, tu pourras t'en retourner et t'en aller vers tes tentes.

Pendant six jours, tu mangeras des pains sans levain; et le septième jour, il y aura une assemblée solennelle en l'honneur de l'Éternel, ton Dieu: tu ne feras aucun ouvrage.

Tu compteras sept semaines; dès que la faucille sera mise dans les blés, tu commenceras à compter sept semaines.

10 Puis tu célébreras la fête des semaines, et tu feras des offrandes volontaires, selon les bénédictions que l'Éternel, ton Dieu, t'aura accordées.

Tu te réjouiras devant l'Éternel, ton Dieu, dans le lieu que l'Éternel, ton Dieu, choisira pour y faire résider son nom, toi, ton fils et ta fille, ton serviteur et ta servante, le Lévite qui sera dans tes portes, et l'étranger, l'orphelin et la veuve qui seront au milieu de toi.

Tu te souviendras que tu as été esclave en Égypte, et tu observeras et mettras ces lois en pratique.

Tu célébreras la fête des tabernacles pendant sept jours, quand tu recueilleras le produit de ton aire et de ton pressoir.

Tu te réjouiras à cette fête, toi, ton fils et ta fille, ton serviteur et ta servante, et le Lévite, l'étranger, l'orphelin et la veuve qui seront dans tes portes.

Tu célébreras la fête pendant sept jours en l'honneur de l'Éternel, ton Dieu, dans le lieu que choisira l'Éternel; car l'Éternel, ton Dieu, te bénira dans toutes tes récoltes et dans tout le travail de tes mains, et tu te livreras entièrement à la joie.

Trois fois par année, tous les mâles d'entre vous se présenteront devant l'Éternel, ton Dieu, dans le lieu qu'il choisira: à la fête des pains sans levain, à la fête des semaines, et à la fête des tabernacles. On ne paraîtra point devant l'Éternel les mains vides.

Chacun donnera ce qu'il pourra, selon les bénédictions que l'Éternel, ton Dieu, lui aura accordées.

Tu établiras des juges et des magistrats dans toutes les villes que l'Éternel, ton Dieu, te donne, selon tes tribus; et ils jugeront le peuple avec justice.

Tu ne porteras atteinte à aucun droit, tu n'auras point égard à l'apparence des personnes, et tu ne recevras point de présent, car les présents aveuglent les yeux des sages et corrompent les paroles des justes.

20 Tu suivras ponctuellement la justice, afin que tu vives et que tu possèdes le pays que l'Éternel, ton Dieu, te donne.

Tu ne fixeras aucune idole de bois à côté de l'autel que tu élèveras à l'Éternel, ton Dieu.

Tu ne dresseras point de statues, qui sont en aversion à l'Éternel, ton Dieu.

Deutéronome 17

Tu n'offriras en sacrifice à l'Éternel, ton Dieu, ni boeuf, ni agneau qui ait quelque défaut ou difformité; car ce serait en abomination à l'Éternel, ton Dieu.

Il se trouvera peut-être au milieu de toi dans l'une des villes que l'Éternel, ton Dieu, te donne, un homme ou une femme faisant ce qui est mal aux yeux de l'Éternel, ton Dieu, et transgressant son alliance;

allant après d'autres dieux pour les servir et se prosterner devant eux, après le soleil, la lune, ou toute l'armée des cieux. Ce n'est point là ce que j'ai commandé.

Dès que tu en auras connaissance, dès que tu l'auras appris, tu feras avec soin des recherches. La chose est-elle vraie, le fait est-il établi, cette abomination a-t-elle été commise en Israël,

alors tu feras venir à tes portes l'homme ou la femme qui sera coupable de cette mauvaise action, et tu lapideras ou puniras de mort cet homme ou cette femme.

Celui qui mérite la mort sera exécuté sur la déposition de deux ou de trois témoins; il ne sera pas mis à mort sur la déposition d'un seul témoin.

La main des témoins se lèvera la première sur lui pour le faire mourir, et la main de tout le peuple ensuite. Tu ôteras ainsi le mal du milieu de toi.

Si une cause relative à un meurtre, à un différend, à une blessure, te paraît trop difficile à juger et fournit matière à contestation dans tes portes, tu te lèveras et tu monteras au lieu que l'Éternel, ton Dieu, choisira.

Tu iras vers les sacrificateurs, les Lévites, et vers celui qui remplira alors les fonctions de juge; tu les consulteras, et ils te feront connaître la sentence.

10   Tu te conformeras à ce qu'ils te diront dans le lieu que choisira l'Éternel, et tu auras soin d'agir d'après tout ce qu'ils t'enseigneront.

Tu te conformeras à la loi qu'ils t'enseigneront et à la sentence qu'ils auront prononcée; tu ne te détourneras de ce qu'ils te diront ni à droite ni à gauche.

L'homme qui, par orgueil, n'écoutera pas le sacrificateur placé là pour servir l'Éternel, ton Dieu, ou qui n'écoutera pas le juge, cet homme sera puni de mort. Tu ôteras ainsi le mal du milieu d'Israël,

afin que tout le peuple entende et craigne, et qu'il ne se livre plus à l'orgueil.

Lorsque tu seras entré dans le pays que l'Éternel, ton Dieu, te donne, lorsque tu le posséderas, que tu y auras établi ta demeure, et que tu diras: Je veux mettre un roi sur moi, comme toutes les nations qui m'entourent, -

tu mettras sur toi un roi que choisira l'Éternel, ton Dieu, tu prendras un roi du milieu de tes frères, tu ne pourras pas te donner un étranger, qui ne soit pas ton frère.

Mais qu'il n'ait pas un grand nombre de chevaux; et qu'il ne ramène pas le peuple en Égypte pour avoir beaucoup de chevaux; car l'Éternel vous a dit: Vous ne retournerez plus par ce chemin-là.

Qu'il n'ait pas un grand nombre de femmes, afin que son coeur ne se détourne point; et qu'il ne fasse pas de grands amas d'argent et d'or.

Quand il s'assiéra sur le trône de son royaume, il écrira pour lui, dans un livre, une copie de cette loi, qu'il prendra auprès des sacrificateurs, les Lévites.

Il devra l'avoir avec lui et y lire tous les jours de sa vie, afin qu'il apprenne à craindre l'Éternel, son Dieu, à observer et à mettre en pratique toutes les paroles de cette loi et toutes ces ordonnances;

20   afin que son coeur ne s'élève point au-dessus de ses frères, et qu'il ne se détourne de ces commandements ni à droite ni à gauche; afin qu'il prolonge ses jours dans son royaume, lui et ses enfants, au milieu d'Israël.

Deutéronome 18

Les sacrificateurs, les Lévites, la tribu entière de Lévi, n'auront ni part ni héritage avec Israël; ils se nourriront des sacrifices consumés par le feu en l'honneur de l'Éternel et de l'héritage de l'Éternel.

Ils n'auront point d'héritage au milieu de leurs frères: l'Éternel sera leur héritage, comme il le leur a dit.

Voici quel sera le droit des sacrificateurs sur le peuple, sur ceux qui offriront un sacrifice, un boeuf ou un agneau: on donnera au sacrificateur l'épaule, les mâchoires et l'estomac.

Dt 18,4 Tu lui donneras les prémices de ton blé, de ton moût et de ton huile, et les prémices de la toison de tes brebis;

car c'est lui que l'Éternel, ton Dieu, a choisi entre toutes les tribus, pour qu'il fasse le service au nom de l'Éternel, lui et ses fils, à toujours.

Lorsqu'un lévite quittera l'une de tes portes, le lieu quelconque où il demeure en Israël, pour se rendre, selon la plénitude de son désir, au lieu que choisira l'Éternel,

et qu'il fera le service au nom de l'Éternel, ton Dieu, comme tous ses frères les lévites qui se tiennent là devant l'Éternel,

il recevra pour sa nourriture une portion égale à la leur, et jouira, en outre, des revenus de la vente de son patrimoine.

Lorsque tu seras entré dans le pays que l'Éternel, ton Dieu, te donne, tu n'apprendras point à imiter les abominations de ces nations-là.

10 Qu'on ne trouve chez toi personne qui fasse passer son fils ou sa fille par le feu, personne qui exerce le métier de devin, d'astrologue, d'augure, de magicien,

d'enchanteur, personne qui consulte ceux qui évoquent les esprits ou disent la bonne aventure, personne qui interroge les morts.

Car quiconque fait ces choses est en abomination à l'Éternel; et c'est à cause de ces abominations que l'Éternel, ton Dieu, va chasser ces nations devant toi.

Tu seras entièrement à l'Éternel, ton Dieu.

Car ces nations que tu chasseras écoutent les astrologues et les devins; mais à toi, l'Éternel, ton Dieu, ne le permet pas.

L'Éternel, ton Dieu, te suscitera du milieu de toi, d'entre tes frères, un prophète comme moi: vous l'écouterez!

Il répondra ainsi à la demande que tu fis à l'Éternel, ton Dieu, à Horeb, le jour de l'assemblée, quand tu disais: Que je n'entende plus la voix de l'Éternel, mon Dieu, et que je ne voie plus ce grand feu, afin de ne pas mourir.

L'Éternel me dit: Ce qu'il ont dit est bien.

Je leur susciterai du milieu de leurs frères un prophète comme toi, je mettrai mes paroles dans sa bouche, et il leur dira tout ce que je lui commanderai.[1]

Et si quelqu'un n'écoute pas mes paroles - qu'il dira en mon nom, c'est moi qui lui en demanderai compte.

20 Mais le prophète qui aura l'audace de dire en mon nom une parole que je ne lui aurai point commandé de dire, ou qui parlera au nom d'autres dieux, ce prophète-là sera puni de mort.

---

[1] Les versets 15 à 18 - avec leur subtile différence entre "Un prophète comme moi" et "un prophète comme toi" - ont été diversement interprétés; les uns y ont vu l'annonce de tous les prophètes d'Israël; d'autres, l'annonce d'un prophète exceptionnel (Jn 1,21: "Es-tu le prophète?").

Peut-être diras-tu dans ton coeur: Comment connaîtrons-nous la parole que l'Éternel n'aura point dite?

Quand ce que dira le prophète n'aura pas lieu et n'arrivera pas, ce sera une parole que l'Éternel n'aura point dite. C'est par audace que le prophète l'aura dite: n'aie pas peur de lui.

Deutéronome 19

Lorsque l'Éternel, ton Dieu, aura exterminé les nations dont l'Éternel, ton Dieu, te donne le pays, lorsque tu les auras chassées et que tu habiteras dans leurs villes et dans leurs maisons,

tu sépareras *trois villes* au milieu du pays dont l'Éternel, ton Dieu, te donne la possession.

Tu établiras des routes, et tu diviseras en trois parties le territoire du pays que l'Éternel, ton Dieu, va te donner en héritage. Il en sera ainsi afin que tout meurtrier puisse s'enfuir dans ces villes.

Cette loi s'appliquera au meurtrier qui s'enfuira là pour sauver sa vie, lorsqu'il aura involontairement tué son prochain, sans avoir été auparavant son ennemi.

Un homme, par exemple, va couper du bois dans la forêt avec un autre homme; la hache en main, il s'élance pour abattre un arbre; le fer échappe du manche, atteint le compagnon de cet homme, et lui donne la mort. Alors il s'enfuira dans l'une de ces villes pour sauver sa vie,

de peur que le vengeur du sang, échauffé par la colère et poursuivant le meurtrier, ne finisse par l'atteindre s'il y avait à faire beaucoup de chemin, et ne frappe mortellement celui qui ne mérite pas la mort, puisqu'il n'était point auparavant l'ennemi de son prochain.

C'est pourquoi je te donne cet ordre: Tu sépareras trois villes.

Et lorsque l'Éternel, ton Dieu, aura élargi tes frontières, comme il l'a juré à tes pères, et qu'il t'aura donné tout le pays qu'il a promis à tes pères de te donner, -

pourvu que tu observes et mettes en pratique tous ces commandements que je te prescris aujourd'hui, en sorte que tu aimes l'Éternel, ton Dieu, et que tu marches toujours dans ses voies, - tu ajouteras encore trois villes à ces trois-là,

10   afin que le sang innocent ne soit pas répandu au milieu du pays que l'Éternel, ton Dieu, te donne pour héritage, et que tu ne sois pas coupable de meurtre.

Mais si un homme s'enfuit dans une de ces villes, après avoir dressé des embûches à son prochain par inimitié contre lui, après l'avoir attaqué et frappé de manière à causer sa mort,

les anciens de sa ville l'enverront saisir et le livreront entre les mains du vengeur du sang, afin qu'il meure.

Tu ne jetteras pas sur lui un regard de pitié, tu feras disparaître d'Israël le sang innocent[1], et tu seras heureux

Tu ne reculeras point les bornes de ton prochain, posées par tes ancêtres, dans l'héritage que tu auras au pays dont l'Éternel, ton Dieu, te donne la possession.

Un seul témoin ne suffira pas contre un homme pour constater un crime ou un péché, quel qu'il soit; un fait ne pourra s'établir que sur la déposition de deux ou de trois témoins.

Lorsqu'un faux témoin s'élèvera contre quelqu'un pour l'accuser d'un crime,
les deux hommes en contestation comparaîtront devant l'Éternel, devant les sacrificateurs et les juges alors en fonctions.
Les juges feront avec soin des recherches. Le témoin est-il un faux témoin, a-t-il fait contre son frère une fausse déposition,
alors vous le traiterez comme il avait dessein de traiter son frère. Tu ôteras ainsi le mal du milieu de toi.

20 Les autres entendront et craindront, et l'on ne commettra plus un acte aussi criminel au   milieu de toi.
Tu ne jetteras aucun regard de pitié: oeil pour oeil, dent pour dent, main pour main, pied pour pied.

Deutéronome 20

Lorsque tu iras à la guerre contre tes ennemis, et que tu verras des chevaux et des chars, et un peuple plus nombreux que toi, tu ne les craindras point; car l'Éternel, ton Dieu, qui t'a fait monter du pays d'Égypte, est avec toi.

A l'approche du combat, le sacrificateur s'avancera et parlera au peuple.

Il leur dira: Écoute, Israël! Vous allez aujourd'hui livrer bataille à vos ennemis. Que votre coeur ne se trouble point; soyez sans crainte, ne vous effrayez pas, ne vous épouvantez pas devant eux.

Car l'Éternel, votre Dieu, marche avec vous, pour combattre vos ennemis, pour vous sauver.

Les officiers parleront ensuite au peuple et diront: Qui est-ce qui a bâti une maison neuve, et ne s'y est point encore établi? Qu'il s'en aille et retourne chez lui, de peur qu'il ne meure dans la bataille et qu'un autre ne s'y établisse.

Qui est-ce qui a planté une vigne, et n'en a point encore joui? Qu'il s'en aille et retourne chez lui, de peur qu'il ne meure dans la bataille et qu'un autre n'en jouisse.

Qui est-ce qui a fiancé une femme, et ne l'a point encore prise? Qu'il s'en aille et retourne chez lui, de peur qu'il ne meure dans la bataille et qu'un autre ne la prenne.

---

[1] 19,13: "Tu enlèveras d'Israël l'effusion d'un sang innocent".

Les officiers continueront à parler au peuple, et diront: Qui est-ce qui a peur et manque de courage? Qu'il s'en aille et retourne chez lui, afin que ses frères ne se découragent pas comme lui.

Quand les officiers auront achevé de parler au peuple, ils placeront les chefs des troupes à la tête du peuple.

10 Quand tu t'approcheras d'une ville pour l'attaquer, tu lui offriras la paix.

Si elle accepte la paix et t'ouvre ses portes, tout le peuple qui s'y trouvera te sera tributaire et asservi.

Si elle n'accepte pas la paix avec toi et qu'elle veuille te faire la guerre, alors tu l'assiégeras.

Et après que l'Éternel, ton Dieu, l'aura livrée entre tes mains, tu en feras passer tous les mâles au fil de l'épée.

Mais tu prendras pour toi les femmes, les enfants, le bétail, tout ce qui sera dans la ville, tout son butin, et tu mangeras les dépouilles de tes ennemis que l'Éternel, ton Dieu, t'aura livrés.

C'est ainsi que tu agiras à l'égard de toutes les villes qui sont très éloignées de toi, et qui ne font point partie des villes de ces nations-ci.

Mais dans les villes de ces peuples dont l'Éternel, ton Dieu, te donne le pays pour héritage, tu ne laisseras la vie à rien de ce qui respire.

Car tu dévoueras ces peuples par interdit, les Héthiens, les Amoréens, les Cananéens, les Phéréziens, les Héviens, et les Jébusiens, comme l'Éternel, ton Dieu, te l'a ordonné,

afin qu'ils ne vous apprennent pas à imiter toutes les abominations qu'ils font pour leurs dieux, et que vous ne péchiez point contre l'Éternel, votre Dieu.

Si tu fais un long siège pour t'emparer d'une ville avec laquelle tu es en guerre, tu ne détruiras point les arbres en y portant la hache, tu t'en nourriras et tu ne les abattras point; car l'arbre des champs est-il un homme pour être assiégé par toi?

20 Mais tu pourras détruire et abattre les arbres que tu sauras ne pas être des arbres servant à la nourriture, et en construire des retranchements contre la ville qui te fait la guerre, jusqu'à ce qu'elle succombe.

Deutéronome 21

Si, dans le pays dont l'Éternel, ton Dieu, te donne la possession, l'on trouve étendu au milieu d'un champ un homme tué, sans que l'on sache qui l'a frappé,

tes anciens et tes juges iront mesurer les distances à partir du cadavre jusqu'aux villes des environs.

Quand on aura déterminé la ville la plus rapprochée du cadavre, les anciens de cette ville prendront une génisse qui n'ait point servi au travail et qui n'ait point tiré au joug.

Ils feront descendre cette génisse vers un torrent qui jamais ne tarisse et où il n'y ait ni culture ni semence; et là, ils briseront la nuque à la génisse, dans le torrent.

Dt 21,5 Alors s'approcheront les sacrificateurs, fils de Lévi; car l'Éternel, ton Dieu, les a choisis pour qu'ils le servent et qu'ils bénissent au nom de l'Éternel, et ce sont eux qui doivent prononcer sur toute contestation et sur toute blessure.

Tous les anciens de cette ville la plus rapprochée du cadavre laveront leurs mains sur la génisse à laquelle on a brisé la nuque dans le torrent.

Et prenant la parole, ils diront: Nos mains n'ont point répandu ce sang et nos yeux ne l'ont point vu répandre.

Pardonne, ô Éternel! à ton peuple d'Israël, que tu as racheté; n'impute pas le sang innocent à ton peuple d'Israël, et ce sang ne lui sera point imputé.

Ainsi, tu dois faire disparaître du milieu de toi le sang innocent, en faisant ce qui est droit aux yeux de l'Éternel.

10 Lorsque tu iras à la guerre contre tes ennemis, si l'Éternel les livre entre tes mains, et que tu leur fasses des prisonniers,

peut-être verras-tu parmi les captives une femme belle de figure, et auras-tu le désir de la prendre pour femme.

Alors tu l'amèneras dans l'intérieur de ta maison. Elle se rasera la tête et se fera les ongles,

elle quittera les vêtements qu'elle portait quand elle a été prise, elle demeurera dans ta maison, et elle pleurera son père et sa mère pendant un mois. Après cela, tu iras vers elle, tu l'auras en ta possession, et elle sera ta femme.

Si elle cesse de te plaire, tu la laisseras aller où elle voudra, tu ne pourras pas la vendre pour de l'argent ni la traiter comme esclave, parce que tu l'auras humiliée.

Si un homme, qui a deux femmes, aime l'une et n'aime pas l'autre, et s'il en a des fils dont le premier-né soit de la femme qu'il n'aime pas,

il ne pourra point, quand il partagera son bien entre ses fils, reconnaître comme premier-né le fils de celle qu'il aime, à la place du fils de celle qu'il n'aime pas, et qui est le premier-né.

Mais il reconnaîtra pour premier-né le fils de celle qu'il n'aime pas, et lui donnera sur son bien une portion double; car ce fils est les prémices de sa vigueur, le droit d'aînesse lui appartient.

Si un homme a un fils indocile et rebelle, n'écoutant ni la voix de son père, ni la voix de sa mère, et ne leur obéissant pas même après qu'ils l'ont châtié,

le père et la mère le prendront, et le mèneront vers les anciens de sa ville et à la porte du lieu qu'il habite.

20 Ils diront aux anciens de sa ville: Voici notre fils qui est indocile et rebelle, qui n'écoute pas notre voix, et qui se livre à des excès et à l'ivrognerie.

Et tous les hommes de sa ville le lapideront, et il mourra. Tu ôteras ainsi le mal du milieu de toi, afin que tout Israël entende et craigne.

Si l'on fait mourir un homme qui a commis un crime digne de mort, et que tu l'aies pendu à un bois,

son cadavre ne passera point la nuit sur le bois; mais tu l'enterreras le jour même, car celui qui est pendu est un objet de malédiction auprès de Dieu, et tu ne souilleras point le pays que l'Éternel, ton Dieu, te donne pour héritage.

Deutéronome 22

Si tu vois s'égarer le boeuf ou la brebis de ton frère, tu ne t'en détourneras point, tu les ramèneras à ton frère.

Si ton frère n'habite pas près de toi, et que tu ne le connaisses pas, tu recueilleras l'animal dans ta maison et il restera chez toi jusqu'à ce que ton frère le réclame; et alors tu le lui rendras.

Tu feras de même pour son âne, tu feras de même pour son vêtement, tu feras de même pour tout objet qu'il aurait perdu et que tu trouverais; tu ne devras point t'en détourner.

Si tu vois l'âne de ton frère ou son boeuf tombé dans le chemin, tu ne t'en détourneras point, tu l'aideras à le relever.

Une femme ne portera point un habillement d'homme, et un homme ne mettra point des vêtements de femme; car quiconque fait ces choses est en abomination à l'Éternel, ton Dieu.

Si tu rencontres dans ton chemin un nid d'oiseau, sur un arbre ou sur la terre, avec des petits ou des oeufs, et la mère couchée sur les petits ou sur les oeufs, tu ne prendras pas la mère et les petits,

tu laisseras aller la mère et tu ne prendras que les petits, afin que tu sois heureux et que tu prolonges tes jours.

Si tu bâtis une maison neuve, tu feras une balustrade autour de ton toit, afin de ne pas mettre du sang sur ta maison, dans le cas où il en tomberait quelqu'un.

Tu ne sèmeras point dans ta vigne diverses semences, de peur que tu ne jouisses ni du produit de ce que tu auras semé ni du produit de la vigne.

10   Tu ne laboureras point avec un boeuf et un âne attelés ensemble.

Tu ne porteras point un vêtement tissé de diverses espèces de fils, de laine et de lin réunis ensemble.

Tu mettras des franges aux quatre coins du vêtement dont tu te couvriras.

Si un homme, qui a pris une femme et est allé vers elle, éprouve ensuite de l'aversion pour sa personne,

s'il lui impute des choses criminelles et porte atteinte à sa réputation, en disant: J'ai pris cette femme, je me suis approché d'elle, et je ne l'ai pas trouvée vierge, -

alors le père et la mère de la jeune femme prendront les signes de sa virginité et les produiront devant les anciens de la ville, à la porte.

Le père de la jeune femme dira aux anciens: J'ai donné ma fille pour femme à cet homme, et il l'a prise en aversion;

il lui impute des choses criminelles, en disant: Je n'ai pas trouvé ta fille vierge. Or voici les signes de virginité de ma fille. Et ils déploieront son vêtement devant les anciens de la ville.

Les anciens de la ville saisiront alors cet homme et le châtieront;

et, parce qu'il a porté atteinte à la réputation d'une vierge d'Israël, ils le condamneront à une amende de cent sicles d'argent, qu'ils donneront au père de la jeune femme. Elle restera sa femme, et il ne pourra pas la renvoyer, tant qu'il vivra.

20 Mais si le fait est vrai, si la jeune femme ne s'est point trouvée vierge,

on fera sortir la jeune femme à l'entrée de la maison de son père; elle sera lapidée par les gens de la ville, et elle mourra, parce qu'elle a commis une infamie en Israël, en se prostituant dans la maison de son père. Tu ôteras ainsi le mal du milieu de toi.

Si l'on trouve un homme couché avec une femme mariée, ils mourront tous deux, l'homme qui a couché avec la femme, et la femme aussi. Tu ôteras ainsi le mal du milieu d'Israël.

Si une jeune fille vierge est fiancée, et qu'un homme la rencontre dans la ville et couche avec elle,

vous les amènerez tous deux à la porte de la ville, vous les lapiderez, et ils mourront, la jeune fille pour n'avoir pas crié dans la ville, et l'homme pour avoir déshonoré la femme de son prochain. Tu ôteras ainsi le mal du milieu de toi.

Mais si c'est dans les champs que cet homme rencontre la jeune femme fiancée, lui fait violence et couche avec elle, l'homme qui aura couché avec elle sera seul puni de mort.

Tu ne feras rien à la jeune fille; elle n'est pas coupable d'un crime digne de mort, car il en est de ce cas comme de celui où un homme se jette sur son prochain et lui ôte la vie.

La jeune fille fiancée, que cet homme a rencontrée dans les champs, a pu crier sans qu'il y ait eu personne pour la secourir.

Si un homme rencontre une jeune fille vierge non fiancée, lui fait violence et couche avec elle, et qu'on vienne à les surprendre,

l'homme qui aura couché avec elle donnera au père de la jeune fille cinquante sicles d'argent; et, parce qu'il l'a déshonorée, il la prendra pour femme, et il ne pourra pas la renvoyer, tant qu'il vivra.

Deutéronome 23

Nul ne prendra la femme de son père, et ne soulèvera la couverture de son père

Celui dont les testicules ont été écrasés ou l'urètre coupé n'entrera point dans l'assemblée de l'Éternel.

Celui qui est issu d'une union illicite n'entrera point dans l'assemblée de l'Éternel; même sa dixième génération n'entrera point dans l'assemblée de l'Éternel.

Dt 23,4 L'Ammonite et le Moabite n'entreront point dans l'assemblée de l'Éternel, même à la dixième génération et à perpétuité,

parce qu'ils ne sont pas venus au-devant de vous avec du pain et de l'eau, sur le chemin, lors de votre sortie d'Égypte, et parce qu'ils ont fait venir contre toi à prix d'argent Balaam, fils de Beor, de Pethor en Mésopotamie, pour qu'il te maudisse.

Mais l'Éternel, ton Dieu, n'a point voulu écouter Balaam[1], et l'Éternel, ton Dieu, a changé pour toi la malédiction en bénédiction, parce que tu es aimé de l'Éternel, ton Dieu. Tu n'auras souci ni de leur prospérité ni de leur bien-être, tant que tu vivras, à perpétuité.

Tu n'auras point en abomination l'Édomite, car il est ton frère; tu n'auras point en abomination l'Égyptien, car tu as été étranger dans son pays[2]: les fils qui leur naîtront à la troisième génération entreront dans l'assemblée de l'Éternel.

Lorsque tu camperas contre tes ennemis, garde-toi de toute chose mauvaise.

10   S'il y a chez toi un homme qui ne soit pas pur, par suite d'un accident nocturne[3], il sortira du camp, et n'entrera point dans le camp;

sur le soir il se lavera dans l'eau, et après le coucher du soleil il pourra rentrer au camp.

Tu auras un lieu hors du camp, et c'est là dehors que tu iras: tu auras parmi ton bagage un instrument dont tu te serviras pour faire un creux et recouvrir tes excréments, quand tu voudras aller dehors.

Car l'Éternel, ton Dieu, marche au milieu de ton camp pour te protéger et pour livrer tes ennemis devant toi; ton camp devra donc être saint, afin que l'Éternel ne voie chez toi rien d'impur, et qu'il ne se détourne point de toi.

Tu ne livreras point à son maître un esclave qui se réfugiera chez toi[4], après l'avoir quitté.

Il demeurera chez toi, au milieu de toi, dans le lieu qu'il choisira, dans l'une de tes villes, où bon lui semblera: tu ne l'opprimeras point.

Il n'y aura aucune prostituée parmi les filles d'Israël, et il n'y aura aucun prostitué parmi les fils d'Israël.

---

[1] Voir Nb 22-24. Les versets ci-dessus présentent l'action de Balaam comme une prière contre Israël, que Dieu n'a pas voulu écouter. Mais, dans la version des Nombres dont nous disposons, il n'y a pas de telle prière: Balaam bénit Israël.

[2] Voir aussi, sur la place de l'Égypte, l'étonnant texte de Isaïe 19,21 et suivants.

[3] Éjaculation ("pertes séminales").

[4] Il s'agit sans doute d'un esclave étranger, qui a quitté son pays pour venir "au milieu de toi" (cf verset suivant).

Tu n'apporteras point dans la maison de l'Éternel, ton Dieu, le salaire d'une prostituée ni le prix d'un chien[1], pour l'accomplissement d'un voeu quelconque; car l'un et l'autre sont en abomination à l'Éternel, ton Dieu.

Tu n'exigeras de ton frère aucun intérêt ni pour argent, ni pour vivres, ni pour rien de ce qui se prête à intérêt.

20 Tu pourras tirer un intérêt de l'étranger, mais tu n'en tireras point de ton frère, afin que l'Éternel, ton Dieu, te bénisse dans tout ce que tu entreprendras au pays dont tu vas entrer en possession.

Si tu fais un voeu à l'Éternel, ton Dieu, tu ne tarderas point à l'accomplir: car l'Éternel, ton Dieu, t'en demanderait compte, et tu te chargerais d'un péché.

Si tu t'abstiens de faire un voeu, tu ne commettras pas un péché.

Mais tu observeras et tu accompliras ce qui sortira de tes lèvres, par conséquent les voeux que tu feras volontairement à l'Éternel, ton Dieu, et que ta bouche aura prononcés.

Si tu entres dans la vigne de ton prochain, tu pourras à ton gré manger des raisins et t'en rassasier; mais tu n'en mettras point dans ton vase.

Si tu entres dans les blés de ton prochain, tu pourras cueillir des épis avec la main, mais tu n'agiteras point la faucille sur les blés de ton prochain.

Deutéronome 24

Lorsqu'un homme aura pris et épousé une femme qui viendrait à ne pas trouver grâce à ses yeux, parce qu'il a découvert en elle quelque chose de honteux[2], il écrira pour elle une lettre de divorce, et, après la lui avoir remise en main, il la renverra de sa maison.

Elle sortira de chez lui, s'en ira, et pourra devenir la femme d'un autre homme.

Si ce dernier homme la prend en aversion, écrit pour elle une lettre de divorce, et, après la lui avoir remise en main, la renvoie de sa maison; ou bien, si ce dernier homme qui l'a prise pour femme vient à mourir,

alors le premier mari qui l'avait renvoyée ne pourra pas la reprendre pour femme après qu'elle a été souillée, car c'est une abomination devant l'Éternel, et tu ne chargeras point de péché le pays que l'Éternel, ton Dieu, te donne pour héritage.

Lorsqu'un homme sera nouvellement marié, il n'ira point à l'armée, et on ne lui imposera aucune charge; il sera exempté par raison de famille pendant un an, et il réjouira la femme qu'il a prise.

On ne prendra point pour gage les deux meules[3], ni la meule de dessus; car ce serait prendre pour gage la vie même.

---

[1] "Chien": prostitué mâle - cf verset précédent.

[2] Autre traduction: "quelque chose qui le choque"; les docteurs juifs n'étaient pas d'accord entre eux sur la nature de cette situation.

[3] Meule qui sert à écraser le grain.

Dt 24,7 Si l'on trouve un homme qui ait dérobé l'un de ses frères[1], l'un des enfants d'Israël, qui en ait fait son esclave ou qui l'ait vendu, ce voleur sera puni de mort. Tu ôteras ainsi le mal du milieu de toi.

Prends garde à la plaie de la lèpre, afin de bien observer et de faire tout ce que vous enseigneront les sacrificateurs, les Lévites; vous aurez soin d'agir d'après les ordres que je leur ai donnés.
Souviens-toi de ce que l'Éternel, ton Dieu, fit à Marie pendant la route[2], lors de votre sortie d'Égypte.

10 Si tu fais à ton prochain un prêt quelconque, tu n'entreras point dans sa maison pour te saisir de son gage;
tu resteras dehors, et celui à qui tu fais le prêt t'apportera le gage dehors.
Si cet homme est pauvre, tu ne te coucheras point, en retenant son gage;
tu le lui rendras au coucher du soleil, afin qu'il couche dans son vêtement et qu'il te bénisse; et cela te sera imputé à justice devant l'Éternel, ton Dieu.

Tu n'opprimeras point le mercenaire, pauvre et indigent, qu'il soit l'un de tes frères, ou l'un des étrangers demeurant dans ton pays, dans tes portes.
Tu lui donneras le salaire de sa journée avant le coucher du soleil; car il est pauvre, et il lui tarde de le recevoir. Sans cela, il crierait à l'Éternel contre toi, et tu te chargerais d'un péché.

On ne fera point mourir les pères pour les enfants, et l'on ne fera point mourir les enfants pour les pères; on fera mourir chacun pour son péché.
Tu ne porteras point atteinte au droit de l'étranger et de l'orphelin, et tu ne prendras point en gage le vêtement de la veuve.
Tu te souviendras que tu as été esclave en Égypte, et que l'Éternel, ton Dieu, t'a racheté; c'est pourquoi je te donne ces commandements à mettre en pratique.

Quand tu moissonneras ton champ, et que tu auras oublié une gerbe dans le champ, tu ne retourneras point la prendre: elle sera pour l'étranger, pour l'orphelin et pour la veuve, afin que l'Éternel, ton Dieu, te bénisse dans tout le travail de tes mains.

20 Quand tu secoueras tes oliviers, tu ne cueilleras point ensuite les fruits restés aux branches: ils seront pour l'étranger, pour l'orphelin et pour la veuve.

Quand tu vendangeras ta vigne, tu ne cueilleras point ensuite les grappes qui y seront restées: elles seront pour l'étranger, pour l'orphelin et pour la veuve.

Tu te souviendras que tu as été esclave dans le pays d'Égypte; c'est pourquoi je te donne ces commandements à mettre en pratique.

---

[1] Enlevé (rapt).

[2] La lèpre: Nb 12,10

Deutéronome 25

Lorsque des hommes, ayant entre eux une querelle, se présenteront en justice pour être jugés, on absoudra l'innocent, et l'on condamnera le coupable.

Si le coupable mérite d'être battu, le juge le fera étendre par terre et frapper en sa présence d'un nombre de coups proportionné à la gravité de sa faute.

Il ne lui fera pas donner plus de quarante coups, de peur que, si l'on continuait à le frapper en allant beaucoup au delà, ton frère ne fût avili[1] à tes yeux.

Tu n'emmuselleras point le boeuf, quand il foulera le grain.

Lorsque des frères demeureront ensemble, et que l'un d'eux mourra sans laisser de fils, la femme du défunt ne se mariera point au dehors avec un étranger, mais son beau-frère ira vers elle, la prendra pour femme, et l'épousera comme beau-frère.

Le premier-né qu'elle enfantera succédera au frère mort et portera son nom, afin que ce nom ne soit pas effacé d'Israël.

Si cet homme ne veut pas prendre sa belle-soeur, elle montera à la porte vers les anciens, et dira: Mon beau-frère refuse de relever en Israël le nom de son frère, il ne veut pas m'épouser par droit de beau-frère.

Les anciens de la ville l'appelleront, et lui parleront. S'il persiste, et dit: Je ne veux pas la prendre,

alors sa belle-soeur s'approchera de lui en présence des anciens, lui ôtera son soulier du pied, et lui crachera au visage. Et prenant la parole, elle dira: Ainsi sera fait à l'homme qui ne relève pas la maison de son frère.

10　Et sa maison sera appelée en Israël la maison du déchaussé.

Lorsque des hommes se querelleront ensemble, l'un avec l'autre, si la femme de l'un s'approche pour délivrer son mari de la main de celui qui le frappe, si elle avance la main et saisit ce dernier par les parties honteuses,

tu lui couperas la main, tu ne jetteras sur elle aucun regard de pitié.

Tu n'auras point dans ton sac deux sortes de poids, un gros et un petit.

Tu n'auras point dans ta maison deux sortes d'épha, un grand et un petit.

Tu auras un poids exact et juste, tu auras un épha exact et juste, afin que tes jours se prolongent dans le pays que l'Éternel, ton Dieu, te donne.

Car quiconque fait ces choses, quiconque commet une iniquité, est en abomination à l'Éternel, ton Dieu.

Souviens-toi de ce que te fit Amalek pendant la route, lors de votre sortie d'Égypte,

comment il te rencontra dans le chemin, et, sans aucune crainte de Dieu, tomba sur toi par derrière, sur tous ceux qui se traînaient les derniers, pendant que tu étais las et épuisé toi-même.

---

[1] "Avili": "Sérieusement blessé ou dimininué" (Note de la Bible De Beaumont).

Lorsque l'Éternel, ton Dieu, après t'avoir délivré de tous les ennemis qui t'entourent, t'accordera du repos dans le pays que l'Éternel, ton Dieu, te donne en héritage et en propriété, tu effaceras la mémoire d'Amalek de dessous les cieux: ne l'oublie point.

Deutéronome 26

Lorsque tu seras entré dans le pays que l'Éternel, ton Dieu, te donne pour héritage, lorsque tu le posséderas et y seras établi,

tu prendras des prémices de tous les fruits que tu retireras du sol dans le pays que l'Éternel, ton Dieu, te donne, tu les mettras dans une corbeille, et tu iras au lieu que choisira l'Éternel, ton Dieu, pour y faire résider son nom.

Tu te présenteras au sacrificateur alors en fonctions, et tu lui diras: Je déclare aujourd'hui à l'Éternel, ton Dieu, que je suis entré dans le pays que l'Éternel a juré à nos pères de nous donner.

Le sacrificateur recevra la corbeille de ta main, et la déposera devant l'autel de l'Éternel, ton Dieu.

"Mon père était un araméen nomade"

Tu prendras encore la parole, et tu diras devant l'Éternel, ton Dieu: Mon père était un Araméen nomade; il descendit en Égypte avec peu de gens, et il y fixa son séjour; là, il devint une nation grande, puissante et nombreuse.

Les Égyptiens nous maltraitèrent et nous opprimèrent, et ils nous soumirent à une dure servitude.

Nous criâmes à l'Éternel, le Dieu de nos pères. L'Éternel entendit notre voix, et il vit notre oppression, nos peines et nos misères.

Et l'Éternel nous fit sortir d'Égypte, à main forte et à bras étendu, avec des prodiges de terreur, avec des signes et des miracles.

Il nous a conduits dans ce lieu, et il nous a donné ce pays, pays où coulent le lait et le miel.

10 Maintenant voici, j'apporte les prémices des fruits du sol que tu m'as donné, ô Éternel! Tu les déposeras devant l'Éternel, ton Dieu, et tu te prosterneras devant l'Éternel, ton Dieu.

Puis tu te réjouiras, avec le Lévite et avec l'étranger qui sera au milieu de toi, pour tous les biens que l'Éternel, ton Dieu, t'a donnés, à toi et à ta maison.

Lorsque tu auras achevé de lever toute la dîme de tes produits, la troisième année, l'année de la dîme, tu la donneras au Lévite, à l'étranger, à l'orphelin et à la veuve; et ils mangeront et se rassasieront, dans tes portes.

Tu diras devant l'Éternel, ton Dieu: "J'ai ôté de ma maison ce qui est consacré, et je l'ai donné au Lévite, à l'étranger, à l'orphelin et à la veuve, selon tous les ordres que tu m'as prescrits; je n'ai transgressé ni oublié aucun de tes commandements.

"Je n'ai rien mangé de ces choses pendant mon deuil, je n'en ai rien fait disparaître pour un usage impur, et je n'en ai rien donné à l'occasion d'un mort; j'ai obéi à la voix de l'Éternel, mon Dieu, j'ai agi selon tous les ordres que tu m'as prescrits.

"Regarde de ta demeure sainte, des cieux, et bénis ton peuple d'Israël et le pays que tu nous as donné, comme tu l'avais juré à nos pères, ce pays où coulent le lait et le miel."

Aujourd'hui, l'Éternel, ton Dieu, te commande de mettre en pratique ces lois et ces ordonnances; tu les observeras et tu les mettras en pratique de tout ton coeur et de toute ton âme.

Aujourd'hui, tu as fait promettre à l'Éternel qu'il sera ton Dieu, afin que tu marches dans ses voies, que tu observes ses lois, ses commandements et ses ordonnances, et que tu obéisses à sa voix.

Et aujourd'hui, l'Éternel t'a fait promettre que tu seras un peuple qui lui appartiendra, comme il te l'a dit, et que tu observeras tous ses commandements,

afin qu'il te donne sur toutes les nations qu'il a créées la supériorité en gloire, en renom et en magnificence, et afin que tu sois un peuple saint pour l'Éternel, ton Dieu, comme il te l'a dit.

C - Malédictions et bénédictions
Deutéronome 27 - 28

Moïse et les anciens d'Israël donnèrent cet ordre au peuple: Observez tous les commandements que je vous prescris aujourd'hui.

Lorsque vous aurez passé le Jourdain, pour entrer dans le pays que l'Éternel, ton Dieu, te donne, tu dresseras de grandes pierres, et tu les enduiras de chaux.

Tu écriras sur ces pierres toutes les paroles de cette loi, lorsque tu auras passé le Jourdain, pour entrer dans le pays que l'Éternel, ton Dieu, te donne, pays où coulent le lait et le miel, comme te l'a dit l'Éternel, le Dieu de tes pères.

Lorsque vous aurez passé le Jourdain, vous dresserez sur le mont Ébal ces pierres que je vous ordonne aujourd'hui de dresser, et tu les enduiras de chaux.

Là, tu bâtiras un autel à l'Éternel, ton Dieu, un autel de pierres, sur lesquelles tu ne porteras point le fer;

tu bâtiras en pierres brutes l'autel de l'Éternel, ton Dieu. Tu offriras sur cet autel des holocaustes à l'Éternel, ton Dieu;

tu offriras des sacrifices d'actions de grâces, et tu mangeras là et te réjouiras devant l'Éternel, ton Dieu.

Tu écriras sur ces pierres toutes les paroles de cette loi, en les gravant bien nettement.

Moïse et les sacrificateurs, les Lévites, parlèrent à tout Israël, et dirent: Israël, sois attentif et écoute! Aujourd'hui, tu es devenu le peuple de l'Éternel, ton Dieu.

10 Tu obéiras à la voix de l'Éternel, ton Dieu, et tu mettras en pratique ses commandements et ses lois que je le prescris aujourd'hui.

Le même jour, Moïse donna cet ordre au peuple:
Lorsque vous aurez passé le Jourdain, Siméon, Lévi, Juda, Issacar, Joseph et Benjamin, se tiendront sur le mont Garizim, pour bénir le peuple;
et Ruben, Gad, Aser, Zabulon, Dan et Nephthali, se tiendront sur le mont Ébal, pour prononcer la malédiction.
Et les lévites prendront la parole, et diront d'une voix haute à tout Israël:

Maudit soit l'homme qui fait une image taillée ou une image en fonte, abomination de l'Éternel, oeuvre des mains d'un artisan, et qui la place dans un lieu secret! Et tout le peuple répondra, et dira: Amen!
Maudit soit celui qui méprise son père et sa mère! -Et tout le peuple dira: Amen!
Maudit soit celui qui déplace les bornes de son prochain! -Et tout le peuple dira: Amen!
Maudit soit celui qui fait égarer un aveugle dans le chemin! Et tout le peuple dira: Amen!
Maudit soit celui qui porte atteinte au droit de l'étranger, de l'orphelin et de la veuve! et tout le peuple dira: Amen!
20 Maudit soit celui qui couche avec la femme de son père, car il soulève la couverture de son père! -Et tout le peuple dira: Amen!
Maudit soit celui qui couche avec une bête quelconque! -Et tout le peuple dira: Amen!
Maudit soit celui qui couche avec sa soeur, fille de son père ou fille de sa mère! -Et tout le peuple dira: Amen!
Maudit soit celui qui couche avec sa belle-mère! -Et tout le peuple dira: Amen!
Maudit soit celui qui frappe son prochain en secret! -Et tout le peuple dira: Amen!
Maudit soit celui qui reçoit un présent pour répandre le sang de l'innocent! -Et tout le peuple dira: Amen!
Maudit soit celui qui n'accomplit point les paroles de cette loi, et qui ne les met point en pratique! -Et tout le peuple dira: Amen!

Deutéronome 28

Si tu obéis à la voix de l'Éternel, ton Dieu, en observant et en mettant en pratique tous ses commandements que je te prescris aujourd'hui, l'Éternel, ton Dieu, te donnera la supériorité sur toutes les nations de la terre.

Voici toutes les bénédictions qui se répandront sur toi et qui seront ton partage, lorsque tu obéiras à la voix de l'Éternel, ton Dieu:

Tu seras béni dans la ville, et tu seras béni dans les champs.
Le fruit de tes entrailles, le fruit de ton sol, le fruit de tes troupeaux, les portées de ton gros et de ton menu bétail, toutes ces choses seront bénies.
Ta corbeille et ta huche seront bénies.
Tu seras béni à ton arrivée, et tu seras béni à ton départ.

Dt 28,7 L'Éternel te donnera la victoire sur tes ennemis qui s'élèveront contre toi; ils sortiront contre toi par un seul chemin, et ils s'enfuiront devant toi par sept chemins.

L'Éternel ordonnera à la bénédiction d'être avec toi dans tes greniers et dans toutes tes entreprises. Il te bénira dans le pays que l'Éternel, ton Dieu, te donne.

Tu seras pour l'Éternel un peuple saint, comme il te l'a juré, lorsque tu observeras les commandements de l'Éternel, ton Dieu, et que tu marcheras dans ses voies.

10   Tous les peuples verront que tu es appelé du nom de l'Éternel, et ils te craindront.

L'Éternel te comblera de biens, en multipliant le fruit de tes entrailles, le fruit de tes troupeaux et le fruit de ton sol, dans le pays que l'Éternel a juré à tes pères de te donner.

L'Éternel t'ouvrira son bon trésor, le ciel, pour envoyer à ton pays la pluie en son temps et pour bénir tout le travail de tes mains; tu prêteras à beaucoup de nations, et tu n'emprunteras point.

L'Éternel fera de toi la tête et non la queue, tu seras toujours en haut et tu ne seras jamais en bas, lorsque tu obéiras aux commandements de l'Éternel, ton Dieu, que je te prescris aujourd'hui, lorsque tu les observeras et les mettras en pratique,

et que tu ne te détourneras ni à droite ni à gauche de tous les commandements que je vous donne aujourd'hui, pour aller après d'autres dieux et pour les servir.

Mais si tu n'obéis point à la voix de l'Éternel, ton Dieu, si tu n'observes pas et ne mets pas en pratique tous ses commandements et toutes ses lois que je te prescris aujourd'hui, voici toutes les malédictions qui viendront sur toi et qui seront ton partage:

Tu seras maudit dans la ville, et tu seras maudit dans les champs.

Ta corbeille et ta huche seront maudites.

Le fruit de tes entrailles, le fruit de ton sol, les portées de ton gros et de ton menu bétail, toutes ces choses seront maudites.

Tu seras maudit à ton arrivée, et tu seras maudit à ton départ.

20   L'Éternel enverra contre toi la malédiction, le trouble et la menace, au milieu de toutes les entreprises que tu feras, jusqu'à ce que tu sois détruit, jusqu'à ce que tu périsses promptement, à cause de la méchanceté de tes actions, qui t'aura porté à m'abandonner.

L'Éternel attachera à toi la peste, jusqu'à ce qu'elle te consume dans le pays dont tu vas entrer en possession.

L'Éternel te frappera de consomption, de fièvre, d'inflammation, de chaleur brûlante, de dessèchement, de jaunisse et de gangrène, qui te poursuivront jusqu'à ce que tu périsses.

Le ciel sur ta tête sera d'airain, et la terre sous toi sera de fer.

L'Éternel enverra pour pluie à ton pays de la poussière et de la poudre; il en descendra du ciel sur toi jusqu'à ce que tu sois détruit.

L'Éternel te fera battre par tes ennemis; tu sortiras contre eux par un seul chemin, et tu t'enfuiras devant eux par sept chemins; et tu seras un objet d'effroi pour tous les royaumes de la terre.

Dt 28,26 Ton cadavre sera la pâture de tous les oiseaux du ciel et des bêtes de la terre; et il n'y aura personne pour les troubler.

L'Éternel te frappera de l'ulcère d'Égypte, d'hémorroïdes, de gale et de teigne, dont tu ne pourras guérir.

L'Éternel te frappera de délire, d'aveuglement, d'égarement d'esprit,

et tu tâtonneras en plein midi comme l'aveugle dans l'obscurité, tu n'auras point de succès dans tes entreprises, et tu seras tous les jours opprimé, dépouillé, et il n'y aura personne pour venir à ton secours.

30 Tu auras une fiancée, et un autre homme couchera avec elle; tu bâtiras une maison, et tu ne l'habiteras pas; tu planteras une vigne, et tu n'en jouiras pas.

Ton boeuf sera égorgé sous tes yeux, et tu n'en mangeras pas; ton âne sera enlevé devant toi, et on ne te le rendra pas; tes brebis seront données à tes ennemis, et il n'y aura personne pour venir à ton secours.

Tes fils et tes filles seront livrés à un autre peuple, tes yeux le verront et languiront tout le jour après eux, et ta main sera sans force.

Un peuple que tu n'auras point connu mangera le fruit de ton sol et tout le produit de ton travail, et tu seras tous les jours opprimé et écrasé.

Le spectacle que tu auras sous les yeux te jettera dans le délire.

L'Éternel te frappera aux genoux et aux cuisses d'un ulcère malin dont tu ne pourras guérir, il te frappera depuis la plante du pied jusqu'au sommet de la tête.

L'Éternel te fera marcher, toi et ton roi que tu auras établi sur toi, vers une nation que tu n'auras point connue, ni toi ni tes pères. Et là, tu serviras d'autres dieux, du bois et de la pierre.

Et tu seras un sujet d'étonnement, de sarcasme et de raillerie, parmi tous les peuples chez qui l'Éternel te mènera.

Tu transporteras sur ton champ beaucoup de semence; et tu feras une faible récolte, car les sauterelles la dévoreront.

Tu planteras des vignes et tu les cultiveras; et tu ne boiras pas de vin et tu ne feras pas de récolte, car les vers la mangeront.

40 Tu auras des oliviers dans toute l'étendue de ton pays; et tu ne t'oindras pas d'huile, car tes olives tomberont.

Tu engendreras des fils et des filles; et ils ne seront pas à toi, car ils iront en captivité.

Les insectes prendront possession de tous tes arbres et du fruit de ton sol.

L'étranger qui sera au milieu de toi s'élèvera toujours plus au-dessus de toi, et toi, tu descendras toujours plus bas;

il te prêtera, et tu ne lui prêteras pas; il sera la tête, et tu seras la queue.

Toutes ces malédictions viendront sur toi, elles te poursuivront et seront ton partage jusqu'à ce que tu sois détruit, parce que tu n'auras pas obéi à la voix de l'Éternel, ton Dieu, parce que tu n'auras pas observé ses commandements et ses lois qu'il te prescrit.

Elles seront à jamais pour toi et pour tes descendants comme des signes et des prodiges.

Dt 28,47 Pour n'avoir pas, au milieu de l'abondance de toutes choses, servi l'Éternel, ton Dieu, avec joie et de bon coeur,

tu serviras, au milieu de la faim, de la soif, de la nudité et de la disette de toutes choses, tes ennemis que l'Éternel enverra contre toi. Il mettra un joug de fer sur ton cou, jusqu'à ce qu'il t'ait détruit.

L'Éternel fera partir de loin, des extrémités de la terre, une nation qui fondra sur toi d'un vol d'aigle, une nation dont tu n'entendras point la langue,

50   une nation au visage farouche, et qui n'aura ni respect pour le vieillard ni pitié pour l'enfant.

Elle mangera le fruit de tes troupeaux et le fruit de ton sol, jusqu'à ce que tu sois détruit; elle ne te laissera ni blé, ni moût, ni huile, ni portées de ton gros et de ton menu bétail, jusqu'à ce qu'elle t'ait fait périr.

Elle t'assiégera dans toutes tes portes, jusqu'à ce que tes murailles tombent, ces hautes et fortes murailles sur lesquelles tu auras placé ta confiance dans toute l'étendue de ton pays; elle t'assiégera dans toutes tes portes, dans tout le pays que l'Éternel, ton Dieu, te donne.

Au milieu de l'angoisse et de la détresse où te réduira ton ennemi, tu mangeras le fruit de tes entrailles, la chair de tes fils et de tes filles que l'Éternel, ton Dieu, t'aura donnés.

L'homme d'entre vous le plus délicat et le plus habitué à la mollesse aura un oeil sans pitié pour son frère, pour la femme qui repose sur son sein, pour ceux de ses enfants qu'il a épargnés;

il ne donnera à aucun d'eux de la chair de ses enfants dont il fait sa nourriture, parce qu'il ne lui reste plus rien au milieu de l'angoisse et de la détresse où te réduira ton ennemi dans toutes tes portes.

La femme d'entre vous la plus délicate et la plus habituée à la mollesse et par délicatesse n'essayait pas de poser à terre la plante de son pied, aura un oeil sans pitié pour le mari qui repose sur son sein, pour son fils et pour sa fille;

elle ne leur donnera rien de l'arrière-faix sorti d'entre ses pieds et des enfants qu'elle mettra au monde, car, manquant de tout, elle en fera secrètement sa nourriture au milieu de l'angoisse et de la détresse où te réduira ton ennemi dans tes portes.

Si tu n'observes pas et ne mets pas en pratique toutes les paroles de cette loi, écrites dans ce livre, si tu ne crains pas ce nom glorieux et redoutable de l'Éternel, ton Dieu,

l'Éternel te frappera miraculeusement, toi et ta postérité, par des plaies grandes et de longue durée, par des maladies graves et opiniâtres.

60   Il amènera sur toi toutes les maladies d'Égypte, devant lesquelles tu tremblais; et elles s'attacheront à toi.

Et même, l'Éternel fera venir sur toi, jusqu'à ce que tu sois détruit, toutes sortes de maladies et de plaies qui ne sont point mentionnées dans le livre de cette loi.

Après avoir été aussi nombreux que les étoiles du ciel, vous ne resterez qu'un petit nombre, parce que tu n'auras point obéi à la voix de l'Éternel, ton Dieu.

De même que l'Éternel prenait plaisir à vous faire du bien et à vous multiplier, de même l'Éternel prendra plaisir à vous faire périr et à vous détruire; et vous serez arrachés du pays dont tu vas entrer en possession.

L'Éternel te dispersera parmi tous les peuples, d'une extrémité de la terre à l'autre; et là, tu serviras d'autres dieux que n'ont connus ni toi, ni tes pères, du bois et de la pierre.

Parmi ces nations, tu ne seras pas tranquille, et tu n'auras pas un lieu de repos pour la plante de tes pieds. L'Éternel rendra ton coeur agité, tes yeux languissants, ton âme souffrante.

Ta vie sera comme en suspens devant toi, tu trembleras la nuit et le jour, tu douteras de ton existence.

Dans l'effroi qui remplira ton coeur et en présence de ce que tes yeux verront, tu diras le matin: Puisse le soir être là! et tu diras le soir: Puisse le matin être là!

Et l'Éternel te ramènera sur des navires en Égypte, et tu feras ce chemin dont je t'avais dit: Tu ne le reverras plus! Là, vous vous offrirez en vente à vos ennemis, comme esclaves et comme servantes; et il n'y aura personne pour vous acheter.

D - Derniers discours de Moïse
Deutéronome 29- 30

Voici les paroles de l'alliance que l'Éternel ordonna à Moïse de traiter[1] avec les enfants d'Israël au pays de Moab[2], outre l'alliance qu'il avait traitée avec eux à Horeb[3].

Moïse convoqua tout Israël, et leur dit: Vous avez vu tout ce que l'Éternel a fait sous vos yeux, dans le pays d'Égypte, à Pharaon, à tous ses serviteurs, et à tout son pays, les grandes épreuves que tes yeux ont vues, ces miracles et ces grands prodiges.

Mais, jusqu'à ce jour, l'Éternel ne vous a pas donné un coeur pour comprendre, des yeux pour voir, des oreilles pour entendre.

Je t'ai conduit pendant quarante années dans le désert; tes vêtements ne se sont point usés sur toi, et ton soulier ne s'est point usé à ton pied; vous n'avez point mangé de pain, et vous n'avez bu ni vin ni liqueur forte, afin que vous connussiez que je suis l'Éternel, votre Dieu.

Vous êtes arrivés dans ce lieu; Sihon, roi de Hesbon, et Og, roi de Basan, sont sortis à notre rencontre, pour nous combattre, et nous les avons battus.

Nous avons pris leur pays, et nous l'avons donné en propriété aux Rubénites, aux Gadites et à la moitié de la tribu des Manassites.

---

[1] Ordonna de conclure.

[2] Ce discours de Moïse se situe après la conquête de la rive gauche du Jourdain (cf verset 8: "Nous avons pris leur pays") et avant le passage de celui-ci.

[3] Exode 34,10.

Dt 29,9 Vous observerez donc les paroles de cette alliance, et vous les mettrez en pratique, afin de réussir dans tout ce que vous ferez.

10 Vous vous présentez aujourd'hui devant l'Éternel, votre Dieu, vous tous, vos chefs de tribus, vos anciens, vos officiers, tous les hommes d'Israël,

vos enfants, vos femmes, et l'étranger qui est au milieu de ton camp, depuis celui qui coupe ton bois jusqu'à celui qui puise ton eau.

Tu te présentes pour entrer dans l'alliance de l'Éternel, ton Dieu, dans cette alliance contractée avec serment, et que l'Éternel, ton Dieu, traite en ce jour avec toi,

afin de t'établir aujourd'hui pour son peuple et d'être lui-même ton Dieu, comme il te l'a dit, et comme il l'a juré à tes pères, Abraham, Isaac et Jacob.

Ce n'est point avec vous seuls que je traite cette alliance, cette alliance contractée avec serment.

Mais c'est avec ceux qui sont ici parmi nous, présents en ce jour devant l'Éternel, notre Dieu, et avec ceux qui ne sont point ici parmi nous en ce jour[1].

Vous savez de quelle manière nous avons habité dans le pays d'Égypte, et comment nous avons passé au milieu des nations que vous avez traversées.

Vous avez vu leurs abominations et leurs idoles, le bois et la pierre, l'argent et l'or, qui sont chez elles.

Qu'il n'y ait parmi vous ni homme, ni femme, ni famille, ni tribu, dont le coeur se détourne aujourd'hui de l'Éternel, notre Dieu, pour aller servir les dieux de ces nations-là. Qu'il n'y ait point parmi vous de racine qui produise du poison et de l'absinthe.

Que personne, après avoir entendu les paroles de cette alliance contractée avec serment, ne se glorifie dans son coeur et ne dise: J'aurai la paix, quand même je suivrai les penchants de mon coeur, et que j'ajouterai l'ivresse à la soif.

20 L'Éternel ne voudra point lui pardonner. Mais alors la colère et la jalousie de l'Éternel s'enflammeront contre cet homme, toutes les malédictions écrites dans ce livre reposeront sur lui, et l'Éternel effacera son nom de dessous les cieux.

L'Éternel le séparera, pour son malheur, de toutes les tribus d'Israël, selon toutes les malédictions de l'alliance écrite dans ce livre de la loi.

Les générations à venir, vos enfants qui naîtront après vous et l'étranger qui viendra d'une terre lointaine, -à la vue des plaies et des maladies dont l'Éternel aura frappé ce pays, à la vue du soufre, du sel,

de l'embrasement de toute la contrée, où il n'y aura ni semence, ni produit, ni aucune herbe qui croisse, comme au bouleversement de Sodome, de Gomorrhe, d'Adma et de Tseboïm, que l'Éternel détruisit dans sa colère et dans sa fureur,

toutes les nations diront: Pourquoi l'Éternel a-t-il ainsi traité ce pays? pourquoi cette ardente, cette grande colère?

---

[1] Les générations futures.

Et l'on répondra: C'est parce qu'ils ont abandonné l'alliance contractée avec eux par l'Éternel, le Dieu de leurs pères, lorsqu'il les fit sortir du pays d'Égypte;

c'est parce qu'ils sont allés servir d'autres dieux et se prosterner devant eux, des dieux qu'ils ne connaissaient point et que l'Éternel ne leur avait point donnés en partage.

Alors la colère de l'Éternel s'est enflammée contre ce pays, et il a fait venir sur lui toutes les malédictions écrites dans ce livre.

L'Éternel les a arrachés de leur pays avec colère, avec fureur, avec une grande indignation, et il les a jetés sur un autre pays, comme on le voit aujourd'hui.

Les choses cachées sont à l'Éternel, notre Dieu; les choses révélées sont à nous et à nos enfants, à perpétuité, afin que nous mettions en pratique toutes les paroles de cette loi.

Deutéronome 30

Lorsque toutes ces choses t'arriveront, la bénédiction et la malédiction que je mets devant toi, si tu les prends à coeur au milieu de toutes les nations chez lesquelles l'Éternel, ton Dieu, t'aura chassé,

si tu reviens à l'Éternel, ton Dieu, et si tu obéis à sa voix de tout ton coeur et de toute ton âme, toi et tes enfants, selon tout ce que je te prescris aujourd'hui,

alors l'Éternel, ton Dieu, ramènera tes captifs et aura compassion de toi, il te rassemblera encore du milieu de tous les peuples chez lesquels l'Éternel, ton Dieu, t'aura dispersé.

Quand tu serais exilé à l'autre extrémité du ciel, l'Éternel, ton Dieu, te rassemblera de là, et c'est là qu'il t'ira chercher.

L'Éternel, ton Dieu, te ramènera dans le pays que possédaient tes pères, et tu le posséderas; il te fera du bien, et te rendra plus nombreux que tes pères.

L'Éternel, ton Dieu, circoncira ton coeur et le coeur de ta postérité, et tu aimeras l'Éternel, ton Dieu, de tout ton coeur et de toute ton âme, afin que tu vives.

L'Éternel, ton Dieu, fera tomber toutes ces malédictions sur tes ennemis, sur ceux qui t'auront haï et persécuté.

Et toi, tu reviendras à l'Éternel, tu obéiras à sa voix, et tu mettras en pratique tous ces commandements que je te prescris aujourd'hui.

L'Éternel, ton Dieu, te comblera de biens en faisant prospérer tout le travail de tes mains, le fruit de tes entrailles, le fruit de tes troupeaux et le fruit de ton sol; car l'Éternel prendra de nouveau plaisir à ton bonheur, comme il prenait plaisir à celui de tes pères,

10 lorsque tu obéiras à la voix de l'Éternel, ton Dieu, en observant ses commandements et ses ordres écrits dans ce livre de la loi, lorsque tu reviendras à l'Éternel, ton Dieu, de tout ton coeur et de toute ton âme.

Ce commandement que je te prescris aujourd'hui n'est certainement point au-dessus de tes forces et hors de ta portée.

Il n'est pas dans le ciel, pour que tu dises: Qui montera pour nous au ciel et nous l'ira chercher, qui nous le fera entendre, afin que nous le mettions en pratique?

Il n'est pas de l'autre côté de la mer, pour que tu dises: Qui passera pour nous de l'autre côté de la mer et nous l'ira chercher, qui nous le fera entendre, afin que nous le mettions en pratique?

C'est une chose, au contraire, qui est tout près de toi, dans ta bouche et dans ton coeur, afin que tu la mettes en pratique.

Vois, je mets aujourd'hui devant toi la vie et le bien, la mort et le mal.

Car je te prescris aujourd'hui d'aimer l'Éternel, ton Dieu, de marcher dans ses voies, et d'observer ses commandements, ses lois et ses ordonnances, afin que tu vives et que tu multiplies, et que l'Éternel, ton Dieu, te bénisse dans le pays dont tu vas entrer en possession.

Mais si ton coeur se détourne, si tu n'obéis point, et si tu te laisses entraîner à te prosterner devant d'autres dieux et à les servir,

je vous déclare aujourd'hui que vous périrez, que vous ne prolongerez point vos jours dans le pays dont vous allez entrer en possession, après avoir passé le Jourdain.

J'en prends aujourd'hui à témoin contre vous le ciel et la terre: j'ai mis devant toi la vie et la mort, la bénédiction et la malédiction. **Choisis la vie, afin que tu vives, toi et ta postérité,**

20 pour aimer l'Éternel, ton Dieu, pour obéir à sa voix, et pour t'attacher à lui: car de cela dépendent ta vie et la prolongation de tes jours, et c'est ainsi que tu pourras demeurer dans le pays que l'Éternel a juré de donner à tes pères, Abraham, Isaac et Jacob.

Adieux et mort de Moïse
Deutéronome 31- 34

Moïse adressa encore ces paroles à tout Israël:

Aujourd'hui, leur dit-il, je suis âgé de cent vingt ans, je ne pourrai plus sortir et entrer, et l'Éternel m'a dit: "Tu ne passeras pas ce Jourdain".

L'Éternel, ton Dieu, marchera lui-même devant toi[1], il détruira ces nations devant toi, et tu t'en rendras maître. Josué marchera aussi devant toi, comme l'Éternel l'a dit.

L'Éternel traitera ces nations comme il a traité Sihon[2] et Og[3], rois des Amoréens, qu'il a détruits avec leur pays.

L'Éternel vous les livrera, et vous agirez à leur égard selon tous les ordres que je vous ai donnés.

---

[1] Devant Israël.

[2] Dt 2,30-34.

[3] Dt 3,3 - Og est roi de Bachan, et non des Amoréens comme le dit le texte.

Dt 31,6 Fortifiez-vous et ayez du courage! Ne craignez point et ne soyez point effrayés devant eux; car l'Éternel, ton Dieu, marchera lui-même avec toi, il ne te délaissera point, il ne t'abandonnera point.

Moïse appela Josué, et lui dit en présence de tout Israël: Fortifie-toi et prends courage, car tu entreras avec ce peuple dans le pays que l'Éternel a juré à leurs pères de leur donner, et c'est toi qui les en mettras en possession.

L'Éternel marchera lui-même devant toi, il sera lui-même avec toi, il ne te délaissera point, il ne t'abandonnera point; ne crains point, et ne t'effraie point.

Moïse écrivit cette loi[1], et il la remit aux sacrificateurs, fils de Lévi, qui portaient l'arche de l'alliance de l'Éternel, et à tous les anciens d'Israël.

10 Moïse leur donna cet ordre: Tous les sept ans, à l'époque de l'année du relâche, à la fête des tabernacles,

quand tout Israël viendra se présenter devant l'Éternel, ton Dieu, dans le lieu qu'il choisira, tu liras cette loi devant tout Israël, en leur présence.

Tu rassembleras le peuple, les hommes, les femmes, les enfants, et l'étranger qui sera dans tes portes, afin qu'ils t'entendent, et afin qu'ils apprennent à craindre l'Éternel, votre Dieu, à observer et à mettre en pratique toutes les paroles de cette loi.

Et leurs enfants qui ne la connaîtront pas l'entendront, et ils apprendront à craindre l'Éternel, votre Dieu, tout le temps que vous vivrez dans le pays dont vous prendrez possession, après avoir passé le Jourdain.

L'Éternel dit à Moïse: Voici, le moment approche où tu vas mourir. Appelle Josué, et présentez-vous dans la tente d'assignation. Je lui donnerai mes ordres. Moïse et Josué allèrent se présenter dans la tente d'assignation.

Et l'Éternel apparut dans la tente dans une colonne de nuée; et la colonne de nuée s'arrêta à l'entrée de la tente.

L'Éternel dit à Moïse: Voici, tu vas être couché avec tes pères. Et ce peuple se lèvera, et se prostituera après les dieux étrangers du pays au milieu duquel il entre. Il m'abandonnera, et il violera mon alliance, que j'ai traitée avec lui.

En ce jour-là, ma colère s'enflammera contre lui. Je les abandonnerai, et je leur cacherai ma face. Il sera dévoré, il sera la proie d'une multitude de maux et d'afflictions, et alors il dira: N'est-ce point parce que mon Dieu n'est pas au milieu de moi que ces maux m'ont atteint?

Et moi, je cacherai ma face en ce jour-là, à cause de tout le mal qu'il aura fait, en se tournant vers d'autres dieux.

---

[1] La loi décrite dans tous les textes qui précèdent.

Maintenant, écrivez ce cantique[1]. Enseigne-le aux enfants d'Israël, mets-le dans leur bouche, et que ce cantique me serve de témoin contre les enfants d'Israël.

20 Car je mènerai ce peuple dans le pays que j'ai juré à ses pères de lui donner, pays où coulent le lait et le miel; il mangera, se rassasiera, s'engraissera; puis il se tournera vers d'autres dieux et les servira, il me méprisera et violera mon alliance;

Quand alors il sera atteint par une multitude de maux et d'afflictions, ce cantique, qui ne sera point oublié et que la postérité aura dans la bouche, déposera comme témoin contre ce peuple. Je connais, en effet, ses dispositions, qui déjà se manifestent aujourd'hui, avant même que je l'aie fait entrer dans le pays que j'ai juré de lui donner.

En ce jour-là, Moïse écrivit ce cantique, et il l'enseigna aux enfants d'Israël.

L'Éternel donna ses ordres à Josué, fils de Nun. Il dit: Fortifie-toi et prends courage, car c'est toi qui feras entrer les enfants d'Israël dans le pays que j'ai juré de leur donner; et je serai moi-même avec toi.

Lorsque Moïse eut complètement achevé d'écrire dans un livre les paroles de cette loi, il donna cet ordre aux Lévites qui portaient l'arche de l'alliance de l'Éternel:

Prenez ce livre de la loi, et mettez-le à côté de l'arche de l'alliance de l'Éternel, votre Dieu, et il sera là comme témoin contre toi.

Car je connais ton esprit de rébellion et la roideur de ton cou. Si vous êtes rebelles contre l'Éternel pendant que je suis encore vivant au milieu de vous, combien plus le serez-vous après ma mort!

Assemblez devant moi tous les anciens de vos tribus et vos officiers; je dirai ces paroles en leur présence, et je prendrai à témoin contre eux le ciel et la terre.

Car je sais qu'après ma mort vous vous corromprez, et que vous vous détournerez de la voie que je vous ai prescrite; et le malheur finira par vous atteindre, quand vous ferez ce qui est mal aux yeux de l'Éternel, au point de l'irriter par l'oeuvre de vos mains.

30 Moïse prononça dans leur entier les paroles de ce cantique, en présence de toute l'assemblée d'Israël:

Deutéronome 32

Cieux! prêtez l'oreille, et je parlerai; Terre! écoute les paroles de ma bouche.
Que mes instructions se répandent comme la pluie, Que ma parole tombe comme la rosée, Comme des ondées sur la verdure, Comme des gouttes d'eau sur l'herbe!
Car je proclamerai le nom de l'Éternel. Rendez gloire à notre Dieu!

Il est le rocher; ses oeuvres sont parfaites, Car toutes ses voies sont justes; C'est un Dieu fidèle et sans iniquité, Il est juste et droit.

---

[1] Cantique du ch 32. Mentionné à nouveau trois versets plus loin.

Dt 32,5 S'ils se sont corrompus, à lui n'est point la faute; la honte est à ses enfants, race fausse et perverse.

Est-ce l'Éternel que vous en rendrez responsable, peuple insensé et dépourvu de sagesse? N'est-il pas ton père, ton créateur? N'est-ce pas lui qui t'a formé, et qui t'a affermi?

Rappelle à ton souvenir les anciens jours, Passe en revue les années, génération par génération, Interroge ton père, et il te l'apprendra, Tes vieillards, et ils te le diront.

Quand le Très Haut donna un héritage aux nations, Quand il sépara les enfants des hommes, Il fixa les limites des peuples D'après le nombre des enfants d'Israël[1],

Car la portion de l'Éternel, c'est son peuple, Jacob est la part de son héritage[2].

10 Il l'a trouvé dans une contrée déserte[3], Dans une solitude aux effroyables hurlements; Il l'a entouré, il en a pris soin, Il l'a gardé comme la prunelle de son oeil,

Pareil à l'aigle qui éveille sa couvée, Voltige sur ses petits, Déploie ses ailes, les prend, les porte sur ses plumes.

L'Éternel seul a conduit son peuple, Et il n'y avait avec lui aucun dieu étranger.

Il l'a fait monter sur les hauteurs du pays, Et Israël a mangé les fruits des champs; Il lui a fait sucer le miel du rocher, L'huile qui sort du rocher le plus dur,

La crème des vaches et le lait des brebis, Avec la graisse des agneaux, Des béliers de Basan et des boucs, Avec la fleur du froment; Et tu as bu le sang du raisin, le vin.

Israël est devenu gras, et il a regimbé; Tu es devenu gras, épais et replet! -Et il a abandonné Dieu, son créateur, Il a méprisé le rocher de son salut,

Ils[4] ont excité sa jalousie par des dieux étrangers, Ils l'ont irrité par des abominations; Ils ont sacrifié à des idoles qui ne sont pas Dieu, A des dieux qu'ils ne connaissaient point, nouveaux, venus depuis peu, Et que vos pères n'avaient pas craints.

Tu as abandonné le rocher[5] qui t'a fait naître, Et tu as oublié le Dieu qui t'a engendré.

L'Éternel l'a vu, et il a été irrité, Indigné contre ses fils et ses filles.

20 Il a dit: Je leur cacherai ma face, Je verrai quelle sera leur fin; Car c'est une race perverse, Ce sont des enfants infidèles.

---

[1] D'autres manuscrits disent: "Selon le nombre des Fils de Dieu". C'est à dire les anges, voir Job 1,6 (note de la BJ).

[2] Voir Dt 7,6 " Dieu t'a choisi, pour que tu fusses un peuple qui lui appartînt entre tous les peuples"

[3] Sans doute allusion aux 40 ans dans le désert.

[4] Les Israélites.

[5] Le rocher: Dieu - Cf v.4.

Dt 32,21 Ils ont excité ma jalousie par ce qui n'est point Dieu, Ils m'ont irrité par leurs vaines idoles; Et moi, j'exciterai leur jalousie par ce qui n'est point un peuple[1], Je les irriterai par une nation insensée.

Car le feu de ma colère s'est allumé[2], Et il brûlera jusqu'au fond du séjour des morts; Il dévorera la terre et ses produits, Il embrasera les fondements des montagnes.

J'accumulerai sur eux les maux, J'épuiserai mes traits contre eux.

Ils seront desséchés par la faim, consumés par la fièvre Et par des maladies violentes; J'enverrai parmi eux la dent des bêtes féroces Et le venin des serpents.

Au dehors, on périra par l'épée, Et au dedans, par d'effrayantes calamités: Il en sera du jeune homme comme de la jeune fille, De l'enfant à la mamelle comme du vieillard.

Je voudrais dire: Je les emporterai d'un souffle, Je ferai disparaître leur mémoire d'entre les hommes!

Mais je crains les insultes de l'ennemi, Je crains que leurs adversaires ne se méprennent, Et qu'ils ne disent: Notre main a été puissante, Et ce n'est pas l'Éternel qui a fait toutes ces choses.

C'est une nation qui a perdu le bon sens, Et il n'y a point en eux d'intelligence.

S'ils étaient sages, voici ce qu'ils comprendraient, Et ils penseraient à ce qui leur arrivera.

30 Comment un seul en poursuivrait-il mille, Et deux en mettraient-ils dix mille en fuite, Si leur Rocher ne les avait vendus, Si l'Éternel ne les avait livrés?

Car leur rocher[3] n'est pas comme notre Rocher, Nos ennemis en sont juges.

Leur vigne est du plant de Sodome Et du terroir de Gomorrhe; Leurs raisins sont des raisins empoisonnés, Leurs grappes sont amères;

Leur vin, c'est le venin des serpents, C'est le poison cruel des aspics.

Cela n'est-il pas caché près de moi, Scellé dans mes trésors?

A moi la vengeance et la rétribution, Quand leur pied chancellera! Car le jour de leur malheur est proche, Et ce qui les attend ne tardera pas.

L'Éternel jugera son peuple; Mais il aura pitié de ses serviteurs, En voyant que leur force est épuisée, Et qu'il n'y a plus ni esclave ni homme libre.

Il dira: Où sont leurs dieux, le rocher qui leur servait de refuge,

Ces dieux qui mangeaient la graisse de leurs victimes, Qui buvaient le vin de leurs libations? Qu'ils se lèvent, qu'ils vous secourent, Qu'ils vous couvrent de leur protection!

---

[1] Allusion aux Babyloniens ou aux Philistins, nations qui n'ont pas reçu la sagesse de Dieu: qui ne sont pas son peuple (Note de la BJ).

[2] Pendant neuf versets (31,22 à 30), les griefs de Dieu contre Israël sont exposés.

[3] Dans le passage qui suit, le texte emploie le mot "rocher", non plus pour désigner Dieu, mais pour désigner les faux dieux des adversaires.

Sachez donc que c'est moi qui suis Dieu, Et qu'il n'y a point de dieu près de moi; Je fais vivre et je fais mourir, Je blesse et je guéris, Et personne ne délivre de ma main.

40 Car je lève ma main vers le ciel, Et je dis: Je vis éternellement!
Si j'aiguise l'éclair de mon épée Et si ma main saisit la justice, Je me vengerai de mes adversaires. Et je punirai ceux qui me haïssent;

Mon épée dévorera leur chair, Et j'enivrerai mes flèches de sang, Du sang des blessés et des captifs; de la tête des chefs de l'ennemi.
Nations, chantez les louanges de son peuple! Car l'Éternel venge le sang de ses serviteurs, Il se venge de ses adversaires, Et il fait l'expiation pour son pays, pour son peuple.

Moïse vint et prononça toutes les paroles de ce cantique en présence du peuple; Josué, fils de Nun, était avec lui.

Lorsque Moïse eut achevé de prononcer toutes ces paroles devant tout Israël,
il leur dit: Prenez à coeur toutes les paroles que je vous conjure aujourd'hui de recommander à vos enfants, afin qu'ils observent et mettent en pratique toutes les paroles de cette loi.
Car ce n'est pas une chose sans importance pour vous; c'est votre vie, et c'est par là que vous prolongerez vos jours dans le pays dont vous aurez la possession, après avoir passé le Jourdain.

Ce même jour, l'Éternel parla à Moïse, et dit:
Monte sur cette montagne d'Abarim, sur le mont Nebo, au pays de Moab, vis-à-vis de Jéricho; et regarde le pays de Canaan que je donne en propriété aux enfants d'Israël.

50 Tu mourras sur la montagne où tu vas monter, et tu seras recueilli auprès de ton peuple, comme Aaron, ton frère, est mort sur la montagne de Hor et a été recueilli auprès de son peuple,
parce que vous avez péché contre moi au milieu des enfants d'Israël, près des eaux de Meriba, à Kadès, dans le désert de Tsin, et que vous ne m'avez point sanctifié au milieu des enfants d'Israël.

Tu verras le pays devant toi; mais tu n'entreras point dans le pays que je donne aux enfants d'Israël.

Deutéronome 33

Voici la bénédiction par laquelle Moïse, homme de Dieu, bénit les enfants d'Israël, avant sa mort.

Dt 33,2 Il dit:[1]

L'Éternel est venu du Sinaï, Il s'est levé sur eux de Séir, Il a resplendi de la montagne de Paran, Et il est sorti du milieu des saintes myriades: Il leur a de sa droite envoyé le feu de la loi.

Oui, il aime les peuples; Tous ses saints sont dans ta main. Ils se sont tenus à tes pieds, Ils ont reçu tes paroles.

Moïse nous a donné la loi, Héritage de l'assemblée de Jacob.

Il était roi en Israël, Quand s'assemblaient les chefs du peuple Et les tribus d'Israël.

Que Ruben vive et qu'il ne meure point, Et que ses hommes soient nombreux!

Voici sur Juda ce qu'il dit: Écoute, ô Éternel! la voix de Juda, Et ramène-le vers son peuple. Que ses mains soient puissantes, Et que tu lui sois en aide contre ses ennemis!

Sur Lévi il dit: Les thummim et les urim[2] ont été confiés à l'homme saint, Que tu as tenté à Massa, Et avec qui tu as contesté aux eaux de Meriba.

Lévi dit de son père et de sa mère: Je ne les ai point vus! Il ne distingue point ses frères, Il ne connaît point ses enfants. Car ils observent ta parole, Et ils gardent ton alliance;

10   Ils enseignent tes ordonnances à Jacob, Et ta loi à Israël; Ils mettent l'encens sous tes narines, Et l'holocauste sur ton autel.

Bénis sa force, ô Éternel! Agrée l'oeuvre de ses mains! Brise les reins de ses adversaires, Et que ses ennemis ne se relèvent plus!

Sur Benjamin il dit: C'est le bien-aimé de l'Éternel, Il habitera en sécurité auprès de lui; L'Éternel le couvrira toujours, Et résidera entre ses épaules.

Sur Joseph il dit: Son pays recevra de l'Éternel, en signe de bénédiction, Le meilleur don du ciel, la rosée, Les meilleures eaux qui sont en bas,

Les meilleurs fruits du soleil, Les meilleurs fruits de chaque mois,

Les meilleurs produits des antiques montagnes, Les meilleurs produits des collines éternelles,

Les meilleurs produits de la terre et de ce qu'elle renferme. Que la grâce de celui qui apparut dans le buisson Vienne sur la tête de Joseph, Sur le sommet de la tête du prince de ses frères!

De son taureau premier-né il a la majesté; Ses cornes sont les cornes du buffle; Avec elles il frappera tous les peuples, Jusqu'aux extrémités de la terre: Elles sont les myriades d'Éphraïm, Elles sont les milliers de Manassé.[3]

---

[1] Les premiers versets (2 à 5) et les derniers (26 à 29) sont un hymne au Dieu d'Israël, entourant la bénédiction des différentes tribus.

[2] Ce sont des instruments de consultation de Dieu - cf Ex 28,30.

[3] Éphraïm et Manassé sont les deux fils de Joseph; ils constituent deux tribus distinctes (Gn 48); cela rétablit le nombre de tribus à douze, puisque Lévi est compté à part et n'a pas de territoire.

Sur Zabulon il dit: Réjouis-toi, Zabulon, dans tes courses, Et toi, Issacar, dans tes tentes!

Ils appelleront les peuples sur la montagne; Là, ils offriront des sacrifices de justice, Car ils suceront l'abondance de la mer, Et les trésors cachés dans le sable.

20 Sur Gad il dit: Béni soit celui qui met Gad au large! Gad repose comme une lionne, Il déchire le bras et la tête.

Il a choisi les prémices du pays, Car là est caché l'héritage du législateur; Il a marché en tête du peuple, Il a exécuté la justice de l'Éternel, Et ses ordonnances envers Israël.

Sur Dan il dit: Dan est un jeune lion, Qui s'élance de Basan.

Sur Nephthali il dit: Nephthali, rassasié de faveurs Et comblé des bénédictions de l'Éternel, Prends possession de l'occident et du midi!

Sur Aser il dit: Béni soit Aser entre les enfants d'Israël! Qu'il soit agréable à ses frères, Et qu'il plonge son pied dans l'huile!

Que tes verrous soient de fer et d'airain, Et que ta vigueur dure autant que tes jours!

Nul n'est semblable au Dieu d'Israël, Il est porté sur les cieux pour venir à ton aide, Il est avec majesté porté sur les nuées.

Le Dieu d'éternité est un refuge, Et sous ses bras éternels est une retraite. Devant toi il a chassé l'ennemi, Et il a dit: Extermine.

Israël est en sécurité dans sa demeure, La source de Jacob est à part Dans un pays de blé et de moût, Et son ciel distille la rosée.

Que tu es heureux, Israël! Qui est comme toi, Un peuple sauvé par l'Éternel, Le bouclier de ton secours Et l'épée de ta gloire? Tes ennemis feront défaut devant toi, Et tu fouleras leurs lieux élevés.

Deutéronome 34

Moïse monta des plaines de Moab sur le mont Nebo, au sommet du Pisga, vis-à-vis de Jéricho. Et l'Éternel lui fit voir tout le pays:

Galaad jusqu'à Dan, tout Nephthali, le pays d'Éphraïm et de Manassé, tout le pays de Juda jusqu'à la mer occidentale,

le midi, les environs du Jourdain, la vallée de Jéricho, la ville des palmiers, jusqu'à Tsoar.

L'Éternel lui dit: C'est là le pays que j'ai juré de donner à Abraham, à Isaac et à Jacob, en disant: Je le donnerai à ta postérité. Je te l'ai fait voir de tes yeux; mais tu n'y entreras point.

Moïse, serviteur de l'Éternel, mourut là, dans le pays de Moab, selon l'ordre de l'Éternel.

Et l'Éternel l'enterra dans la vallée, au pays de Moab, vis-à-vis de Beth Peor. Personne n'a connu son sépulcre jusqu'à ce jour.

Moïse était âgé de cent vingt ans lorsqu'il mourut; sa vue n'était point affaiblie, et sa vigueur n'était point passée.

Les enfants d'Israël pleurèrent Moïse pendant trente jours, dans les plaines de Moab; et ces jours de pleurs et de deuil sur Moïse arrivèrent à leur terme.

Josué, fils de Nun, était rempli de l'esprit de sagesse, car Moïse avait posé ses mains sur lui. Les enfants d'Israël lui obéirent, et se conformèrent aux ordres que l'Éternel avait donnés à Moïse.

10   Il n'a plus paru en Israël de prophète semblable à Moïse, que l'Éternel connaissait face à face.

Nul ne peut lui être comparé pour tous les signes et les miracles que Dieu l'envoya faire au pays d'Égypte contre Pharaon, contre ses serviteurs et contre tout son pays,
et pour tous les prodiges de terreur que Moïse accomplit à main forte sous les yeux de tout Israël.

Livre de JOSUÉ

A - Traversée du Jourdain
Josué 1 - 4

Après la mort de Moïse, serviteur de l'Éternel, l'Éternel dit à Josué, fils de Nun, serviteur de Moïse:

Moïse, mon serviteur, est mort; maintenant, lève-toi, passe ce Jourdain, toi et tout ce peuple, pour entrer dans le pays que je donne aux enfants d'Israël.
Tout lieu que foulera la plante de votre pied, je vous le donne, comme je l'ai dit à Moïse.
Vous aurez pour territoire depuis le désert et le Liban jusqu'au grand fleuve, le fleuve de l'Euphrate, tout le pays des Héthiens, et jusqu'à la grande mer vers le soleil couchant.

Nul ne tiendra devant toi, tant que tu vivras. Je serai avec toi, comme j'ai été avec Moïse; je ne te délaisserai point, je ne t'abandonnerai point.
Fortifie-toi et prends courage, car c'est toi qui mettras ce peuple en possession du pays que j'ai juré à leurs pères de leur donner.
Fortifie-toi seulement et aie bon courage, en agissant fidèlement selon toute la loi que Moïse, mon serviteur, t'a prescrite; ne t'en détourne ni à droite ni à gauche, afin de réussir dans tout ce que tu entreprendras.

Que ce livre de la loi ne s'éloigne point de ta bouche; médite-le jour et nuit, pour agir fidèlement selon tout ce qui y est écrit; car c'est alors que tu auras du succès dans tes entreprises, c'est alors que tu réussiras.

Ne t'ai-je pas donné cet ordre: Fortifie-toi et prends courage? Ne t'effraie point et ne t'épouvante point, car l'Éternel, ton Dieu, est avec toi dans tout ce que tu entreprendras.

10   Josué donna cet ordre aux officiers du peuple:

Parcourez le camp, et voici ce que vous commanderez au peuple: Préparez-vous des provisions, car dans trois jours vous passerez ce Jourdain pour aller conquérir le pays dont l'Éternel, votre Dieu, vous donne la possession.

Josué dit aux Rubénites, aux Gadites et à la demi-tribu de Manassé[1]:

Rappelez-vous ce que vous a prescrit Moïse, serviteur de l'Éternel, quand il a dit: L'Éternel, votre Dieu, vous a accordé du repos, et vous a donné ce pays.

Vos femmes, vos petits enfants et vos troupeaux resteront dans le pays que vous a donné Moïse de ce côté-ci du Jourdain; mais vous tous, hommes vaillants, vous passerez en armes devant vos frères, et vous les aiderez,

jusqu'à ce que l'Éternel ait accordé du repos à vos frères comme à vous, et qu'ils soient aussi en possession du pays que l'Éternel, votre Dieu, leur donne. Puis vous reviendrez prendre possession du pays qui est votre propriété, et que vous a donné Moïse, serviteur de l'Éternel, de ce côté-ci du Jourdain, vers le soleil levant.

Ils répondirent à Josué, en disant: Nous ferons tout ce que tu nous as ordonné, et nous irons partout où tu nous enverras.

Nous t'obéirons entièrement, comme nous avons obéi à Moïse. Veuille seulement l'Éternel, ton Dieu, être avec toi, comme il a été avec Moïse!

Tout homme qui sera rebelle à ton ordre, et qui n'obéira pas à tout ce que tu lui commanderas, sera puni de mort. Fortifie-toi seulement, et prends courage!

Josué 2

Josué, fils de Nun, fit partir secrètement de Sittim deux espions, en leur disant: Allez, examinez le pays, et en particulier Jéricho. Ils partirent, et ils arrivèrent dans la maison d'une prostituée, qui se nommait Rahab, et ils y couchèrent.

On dit au roi de Jéricho: Voici, des hommes d'entre les enfants d'Israël sont arrivés ici, cette nuit, pour explorer le pays.

Le roi de Jéricho envoya dire à Rahab: Fais sortir les hommes qui sont venus chez toi, qui sont entrés dans ta maison; car c'est pour explorer tout le pays qu'ils sont venus.

La femme prit les deux hommes, et les cacha; et elle dit: Il est vrai que ces hommes sont arrivés chez moi, mais je ne savais pas d'où ils étaient;

et, comme la porte a dû se fermer de nuit, ces hommes sont sortis; j'ignore où ils sont allés: hâtez-vous de les poursuivre et vous les atteindrez.

Elle les avait fait monter sur le toit, et les avait cachés sous des tiges de lin, qu'elle avait arrangées sur le toit.

Ces gens les poursuivirent par le chemin qui mène au gué du Jourdain, et l'on ferma la porte après qu'ils furent sortis.

---

[1] Ce sont ceux dont les territoires sont du côté déjà conquis.

Jos 2,8 Avant que les espions se couchassent, Rahab monta vers eux sur le toit
et leur dit: L'Éternel, je le sais, vous a donné ce pays, la terreur que vous inspirez nous
a saisis, et tous les habitants du pays tremblent devant vous.

10 Car nous avons appris comment, à votre sortie d'Égypte, l'Éternel a mis à sec devant
vous les eaux de la mer Rouge, et comment vous avez traité les deux rois des Amoréens
au delà du Jourdain, Sihon et Og, que vous avez dévoués par interdit.

Nous l'avons appris, et nous avons perdu courage, et tous nos esprits sont abattus à
votre aspect; car c'est l'Éternel, votre Dieu, qui est Dieu en haut dans les cieux et en bas
sur la terre.

Et maintenant, je vous prie, jurez-moi par l'Éternel que vous aurez pour la maison de
mon père la même bonté que j'ai eue pour vous.

Donnez-moi l'assurance que vous laisserez vivre mon père, ma mère, mes frères, mes
soeurs, et tous ceux qui leur appartiennent, et que vous nous sauverez de la mort.

Ces hommes lui répondirent: Nous sommes prêts à mourir pour vous, si vous ne
divulguez pas ce qui nous concerne; et quand l'Éternel nous donnera le pays, nous
agirons envers toi avec bonté et fidélité.

Elle les fit descendre avec une corde par la fenêtre, car la maison qu'elle habitait était
sur la muraille de la ville.

Elle leur dit: Allez du côté de la montagne, de peur que ceux qui vous poursuivent ne
vous rencontrent; cachez-vous là pendant trois jours, jusqu'à ce qu'ils soient de retour;
après cela, vous suivrez votre chemin.

Ces hommes lui dirent: Voici de quelle manière nous serons quittes du serment que tu
nous as fait faire.

A notre entrée dans le pays, attache ce cordon de fil cramoisi à la fenêtre par laquelle
tu nous fais descendre, et recueille auprès de toi dans la maison ton père, ta mère, tes
frères, et toute la famille de ton père.

Si quelqu'un d'eux sort de la porte de ta maison pour aller dehors, son sang retombera
sur sa tête, et nous en serons innocent; mais si on met la main sur l'un quelconque de
ceux qui seront avec toi dans la maison, son sang retombera sur notre tête.

20 Et si tu divulgues ce qui nous concerne, nous serons quittes du serment que tu nous as
fait faire.

Elle répondit: Qu'il en soit selon vos paroles. Elle prit ainsi congé d'eux, et ils s'en
allèrent. Et elle attacha le cordon de cramoisi à la fenêtre.

Ils partirent, et arrivèrent à la montagne, où ils restèrent trois jours, jusqu'à ce que
ceux qui les poursuivaient fussent de retour. Ceux qui les poursuivaient les cherchèrent
par tout le chemin, mais ils ne les trouvèrent pas.

Les deux hommes s'en retournèrent, descendirent de la montagne, et passèrent le
Jourdain. Ils vinrent auprès de Josué, fils de Nun, et lui racontèrent tout ce qui leur
était arrivé.

Ils dirent à Josué: Certainement, l'Éternel a livré tout le pays entre nos mains, et même tous les habitants du pays tremblent devant nous.

Josué 3

Josué, s'étant levé de bon matin, partit de Sittim avec tous les enfants d'Israël. Ils arrivèrent au Jourdain; et là, ils passèrent la nuit, avant de le traverser.

Au bout de trois jours, les officiers parcoururent le camp,

et donnèrent cet ordre au peuple: Lorsque vous verrez l'arche de l'alliance de l'Éternel, votre Dieu, portée par les sacrificateurs, les Lévites, vous partirez du lieu où vous êtes, et vous vous mettrez en marche après elle.

Mais il y aura entre vous et elle une distance d'environ deux mille coudées: n'en approchez pas. Elle vous montrera le chemin que vous devez suivre, car vous n'avez point encore passé par ce chemin.

Josué dit au peuple: Sanctifiez-vous, car demain l'Éternel fera des prodiges au milieu de vous.

Et Josué dit aux sacrificateurs: Portez l'arche de l'alliance, et passez devant le peuple. Ils portèrent l'arche de l'alliance, et ils marchèrent devant le peuple.

L'Éternel dit à Josué: Aujourd'hui, je commencerai à t'élever aux yeux de tout Israël, afin qu'ils sachent que je serai avec toi comme j'ai été avec Moïse.

Tu donneras cet ordre aux sacrificateurs qui portent l'arche de l'alliance: Lorsque vous arriverez au bord des eaux du Jourdain, vous vous arrêterez dans le Jourdain.

Josué dit aux enfants d'Israël: Approchez, et écoutez les paroles de l'Éternel, votre Dieu.

10 Josué dit: A ceci vous reconnaîtrez que le Dieu vivant est au milieu de vous, et qu'il chassera devant vous les Cananéens, les Héthiens, les Héviens, les Phéréziens, les Guirgasiens, les Amoréens et les Jébusiens:

Voici, l'arche de l'alliance du Seigneur de toute la terre va passer devant vous dans le Jourdain.

Maintenant, prenez douze hommes parmi les tribus d'Israël, un homme de chaque tribu.

Et dès que les sacrificateurs qui portent l'arche de l'Éternel, le Seigneur de toute la terre, poseront la plante des pieds dans les eaux du Jourdain, les eaux du Jourdain seront coupées, les eaux qui descendent d'en haut, et elles s'arrêteront en un monceau.

Le peuple sortit de ses tentes pour passer le Jourdain, et les sacrificateurs qui portaient l'arche de l'alliance marchèrent devant le peuple.

Quand les sacrificateurs qui portaient l'arche furent arrivés au Jourdain, et que leurs pieds se furent mouillés au bord de l'eau, -le Jourdain regorge par-dessus toutes ses rives tout le temps de la moisson, les eaux qui descendent d'en haut s'arrêtèrent, et s'élevèrent en un monceau, à une très grande distance, près de la ville d'Adam, qui est à côté de Tsarthan; et celles qui descendaient vers la mer de la plaine, la mer Salée, furent complètement coupées. Le peuple passa vis-à-vis de Jéricho.

Les sacrificateurs qui portaient l'arche de l'alliance de l'Éternel s'arrêtèrent de pied ferme sur le sec, au milieu du Jourdain, pendant que tout Israël passait à sec, jusqu'à ce que toute la nation eût achevé de passer le Jourdain.

Josué 4

Lorsque toute la nation eut achevé de passer le Jourdain, l'Éternel dit à Josué:

Prenez douze hommes parmi le peuple, un homme de chaque tribu.

Donnez-leur cet ordre: Enlevez d'ici, du milieu du Jourdain, de la place où les sacrificateurs se sont arrêtés de pied ferme, douze pierres, que vous emporterez avec vous, et que vous déposerez dans le lieu où vous passerez cette nuit.

Josué appela les douze hommes qu'il choisit parmi les enfants d'Israël, un homme de chaque tribu.

Il leur dit: Passez devant l'arche de l'Éternel, votre Dieu, au milieu du Jourdain, et que chacun de vous charge une pierre sur son épaule, selon le nombre des tribus des enfants d'Israël,

afin que cela soit un signe au milieu de vous. Lorsque vos enfants demanderont un jour: Que signifient pour vous ces pierres?

Vous leur direz: Les eaux du Jourdain ont été coupées devant l'arche de l'alliance de l'Éternel; lorsqu'elle passa le Jourdain, les eaux du Jourdain ont été coupées, et ces pierres seront à jamais un souvenir pour les enfants d'Israël.

Les enfants d'Israël firent ce que Josué leur avait ordonné. Ils enlevèrent douze pierres du milieu du Jourdain, comme l'Éternel l'avait dit à Josué, selon le nombre des tribus des enfants d'Israël, ils les emportèrent avec eux, et les déposèrent dans le lieu où ils devaient passer la nuit.

Josué dressa aussi douze pierres au milieu du Jourdain, à la place où s'étaient arrêtés les pieds des sacrificateurs qui portaient l'arche de l'alliance; et elles y sont restées jusqu'à ce jour.

10 Les sacrificateurs qui portaient l'arche se tinrent au milieu du Jourdain jusqu'à l'entière exécution de ce que l'Éternel avait ordonné à Josué de dire au peuple, selon tout ce que Moïse avait prescrit à Josué. Et le peuple se hâta de passer.

Lorsque tout le peuple eut achevé de passer, l'arche de l'Éternel et les sacrificateurs passèrent devant le peuple.

Les fils de Ruben, les fils de Gad, et la demi-tribu de Manassé, passèrent en armes devant les enfants d'Israël, comme Moïse le leur avait dit.

Environ quarante mille hommes, équipés pour la guerre et prêts à combattre, passèrent devant l'Éternel dans les plaines de Jéricho.

En ce jour-là, l'Éternel éleva Josué aux yeux de tout Israël; et ils le craignirent, comme ils avaient craint Moïse, tous les jours de sa vie.

L'Éternel dit à Josué:
Ordonne aux sacrificateurs qui portent l'arche du témoignage de sortir du Jourdain.
Et Josué donna cet ordre aux sacrificateurs: Sortez du Jourdain.

Lorsque les sacrificateurs qui portaient l'arche de l'alliance de l'Éternel furent sortis du milieu du Jourdain, et que la plante de leurs pieds se posa sur le sec, les eaux du Jourdain retournèrent à leur place, et se répandirent comme auparavant sur tous ses bords.

Le peuple sortit du Jourdain le dixième jour du premier mois, et il campa à Guilgal, à l'extrémité orientale de Jéricho.

20   Josué dressa à Guilgal les douze pierres qu'ils avaient prises du Jourdain.

Il dit aux enfants d'Israël: Lorsque vos enfants demanderont un jour à leurs pères: Que signifient ces pierres?
vous en instruirez vos enfants, et vous direz: Israël a passé ce Jourdain à sec.

Car l'Éternel, votre Dieu, a mis à sec devant vous les eaux du Jourdain jusqu'à ce que vous eussiez passé, comme l'Éternel, votre Dieu, l'avait fait à la mer Rouge, qu'il mit à sec devant nous jusqu'à ce que nous eussions passé,
afin que tous les peuples de la terre sachent que la main de l'Éternel est puissante, et afin que vous ayez toujours la crainte de l'Éternel, votre Dieu.

B - Conquête de Jéricho
Josué 5 - 6

Lorsque tous les rois des Amoréens à l'occident du Jourdain et tous les rois des Cananéens près de la mer apprirent que l'Éternel avait mis à sec les eaux du Jourdain devant les enfants d'Israël jusqu'à ce que nous eussions passé, ils perdirent courage et furent consternés à l'aspect des enfants d'Israël.

En ce temps-là, l'Éternel dit à Josué: Fais-toi des couteaux de pierre, et circoncis de nouveau les enfants d'Israël, une seconde fois[1].
Josué se fit des couteaux de pierre, et il circoncit les enfants d'Israël sur la colline d'Araloth.
Voici la raison pour laquelle Josué les circoncit. Tout le peuple sorti d'Égypte, les mâles, tous les hommes de guerre, étaient morts dans le désert, pendant la route, après leur sortie d'Égypte.

---

[1] Autre traduction: "circoncis cette deuxième génération" - voir verset 5,4 ("Voici la raison..").

Tout le peuple sorti d'Égypte était circoncis; mais tout le peuple né dans le désert, pendant la route, après la sortie d'Égypte, n'avait point été circoncis.

Car les enfants d'Israël avaient marché quarante ans dans le désert jusqu'à la destruction de toute la nation des hommes de guerre qui étaient sortis d'Égypte et qui n'avaient point écouté la voix de l'Éternel; l'Éternel leur jura de ne pas leur faire voir le pays qu'il avait juré à leurs pères de nous donner, pays où coulent le lait et le miel.

Ce sont leurs enfants qu'il établit à leur place; et Josué les circoncit, car ils étaient incirconcis, parce qu'on ne les avait point circoncis pendant la route.

Lorsqu'on eut achevé de circoncire toute la nation, ils restèrent à leur place dans le camp jusqu'à leur guérison.

L'Éternel dit à Josué: Aujourd'hui, j'ai roulé de dessus vous l'opprobre de l'Égypte[1]. Et ce lieu fut appelé du nom de Guilgal jusqu'à ce jour.

10 Les enfants d'Israël campèrent à Guilgal; et ils célébrèrent la Pâque le quatorzième jour du mois, sur le soir, dans les plaines de Jéricho.

Ils mangèrent du blé du pays le lendemain de la Pâque, des pains sans levain et du grain rôti; ils en mangèrent ce même jour.

La manne cessa le lendemain de la Pâque, quand ils mangèrent du blé du pays; les enfants d'Israël n'eurent plus de manne, et ils mangèrent des produits du pays de Canaan cette année-là.

Comme Josué était près de Jéricho, il leva les yeux, et regarda. Voici, un homme se tenait debout devant lui, son épée nue dans la main. Il alla vers lui, et lui dit: Es-tu des nôtres ou de nos ennemis?

Il répondit: Non, mais je suis le chef de l'armée de l'Éternel, j'arrive maintenant. Josué tomba le visage contre terre, se prosterna, et lui dit: Qu'est-ce que mon seigneur dit à son serviteur?

Et le chef de l'armée de l'Éternel dit à Josué: Ote tes souliers de tes pieds, car le lieu sur lequel tu te tiens est saint. Et Josué fit ainsi.[2]

Josué 6

Jéricho était fermée et barricadée devant les enfants d'Israël. Personne ne sortait, et personne n'entrait.

L'Éternel dit à Josué: Vois, je livre entre tes mains Jéricho et son roi, ses vaillants soldats.

Faites le tour de la ville, vous tous les hommes de guerre, faites une fois le tour de la ville. Tu feras ainsi pendant six jours.

---

[1] Autre traduction: "J'ai ôté de vous la honte que vous avez rapportée d'Égypte.

[2] Ce récit est à rapprocher de Ex 3,5. Au moment où Josué va diriger l'entrée en Terre Sainte, Dieu rappelle que c'est lui qui combat. Ce récit rapproche également Josué de Moïse, comme en 1,5 3,7 et 4,14 (Note de la B.J.).

Jos 6,4 Sept sacrificateurs porteront devant l'arche sept trompettes retentissantes; le septième jour, vous ferez sept fois le tour de la ville; et les sacrificateurs sonneront des trompettes.

Quand ils sonneront de la corne retentissante, quand vous entendrez le son de la trompette, tout le peuple poussera de grands cris. Alors la muraille de la ville s'écroulera, et le peuple montera, chacun devant soi.

Josué, fils de Nun, appela les sacrificateurs, et leur dit: Portez l'arche de l'alliance, et que sept sacrificateurs portent sept trompettes retentissantes devant l'arche de l'Éternel.

Et il dit au peuple: Marchez, faites le tour de la ville, et que les hommes armés passent devant l'arche de l'Éternel.

Lorsque Josué eut parlé au peuple, les sept sacrificateurs qui portaient devant l'Éternel les sept trompettes retentissantes se mirent en marche et sonnèrent des trompettes. L'arche de l'alliance de l'Éternel allait derrière eux.

Les hommes armés marchaient devant les sacrificateurs qui sonnaient des trompettes, et l'arrière-garde suivait l'arche; pendant la marche, on sonnait des trompettes.

10 Josué avait donné cet ordre au peuple: Vous ne crierez point, vous ne ferez point entendre votre voix, et il ne sortira pas un mot de votre bouche jusqu'au jour où je vous dirai: Poussez des cris! Alors vous pousserez des cris.

L'arche de l'Éternel fit le tour de la ville, elle fit une fois le tour; puis on rentra dans le camp, et l'on y passa la nuit.

Josué se leva de bon matin, et les sacrificateurs portèrent l'arche de l'Éternel.

Les sept sacrificateurs qui portaient les sept trompettes retentissantes devant l'arche de l'Éternel se mirent en marche et sonnèrent des trompettes. Les hommes armés marchaient devant eux, et l'arrière-garde suivait l'arche de l'Éternel; pendant la marche, on sonnait des trompettes.

Ils firent une fois le tour de la ville, le second jour; puis ils retournèrent dans le camp. Ils firent de même pendant six jours.

Le septième jour, ils se levèrent de bon matin, dès l'aurore, et ils firent de la même manière sept fois le tour de la ville; ce fut le seul jour où ils firent sept fois le tour de la ville.

A la septième fois, comme les sacrificateurs sonnaient des trompettes, Josué dit au peuple: Poussez des cris, car l'Éternel vous a livré la ville!

La ville sera dévouée à l'Éternel par interdit, elle et tout ce qui s'y trouve; mais on laissera la vie à Rahab la prostituée et à tous ceux qui seront avec elle dans la maison, parce qu'elle a caché les messagers que nous avions envoyés.

Gardez-vous seulement de ce qui sera dévoué par interdit; car si vous preniez de ce que vous aurez dévoué par interdit, vous mettriez le camp d'Israël en interdit et vous y jetteriez le trouble.

Tout l'argent et tout l'or, tous les objets d'airain et de fer, seront consacrés à l'Éternel, et entreront dans le trésor de l'Éternel.

20 Le peuple poussa des cris, et les sacrificateurs sonnèrent des trompettes. Lorsque le peuple entendit le son de la trompette, il poussa de grands cris, et la muraille s'écroula; le peuple monta dans la ville, chacun devant soi. Ils s'emparèrent de la ville,

et ils dévouèrent par interdit, au fil de l'épée, tout ce qui était dans la ville, hommes et femmes, enfants et vieillards, jusqu'aux boeufs, aux brebis et aux ânes.

Josué dit aux deux hommes qui avaient exploré le pays: Entrez dans la maison de la femme prostituée, et faites-en sortir cette femme et tous ceux qui lui appartiennent, comme vous le lui avez juré.

Les jeunes gens, les espions, entrèrent et firent sortir Rahab, son père, sa mère, ses frères, et tous ceux qui lui appartenaient; ils firent sortir tous les gens de sa famille, et ils les déposèrent hors du camp d'Israël.

Ils brûlèrent la ville et tout ce qui s'y trouvait; seulement ils mirent dans le trésor de la maison de l'Éternel l'argent, l'or et tous les objets d'airain et de fer.

Josué laissa la vie à Rahab la prostituée, à la maison de son père, et à tous ceux qui lui appartenaient; elle a habité au milieu d'Israël jusqu'à ce jour, parce qu'elle avait caché les messagers que Josué avait envoyés pour explorer Jéricho.

Ce fut alors que Josué jura, en disant: Maudit soit devant l'Éternel l'homme qui se lèvera pour rebâtir cette ville de Jéricho! Il en jettera les fondements au prix de son premier-né, et il en posera les portes au prix de son plus jeune fils.

L'Éternel fut avec Josué, dont la renommée se répandit dans tout le pays.

C - Premières étapes
Josué 7 - 12

Les enfants d'Israël commirent une infidélité au sujet des choses dévouées[1] par interdit. Acan, fils de Carmi, fils de Zabdi, fils de Zérach, de la tribu de Juda, prit des choses dévouées. Et la colère de l'Éternel s'enflamma contre les enfants d'Israël.

Josué envoya de Jéricho des hommes vers Aï, qui est près de Beth Aven, à l'orient de Béthel. Il leur dit: Montez, et explorez le pays. Et ces hommes montèrent, et explorèrent Aï.

Ils revinrent auprès de Josué, et lui dirent: Il est inutile de faire marcher tout le peuple; deux ou trois mille hommes suffiront pour battre Aï; ne donne pas cette fatigue à tout le peuple, car ils sont en petit nombre.

---

[1] Consacrées à Dieu - donc interdites; détruites.

Jos 7,4 Trois mille hommes environ se mirent en marche, mais ils prirent la fuite devant les gens d'Aï.

Les gens d'Aï leur tuèrent environ trente-six hommes; ils les poursuivirent depuis la porte jusqu'à Schebarim, et les battirent à la descente. Le peuple fut consterné et perdit courage.

Josué déchira ses vêtements, et se prosterna jusqu'au soir le visage contre terre devant l'arche de l'Éternel, lui et les anciens d'Israël, et ils se couvrirent la tête de poussière.

Josué dit: Ah! Seigneur Éternel, pourquoi as-tu fait passer le Jourdain à ce peuple, pour nous livrer entre les mains des Amoréens et nous faire périr? Oh! si nous eussions su rester de l'autre côté du Jourdain!

De grâce, Seigneur, que dirai-je, après qu'Israël a tourné le dos devant ses ennemis?

Les Cananéens et tous les habitants du pays l'apprendront; ils nous envelopperont, et ils feront disparaître notre nom de la terre. Et que feras-tu pour ton grand nom?

10 L'Éternel dit à Josué: Lève-toi! Pourquoi restes-tu ainsi couché sur ton visage?

Israël a péché; ils ont transgressé mon alliance que je leur ai prescrite, ils ont pris des choses dévouées par interdit, ils les ont dérobées et ont dissimulé, et ils les ont cachées parmi leurs bagages.

Aussi les enfants d'Israël ne peuvent-ils résister à leurs ennemis; ils tourneront le dos devant leurs ennemis, car ils sont sous l'interdit; je ne serai plus avec vous, si vous ne détruisez pas l'interdit du milieu de vous.

Lève-toi, sanctifie le peuple. Tu diras: Sanctifiez-vous pour demain; car ainsi parle l'Éternel, le Dieu d'Israël: Il y a de l'interdit au milieu de toi, Israël; tu ne pourras résister à tes ennemis, jusqu'à ce que vous ayez ôté l'interdit du milieu de vous.

Vous vous approcherez le matin selon vos tribus; et la tribu que désignera l'Éternel s'approchera par famille, et la famille que désignera l'Éternel s'approchera par maisons, et la maison que désignera l'Éternel s'approchera par hommes.

Celui qui sera désigné comme ayant pris de ce qui était dévoué par interdit sera brûlé au feu, lui et tout ce qui lui appartient, pour avoir transgressé l'alliance de l'Éternel et commis une infamie en Israël.

Josué se leva de bon matin, et il fit approcher Israël selon ses tribus, et la tribu de Juda fut désignée.

Il fit approcher les familles de Juda, et la famille de Zérach fut désignée. Il fit approcher la famille de Zérach par maisons, et Zabdi fut désigné.

Il fit approcher la maison de Zabdi par hommes, et Acan, fils de Carmi, fils de Zabdi, fils de Zérach, de la tribu de Juda, fut désigné.

Josué dit à Acan: Mon fils, donne gloire à l'Éternel, le Dieu d'Israël, et rends-lui hommage. Dis-moi donc ce que tu as fait, ne me le cache point.

20 Acan répondit à Josué, et dit: Il est vrai que j'ai péché contre l'Éternel, le Dieu d'Israël, et voici ce que j'ai fait.

J'ai vu dans le butin un beau manteau de Schinear, deux cent sicles d'argent, et un lingot d'or du poids de cinquante sicles; je les ai convoités, et je les ai pris; ils sont cachés dans la terre au milieu de ma tente, et l'argent est dessous.

Josué envoya des gens, qui coururent à la tente; et voici, les objets étaient cachés dans la tente d'Acan, et l'argent était dessous.

Ils les prirent du milieu de la tente, les apportèrent à Josué et à tous les enfants d'Israël, et les déposèrent devant l'Éternel.

Josué et tout Israël avec lui prirent Acan, fils de Zérach, l'argent, le manteau, le lingot d'or, les fils et les filles d'Acan, ses boeufs, ses ânes, ses brebis, sa tente, et tout ce qui lui appartenait; et ils les firent monter dans la vallée d'Acor.

Josué dit: Pourquoi nous as-tu troublés? L'Éternel te troublera aujourd'hui. Et tout Israël le lapida. On les brûla au feu, on les lapida,

et l'on éleva sur Acan un grand monceau de pierres, qui subsiste encore aujourd'hui. Et l'Éternel revint de l'ardeur de sa colère. C'est à cause de cet événement qu'on a donné jusqu'à ce jour à ce lieu le nom de vallée d'Acor.

Josué 8

L'Éternel dit à Josué: Ne crains point, et ne t'effraie point! Prends avec toi tous les gens de guerre, lève-toi, monte contre Aï. Vois, je livre entre tes mains le roi d'Aï et son peuple, sa ville et son pays.

Tu traiteras Aï et son roi comme tu as traité Jéricho et son roi; seulement vous garderez pour vous le butin et le bétail. Place une embuscade derrière la ville.

Josué se leva avec tous les gens de guerre, pour monter contre Aï. Il choisit trente mille vaillants hommes, qu'il fit partir de nuit,

et auxquels il donna cet ordre: Écoutez, vous vous mettrez en embuscade derrière la ville; ne vous éloignez pas beaucoup de la ville, et soyez tous prêts.

Mais moi et tout le peuple qui est avec moi, nous nous approcherons de la ville. Et quand ils sortiront à notre rencontre, comme la première fois, nous prendrons la fuite devant eux.

Ils nous poursuivront jusqu'à ce que nous les ayons attirés loin de la ville, car ils diront: Ils fuient devant nous, comme la première fois! Et nous fuirons devant eux.

Vous sortirez alors de l'embuscade, et vous vous emparerez de la ville, et l'Éternel, votre Dieu, la livrera entre vos mains.

Quand vous aurez pris la ville, vous y mettrez le feu, vous agirez comme l'Éternel l'a dit: c'est l'ordre que je vous donne.

Josué les fit partir, et ils allèrent se placer en embuscade entre Béthel et Aï, à l'occident d'Aï. Mais Josué passa cette nuit-là au milieu du peuple.

10 Josué se leva de bon matin, passa le peuple en revue, et marcha contre Aï, à la tête du peuple, lui et les anciens d'Israël.

Jos 8,11 Tous les gens de guerre qui étaient avec lui montèrent et s'approchèrent; lorsqu'ils furent arrivés en face de la ville, ils campèrent au nord d'Aï, dont ils étaient séparés par la vallée.

Josué prit environ cinq mille hommes, et les mit en embuscade entre Béthel et Aï, à l'occident de la ville.[1]

Après que tout le camp eut pris position au nord de la ville, et l'embuscade à l'occident de la ville, Josué s'avança cette nuit-là au milieu de la vallée.

Lorsque le roi d'Aï vit cela, les gens d'Aï se levèrent en hâte de bon matin, et sortirent à la rencontre d'Israël, pour le combattre. Le roi se dirigea, avec tout son peuple, vers un lieu fixé, du côté de la plaine, et il ne savait pas qu'il y avait derrière la ville une embuscade contre lui.

Josué et tout Israël feignirent d'être battus devant eux, et ils s'enfuirent par le chemin du désert.

Alors tout le peuple qui était dans la ville s'assembla pour se mettre à leur poursuite. Ils poursuivirent Josué, et ils furent attirés loin de la ville.

Il n'y eut dans Aï et dans Béthel pas un homme qui ne sortit contre Israël. Ils laissèrent la ville ouverte, et poursuivirent Israël.

L'Éternel dit à Josué: Étends vers Aï le javelot que tu as à la main, car je vais la livrer en ton pouvoir. Et Josué étendit vers la ville le javelot qu'il avait à la main.

Aussitôt qu'il eut étendu sa main, les hommes en embuscade sortirent précipitamment du lieu où ils étaient; ils pénétrèrent dans la ville, la prirent, et se hâtèrent d'y mettre le feu.

20 Les gens d'Aï, ayant regardé derrière eux, virent la fumée de la ville monter vers le ciel, et ils ne purent se sauver d'aucun côté. Le peuple qui fuyait vers le désert se retourna contre ceux qui le poursuivaient;

car Josué et tout Israël, voyant la ville prise par les hommes de l'embuscade, et la fumée de la ville qui montait, se retournèrent et battirent les gens d'Aï.

Les autres sortirent de la ville à leur rencontre, et les gens d'Aï furent enveloppés par Israël de toutes parts. Israël les battit, sans leur laisser un survivant ni un fuyard.

Ils prirent vivant le roi d'Aï, et l'amenèrent à Josué.

Lorsqu'Israël eut achevé de tuer tous les habitants d'Aï dans la campagne, dans le désert, où ils l'avaient poursuivi, et que tous furent entièrement passés au fil de l'épée, tout Israël revint vers Aï et la frappa du tranchant de l'épée.

Il y eut au total douze mille personnes tuées ce jour-là, hommes et femmes, tous gens d'Aï.

Josué ne retira point sa main qu'il tenait étendue avec le javelot, jusqu'à ce que tous les habitants eussent été dévoués par interdit.

---

[1] Répétition - C'est la même embuscade que celle décrite précédemment aux versets 3-4.

Seulement Israël garda pour lui le bétail et le butin de cette ville, selon l'ordre que l'Éternel avait prescrit à Josué.

Josué brûla Aï, et en fit à jamais un monceau de ruines, qui subsiste encore aujourd'hui.

Il fit pendre à un bois le roi d'Aï, et l'y laissa jusqu'au soir. Au coucher du soleil, Josué ordonna qu'on descendît son cadavre du bois; on le jeta à l'entrée de la porte de la ville, et l'on éleva sur lui un grand monceau de pierres, qui subsiste encore aujourd'hui.

30 Alors Josué bâtit un autel à l'Éternel, le Dieu d'Israël, sur le mont Ébal,
comme Moïse, serviteur de l'Éternel, l'avait ordonné aux enfants d'Israël, et comme il est écrit dans le livre de la loi de Moïse: c'était un autel de pierres brutes, sur lesquelles on ne porta point le fer. Ils offrirent sur cet autel des holocaustes à l'Éternel, et ils présentèrent des sacrifices d'actions de grâces.

Et là Josué écrivit sur les pierres une copie de la loi que Moïse avait écrite devant les enfants d'Israël.

Tout Israël, ses anciens, ses officiers et ses juges, se tenaient des deux côtés de l'arche, devant les sacrificateurs, les Lévites, qui portaient l'arche de l'alliance de l'Éternel; les étrangers comme les enfants d'Israël étaient là, moitié du côté du mont Garizim, moitié du côté du mont Ébal, selon l'ordre qu'avait précédemment donné Moïse, serviteur de l'Éternel, de bénir le peuple d'Israël.

Josué lut ensuite toutes les paroles de la loi, les bénédictions et les malédictions, suivant ce qui est écrit dans le livre de la loi.

Il n'y eut rien de tout ce que Moïse avait prescrit, que Josué ne lût en présence de toute l'assemblée d'Israël, des femmes et des enfants, et des étrangers qui marchaient au milieu d'eux.

Josué 9

A la nouvelle de ces choses, tous les rois qui étaient en deçà du Jourdain, dans la montagne et dans la vallée, et sur toute la côte de la grande mer, jusque près du Liban, les Héthiens, les Amoréens, les Cananéens, les Phéréziens, les Héviens et les Jébusiens, s'unirent ensemble d'un commun accord pour combattre contre Josué et contre Israël.

Les habitants de Gabaon, de leur côté, lorsqu'ils apprirent de quelle manière Josué avait traité Jéricho et Aï,
eurent recours à la ruse, et se mirent en route avec des provisions de voyage. Ils prirent de vieux sacs pour leurs ânes, et de vieilles outres à vin déchirées et recousues,
ils portaient à leurs pieds de vieux souliers raccommodés, et sur eux de vieux vêtements; et tout le pain qu'ils avaient pour nourriture était sec et en miettes.

Ils allèrent auprès de Josué au camp de Guilgal, et ils lui dirent, ainsi qu'à tous ceux d'Israël: Nous venons d'un pays éloigné, et maintenant faites alliance avec nous.

Jos 9,7 Les hommes d'Israël répondirent à ces Héviens: Peut-être que vous habitez au milieu de nous, et comment ferions-nous alliance avec vous?

Ils dirent à Josué: Nous sommes tes serviteurs. Et Josué leur dit: Qui êtes-vous, et d'où venez-vous?

Ils lui répondirent: Tes serviteurs viennent d'un pays très éloigné, sur le renom de l'Éternel, ton Dieu; car nous avons entendu parler de lui, de tout ce qu'il a fait en Égypte,

10 et de la manière dont il a traité les deux rois des Amoréens au delà du Jourdain, Sihon, roi de Hesbon, et Og, roi de Basan, qui était à Aschtaroth.

Et nos anciens et tous les habitants de notre pays nous ont dit: Prenez avec vous des provisions pour le voyage, allez au-devant d'eux, et vous leur direz: Nous sommes vos serviteurs, et maintenant faites alliance avec nous.

Voici notre pain: il était encore chaud quand nous en avons fait provision dans nos maisons, le jour où nous sommes partis pour venir vers vous, et maintenant il est sec et en miettes.

Ces outres à vin, que nous avons remplies toutes neuves, les voilà déchirées; nos vêtements et nos souliers se sont usés par l'excessive longueur de la marche.

Les hommes d'Israël prirent de leurs provisions, et ils ne consultèrent point l'Éternel.

Josué fit la paix avec eux, et conclut une alliance par laquelle il devait leur laisser la vie, et les chefs de l'assemblée le leur jurèrent.

Trois jours après la conclusion de cette alliance, les enfants d'Israël apprirent qu'ils étaient leurs voisins, et qu'ils habitaient au milieu d'eux.

Car les enfants d'Israël partirent, et arrivèrent à leurs villes le troisième jour; leurs villes étaient Gabaon, Kephira, Beéroth et Kirjath Jearim.

Ils ne les frappèrent point, parce que les chefs de l'assemblée leur avaient juré par l'Éternel, le Dieu d'Israël, de leur laisser la vie. Mais toute l'assemblée murmura contre les chefs.

Et tous les chefs dirent à toute l'assemblée: Nous leur avons juré par l'Éternel, le Dieu d'Israël, et maintenant nous ne pouvons les toucher.

20 Voici comment nous les traiterons: nous leur laisserons la vie, afin de ne pas attirer sur nous la colère de l'Éternel, à cause du serment que nous leur avons fait.

Ils vivront, leur dirent les chefs. Mais ils furent employés à couper le bois et à puiser l'eau pour toute l'assemblée, comme les chefs le leur avaient dit.

Josué les fit appeler, et leur parla ainsi: Pourquoi nous avez-vous trompés, en disant: Nous sommes très éloignés de vous, tandis que vous habitez au milieu de nous?

Maintenant vous êtes maudits, et vous ne cesserez point d'être dans la servitude, de couper le bois et de puiser l'eau pour la maison de mon Dieu.

Ils répondirent à Josué, et dirent: On avait rapporté à tes serviteurs les ordres de l'Éternel, ton Dieu, à Moïse, son serviteur, pour vous livrer tout le pays et pour en détruire devant vous tous les habitants, et votre présence nous a inspiré une grande crainte pour notre vie: voilà pourquoi nous avons agi de la sorte.

Et maintenant nous voici entre tes mains; traite-nous comme tu trouveras bon et juste de nous traiter.

Josué agit à leur égard comme il avait été décidé; il les délivra de la main des enfants d'Israël, qui ne les firent pas mourir;

mais il les destina dès ce jour à couper le bois et à puiser l'eau pour l'assemblée, et pour l'autel de l'Éternel dans le lieu que l'Éternel choisirait: ce qu'ils font encore aujourd'hui.

Josué 10

Adoni Tsédek, roi de Jérusalem, apprit que Josué s'était emparé d'Aï et l'avait dévouée par interdit, qu'il avait traité Aï et son roi comme il avait traité Jéricho et son roi, et que les habitants de Gabaon avaient fait la paix avec Israël et étaient au milieu d'eux.

Il eut alors une forte crainte; car Gabaon était une grande ville, comme une des villes royales, plus grande même qu'Aï, et tous ses hommes étaient vaillants.

Adoni Tsédek, roi de Jérusalem, fit dire à Hoham, roi d'Hébron, à Piream, roi de Jarmuth, à Japhia, roi de Lakis, et à Debir, roi d'Églon:

Montez vers moi, et aidez-moi, afin que nous frappions Gabaon, car elle a fait la paix avec Josué et avec les enfants d'Israël.

Cinq rois des Amoréens, le roi de Jérusalem, le roi d'Hébron, le roi de Jarmuth, le roi de Lakis, le roi d'Églon, se réunirent ainsi et montèrent avec toutes leurs armées; ils vinrent camper près de Gabaon, et l'attaquèrent.

Les gens de Gabaon envoyèrent dire à Josué, au camp de Guilgal: N'abandonne pas tes serviteurs, monte vers nous en hâte, délivre-nous, donne-nous du secours; car tous les rois des Amoréens, qui habitent la montagne, se sont réunis contre nous.

Josué monta de Guilgal, lui et tous les gens de guerre avec lui, et tous les vaillants hommes.

L'Éternel dit à Josué: Ne les crains point, car je les livre entre tes mains, et aucun d'eux ne tiendra devant toi.

Josué arriva subitement sur eux, après avoir marché toute la nuit depuis Guilgal.

10 L'Éternel les mit en déroute devant Israël; et Israël leur fit éprouver une grande défaite près de Gabaon, les poursuivit sur le chemin qui monte à Beth Horon, et les battit jusqu'à Azéka et à Makkéda.

Comme ils fuyaient devant Israël, et qu'ils étaient à la descente de Beth Horon, l'Éternel fit tomber du ciel sur eux de grosses pierres jusqu'à Azéka, et ils périrent; ceux qui moururent par les pierres de grêle furent plus nombreux que ceux qui furent tués avec l'épée par les enfants d'Israël.

Jos 10,12 Alors Josué parla à l'Éternel, le jour où l'Éternel livra les Amoréens aux enfants d'Israël, et il dit en présence d'Israël: Soleil, arrête-toi sur Gabaon, Et toi, lune, sur la vallée d'Ajalon!

Et le soleil s'arrêta, et la lune suspendit sa course, Jusqu'à ce que la nation eût tiré vengeance de ses ennemis. Cela n'est-il pas écrit dans le livre du Juste? Le soleil s'arrêta au milieu du ciel, Et ne se hâta point de se coucher, presque tout un jour.

Il n'y a point eu de jour comme celui-là, ni avant ni après, où l'Éternel ait écouté la voix d'un homme; car l'Éternel combattait pour Israël.

Et Josué, et tout Israël avec lui, retourna au camp à Guilgal.

Les cinq rois s'enfuirent, et se cachèrent dans une caverne à Makkéda.

On le rapporta à Josué, en disant: Les cinq rois se trouvent cachés dans une caverne à Makkéda.

Josué dit: Roulez de grosses pierres à l'entrée de la caverne, et mettez-y des hommes pour les garder.

Et vous, ne vous arrêtez pas, poursuivez vos ennemis, et attaquez-les par derrière; ne les laissez pas entrer dans leurs villes, car l'Éternel, votre Dieu, les a livrés entre vos mains.

20 Après que Josué et les enfants d'Israël leur eurent fait éprouver une très grande défaite, et les eurent complètement battus, ceux qui purent échapper se sauvèrent dans les villes fortifiées[1],

Et tout le peuple revint tranquillement au camp vers Josué à Makkéda, sans que personne[2] remuât sa langue contre les enfants d'Israël.

Josué dit alors: Ouvrez l'entrée de la caverne, faites-en sortir ces cinq rois, et amenez-les-moi.

Ils firent ainsi, et lui amenèrent les cinq rois qu'ils avaient fait sortir de la caverne, le roi de Jérusalem, le roi d'Hébron, le roi de Jarmuth, le roi de Lakis, le roi d'Églon.

Lorsqu'ils eurent amené ces rois devant Josué, Josué appela tous les hommes d'Israël, et dit aux chefs des gens de guerre qui avaient marché avec lui: Approchez-vous, mettez vos pieds sur les cous de ces rois. Ils s'approchèrent, et ils mirent les pieds sur leurs cous.

Josué leur dit: Ne craignez point et ne vous effrayez point, fortifiez-vous et ayez du courage, car c'est ainsi que l'Éternel traitera tous vos ennemis contre lesquels vous combattez.

Après cela, Josué les frappa et les fit mourir; il les pendit à cinq arbres, et ils restèrent pendus aux arbres jusqu'au soir.

---

[1] Ces royaumes, ou plusieurs d'entre eux, comportent une ville fortifiée.

[2] Plus personne *dans le pays* n'osa parler.. (Traduction Pierre de Beaumont).

Jos 10,27 Vers le coucher du soleil, Josué ordonna qu'on les descendît des arbres, on les jeta dans la caverne où ils s'étaient cachés, et l'on mit à l'entrée de la caverne de grosses pierres, qui y sont demeurées jusqu'à ce jour.

Josué prit Makkéda le même jour, et la frappa du tranchant de l'épée[1]; il dévoua par interdit le roi, la ville et tous ceux qui s'y trouvaient; il n'en laissa échapper aucun, et il traita le roi de Makkéda comme il avait traité le roi de Jéricho.

Josué, et tout Israël avec lui, passa de Makkéda à Libna, et il attaqua Libna.

30 L'Éternel la livra aussi, avec son roi, entre les mains d'Israël, et la frappa du tranchant de l'épée, elle et tous ceux qui s'y trouvaient; il n'en laissa échapper aucun, et il traita son roi comme il avait traité le roi de Jéricho.

Josué, et tout Israël avec lui, passa de Libna à Lakis; il campa devant elle, et il l'attaqua. L'Éternel livra Lakis entre les mains d'Israël, qui la prit le second jour, et la frappa du tranchant de l'épée, elle et tous ceux qui s'y trouvaient, comme il avait traité Libna. Alors Horam, roi de Guézer, monta pour secourir Lakis. Josué le battit, lui et son peuple, sans laisser échapper personne.

Josué, et tout Israël avec lui, passa de Lakis à Églon; ils campèrent devant elle, et ils l'attaquèrent. Ils la prirent le même jour, et la frappèrent du tranchant de l'épée, elle et tous ceux qui s'y trouvaient; Josué la dévoua par interdit le jour même, comme il avait traité Lakis.

Josué, et tout Israël avec lui, monta d'Églon à Hébron, et ils l'attaquèrent. Ils la prirent, et la frappèrent du tranchant de l'épée, elle, son roi, toutes les villes qui en dépendaient, et tous ceux qui s'y trouvaient; Josué n'en laissa échapper aucun, comme il avait fait à Églon, et il la dévoua par interdit avec tous ceux qui s'y trouvaient.

Josué, et tout Israël avec lui, se dirigea sur Debir, et il l'attaqua. Il la prit, elle, son roi, et toutes les villes qui en dépendaient; ils les frappèrent du tranchant de l'épée, et ils dévouèrent par interdit tous ceux qui s'y trouvaient, sans en laisser échapper aucun; Josué traita Debir et son roi comme il avait traité Hébron et comme il avait traité Libna et son roi.

40 Josué battit tout le pays, la montagne, le midi, la plaine et les coteaux, et il en battit tous les rois; il ne laissa échapper personne, et il dévoua par interdit tout ce qui respirait, comme l'avait ordonné l'Éternel, le Dieu d'Israël. Josué les battit de Kadès Barnéa à Gaza, il battit tout le pays de Gosen jusqu'à Gabaon. Josué prit en même temps tous ces rois et leur pays, car l'Éternel, le Dieu d'Israël, combattait pour Israël.

Et Josué, et tout Israël avec lui, retourna au camp à Guilgal.

---

[1] Passa la ville au fil de l'épée (nombreuses occurrences).

Josué 11

Jabin, roi de Hatsor, ayant appris ces choses, envoya des messagers à Jobab, roi de Madon, au roi de Schimron, au roi d'Acschaph,

aux rois qui étaient au nord dans la montagne, dans la plaine au midi de Kinnéreth, dans la vallée, et sur les hauteurs de Dor à l'occident,

aux Cananéens de l'orient et de l'occident, aux Amoréens, aux Héthiens, aux Phéréziens, aux Jébusiens dans la montagne, et aux Héviens au pied de l'Hermon dans le pays de Mitspa.

Ils sortirent, eux et toutes leurs armées avec eux, formant un peuple innombrable comme le sable qui est sur le bord de la mer, et ayant des chevaux et des chars en très grande quantité.

Tous ces rois fixèrent un lieu de réunion, et vinrent camper ensemble près des eaux de Mérom, pour combattre contre Israël.

L'Éternel dit à Josué: Ne les crains point, car demain, à ce moment-ci, je les livrerai tous frappés devant Israël. Tu couperas les jarrets à leurs chevaux, et tu brûleras au feu leurs chars.

Josué, avec tous ses gens de guerre, arriva subitement sur eux près des eaux de Mérom, et ils se précipitèrent au milieu d'eux.

L'Éternel les livra entre les mains d'Israël; ils les battirent et les poursuivirent jusqu'à Sidon la grande, jusqu'à Misrephoth Maïm, et jusqu'à la vallée de Mitspa vers l'orient; ils les battirent, sans en laisser échapper aucun.

Josué les traita comme l'Éternel lui avait dit; il coupa les jarrets à leurs chevaux, et il brûla leurs chars au feu.

10 A son retour, et dans le même temps, Josué prit Hatsor, et frappa son roi avec l'épée: Hatsor était autrefois la principale ville de tous ces royaumes.

On frappa du tranchant de l'épée et l'on dévoua par interdit tous ceux qui s'y trouvaient, il ne resta rien de ce qui respirait, et l'on mit le feu à Hatsor.

Josué prit aussi toutes les villes de ces rois et tous leurs rois, et il les frappa du tranchant de l'épée, et il les dévoua par interdit, comme l'avait ordonné Moïse, serviteur de l'Éternel.

Mais Israël ne brûla aucune des villes situées sur des collines, à l'exception seulement de Hatsor, qui fut brûlée par Josué.

Les enfants d'Israël gardèrent pour eux tout le butin de ces villes et le bétail; mais ils frappèrent du tranchant de l'épée tous les hommes, jusqu'à ce qu'ils les eussent détruits, sans rien laisser de ce qui respirait.

Josué exécuta les ordres de l'Éternel à Moïse, son serviteur, et de Moïse à Josué; il ne négligea rien de tout ce que l'Éternel avait ordonné à Moïse.

C'est ainsi que Josué s'empara de tout ce pays, de la montagne, de tout le midi, de tout le pays de Gosen, de la vallée, de la plaine, de la montagne d'Israël et de ses vallées, depuis la montagne nue qui s'élève vers Séir jusqu'à Baal Gad, dans la vallée du Liban, au pied de la montagne d'Hermon. Il prit tous leurs rois, les frappa et les fit mourir.

La guerre que soutint Josué contre tous ces rois fut de longue durée.

Il n'y eut aucune ville qui fit la paix avec les enfants d'Israël, excepté Gabaon, habitée par les Héviens; ils les prirent toutes en combattant.

20 Car l'Éternel permit que ces peuples s'obstinassent à faire la guerre contre Israël, afin qu'Israël les dévouât par interdit, sans qu'il y eût pour eux de miséricorde, et qu'il les détruisît, comme l'Éternel l'avait ordonné à Moïse.

Dans le même temps, Josué se mit en marche, et il extermina les Anakim[1] de la montagne d'Hébron, de Debir, d'Anab, de toute la montagne de Juda et de toute la montagne d'Israël; Josué les dévoua par interdit, avec leurs villes.

Il ne resta point d'Anakim dans le pays des enfants d'Israël; il n'en resta qu'à Gaza, à Gath et à Asdod.

Josué s'empara donc de tout le pays, selon tout ce que l'Éternel avait dit à Moïse. Et Josué le donna en héritage à Israël, à chacun sa portion, d'après leurs tribus. Puis, le pays fut en repos et sans guerre.

Josué 12

Voici les rois que les enfants d'Israël battirent, et dont ils possédèrent le pays de l'autre côté du Jourdain, vers le soleil levant, depuis le torrent de l'Arnon jusqu'à la montagne de l'Hermon, avec toute la plaine à l'orient.

Sihon, roi des Amoréens, qui habitait à Hesbon. Sa domination s'étendait depuis Aroër, qui est au bord du torrent de l'Arnon, et, depuis le milieu du torrent, sur la moitié de Galaad, jusqu'au torrent de Jabbok, frontière des enfants d'Ammon;

sur la plaine, jusqu'à la mer de Kinnéreth à l'orient, et jusqu'à la mer de la plaine, la mer Salée, à l'orient vers Beth Jeschimoth; et du côté du midi, sur le pied du Pisga.

Og, roi de Basan, seul reste des Rephaïm, qui habitait à Aschtaroth et à Édréi.

Sa domination s'étendait sur la montagne de l'Hermon, sur Salca, sur tout Basan jusqu'à la frontière des Gueschuriens et des Maacathiens, et sur la moitié de Galaad, frontière de Sihon, roi de Hesbon.

Moïse, serviteur de l'Éternel, et les enfants d'Israël, les battirent; et Moïse, serviteur de l'Éternel, donna leur pays en possession aux Rubénites, aux Gadites, et à la moitié de la tribu de Manassé.

Voici les rois que Josué et les enfants d'Israël battirent de ce côté-ci du Jourdain, à l'occident, depuis Baal Gad dans la vallée du Liban jusqu'à la montagne nue qui s'élève vers Séir. Josué donna leur pays en possession aux tribus d'Israël, à chacune sa portion,

---

[1] Race plus ou moins légendaire de géants - Voir Nb 13,33.

dans la montagne, dans la vallée, dans la plaine, sur les coteaux, dans le désert, et dans le midi; pays des Héthiens, des Amoréens, des Cananéens, des Phéréziens, des Héviens et des Jébusiens.

Le roi de Jéricho, un; le roi d'Aï, près de Béthel, un;

10 le roi de Jérusalem, un; le roi d'Hébron, un;

le roi de Jarmuth, un; le roi de Lakis, un;

le roi d'Églon, un; le roi de Guézer, un;

le roi de Debir, un; le roi de Guéder, un;

le roi de Horma, un; le roi d'Arad, un;

le roi de Libna, un; le roi d'Adullam, un;

le roi de Makkéda, un; le roi de Béthel, un;

le roi de Tappuach, un; le roi de Hépher, un;

le roi d'Aphek, un; le roi de Lascharon, un;

le roi de Madon, un; le roi de Hatsor, un;

20 le roi de Schimron Meron, un; le roi d'Acschaph, un;

le roi de Taanac, un; le roi de Meguiddo, un;

le roi de Kédesch, un; le roi de Jokneam, au Carmel, un;

le roi de Dor, sur les hauteurs de Dor, un; le roi de Gojim, près de Guilgal, un;

le roi de Thirtsa, un. Total des rois: trente et un.

D - Partage du pays
Josué 13 - 19

Josué était vieux, avancé en âge. L'Éternel lui dit alors: Tu es devenu vieux, tu es avancé en âge, et le pays qui te reste à soumettre est très grand.

Voici le pays qui reste: tous les districts des Philistins et tout le territoire des Gueschuriens,

depuis le Schichor qui coule devant l'Égypte jusqu'à la frontière d'Ékron au nord, contrée qui doit être tenue pour cananéenne, et qui est occupée par les cinq princes des Philistins, celui de Gaza, celui d'Asdod, celui d'Askalon, celui de Gath et celui d'Ékron, et par les Avviens;

à partir du midi, tout le pays des Cananéens, et Meara qui est aux Sidoniens, jusqu'à Aphek, jusqu'à la frontière des Amoréens;

le pays des Guibliens, et tout le Liban vers le soleil levant, depuis Baal Gad au pied de la montagne d'Hermon jusqu'à l'entrée de Hamath;

tous les habitants de la montagne, depuis le Liban jusqu'à Misrephoth Maïm, tous les Sidoniens. Je les chasserai devant les enfants d'Israël. Donne seulement ce pays en héritage par le sort à Israël, comme je te l'ai prescrit;

et divise maintenant ce pays par portions entre les neuf tribus et la demi-tribu de Manassé.

Jos 13,8 Les Rubénites et les Gadites, avec l'autre moitié de la tribu de Manassé, ont reçu leur héritage, que Moïse leur a donné de l'autre côté du Jourdain, à l'orient, comme le leur a donné Moïse, serviteur de l'Éternel:

depuis Aroër sur les bords du torrent de l'Arnon, et depuis la ville qui est au milieu de la vallée, toute la plaine de Médeba, jusqu'à Dibon;

10   toutes les villes de Sihon, roi des Amoréens, qui régnait à Hesbon, jusqu'à la frontière des enfants d'Ammon;

Galaad, le territoire des Gueschuriens et des Maacathiens, toute la montagne d'Hermon, et tout Basan, jusqu'à Salca;

tout le royaume d'Og en Basan, qui régnait à Aschtaroth et à Édréï, et qui était le seul reste des Rephaïm. Moïse battit ces rois, et les chassa.

Mais les enfants d'Israël ne chassèrent point les Gueschuriens et les Maacathiens, qui ont habité au milieu d'Israël jusqu'à ce jour.

La tribu de Lévi fut la seule à laquelle Moïse ne donna point d'héritage; les sacrifices consumés par le feu devant l'Éternel, le Dieu d'Israël, tel fut son héritage, comme il le lui avait dit.

Moïse avait donné à la tribu des fils de Ruben une part selon leurs familles[1].

Ils eurent pour territoire, à partir d'Aroër sur les bords du torrent d'Arnon, et de la ville qui est au milieu de la vallée, toute la plaine près de Médeba,

Hesbon et toutes ses villes dans la plaine, Dibon, Bamoth Baal, Beth Baal Meon,

Jahats, Kedémoth, Méphaath,

Kirjathaïm, Sibma, Tséreth Haschachar sur la montagne de la vallée,

20   Beth Peor, les coteaux du Pisga, Beth Jeschimoth,

toutes les villes de la plaine, et tout le royaume de Sihon, roi des Amoréens, qui régnait à Hesbon: Moïse l'avait battu, lui et les princes de Madian, Évi, Rékem, Tsur, Hur et Réba, princes qui relevaient de Sihon et qui habitaient dans le pays.

Parmi ceux que tuèrent les enfants d'Israël, ils avaient aussi fait périr avec l'épée le devin Balaam, fils de Beor.

Le Jourdain servait de limite au territoire des fils de Ruben. Voilà l'héritage des fils de Ruben selon leurs familles; les villes et leurs villages.

Moïse avait donné à la tribu de Gad, aux fils de Gad, une part selon leurs familles.

Ils eurent pour territoire Jaezer, toutes les villes de Galaad, la moitié du pays des enfants d'Ammon jusqu'à Aroër vis-à-vis de Rabba,

depuis Hesbon jusqu'à Ramath Mitspé et Bethonim, depuis Mahanaïm jusqu'à la frontière de Debir,

---

[1] Sont citées, dans ce premier texte, les trois tribus qui ont leur territoire à l'est du Jourdain.

et, dans la vallée, Beth Haram, Beth Nimra, Succoth et Tsaphon, reste du royaume de Sihon, roi de Hesbon, ayant le Jourdain pour limite jusqu'à l'extrémité de la mer de Kinnéreth de l'autre côté du Jourdain, à l'orient.

Voilà l'héritage des fils de Gad selon leurs familles; les villes et leurs villages.

Moïse avait donné à la demi-tribu de Manassé, aux fils de Manassé, une part selon leurs familles.

30 Ils eurent pour territoire, à partir de Mahanaïm, tout Basan, tout le royaume d'Og, roi de Basan, et tous les bourgs de Jaïr en Basan, soixante villes.

La moitié de Galaad, Aschtaroth et Édréï, villes du royaume d'Og en Basan, échurent aux fils de Makir, fils de Manassé, à la moitié des fils de Makir, selon leurs familles[1].

Telles sont les parts que fit Moïse, lorsqu'il était dans les plaines de Moab, de l'autre côté du Jourdain, vis-à-vis de Jéricho, à l'orient.

Moïse ne donna point d'héritage à la tribu de Lévi; l'Éternel, le Dieu d'Israël, tel fut son héritage, comme il le lui avait dit.

Josué 14

Voici ce que les enfants d'Israël reçurent en héritage dans le pays de Canaan, ce que partagèrent entre eux le sacrificateur Éléazar, Josué, fils de Nun, et les chefs de famille des tribus des enfants d'Israël.

Le partage eut lieu d'après le sort, comme l'Éternel l'avait ordonné par Moïse, pour les neuf tribus et pour la demi-tribu.

Car Moïse avait donné un héritage aux deux tribus et à la demi-tribu de l'autre côté du Jourdain; mais il n'avait point donné aux Lévites d'héritage parmi eux.

Les fils de Joseph formaient deux tribus, Manassé et Éphraïm; et l'on ne donna point de part aux Lévites dans le pays, si ce n'est des villes pour habitation, et les banlieues pour leurs troupeaux et pour leurs biens.

Les enfants d'Israël se conformèrent aux ordres que l'Éternel avait donnés à Moïse, et ils partagèrent le pays.

Les fils de Juda s'approchèrent de Josué, à Guilgal; et Caleb, fils de Jephunné, le Kenizien, lui dit: "Tu sais ce que l'Éternel a déclaré à Moïse, homme de Dieu, au sujet de moi et au sujet de toi, à Kadès Barnéa.

"J'étais âgé de quarante ans lorsque Moïse, serviteur de l'Éternel, m'envoya de Kadès Barnéa pour explorer le pays, et je lui fis un rapport avec droiture de coeur.

"Mes frères qui étaient montés avec moi découragèrent le peuple, mais moi je suivis pleinement la voie de l'Éternel, mon Dieu.

---

[1] Les fils de Makir forment deux clans distincts; voir aussi 17,1.

"Et ce jour-là Moïse jura, en disant: Le pays que ton pied a foulé sera ton héritage à perpétuité, pour toi et pour tes enfants, parce que tu as pleinement suivi la voie de l'Éternel, mon Dieu.

10   "Maintenant voici, l'Éternel m'a fait vivre, comme il l'a dit. Il y a quarante-cinq ans que l'Éternel parlait ainsi à Moïse, lorsqu'Israël marchait dans le désert; et maintenant voici, je suis âgé aujourd'hui de quatre-vingt-cinq ans.

"Je suis encore vigoureux comme au jour où Moïse m'envoya; j'ai autant de force que j'en avais alors, soit pour combattre, soit pour sortir et pour entrer.

"Donne-moi donc cette montagne dont l'Éternel a parlé dans ce temps-là; car tu as appris alors qu'il s'y trouve des Anakim, et qu'il y a des villes grandes et fortifiées. L'Éternel sera peut-être avec moi, et je les chasserai, comme l'Éternel a dit."

Josué bénit Caleb, fils de Jephunné, et il lui donna Hébron pour héritage.

C'est ainsi que Caleb, fils de Jephunné, le Kenizien, a eu jusqu'à ce jour Hébron pour héritage, parce qu'il avait pleinement suivi la voie de l'Éternel, le Dieu d'Israël.

Hébron s'appelait autrefois Kirjath Arba: Arba avait été l'homme le plus grand parmi les Anakim. Le pays fut dès lors en repos et sans guerre.

Josué 15

La part échue par le sort à la tribu des fils de Juda, selon leurs familles, s'étendait vers la frontière d'Édom, jusqu'au désert de Tsin, au midi, à l'extrémité méridionale.

Ainsi, leur limite méridionale partait de l'extrémité de la mer Salée, de la langue qui fait face au sud.

Elle se prolongeait au midi de la montée d'Akrabbim, passait par Tsin, et montait au midi de Kadès Barnéa; elle passait de là par Hetsron, montait vers Addar, et tournait à Karkaa;

elle passait ensuite par Atsmon, et continuait jusqu'au torrent d'Égypte, pour aboutir à la mer. Ce sera votre limite au midi.

La limite orientale était la mer Salée jusqu'à l'embouchure du Jourdain. La limite septentrionale partait de la langue qui est à l'embouchure du Jourdain.

Elle montait vers Beth Hogla, passait au nord de Beth Araba, et s'élevait jusqu'à la pierre de Bohan, fils de Ruben;

elle montait à Debir, à quelque distance de la vallée d'Acor, et se dirigeait vers le nord du côté de Guilgal, qui est vis-à-vis de la montée d'Adummim au sud du torrent. Elle passait près des eaux d'En Schémesch, et se prolongeait jusqu'à En Roguel.

Elle montait de là par la vallée de Ben Hinnom au côté méridional de Jebus, qui est Jérusalem, puis s'élevait jusqu'au sommet de la montagne, qui est devant la vallée de Hinnom à l'occident, et à l'extrémité de la vallée des Rephaïm au nord

Du sommet de la montagne elle s'étendait jusqu'à la source des eaux de Nephthoach, continuait vers les villes de la montagne d'Éphron, et se prolongeait par Baala, qui est Kirjath Jearim.

10   De Baala elle tournait à l'occident vers la montagne de Séir, traversait le côté septentrional de la montagne de Jearim, à Kesalon, descendait à Beth Schémesch, et passait par Thimna.

Jos 15,11 Elle continuait sur le côté septentrional d'Ékron, s'étendait vers Schicron, passait par la montagne de Baala, et se prolongeait jusqu'à Jabneel, pour aboutir à la mer.

La limite occidentale était la grande mer. Telles furent de tous les côtés les limites des fils de Juda, selon leurs familles.

On donna à Caleb, fils de Jephunné, une part au milieu des fils de Juda, comme l'Éternel l'avait ordonné à Josué; on lui donna Kirjath Arba, qui est Hébron: Arba était le père d'Anak.

Caleb en chassa les trois fils d'Anak: Schéschaï, Ahiman et Talmaï, enfants d'Anak.

De là il monta contre les habitants de Debir: Debir s'appelait autrefois Kirjath Sépher.

Caleb dit: Je donnerai ma fille Acsa pour femme à celui qui battra Kirjath Sépher et qui la prendra.

Othniel, fils de Kenaz, frère de Caleb, s'en empara; et Caleb lui donna pour femme sa fille Acsa.

Lorsqu'elle fut entrée chez Othniel, elle le sollicita de demander à son père un champ. Elle descendit de dessus son âne, et Caleb lui dit: Qu'as-tu?

Elle répondit: Fais-moi un présent, car tu m'as donné une terre du midi; donne-moi aussi des sources d'eau. Et il lui donna les sources supérieures et les sources inférieures.

20 Tel fut l'héritage des fils de Juda, selon leurs familles:

Les villes situées dans la contrée du midi, à l'extrémité de la tribu des fils de Juda, vers la frontière d'Édom, étaient: Kabtseel, Éder, Jagur,
Kina, Dimona, Adada,
Kédesch, Hatsor, Ithnan,
Ziph, Thélem, Bealoth,
Hatsor Hadattha, Kerijoth Hetsron, qui est Hatsor,
Amam, Schema, Molada,
Hatsar Gadda, Heschmon, Beth Paleth,
Hatsar Schual, Beer Schéba, Bizjotnja,
Baala, Ijjim, Atsem,
30 Eltholad, Kesil, Horma,
Tsiklag, Madmanna, Sansanna,
Lebaoth, Schilhim, Aïn, et Rimmon. Total des villes: vingt-neuf, et leurs villages.
Dans la plaine: Eschthaol, Tsorea, Aschna,
Zanoach, En Gannim, Tappuach, Énam,
Jarmuth, Adullam, Soco, Azéka,
Schaaraïm, Adithaïm, Guedéra, et Guedérothaïm; quatorze villes, et leurs villages.
Tsenan, Hadascha, Migdal Gad,
Dilean, Mitspé, Joktheel,
Lakis, Botskath, Églon,
40 Cabbon, Lachmas, Kithlisch,
Guedéroth, Beth Dagon, Naama, et Makkéda; seize villes, et leurs villages.

Libna, Éther, Aschan,

Jiphtach, Aschna, Netsib,

Keïla, Aczib, et Maréscha; neuf villes, et leurs villages.

Ékron, les villes de son ressort et ses villages;

depuis Ékron et à l'occident, toutes les villes près d'Asdod, et leurs villages,

Asdod, les villes de son ressort, et ses villages; Gaza, les villes de son ressort, et ses villages,

jusqu'au torrent d'Égypte, et à la grande mer, qui sert de limite.

Dans la montagne: Schamir, Jatthir, Soco,

Danna, Kirjath Sanna, qui est Debir,

50 Anab, Eschthemo, Anim,

Gosen, Holon, et Guilo, onze villes, et leurs villages.

Arab, Duma, Éschean,

Janum, Beth Tappuach, Aphéka,

Humta, Kirjath Arba, qui est Hébron, et Tsior; neuf villes, et leurs villages.

Maon, Carmel, Ziph, Juta,

Jizreel, Jokdeam, Zanoach,

Kaïn, Guibea, et Thimna; dix villes, et leurs villages.

Halhul, Beth Tsur, Guedor,

Maarath, Beth Anoth, et Elthekon; six villes, et leurs villages.

60 Kirjath Baal, qui est Kirjath Jearim, et Rabba; deux villes, et leurs villages.

Dans le désert: Beth Araba, Middin, Secaca,

Nibschan, Ir Hammélach, et En Guédi; six villes, et leurs villages.

Les fils de Juda ne purent pas chasser les Jébusiens qui habitaient à Jérusalem, et les Jébusiens ont habité avec les fils de Juda à Jérusalem jusqu'à ce jour.

Josué 16

La part échue par le sort aux fils de Joseph s'étendait depuis le Jourdain près de Jéricho, vers les eaux de Jéricho, à l'orient. La limite suivait le désert qui s'élève de Jéricho à Béthel par la montagne.

Elle continuait de Béthel à Luz, et passait vers la frontière des Arkiens par Atharoth.

Puis elle descendait à l'occident vers la frontière des Japhléthiens jusqu'à celle de Beth Horon la basse et jusqu'à Guézer, pour aboutir à la mer.

C'est là que reçurent leur héritage les fils de Joseph, Manassé et Éphraïm.

Voici les limites des fils d'Éphraïm, selon leurs familles. La limite de leur héritage était, à l'orient, Atharoth Addar jusqu'à Beth Horon la haute.

Elle continuait du côté de l'occident vers Micmethath au nord, tournait à l'orient vers Thaanath Silo, et passait dans la direction de l'orient par Janoach.

De Janoach elle descendait à Atharoth et à Naaratha, touchait à Jéricho, et se prolongeait jusqu'au Jourdain.

De Tappuach elle allait vers l'occident au torrent de Kana, pour aboutir à la mer. Tel fut l'héritage de la tribu des fils d'Éphraïm, selon leurs familles.

Les fils d'Éphraïm avaient aussi des villes séparées au milieu de l'héritage des fils de Manassé, toutes avec leurs villages.

10 Ils ne chassèrent point les Cananéens qui habitaient à Guézer, et les Cananéens ont habité au milieu d'Éphraïm jusqu'à ce jour, mais ils furent assujettis à un tribut.

Josué 17

Une part échut par le sort à la tribu de Manassé, premier-né de Joseph.

Makir, premier-né de Manassé et père de Galaad, avait eu Galaad et Basan, parce qu'il était un homme de guerre.

On donna par le sort une part aux autres fils de Manassé, selon leurs familles, aux fils d'Abiézer, aux fils de Hélek, aux fils d'Asriel, aux fils de Sichem, aux fils de Hépher, aux fils de Schemida: ce sont là les enfants mâles de Manassé, fils de Joseph, selon leurs familles.

Tselophchad, fils de Hépher, fils de Galaad, fils de Makir, fils de Manassé, n'eut point de fils, mais il eut des filles dont voici les noms: Machla, Noa, Hogla, Milca et Thirtsa.

Elles se présentèrent devant le sacrificateur Éléazar, devant Josué, fils de Nun, et devant les princes, en disant: L'Éternel a commandé à Moïse de nous donner un héritage parmi nos frères. Et on leur donna, selon l'ordre de l'Éternel, un héritage parmi les frères de leur père.

Il échut dix portions à Manassé, outre le pays de Galaad et de Basan, qui est de l'autre côté du Jourdain.

Car les filles de Manassé eurent un héritage parmi ses fils, et le pays de Galaad fut pour les autres fils de Manassé.

La limite de Manassé s'étendait d'Aser à Micmethath, qui est près de Sichem, et allait à Jamin vers les habitants d'En Tappuach.

Le pays de Tappuach était aux fils de Manassé, mais Tappuach sur la frontière de Manassé était aux fils d'Éphraïm.

La limite descendait au torrent de Kana, au midi du torrent. Ces villes étaient à Éphraïm, au milieu des villes de Manassé. La limite de Manassé au nord du torrent aboutissait à la mer.

10 Le territoire du midi était à Éphraïm, celui du nord à Manassé, et la mer leur servait de limite; ils touchaient à Aser vers le nord, et à Issacar vers l'orient.

Manassé possédait dans Issacar et dans Aser: Beth Schean et les villes de son ressort, Jibleam et les villes de son ressort, les habitants de Dor et les villes de son ressort, les habitants d'En Dor et les villes de son ressort, les habitants de Thaanac et les villes de son ressort, et les habitants de Meguiddo et les villes de son ressort, trois contrées.

Les fils de Manassé ne purent pas prendre possession de ces villes, et les Cananéens voulurent rester dans ce pays.

Lorsque les enfants d'Israël furent assez forts, ils assujettirent les Cananéens à un tribut, mais ils ne les chassèrent point.

Les fils de Joseph parlèrent à Josué, et dirent: Pourquoi nous as-tu donné en héritage un seul lot, une seule part, tandis que nous formons un peuple nombreux et que l'Éternel nous a bénis jusqu'à présent?

Josué leur dit: Si vous êtes un peuple nombreux, montez à la forêt, et vous l'abattrez pour vous y faire de la place dans le pays des Phéréziens et des Rephaïm, puisque la montagne d'Éphraïm est trop étroite pour vous.

Les fils de Joseph dirent: La montagne ne nous suffira pas, et il y a des chars de fer chez tous les Cananéens qui habitent la vallée, chez ceux qui sont à Beth Schean et dans les villes de son ressort, et chez ceux qui sont dans la vallée de Jizreel.

Josué dit à la maison de Joseph, à Éphraïm et à Manassé: Vous êtes un peuple nombreux, et votre force est grande, vous n'aurez pas un simple lot.

Mais vous aurez la montagne, car c'est une forêt que vous abattrez et dont les issues seront à vous, et vous chasserez les Cananéens, malgré leurs chars de fer et malgré leur force.

Josué 18

Toute l'assemblée des enfants d'Israël se réunit à Silo, et ils y placèrent la tente d'assignation. Le pays était soumis devant eux.

Il restait sept tribus des enfants d'Israël qui n'avaient pas encore reçu leur héritage.

Josué dit aux enfants d'Israël: Jusques à quand négligerez-vous de prendre possession du pays que l'Éternel, le Dieu de vos pères, vous a donné?

Choisissez trois hommes par tribu, et je les ferai partir. Ils se lèveront, parcourront le pays, traceront un plan en vue du partage, et reviendront auprès de moi.

Ils le diviseront en sept parts; Juda restera dans ses limites au midi, et la maison de Joseph restera dans ses limites au nord.

Vous donc, vous tracerez un plan du pays en sept parts, et vous me l'apporterez ici. Je jetterai pour vous le sort devant l'Éternel, notre Dieu.

Mais il n'y aura point de part pour les Lévites au milieu de vous, car le sacerdoce de l'Éternel est leur héritage; et Gad, Ruben et la demi-tribu de Manassé[1] ont reçu leur héritage, que Moïse, serviteur de l'Éternel, leur a donné de l'autre côté du Jourdain, à l'orient.

Lorsque ces hommes se levèrent et partirent pour tracer un plan du pays, Josué leur donna cet ordre: Allez, parcourez le pays, tracez-en un plan, et revenez auprès de moi; puis je jetterai pour vous le sort devant l'Éternel, à Silo.

Ces hommes partirent, parcoururent le pays, et en tracèrent d'après les villes un plan en sept parts, dans un livre; et ils revinrent auprès de Josué dans le camp à Silo.

10 Josué jeta pour eux le sort à Silo devant l'Éternel, et il fit le partage du pays entre les enfants d'Israël, en donnant à chacun sa portion.

Le sort tomba sur la tribu des fils de Benjamin, selon leurs familles, et la part qui leur échut par le sort avait ses limites entre les fils de Juda et les fils de Joseph.

Du côté septentrional, leur limite partait du Jourdain. Elle montait au nord de Jéricho, s'élevait dans la montagne vers l'occident, et aboutissait au désert de Beth Aven.

Elle passait de là par Luz, au midi de Luz, qui est Béthel, et elle descendait à Atharoth Addar par-dessus la montagne qui est au midi de Beth Horon la basse.

---

[1] La moitié de la tribu de Manassé (deux de ses fils) a déjà conquis un territoire à l'est du Jourdain, cf Nb 32,39-42.

Du côté occidental, la limite se prolongeait et tournait au midi depuis la montagne qui est vis-à-vis de Beth Horon; elle continuait vers le midi, et aboutissait à Kirjath Baal, qui est Kirjath Jearim, ville des fils de Juda. C'était le côté occidental.

Le côté méridional commençait à l'extrémité de Kirjath Jearim. La limite se prolongeait vers l'occident jusqu'à la source des eaux de Nephthoach.

Elle descendait à l'extrémité de la montagne qui est vis-à-vis de la vallée de Ben Hinnom, dans la vallée des Rephaïm au nord. Elle descendait par la vallée de Hinnom, sur le côté méridional des Jébusiens, jusqu'à En Roguel.

Elle se dirigeait vers le nord à En Schémesch, puis à Gueliloth, qui est vis-à-vis de la montée d'Adummim, et elle descendait à la pierre de Bohan, fils de Ruben.

Elle passait sur le côté septentrional en face d'Araba, descendait à Araba,

et continuait sur le côté septentrional de Beth Hogla, pour aboutir à la langue septentrionale de la mer Salée, vers l'embouchure du Jourdain au midi. C'était la limite méridionale.

20 Du côté oriental, le Jourdain formait la limite. Tel fut l'héritage des fils de Benjamin, selon leurs familles, avec ses limites de tous les côtés.

Les villes de la tribu des fils de Benjamin, selon leurs familles, étaient: Jéricho, Beth Hogla, Émek Ketsits,

Beth Araba, Tsemaraïm, Béthel,

Avvim, Para, Ophra,

Kephar Ammonaï, Ophni et Guéba; douze villes, et leurs villages.

Gabaon, Rama, Beéroth,

Mitspé, Kephira, Motsa,

Rékem, Jirpeel, Thareala,

Tséla, Eleph, Jebus, qui est Jérusalem, Guibeath, et Kirjath; quatorze villes, et leurs villages.

Tel fut l'héritage des fils de Benjamin, selon leurs familles.

Josué 19

La seconde part échut par le sort à Siméon, à la tribu des fils de Siméon, selon leurs familles. Leur héritage était au milieu de l'héritage des fils de Juda.

Ils eurent dans leur héritage: Beer Schéba, Schéba, Molada,

Hatsar Schual, Bala, Atsem,

Eltholad, Bethul, Horma,

Tsiklag, Beth Marcaboth, Hatsar Susa,

Beth Lebaoth et Scharuchen, treize villes, et leurs villages;

Aïn, Rimmon, Éther, et Aschan, quatre villes, et leurs villages;

et tous les villages aux environs de ces villes, jusqu'à Baalath Beer, qui est Ramath du midi. Tel fut l'héritage de la tribu des fils de Siméon, selon leurs familles.

L'héritage des fils de Siméon fut pris sur la portion des fils de Juda; car la portion des fils de Juda était trop grande pour eux, et c'est au milieu de leur héritage que les fils de Siméon reçurent le leur.

10 La troisième part échut par le sort aux fils de Zabulon, selon leurs familles.

Jos 19,11 La limite de leur héritage s'étendait jusqu'à Sarid. Elle montait à l'occident vers Mareala, et touchait à Dabbéscheth, puis au torrent qui coule devant Jokneam.

De Sarid elle tournait à l'orient, vers le soleil levant, jusqu'à la frontière de Kisloth Thabor, continuait à Dabrath, et montait à Japhia.

De là elle passait à l'orient par Guittha Hépher, par Ittha Katsin, continuait à Rimmon, et se prolongeait jusqu'à Néa.

Elle tournait ensuite du côté du nord vers Hannathon, et aboutissait à la vallée de Jiphthach El.

De plus, Katthath, Nahalal, Schimron, Jideala, Bethléem . Douze villes, et leurs villages.

Tel fut l'héritage des fils de Zabulon, selon leurs familles, ces villes-là et leurs villages.

La quatrième part échut par le sort à Issacar, aux fils d'Issacar, selon leurs familles.

Leur limite passait par Jizreel, Kesulloth, Sunem,
Hapharaïm, Schion, Anacharath,
20   Rabbith, Kischjon, Abets,
Rémeth, En Gannim, En Hadda, et Beth Patsets;
elle touchait à Thabor, à Schachatsima, à Beth Schémesch, et aboutissait au Jourdain. Seize villes, et leurs villages.

Tel fut l'héritage de la tribu des fils d'Issacar, selon leurs familles, ces villes-là et leurs villages.

La cinquième part échut par le sort à la tribu des fils d'Aser, selon leurs familles.

Leur limite passait par Helkath, Hali, Béthen, Acschaph,
Allammélec, Amead et Mischeal; elle touchait, vers l'occident, au Carmel et au Schichor Libnath;
puis elle tournait du côté de l'orient à Beth Dagon, atteignait Zabulon et la vallée de Jiphthach El au nord de Beth Émek et de Neïel, et se prolongeait vers Cabul, à gauche,
et vers Ébron, Rehob, Hammon et Kana, jusqu'à Sidon la grande.
Elle tournait ensuite vers Rama jusqu'à la ville forte de Tyr, et vers Hosa, pour aboutir à la mer, par la contrée d'Aczib.
30   De plus, Umma, Aphek et Rehob. Vingt-deux villes, et leurs villages.

Tel fut l'héritage de la tribu des fils d'Aser, selon leurs familles, ces villes-là et leurs villages.

La sixième part échut par le sort aux fils de Nephthali, selon leurs familles.

Leur limite s'étendait depuis Héleph, depuis Allon, par Tsaanannim, Adami Nékeb et Jabneel, jusqu'à Lakkum, et elle aboutissait au Jourdain.
Elle tournait vers l'occident à Aznoth Thabor, et de là continuait à Hukkok; elle touchait à Zabulon du côté du midi, à Aser du côté de l'occident, et à Juda; le Jourdain était du côté de l'orient.
Les villes fortes étaient: Tsiddim, Tser, Hammath, Rakkath, Kinnéreth,
Adama, Rama, Hatsor,
Kédesch, Édréï, En Hatsor,

Jireon, Migdal El, Horem, Beth Anath et Beth Schémesch. Dix-neuf villes, et leurs villages.

Tel fut l'héritage de la tribu des fils de Nephthali, selon leurs familles, ces villes-là et leurs villages.

40 La septième part échut par le sort à la tribu des fils de Dan, selon leurs familles.

La limite de leur héritage comprenait Tsorea, Eschthaol, Ir Schémesch,
Schaalabbin, Ajalon, Jithla,
Élon, Thimnatha, Ékron,
Eltheké, Guibbethon, Baalath,
Jehud, Bené Berak, Gath Rimmon,
Mé Jarkon et Rakkon, avec le territoire vis-à-vis de Japho.

Le territoire des fils de Dan s'étendait hors de chez eux. Les fils de Dan montèrent et combattirent contre Léschem; ils s'en emparèrent et la frappèrent du tranchant de l'épée; ils en prirent possession, s'y établirent, et l'appelèrent Dan, du nom de Dan, leur père.

Tel fut l'héritage de la tribu des fils de Dan, selon leurs familles, ces villes-là et leurs villages.

Lorsqu'ils eurent achevé de faire le partage du pays, d'après ses limites, les enfants d'Israël donnèrent à Josué, fils de Nun, une possession au milieu d'eux.

50 Selon l'ordre de l'Éternel, ils lui donnèrent la ville qu'il demanda, Thimnath Sérach, dans la montagne d'Éphraïm. Il rebâtit la ville, et y fit sa demeure.

Tels sont les héritages que le sacrificateur Éléazar, Josué, fils de Nun, et les chefs de famille des tribus des enfants d'Israël, distribuèrent par le sort devant l'Éternel à Silo, à l'entrée de la tente d'assignation. Ils achevèrent ainsi le partage du pays.

E - Installation et alliance
Josué 20- 24

L'Éternel parla à Josué, et dit:

Parle aux enfants d'Israël, et dit: Établissez-vous, comme je vous l'ai ordonné par Moïse, des villes de refuge,

où pourra s'enfuir le meurtrier qui aura tué quelqu'un involontairement, sans intention; elles vous serviront de refuge contre le vengeur du sang.

Le meurtrier s'enfuira vers l'une de ces villes, s'arrêtera à l'entrée de la porte de la ville, et exposera son cas aux anciens de cette ville; ils le recueilleront auprès d'eux dans la ville, et lui donneront une demeure, afin qu'il habite avec eux.

Si le vengeur du sang le poursuit, ils ne livreront point le meurtrier entre ses mains; car c'est sans le vouloir qu'il a tué son prochain, et sans avoir été auparavant son ennemi.

Il restera dans cette ville jusqu'à ce qu'il ait comparu devant l'assemblée pour être jugé, jusqu'à la mort du souverain sacrificateur alors en fonctions. A cette époque, le meurtrier s'en retournera et rentrera dans sa ville et dans sa maison, dans la ville d'où il s'était enfui.

Ils consacrèrent Kédesch, en Galilée, dans la montagne de Nephthali; Sichem, dans la montagne d'Éphraïm; et Kirjath Arba, qui est Hébron, dans la montagne de Juda.
Et de l'autre côté du Jourdain, à l'orient de Jéricho, ils choisirent Betser, dans le désert, dans la plaine, dans la tribu de Ruben; Ramoth, en Galaad, dans la tribu de Gad; et Golan, en Basan, dans la tribu de Manassé.

Telles furent les villes désignées pour tous les enfants d'Israël et pour l'étranger en séjour au milieu d'eux, afin que celui qui aurait tué quelqu'un involontairement pût s'y réfugier, et qu'il ne mourût pas de la main du vengeur du sang avant d'avoir comparu devant l'assemblée.

Josué 21

Les chefs de famille des Lévites s'approchèrent du sacrificateur Éléazar, de Josué, fils de Nun, et des chefs de famille des tribus des enfants d'Israël.

Ils leur parlèrent à Silo, dans le pays de Canaan, et dirent: L'Éternel a ordonné par Moïse qu'on nous donnât des villes pour habitation, et leurs banlieues pour notre bétail.

Les enfants d'Israël donnèrent alors aux Lévites, sur leur héritage, les villes suivantes et leurs banlieues, d'après l'ordre de l'Éternel.

On tira le sort pour les familles des Kehathites[1]. Les fils du sacrificateur Aaron eurent par le sort treize villes de la tribu de Juda, de la tribu de Siméon et de la tribu de Benjamin;
Les autres fils de Kehath eurent par le sort dix villes des familles de la tribu d'Éphraïm, de la tribu de Dan et de la demi-tribu de Manassé.

Les fils de Guerschon eurent par le sort treize villes des familles de la tribu d'Issacar, de la tribu d'Aser, de la tribu de Nephthali et de la demi-tribu de Manassé en Basan.
Les fils de Merari, selon leurs familles, eurent douze villes de la tribu de Ruben, de la tribu de Gad et de la tribu de Zabulon.

Les enfants d'Israël donnèrent aux Lévites, par le sort, ces villes et leurs banlieues, comme l'Éternel l'avait ordonné par Moïse.

Ils donnèrent de la tribu des fils de Juda et de la tribu des fils de Siméon les villes qui vont être nominativement désignées,

---

[1] Kehath est un des trois fils de Lévi (cf Ex 6,16); il est le père de 4 fils (cf Ex 6,18) dont Amram, qui est le père de Moïse et d'Aaron (Ex 6,20). Les autres fils de Lévi sont Guerschon et Merari.

Jos 21,10 et qui furent pour les fils d'Aaron d'entre les familles des Kehathites et des fils de Lévi, car le sort les avait indiqués les premiers.

Ils leur donnèrent Kirjath Arba, qui est Hébron, dans la montagne de Juda, et la banlieue qui l'entoure: Arba était le père d'Anak[1].

Le territoire de la ville et ses villages furent accordés à Caleb, fils de Jephunné, pour sa possession.

Ils donnèrent donc aux fils du sacrificateur Aaron la ville de refuge pour les meurtriers, Hébron et sa banlieue, Libna et sa banlieue,

Jatthir et sa banlieue, Eschthlemoa et sa banlieue,

Holon et sa banlieue, Debir et sa banlieue,

Aïn et sa banlieue, Jutta et sa banlieue, et Beth Schémesch et sa banlieue, neuf villes de ces deux tribus;

et de la tribu de Benjamin, Gabaon et sa banlieue, Guéba et sa banlieue,

Anathoth et sa banlieue, et Almon et sa banlieue, quatre villes.

Total des villes des sacrificateurs, fils d'Aaron: treize villes, et leurs banlieues.

20   Les Lévites appartenant aux familles des autres fils de Kehath eurent par le sort des villes de la tribu d'Éphraïm.

On leur donna la ville de refuge pour les meurtriers, Sichem et sa banlieue, dans la montagne d'Éphraïm, Guézer et sa banlieue,

Kibtsaïm et sa banlieue, et Beth Horon et sa banlieue, quatre villes;

de la tribu de Dan, Eltheké et sa banlieue, Guibbethon et sa banlieue,

Ajalon et sa banlieue, et Gath Rimmon et sa banlieue, quatre villes;

et de la demi-tribu de Manassé, Thaanac et sa banlieue, et Gath Rimmon et sa banlieue, deux villes.

Total des villes: dix, et leurs banlieues, pour les familles des autres fils de Kehath.

On donna aux fils de Guerschon, d'entre les familles des Lévites: dans la demi-tribu de Manassé, Golan en Basan et sa banlieue, ville de refuge pour les meurtriers; et Beeschthra et sa banlieue, deux villes;

de la tribu d'Issacar, Kischjon et sa banlieue, Dabrath et sa banlieue,

Jarmuth et sa banlieue, et En Gannim et sa banlieue, quatre villes;

30   de la tribu d'Aser, Mischeal et sa banlieue, Abdon et sa banlieue,

Helkath et sa banlieue, et Rehob et sa banlieue, quatre villes;

et de la tribu de Nephthali, la ville de refuge pour les meurtriers, Kédesch en Galilée et sa banlieue, Hammoth Dor et sa banlieue, et Karthan et sa banlieue, trois villes.

Total des villes des Guerschonites, selon leurs familles: treize villes et leurs banlieues.

On donna au reste des Lévites, qui appartenaient aux familles des fils de Merari: de la tribu de Zabulon, Jokneam et sa banlieue, Kartha et sa banlieue,

Dimna et sa banlieue, et Nahalal et sa banlieue, quatre villes;

de la tribu de Ruben, Betser et sa banlieue, Jahtsa et sa banlieue,

Kedémoth et sa banlieue, et Méphaath et sa banlieue, quatre villes;

---

[1] Mention ici, comme une référence historique, des Anaqites (cf Jos 14-15).

et de la tribu de Gad, la ville de refuge pour les meurtriers, Ramoth en Galaad et sa banlieue, Mahanaïm et sa banlieue,

Hesbon et sa banlieue, et Jaezer et sa banlieue, en tout quatre villes.

40   Total des villes qui échurent par le sort aux fils de Merari, selon leurs familles, formant le reste des familles des Lévites: douze villes.

Total des villes des Lévites au milieu des propriétés des enfants d'Israël: quarante-huit villes, et leurs banlieues.

Chacune de ces villes avait sa banlieue qui l'entourait; il en était de même pour toutes ces villes.

C'est ainsi que l'Éternel donna à Israël tout le pays qu'il avait juré de donner à leurs pères; ils en prirent possession et s'y établirent.

L'Éternel leur accorda du repos tout alentour, comme il l'avait juré à leurs pères; aucun de leurs ennemis ne put leur résister, et l'Éternel les livra tous entre leurs mains.

De toutes les bonnes paroles que l'Éternel avait dites à la maison d'Israël, aucune ne resta sans effet: toutes s'accomplirent.

Josué 22

Alors Josué appela les Rubénites, les Gadites et la demi-tribu de Manassé.

Il leur dit: Vous avez observé tout ce que vous a prescrit Moïse, serviteur de l'Éternel, et vous avez obéi à ma voix dans tout ce que je vous ai ordonné.

Vous n'avez point abandonné vos frères, depuis un long espace de temps jusqu'à ce jour; et vous avez gardé les ordres, les commandements de l'Éternel, votre Dieu.

Maintenant que l'Éternel, votre Dieu, a accordé du repos à vos frères, comme il le leur avait dit, retournez et allez vers vos tentes, dans le pays qui vous appartient, et que Moïse, serviteur de l'Éternel, vous a donné de l'autre côté du Jourdain.

Ayez soin seulement d'observer et de mettre en pratique les ordonnances et les lois que vous a prescrites Moïse, serviteur de l'Éternel: aimez l'Éternel, votre Dieu, marchez dans toutes ses voies, gardez ses commandements, attachez-vous à lui, et servez-le de tout votre coeur et de toute votre âme.

Et Josué les bénit et les renvoya, et ils s'en allèrent vers leurs tentes.

Moïse avait donné à une moitié de la tribu de Manassé un héritage en Basan[1], et Josué donna à l'autre moitié un héritage auprès de ses frères en deçà du Jourdain, à l'occident. Lorsque Josué les renvoya vers leurs tentes, il les bénit,

et leur dit: Vous retournerez à vos tentes avec de grandes richesses, avec des troupeaux fort nombreux, et avec une quantité considérable d'argent, d'or, d'airain, de fer, et de vêtements. Partagez avec vos frères le butin de vos ennemis.

---

[1] Cf Nb 32,33.

Jos 22,9 Les fils de Ruben, les fils de Gad, et la demi-tribu de Manassé, s'en retournèrent, après avoir quitté les enfants d'Israël à Silo, dans le pays de Canaan, pour aller dans le pays de Galaad, qui était leur propriété et où ils s'étaient établis comme l'Éternel l'avait ordonné par Moïse.

10 Quand ils furent arrivés aux districts du Jourdain qui appartiennent au pays de Canaan, les fils de Ruben, les fils de Gad et la demi-tribu de Manassé, y bâtirent un autel sur le Jourdain, un autel dont la grandeur frappait les regards.

Les enfants d'Israël apprirent que l'on disait: Voici, les fils de Ruben, les fils de Gad et la demi-tribu de Manassé, ont bâti un autel en face du pays de Canaan, dans les districts du Jourdain, du côté des enfants d'Israël.

Lorsque les enfants d'Israël eurent appris cela, toute l'assemblée des enfants d'Israël se réunit à Silo, pour monter contre eux et leur faire la guerre.

Les enfants d'Israël envoyèrent auprès des fils de Ruben, des fils de Gad et de la demi-tribu de Manassé, au pays de Galaad, Phinées, fils du sacrificateur Éléazar,

et dix princes avec lui, un prince par maison paternelle pour chacune des tribus d'Israël; tous étaient chefs de maison paternelle parmi les milliers d'Israël.

Ils se rendirent auprès des fils de Ruben, des fils de Gad et de la demi-tribu de Manassé, au pays de Galaad, et ils leur adressèrent la parole, en disant:

Ainsi parle toute l'assemblée de l'Éternel: Que signifie cette infidélité que vous avez commise envers le Dieu d'Israël, et pourquoi vous détournez-vous maintenant de l'Éternel, en vous bâtissant un autel pour vous révolter aujourd'hui contre l'Éternel?

Regardons-nous comme peu de chose le crime de Peor, dont nous n'avons pas jusqu'à présent enlevé la tache de dessus nous, malgré la plaie qu'il attira sur l'assemblée de l'Éternel?

Et vous vous détournez aujourd'hui de l'Éternel! Si vous vous révoltez aujourd'hui contre l'Éternel, demain il s'irritera contre toute l'assemblée d'Israël.

Si vous tenez pour impur le pays qui est votre propriété, passez dans le pays qui est la propriété de l'Éternel, où est fixée la demeure de l'Éternel, et établissez-vous au milieu de nous; mais ne vous révoltez pas contre l'Éternel et ne vous séparez pas de nous, en vous bâtissant un autel, outre l'autel de l'Éternel, notre Dieu.

20 Acan, fils de Zérach, ne commit-il pas une infidélité au sujet des choses dévouées par interdit, et la colère de l'Éternel ne s'enflamma-t-elle pas contre toute l'assemblée d'Israël? Il ne fut pas le seul qui périt à cause de son crime.

Les fils de Ruben, les fils de Gad et la demi-tribu de Manassé, répondirent ainsi aux chefs des milliers d'Israël:

Dieu, Dieu, l'Éternel, Dieu, Dieu, l'Éternel le sait, et Israël le saura! Si c'est par rébellion et par infidélité envers l'Éternel, ne viens point à notre aide en ce jour!

Si nous nous sommes bâti un autel pour nous détourner de l'Éternel, si c'est pour y présenter des holocaustes et des offrandes, et si c'est pour y faire des sacrifices d'actions de grâces, que l'Éternel en demande compte!

C'est bien plutôt par une sorte d'inquiétude que nous avons fait cela, en pensant que vos fils diraient un jour à nos fils: Qu'y a-t-il de commun entre vous et l'Éternel, le Dieu d'Israël? L'Éternel a mis le Jourdain pour limite entre nous et vous, fils de Ruben et fils de Gad; vous n'avez point de part à l'Éternel! Et vos fils seraient ainsi cause que nos fils cesseraient de craindre l'Éternel.

C'est pourquoi nous avons dit: Bâtissons-nous donc un autel, non pour des holocaustes et pour des sacrifices,

mais comme un témoin entre nous et vous, entre nos descendants et les vôtres, que nous voulons servir l'Éternel devant sa face par nos holocaustes et par nos sacrifices d'expiation et d'actions de grâces, afin que vos fils ne disent pas un jour à nos fils: Vous n'avez point de part à l'Éternel!

Nous avons dit: S'ils tiennent dans l'avenir ce langage à nous ou à nos descendants, nous répondrons: Voyez la forme de l'autel de l'Éternel, qu'ont fait nos pères, non pour des holocaustes et pour des sacrifices, mais comme témoin entre nous et vous.

Loin de nous la pensée de nous révolter contre l'Éternel et de nous détourner aujourd'hui de l'Éternel, en bâtissant un autel pour des holocaustes, pour des offrandes et pour des sacrifices, outre l'autel de l'Éternel, notre Dieu, qui est devant sa demeure!

30 Lorsque le sacrificateur Phinées, et les princes de l'assemblée, les chefs des milliers d'Israël, qui étaient avec lui, eurent entendu les paroles que prononcèrent les fils de Ruben, les fils de Gad et les fils de Manassé, ils furent satisfaits.

Et Phinées, fils du sacrificateur Éléazar, dit aux fils de Ruben, aux fils de Gad, et aux fils de Manassé: Nous reconnaissons maintenant que l'Éternel est au milieu de nous, puisque vous n'avez point commis cette infidélité contre l'Éternel; vous avez ainsi délivré les enfants d'Israël de la main de l'Éternel.

Phinées, fils du sacrificateur Éléazar, et les princes, quittèrent les fils de Ruben et les fils de Gad, et revinrent du pays de Galaad dans le pays de Canaan, auprès des enfants d'Israël, auxquels ils firent un rapport.

Les enfants d'Israël furent satisfaits; ils bénirent Dieu, et ne parlèrent plus de monter en armes pour ravager le pays qu'habitaient les fils de Ruben et les fils de Gad.

Les fils de Ruben et les fils de Gad appelèrent l'autel Ed, car, dirent-ils, il est témoin entre nous que l'Éternel est Dieu.

Jos 23

Depuis longtemps l'Éternel avait donné du repos à Israël, en le délivrant de tous les ennemis qui l'entouraient. Josué était vieux, avancé en âge.

Jos 23,2 Alors Josué convoqua tout Israël, ses anciens, ses chefs, ses juges et ses officiers. Il leur dit: Je suis vieux, je suis avancé en âge.

Vous avez vu tout ce que l'Éternel, votre Dieu, a fait à toutes ces nations devant vous; car c'est l'Éternel, votre Dieu, qui a combattu pour vous.

Voyez, je vous ai donné en héritage par le sort, selon vos tribus, ces nations qui sont restées, à partir du Jourdain, et toutes les nations que j'ai exterminées, jusqu'à la grande mer vers le soleil couchant.

L'Éternel, votre Dieu, les repoussera devant vous et les chassera devant vous; et vous posséderez leur pays, comme l'Éternel, votre Dieu, vous l'a dit.

Appliquez-vous avec force à observer et à mettre en pratique tout ce qui est écrit dans le livre de la loi de Moïse, sans vous en détourner ni à droite ni à gauche.

Ne vous mêlez point avec ces nations qui sont restées parmi vous; ne prononcez point le nom de leurs dieux, et ne l'employez point en jurant; ne les servez point, et ne vous prosternez point devant eux.

Mais attachez-vous à l'Éternel, votre Dieu, comme vous l'avez fait jusqu'à ce jour.

L'Éternel a chassé devant vous des nations grandes et puissantes; et personne, jusqu'à ce jour, n'a pu vous résister.

10 Un seul d'entre vous en poursuivait mille; car l'Éternel, votre Dieu, combattait pour vous, comme il vous l'a dit.

Veillez donc attentivement sur vos âmes, afin d'aimer l'Éternel, votre Dieu.

Si vous vous détournez et que vous vous attachez au reste de ces nations qui sont demeurées parmi vous, si vous vous unissez avec elles par des mariages, et si vous formez ensemble des relations,

soyez certains que l'Éternel, votre Dieu, ne continuera pas à chasser ces nations devant vous; mais elles seront pour vous un filet et un piège, un fouet dans vos côtés et des épines dans vos yeux, jusqu'à ce que vous ayez péri de dessus ce bon pays que l'Éternel, votre Dieu, vous a donné.

Voici, je m'en vais maintenant par le chemin de toute la terre. Reconnaissez de tout votre coeur et de toute votre âme qu'aucune de toutes les bonnes paroles prononcées sur vous par l'Éternel, votre Dieu, n'est restée sans effet; toutes se sont accomplies pour vous, aucune n'est restée sans effet.

Et comme toutes les bonnes paroles que l'Éternel, votre Dieu, vous avait dites se sont accomplies pour vous, de même l'Éternel accomplira sur vous toutes les paroles mauvaises, jusqu'à ce qu'il vous ait détruits de dessus ce bon pays que l'Éternel, votre Dieu, vous a donné.

Si vous transgressez l'alliance que l'Éternel, votre Dieu, vous a prescrite, et si vous allez servir d'autres dieux et vous prosterner devant eux, la colère de l'Éternel s'enflammera contre vous, et vous périrez promptement dans le bon pays qu'il vous a donné.

Jos 24

Josué assembla toutes les tribus d'Israël à Sichem, et il convoqua les anciens d'Israël, ses chefs, ses juges et ses officiers. Et ils se présentèrent devant Dieu.

Josué dit à tout le peuple: Ainsi parle l'Éternel, le Dieu d'Israël: Vos pères, Térach, père d'Abraham et père de Nachor, habitaient anciennement de l'autre côté du fleuve, et ils servaient d'autres dieux.

Je pris votre père Abraham de l'autre côté du fleuve, et je lui fis parcourir tout le pays de Canaan; je multipliai sa postérité, et je lui donnai Isaac.

Je donnai à Isaac Jacob et Ésaü, et je donnai en propriété à Ésaü la montagne de Séir, mais Jacob et ses fils descendirent en Égypte.

J'envoyai Moïse et Aaron, et je frappai l'Égypte par les prodiges que j'opérai au milieu d'elle; puis je vous en fis sortir.

Je fis sortir vos pères de l'Égypte, et vous arrivâtes à la mer. Les Égyptiens poursuivirent vos pères jusqu'à la mer Rouge, avec des chars et des cavaliers.

Vos pères crièrent à l'Éternel. Et l'Éternel mit des ténèbres entre vous et les Égyptiens, il ramena sur eux la mer, et elle les couvrit. Vos yeux ont vu ce que j'ai fait aux Égyptiens. Et vous restâtes longtemps dans le désert.

Je vous conduisis dans le pays des Amoréens, qui habitaient de l'autre côté du Jourdain, et ils combattirent contre vous. Je les livrai entre vos mains; vous prîtes possession de leur pays, et je les détruisis devant vous.

Balak, fils de Tsippor, roi de Moab, se leva et combattit Israël. Il fit appeler Balaam, fils de Beor, pour qu'il vous maudît.

10 Mais je ne voulus point écouter Balaam[1]; il vous bénit, et je vous délivrai de la main de Balak.

Vous passâtes le Jourdain, et vous arrivâtes à Jéricho. Les habitants de Jéricho combattirent contre vous, les Amoréens, les Phéréziens, les Cananéens, les Héthiens, les Guirgasiens, les Héviens et les Jébusiens. Je les livrai entre vos mains,

et j'envoyai devant vous les frelons[2], qui les chassèrent loin de votre face, comme les deux rois des Amoréens: ce ne fut ni par ton épée, ni par ton arc.

Je vous donnai un pays que vous n'aviez point cultivé, des villes que vous n'aviez point bâties et que vous habitez, des vignes et des oliviers que vous n'aviez point plantés et qui vous servent de nourriture.

"Maintenant, craignez l'Éternel, et servez-le avec intégrité et fidélité. Faites disparaître les dieux qu'ont servis vos pères de l'autre côté du fleuve et en Égypte, et servez l'Éternel.

---

[1] Ce texte fait référence à une variante du récit de Balaam, différente de celle retenue par le livre des Nombres (Nb 23).

[2] Ex 23,28.

"Et si vous ne trouvez pas bon de servir l'Éternel, choisissez aujourd'hui qui vous voulez servir, ou les dieux que servaient vos pères au delà du fleuve, ou les dieux des Amoréens dans le pays desquels vous habitez. Moi et ma maison, nous servirons l'Éternel".

Le peuple répondit, et dit: Loin de nous la pensée d'abandonner l'Éternel, et de servir d'autres dieux!

Car l'Éternel est notre Dieu; c'est lui qui nous a fait sortir du pays d'Égypte, de la maison de servitude, nous et nos pères; c'est lui qui a opéré sous nos yeux ces grands prodiges, et qui nous a gardés pendant toute la route que nous avons suivie et parmi tous les peuples au milieu desquels nous avons passé.

Il a chassé devant nous tous les peuples, et les Amoréens qui habitaient ce pays. Nous aussi, nous servirons l'Éternel, car il est notre Dieu.

Josué dit au peuple: "Vous n'aurez pas la force de servir l'Éternel, car c'est un Dieu saint, c'est un Dieu jaloux; il ne pardonnera point vos transgressions et vos péchés.

20 "Lorsque vous abandonnerez l'Éternel et que vous servirez des dieux étrangers, il reviendra vous faire du mal, et il vous consumera après vous avoir fait du bien."

Le peuple dit à Josué: Non! car nous servirons l'Éternel.

Josué dit au peuple: Vous êtes témoins contre vous-mêmes que c'est vous qui avez choisi l'Éternel pour le servir. Ils répondirent: Nous en sommes témoins.

Otez donc les dieux étrangers qui sont au milieu de vous, et tournez votre coeur vers l'Éternel, le Dieu d'Israël.

Et le peuple dit à Josué: Nous servirons l'Éternel, notre Dieu, et nous obéirons à sa voix.

Josué fit en ce jour une alliance avec le peuple, et lui donna des lois et des ordonnances, à Sichem.

Josué écrivit ces choses dans le livre de la loi de Dieu. Il prit une grande pierre, qu'il dressa là sous le chêne qui était dans le lieu consacré à l'Éternel.

Et Josué dit à tout le peuple: Voici, cette pierre servira de témoin contre nous, car elle a entendu toutes les paroles que l'Éternel nous a dites; elle servira de témoin contre vous, afin que vous ne soyez pas infidèles à votre Dieu.

Puis Josué renvoya le peuple, chacun dans son héritage.

Après ces choses, Josué, fils de Nun, serviteur de l'Éternel, mourut, âgé de cent dix ans.
30 On l'ensevelit dans le territoire qu'il avait eu en partage, à Thimnath Sérach, dans la montagne d'Éphraïm, au nord de la montagne de Gaasch.

Israël servit l'Éternel pendant toute la vie de Josué, et pendant toute la vie des anciens qui survécurent à Josué et qui connaissaient tout ce que l'Éternel avait fait en faveur d'Israël.

Les os de Joseph, que les enfants d'Israël avaient rapportés d'Égypte, furent enterrés à Sichem, dans la portion du champ que Jacob avait achetée des fils de Hamor, père de Sichem, pour cent kesita, et qui appartint à l'héritage des fils de Joseph.

Éléazar, fils d'Aaron, mourut, et on l'enterra à Guibeath Phinées, qui avait été donné à son fils Phinées, dans la montagne d'Éphraïm.

————

Livre des JUGES

A -Succès et échecs
Juges 1 - 3,6

Après la mort de Josué[1], les enfants d'Israël consultèrent l'Éternel, en disant: Qui de nous montera le premier contre les Cananéens, pour les attaquer?

L'Éternel répondit: Juda montera, voici, j'ai livré le pays entre ses mains.

Et Juda dit à Siméon, son frère: Monte avec moi dans le pays qui m'est échu par le sort, et nous combattrons les Cananéens; j'irai aussi avec toi dans celui qui t'est tombé en partage. Et Siméon alla avec lui.

Juda monta, et l'Éternel livra entre leurs mains les Cananéens et les Phéréziens; ils battirent dix mille hommes à Bézek.

Ils trouvèrent Adoni Bézek à Bézek; ils l'attaquèrent, et ils battirent les Cananéens et les Phéréziens.

Adoni Bézek prit la fuite; mais ils le poursuivirent et le saisirent, et ils lui coupèrent les pouces des mains et des pieds.

Adoni Bézek dit: Soixante-dix rois, ayant les pouces des mains et des pieds coupés, ramassaient sous ma table; Dieu me rend ce que j'ai fait. On l'emmena à Jérusalem, et il y mourut.

Les fils de Juda attaquèrent Jérusalem[2] et la prirent, ils la frappèrent du tranchant de l'épée et mirent le feu à la ville.

————

[1] Ces premiers chapitres mêlent divers textes, y compris en 2,8 un deuxième récit de la mort de Josué.

[2] En réalité Jérusalem n'a été conquise que par David (2S 5).

Jg 1,9 Les fils de Juda descendirent ensuite, pour combattre les Cananéens qui habitaient la montagne, la contrée du midi et la plaine.

10 Juda marcha contre les Cananéens qui habitaient à Hébron, appelée autrefois Kirjath Arba; et il battit Schéschaï, Ahiman et Talmaï.

De là il marcha contre les habitants de Debir: Debir s'appelait autrefois Kirjath Sépher.

Caleb dit: Je donnerai ma fille Acsa pour femme à celui qui battra Kirjath Sépher et qui la prendra.

Othniel, fils de Kenaz, frère cadet de Caleb, s'en empara; et Caleb lui donna pour femme sa fille Acsa.

Lorsqu'elle fut entrée chez Othniel, elle le sollicita de demander à son père un champ; elle descendit de dessus son âne, et Caleb lui dit: Qu'as-tu?

Elle lui répondit: Fais-moi un présent, car tu m'as donné une terre du midi; donne-moi aussi des sources d'eau. Et Caleb lui donna les sources supérieures et les sources inférieures.

Les fils du Kénien, beau-père de Moïse, montèrent de la ville des palmiers, avec les fils de Juda, dans le désert de Juda au midi d'Arad, et ils allèrent s'établir parmi le peuple.

Juda se mit en marche avec Siméon, son frère, et ils battirent les Cananéens qui habitaient à Tsephath; ils dévouèrent la ville par interdit, et on l'appela Horma.

Juda s'empara encore de Gaza et de son territoire, d'Askalon et de son territoire, et d'Ékron et de son territoire.

L'Éternel fut avec Juda; et Juda se rendit maître de la montagne, mais il ne put chasser les habitants de la plaine, parce qu'ils avaient des chars de fer.   Jg 1, 19

20 On donna Hébron à Caleb, comme l'avait dit Moïse; et il en chassa les trois fils d'Anak.

Les fils de Benjamin ne chassèrent point les Jébusiens qui habitaient à Jérusalem; et les Jébusiens ont habité jusqu'à ce jour dans Jérusalem avec les fils de Benjamin.

La maison de Joseph monta aussi contre Béthel, et l'Éternel fut avec eux.
La maison de Joseph fit explorer Béthel, qui s'appelait autrefois Luz.

Les gardes virent un homme qui sortait de la ville, et ils lui dirent: Montre-nous par où nous pourrons entrer dans la ville, et nous te ferons grâce.

Il leur montra par où ils pourraient entrer dans la ville. Et ils frappèrent la ville du tranchant de l'épée; mais ils laissèrent aller cet homme et toute sa famille.
Cet homme se rendit dans le pays des Héthiens; il bâtit une ville, et lui donna le nom de Luz, nom qu'elle a porté jusqu'à ce jour.

Manassé ne chassa point les habitants de Beth Schean et des villes de son ressort, de Thaanac et des villes de son ressort, de Dor et des villes de son ressort, de Jibleam et des villes de son ressort, de Meguiddo et des villes de son ressort; et les Cananéens voulurent rester dans ce pays.

Lorsqu'Israël fut assez fort, il assujettit les Cananéens à un tribut, mais il ne les chassa point.[1]

Éphraïm ne chassa point les Cananéens qui habitaient à Guézer, et les Cananéens habitèrent au milieu d'Éphraïm à Guézer.

30   Zabulon ne chassa point les habitants de Kitron, ni les habitants de Nahalol; et les Cananéens habitèrent au milieu de Zabulon, mais ils furent assujettis à un tribut.

Aser ne chassa point les habitants d'Acco, ni les habitants de Sidon, ni ceux d'Achlal, d'Aczib, de Helba, d'Aphik et de Rehob;

et les Asérites habitèrent au milieu des Cananéens, habitants du pays, car ils ne les chassèrent point.

Nephthali ne chassa point les habitants de Beth Schémesch, ni les habitants de Beth Anath, et il habita au milieu des Cananéens, habitants du pays, mais les habitants de Beth Schémesch et de Beth Anath furent assujettis à un tribut.

Les Amoréens repoussèrent dans la montagne les fils de Dan, et ne les laissèrent pas descendre dans la plaine.

Les Amoréens voulurent rester à Har Hérès, à Ajalon et à Schaalbim; mais la main de la maison de Joseph s'appesantit sur eux, et ils furent assujettis à un tribut.

Le territoire des Amoréens s'étendait depuis la montée d'Akrabbim, depuis Séla, et en dessus.

Juges 2

Un envoyé de l'Éternel[2] monta de Guilgal à Bokim, et dit: Je vous ai fait monter hors d'Égypte, et je vous ai amenés dans le pays que j'ai juré à vos pères de vous donner. J'ai dit: Jamais je ne romprai mon alliance avec vous;

et vous, vous ne traiterez point alliance avec les habitants de ce pays, vous renverserez leurs autels. Mais vous n'avez point obéi à ma voix. Pourquoi avez-vous fait cela?

J'ai dit alors: Je ne les chasserai point devant vous; mais ils seront à vos côtés, et leurs dieux vous seront un piège.

Lorsque l'envoyé de l'Éternel eut dit ces paroles à tous les enfants d'Israël, le peuple éleva la voix et pleura.

Ils donnèrent à ce lieu le nom de Bokim, et ils y offrirent des sacrifices à l'Éternel.

Josué renvoya le peuple, et les enfants d'Israël allèrent chacun dans son héritage pour prendre possession du pays.

Le peuple servit l'Éternel pendant toute la vie de Josué, et pendant toute la vie des anciens qui survécurent à Josué et qui avaient vu toutes les grandes choses que l'Éternel avait faites en faveur d'Israël.

---

[1] Cette affirmation concerne en fait l'époque de Salomon.

[2] On traduit en général par: "L'Ange du Seigneur".

Josué, fils de Nun, serviteur de l'Éternel, mourut âgé de cent dix ans.

On l'ensevelit dans le territoire qu'il avait eu en partage, à Thimnath Hérès, dans la montagne d'Éphraïm, au nord de la montagne de Gaasch.

10 Toute cette génération fut recueillie auprès de ses pères, et il s'éleva après elle une autre génération, qui ne connaissait point l'Éternel, ni ce qu'il avait fait en faveur d'Israël.

Les enfants d'Israël firent alors ce qui déplaît à l'Éternel, et ils servirent les Baals.

Ils abandonnèrent l'Éternel, le Dieu de leurs pères, qui les avait fait sortir du pays d'Égypte, et ils allèrent après d'autres dieux d'entre les dieux des peuples qui les entouraient; ils se prosternèrent devant eux, et ils irritèrent l'Éternel.

Ils abandonnèrent l'Éternel, et ils servirent Baal et les Astartés.

La colère de l'Éternel s'enflamma contre Israël. Il les livra entre les mains de pillards qui les pillèrent, il les vendit entre les mains de leurs ennemis d'alentour, et ils ne purent plus résister à leurs ennemis.

Partout où ils allaient, la main de l'Éternel était contre eux pour leur faire du mal, comme l'Éternel l'avait dit, comme l'Éternel le leur avait juré. Ils furent ainsi dans une grande détresse.

L'Éternel suscita des juges, afin qu'ils les délivrassent de la main de ceux qui les pillaient.

Mais ils n'écoutèrent pas même leurs juges, car ils se prostituèrent à d'autres dieux, se prosternèrent devant eux. Ils se détournèrent promptement de la voie qu'avaient suivie leurs pères, et ils n'obéirent point comme eux aux commandements de l'Éternel.

Lorsque l'Éternel leur suscitait des juges, l'Éternel était avec le juge, et il les délivrait de la main de leurs ennemis pendant toute la vie du juge; car l'Éternel avait pitié de leurs gémissements contre ceux qui les opprimaient et les tourmentaient.

Mais, à la mort du juge, ils se corrompaient de nouveau plus que leurs pères, en allant après d'autres dieux pour les servir et se prosterner devant eux, et ils persévéraient dans la même conduite et le même endurcissement.

20 Alors la colère de l'Éternel s'enflamma contre Israël, et il dit: Puisque cette nation a transgressé mon alliance que j'avais prescrite à ses pères, et puisqu'ils n'ont point obéi à ma voix, je ne chasserai plus devant eux aucune des nations que Josué laissa quand il mourut.

C'est ainsi que je mettrai par elles Israël à l'épreuve, pour savoir s'ils prendront garde ou non de suivre la voie de l'Éternel, comme leurs pères y ont pris garde.

Et l'Éternel laissa en repos ces nations qu'il n'avait pas livrées entre les mains de Josué, et il ne se hâta point de les chasser.

Juges 3

Voici les nations que l'Éternel laissa pour éprouver par elles Israël, tous ceux qui n'avaient pas connu toutes les guerres de Canaan.

Il voulait seulement que les générations des enfants d'Israël connussent et apprissent la guerre, ceux qui ne l'avaient pas connue auparavant.

Ces nations étaient: les cinq princes des Philistins, tous les Cananéens, les Sidoniens, et les Héviens qui habitaient la montagne du Liban, depuis la montagne de Baal Hermon jusqu'à l'entrée de Hamath.
Ces nations servirent à mettre Israël à l'épreuve, afin que l'Éternel sût s'ils obéiraient aux commandements qu'il avait prescrits à leurs pères par Moïse.

Et les enfants d'Israël habitèrent au milieu des Cananéens, des Héthiens, des Amoréens, des Phéréziens, des Héviens et des Jébusiens;
ils prirent leurs filles pour femmes, ils donnèrent à leurs fils leurs propres filles, et ils servirent leurs dieux.

B - Othniel, Ehud
Juges 3,7 - 3,31

Les enfants d'Israël firent ce qui déplaît à l'Éternel, ils oublièrent l'Éternel, et ils servirent les Baals et les idoles.
La colère de l'Éternel s'enflamma contre Israël, et il les vendit entre les mains de Cuschan Rischeathaïm, roi de Mésopotamie. Et les enfants d'Israël furent asservis huit ans à Cuschan Rischeathaïm.

Les enfants d'Israël crièrent à l'Éternel, et l'Éternel leur suscita un libérateur qui les délivra, Othniel, fils de Kenaz, frère cadet de Caleb.

10 L'esprit de l'Éternel fut sur lui. Il devint juge en Israël, et il partit pour la guerre. L'Éternel livra entre ses mains Cuschan Rischeathaïm, roi de Mésopotamie, et sa main fut puissante contre Cuschan Rischeathaïm.

Le pays fut en repos pendant quarante ans. Et Othniel, fils de Kenaz, mourut.

Les enfants d'Israël firent encore ce qui déplaît à l'Éternel; et l'Éternel fortifia Églon, roi de Moab, contre Israël, parce qu'ils avaient fait ce qui déplaît à l'Éternel.
Églon réunit à lui les fils d'Ammon et les Amalécites, et il se mit en marche. Il battit Israël, et ils s'emparèrent de la ville des palmiers.

Et les enfants d'Israël furent asservis dix-huit ans à Églon, roi de Moab.

Les enfants d'Israël crièrent à l'Éternel, et l'Éternel leur suscita un libérateur, Éhud, fils de Guéra, Benjamite, qui ne se servait pas de la main droite. Les enfants d'Israël envoyèrent par lui un présent à Églon, roi de Moab.

Éhud se fit une épée à deux tranchants, longue d'une coudée, et il la ceignit sous ses vêtements, au côté droit.

Il offrit le présent[1] à Églon, roi de Moab: or Églon était un homme très gras.

Lorsqu'il eut achevé d'offrir le présent, il renvoya les gens qui l'avaient apporté.

Il revint lui-même depuis les carrières près de Guilgal, et il dit: O roi! j'ai quelque chose de secret à te dire. Le roi dit: Silence! Et tous ceux qui étaient auprès de lui sortirent.

20 Éhud l'aborda comme il était assis seul dans sa chambre d'été, et il dit: J'ai une parole de Dieu pour toi. Églon se leva de son siège.

Alors Éhud avança la main gauche, tira l'épée de son côté droit, et la lui enfonça dans le ventre.

La poignée même entra après la lame, et la graisse se referma autour de la lame; car il ne retira pas du ventre l'épée; puis il sortit par derrière.

Éhud sortit par le portique, ferma sur lui les portes de la chambre haute, et tira le verrou.

Quand il fut sorti, les serviteurs du roi vinrent et regardèrent; et voici, les portes de la chambre haute étaient fermées au verrou. Ils dirent: Sans doute il se couvre les pieds[2] dans la chambre d'été.

Ils attendirent longtemps; et comme il n'ouvrait pas les portes de la chambre haute, ils prirent la clé et ouvrirent, et voici, leur maître était mort, étendu par terre.

Pendant leurs délais, Éhud prit la fuite, dépassa les carrières, et se sauva à Seïra.

Dès qu'il fut arrivé, il sonna de la trompette dans la montagne d'Éphraïm. Les enfants d'Israël descendirent avec lui de la montagne, et il se mit à leur tête.

Il leur dit: Suivez-moi, car l'Éternel a livré entre vos mains les Moabites, vos ennemis. Ils descendirent après lui, s'emparèrent des gués du Jourdain vis-à-vis de Moab, et ne laissèrent passer personne.

Ils battirent dans ce temps-là environ dix mille hommes de Moab, tous robustes, tous vaillants, et pas un n'échappa.

30 En ce jour, Moab fut humilié sous la main d'Israël. Et le pays fut en repos pendant quatre-vingts ans.

Après lui, il y eut Schamgar, fils d'Anath. Il battit six cents hommes des Philistins avec un aiguillon à boeufs. Et lui aussi fut un libérateur d'Israël.

C - Débora

Juges 4 - 5

Les enfants d'Israël firent encore ce qui déplaît à l'Éternel, après qu'Éhud fut mort.

---

[1] C'est un tribut, au Seigneur dont on dépend; porté par les gens mentionnés au verset suivant.

[2] Se couvrir les pieds: satisfaire un besoin naturel.

Jg 4,2 Et l'Éternel les vendit[1] entre les mains de Jabin, roi de Canaan, qui régnait à Hatsor. Le chef de son armée était Sisera, et habitait à Haroscheth Goïm.

Les enfants d'Israël crièrent à l'Éternel, car Jabin avait neuf cents chars de fer, et il opprimait avec violence les enfants d'Israël depuis vingt ans.

Dans ce temps-là, Débora, prophétesse, femme de Lappidoth, était juge en Israël. Elle siégeait sous le palmier de Débora, entre Rama et Béthel, dans la montagne d'Éphraïm; et les enfants d'Israël montaient vers elle pour être jugés.

Elle envoya appeler Barak, fils d'Abinoam, de Kédesch Nephthali, et elle lui dit: N'est-ce pas l'ordre qu'a donné l'Éternel, le Dieu d'Israël? Va, dirige-toi sur le mont Thabor, et prends avec toi dix mille hommes des enfants de Nephthali et des enfants de Zabulon;

j'attirerai vers toi, au torrent de Kison, Sisera, chef de l'armée de Jabin, avec ses chars et ses troupes, et je le livrerai entre tes mains.

Barak lui dit: Si tu viens avec moi, j'irai; mais si tu ne viens pas avec moi, je n'irai pas.

Elle répondit: J'irai bien avec toi; mais tu n'auras point de gloire sur la voie où tu marches, car l'Éternel livrera Sisera entre les mains d'une femme. Et Débora se leva, et elle se rendit avec Barak à Kédesch.

10 Barak convoqua Zabulon et Nephthali à Kédesch; dix mille hommes marchèrent à sa suite, et Débora partit avec lui.

Héber, le Kénien, s'était séparé des Kéniens, des fils de Hobab, beau-père de Moïse, et il avait dressé sa tente jusqu'au chêne de Tsaannaïm, près de Kédesch.

On informa Sisera que Barak, fils d'Abinoam, s'était dirigé sur le mont Thabor.

Et, depuis Haroscheth Goïm, Sisera rassembla vers le torrent de Kison tous ses chars, neuf cents chars de fer, et tout le peuple qui était avec lui.

Alors Débora dit à Barak: Lève-toi, car voici le jour où l'Éternel livre Sisera entre tes mains. L'Éternel ne marche-t-il pas devant toi? Et Barak descendit du mont Thabor, ayant dix mille hommes à sa suite.

L'Éternel mit en déroute devant Barak, par le tranchant de l'épée, Sisera, tous ses chars et tout le camp. Sisera descendit de son char, et s'enfuit à pied.

Barak poursuivit les chars et l'armée jusqu'à Haroscheth Goïm; et toute l'armée de Sisera tomba sous le tranchant de l'épée, sans qu'il en restât un seul homme.

Sisera se réfugia à pied dans la tente de Yaël, femme de Héber, le Kénien; car il y avait paix entre Jabin, roi de Hatsor, et la maison de Héber, le Kénien.

---

[1] Les livra.

Yaël sortit au-devant de Sisera, et lui dit: Entre, mon seigneur, entre chez moi, ne crains point. Il entra chez elle dans la tente, et elle le cacha sous une couverture.

Il lui dit: Donne-moi, je te prie, un peu d'eau à boire, car j'ai soif. Elle ouvrit l'outre du lait, lui donna à boire, et le couvrit.

20 Il lui dit encore: Tiens-toi à l'entrée de la tente, et si l'on vient t'interroger en disant: Y a-t-il ici quelqu'un? tu répondras: Non.

Yaël, femme de Héber, saisit un pieu de la tente, prit en main le marteau, s'approcha de lui doucement, et lui enfonça dans la tempe le pieu, qui pénétra en terre. Il était profondément endormi et accablé de fatigue; et il mourut.

Comme Barak poursuivait Sisera, Yaël sortit à sa rencontre et lui dit: Viens, et je te montrerai l'homme que tu cherches. Il entra chez elle, et voici, Sisera était étendu mort, le pieu dans la tempe.

En ce jour, Dieu humilia Jabin, roi de Canaan, devant les enfants d'Israël.

Et la main des enfants d'Israël s'appesantit de plus en plus sur Jabin, roi de Canaan, jusqu'à ce qu'ils eussent exterminé Jabin, roi de Canaan.

Juges 5

En ce jour-là, Débora chanta ce cantique, avec Barak, fils d'Abinoam:

Des chefs se sont mis à la tête du peuple en Israël[1], Et le peuple s'est montré prêt à combattre: Bénissez-en l'Éternel!

Rois, écoutez! Princes, prêtez l'oreille! Je chanterai, oui, je chanterai à l'Éternel, Je chanterai à l'Éternel, le Dieu d'Israël.

O Éternel! quand tu sortis de Séir, Quand tu t'avanças des champs d'Édom, La terre trembla, et les cieux se fondirent Et les nuées se fondirent en eaux.

Les montagnes s'ébranlèrent devant l'Éternel, le Sinaï devant l'Éternel, le Dieu d'Israël.

Au temps de Schamgar, fils d'Anath, Au temps de Yaël, les routes étaient abandonnées, Et ceux qui voyageaient prenaient des chemins détournés.

Les chefs étaient sans force en Israël, sans force, Quand je me suis levée, moi, Débora, Quand je me suis levée comme une mère en Israël.

Il avait choisi de nouveaux dieux: Alors la guerre était aux portes; On ne voyait ni bouclier ni lance chez quarante milliers en Israël.

Mon coeur est aux chefs d'Israël, A ceux du peuple qui se sont montrés prêts à combattre. Bénissez l'Éternel!

---

[1] Autre traduction: "Des guerriers ont dénoué leur chevelure".

10 *Vous qui montez de blanches ânesses, Vous qui avez pour sièges des tapis, Et vous qui marchez sur la route, chantez!*

Que de leur voix les archers, du milieu des abreuvoirs, célèbrent les bienfaits de l'Éternel, les bienfaits de son conducteur en Israël! Alors le peuple de l'Éternel descendit aux portes.

Réveille-toi, réveille-toi, Débora! Réveille-toi, réveille-toi, dis un cantique! Lève-toi, Barak, et emmène tes captifs, fils d'Abinoam!

Alors un reste du peuple triompha des puissants, L'Éternel me donna la victoire sur les héros.

D'Éphraïm arrivèrent les habitants d'Amalek. A ta suite marcha Benjamin parmi ta troupe. De Makir vinrent des chefs, Et de Zabulon des commandants.

Les princes d'Issacar furent avec Débora, Et Issacar suivit Barak, Il fut envoyé sur ses pas dans la vallée. Près des ruisseaux de Ruben, Grandes furent les résolutions du coeur!

Pourquoi es-tu resté au milieu des étables A écouter le bêlement des troupeaux? Aux ruisseaux de Ruben, Grandes furent les délibérations du coeur!

Galaad au delà du Jourdain n'a pas quitté sa demeure. Pourquoi Dan s'est-il tenu sur les navires? Aser s'est assis sur le rivage de la mer, Et s'est reposé dans ses ports.

Zabulon est un peuple qui affronta la mort, Et Nephthali de même, Sur les hauteurs des champs.

Les rois vinrent, ils combattirent, Alors combattirent les rois de Canaan, A Thaanac, aux eaux de Meguiddo; Ils ne remportèrent nul butin, nul argent.

20 *Des cieux on combattit, De leurs sentiers les étoiles combattirent contre Sisera.*

Le torrent de Kison les a entraînés, Le torrent des anciens temps, le torrent de Kison. Mon âme, foule aux pieds les héros!

Alors les talons des chevaux retentirent, A la fuite, à la fuite précipitée de leurs guerriers.

Maudissez Méroz, dit l'ange de l'Éternel, Maudissez, maudissez ses habitants, Car ils ne vinrent pas au secours de l'Éternel, Au secours de l'Éternel, parmi les hommes vaillants.[1]

Bénie soit entre les femmes Yaël, Femme de Héber, le Kénien! Bénie soit-elle entre les femmes qui habitent sous les tentes!

Il demanda de l'eau, elle a donné du lait, Dans la coupe d'honneur elle a présenté de la crème.

---

[1] Localité qui n'est pas venue participer au combat.

D'une main elle a saisi le pieu, Et de sa droite le marteau des travailleurs; Elle a frappé Sisera, lui a fendu la tête, Fracassé et transpercé la tempe.

Aux pieds de Yaël il s'est affaissé, il est tombé, il s'est couché; A ses pieds il s'est affaissé, il est tombé; Là où il s'est affaissé, là il est tombé sans vie.

Par la fenêtre, à travers le treillis, La mère de Sisera regarde, et s'écrie: Pourquoi son char tarde-t-il à venir? Pourquoi ses chars vont-ils si lentement?

Les plus sages d'entre ses femmes lui répondent, Et elle se répond à elle-même:

20 *Ne trouvent-ils pas du butin? ne le partagent-ils pas? Une jeune fille, deux jeunes filles par homme, Du butin en vêtements de couleur pour Sisera, Du butin en vêtements de couleur, brodés, Un vêtement de couleur, deux vêtements brodés, Pour le cou du vainqueur.*

Périssent ainsi tous tes ennemis, ô Éternel! Ceux qui l'aiment sont comme le soleil, Quand il paraît dans sa force.

Le pays fut en repos pendant quarante ans.

D - Gédéon
Juges 6 - 8

Les enfants d'Israël firent ce qui déplaît à l'Éternel; et l'Éternel les livra entre les mains de Madian, pendant sept ans.

La main de Madian fut puissante contre Israël. Pour échapper à Madian, les enfants d'Israël se retiraient dans les ravins des montagnes, dans les cavernes et sur les rochers fortifiés.

Quand Israël avait semé, Madian montait avec Amalek et les fils de l'Orient, et ils marchaient contre lui.

Ils campaient en face de lui, détruisaient les productions du pays jusque vers Gaza, et ne laissaient en Israël ni vivres, ni brebis, ni boeufs, ni ânes.

Car ils montaient avec leurs troupeaux et leurs tentes, ils arrivaient comme une multitude de sauterelles, ils étaient innombrables, eux et leurs chameaux, et ils venaient dans le pays pour le ravager.

Israël fut très malheureux à cause de Madian, et les enfants d'Israël crièrent à l'Éternel.

Lorsque les enfants d'Israël crièrent à l'Éternel au sujet de Madian, l'Éternel envoya un prophète aux enfants d'Israël. Il leur dit: Ainsi parle l'Éternel, le Dieu d'Israël: Je vous ai fait monter d'Égypte, et je vous ai fait sortir de la maison de servitude.

Je vous ai délivrés de la main des Égyptiens et de la main de tous ceux qui vous opprimaient; je les ai chassés devant vous, et je vous ai donné leur pays.

Jg 6,10 Je vous ai dit: Je suis l'Éternel, votre Dieu; vous ne craindrez point les dieux des Amoréens, dans le pays desquels vous habitez. Mais vous n'avez point écouté ma voix.

Puis vint l'ange de l'Éternel, et il s'assit sous le térébinthe d'Ophra, qui appartenait à Joas, de la famille d'Abiézer. Gédéon, son fils, battait du froment au pressoir, pour le mettre à l'abri de Madian.

L'ange de l'Éternel lui apparut, et lui dit: L'Éternel est avec toi, vaillant héros!

Gédéon lui dit: Ah! mon seigneur, si l'Éternel est avec nous, pourquoi toutes ces choses nous sont-elles arrivées? Et où sont tous ces prodiges que nos pères nous racontent, quand ils disent: L'Éternel ne nous a-t-il pas fait monter hors d'Égypte? Maintenant l'Éternel nous abandonne, et il nous livre entre les mains de Madian!

L'Éternel[1] se tourna vers lui, et dit: Va avec cette force que tu as, et délivre Israël de la main de Madian; n'est-ce pas moi qui t'envoie?

Gédéon lui dit: Ah! mon seigneur, avec quoi délivrerai-je Israël? Voici, ma famille est la plus pauvre en Manassé, et je suis le plus petit dans la maison de mon père.

L'Éternel lui dit: Mais je serai avec toi, et tu battras Madian comme un seul homme.

Gédéon lui dit: Si j'ai trouvé grâce à tes yeux, donne-moi un signe pour montrer que c'est toi qui me parles.
Ne t'éloigne point d'ici jusqu'à ce que je revienne auprès de toi, que j'apporte mon offrande, et que je la dépose devant toi. Et l'Éternel dit: Je resterai jusqu'à ce que tu reviennes.

Gédéon entra, prépara un chevreau, et fit avec un épha de farine des pains sans levain. Il mit la chair dans un panier et le jus dans un pot, les lui apporta sous le térébinthe, et les présenta.

20 L'ange de Dieu lui dit: Prends la chair et les pains sans levain, pose-les sur ce rocher, et répands le jus. Et il fit ainsi.
L'ange de l'Éternel avança l'extrémité du bâton qu'il avait à la main, et toucha la chair et les pains sans levain. Alors il s'éleva du rocher un feu qui consuma la chair et les pains sans levain. Et l'ange de l'Éternel disparut à ses yeux.

Gédéon, voyant que c'était l'ange de l'Éternel, dit: Malheur à moi, Seigneur Éternel! car j'ai vu l'ange de l'Éternel face à face.

Et l'Éternel lui dit: Sois en paix, ne crains point, tu ne mourras pas.

Gédéon bâtit là un autel à l'Éternel, et lui donna pour nom l'Éternel paix: il existe encore aujourd'hui à Ophra, qui appartenait à la famille d'Abiézer.

---

[1] Oui, à 3 reprises (versets 14, 16, 18), c'est bien le tétragramme YHWH qui figure dans le texte hébreu (traduit ici par "l'Éternel lui dit"); au verset 23 également, après le départ de l'ange.

Jg 6,25 Dans la même nuit, l'Éternel dit à Gédéon: Prends le jeune taureau de ton père, et un second taureau de sept ans. Renverse l'autel de Baal qui est à ton père, et abats le pieu sacré qui est dessus.

Tu bâtiras ensuite et tu disposeras, sur le haut de ce rocher, un autel à l'Éternel ton Dieu. Tu prendras le second taureau, et tu offriras un holocauste, avec le bois de l'idole que tu auras abattue.

Gédéon prit dix hommes parmi ses serviteurs, et fit ce que l'Éternel avait dit; mais, comme il craignait la maison de son père et les gens de la ville, il l'exécuta de nuit, et non de jour.

Lorsque les gens de la ville se furent levés de bon matin, voici, l'autel de Baal était renversé, le pieu sacré placé dessus était abattu, et le second taureau était offert en holocauste sur l'autel qui avait été bâti.

Ils se dirent l'un à l'autre: Qui a fait cela? Et ils s'informèrent et firent des recherches. On leur dit: C'est Gédéon, fils de Joas, qui a fait cela.

30 Alors les gens de la ville dirent à Joas: Fais sortir ton fils, et qu'il meure, car il a renversé l'autel de Baal et abattu le pieu sacré qui était dessus.

Joas répondit à tous ceux qui se présentèrent à lui: Est-ce à vous de prendre parti pour Baal? est-ce à vous de venir à son secours? Quiconque prendra parti pour Baal mourra avant que le matin vienne. Si Baal est un dieu, qu'il plaide lui-même sa cause, puisqu'on a renversé son autel.

Et en ce jour l'on donna à Gédéon le nom de Jerubbaal, en disant: Que Baal plaide contre lui, puisqu'il a renversé son autel.

Tout Madian, Amalek et les fils de l'Orient, se rassemblèrent; ils passèrent le Jourdain, et campèrent dans la vallée de Jizréel.

Gédéon fut revêtu de l'esprit de l'Éternel; il sonna de la trompette, et Abiézer fut convoqué pour marcher à sa suite.

Il envoya des messagers dans tout Manassé, qui fut aussi convoqué pour marcher à sa suite. Il envoya des messagers dans Aser, dans Zabulon et dans Nephthali, qui montèrent à leur rencontre.

Gédéon dit à Dieu: Si tu veux délivrer Israël par ma main, comme tu l'as dit,

voici, je vais mettre une toison de laine dans l'aire; si la toison seule se couvre de rosée et que tout le terrain reste sec, je connaîtrai que tu délivreras Israël par ma main, comme tu l'as dit.

Et il arriva ainsi. Le jour suivant, il se leva de bon matin, pressa la toison, et en fit sortir la rosée, qui donna de l'eau plein une coupe.

Gédéon dit à Dieu: Que ta colère ne s'enflamme point contre moi, et je ne parlerai plus que cette fois: Je voudrais seulement faire encore une épreuve avec la toison: que la toison seule reste sèche, et que tout le terrain se couvre de rosée.

40 Et Dieu fit ainsi cette nuit-là. La toison seule resta sèche, et tout le terrain se couvrit de rosée.

Juges 7

Jerubbaal, qui est Gédéon, et tout le peuple qui était avec lui, se levèrent de bon matin, et campèrent près de la source de Harod. Le camp de Madian était au nord de Gédéon, vers la colline de Moré, dans la vallée.

L'Éternel dit à Gédéon: Le peuple que tu as avec toi est trop nombreux pour que je livre Madian entre ses mains; il pourrait en tirer gloire contre moi, et dire: C'est ma main qui m'a délivré.

Publie donc ceci aux oreilles du peuple: Que celui qui est craintif et qui a peur s'en retourne et s'éloigne de la montagne de Galaad. Vingt-deux mille hommes parmi le peuple s'en retournèrent, et il en resta dix mille.

L'Éternel dit à Gédéon: Le peuple est encore trop nombreux. Fais-les descendre vers l'eau, et là je t'en ferai le triage; celui dont je te dirai: Que celui-ci aille avec toi, ira avec toi; et celui dont je te dirai: Que celui-ci n'aille pas avec toi, n'ira pas avec toi.

Gédéon fit descendre le peuple vers l'eau, et l'Éternel dit à Gédéon: Tous ceux qui laperont l'eau avec la langue comme lape le chien, tu les sépareras de tous ceux qui se mettront à genoux pour boire.

Ceux qui lapèrent l'eau en la portant à la bouche avec leur main furent au nombre de trois cents hommes, et tout le reste du peuple se mit à genoux pour boire.

Et l'Éternel dit à Gédéon: C'est par les trois cents hommes qui ont lapé, que je vous sauverai et que je livrerai Madian entre tes mains. Que tout le reste du peuple s'en aille chacun chez soi.

On prit les vivres du peuple et ses trompettes. Puis Gédéon renvoya tous les hommes d'Israël chacun dans sa tente, et il retint les trois cents hommes. Le camp de Madian était au-dessous de lui dans la vallée.

L'Éternel dit à Gédéon pendant la nuit: Lève-toi, descends au camp, car je l'ai livré entre tes mains.

10 Si tu crains de descendre, descends-y avec Pura, ton serviteur.

Tu écouteras ce qu'ils diront, et après cela tes mains seront fortifiées: descends donc au camp. Il descendit avec Pura, son serviteur, jusqu'aux avant-postes du camp.

Madian, Amalek, et tous les fils de l'Orient, étaient répandus dans la vallée comme une multitude de sauterelles, et leurs chameaux étaient innombrables comme le sable qui est sur le bord de la mer.

Gédéon arriva; et voici, un homme racontait à son camarade un songe. Il disait: J'ai eu un songe; et voici, un gâteau de pain d'orge roulait dans le camp de Madian; il est venu heurter jusqu'à la tente, et elle est tombée; il l'a retournée sens dessus dessous, et elle a été renversée.

Son camarade répondit, et dit: Ce n'est pas autre chose que l'épée de Gédéon, fils de Joas, homme d'Israël; Dieu a livré entre ses mains Madian et tout le camp.

Lorsque Gédéon eut entendu le récit du songe et son explication, il se prosterna, revint au camp d'Israël, et dit: Levez-vous, car l'Éternel a livré entre vos mains le camp de Madian.

Il divisa en trois corps les trois cents hommes, et il leur remit à tous des trompettes et des cruches vides, avec des flambeaux dans les cruches.

Il leur dit: Vous me regarderez et vous ferez comme moi. Dès que j'aborderai le camp, vous ferez ce que je ferai;

et quand je sonnerai de la trompette, moi et tous ceux qui seront avec moi, vous sonnerez aussi de la trompette tout autour du camp, et vous direz: Pour l'Éternel et pour Gédéon!

Gédéon et les cent hommes qui étaient avec lui arrivèrent aux abords du camp au commencement de la veille du milieu, comme on venait de placer les gardes. Ils sonnèrent de la trompette, et brisèrent les cruches qu'ils avaient à la main.

20 Les trois corps sonnèrent de la trompette, et brisèrent les cruches; ils saisirent de la main gauche les flambeaux et de la main droite les trompettes pour sonner, et ils s'écrièrent: Épée pour l'Éternel et pour Gédéon!

Ils restèrent chacun à sa place autour du camp, et tout le camp se mit à courir, à pousser des cris, et à prendre la fuite.

Les trois cents hommes sonnèrent encore de la trompette; et, dans tout le camp, l'Éternel leur fit tourner l'épée les uns contre les autres. Le camp s'enfuit jusqu'à Beth Schitta vers Tseréra, jusqu'au bord d'Abel Mehola près de Tabbath.

Les hommes d'Israël se rassemblèrent, ceux de Nephthali, d'Aser et de tout Manassé, et ils poursuivirent Madian.

Gédéon envoya des messagers dans toute la montagne d'Éphraïm, pour dire: Descendez à la rencontre de Madian, et coupez-leur le passage des eaux jusqu'à Beth Bara et celui du Jourdain. Tous les hommes d'Éphraïm se rassemblèrent et ils s'emparèrent du passage des eaux jusqu'à Beth Bara et de celui du Jourdain.

Ils saisirent deux chefs de Madian, Oreb et Zeeb; ils tuèrent Oreb au rocher d'Oreb, et ils tuèrent Zeeb au pressoir de Zeeb. Ils poursuivirent Madian, et ils apportèrent les têtes d'Oreb et de Zeeb à Gédéon de l'autre côté du Jourdain.

Juges 8

Les hommes d'Éphraïm dirent à Gédéon: Que signifie cette manière d'agir envers nous? pourquoi ne pas nous avoir appelés, quand tu es allé combattre Madian? Et ils eurent avec lui une violente querelle.

Jg 8,2   Gédéon leur répondit: Qu'ai-je fait en comparaison de vous? Le grappillage d'Éphraïm ne vaut-il pas mieux que la vendange d'Abiézer?

C'est entre vos mains que Dieu a livré les chefs de Madian, Oreb et Zeeb. Qu'ai-je donc pu faire en comparaison de vous? Lorsqu'il eut ainsi parlé, leur colère contre lui s'apaisa.

Gédéon arriva au Jourdain, et il le passa, lui et les trois cents hommes qui étaient avec lui, fatigués, mais poursuivant toujours.

Il dit aux gens de Succoth: Donnez, je vous prie, quelques pains au peuple qui m'accompagne, car ils sont fatigués, et je suis à la poursuite de Zébach et de Tsalmunna, rois de Madian.

Les chefs de Succoth répondirent: La main de Zébach et de Tsalmunna est-elle déjà en ton pouvoir, pour que nous donnions du pain à ton armée?

Et Gédéon dit: Eh bien! lorsque l'Éternel aura livré entre mes mains Zébach et Tsalmunna, je broierai votre chair avec des épines du désert et avec des chardons.

De là il monta à Penuel, et il fit aux gens de Penuel la même demande. Ils lui répondirent comme avaient répondu ceux de Succoth.

Et il dit aussi aux gens de Penuel: Quand je reviendrai en paix, je renverserai cette tour.

10   Zébach et Tsalmunna étaient à Karkor et leur armée avec eux, environ quinze mille hommes, tous ceux qui étaient restés de l'armée entière des fils de l'Orient; cent vingt mille hommes tirant l'épée avaient été tués.

Gédéon monta par le chemin de ceux qui habitent sous les tentes, à l'orient de Nobach et de Jogbeha, et il battit l'armée qui se croyait en sûreté.

Zébach et Tsalmunna prirent la fuite; Gédéon les poursuivit, il s'empara des deux rois de Madian, Zébach et Tsalmunna, et il mit en déroute toute l'armée.

Gédéon, fils de Joas, revint de la bataille par la montée de Hérès.

Il saisit d'entre les gens de Succoth un jeune homme qu'il interrogea, et qui lui mit par écrit les noms des chefs et des anciens de Succoth, soixante-dix-sept hommes.

Puis il vint auprès des gens de Succoth, et dit: Voici Zébach et Tsalmunna, au sujet desquels vous m'avez insulté, en disant: La main de Zébach et de Tsalmunna est-elle déjà en ton pouvoir, pour que nous donnions du pain à tes hommes fatigués?

Et il prit les anciens de la ville, et châtia les gens de Succoth avec des épines du désert et avec des chardons.

Il renversa aussi la tour de Penuel, et tua les gens de la ville.

Il dit à Zébach et à Tsalmunna: Comment étaient les hommes que vous avez tués au Thabor?[1] Ils répondirent: Ils étaient comme toi, chacun avait l'air d'un fils de roi.

---

[1] Épisode non conservé par les manuscrits disponibles.

Jg 8,19   Il dit: C'étaient mes frères, fils de ma mère. L'Éternel est vivant! si vous les eussiez laissés vivre, je ne vous tuerais pas.

20   Et il dit à Jéther, son premier-né: Lève-toi, tue-les! Mais le jeune homme ne tira point son épée, parce qu'il avait peur, car il était encore un enfant.

Zébach et Tsalmunna dirent: Lève-toi toi-même, et tue-nous! car tel est l'homme, telle est sa force. Et Gédéon se leva, et tua Zébach et Tsalmunna. Il prit ensuite les croissants qui étaient aux cous de leurs chameaux.

Les hommes d'Israël dirent à Gédéon: Domine sur nous, et toi, et ton fils, et le fils de ton fils, car tu nous as délivrés de la main de Madian.

Gédéon leur dit: Je ne dominerai point sur vous, et mes fils ne domineront point sur vous; c'est l'Éternel qui dominera sur vous.

Gédéon leur dit: J'ai une demande à vous faire: donnez-moi chacun les anneaux que vous avez eus pour butin. -Les ennemis avaient des anneaux d'or, car ils étaient Ismaélites.

Ils dirent: Nous les donnerons volontiers. Et ils étendirent un manteau, sur lequel chacun jeta les anneaux de son butin.

Le poids des anneaux d'or que demanda Gédéon fut de mille sept cents sicles d'or, sans les croissants, les pendants d'oreilles, et les vêtements de pourpre que portaient les rois de Madian, et sans les colliers qui étaient aux cous de leurs chameaux.

Gédéon en fit un éphod[1], et il le plaça dans sa ville, à Ophra, où il devint l'objet des prostitutions de tout Israël; et il fut un piège pour Gédéon et pour sa maison.

Madian fut humilié devant les enfants d'Israël, et il ne leva plus la tête. Et le pays fut en repos pendant quarante ans, durant la vie de Gédéon.

Jerubbaal, fils de Joas, s'en retourna, et demeura dans sa maison.

30   Gédéon eut soixante-dix fils, issus de lui, car il eut plusieurs femmes.

Sa concubine qui était à Sichem lui enfanta aussi un fils, à qui on donna le nom d'Abimélec.

Gédéon, fils de Joas, mourut après une heureuse vieillesse; et il fut enterré dans le sépulcre de Joas, son père, à Ophra, qui appartenait à la famille d'Abiézer.

Lorsque Gédéon fut mort, les enfants d'Israël recommencèrent à se prostituer aux Baals, et ils prirent Baal Berith pour leur dieu.

Les enfants d'Israël ne se souvinrent point de l'Éternel, leur Dieu, qui les avait délivrés de la main de tous les ennemis qui les entouraient.

Et ils n'eurent point d'attachement pour la maison de Jerubbaal, de Gédéon, après tout le bien qu'il avait fait à Israël.

---

[1] Objet cultuel, détourné ensuite de sa fonction.

E - Abimélec - Jephté
Juges 9 - 12

Abimélec, fils de Jerubbaal, se rendit à Sichem vers les frères de sa mère, et voici comment il leur parla, ainsi qu'à toute la famille de la maison du père de sa mère:

Dites, je vous prie, aux oreilles de tous les habitants de Sichem: Vaut-il mieux pour vous que soixante-dix hommes, tous fils de Jerubbaal, dominent sur vous, ou qu'un seul homme domine sur vous? Et souvenez-vous que je suis votre os et votre chair.

Les frères de sa mère répétèrent pour lui toutes ces paroles aux oreilles de tous les habitants de Sichem, et leur coeur inclina en faveur d'Abimélec, car ils se disaient: C'est notre frère.

Ils lui donnèrent soixante-dix sicles d'argent, qu'ils enlevèrent de la maison de Baal Berith. Abimélec s'en servit pour acheter des misérables et des turbulents, qui allèrent après lui.

Il vint dans la maison de son père à Ophra, et il tua ses frères, fils de Jerubbaal, soixante-dix hommes, sur une même pierre. Il n'échappa que Jotham, le plus jeune fils de Jerubbaal, car il s'était caché.

Tous les habitants de Sichem et toute la maison de Millo se rassemblèrent; ils vinrent, et proclamèrent roi Abimélec, près du chêne planté dans Sichem.

Jotham en fut informé. Il alla se placer sur le sommet de la montagne de Garizim, et voici ce qu'il leur cria à haute voix: Écoutez-moi, habitants de Sichem, et que Dieu vous écoute!

Les arbres partirent pour aller oindre un roi et le mettre à leur tête. Ils dirent à l'olivier: Règne sur nous.

Mais l'olivier leur répondit: Renoncerais-je à mon huile, qui m'assure les hommages de Dieu et des hommes, pour aller planer sur les arbres?

10 Et les arbres dirent au figuier: Viens, toi, règne sur nous.

Mais le figuier leur répondit: Renoncerais-je à ma douceur et à mon excellent fruit, pour aller planer sur les arbres?

Et les arbres dirent à la vigne: Viens, toi, règne sur nous.

Mais la vigne leur répondit: Renoncerais-je à mon vin, qui réjouit Dieu et les hommes, pour aller planer sur les arbres?

Alors tous les arbres dirent au buisson d'épines: Viens, toi, règne sur nous.

Et le buisson d'épines répondit aux arbres: Si c'est de bonne foi que vous voulez m'oindre pour votre roi, venez, réfugiez-vous sous mon ombrage; sinon, un feu sortira du buisson d'épines, et dévorera les cèdres du Liban.

Maintenant, est-ce de bonne foi et avec intégrité que vous avez agi en proclamant roi Abimélec? avez-vous eu de la bienveillance pour Jerubbaal et sa maison? l'avez-vous traité selon les services qu'il a rendus? -

Jg 9,17 Car mon père a combattu pour vous, il a exposé sa vie, et il vous a délivrés de la main de Madian;

et vous, vous vous êtes levés contre la maison de mon père, vous avez tué ses fils, soixante-dix hommes, sur une même pierre, et vous avez proclamé roi sur les habitants de Sichem, Abimélec, fils de sa servante, parce qu'il est votre frère. -

Si c'est de bonne foi et avec intégrité qu'en ce jour vous avez agi envers Jerubbaal et sa maison, eh bien! qu'Abimélec fasse votre joie, et que vous fassiez aussi la sienne!

20 Sinon, qu'un feu sorte d'Abimélec et dévore les habitants de Sichem et la maison de Millo, et qu'un feu sorte des habitants de Sichem et de la maison de Millo et dévore Abimélec!

Jotham se retira et prit la fuite; il s'en alla à Beer, où il demeura loin d'Abimélec, son frère.

Abimélec avait dominé trois ans sur Israël.

Alors Dieu envoya un mauvais esprit entre Abimélec et les habitants de Sichem, et les habitants de Sichem furent infidèles à Abimélec,

afin que la violence commise sur les soixante-dix fils de Jerubbaal reçût son châtiment, et que leur sang retombât sur Abimélec, leur frère, qui les avait tués, et sur les habitants de Sichem, qui l'avaient aidé à tuer ses frères.

Les habitants de Sichem placèrent en embuscade contre lui, sur les sommets des montagnes, des gens qui dépouillaient tous ceux qui passaient près d'eux sur le chemin. Et cela fut rapporté à Abimélec.

Gaal, fils d'Ébed, vint avec ses frères, et ils passèrent à Sichem. Les habitants de Sichem eurent confiance en lui.

Ils sortirent dans la campagne, vendangèrent leurs vignes, foulèrent les raisins, et se livrèrent à des réjouissances; ils entrèrent dans la maison de leur dieu, ils mangèrent et burent, et ils maudirent Abimélec.

Et Gaal, fils d'Ébed, disait: Qui est Abimélec, et qu'est Sichem, pour que nous servions Abimélec? N'est-il pas fils de Jerubbaal, et Zebul n'est-il pas son commissaire? Servez les hommes de Hamor, père de Sichem; mais nous, pourquoi servirions-nous Abimélec?

Oh! si j'étais le maître de ce peuple, je renverserais Abimélec. Et il disait d'Abimélec: Renforce ton armée, mets-toi en marche!

30 Zebul, gouverneur de la ville, apprit ce que disait Gaal, fils d'Ébed, et sa colère s'enflamma.

Il envoya secrètement des messagers à Abimélec, pour lui dire: Voici, Gaal, fils d'Ébed, et ses frères, sont venus à Sichem, et ils soulèvent la ville contre toi.

Maintenant, pars de nuit, toi et le peuple qui est avec toi, et mets-toi en embuscade dans la campagne.

Le matin, au lever du soleil, tu fondras avec impétuosité sur la ville. Et lorsque Gaal et le peuple qui est avec lui sortiront contre toi, tu lui feras ce que tes forces permettront.

Abimélec et tout le peuple qui était avec lui partirent de nuit, et ils se mirent en embuscade ès de Sichem, divisés en quatre corps.

Gaal, fils d'Ébed, sortit, et il se tint à l'entrée de la porte de la ville. Abimélec et tout le peuple qui était avec lui se levèrent alors de l'embuscade.

Gaal aperçut le peuple, et il dit à Zebul: Voici un peuple qui descend du sommet des montagnes. Zebul lui répondit: C'est l'ombre des montagnes que tu prends pour des hommes.

Gaal, reprenant la parole, dit: C'est bien un peuple qui descend des hauteurs du pays, et une troupe arrive par le chemin du chêne des devins.

Zebul lui répondit: Où donc est ta bouche, toi qui disais: Qui est Abimélec, pour que nous le servions? N'est-ce point là le peuple que tu méprisais? Marche maintenant, livre-lui bataille!

Gaal s'avança à la tête des habitants de Sichem, et livra bataille à Abimélec.

40 Poursuivi par Abimélec, il prit la fuite devant lui, et beaucoup d'hommes tombèrent morts jusqu'à l'entrée de la porte.

Abimélec s'arrêta à Aruma. Et Zebul chassa Gaal et ses frères, qui ne purent rester à Sichem.

Le lendemain, le peuple sortit dans la campagne. Abimélec, qui en fut informé,

prit sa troupe, la partagea en trois corps, et se mit en embuscade dans la campagne. Ayant vu que le peuple sortait de la ville, il se leva contre eux, et les battit.

Abimélec et les corps qui étaient avec lui se portèrent en avant, et se placèrent à l'entrée de la porte de la ville; deux de ces corps se jetèrent sur tous ceux qui étaient dans la campagne, et les battirent.

Abimélec attaqua la ville pendant toute la journée; il s'en empara, et tua le peuple qui s'y trouvait. Puis il rasa la ville, et y sema du sel.

A cette nouvelle, tous les habitants de la tour de Sichem se rendirent dans la forteresse de la maison du dieu Berith.

On avertit Abimélec que tous les habitants de la tour de Sichem s'y étaient rassemblés.

Alors Abimélec monta sur la montagne de Tsalmon, lui et tout le peuple qui était avec lui. Il prit en main une hache, coupa une branche d'arbre, l'enleva et la mit sur son épaule. Ensuite il dit au peuple qui était avec lui: Vous avez vu ce que j'ai fait, hâtez-vous de faire comme moi.

Et ils coupèrent chacun une branche, et suivirent Abimélec; ils placèrent les branches contre la forteresse, et l'incendièrent avec ceux qui y étaient. Ainsi périrent tous les gens de la tour de Sichem, au nombre d'environ mille, hommes et femmes.

50 Abimélec marcha contre Thébets. Il assiégea Thébets, et s'en empara.

Il y avait au milieu de la ville une forte tour, où se réfugièrent tous les habitants de la ville, hommes et femmes; ils fermèrent sur eux, et montèrent sur le toit de la tour.

Abimélec parvint jusqu'à la tour; il l'attaqua, et s'approcha de la porte pour y mettre le feu.

Alors une femme lança sur la tête d'Abimélec un morceau de meule de moulin, et lui brisa le crâne.

Aussitôt il appela le jeune homme qui portait ses armes, et lui dit: Tire ton épée, et donne-moi la mort, de peur qu'on ne dise de moi: C'est une femme qui l'a tué. Le jeune homme le perça, et il mourut.

Quand les hommes d'Israël virent qu'Abimélec était mort, ils s'en allèrent chacun chez soi.

Ainsi Dieu fit retomber sur Abimélec le mal qu'il avait fait à son père, en tuant ses soixante-dix frères,

et Dieu fit retomber sur la tête des gens de Sichem tout le mal qu'ils avaient fait. Ainsi s'accomplit sur eux la malédiction de Jotham, fils de Jerubbaal.

Juges 10

Après Abimélec, Thola, fils de Pua, fils de Dodo, homme d'Issacar, se leva pour délivrer Israël; il habitait à Schamir, dans la montagne d'Éphraïm.

Il fut juge en Israël pendant vingt-trois ans; puis il mourut, et fut enterré à Schamir.

Après lui, se leva Jaïr, le Galaadite, qui fut juge en Israël pendant vingt-deux ans.

Il avait trente fils, qui montaient sur trente ânons, et qui possédaient trente villes, appelées encore aujourd'hui bourgs de Jaïr, et situées dans le pays de Galaad.

Et Jaïr mourut, et fut enterré à Kamon.

Les enfants d'Israël firent encore ce qui déplaît à l'Éternel; ils servirent les Baals et les Astartés, les dieux de Syrie, les dieux de Sidon, les dieux de Moab, les dieux des fils d'Ammon, et les dieux des Philistins, et ils abandonnèrent l'Éternel et ne le servirent plus.

La colère de l'Éternel s'enflamma contre Israël, et il les vendit entre les mains des Philistins et entre les mains des fils d'Ammon.

Ils opprimèrent et écrasèrent les enfants d'Israël cette année-là, et pendant dix-huit ans tous les enfants d'Israël qui étaient de l'autre côté du Jourdain dans le pays des Amoréens en Galaad.

Les fils d'Ammon passèrent le Jourdain pour combattre aussi contre Juda, contre Benjamin et contre la maison d'Éphraïm. Et Israël fut dans une grande détresse.

10 Les enfants d'Israël crièrent à l'Éternel, en disant: Nous avons péché contre toi, car nous avons abandonné notre Dieu et nous avons servi les Baals.

L'Éternel dit aux enfants d'Israël: Ne vous ai-je pas délivrés des Égyptiens, des Amoréens, des fils d'Ammon, des Philistins?

Et lorsque les Sidoniens, Amalek et Maon, vous opprimèrent, et que vous criâtes à moi, ne vous ai-je pas délivrés de leurs mains?

Mais vous, vous m'avez abandonné, et vous avez servi d'autres dieux. C'est pourquoi je ne vous délivrerai plus.

Allez, invoquez les dieux que vous avez choisis; qu'ils vous délivrent au temps de votre détresse!

Les enfants d'Israël dirent à l'Éternel: Nous avons péché; traite-nous comme il te plaira. Seulement, daigne nous délivrer aujourd'hui!

Et ils ôtèrent les dieux étrangers du milieu d'eux, et servirent l'Éternel, qui fut touché des maux d'Israël.

Les fils d'Ammon se rassemblèrent et campèrent en Galaad, et les enfants d'Israël se rassemblèrent et campèrent à Mitspa.

Le peuple, les chefs de Galaad se dirent l'un à l'autre: Quel est l'homme qui commencera l'attaque contre les fils d'Ammon? Il sera chef de tous les habitants de Galaad.

Juges 11

Jephté, le Galaadite, était un vaillant héros. Il était fils d'une femme prostituée; et c'est Galaad[1] qui avait engendré Jephté.

---

[1] "Un homme appelé Galaad" - comme la région (Trad. BFC).

Jg 11,2 La femme de Galaad lui enfanta des fils, qui, devenus grands, chassèrent Jephté, et lui dirent: Tu n'hériteras pas dans la maison de notre père, car tu es fils d'une autre femme.

Et Jephté s'enfuit loin de ses frères, et il habita dans le pays de Tob. Des gens de rien se rassemblèrent auprès de Jephté, et ils faisaient avec lui des excursions.

Quelque temps après, les fils d'Ammon firent la guerre à Israël.

Et comme les fils d'Ammon faisaient la guerre à Israël, les anciens de Galaad allèrent chercher Jephté au pays de Tob.

Ils dirent à Jephté: Viens, tu seras notre chef, et nous combattrons les fils d'Ammon.

Jephté répondit aux anciens de Galaad: N'avez-vous pas eu de la haine pour moi, et ne m'avez-vous pas chassé de la maison de mon père? Pourquoi venez-vous à moi maintenant que vous êtes dans la détresse?

Les anciens de Galaad dirent à Jephté: Nous revenons à toi maintenant, afin que tu marches avec nous, que tu combattes les fils d'Ammon, et que tu sois notre chef, celui de tous les habitants de Galaad.

Jephté répondit aux anciens de Galaad: Si vous me ramenez pour combattre les fils d'Ammon, et que l'Éternel les livre devant moi, je serai votre chef.

10 Les anciens de Galaad dirent à Jephté: Que l'Éternel nous entende, et qu'il juge, si nous ne faisons pas ce que tu dis.

Et Jephté partit avec les anciens de Galaad. Le peuple le mit à sa tête et l'établit comme chef, et Jephté répéta devant l'Éternel, à Mitspa[1], toutes les paroles qu'il avait prononcées.

Jephté envoya des messagers au roi des fils d'Ammon, pour lui dire: Qu'y a-t-il entre moi et toi, que tu viennes contre moi pour faire la guerre à mon pays?

Le roi des fils d'Ammon répondit aux messagers de Jephté: C'est qu'Israël, quand il est monté d'Égypte, s'est emparé de mon pays, depuis l'Arnon jusqu'au Jabbok et au Jourdain. Rends-le maintenant de bon gré.

Jephté envoya de nouveau des messagers au roi des fils d'Ammon,
pour lui dire: Ainsi parle Jephté: Israël ne s'est point emparé du pays de Moab, ni du pays des fils d'Ammon.

Car lorsque Israël est monté d'Égypte, il a marché dans le désert jusqu'à la mer Rouge, et il est arrivé à Kadès.[2]

Alors Israël envoya des messagers au roi d'Édom, pour lui dire: Laisse-moi passer par ton pays. Mais le roi d'Édom n'y consentit pas. Il en envoya aussi au roi de Moab, qui refusa. Et Israël resta à Kadès.

---

[1] Mitspa: Un des rares passages, dans le livre des Juges, où un sanctuaire du Seigneur est mentionné.

[2] Voir Nombres 20,14-21.

Puis il marcha par le désert, tourna le pays d'Édom et le pays de Moab, et vint à l'orient du pays de Moab; ils campèrent au delà de l'Arnon, sans entrer sur le territoire de Moab, car l'Arnon est la frontière de Moab.

Israël envoya des messagers à Sihon, roi des Amoréens, roi de Hesbon, et Israël lui dit: Laisse-nous passer par ton pays jusqu'au lieu où nous allons.

20 Mais Sihon n'eut pas assez confiance en Israël pour le laisser passer sur son territoire; il rassembla tout son peuple, campa à Jahats, et combattit Israël.

L'Éternel, le Dieu d'Israël, livra Sihon et tout son peuple entre les mains d'Israël, qui les battit. Israël s'empara de tout le pays des Amoréens établis dans cette contrée.

Ils s'emparèrent de tout le territoire des Amoréens, depuis l'Arnon jusqu'au Jabbok, et depuis le désert jusqu'au Jourdain.

Et maintenant que l'Éternel, le Dieu d'Israël, a chassé les Amoréens devant son peuple d'Israël, est-ce toi qui aurais la possession de leur pays?

Ce que ton dieu Kemosch te donne à posséder, ne le posséderais-tu pas? Et tout ce que l'Éternel, notre Dieu, a mis en notre possession devant nous, nous ne le posséderions pas!

Vaux-tu donc mieux que Balak, fils de Tsippor, roi de Moab? A-t-il contesté avec Israël, ou lui a-t-il fait la guerre?

Voilà trois cents ans qu'Israël habite à Hesbon et dans les villes de son ressort, à Aroër et dans les villes de son ressort, et dans toutes les villes qui sont sur les bords de l'Arnon: pourquoi ne les lui avez-vous pas enlevées pendant ce temps-là?

Je ne t'ai point offensé, et tu agis mal avec moi en me faisant la guerre. Que l'Éternel, le juge, soit aujourd'hui juge entre les enfants d'Israël et les fils d'Ammon!

Le roi des fils d'Ammon n'écouta point les paroles que Jephté lui fit dire.

L'esprit de l'Éternel fut sur Jephté. Il traversa Galaad et Manassé; il passa à Mitspé de Galaad; et de Mitspé de Galaad, il marcha contre les fils d'Ammon.

30 Jephté fit un voeu à l'Éternel, et dit: Si tu livres entre mes mains les fils d'Ammon,

quiconque sortira des portes de ma maison au-devant de moi, à mon heureux retour de chez les fils d'Ammon, sera consacré à l'Éternel, et je l'offrirai en holocauste.

Jephté marcha contre les fils d'Ammon, et l'Éternel les livra entre ses mains.

Il leur fit éprouver une très grande défaite, depuis Aroër jusque vers Minnith, espace qui renfermait vingt villes, et jusqu'à Abel Keramim. Et les fils d'Ammon furent humiliés devant les enfants d'Israël.

Jephté retourna dans sa maison à Mitspa. Et voici, sa fille sortit au-devant de lui avec des tambourins et des danses. C'était son unique enfant; il n'avait point de fils et point d'autre fille.

Dès qu'il la vit, il déchira ses vêtements, et dit: Ah! ma fille! tu me jettes dans l'abattement, tu es au nombre de ceux qui me troublent! J'ai fait un voeu à l'Éternel, et je ne puis le révoquer.

Elle lui dit: Mon père, si tu as fait un voeu à l'Éternel, traite-moi selon ce qui est sorti de ta bouche, maintenant que l'Éternel t'a vengé de tes ennemis, des fils d'Ammon.

Et elle dit à son père: Que ceci me soit accordé: laisse-moi libre pendant deux mois! Je m'en irai, je descendrai dans les montagnes, et je pleurerai ma virginité avec mes compagnes.

Il répondit: Va! Et il la laissa libre pour deux mois. Elle s'en alla avec ses compagnes, et elle pleura sa virginité sur les montagnes.

Au bout des deux mois, elle revint vers son père, et il accomplit sur elle le voeu qu'il avait fait. Elle n'avait point connu d'homme. Dès lors s'établit en Israël la coutume

40   que tous les ans les filles d'Israël s'en vont célébrer la fille de Jephté, le Galaadite, quatre jours par année.

Juges 12

Les hommes d'Éphraïm se rassemblèrent, partirent pour le nord, et dirent à Jephté:

Pourquoi es-tu allé combattre les fils d'Ammon sans nous avoir appelés à marcher avec toi? Nous voulons incendier ta maison et te brûler avec elle[1].

Jephté leur répondit: Nous avons eu de grandes contestations, moi et mon peuple, avec les fils d'Ammon; et quand je vous ai appelés, vous ne m'avez pas délivré de leurs mains.

Voyant que tu ne venais pas à mon secours, j'ai exposé ma vie, et j'ai marché contre les fils d'Ammon. L'Éternel les a livrés entre mes mains. Pourquoi donc aujourd'hui montez-vous contre moi pour me faire la guerre?

Jephté rassembla tous les hommes de Galaad, et livra bataille à Éphraïm. Les hommes de Galaad battirent Éphraïm, parce que les Éphraïmites disaient: Vous êtes des fugitifs d'Éphraïm! Galaad est au milieu d'Éphraïm, au milieu de Manassé!

Galaad s'empara des gués du Jourdain du côté d'Éphraïm. Et quand l'un des fuyards d'Éphraïm disait: Laissez-moi passer! les hommes de Galaad lui demandaient: Es-tu Éphraïmite? Il répondait: Non.

Ils lui disaient alors: Hé bien, dis "Schibboleth". Et il disait 'Sibboleth', car il ne pouvait pas bien prononcer. Sur quoi les hommes de Galaad le saisissaient, et l'égorgeaient près des gués du Jourdain. Il périt en ce temps-là quarante-deux mille hommes d'Éphraïm.

---

[1] Note de la TOB: La victoire de Jephté réveille la susceptibilité des Éphraïmites, tribu puissante qui veut garder la suprématie sur les autres tribus- Voir de même avec Gédéon en 8,1.

Jephté fut juge en Israël pendant six ans; puis Jephté, le Galaadite, mourut, et fut enterré dans l'une des villes de Galaad.

Après lui, Ibtsan de Bethléem fut juge en Israël.

Il eut trente fils, il maria trente filles au dehors, et il fit venir pour ses fils trente filles du dehors. Il fut juge en Israël pendant sept ans;

10 puis Ibtsan mourut, et fut enterré à Bethléem .

Après lui, Élon de Zabulon fut juge en Israël. Il fut juge en Israël pendant dix ans;

puis Élon de Zabulon mourut, et fut enterré à Ajalon, dans le pays de Zabulon.

Après lui, Abdon, fils d'Hillel, le Pirathonite, fut juge en Israël.

Il eut quarante fils et trente petits-fils, qui montaient sur soixante dix ânons. Il fut juge en Israël pendant huit ans;

puis Abdon, fils d'Hillel, le Pirathonite, mourut, et fut enterré à Pirathon, dans le pays d'Éphraïm, sur la montagne des Amalécites.

F - Samson
Juges 13 - 16

Les enfants d'Israël firent encore ce qui déplaît à l'Éternel; et l'Éternel les livra entre les mains des Philistins, pendant quarante ans.

Il y avait un homme de Tsorea, de la famille des Danites, et qui s'appelait Manoach. Sa femme était stérile, et n'enfantait pas.

Un ange de l'Éternel apparut à la femme, et lui dit: Voici, tu es stérile, et tu n'as point d'enfants; tu deviendras enceinte, et tu enfanteras un fils.

Maintenant prends bien garde, ne bois ni vin ni liqueur forte, et ne mange rien d'impur.

Car tu vas devenir enceinte et tu enfanteras un fils. Le rasoir ne passera point sur sa tête, parce que cet enfant sera consacré à Dieu dès le ventre de sa mère; et ce sera lui qui commencera à délivrer Israël de la main des Philistins.

La femme alla dire à son mari; Un homme de Dieu est venu vers moi, et il avait l'aspect d'un ange de Dieu, un aspect redoutable. Je ne lui ai pas demandé d'où il était, et il ne m'a pas fait connaître son nom.

Mais il m'a dit: Tu vas devenir enceinte, et tu enfanteras un fils; et maintenant ne bois ni vin ni liqueur forte, et ne mange rien d'impur, parce que cet enfant sera consacré à Dieu dès le ventre de sa mère jusqu'au jour de sa mort.

Manoach fit cette prière à l'Éternel: Ah! Seigneur, que l'homme de Dieu que tu as envoyé vienne encore vers nous, et qu'il nous enseigne ce que nous devons faire pour l'enfant qui naîtra!

Dieu exauça la prière de Manoach, et l'ange de Dieu vint encore vers la femme. Elle était assise dans un champ, et Manoach, son mari, n'était pas avec elle.

10 *Elle courut promptement donner cette nouvelle à son mari, et lui dit: Voici, l'homme qui était venu l'autre jour vers moi m'est apparu.*

Manoach se leva, suivit sa femme, alla vers l'homme, et lui dit: Est-ce toi qui as parlé à cette femme? Il répondit: C'est moi.

Manoach dit: Maintenant, si ta parole s'accomplit, que faudra-t-il observer à l'égard de l'enfant, et qu'y aura-t-il à faire?

L'ange de l'Éternel répondit à Manoach: La femme s'abstiendra de tout ce que je lui ai dit.

Elle ne goûtera d'aucun produit de la vigne, elle ne boira ni vin ni liqueur forte, et elle ne mangera rien d'impur; elle observera tout ce que je lui ai prescrit.

Manoach dit à l'ange de l'Éternel: Permets-nous de te retenir, et de t'apprêter un chevreau.

L'ange de l'Éternel répondit à Manoach: Quand tu me retiendrais, je ne mangerais pas de ton mets; mais si tu veux faire un holocauste, tu l'offriras à l'Éternel. Manoach ne savait point que ce fût un ange de l'Éternel.

Et Manoach dit à l'ange de l'Éternel: Quel est ton nom, afin que nous te rendions gloire, quand ta parole s'accomplira?

L'ange de l'Éternel lui répondit: Pourquoi demandes-tu mon nom? Il est merveilleux.

Manoach prit le chevreau et l'offrande, et fit un sacrifice à l'Éternel sur le rocher. Il s'opéra un prodige, pendant que Manoach et sa femme regardaient.

20 *Comme la flamme montait de dessus l'autel vers le ciel, l'ange de l'Éternel monta dans la flamme de l'autel. A cette vue, Manoach et sa femme tombèrent la face contre terre.*

L'ange de l'Éternel n'apparut plus à Manoach et à sa femme. Alors Manoach comprit que c'était l'ange de l'Éternel,

et il dit à sa femme: Nous allons mourir, car nous avons vu Dieu.

Sa femme lui répondit: Si l'Éternel eût voulu nous faire mourir, il n'aurait pas pris de nos mains l'holocauste et l'offrande, il ne nous aurait pas fait voir tout cela, et il ne nous aurait pas maintenant fait entendre pareilles choses.

La femme enfanta un fils, et lui donna le nom de Samson. L'enfant grandit, et l'Éternel le bénit.

Et l'esprit de l'Éternel commença à l'agiter à Machané Dan, entre Tsorea et Eschthaol.

Juges 14

Samson descendit à Thimna, et il y vit une femme parmi les filles des Philistins.

Lorsqu'il fut remonté, il le déclara à son père et à sa mère, et dit: J'ai vu à Thimna une femme parmi les filles des Philistins; prenez-la maintenant pour ma femme.

Jg 14,3 Son père et sa mère lui dirent: N'y a-t-il point de femme parmi les filles de tes frères et dans tout notre peuple, que tu ailles prendre une femme chez les Philistins, qui sont incirconcis? Et Samson dit à son père: Prends-la pour moi, car elle me plaît.

Son père et sa mère ne savaient pas que cela venait de l'Éternel, qui cherchait[1] une occasion de dispute de la part des Philistins. En ce temps là, les Philistins dominaient sur Israël.

Samson descendit avec son père et sa mère à Thimna. Lorsqu'ils arrivèrent aux vignes de Thimna, voici, un jeune lion rugissant vint à sa rencontre.

L'esprit de l'Éternel saisit Samson; et, sans avoir rien à la main, Samson déchira le lion comme on déchire un chevreau. Il ne dit point à son père et à sa mère ce qu'il avait fait.

Il descendit et parla à la femme, et elle lui plut.

Quelque temps après, il se rendit de nouveau à Thimna pour la prendre, et se détourna pour voir le cadavre du lion. Et voici, il y avait un essaim d'abeilles et du miel dans le corps du lion.

Il prit entre ses mains le miel, dont il mangea pendant la route; et lorsqu'il fut arrivé près de son père et de sa mère, il leur en donna, et ils en mangèrent. Mais il ne leur dit pas qu'il avait pris ce miel dans le corps du lion.

10 *Le père de Samson descendit chez la femme. Et là, Samson fit un festin, car c'était la coutume des jeunes gens.*

Dès qu'on le vit, on invita trente compagnons qui se tinrent avec lui.

Samson leur dit: Je vais vous proposer une énigme. Si vous me l'expliquez pendant les sept jours du festin, et si vous la découvrez, je vous donnerai trente chemises et trente vêtements de rechange.

Mais si vous ne pouvez pas me l'expliquer, ce sera vous qui me donnerez trente chemises et trente vêtements de rechange. Ils lui dirent: Propose ton énigme, et nous l'écouterons.

Et il leur dit: De celui qui mange est sorti ce qui se mange, et du fort est sorti le doux. Pendant trois jours, ils ne purent expliquer l'énigme.

Le septième jour, ils dirent à la femme de Samson: Persuade ton mari de nous expliquer l'énigme; sinon, nous te brûlerons, toi et la maison de ton père. C'est pour nous dépouiller que vous nous avez invités, n'est-ce pas?

La femme de Samson pleurait auprès de lui, et disait: Tu n'as pour moi que de la haine, et tu ne m'aimes pas; tu as proposé une énigme aux enfants de mon peuple, et tu ne me l'as point expliquée! Et il lui répondait: Je ne l'ai expliquée ni à mon père ni à ma mère; est-ce à toi que je l'expliquerais?

---

[1] La Bible Segond 1910 dit "Car Samson cherchait".

Elle pleura auprès de lui pendant les sept jours que dura leur festin; et le septième jour, il la lui expliqua, car elle le tourmentait. Et elle donna l'explication de l'énigme aux enfants de son peuple.

Les gens de la ville dirent à Samson le septième jour, avant le coucher du soleil: Quoi de plus doux que le miel, et quoi de plus fort que le lion? Et il leur dit: Si vous n'aviez pas labouré avec ma génisse, vous n'auriez pas découvert mon énigme.

L'esprit de l'Éternel le saisit, et il descendit à Askalon. Il y tua trente hommes, prit leurs dépouilles, et donna les vêtements de rechange à ceux qui avaient expliqué l'énigme.

Il était enflammé de colère, et il monta à la maison de son père.

20 Sa femme fut donnée à l'un de ses compagnons, avec lequel il était lié[1].

Juges 15

Quelque temps après, à l'époque de la moisson des blés, Samson alla voir sa femme, et lui porta un chevreau. Il dit: Je veux entrer vers ma femme dans sa chambre. Mais le père de sa femme ne lui permit pas d'entrer.

J'ai pensé dit-il, que tu avais pour elle de la haine, et je l'ai donnée à ton compagnon. Est-ce que sa jeune soeur n'est pas plus belle qu'elle? Prends-la donc à sa place.

Samson leur dit: Cette fois je ne serai pas coupable envers les Philistins, si je leur fais du mal.

Samson s'en alla. Il attrapa trois cents renards, et prit des flambeaux; puis il tourna queue contre queue, et mit un flambeau entre deux queues, au milieu.

Il alluma les flambeaux, lâcha les renards dans les blés des Philistins, et embrasa les tas de gerbes, le blé sur pied, et jusqu'aux plantations d'oliviers.

Les Philistins dirent: Qui a fait cela? On répondit: Samson, le gendre du Thimnien, parce que celui-ci lui a pris sa femme et l'a donnée à son compagnon. Et les Philistins montèrent, et ils la brûlèrent, elle et son père.

Samson leur dit: Est-ce ainsi que vous agissez? Je ne cesserai qu'après m'être vengé de vous.

Il les battit rudement, dos et ventre; puis il descendit, et se retira dans la caverne du rocher d'Étam.

Alors les Philistins se mirent en marche, campèrent en Juda, et s'étendirent jusqu'à Léchi.

10 Les hommes de Juda dirent: Pourquoi êtes-vous montés contre nous? Ils répondirent: Nous sommes montés pour lier Samson, afin de le traiter comme il nous a traités.

---

[1] Autre traduction: "compagnon, qui lui avait servi de garçon d'honneur".

Sur quoi trois mille hommes de Juda descendirent à la caverne du rocher d'Étam, et dirent à Samson: Ne sais-tu pas que les Philistins dominent sur nous? Que nous as-tu donc fait? Il leur répondit: Je les ai traités comme il m'ont traité.

Ils lui dirent: Nous sommes descendus pour te lier, afin de te livrer entre les mains des Philistins. Samson leur dit: Jurez-moi que vous ne me tuerez pas.

Ils lui répondirent: Non; nous voulons seulement te lier et te livrer entre leurs mains, mais nous ne te ferons pas mourir. Et ils le lièrent avec deux cordes neuves, et le firent sortir du rocher.

Lorsqu'il arriva à Léchi, les Philistins poussèrent des cris à sa rencontre. Alors l'esprit de l'Éternel le saisit. Les cordes qu'il avait aux bras devinrent comme du lin brûlé par le feu, et ses liens tombèrent de ses mains.

Il trouva une mâchoire d'âne fraîche, il étendit sa main pour la prendre, et il en tua mille hommes.

Et Samson dit: Avec une mâchoire d'âne, un monceau, deux monceaux; Avec une mâchoire d'âne, j'ai tué mille hommes.

Quand il eut achevé de parler, il jeta de sa main la mâchoire. Et l'on appela ce lieu Ramath Léchi.

Pressé par la soif, il invoqua l'Éternel, et dit: C'est toi qui a permis par la main de ton serviteur cette grande délivrance; et maintenant mourrais je de soif, et tomberais-je entre les mains des incirconcis?

Dieu fendit la cavité du rocher qui est à Léchi, et il en sortit de l'eau. Samson but, son esprit se ranima, et il reprit vie. C'est de là qu'on a appelé cette source En Hakkoré; elle existe encore aujourd'hui à Léchi.

20 Samson fut juge en Israël, au temps des Philistins, pendant vingt ans.

Juges 16

Samson partit pour Gaza; il y vit une femme prostituée, et il entra chez elle.

On dit aux gens de Gaza: Samson est arrivé ici. Et ils l'environnèrent, et se tinrent en embuscade toute la nuit à la porte de la ville.

Ils restèrent tranquilles toute la nuit, disant: Au point du jour, nous le tuerons.

Samson demeura couché jusqu'à minuit. Vers minuit, il se leva; et il saisit les battants de la porte de la ville et les deux poteaux, les arracha avec la barre, les mit sur ses épaules, et les porta sur le sommet de la montagne qui est en face d'Hébron.

Après cela, il aima une femme dans la vallée de Sorek. Elle se nommait Dalila.

Les princes des Philistins montèrent vers elle, et lui dirent: Flatte-le, pour savoir d'où lui vient sa grande force et comment nous pourrions nous rendre maîtres de lui; nous le lierons pour le dompter, et nous te donnerons chacun mille et cent sicles d'argent.

Dalila dit à Samson: Dis-moi, je te prie, d'où vient ta grande force, et avec quoi il faudrait te lier pour te dompter.

Samson lui dit: Si on me liait avec sept cordes fraîches, qui ne fussent pas encore sèches, je deviendrais faible et je serais comme un autre homme.

Les princes des Philistins apportèrent à Dalila sept cordes fraîches, qui n'étaient pas encore sèches. Et elle le lia avec ces cordes.

Or des gens se tenaient en embuscade chez elle, dans une chambre. Elle lui dit: Les Philistins sont sur toi, Samson! Et il rompit les cordes, comme se rompt un cordon d'étoupe quand il sent le feu. Et l'on ne connut point d'où venait sa force.

10 Dalila dit à Samson: Voici, tu t'es joué de moi, tu m'as dit des mensonges. Maintenant, je te prie, indique-moi avec quoi il faut te lier.

Il lui dit: Si on me liait avec des cordes neuves, dont on ne se fût jamais servi, je deviendrais faible et je serais comme un autre homme.

Dalila prit des cordes neuves, avec lesquelles elle le lia. Puis elle lui dit: Les Philistins sont sur toi, Samson! Or des gens se tenaient en embuscade dans une chambre. Et il rompit comme un fil les cordes qu'il avait aux bras.

Dalila dit à Samson: Jusqu'à présent tu t'es joué de moi, tu m'as dit des mensonges. Déclare-moi avec quoi il faut te lier. Il lui dit: Tu n'as qu'à tisser les sept tresses de ma tête avec la chaîne du tissu.

Et elle les fixa par la cheville. Puis elle lui dit: Les Philistins sont sur toi, Samson! Et il se réveilla de son sommeil, et il arracha la cheville du tissu et le tissu.

Elle lui dit: Comment peux-tu dire: Je t'aime! puisque ton coeur n'est pas avec moi? Voilà trois fois que tu t'es joué de moi, et tu ne m'as pas déclaré d'où vient ta grande force.

Comme elle était chaque jour à le tourmenter et à l'importuner par ses instances, son âme s'impatienta à la mort,

il lui ouvrit tout son coeur, et lui dit: Le rasoir n'a point passé sur ma tête, parce que je suis consacré à Dieu dès le ventre de ma mère. Si j'étais rasé, ma force m'abandonnerait, je deviendrais faible, et je serais comme tout autre homme.

Dalila, voyant qu'il lui avait ouvert tout son coeur, envoya appeler les princes des Philistins, et leur fit dire: Montez cette fois, car il m'a ouvert tout son coeur. Et les princes des Philistins montèrent vers elle, et apportèrent l'argent dans leurs mains.

Elle l'endormit sur ses genoux. Et ayant appelé un homme, elle rasa les sept tresses de la tête de Samson, et commença ainsi à le dompter. Il perdit sa force.

Elle dit alors: Les Philistins sont sur toi, Samson! Et il se réveilla de son sommeil, et dit: Je m'en tirerai comme les autres fois, et je me dégagerai. Il ne savait pas que l'Éternel s'était retiré de lui.

20 Les Philistins le saisirent, et lui crevèrent les yeux; ils le firent descendre à Gaza, et le lièrent avec des chaînes d'airain. Il tournait la meule dans la prison.

Cependant les cheveux de sa tête recommençaient à croître, depuis qu'il avait été rasé.

Or les princes des Philistins s'assemblèrent pour offrir un grand sacrifice à Dagon, leur dieu, et pour se réjouir. Ils disaient: Notre dieu a livré entre nos mains Samson, notre ennemi.

Et quand le peuple le vit, ils célébrèrent leur dieu, en disant: Notre dieu a livré entre nos mains notre ennemi, celui qui ravageait notre pays, et qui multipliait nos morts.

Dans la joie de leur coeur, ils dirent: Qu'on appelle Samson, et qu'il nous divertisse! Ils firent sortir Samson de la prison, et il joua devant eux. Ils le placèrent entre les colonnes.

Et Samson dit au jeune homme qui le tenait par la main: Laisse-moi, afin que je puisse toucher les colonnes sur lesquelles repose la maison et m'appuyer contre elles.

La maison était remplie d'hommes et de femmes; tous les princes des Philistins étaient là, et il y avait sur le toit environ trois mille personnes, hommes et femmes, qui regardaient Samson jouer.

Alors Samson invoqua l'Éternel, et dit: Seigneur Éternel! souviens-toi de moi, je te prie; ô Dieu! donne-moi de la force seulement cette fois, et que d'un seul coup je tire vengeance des Philistins pour mes deux yeux!

Et Samson embrassa les deux colonnes du milieu sur lesquelles reposait la maison, et il s'appuya contre elles; l'une était à sa droite, et l'autre à sa gauche.

30 Samson dit: Que je meure avec les Philistins! Il se pencha fortement, et la maison tomba sur les princes et sur tout le peuple qui y était. Ceux qu'il fit périr à sa mort furent plus nombreux que ceux qu'il avait tués pendant sa vie.

Ses frères et toute la maison de son père descendirent, et l'emportèrent. Lorsqu'ils furent remontés, ils l'enterrèrent entre Tsorea et Eschthaol dans le sépulcre de Manoach, son père. Il avait été juge en Israël pendant vingt ans.

G - Conflits entre tribus
Juges 17 - 21

Il y avait un homme de la montagne d'Éphraïm, nommé Mica.

Il dit à sa mère: Les mille et cent sicles d'argent qu'on t'a pris, et pour lesquels tu as fait des imprécations même à mes oreilles, voici, cet argent est entre mes mains, c'est moi qui l'avais pris. Et sa mère dit: Béni soit mon fils par l'Éternel!

Il rendit à sa mère les mille et cent sicles d'argent; et sa mère dit: Je consacre de ma main cet argent à l'Éternel, afin d'en faire pour mon fils une image taillée et une image en fonte; et c'est ainsi que je te le rendrai.

Il rendit à sa mère l'argent. Sa mère prit deux cents sicles d'argent. Et elle donna l'argent au fondeur, qui en fit une image taillée et une image en fonte. On les plaça dans la maison de Mica.

Ce Mica avait une maison de Dieu; il fit un éphod et des théraphim, et il consacra l'un de ses fils, qui lui servit de prêtre.

En ce temps-là, il n'y avait point de roi en Israël. Chacun faisait ce qui lui semblait bon.

Il y avait un jeune homme de Bethléem de Juda, de la famille de Juda; il était Lévite, et il séjournait là.

Cet homme partit de la ville de Bethléem de Juda, pour chercher une demeure qui lui convînt. En poursuivant son chemin, il arriva dans la montagne d'Éphraïm jusqu'à la maison de Mica.

Mica lui dit: D'où viens-tu? Il lui répondit: Je suis Lévite, de Bethléem de Juda, et je voyage pour chercher une demeure qui me convienne.

10   Mica lui dit: Reste avec moi; tu me serviras de père et de prêtre, et je te donnerai dix sicles d'argent par année, les vêtements dont tu auras besoin, et ton entretien. Et le Lévite entra.

Il se décida ainsi à rester avec cet homme, qui regarda le jeune homme comme l'un de ses fils.

Mica consacra le Lévite, et ce jeune homme lui servit de prêtre et demeura dans sa maison.

Et Mica dit: Maintenant, je sais que l'Éternel me fera du bien, puisque j'ai ce Lévite pour prêtre.

Juges 18

En ce temps-là, il n'y avait point de roi en Israël; et la tribu des Danites se cherchait une possession pour s'établir, car jusqu'à ce jour il ne lui était point échu d'héritage au milieu des tribus d'Israël.[1]

Les fils de Dan prirent sur eux tous, parmi leurs familles, cinq hommes vaillants, qu'ils envoyèrent de Tsorea et d'Eschthaol, pour explorer le pays et pour l'examiner. Ils leur dirent: Allez, examinez le pays. Ils arrivèrent dans la montagne d'Éphraïm jusqu'à la maison de Mica, et ils y passèrent la nuit.

Comme ils étaient près de la maison de Mica, ils reconnurent la voix du jeune Lévite, s'approchèrent et lui dirent: Qui t'a amené ici? que fais-tu dans ce lieu? et qu'as-tu ici?

---

[1] En réalité (Jos 19,47 & Jg 1,34) ils n'avaient pas pu conquérir leur territoire.

Jg 18,4 Il leur répondit: Mica fait pour moi telle et telle chose, il me donne un salaire, et je lui sers de prêtre.

Ils lui dirent: Consulte Dieu, afin que nous sachions si notre voyage aura du succès.
Et le prêtre leur répondit: Allez en paix; le voyage que vous faites est sous le regard de l'Éternel.

Les cinq hommes partirent, et ils arrivèrent à Laïs. Ils virent le peuple qui y était vivant en sécurité à la manière des Sidoniens, tranquille et sans inquiétude; il n'y avait dans le pays personne qui leur fît le moindre outrage en dominant sur eux; ils étaient éloignés des Sidoniens, et ils n'avaient pas de liaison avec d'autres hommes.

Ils revinrent auprès de leurs frères à Tsorea et Eschthaol, et leurs frères leur dirent: Quelle nouvelle apportez-vous?

Allons! répondirent-ils, montons contre eux; car nous avons vu le pays, et voici, il est très bon. Quoi! vous restez sans rien dire! Ne soyez point paresseux à vous mettre en marche pour aller prendre possession de ce pays.

10 Quand vous y entrerez, vous arriverez vers un peuple en sécurité. Le pays est vaste, et Dieu l'a livré entre vos mains; c'est un lieu où rien ne manque de tout ce qui est sur la terre.

Six cents hommes de la famille de Dan partirent de Tsorea et d'Eschthaol, munis de leurs armes de guerre.

Ils montèrent, et campèrent à Kirjath Jearim en Juda; c'est pourquoi ce lieu, qui est derrière Kirjath Jearim, a été appelé jusqu'à ce jour Machané Dan.

Ils passèrent de là dans la montagne d'Éphraïm, et ils arrivèrent jusqu'à la maison de Mica.

Alors les cinq hommes qui étaient allés pour explorer le pays de Laïs prirent la parole et dirent à leurs frères: Savez-vous qu'il y a dans ces maisons-là un éphod, des théraphim, une image taillée et une image en fonte? Voyez maintenant ce que vous avez à faire.

Ils s'approchèrent de là, entrèrent dans la maison du jeune Lévite, dans la maison de Mica, et lui demandèrent comment il se portait.

Les six cents hommes d'entre les fils de Dan, munis de leurs armes de guerre, se tenaient à l'entrée de la porte.

Et les cinq hommes qui étaient allés pour explorer le pays montèrent et entrèrent dans la maison; ils prirent l'image taillée, l'éphod, les théraphim, et l'image en fonte, pendant que le prêtre était à l'entrée de la porte avec les six cents hommes munis de leurs armes de guerre.

Lorsqu'ils furent entrés dans la maison de Mica, et qu'ils eurent pris l'image taillée, l'éphod, les théraphim, et l'image en fonte, le prêtre leur dit: Que faites-vous?

Ils lui répondirent: Tais-toi, mets ta main sur ta bouche, et viens avec nous; tu nous serviras de père et de prêtre. Vaut-il mieux que tu serves de prêtre à la maison d'un seul homme, ou que tu serves de prêtre à une tribu et à une famille en Israël?

20 Le prêtre éprouva de la joie dans son coeur; il prit l'éphod, les théraphim, et l'image taillée, et se joignit à la troupe.

Ils se remirent en route et partirent, en plaçant devant eux les enfants, le bétail et les bagages.

Comme ils étaient déjà loin de la maison de Mica, les gens qui habitaient les maisons voisines de celle de Mica se rassemblèrent et poursuivirent les fils de Dan.

Ils appelèrent les fils de Dan, qui se retournèrent et dirent à Mica: Qu'as-tu, et que signifie ce rassemblement?

Il répondit: Mes dieux que j'avais faits, vous les avez enlevés avec le prêtre et vous êtes partis: que me reste-t-il? Comment donc pouvez-vous me dire: Qu'as-tu?

Les fils de Dan lui dirent: Ne fais pas entendre ta voix près de nous; sinon des hommes irrités se jetteront sur vous, et tu causeras ta perte et celle de ta maison.

Et les fils de Dan continuèrent leur route. Mica, voyant qu'ils étaient plus forts que lui, s'en retourna et revint dans sa maison.

Ils enlevèrent ainsi ce qu'avait fait Mica et emmenèrent le prêtre qui était à son service, et ils tombèrent sur Laïs, sur un peuple tranquille et en sécurité; ils le passèrent au fil de l'épée, et ils brûlèrent la ville.

Personne ne la délivra, car elle était éloignée de Sidon, et ses habitants n'avaient pas de liaison avec d'autres hommes: elle était dans la vallée qui s'étend vers Beth Rehob. Les fils de Dan rebâtirent la ville, et y habitèrent;

Ils l'appelèrent Dan, d'après le nom de Dan, leur père, qui était né à Israël; mais la ville s'appelait auparavant Laïs.

30 Ils dressèrent pour eux l'image taillée; et Jonathan, fils de Guerschom, fils de Manassé, lui et ses fils, furent prêtres pour la tribu des Danites, jusqu'à l'époque de la captivité du pays.

Ils établirent pour eux l'image taillée qu'avait faite Mica, pendant tout le temps que la maison de Dieu fut à Silo.

Juges 19

Dans ce temps où il n'y avait point de roi en Israël, un Lévite, qui séjournait à l'extrémité de la montagne d'Éphraïm, prit pour sa concubine une femme de Bethléem de Juda.

Sa concubine lui fit infidélité, et elle le quitta pour aller dans la maison de son père à Bethléem de Juda, où elle resta l'espace de quatre mois.

Jg 19,3 Son mari se leva et alla vers elle, pour parler à son coeur et la ramener. Il avait avec lui son serviteur et deux ânes. Elle le fit entrer dans la maison de son père; et quand le père de la jeune femme le vit, il le reçut avec joie.

Son beau-père, le père de la jeune femme, le retint trois jours chez lui. Ils mangèrent et burent, et ils y passèrent la nuit.

Le quatrième jour, ils se levèrent de bon matin, et le Lévite se disposait à partir. Mais le père de la jeune femme dit à son gendre: Prends un morceau de pain pour fortifier ton coeur; vous partirez ensuite.

Et ils s'assirent, et ils mangèrent et burent eux deux ensemble. Puis le père de la jeune femme dit au mari: Décide-toi donc à passer la nuit, et que ton coeur se réjouisse.

Le mari se levait pour s'en aller; mais, sur les instances de son beau-père, il passa encore la nuit.

Le cinquième jour, il se leva de bon matin pour partir. Alors le père de la jeune femme dit: Fortifie ton coeur, je te prie; et restez jusqu'au déclin du jour. Et ils mangèrent eux deux.

Le mari se levait pour s'en aller, avec sa concubine et son serviteur; mais son beau-père, le père de la jeune femme, lui dit: Voici, le jour baisse, il se fait tard, passez donc la nuit; voici, le jour est sur son déclin, passe ici la nuit, et que ton coeur se réjouisse; demain vous vous lèverez de bon matin pour vous mettre en route, et tu t'en iras à ta tente.

Le mari ne voulut point passer la nuit, il se leva et partit. Il arriva jusque devant Jebus, qui est Jérusalem, avec les deux ânes bâtés et avec sa concubine.

Lorsqu'ils furent près de Jebus, le jour avait beaucoup baissé. Le serviteur dit alors à son maître: Allons, dirigeons-nous vers cette ville des Jébusiens, et nous y passerons la nuit.

Son maître lui répondit: Nous n'entrerons pas dans une ville d'étrangers, où il n'y a point d'enfants d'Israël, nous irons jusqu'à Guibea.

Il dit encore à son serviteur: Allons, approchons-nous de l'un de ces lieux, Guibea ou Rama, et nous y passerons la nuit.

Ils continuèrent à marcher, et le soleil se coucha quand ils furent près de Guibea, qui appartient à Benjamin.

Ils se dirigèrent de ce côté pour aller passer la nuit à Guibea. Le Lévite entra, et il s'arrêta sur la place de la ville. Il n'y eut personne qui les reçût dans sa maison pour qu'ils y passassent la nuit.

Et voici, un vieillard revenait le soir de travailler aux champs; cet homme était de la montagne d'Éphraïm, il séjournait à Guibea, et les gens du lieu étaient Benjamites.

Il leva les yeux, et vit le voyageur sur la place de la ville. Et le vieillard lui dit: Où vas-tu, et d'où viens-tu?

Jg 19,18 Il lui répondit: Nous allons de Bethléem de Juda jusqu'à l'extrémité de la montagne d'Éphraïm, d'où je suis. J'étais allé à Bethléem de Juda. Je me rends à la maison de l'Éternel[1], mais il n'y a personne qui me reçoive dans sa demeure.

Nous avons cependant de la paille et du fourrage pour nos ânes; nous avons aussi du pain et du vin pour moi, pour ta servante, et pour le garçon qui est avec tes serviteurs. Il ne nous manque rien.

20 Le vieillard dit: Que la paix soit avec toi! Je me charge de tous tes besoins, tu ne passeras pas la nuit sur la place.

Il les fit entrer dans sa maison, et il donna du fourrage aux ânes. Les voyageurs se lavèrent les pieds; puis ils mangèrent et burent.

Pendant qu'ils étaient à se réjouir, voici, les hommes de la ville, gens pervers, entourèrent la maison, frappèrent à la porte, et dirent au vieillard, maître de la maison: Fais sortir l'homme qui est entré chez toi, pour que nous le connaissions.

Le maître de la maison, se présentant à eux, leur dit: Non, mes frères, ne faites pas le mal, je vous prie; puisque cet homme est entré dans ma maison, ne commettez pas cette infamie.

Voici, j'ai une fille vierge, et cet homme a une concubine; je vous les amènerai dehors; vous les déshonorerez, et vous leur ferez ce qu'il vous plaira. Mais ne commettez pas sur cet homme une action aussi infâme.

Ces gens ne voulurent point l'écouter. Alors l'homme prit sa concubine, et la leur amena dehors. Ils la connurent, et ils abusèrent d'elle toute la nuit jusqu'au matin; puis ils la renvoyèrent au lever de l'aurore.

Vers le matin, cette femme alla tomber à l'entrée de la maison de l'homme chez qui était son mari, et elle resta là jusqu'au jour.

Et le matin, son mari se leva, ouvrit la porte de la maison, et sortit pour continuer son chemin. Mais voici, la femme, sa concubine, était étendue à l'entrée de la maison, les mains sur le seuil.

Il lui dit: Lève-toi, et allons-nous-en. Elle ne répondit pas. Alors le mari la mit sur un âne, et partit pour aller dans sa demeure.

Arrivé chez lui, il prit un couteau, saisit sa concubine, et la coupa membre par membre en douze morceaux, qu'il envoya dans tout le territoire d'Israël.

30 Tous ceux qui virent cela dirent: Jamais rien de pareil n'est arrivé et ne s'est vu depuis que les enfants d'Israël sont montés du pays d'Égypte jusqu'à ce jour; prenez la chose à coeur, consultez-vous, et parlez!

---

[1] Étant lévite, il entre dans la maison du Seigneur.

Juges 20

Tous les enfants d'Israël sortirent, depuis Dan jusqu'à Beer Schéba et au pays de Galaad, et l'assemblée se réunit comme un seul homme devant l'Éternel, à Mitspa.

Les chefs de tout le peuple, toutes les tribus d'Israël, se présentèrent dans l'assemblée du peuple de Dieu: quatre cent mille hommes de pied, tirant l'épée.

Et les fils de Benjamin apprirent que les enfants d'Israël étaient montés à Mitspa. Les enfants d'Israël dirent: Parlez, comment ce crime a-t-il été commis?

Alors le Lévite, le mari de la femme qui avait été tuée, prit la parole, et dit: J'étais arrivé, avec ma concubine, à Guibea de Benjamin, pour y passer la nuit.

Les habitants de Guibea se sont soulevés contre moi, et ont entouré pendant la nuit la maison où j'étais. Ils avaient l'intention de me tuer, et ils ont fait violence à ma concubine, et elle est morte.

J'ai saisi ma concubine, et je l'ai coupée en morceaux, que j'ai envoyés dans tout le territoire de l'héritage d'Israël; car ils ont commis un crime et une infamie en Israël.

Vous voici tous, enfants d'Israël; consultez-vous, et prenez ici une décision!

Tout le peuple se leva comme un seul homme, en disant: Nul de nous n'ira dans sa tente, et personne ne retournera dans sa maison.

Voici maintenant ce que nous ferons à Guibea: Nous marcherons contre elle d'après le sort.

10 Nous prendrons dans toutes les tribus d'Israël dix hommes sur cent, cent sur mille, et mille sur dix mille; ils iront chercher des vivres pour le peuple, afin qu'à leur retour on traite Guibea de Benjamin selon toute l'infamie qu'elle a commise en Israël.

Ainsi tous les hommes d'Israël s'assemblèrent contre la ville, unis comme un seul homme.

Les tribus d'Israël envoyèrent des hommes vers toutes les familles de Benjamin, pour dire: Qu'est-ce que ce crime qui s'est commis parmi vous?

Livrez maintenant les gens pervers qui sont à Guibea, afin que nous les fassions mourir et que nous ôtions le mal du milieu d'Israël. Mais les Benjamites ne voulurent point écouter la voix de leurs frères, les enfants d'Israël.

Les Benjamites sortirent de leurs villes, et s'assemblèrent à Guibea, pour combattre les enfants d'Israël.

Le dénombrement que l'on fit en ce jour des Benjamites sortis des villes fut de vingt-six mille hommes, tirant l'épée, sans compter les habitants de Guibea formant sept cents hommes d'élite.

Parmi tout ce peuple, il y avait sept cents hommes d'élite qui ne se servaient pas de la main droite; tous ceux-là pouvaient, en lançant une pierre avec la fronde, viser un cheveu sans le manquer.

Jg 20,17 On fit aussi le dénombrement des hommes d'Israël, non compris ceux de Benjamin, et l'on en trouva quatre cent mille tirant l'épée, tous gens de guerre.

Et les enfants d'Israël se levèrent, montèrent à Béthel, et consultèrent Dieu, en disant: Qui de nous montera le premier pour combattre les fils de Benjamin? l'Éternel répondit: Juda montera le premier.

Dès le matin, les enfants d'Israël se mirent en marche, et ils campèrent près de Guibea.

20 Et les hommes d'Israël s'avancèrent pour combattre ceux de Benjamin, et ils se rangèrent en bataille contre eux devant Guibea.

Les fils de Benjamin sortirent de Guibea, et ils étendirent sur le sol ce jour-là vingt-deux mille hommes d'Israël.

Le peuple, les hommes d'Israël reprirent courage, et ils se rangèrent de nouveau en bataille dans le lieu où ils s'étaient placés le premier jour.

Et les enfants d'Israël montèrent, et ils pleurèrent devant l'Éternel jusqu'au soir; ils consultèrent l'Éternel, en disant: Dois-je m'avancer encore pour combattre les fils de Benjamin, mon frère? L'Éternel répondit: Montez contre lui.

Les enfants d'Israël s'avancèrent contre les fils de Benjamin, le second jour.

Et ce même jour, les Benjamites sortirent de Guibea à leur rencontre, et ils étendirent encore sur le sol dix-huit mille hommes des enfants d'Israël, tous tirant l'épée.

Tous les enfants d'Israël et tout le peuple montèrent et vinrent à Béthel; ils pleurèrent et restèrent là devant l'Éternel, ils jeûnèrent en ce jour jusqu'au soir, et ils offrirent des holocaustes et des sacrifices d'actions de grâces devant l'Éternel.

Et les enfants d'Israël consultèrent l'Éternel, -c'était là que se trouvait alors l'arche de l'alliance de Dieu,

et c'était Phinées, fils d'Éléazar, fils d'Aaron, qui se tenait à cette époque en présence de Dieu, -et ils dirent: Dois-je marcher encore pour combattre les fils de Benjamin, mon frère, ou dois-je m'en abstenir? L'Éternel répondit: Montez, car demain je les livrerai entre vos mains.

Alors Israël plaça une embuscade autour de Guibea.

30 Les enfants d'Israël montèrent contre les fils de Benjamin, le troisième jour, et ils se rangèrent en bataille devant Guibea, comme les autres fois.

Et les fils de Benjamin sortirent à la rencontre du peuple, et ils se laissèrent attirer loin de la ville. Ils commencèrent à frapper à mort parmi le peuple comme les autres fois, sur les routes dont l'une monte à Béthel et l'autre à Guibea par la campagne, et ils tuèrent environ trente hommes d'Israël.

Les fils de Benjamin disaient: Les voilà battus devant nous comme auparavant! Mais les enfants d'Israël disaient: Fuyons, et attirons-les loin de la ville dans les chemins.

Jg 20,33 Tous les hommes d'Israël quittèrent leur position, et se rangèrent à Baal Thamar; et l'embuscade d'Israël s'élança du lieu où elle était, de Maaré Guibea.

Dix mille hommes choisis sur tout Israël arrivèrent devant Guibea. Le combat fut rude, et les Benjamites ne se doutaient pas du désastre qu'ils allaient éprouver.

L'Éternel battit Benjamin devant Israël, et les enfants d'Israël tuèrent ce jour-là vingt-cinq mille et cent hommes de Benjamin, tous tirant l'épée.

Les fils de Benjamin regardaient comme battus les hommes d'Israël, qui cédaient du terrain à Benjamin et se reposaient sur l'embuscade qu'ils avaient placée contre Guibea.

Les gens en embuscade se jetèrent promptement sur Guibea, ils se portèrent en avant et frappèrent toute la ville du tranchant de l'épée.

Suivant un signal convenu avec les hommes d'Israël, ceux de l'embuscade devaient faire monter de la ville une épaisse fumée.

Les hommes d'Israël firent alors volte-face dans la bataille. Les Benjamites leur avaient tué déjà environ trente hommes, et ils disaient: Certainement les voilà battus devant nous comme dans le premier combat!

40 Cependant une épaisse colonne de fumée commençait à s'élever de la ville. Les Benjamites regardèrent derrière eux; et voici, de la ville entière les flammes montaient vers le ciel.

Les hommes d'Israël avaient fait volte-face; et ceux de Benjamin furent épouvantés, en voyant le désastre qui allait les atteindre.

Ils tournèrent le dos devant les hommes d'Israël, et s'enfuirent par le chemin du désert. Mais les assaillants s'attachèrent à leurs pas, et ils détruisirent pendant le trajet ceux qui étaient sortis des villes.

Ils enveloppèrent Benjamin, le poursuivirent, l'écrasèrent dès qu'il voulait se reposer, jusqu'en face de Guibea du côté du soleil levant.

Il tomba dix-huit mille hommes de Benjamin, tous vaillants.

Parmi ceux qui tournèrent le dos pour s'enfuir vers le désert au rocher de Rimmon, les hommes d'Israël en firent périr cinq mille sur les routes; ils les poursuivirent jusqu'à Guideom, et ils en tuèrent deux mille.

Le nombre total des Benjamites qui périrent ce jour-là fut de vingt-cinq mille hommes tirant l'épée, tous vaillants.

Six cents hommes, qui avaient tourné le dos et qui s'étaient enfuis vers le désert au rocher de Rimmon, demeurèrent là pendant quatre mois.

Les hommes d'Israël revinrent vers les fils de Benjamin, et ils les frappèrent du tranchant de l'épée, depuis les hommes des villes jusqu'au bétail, et tout ce que l'on trouva. Ils mirent aussi le feu à toutes les villes qui existaient.

Juges 21

Les hommes d'Israël avaient juré à Mitspa, en disant: Aucun de nous ne donnera sa fille pour femme à un Benjamite.

Le peuple vint à Béthel, et il y resta devant Dieu jusqu'au soir. Ils élevèrent la voix, ils versèrent d'abondantes larmes,

Et ils dirent: O Éternel, Dieu d'Israël, pourquoi est-il arrivé en Israël qu'il manque aujourd'hui une tribu d'Israël?

Le lendemain, le peuple se leva de bon matin; ils bâtirent là un autel, et ils offrirent des holocaustes et des sacrifices d'actions de grâces.

Les enfants d'Israël dirent: Quel est celui d'entre toutes les tribus d'Israël qui n'est pas monté à l'assemblée devant l'Éternel? Car on avait fait un serment solennel contre quiconque ne monterait pas vers l'Éternel à Mitspa, on avait dit: Il sera puni de mort.

Les enfants d'Israël éprouvaient du repentir au sujet de Benjamin, leur frère, et ils disaient: Aujourd'hui une tribu a été retranchée d'Israël.

Que ferons-nous pour procurer des femmes à ceux qui ont survécu, puisque nous avons juré par l'Éternel de ne pas leur donner de nos filles pour femmes?

Ils dirent donc: Y a-t-il quelqu'un d'entre les tribus d'Israël qui ne soit pas monté vers l'Éternel à Mitspa? Et voici, personne de Jabès en Galaad n'était venu au camp, à l'assemblée.

On fit le dénombrement du peuple, et il n'y avait là aucun des habitants de Jabès en Galaad. 10 Alors l'assemblée envoya contre eux douze mille soldats, en leur donnant cet ordre: Allez, et frappez du tranchant de l'épée les habitants de Jabès en Galaad, avec les femmes et les enfants.

Voici ce que vous ferez: vous dévouerez par interdit tout mâle et toute femme qui a connu la couche d'un homme.

Ils trouvèrent parmi les habitants de Jabès en Galaad quatre cents jeunes filles vierges qui n'avaient point connu d'homme en couchant avec lui, et ils les amenèrent dans le camp à Silo, qui est au pays de Canaan.

Toute l'assemblée envoya des messagers pour parler aux fils de Benjamin qui étaient au rocher de Rimmon, et pour leur annoncer la paix.

En ce temps-là, les Benjamites revinrent, et on leur donna les femmes à qui l'on avait laissé la vie parmi les femmes de Jabès en Galaad. Mais il n'y en avait pas assez pour eux.

Le peuple éprouvait du repentir au sujet de Benjamin, car l'Éternel avait fait une brèche dans les tribus d'Israël.

Les anciens de l'assemblée dirent: Que ferons-nous pour procurer des femmes à ceux qui restent, puisque les femmes de Benjamin ont été détruites?

Et ils dirent: Que les réchappés de Benjamin conservent leur héritage, afin qu'une tribu ne soit pas effacée d'Israël.

Mais nous ne pouvons pas leur donner de nos filles pour femmes, car les enfants d'Israël ont juré, en disant: Maudit soit celui qui donnera une femme à un Benjamite!

Et ils dirent: Voici, il y a chaque année une fête de l'Éternel à Silo, qui est au nord de Béthel, à l'orient de la route qui monte de Béthel, à Sichem, et au midi de Lebona.

20 Puis ils donnèrent cet ordre aux fils de Benjamin: Allez, et placez-vous en embuscade dans les vignes.

Vous regarderez, et voici, lorsque les filles de Silo sortiront pour danser, vous sortirez des vignes, vous enlèverez chacun une des filles de Silo pour en faire votre femme, et vous vous en irez dans le pays de Benjamin.[1]

Si leurs pères ou leurs frères viennent se plaindre auprès de nous, nous leur dirons: Accordez-les-nous, car nous n'avons pas pris une femme pour chacun dans la guerre. Ce n'est pas vous qui les leur avez données; en ce cas, vous seriez coupables.

Ainsi firent les fils de Benjamin; ils prirent des femmes selon leur nombre parmi les danseuses qu'ils enlevèrent, puis ils partirent et retournèrent dans leur héritage; ils rebâtirent les villes, et y habitèrent.

Et dans le même temps les enfants d'Israël s'en allèrent de là chacun dans sa tribu et dans sa famille, ils retournèrent chacun dans son héritage.

En ce temps-là, il n'y avait point de roi en Israël. Chacun faisait ce qui lui semblait bon.

---

[1] Ils ont juré de ne pas donner de filles; mais ils s'arrangent pour que Benjamin puisse en prendre!

Index des mots, noms et événements

Seules la première occurrence, ou les occurrences principales, d'un nom ou d'un mot figurent dans la liste ci-dessous.

Mot ou Nom	Livre	Page	Mot ou Nom	Livre	Page	Mot ou Nom	Livre	Page
Aaron	Ex 4	88	Anciens	Nb 11	213	Bénédictions	Dt 33	312
Aaron	Ex 19	114	Anessse	Nb 22	233	Bénir	Nb 23	235
Aaron	Lv 1	148	Ange	Gn 16	20	Bénir/Bénédiction	Nb 6	205
Aaron	Nb 33	251	Ange	Gn 32	51	Benjamin	Gn 35	55
Abel	Gn 4	5	Ange	Nb 22	233	Benjamin	Gn 42	68
Abimélec	Jg 9	368	Ange	Jg 13	375	Benjamin	Jos 18	340
Abimélek	Gn 20	26	Ange (de l'Éternel)	Jg 6	362	Benjamin	Jg 20	387
Abimélek	Gn 26	37	Ange (envoyé)	Jg 2	354	Béthel	Gn 12	15
Abraham	Gn 11	14	Ange(s)	Gn 19	24	Béthel	Gn 28	42
Abraham	Gn 17	21	Année sainte	Lv 25	186	Béthel	Gn 35	55
Adam	Gn 3	5	Araméen nomade	Dt 26	297	Béthel	Jg 20	388
Agar	Gn 16	19	Arc (en ciel)	Gn 9	12	Bilha	Gn 30	44
Agar	Gn 21	27	Arche	Gn 6	8	Boiter	Gn 32	51
Agneau	Ex 12	99	Arche d'alliance	Jg 20	388	Bouc émissaire	Lv 16	171
Airain (serpent)	Nb 21	230	Armée de l'Éternel	Jos 5	320	Briques	Ex 5	89
Aliments (règles)	Lv 11	161	Aser	Gn 30	45	Buisson ardent	Ex 3	86
Alliance	Gn 17	20	Assignation (Tente d')	Nb 8	209	Cailles	Nb 11	214
Alliance	Ex 34	136	Autel	Ex 20	115	Caïn	Gn 4	5
Alliance (première)	Gn 9	11	Autel du Jourdain	Jos 22	347	Caleb	Nb 13	216
Amalek	Ex 17	110	Baal Peor	Nb 25	237	Canaan	Gn 9	12
Ami	Ex 33	135	Babel	Gn 11	13	Canaan	Gn 12	15
Ammon	Dt 2	259	Balaam	Nb 22	232	Canaan	Gn 17	21
Ammon	Jos 13	334	Balak	Nb 22	232	Canaan	Gn 37	57
Ammon	Jg 10	371	Basan	Nb 21	232	Canaan	Gn 42	67
Amoréens	Nb 21	231	Basan	Dt 3	260	Canaan	Gn 47	75
Amoréens	Dt 3	261	Bâton ("verge")	Nb 17	224	Canaan	Nb 13	215
Anakim	Jos 11	332	Bénédictions	Lv 26	189	Canaan	Nb 34	252
Anciens	Ex 24	120	Bénédictions	Dt 28	299	Cananéens	Jos 17	339

Cantique de Moïse	Ex 15	106	DEUTÉRONOME	Dt	256	Ève	Gn 3	5
Cantique de Moïse	Dt 32	308	Dieu	Gn 17	20	EXODE	Ex	83
Cavalier	Ex 15	106	Dieu	Gn 32	51	Face de Dieu	Ex 33	135
Cham	Gn 6	8	Dîme	Nb 18	227	Famine	Gn 41	63
Chandelier	Lv 24	184	Dina	Gn 30	45	Femmes	Nb 31	246
Chars	Ex 14	105	Dina	Gn 34	53	Fêtes	Ex 23	119
Cheval	Ex 15	106	Discours de Josué	Jos 23	349	Fêtes	Lv 23	182
Choisis la vie	Dt 30	306	Eau (Kadès)	Nb 20	229	Feu	Nb 11	212
Chute	Gn 3	4	Eau (Mara)	Ex 15	107	Feu (Colonne)	Ex 13	104
Cippora cf Séphora	Ex 2	85	Eaux (Meriba)	Nb 20	229	Fléaux	Ex 7	91
Circoncision	Gn 17	21	Ébal (Mont)	Dt 27	298	Gabaon	Jos 9	326
Circoncision	Gn 34	54	Ébal (Mont)	Jos 8	326	Gad	Gn 30	44
Circoncision des enfants	Jos 5	319	Écoute, Israël	Dt 6	267	Gad	Nb 32	248
Colère	Dt 29	304	Edom	Nb 20	229	Gad	Jos 13	334
Colombe	Gn 8	10	Égypte	Gn 12	15	Gad(ites)	Dt 3	261
Colonne de feu	Ex 13	104	Égypte	Gn 37	59	Galaad	Jg 11	372
Commandement	Dt 30	305	Égypte	Nb 14	217	Géants	Nb 13	217
Commandements	Ex 20	114	Égyptiens	Ex 14	105	Gédéon	Jg 6	361
Concubine tuée	Jg 19	386	Éhud	Jg 3	356	Gédéon (Ephod)	Jg 8	367
Conquête	Dt 2	260	Embuscade	Jos 8	324	Genèse	Gn	1
Coupe	Gn 44	70	Engloutir (terre)	Nb 16	223	Gloire (de Dieu)	Ex 33	135
Création	Gn 1	1	Ephraïm	Gn 41	66	Gloire de l'Éternel	Lv 9	160
Cruches vides	Jg 7	365	Ephraïm	Gn 48	79	Gomorrhe	Gn 14	17
Dalila	Jg 16	379	Ephraïm	Jos 16	338	Gosen	Jos 11	331
Dan	Gn 30	44	Ephraïm	Jg 12	374	Gosen/Goshen	Gn 45	73
Dan/Danites	Jg 18	382	Éphraïm	Jg 8	365	Grand Pardon	Lv 16	171
Dathan	Nb 16	221	Esaü	Gn 25	36	Grappe (raisin)	Nb 13	216
Davidovits	Gn 41	66	Esaü	Gn 33	52	Grêle (plaie)	Ex 9	95
Débora	Jg 4	357	Esaü	Gn 33	52	Grenouilles (plaie)	Ex 7	92
Décalogue (1°)	Ex 20	114	Esaü	Dt 2	259	Guerschom	Ex 2	85
Décalogue (2°)	Dt 5	265	Esclave	Ex 21	115	Guerschom	Ex 18	111
Déluge	Gn 6	8	Espions à Jéricho	Jos 2	315	Guibéa	Jg 20	387
Dénombrement	Nb 1	193	Éternel (l')	Jg 7	363	Guilgal	Jos 4	319
Désert	Nb 9	209	Étoiles	Gn 15	19	Guilgal	Jos 10	329

Hanche	Gn 32	51	Jéricho (autour de)	Jos 6	320	Laper (l'eau)	Jg 7	364
Harran	Gn 11	15	Jerubbaal (Gédéon)	Jg 7	363	Lapider	Nb 14	217
Hébreu(x)	Gn 14	18	Jérusalem	Jos 10	328	Lapider	Jos 7	324
Hébron	Gn 13	17	Jérusalem	Jg 1	352	Léa	Gn 29	43
Hénoc	Gn 4	6	Jéthro	Ex 3	85	Lèpre	Ex 4	87
Héritage	Nb 36	255	Jéthro	Ex 18	111	Lèpre	Lv 13	163
Hermon	Dt 3	261	Joseph	Gn 30	45	Lèpre	Nb 12	215
Holocauste	Gn 8	11	Joseph	Gn 37	58	Lépreux	Nb 5	202
Holocauste	Lv 1	148	Joseph	Gn 41	65	Levain	Ex 12	100
Horeb	Ex 3	85	Joseph	Gn 50	81	Levain	Ex 34	137
Hur	Ex 17	110	Joseph (tribu)	Jos 16	338	Lévi	Gn 29	44
Impur (aliments)	Lv 11	161	Josué	Ex 17	110	Lévites	Nb 1	195
Infidélité	Nb 5	202	Josué	Nb 13	216	Lévites	Nb 8	208
Isaac	Gn 17	21	Josué	Nb 27	241	Lévites	Nb 18	225
Isaac	Gn 22	29	Josué	Dt 31	307	Lévites (villes des)	Jos 21	344
Isaac	Gn 24	32	JOSUÉ	Jos	314	LÉVITIQUE	Lv	148
Isaac	Gn 35	56	Josué	Jos 19	343	Lois (Dt 12 à 26)	Dt 12	276
Ismaël	Gn 16	20	Josué (2°récit)	Jg 2	355	Lois (meurtrier)	Nb 35	254
Ismaël	Gn 21	27	Josué (mort)	Jos 23	351	Lot	Gn 11	15
Israël	Gn 32	51	Jotham	Jg 9	368	Lot	Gn 19	24
Issacar	Gn 30	45	Jourdain	Gn 13	17	Lot	Dt 2	259
Joas (père de Gédéon)	Jg 7	363	Jourdain (traversée)	Jos 3	317	Mâchoire d'âne	Jg 15	379
Jacob	Gn 25	36	Jubilé (année)	Lv 25	186	Macpéla	Gn 23	31
Jacob	Gn 37	57	Juda	Gn 29	44	Macpéla	Gn 25	35
Jacob	Gn 42	66	Juda	Gn 37	59	Macpéla	Gn 50	81
Jacob	Gn 48	78	Juda (tribu)	Jos 15	336	Madian	Ex 2	85
Jalousie	Nb 5	202	JUGES	Jg	352	Madian	Nb 22	232
Jalousie	Dt 32	309	Juges	Jg 2	355	Madian	Nb 25	237
Jaloux	Ex 34	136	Kadès (Cadès)	Nb 13	216	Madian	Nb 31	246
Japhet	Gn 5	8	Kadès (Cadès)	Nb 20	228	Madian	Jg 7	364
Je mets devant toi	Dt 30	306	Koré (révolte)	Nb 16	221	Main (de l'Éternel)	Nb 11	213
Jebus	Jg 19	385	Laban	Gn 24	33	Makpéla	Gn 23	31
Jephté	Jg 11	371	Laban	Gn 29	42	Malédictions	Lv 26	190
Jephté	Jg 11	373	Lait	Nb 13	216	Malédictions	Dt 27	299

Malédictions	Dt 28	300	Moïse	Nb 12	215	Peniel	Gn 32	51
Mam(b)ré	Gn 13	17	Moïse	Dt 1	256	Peor	Nb 23	235
Mam(b)ré	Gn 18	22	Mont Ébal	Dt 27	298	Peor	Nb 25	237
Mam(b)ré	Gn 23	31	Mont Ébal	Jos 8	326	Peste du bétail	Ex 9	94
Manassé	Gn 41	66	Moré (Chênes)	Gn 12	15	Pharaon	Gn 12	15
Manassé	Gn 48	79	Mort (un)	Nb 19	228	Pharaon	Gn 41	63
Manassé	Dt 3	261	Mort de Moïse	Dt 34	313	Pharaon	Ex 5	89
Manassé	Jos 13	335	Mouches (plaie)	Ex 8	94	Pharaon	Ex 14	105
Manassé	Jos 17	339	Murmures	Nb 11	212	Philistins	Jg 14	376
Manne (pain)	Ex 16	108	Nazir/Naziréat	Nb 6	203	Pierre taillée	Ex 20	115
Mara (eau)	Ex 15	107	Nephtali	Gn 30	44	Pisga	Dt 3	262
Massa	Ex 17	110	Noé	Gn 6	8	Plaie	Nb 25	237
Maudire	Nb 22	233	NOMBRES	Nb	193	Plaies d'Egypte	Ex 7	91
Melchisédek	Gn 14	18	Nuée	Ex 13	104	Potiphar	Gn 39	61
Mer (traversée)	Ex 14	105	Nuée	Ex 40	147	Premiers-nés (plaie)	Ex 11	100
Mer des Joncs	Ex 13	104	Nuée	Nb 9	210	Premiers-nés (plaie)	Ex 12	101
Meriba	Ex 17	110	Nuée (de Dieu)	Ex 24	121	Prêt sans intérêt	Ex 22	118
Meriba (eaux)	Nb 20	229	Nuit (la Pâque)	Ex 12	101	Prêtres	Lv 8	157
Mérom	Jos 11	331	Offrande(s)	Lv 2	149	Prêtres	Lv 21	179
Mésopotamie	Jg 3	356	Og	Dt 3	260	Prêtres	Nb 18	225
Miel	Nb 13	216	Onan	Gn 38	60	Prêtres	Nb 18	225
Miel du rocher	Dt 32	309	Othniel	Jg 3	356	Prophétiser	Nb 11	214
Miracle	Ex 7	91	Paddan Aram	Gn 31	47	Pureté (règles)	Lv 11	161
Miryam	Ex 15	106	Pain	Ex 12	100	Quarante	Nb 14	219
Miséricordieux	Ex 34	136	Pain/Manne	Ex 16	108	Rachel	Gn 29	42
Mitspa	Jg 11	372	Pains sans levain	Ex 23	119	Rachel	Gn 35	55
Mitspa	Jg 20	390	Pâque	Ex 12	99	Rahab (Prostituée)	Jos 6	322
Moab	Gn 19	26	Pâque	Nb 9	209	Raisin	Nb 13	216
Moab	Nb 22	232	Pâque (passage)	Ex 12	101	Rançon	Nb 35	255
Moab	Nb 25	237	Pardon (Grand)	Lv 16	171	Rébecca	Gn 24	33
Moab	Nb 26	240	Pardonner	Nb 14	217	Recensement	Nb 1	193
Moab	Dt 2	259	Paroles	Ex 34	137	Refuge (villes de -)	Nb 35	253
Moïse	Ex 2	84	Partage (suite)	Jos 15	336	Refuge (villes de -)	Nb 35	254
Moïse	Ex 40	146	Partage du pays	Jos 13	333	Refuge (villes de -)	Jos 20	343

Terme	Réf.	Page	Terme	Réf.	Page	Terme	Réf.	Page
Résister	Lv 26	190	Séir	Gn 33	52	Ténèbres (plaie)	Ex 10	98
Réuel (Jéthro)	Ex 2	95	Séir	Dt 2	258	Tente d'assignation	Ex 26	123
Rituels	Lv 1	148	Sem	Gn 6	8	Tente d'assignation	Nb 11	213
Rocher	Nb 20	229	Séphora	Ex 2	85	Tente d'assignation	Jos 18	340
Rocher (Dieu)	Dt 32	308	Séphora	Ex 18	111	Tente de la rencontre	Ex 33	135
Ruben	Gn 29	44	Septième année	Ex 23	119	Terre (engloutit)	Nb 16	223
Ruben	Gn 37	58	Serpent	Ex 4	87	Théraphim	Gn 31	48
Ruben	Gn 42	68	Serpents	Nb 21	230	Thummim et Urim	Dt 33	312
Ruben	Nb 32	248	Seth	Gn 5	6	Toison de laine	Jg 7	363
Ruben	Jos 13	334	Sexualité	Lv 18	174	Traversée (mer)	Ex 14	105
Rubén(ites)	Dt 3	261	Sh'ma Israel	Dt 6	267	Trompette	Ex 19	113
Sabbat	Ex 16	109	Shamgar	Jg 3	357	Trompettes	Nb 10	211
Sabbat	Ex 35	138	Sichem	Gn 12	15	Ulcères (plaie)	Ex 9	95
Sabbat	Nb15	221	Sichem	Gn 33	53	Ur	Gn 11	15
Sabbat d'années	Lv 25	186	Sichem	Jg 9	368	Urim et thummim	Ex 28	127
Sacerdoce	Ex 28	125	Siméon	Gn 29	44	Vache rousse	Nb 19	227
Sacrificateurs	Lv 1	148	Siméon	Gn 42	68	Vaches	Gn 41	63
Sacrifice	Ex 20	115	Siméon	Jos 19	341	Vases	Ex 12	101
Saints /Sainteté	Lv 19	176	Sinaï	Ex 19	112	Veau d'or	Ex 32	132
Salem	Gn 14	18	Sinaï	Nb 9	209	Vengeur du sang	Nb 35	254
Samson	Jg 13	376	Sodome	Gn 14	17	Verge (bâton)	Nb 17	224
Samson	Jg 16	379	Sodome	Gn 18	23	Vermine (plaie)	Ex 8	93
Sang	Gn 9	11	Soleil	Jos 10	329	Viande	Nb 11	213
Sang	Ex 12	100	Songe	Gn 41	63	Villes de refuge	Nb 35	254
Sang (plaie)	Ex 7	92	Songes	Gn 40	62	Villes de refuge	Jos 20	343
Sara	Gn 20	26	Soukkot	Gn 33	53	Villes lévitiques	Nb 35	253
Sara	Gn 23	30	Succoth	Gn 33	53	Vu Dieu (ont)	Ex 24	120
Sara(ï)	Gn 17	21	Tables de la Loi	Ex 24	120	Yabbok	Gn 32	51
Saraï/Sara	Gn 11	15	Tables de pierre	Ex 34	136	Zabulon	Gn 30	45
Sauterelles (plaie)	Ex 10	97	Talion (œil..)	Ex 21	116	Zilpa	Gn 30	44
Sceptre	Nb 24	236	Tamar	Gn 38	60			
Schibboleth	Jg 12	374	Témoin	Lv 5	152			
Séir	Gn 33	52	Témoin	Nb 35	255			

LES MOTS ET LES NOMS
dans le Pentateuque, Josué et les Juges
(Voir aussi l'INDEX p.392 et la Bibliographie p.403)

Aaron - Frère de Moïse (Ex 4,14), il va avec lui rencontrer le Pharaon. Il est ensuite le premier grand prêtre (Ex 40,12).

Abel - Deuxième fils d'*Adam* et d'*Ève* (Gn 4,2) . Il est tué par *Caïn* (Gn 4,8).

Abraham - "Père des croyants" (Gn 12); grand père de Jacob ("Israël).

Adam - "L'homme" (l'être humain): ainsi en Gn 1,26 "Faisons l'homme" ("Adam" en hébreu).

Alliance - Dieu conclut avec les hommes des alliances successives: Avec Noé (Gn 9,11); avec Abraham (Gn 15,19 et Gn 17); avec Moïse (Ex 19,5; Ex 24; Ex 34; Dt 29).
   Les hommes font de nombreuses alliances entre eux (p.ex. Gn 21,28 - Gn 31,44 - Jos 9,15).

Ammon/Ammonites - Descendants de Lot (Dt 2,19 - Jg 3,13 - Jg 10,7 à 11,33).

Anathème (ou "interdit"), en hébreu "Herem" - Couvre deux situations différentes: i. Les biens réservés à Dieu ii. Les biens ou personnes livré à la destruction; ce que l'on doit avoir en horreur.

Caïn - Personnage mythique, fils d'Adam et Ève, et frère d'*Abel*, qu'il tue (Gn 4,8).

Cantique - Dans la Bible il s'agit d'une part d'un de ses *livres* "Le cantique des cantiques", et d'autre part de certains passages dans lesquels un personnage parle sous une forme poétique; notamment: *Moïse* (Ex 15, avec *Myriam*); *Déborah* (Jg 5).

Chute - Évènement mythique (Gn 3) conduisant Dieu à faire sortir l'homme du "Jardin d'*Eden*".

Création - Récit, symbolique, des débuts de la terre et de l'homme (Gn 1 et 2).

Cippora/Séphora - Femme que Moïse épouse lors de sa fuite au désert (Ex 2,21).

Débora - Prophétesse et *juge* (Jg 4 et 5).

Déluge - Vaste inondation sans doute réelle, symbolisée comme une décision divine de procéder comme à une nouvelle création de l'humanité.

Demi-tribu - La tribu de *Manassé* se trouve, au moment de l'installation en Israël, répartie sur deux territoires différents: une partie à l'est du Jourdain, dans les premiers territoires conquis, le reste à l'ouest; ces deux parties deviennent de ce fait des ensembles distincts, "demi-tribus".

Deutérocanonique(s) - Terme utilisé pour désigner certains livres bibliques, reconnus par les catholiquess mais non par les protestants. Exemples: Livre Judith; Livre de la Sagesse.

Deutéronome - Cinquième livre de la Bible. Son nom signifie "deuxième loi": il comprend un certain nombre de prescriptions complétant ou reprenant celles du livre de l'Exode.

Échelle de Jacob - Songe fait par Jacob lors de son voyage vers Harran (Gn 28,12).

Éden - Appellation du "paradis" originaire mythique, décrit en Gn 2,9.

Ephraïm - Tribu puissante qui cherche parfois à avoir une certaine domination sur d'autres tribus (cf p.ex. Jg 12).

Ève - Deux récits différents concernent la création de la femme par Dieu: Gn 1,27 (p.2 "il créa l'homme et la femme"); et Gn 2,22 (page 3: la femme est tirée du côté d'*Adam*, après l'installation dans le jardin d'Eden et même après qu'Adam ait reçu l'interdiction de manger de l'arbre de la connaissance). L'appellation "Ève" n'apparaît que vers la fin du chapitre 3 (Gn 3,20 - page 5).

Femme Voir *Ève*.

Galaad A l'est du Jourdain, partie centrale attribuée, dès avant la traversée du Jourdain, aux tribus de *Gad* et de *Ruben*. Au nord de la rivière Yabboq c'est une *demi-tribu* de *Manassé* qui s'installe.

Harran ("Charan") Ville du nord de la Mésopotamie. *Abraham* y reçoit l'appel de Dieu (Gn 12). *Jacob* y vient chez son oncle Laban, et épouse ses filles Léa et Rachel.

Hébreu(x) - Appellation traditionnelle du peuple formé par les descendants de Jacob, pour la première partie de leur histoire (en Égypte, puis jusqu'à l'installation en Israël).

Interdit ("frappé d'-") - Voir *Anathème*.

Isaac - Fils d'Abraham (Gn 21).

Jacob - Aussi appelé *Israël*, fils d'Isaac; père des Douze (Gn 35,22).

Jéthro - Un des noms du Madianite dont Moïse jeune, en fuite au désert, épouse la fille Cippora (Ex 2,16). Il revient voir Moïse au désert en Ex 18,17 et le conseille.

Joseph - Fils préféré de *Jacob*. Il est vendu par ses frères et devient, en Egypte, Premier ministre du Pharaon. Il a deux fils, Ephraïm et Manassé (Gn 37).

Lévites - Au sens large (rarement): Membres de la tribu de Lévi (y compris les prêtres). Plus souvent: ceux des membres de cette tribu qui ne sont pas prêtres; ils assistent les prêtres ou sont directement en charge de certaines parties des cérémonies (Nb 1).

Manassé - Fils de Joseph. La tribu de Manassé occupe un double territoire: d'une part à l'est du Jourdain, au nord de *Galaad*; et d'autre part dans le centre d'Israël jusqu'à la mer, au nord d'Ephraïm (Gn 48).

Miryam [1] Sœur d'Aaron, prophétesse, chante le passage de la mer Rouge (Ex 15,20); plus tard elle critique Moïse d'avoir épousé une femme éthiopienne (Nb 12,1 et 15)

Moïse - Le début de sa vie est raconté en Ex 2. Puis, dans un *buisson ardent*, Dieu lui parle et le charge de libérer, avec l'aide d'*Aaron*, le peuple hébreu, qui est esclave en Égypte, et de l'emmener vers la "Terre promise" (Ex 33,1). Après les "passages du Seigneur" (*plaies d'Égypte)* et la *Pâque*, Moïse conduit le peuple à travers la région du Sinaï; il reçoit de Dieu les commandements de l'alliance (Ex 20) et meurt au mont Nebo, face au territoire à conquérir (Dt 34).

Nil - Fleuve central de l'Égypte. Mentionné notamment en Gn 41 (Songes du Pharaon), Ex 2 (Moïse) et Ex 7,15 (première "plaie" d'Égypte).

Paradis terrestre - Voir *Eden*.

Plaies d'Égypte - Malheurs successifs tombant sur l'Égypte qui refuse de laisser partir les Israélites (Ex 7).

Prêtre - Sont prêtres, au sein de la tribu de Lévi, les descendants d'Aaron (Lv 8).

---

[1] Miryam est appelée "Marie" dans la traduction Segond utilisée dans ce livre.

Prophète - Celui qui parle au nom de Dieu. Il ne s'agit pas principalement de l'avenir, mais de ce que Dieu veut dire à son peuple.

Prophétesses - Ce terme désigne les femmes prophètes: *Myriam, Deborah*, Houlda (2R 22,14).

Sacrificateur - Nom des *prêtres* dans certaines traductions.

Sanctuaires - Lieux de célébration cultuelle privilégiés, en raison de leur histoire: en particulier Silo (notamment Jos 18) et Sichem (notamment Jos 24).

Sephora / Sippora - Voir *Cippora*.

Tables Tables de pierre sur lesquelles Dieu a écrit la Loi Ex24,12 - Puis 31,18 et 34,28.

Tente *("de la rencontre"* - ou *"d'assignation")* - Tente/sanctuaire réalisée sur les instructions de Dieu et où Dieu rencontre Moïse, avec parfois d'autres personnes (p.ex. Nb 11,16).

Terre promise Ex 33,1.

Tribus Le peuple d'Israël comprend treize tribus: correspondant à onze des douze fils de Jacob, et aux deux fils de Joseph - Ephraïm et Manassé. La tribu de Lévi n'a pas de territoire; donc le pays est partagé en douze.

Ur Ville de Chaldée dont *Abraham*, grand père de Jacob, est originaire.

———

Carte géographique

Abraham quitte, avec sa famille, *UR* en Chaldée (Gn 11,31), pour aller habiter *HARRAN*. Avec son neveu Loth, ils vont jusqu'à la plaine du *JOURDAIN* (Gn 13,11)
. Jacob/"Israël" (Gn 32,28), petit fils d'Abraham, descend en *ÉGYPTE* avec ses fils (Gn 45). Ils y deviennent très nombreux.
. Dieu apparaît à Moïse, qui a fui l'Égypte, à *l'HOREB* (Ex 3,2); il le charge de faire sortir le peuple hébreu d'Égypte.
. Après que l'Égypte ait été frappée de 12 plaies (Ex 7 à 11), les Hébreux quittent l'Égypte à travers la *MER DES JONCS* (Ex 13,18), vers le désert du Sinaï.
. Trois mois après leur départ, les Hébreux sont près du *MONT HOREB* (Ex 19,3).
. Lors de leur conquête du "Pays de Canaan", une étape importante est le franchissement du *JOURDAIN* suivi de l'entrée dans *JÉRICHO* (Jos 6)
. *JÉRUSALEM* est mentionnée notamment en Jg 1.

———

Chronologie approximative

- Abraham quitte la Mésopotamie (Gn 12) Vers -1600?
- Joseph en Egypte (Gn 39)   Vers - 1400
- Amenhotep 3 honore Joseph (Gn 41)   - 1360[1]
- Moïse (Ex 2)   Vers -1100
- Exode (Ex 13)   Vers -1080[2]
- David   (1S 16)   - 1010
- Salomon (1R 1)   - 970
- Séparation en deux royaumes (1R 12)   - 933

Bibliographie

Principales Bibles consultées ou utilisées

- La Bible Segond 1910 (en ligne) https://www.bible-ouverte.ch/messages/lire-segond.html.
- Bible de Jérusalem (citée en note en Josué 5,9).
- "La Bible expliquée"[3]
- Traduction œcuménique de la Bible ("TOB").

Internet

- Comparaisons entre traductions - https://denoe.ch/fr/page/liens-bible-online.

Livres

A-M Gérard - *Dictionnaire de la Bible*[4] (Bouquins).
Ph. Lestang - Les mots et les noms dans la Bible (BoD).
Davidovits - La Bible avait raison - 2 tomes (Jean-Cyrille Godefroy).

---

[1] Voir "Les mots et les noms dans la Bible", note p. 134 - D'après Davidovits, La Bible avait raison livre 2 p.63.

[2] Davidovits livre 1 p.247

[3] Version de la "Bible en Français Courant" qui comprend de nombreux commentaires en marge de chaque page.

[4] Ouvrage de référence. Voir par exemple son long article sur les Lévites.

BoD, l'éditeur à façon

Il me semble intéressant de mentionner, à la fin de ce livre, les caractéristiques probablement uniques de "Books on Demand", son éditeur.

A la base, Books on Demand est un imprimeur. Dans la majorité des cas, les auteurs publiés par BoD fournissent un manuscrit dactylographié et mis en page, qui est imprimé tel quel. Pour la couverture, l'auteur peut, soit la fournir, soit en choisir une sur la partie appropriée du site BoD.

Principale caractéristique de BoD: comme le nom l'indique, *les livres sont imprimés à la demande.* C'est à dire qu'il n'y a pas de tirage initial ni de stock. Vous-même, ou un libraire, passe une commande: les livres demandés sont imprimés dans les jours qui suivent, et expédiés.
Un livre n'est donc jamais épuisé

Important: les livres BoD sont disponibles sur les grand sites de vente en ligne, notamment Amazon, Fnac, etc., qui en ont en stock ou les commandent à BoD au fur et à mesure.

En plus de la version papier, des versions électroniques sont créées, aux différents formats existants.

L'auteur fixe lui-même le prix de vente, à partir d'un chiffre minimum (coût) indiqué par BoD, en fonction de l'épaisseur du livre et de ses autres caractéristiques éventuelles (type de papier, inclusion de photos, etc.).

Les marges résultant des ventes de livres sont versées à l'auteur chaque année.

Le contrat passé avec BoD est résiliable: il est possible de le rompre à la fin de chaque année, quelle qu'en soit la raison: l'auteur devient alors libre d'utiliser son manuscrit comme il l'entend; par exemple de le confier à un autre éditeur.

Il est facile - et c'est de mon point de vue une caractéristique très intéressante - de *modifier le texte du livre si on le souhaite:* la version modifiée se substitue alors à la version initiale/précédente. Pour cela il suffit de transmettre un nouveau manuscrit se substituant au précédent, et de verser la somme correspondant à un "nouveau projet" (de l'ordre de 20 euros).

J'ai utilisé cette possibilité pour plusieurs de mes livres, et notamment pour le dictionnaire "Les mots et les noms dans la Bible", qui en est à sa 5° édition: non pas en raison d'un épuisement des stocks - cette notion n'existe pas chez BoD qui imprime au fur et à mesure - mais à la suite de remarques ou questions de lecteurs ou de précisions que je souhaitais moi-même apporter.

Un livre peut ainsi être sans cesse mis à jour, si c'est utile ou nécessaire!

Dédicace

Je dédie ce livre à ma femme Catherine, fidèle lectrice de l'Écriture, et à notre fils François, prêtre et bibliste; ainsi qu'à Olivier et Véronique.

Et aussi à nos amis, chrétiens ou non;
et à toutes celles et ceux qui, dans leur vie, ont choisi d'aimer.

———

TABLE SOMMAIRE

Édition : BoD – Books on Demand, info@bod.fr
Impression : BoD – Books on Demand, In de Tarpen 42,
Norderstedt (Allemagne)
Impression à la demande
ISBN : 978-2-3225-0680-4
Dépôt légal : Mai 2024